周易文化研究

ZHOUYI WENHUA YANJIU

第八辑

主编 张 涛

社会科学文献出版社
SOCIAL SCIENCES ACADEMIC PRESS (CHINA)

目　录

《大戴礼记》与秦汉易学

连劭名

摘　要：《大戴礼记》具有重要的史料价值和学术意义，不仅为研究中国早期儒学提供了基本资料也为《周易》研究和秦汉易学研究提供了重要视角。遍检《大戴礼记》一书，特别是《主言》《哀公问五义》《哀公问于孔子》《礼察》《曾子立孝》《曾子制言》《劝学》《子张问入官》《诰志》等篇目，摘其句，训其词，辨其义，可以发现，其中多有与《周易》经传相通之处，而《大戴礼记》与秦汉易学之关系亦昭然可见。

关键词：《大戴礼记》　秦汉　易学

一

《大戴礼记·主言》云：

> 曾子曰：敢问不费不劳可以为明乎？孔子愀然扬麋曰：参，女以明主为劳乎？
>
> 昔者舜左禹而右皋陶，不下席而天下治，夫政之不中，君之过也。政之既中，令之不行，职事者之罪也。明主奚为其劳也。

今按："主言"犹圣人之言。马王堆帛书《易传·二三子问》云："《易》曰：聒囊，无咎无誉。孔子曰：此言箴（缄）小人之口也。小人多言多过，多事多患，□□可以衍矣，而不可以言，箴之，其犹聒囊也，莫出莫入，故曰无咎无誉。二三子问曰：独无箴于圣人□□□？□□□：圣人之言也，德之首也。圣人之有□也，犹地之为川浴（谷）也，财用所由出也，犹出山林陵泽也，衣食庶物所由生也。圣人一言，万世用之，唯恐其不言也，有（又）何箴焉。"

宋本《颜氏家训·序》云："号曰颜氏家训，虽非子史同波，抑是王言盖代。”王利器《颜氏家训解集》云：“卢文弨曰：此序宋本所有，不著撰人，比拟多失伦，行文亦无法，今依宋本校正，即不便弃之。有疑‘王言盖代’，未详所出者。案：《家语》有《王言解》，或用此矣。器案：《家语·王言解》系袭《大戴记·王言》篇，宋本《大戴记》‘王言’讹‘主言’。《管子》亦有《王言》篇，今佚”。今按：“主言”不讹。主言犹王言，《吕氏春秋·重己》云：“世之人主贵人。”高诱注：“人主谓王者诸侯也。”《吕氏春秋·重言》云：“人主之言不可不慎。高宗，天子也，即位谅暗，三年不言，卿大夫恐惧，患之，高宗乃言曰：以余一人正四方，余唯恐言之不类也，兹故不言。古之天子，其重言如此。”《尚书·无逸》云：“其在高宗，时旧劳于外，爰暨小人，作其即位，乃或亮阴，三年不言，其惟不言，言乃雍。”王者不轻易而言，开口便为至理名言，《礼记·缁衣》云：“王言如丝，其出如纶，王言如纶，其出如綍。”王言如金玉良言，马王堆帛书《五行》云：“闻君子道则王言，王言□□□圣。”又云：“金声而玉振之，有德者也。金声，善也。王言，圣也。善，人道也；德，天道也，唯有德者然后能金声而玉振之。”

《大戴礼记·子张问入官》云：“故佚诸取人，劳于治事；劳于取人，佚于治事。”《孟子·公孙丑下》云：“故将大有为之君，必有所不召之臣，欲有谋焉，则就之。其尊德乐道，不如是不足与有为也。故汤之于伊尹，学焉而后臣之，故不劳而王；桓公之于管仲，学焉而后臣之，故不劳而霸。……汤之于伊尹，桓公之于管仲，则不敢召；管仲且犹不可召，而况不为管仲者乎？”《鹖冠子·博选》云：“君也者，端神明者也。神明者，以人为本者也。人者，以贤圣为本者也。”《周易·大畜》云：“利贞，不家食吉，利涉大川。”《彖》云：“大畜，刚健笃实辉光，日新其德，刚上而尚贤，能止健，大正也。不家食吉，养贤也。”

《说文》云：“功，以劳定国也。”不劳则无功，《庄子·逍遥游》云：“至人无己，神人无功，圣人无名。”无功、无名故无为，《论语·卫灵公》云：“子曰：无为而治者，其舜也与！夫何为哉？恭己正南面而已矣。”《孟子·尽心上》云：“有大人者，正己而物正者也。”《论语·为政》云：“子曰：为政以德，譬如北辰，居其所而众星共之。”正、中同义，《周易·大有·彖》云：“大有，柔得尊位，大中而上下应之，曰大有，其德刚健而文明，应乎天而时行，是以元亨。”《象》云：“火在天上，大有，君子以遏恶扬善，顺天休命。”《春秋繁露·循天之道》云：“中者，天下之所终也。”《周易·坤》用六云：“利永贞。”《象》云：“用六永贞，以大终也。”《文言》云："君子黄中通理，正位居体，美在其中，而畅于四支，发于事业，美之至也。"《礼记·中庸》云："子曰：舜其大知也与，舜好问而好察迩言，隐恶而扬善，执其两端，用其中于民，其斯以为舜乎!"《论语·尧曰》云："尧曰：咨，尔舜，天之历数在尔躬，允执其中。"皇侃云："中谓中正之道。"

《大戴礼记·主言》又云：

> 孔子曰：上敬老则下益孝，上顺齿则下益悌，上乐施则下益谅，上亲贤则下择友，上好德则下不隐，上恶贪则下耻争，上强果则下廉耻。民皆有别则贞，则正亦不劳矣，此谓七教。七教者，治民之本也。教定是正矣。上者民之表也，表正则何物不正。

王聘珍《解诂》云："别，辨也。《释名》云：贞，定也。《易》曰：君子以辨上下，定民志。"今按："强果"，《周易·乾·象》云："君子以自强不息。"《周易·蒙·象》云："君子以果行育德。"《国语·吴语》云："莫如此志行不果。"韦昭注："果，勇决也。"《大戴礼记·文王官人》云："营之以物而不虞，犯之以卒而不惧，置义而不可迁，临之以货色而不可营，曰絜廉而果敢者也。"

《老子》第二章云："是以圣人处无为之事，行不言之教，万物作焉而不辞，生而不有，为而不恃，功成而弗居。夫惟弗居，是以不去。"河上公注："以身师导之也。"《大戴礼记·子张问入官》云："故君子欲言之见信也者，莫若先虚其内也；欲政之速行也者，莫若以身先之也；欲民之速服也者，莫若以道御之也。"

二

《大戴礼记·主言》云：

> 故曰：多信而寡貌，其礼可守，其信可复，其迹可履。其于信也，如四时春秋冬夏；其博有万民也，如饥而食，如渴而饮，下土之人信之夫！暑热冻寒远若迩，非道迩也，及其明德也。是以兵革不动而威，用利不施而亲，此之谓明主之守也。折冲乎千里之外，此之谓也。

王聘珍《解诂》云："信，诚也。谓慢怛由于心，而德及于民。貌谓文貌，礼以节其行，故少文貌也。"

今按：《礼记·中庸》云："自诚明，谓之性；自明诚，谓之教。诚则明矣。"《荀子·不苟》云："君子养心莫善于诚，至诚则无它事矣，唯仁之为守，唯义之为行。诚心守仁则形，形则神，神则能化矣。诚心行义则理，理则明，明则能变矣。变化代兴，谓之天德。"《大戴礼记·虞戴德》云："天事曰明。"

《周易·乾·文言》云："见龙在田，天下文明。"《周易·晋·彖》云："晋，进也。明出地上，顺而丽乎大明，柔进而上行，是以康侯用锡马蕃庶，昼日三接也。"《象》云："明出地上，晋，君子以自昭明德。"昭、明，义同。《礼记·大学》云："《康诰》曰：克明德。《大甲》曰：顾諟天之明命。《帝典》曰：克明峻德。皆自明也。"《大戴礼记·虞戴德》云："明法于天明，开施教于民，行此，以上明于天化也，物必起，是故民命而弗改也。"

三

《大戴礼记·主言》云：

> 故曰：所谓天下之至仁者，能合天下之至亲者也；所谓天下之至知者，能用天下之至和者也；所谓天下之至明者，能选天下之至良者也。此三者咸通，然后可以征。

今按：《周易·杂卦》云："同人，亲也。"《周易·同人·彖》云："文明以健，中正而应，君子正也，唯君子为能通天下之志。"《周易·乾·文言》云："子曰：同声相应，同气相求，水流湿，火就燥，云从龙，风从虎，圣人作而万物睹，本乎天者亲上，本乎地者亲下，则各从其类也。"《礼记·经解》云："上下相亲谓之仁。"《庄子·在宥》云："亲而不可不广者，仁也。"《庄子·庚桑楚》云："故曰：至礼有不人，至义不物，至知不谋，至仁无亲，至信辟金。"大爱无私，《礼记·礼运》云："大道之行也，天下为公，选贤与能，讲信修睦，故人不独亲其亲，不独子其子。"

《礼记·大学》云："古之欲明明德于天下者，先治其国；欲治其国者，先其齐家；欲齐其家者，先修其身；欲修其身者，先正其心；欲正其心者，先诚其意；欲诚其意者，先致其知，致知在格物。"至和即太和，《周易·乾·彖》云："乾道变化，各正性命，保合太和，乃利贞。"《文言》云：

"利者义之和也，贞者事之干也。"《鹖冠子·泰鸿》云："同和者，仁也。"《礼记·中庸》云："喜怒哀乐之未发，谓之中；发而皆中节，谓之和。中也者，天下之大本也；和也者，天下之达道也。致中和，天地位焉，万物育焉。"至和即天下之故，《周易·系辞上》云："易无思也，无为也，寂然不动，感而遂通天下之故，非天下之至神，其孰能与于此。"《墨子·经上》云："故，所得而后成也。"

马王堆帛书《经法·道法》云："公者明，至明者有功，至正者静，至静者圣，无私者知。致知者为天下稽。"《论语·颜渊》云："樊迟问仁，子曰爱人。问知，子曰知人。樊迟未达。子曰：举直错诸枉，能使枉者直。樊迟退，见子夏曰：乡也吾见于夫子而问知，子曰：举直错诸枉，使枉者直，何谓也？子夏曰：富哉言乎！舜有天下，选于众，举皋陶，不仁者远矣。汤有天下，选于众，举伊尹，不仁者远矣。"

四

《大戴礼记·哀公问五义》云：

> 孔子对曰：所谓君子者，躬行忠信，其心不买，仁义在己，而不害不志。闻志广博而色不伐，思虑明达而辞不争，君子犹然如将可及也，而不可及也，如此可谓君子矣。

王聘珍《解诂》云："买义未详。害，忮也，谓忮人也。志，私意也。不志，谓不自私也。"

今按：《墨子·经上》云："买，鬻易也。"所谓"可及"与"不可及""及时"之义。时间运行，无止无息，故及犹不及。《周易·乾》九三云："君子终日乾乾，夕惕若厉，无咎。"《文言》云："终日乾乾，与时偕行。"又云："君子进德修业，欲及时也。"《淮南子·人间》云："故君子终日乾乾，夕惕若厉，无咎。终日乾乾，以阳动也；夕惕若厉，以阴息也。因日以动，因夜以息，唯有道者能之。"《大戴礼记·曾子立事》云："君子爱日以学，及时以行，难者弗辟，易者弗从，唯义所在，日旦就业，夕而自省思，以殁其身，亦可谓守业矣。"

《周易·乾·象》云："终日乾乾，反复道也。"天道反复，往来无穷，《周易·系辞上》云："往来不穷谓之通。"《大戴礼记·卫将军文子》云："满而不满，实如虚，通之如不及。"《周易·系辞上》云："化而裁之谓之

变，推而行之谓之通。”

五

《大戴礼记·哀公问五义》云：

> 孔子对曰：所谓圣人者，知通乎大道，应变而不穷，能测万物之性情者也。大道者，所以变化而凝成万物者也。情性也者，所以理然不然取舍者也。故其事大，配乎天地，参乎日月，杂于云蜺，总要万物，穆穆纯纯，其莫之能循，若天之司，莫之能职，百姓淡然不知其善若此，则可谓圣人矣。

今按：大人即圣人。《周易·乾·文言》云：“九二曰：见龙在田，利见大人。何谓也？子曰：龙德而正中者也。庸言之信，庸行之谨，闲邪存其诚，善世而不伐，德博而化，《易》曰：见龙在田，利见大人，君德也。”又云：“夫大人者，与天地合其德，与日月合其明，与四时合其序，与鬼神合其吉凶，先天而天弗违，后天而奉天时。天且弗违，而况于人乎？况于鬼神乎？”

“大道”即天地之道。《周易·恒·彖》云：“天地之道，恒久而不已也，利有攸往，终则有始也，日月得天而能久照，四时变化而能久成，圣人久于其道而天下化成，观其所恒，而天地万物之情可见矣。”《周易·系辞上》云：“一阴一阳之谓道，继之者善也，成之者性也。仁者见之谓之仁，知者见之谓之知，百姓日用而不知，故君子之道鲜矣。”《管子·内业》云：“道满天下，普在民所，民不能知也。”《荀子·哀公》云：“若天之嗣，其事不可识，百姓浅然不识其邻，若此则可谓大圣矣。”《诗经·皇矣》云：“不识不知，顺帝之则。”

马王堆帛书《老子》甲本云：“道可道也，非恒道也。名可名也，非恒名也。”不可道，不可名，故不识不知，《论语·泰伯》云：“子曰：大哉尧之为君也，巍巍乎，唯天为大，唯尧则之。荡荡乎，民无能名焉。巍巍乎，其有成功也。焕乎，其有文章。”又云：“子曰：泰伯，其可谓至德也已矣。三以天下让，民无得而称焉。”至德为中庸之德，《礼记·中庸》云：“子曰：鬼神之为德，其盛矣乎！视之而弗见，听之而弗闻，体物而不可遗，使天下之人齐明盛服，以承祭祀，洋洋乎，如在其上，如在其左右，诗曰：神之格思，不可度思，矧可射思。夫微之显，诚之不可掩如此夫。”又云：“是故君子戒慎乎其所不睹，恐惧乎其所不闻，莫见乎隐，莫显乎微，故君子慎其独也。”

《大戴礼记·礼察》云：“若夫庆赏以劝善，刑罚以惩恶，先王持此之正，坚如金石，行此之信，顺如四时，处此之功，无私如天地，尔岂顾不用哉！然如曰礼云礼云，贵绝恶于未萌，而起敬于微眇，使民日徙善远罪而不自知也。孔子曰：‘听讼，吾犹人也，必也使无讼乎！’此之谓也。”《孟子·尽心上》云：“孟子曰：霸者之民，欢虞如也；王者之民，皞皞如也。杀之而不怨，利之而不庸，民日迁善而不知为之者。夫君子所过者化，所存者神，上下与天地同流。岂曰小补之哉?”《孟子·尽心下》云：“大而化之之谓圣，圣而不可知之之谓神。”《周易·系辞上》云：“是故阖户谓之坤，辟户谓之乾，一阖一辟谓之变，往来不穷谓之通，见乃谓之象，形乃谓之器，制而用之谓之法。利用出入，民咸用之谓之神。”又云：“范围天地之化而不过，曲成万物而不遗，通乎昼夜之道而知，故神无方而易无体。”

六

《大戴礼记·哀公问于孔子》云：

> 孔子遂言曰：“古之为政，爱人为大。不能爱人，不能有其身；不能有其身，不能安土；不能安土，不能乐天；不能乐天，不能成身。”公曰：“敢问何谓成身?”孔子对曰：“不过乎物。”

今按：“《周易·系辞上》云：“乐天知命故不忧，安土敦乎仁故能爱。”《国语·周语·韦昭注》云：“博爱于人为仁。”《礼记·大学》云：“《诗》云：‘殷之未丧师，克配上帝，仪监于殷，峻命不易。’道得众则得国，失众则失国。是故君子先慎乎德，有德此有人，有人此有土，有土此有财，有财此有用。德者本也，财者末也，外本内末，争民施夺，故财聚则民散，财散则民聚。”

“成身”犹言“成性”。《周易·系辞上》云：“天地设位，而易行乎其中矣，成性存存，道义之门。”又云：“一阴一阳之谓道，继之者善也，成之者性也。”凡人之性，乐生恶死，与民同好恶，是为“成性”，《礼记·中庸》云：“天命之谓性。”《诗经·昊天有成命》云：“昊天有成命，二后受之。”《礼记·大学》云：“《诗》云：乐只君子，民之父母。民之所好好之，民之所恶恶之。”又云：“好人之所恶，恶人之所好，是谓拂人之性，灾必逮夫身。”《礼记·中庸》又云：“诚者非自成己而已也，所以成物也。成己，仁也；成物，智也，性之德也。合外内之道也，故时措之宜也。”仁者人也，马王堆帛书《易传·缪和》云：“夫内之不咎，外之不逆，漠漠然，能立志于天下，若此者，成人也。成人也者，世无一夫，岂可强及舆哉？”

七

《大戴礼记·哀公问于孔子》云：

> 公曰：敢问君何贵乎天道也？孔子对曰：贵其不已。如日月西东相从而不已也，是天道也。不闭其久也，是天道也。无为物成，是天道也。已成而明，是天道也。

今按：相同内容又见《礼记·哀公问》，郑玄注：“已犹止也。‘是天道也’者，言人君法之，当如是也。日月相从，君臣相朝会也。不闭其久，通其政教，不可以倦。无为而成，使民不可以烦也。已成而明，照察有功。”

《周易·系辞下》云：“日月之道，贞明者也；天下之动，贞乎一者也。”又云：“日往则月来，月往则日来，日月相推而明生焉。”《周易·说卦》云：“离也者，明也，万物皆相见，南方之卦也，圣人南面而听天下，向明而治，盖取诸此也。”《周易·离·彖》云：“离，丽也。日月丽乎天，百谷草木丽乎土，重明以丽乎正，乃化成天下，柔丽乎中正，故亨，是以畜牝牛吉也。”《象》云：“明两作，离，大人以继明照于四方。”

《说文》云：“闭，阖门也。”不闭则不息，《礼记·中庸》云：“故至诚无息，不息则久，久则征，征则悠远，悠远则博厚，博厚则高明。博厚所以载物也，高明所以覆物也，悠久所以成物也。”又云：“仲尼祖述尧舜，宪章文武，上律天时，下袭水土，辟如天地之无不持载，无不覆帱，辟如四时之错行，如日月之代明，万物并育而不相害，道并行而不相悖，小德川流，大德敦化，此天地之所以为大也。”

八

《大戴礼记·曾子立孝》云：

> 是故未有君而忠臣可知者，孝子之谓也；未有长而顺下可知者，弟弟之谓也；未有治而能仕可知者，先修之谓也。故曰孝子善事君，弟弟

善事长。君子一孝一弟，可谓知终矣。

王聘珍《解诂》云："《孝经》曰：夫孝，始于事亲，中于事君，终于立身也。"今按《大戴礼记·保傅》云："《易》曰：正其本，万物理，失之毫厘，差之千里。"《论语·学而》云："有子曰：其为人也孝弟，而好犯上者，鲜矣；不好犯上，而好作乱者，未之有也。君子务本，本立而道生，孝弟也者，其为仁之本欤。"

《周易·乾·文言》云："知至至之，可与言几也；知终终之，可与存义也。"《大戴礼记·小辨》云："毋患曰乐，乐义曰终。"《左传·襄公十一年》云："抑臣愿君安其乐而思其终也。……夫乐以安德，义以处之。"《大戴礼记·曾子大孝》云："民之本教曰孝，其行之曰养。养可能也，敬为难；敬可能也，安为难；安可能也，久为难；久可能也，卒为难。父母既殁，慎行其身，不遗父母恶名，可谓能终也。"知终则知命，《大戴礼记·本命》云："故命者，性之终也，则必有终矣。"王聘珍《解诂》云："命禀于有生之前，性形于受命之始，命制其性之始，即已定其终，有始必有终也。《易》曰：原始反终，故知死生之说。"《论语·尧曰》云："子曰：不知命，无以为君子也。"

九

《大戴礼记·曾子制言》云：

> 是故君子以仁为尊，天下之为富，何为富？则仁为富也。天下之为贵，何为贵？则仁为贵也。昔者，舜匹夫也，土地之厚，则得而有之，人徒之众，则得而使之，舜唯以得之也，是故君子将说富贵，必勉于仁也。

王聘珍《解诂》云："尊，谓尊长。《易》曰：君子体仁，足以长人。天下为富，谓富有四海之为内也。天下为贵，谓贵为天子也。"

今按："崇高"为尊，《论语·尧曰》云："尊五美。"皇侃疏云："尊，崇重也。"《白虎通·封禅》云："天以高为尊。"《周易·系辞上》云："是故法象莫大乎天地，变通莫大乎四时，悬象著明莫大乎日月，崇高莫大乎富贵。"关于"崇高莫大乎富贵"，向无确解。虞翻注云："谓乾正位五，五贵坤富，以乾通坤，故高大富贵也。"尚秉和《周易尚氏学》云："艮山为崇为贵，巽为高为利市，故富。”马王堆帛书《易传·系辞》作：“荣莫大乎富贵。”《礼记·中庸》云：“故为政在人，取人以身，修身以道，修道以仁。”《礼记·大学》云：“《康诰》曰：惟命不于常，道善则得之，不善则失之矣。《楚书》曰：楚国无以为宝，惟善以为宝。舅犯曰：亡人无以为宝，仁亲以为宝。”

十

《大戴礼记·曾子疾病》云：

> 言不远身，言之主也；行不远身，行之本也。言有主，行有本，谓之有闻矣。君子尊其所闻，则高明矣；行有所闻，则广大矣。高明广大，不在于他，在加之志而已矣。

卢辩注：“知身是言行之基，可谓闻矣。”王聘珍《解诂》云：“尊，崇也。《说文》云：闻，知闻也。高明以德言，广大以业言。志，意也。《易》曰：圣人崇德而广业也。崇效天，卑法地。”

今按：“《周易·系辞上》云：“鹤鸣在阴，其子和之，我有好爵，吾与尔靡之。子曰：君子居其室，出其言善，则千里之外应之，况其迩者乎？居其室，出其言不善，则千里之外违之，况其迩者乎？言出乎身加乎民，行发乎迩见乎远。言行，君子之枢机也，枢机之发，荣辱之主也。言行，君子之所以动天地也，可不慎乎。”言行来自身心，《礼记·大学》云：“自天子以至于庶人，一是皆以修身为本，其本乱而末治者否矣，其所厚者薄而所薄者厚，未之有也。”《大戴礼记·子张问入官》云：“故君子南面临官，所见迩，故明不可蔽也；所求迩，故不劳而得也；所以治者约，故不用众而誉至也。法象在内故不远，源泉不竭故天下积也。而木不寡短长，人得其量，故治而不乱。”

“闻”，指先王之道。《大戴礼记·劝学》云：“是故不升高山，不知天之高也；不临深谿，不知地之厚也；不闻先王之遗道，不知学问之大也。”《论语·学而》云：“有子曰：礼之用，和为贵，先王之道斯为美，小大由之。有所不行，知和而和，不以礼节之，亦不可行也。”君子之言行本于礼。《论语·颜渊》云：“颜渊问仁，子曰：克己复礼为仁，一日克己复礼，天下归仁焉。为仁由己，而由人乎哉？颜渊曰：请问其目。子曰：非礼勿视，非礼勿听，非礼勿言，非礼勿动。”

《周易·大畜·象》云："君子以多识前言往行，以畜其德。"《礼记·中庸》云："故君子尊德性而道问学，致广大而尽精微，极高明而道中庸，温故而知新，敦厚以崇礼。"

十一

《大戴礼记·子张问入官》云：

子张问入官于孔子。孔子曰：安身取誉为难也。子张曰：安身取誉如何？孔子曰：有善勿专，教不能勿搢，已过勿发，失言勿踦，不善辞勿遂，行事勿留。君子入官，自行此六路者，则身安誉至而政从矣。

王聘珍《解诂》云："官，犹仕也。安，定也。《易》曰：君子安其身而后动。又曰：危以动则民不与也。誉，声美也。《诗》曰：在彼无恶，在此无射，庶几夙夜，以永终誉。"

今按：《周易·系辞上》云："是故君子所居而安者，易之序也。所乐而玩者，爻之辞也，是故君子居则观其象而玩其辞，动则观其变而玩其占，是以自天祐之，吉无不利。"易之序即礼之序，《礼记·礼运》云："故圣人参于天地，并于鬼神，以治政也。"《周易·系辞下》云："精义入神，以致用也；利用安身，以崇德也。过此以往，未之或知也，穷神知化，德之盛也。"《释名·释言语》云："安，晏也，晏晏然和喜无动惧也。"《尔雅·释诂》云："安，止也。"又云："安，定也。"《说文》云："安，静也。"《礼记·大学》云："知止而后有定，定而后能静，静而后能安，安而后能虑，虑而后能得。"

《大戴礼记·礼察》云：

为人主计者，莫如安审取舍，取舍之极定于内，安危之萌应于外也。安者非一日而安也，危者非一日而危也，皆以积然，不可不察也。善不积不足以成名，恶不积不足以灭身，而人之所行，各在其取舍。

王聘珍《解诂》云："积，聚也，习也。察，审也。《易》曰：积善之家，必有余庆；积不善之家，必有余殃，臣弑其君，子弑其父，非一朝一夕之故，其所由来者渐矣，由辨之不早辨也。又曰：善不积不足以成名，恶不积不足以灭身，小人以小善为无益而弗为也，以小恶为无伤而弗去也。故恶

积而不可揜，罪大而不可解。”

今按：《荀子·强国》云：“积微，月不胜日，时不胜月，岁不胜时。凡人好敖慢小事，大事至然后兴之务之，如是常不胜夫敦比于小事者矣。是何也？则小事之至也数，其县日也博，其为积也大。大事之至也希，其县日也浅，其为积也小。故善日者王，善时者霸，补漏者危，大荒者亡。”《周易·系辞上》云：“日新之谓盛德。”

十二

《大戴礼记·子张问入官》云：

> 故上者，民之仪也；有司执政，民之表也；迩臣便辟者，群臣仆之伦也。故仪不正则民失誓，表弊则百姓乱，迩臣便辟不正廉，而群臣服污矣，故不可不慎乎三伦矣。故君子修身，反道察说，而迩道之服存焉。

王聘珍《解诂》云：“反，复也。《易》曰：反复其道。服，事也。卢注云：修身当本于道，而省其说，则近道之事存。”

今按：《周易·乾·象》云：终日乾乾，反复道也。”《文言》云：“九三曰：君子终日乾乾，夕惕若厉，无咎。何谓也？子曰：君子进德修业，忠信所以进德也；修辞立其诚，所以居业也。”

《周易·系辞下》云：“复，德之本也。”《周易·复·彖》云：“复亨，刚反，动而以顺行，是以出入无疾，朋来无咎，反复其道，七日来复，天行也。利有攸往，刚长也，复其见天地之心乎。”初九：“不远复，无祇悔，元吉。”《象》云：“不远之复，以修身也。”六四云：“中行独复。”《象》云：“中行独复，以从道也。”六五也：“敦复，无悔。”《象》云：“敦复，无悔，中以自考也。”

《大戴礼记·子张问入官》云：

> 故君子南面临官，贵而不骄，富恭有本能图，修业居久而谭，情迩畅而及乎远，察一而关于多，一物治而万物不乱者，以身为本者也。

王聘珍《解诂》云：“《尔雅》曰：恭，敬也。图，谋也。卢注云：本为身也，谓能谋其身也。聘珍谓：业，事功也。居，安也。《广韵》云：谭，大也。业安于久而自大也。《易》曰：可久则贤人之德，可大则贤人之业。

畅，达也。关，通也。多，众也。”

今按：《大戴礼记·劝学》云：“《诗》云：‘鸤鸠在桑，其子七兮。淑人君子，其仪一兮。其仪一兮，心若结兮。’君子其结于一也。”马王堆帛书《五行》云：“尸（鸤）鸠在桑，其子七氏（兮）。叔（淑）人君子，其宜一氏（兮）。能为一，然后能为君子，君子慎其独也。”又云：“能为一然后能为君子。能为一者，言能以多为一，以多为一也者，言能以夫五为一也。君子慎其独，慎其独也者，言舍夫五而慎其心谓□□然后一。一也者，□夫五□为□心也，然后得之。一也，乃德也，德犹天也，天乃德也。”

《周易·蹇·象》云：“君子以反身修德。”《礼记·中庸》云：“子曰：射有似乎君子，失诸正鹄，反求诸其身。”郭店楚简《性自命出》云：“君子身以主心。”《老子》第四十五章云：“反者，道之动。”河上公注：“反本也。本者，道所以动，动生万物，背之则亡。”

十三

《大戴礼记·四代》云：

> 公曰：所谓民与天地相参者，何谓也？子曰：天道以视，地道以履，人道以稽，废一曰失统，恐不长享国。

王聘珍《解诂》云：“《鹿鸣》诗笺云：视，故示字。《说文》云：示，天垂象，见吉凶，所以示人也。三垂，日月星也。《尔雅》曰：履，礼也。《乐记》曰：礼以地制。《广雅》云：稽，考也。《表记》曰：考道以为无失。郑注云：能取仁义之一成之，以不失于人。”

今按：《周易·系辞下》云：“易之为书也，广大悉备，有天道焉，有人道焉，有地道焉，兼三材而两之，故六。六者，非它也，三材之道也。”

《大戴礼记·四代》又云：

> 子曰：有天德，有地德，有人德，此谓三德。三德率行，乃有阴阳，阳曰德，阴曰刑。

今按：《大戴礼记·主言》云：“道者所以明德也，德者所以尊道也。是故非德不尊，非道不明。《贾子·道德说》云：“德者，道之尊也。”《周易·说卦》云：“昔者圣人之作易也，将以顺性命之理，是以立天之道曰阴与阳，

立地之道曰柔与刚，立人之道曰仁与义，兼三才而两之，故易六画而成卦，分阴分阳，迭用柔刚，故易六位而成章。”《尚书·尧典》云：“平章百姓。”郑玄注：“章，明也。”《老子》第十六章云：“知常曰明。”故三才又称三常。《管子·君臣上》云：“天有常象，地有常形，人有常礼，一设而不更，此谓三常，兼而一之，人君之道也。”《大戴礼记·虞戴德》云：“天下之有道也，有天子存，国之有道也，君得其正，家之不乱也，有仁父存，是故圣人之教于民也，以其近而见者，稽其远而明者。”

《大戴礼记·虞戴德》又云：

> 天事曰明，地事曰昌，人事曰比，两以庆，违此三者，谓之愚民，愚民曰奸，奸必诛。

王聘珍《解诂》云：“明，谓悬象著明。《广雅》云：昌，光也。《易》曰：含万物而化光，坤道其顺乎，承天而时行。比者，相比附也。两谓天地。《左氏》昭二十五年《传》曰：天地之经，而民实则之，则天之明，因地之性。”

今按：《周易·系辞下》云：“日月之道，贞明者也。”又云：“日往则月来，月往则日来，日月相推，而明生焉。”《说文》云：“昌，美言也。”《周易·坤·文言》云：“阴虽有美，含之以从王事，弗敢成也。地道也，妻道也，臣道也。地道无成而代有终也。”又云：“君子黄中通理，正位居体，美在其中，而畅于四支，发于事业，美之至也。”《周易·比·象》云：“地上有水，比，先王以建万国，亲诸侯。”《国语·楚语》云：“比尔兄弟亲戚。”韦昭注：“比，亲也。”

《大戴礼记·诰志》云：

> 天曰作明，曰与，惟天是戴。地曰作昌，曰与，惟地是事。人曰作乐，曰与，惟民是嬉。

王聘珍《解诂》云：“天地人皆曰与，古诂与曰生。《易》曰：天地之大德曰生。《礼运》曰：人者，天地之心也，五行之端也，食味别声被色而生者也。《左氏》成十三年《传》曰：民受天地之中以生。”

今按：《古微书》引《书考灵曜》云：“审地理者昌，……昌者，地之财也。”《周易·系辞下》云：“古者包牺氏之王天下也，仰则观象于天，俯则观法于地，观鸟兽之文与地之宜，近取诸身，远取诸物，于是始作八卦，以通神明之德，以类万物之情。”又，“人曰作乐”同于“人事曰比，”《周易·杂卦》云：“比，乐。”《淮南子·本经》云：“地载以乐。”高诱注：“乐，生也。”《礼记·乐记》云：“夫乐者，先王之所以饰喜也。”《白虎通·礼乐》云：“故乐者，天地之命，中和之纪，人情之所不能免焉也。”

《大戴礼记·少闲》云：

时天之气，用地之财，以生杀于民。

王聘珍《解诂》云：“天有六气，阴阳风雨晦明；地有五材，水火木金土。”

今按：《周易·泰·象》云：“天地交，泰，后以财成天地之道，辅相天地之宜，以左右民。”《周易·系辞下》云：“何以守位曰仁，何以聚人曰财，理财正辞，禁民为非曰义。”

《大戴礼记·诰志》云：

天作仁，地作富，人作治，乐治不倦，财富时节，是故圣人嗣则治。

王聘珍《解诂》云：“《五帝德》曰：其仁如天。《白虎通》云：仁者好生。《说文》云：富，厚也。《易》曰：坤厚载物。作治者，《易》曰：圣人南面而听天下，向明而治。财，地财也。时谓天时。《郊特牲》曰：取财于地，取法于天。嗣，继也，言继天而王也。”

今按：“《礼记·中庸》云：“天命之谓性。”郑玄注：“木神则仁。”性、生古同，《白虎通·情性》云：“仁者好生。”又，《庄子·天地》云：“有万不同之谓富。”《说文》云：“富，备也。一曰厚也。”《周易·家人》六四云：“富家大吉。”疏云：“富谓禄位昌盛也。”又，《国语·齐语》云：“教不善，则政不治。”韦昭注：“治，理也。”《老子》第八章云：“正善治。”《礼记·礼运》云：“以治人情。”郑玄注：“治者，去瑕秽，养菁华也。”《大戴礼记·礼三本》云：“君师者，治之本也。”《大戴礼记·千乘》云：“上有义，则国家治。”王聘珍《解诂》云：“上犹尚也，贵也。义读曰仪，《左传》曰：有仪可象。《周礼》曰：以仪辨等，则民不越。”

《大戴礼记·虞戴德》云：

公曰：善哉，我则问政，子事教我。子曰：君问已参黄帝之制，制之大礼也。公曰：先圣之道斯为美乎？子曰：斯为美。虽有美者，必偏，属于斯，昭天之福，迎之以祥，作地之福，制之以昌，兴民之德，守之

以长。

今按：《论语·学而》云："有子曰：礼之用，和为贵，先王之道，斯为美，小大由之。"偏，读为遍。《周易·益》上九云：莫益之。"《象》云："莫益之，偏辞也。"虞翻注："偏，周帀也。"《礼记·中庸》云："其次致曲，曲能有诚，诚则形，形则著，著则明，明则动，动则变，变则化，唯天下至诚为能化。"

《诗经·大明》云："昭事上帝。"《尔雅·释诂》云："昭，见也。"《逸周书·武顺》云："天道曰祥。"《说苑·君道》云："祥者，福之先见者也。"《周易·系辞下》云："是故变化云为，吉事有祥，象事知器，占事知来。"

《尔雅·释言》云："作，为也。"《尚书·洪范》云："惟辟作福，惟辟作威，惟辟玉食。臣无有作福作威玉食，臣之有作福作威玉食，其害于而家，凶于而国。"《荀子·解蔽》云："王也者，尽制者也。"《说文》云："制，裁也。"《周易·系辞上》云："化而裁之谓之变。"《管子·心术下》云："凡物载名而来，圣人因而财之，而天下治。"尹知章注："财同裁字训。"

《大戴礼记·四代》云："兴民之阳德，以教民事。"王聘珍《解诂》云："兴，作也。《周礼》曰：以地产作阳德。先郑云：一说，地产谓土地之性各异，若齐性舒缓，楚性急悍，此皆露见于外，故谓之阳德。教民事者，修其教，移其习也。"今按：《荀子·儒效》云："以从俗为善，以货财为宝，以养生为己至道，是民德也。"民德即民性，以生为本，《周易·系辞下》云："天地之大德曰生。"《论语·学而》云："曾子曰：慎终追远，民德归厚矣。"《大戴礼记·盛德》云："善御马者，正衔勒，齐辔策，均马力，和马心，故口无声，手不摇，策不用，而马为行也。善御民者，正其德法，饬其官，而均民力，和民心，故听言不出于口，刑不用而民治，是以民德美之。夫民善其德，必称其人，故今之人称五帝三王者，依然若犹存者，其法诚德，其德诚厚。夫民思其德，必称其人，朝夕祝之，升闻于皇天，上帝歆焉，故永其世而丰其年。"

《大戴礼记·虞戴德》云：

> 是故圣人之教于民也，率天如祖地，能用民德，是以高举不过天，深虑不过地，质知而好仁，能用民力。此三常之礼明，而民不蹇。

王聘珍《解诂》云："率，遵也。如读曰而。祖，法也。《易》曰：崇效天，卑法地。能用民德者，《诗》曰：民之秉彝，好是懿德。又曰：群黎百姓，遍为尔德。质，本也。三者，天地人也。《左氏》昭二十五年《传》曰：夫礼，天之经也，地之义也，民之行也。”

《大戴礼记·虞戴德》又云：

是故上古不讳，正天名也。天子之官四通，正地事也。天子御珽，诸侯御荼，大夫服笏，正民德也。敛此三者而一举之，戴天履地，以顺民事。

王聘珍《解诂》云：“正民德者，《易》曰：辨上下定民志也。敛，取也。三者，谓天名、地事、民德。一，同也。举，行也。”今按：《大戴礼记·四代》云：“阳曰德，阴曰刑。”故民德者，民之阳气。《说文》云：“性，人之阳气，性善者也。”《尚书·君陈》云：“惟民生厚，因物有迁。”孔传云：“言人自然之性敦厚。”《周易·说卦》云：“昔者圣人之作易也，将以顺性命之理。”

十四

《大戴礼记·诰志》云：

子曰：知仁合则天地成，天地成则庶物时，庶物时则民财敬，民财敬以时作，时作则节事，节事以动众，动众则有极，有极以使民则劝，劝则有功，有功则无怨，无怨则嗣世久，唯圣人。

今按：《礼记·中庸》云：“致中和，天地位焉，万物育焉。”《周易·系辞上》云：“天尊地卑，乾坤定矣；卑高以陈，贵贱位矣；动静有常，刚柔断矣。”动为知，静为仁，《论语·雍也》云：“子曰：知者乐水，仁者乐山；知者动，仁者静；知者乐，仁者寿。”

《礼记·中庸》云：“成已，仁也；成物，知也，性之德也，合外内之道也，故时措之宜也。”《管子·霸言》云：“圣人能辅时，不能违时。”尹知章注：“圣人能因时来，辅成其事，不能违时而立功。不有桀纣之暴，则无汤武之功。”《论语·学而》云：“子曰：道千乘之国，敬事而信，节用而爱人，使民以时。”

《逸周书·命训》云：“通道通天以正人，正人莫如有极，道天莫如无极，道天有极则不威，不威则不昭，正人无极则不信，不信则不行。”《大戴礼记·四代》云：“功以养民。”《贾子·大政上》云：“以富乐民曰功。”《周易·系辞上》云：“乾以易知，坤以简能，易则易知，简则易从，易知则有亲，易从则有功，有亲则可久，有功则可大。可久则贤人之德，可大则贤人之业。易简而天下之理得矣。”《大戴礼记·小辨》云：“夫道不简则不行，不行则不乐。”《礼记·王制》云：“有旨无简不听。”郑玄注：“简，诚也。”《逸周书·谥法》云：“一德不懈曰简。”《周易·系辞上》云：“易简之善配至德。”

十五

《大戴礼记·诰志》云：

> 天生物，地养物。物备兴而时用常节，曰圣人；主祭于天，曰天子。

王聘珍《解诂》云：“《易》曰：备物致用，立成器以为天下利，莫大乎圣人。《白虎通》云：‘王者父天母地，为天之子也。’”

今按：《庄子·天地》云：“循于道之谓备。”《孟子·尽心上》云：“孟子曰：万物皆备于我矣，反身而诚，乐莫大焉。强恕而行，求仁莫近焉。”

“时用常节”指中和。《礼记·中庸》云：“发而皆中节，谓之和。”《说文》云：“中，和也。”中和为天下之利，《周易·乾·文言》云：“利者义之和也。”

《周易·系辞下》云：“古者包牺氏之王天下也，仰则观象于天，俯则观法于地，观鸟兽之文与地之宜，近取诸身，远取诸物，于是始作八卦，以通神明之德，以类万物之情。作结绳而为罔罟，以佃以渔，盖取诸《离》。包牺氏没，神农氏作，斲木为耜，揉木为耒，耒耨之利以教天下，盖取诸《益》。日中为市，致天下之民，聚天下之货，交易而退，各得其所，盖取诸《噬嗑》。”“王天下”即“君天下”，《礼记·曲礼》云：“君天下曰天子。”湖北包山楚简占卜文书中有“二天子”，即伏牺、神农。《淮南子原道》云：“泰古二皇，得道之柄，……神与化游，以抚四方。”高诱注：“二皇，伏牺、神农也。指说阴阳，故不言三也。”

十六

《大戴礼记·诰志》云：

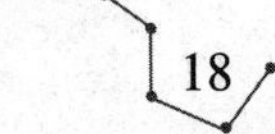

圣人有国，则日月不食，星辰不陨，勃海不运，河不满溢，川泽不竭，山不崩解，陵不施谷，川浴不处，深渊不涸，于时龙至不闭，凤降忘翼，蛰兽忘攫，爪鸟忘距，蜂虿不螫婴儿，蚊虻不食夭驹。雒出服，河出图。

今按：圣人又称大人。《周易·乾·文言》云："夫大人者，与天地合其德，与日月合其明，与四时合其序，与鬼神合其吉凶。先天而天弗违，后天而奉天时。天且弗违，而况于人乎，况于鬼神乎。"《老子》第三十九章云："昔之得一者，天得一以清，地得一以宁，神得一以灵，谷得一以盈，万物得一以生，侯王得一以为天下正。其致之，天无以清将恐裂，地无以宁将恐发，神无以灵将恐歇，谷无盈恐将竭，万物无以生将恐灭，侯王无以贵高将恐蹶。"

《孟子·离娄下》云："孟子曰：大人者，不失其赤子之心者也。"朱熹《集注》云："大人之心，通达万变，赤子之心，则纯一无伪而已，然大人之所以为大人，正以其不为物诱，而有以全其纯一无伪之本然，是以扩而广之，则无所不知，无所不能，而极其大也。"《老子》第五十五章云："含德之厚，比于赤子，毒虫不螫，猛兽不据，玃鸟不搏。"

"含德"指文德，《周易·小畜·象》云："风行天上，小畜，君子以懿文德。"《论语·季氏》云："远人不服则修文德以来之。"含德如含章，《周易·坤》六三云："含章可贞，或从王事，无成有终。"《象》曰："含章可贞，以时发也，或从王事，知光大也。"《周易·说卦》云："故易六画而成章。"虞翻注："章谓文理。"《淮南子·缪称》云："圣人在上，化育如神。太上曰：我其性与？其次曰：微彼其如此乎？故《诗》曰：执辔如组。《易》曰：含章可贞。动于近，成文于远。"

"洛书"称"服"，极罕见。《周易·系辞上》云："河出图，洛出书，圣人则之。"《尚书·洪范》云："鲧则殛死，禹乃嗣兴。天乃锡禹洪范九畴，彝伦攸叙。"孔传云："天与禹洛出书。神龟负文而出，列于背，有数至于九，禹遂因而第之，以成九类，常道所以次叙。"《汉书·五行志上》引刘歆说："虙羲氏继天而王，受河图，则而画之，八卦是也；禹治洪水，赐洛书，法而陈之，《洪范》是也。"《洪范》是治国大法，故"洛书"又称"服"，《诗经·荡》云："曾是在服。"毛传："服，服政事也。"《尔雅·释诂》云："服，事也。"

十七

《大戴礼记·少闲》云：

> 先清而后浊者，天地也。天政曰正，地政曰生，人政曰辨。苟本正，则华英必得其节以秀孚矣。

王聘珍《解诂》云："政，职也。《易》曰：乾道变化，各正性命。又曰：至哉坤元，万物资生。又曰：君子以辨上下，定民志。"

今按：《周易·贲·象》云："君子以明庶政，无敢折狱。"《释名·释言语》云："政，正也，下所取正也。"《尚书·甘誓》云："有扈氏，威侮五行，怠弃三正，天用剿绝其命。"

《周易·系辞下》云："天地之大德曰生。"故"天政曰正"与"地政曰生"同，《说文》云："正，是也。"《释名·释言语》云："是，嗜也，人嗜乐之也。"《鹖冠子·博选》云："所谓人者，恶死乐生者也。"《周易·系辞上》云："夫易广矣大矣，以言乎远则不御，以言乎迩则静而正，以言乎天地之间则备矣。夫乾，其静也专，其动也直，是以大生焉。夫坤，其静也翕，其动也辟，是以广生焉。"

《周易·未济·象》云："火在水上，未济，君子以慎辨物居方。"虞翻注："辨，别也。"《说苑·权谋》云："有辨，人之义也。"郭店楚简《六德》云："男女辨生言，父子亲生言，君子义生言。"《左传·襄公二十八年》云："男女辨姓。"《荀子·非相》云："故人之所以为人者，非特以其二足而无毛也，以其有辨也。夫禽兽有父子而无父子之亲，有牝牡而无男女之别，故人道莫不有辨。辨莫大于分，分莫大于礼，礼莫大于圣王。"

《说苑·建本》云："《易》曰：建其本而万物理，失之毫厘，差以千里。"《大戴礼记·哀公问于孔子》云："公曰：敢问何谓为政？孔子对曰：政者，正也。君为正，则百姓从政矣。君之所为，百姓之所从也。君所不为，百姓何从？公曰：敢问为政如之何？孔子对曰：夫妇别，父子亲，君臣严，三者正则庶民从之矣。"

十八

《大戴礼记·少闲》云：

> 曰：于此有功匠焉，有利器焉，有措扶焉。以时令其藏必周密，发如用之，可以知古，可以察今，可以事亲，可以事君，可用于生，又用之死，吉凶并兴，祸福相生，卒反生福，大德配天。

王聘珍《解诂》云："令，善也。《易》曰：君子藏器于身，待时而动，何不利之有？又曰：君不密则失臣，臣不密则失身，机事不密则害成。发如读曰而，吉凶祸福，循环不已。惟修德者反祸为福。《诗》曰：永言配命，自求多福。"

今按：《周易·系辞上》云："显诸仁，藏诸用。"《贾子·修政语上》云："道，……以数施之万姓为藏。"《老子》第十一章云："故有之以为利，无之以为用。"河上公注："言虚空者，乃可用盛受万物，故曰虚无能制有形，道者空也。"《老子》第二十八章云："知其白，守其黑，为天下式，常德不忒，复归于无极。"《周易·系辞上》云："圣人以此洗心，退藏于密，吉凶与民同患，神以知来，知以藏往，其孰能与于此哉？古之聪明睿知，神武而不杀者夫，是以明之天之道，而察于民之故，是兴神物，以前民用，圣人以此斋戒，以神明其德夫。"又云："与天地相似，故不违；知周乎万物而道济天下，故不过。"

十九

《大戴礼记·少闲》云：

> 子曰：所谓失政者，疆萎未方，人民未变，鬼神未亡，水土未细，糟者犹糟，实者犹实，玉者犹玉，血者犹血，酒者犹酒，优以继慑，政出自家门，此之谓失政也。非天是反，人自反。臣故曰：君无言情于臣，君无假人器，君无假人名。

王聘珍《解诂》云："《左氏》昭三十二年《传》曰：民不知君，何以得国。是以为君慎器与名，不可以假人。"

今按：《荀子·正名》云："性之好恶喜怒哀乐谓之情。"《论衡·初禀》云："情，接于物而然者也。"《周易·系辞上》云："不出户庭，无咎。子曰：乱之所由生也，则言语以为阶，君不密则失臣，臣不密则失身，几事不密则害成，是以君子慎密而不出也。"

《老子》第三十六章云："国之利器，不可以示人。"河上公注："利器，权道也。治国权者不可以示执事之臣也，治身道者不可以示非其人也。”《韩非子·内储说上》云：“齐王问于文子曰：治国何如？对曰：赏罚之为道，利器也，君固握之，不可以示人。若如臣者，犹兽鹿也，唯荐草而就。”《左传·成公二年》云：“惟器与名。”杜预注：“名，爵号。”《国语·周语》云：“言以信名。”韦昭注：“名，号令也。”

作者单位：北京教育学院

京房“八宫卦”说中的易学历史哲学*

章伟文

摘　要：本文对西汉中后期易学家京房“八宫卦”说中的易学历史哲学做出探讨。京房的“八宫卦”理论认为，《周易》卦爻的变化是有规律的，自然界和人类社会发展、变化过程应与此规律相应、相符；在探讨社会历史治乱变化之因的过程中，凸显出“人”在这个过程中的地位和作用；京房的“八宫卦”理论还努力将人类社会历史发展融入其易学卦爻象数体系的变化中来，并为人性和社会历史进步设定“道”“德”的价值标准。应该说，京房并没有从社会历史发展本身的分析中推导出其变化的根本原因，他所强调的社会历史之间的关系实际上仍然是一种卦象、爻象变化抽象而烦琐的关系，这就将活泼泼的人类生活与社会历史局限在《周易》抽象的卦爻秩序中，成为一种历史教条主义。

关键词：京房　“八宫卦”说　易学历史哲学

京房为西汉中后期易学家，本姓李，吹律自定为京氏，字君明，东郡顿邱人（今河南省清丰县西南），受易于焦延寿。《汉书》本传载京房死于汉元帝建昭二年（公元前37年），死时41岁，故他当生于汉昭帝元凤四年（公元前77年）。元帝时，他以言灾异得幸，为石显等所嫉，出为魏郡太守，卒以谮诛。

京房所著《京氏易传》，今存三卷，收入《四库全书》“子部七”之“术数类四”中。宋代朱震《汉上易丛说》云：“孟喜、京房之学，其书概见于一行所集。”① 又《进周易表》云：“臣闻商瞿学于夫子，自丁宽而下，其流为孟喜、京房。喜书见于唐人者，犹可考也。一行所集房之《易传》，论

* 本文系2014年北京市哲学社会科学规划重点项目“中国哲学历史观研究”（项目号：14ZXA003）阶段性成果。

① 《易学精华》（上），《汉上易传·汉上易丛说》，齐鲁书社，1990，第1008页。

卦气、纳甲、五行之类。两人之言，同出于《周易·系辞》《说卦》。”① 据此，题京房著之《京氏易传》实为唐代僧一行所集。《京氏易传》现存三卷，有三国时吴陆绩之注和北宋晁公武之跋，在易学史和中国文化史上影响颇大。

京房另著有《周易章句》十卷、《周易错卦》十卷、《周易妖占》十二卷、《周易占事》十二卷、《周易守株（林）》三卷、《周易飞候》九卷（又六卷）、《周易飞候六日七分》八卷、《周易四时候》四卷、《周易混沌》四卷、《周易委化》四卷、《周易逆刺占灾异》十二卷、《易传积算法杂占条例》一卷等，今唯《京氏易传》存。

《京氏易传》一改以往遵从《周易》经传框架、对之逐词逐句解释的传统学术路径，将天人感应、阴阳消长思想与当时的卦气、积算、纳甲、星象等理论进行有机整合，构建起一个全新的易学理论体系，以之讲阴阳灾异，禨祥人事吉凶，并对社会历史发展的进程进行预测、把握，从而展示了独具特色的易学历史哲学观。下面，我们拟对京房易学“八宫卦”说中的历史哲学思想做一粗浅探讨，以就正于方家。

一　京房的“八宫卦”说

京房易学哲学思想的理论基础是“气论”。气充塞于天地之间，有阴阳之分，阴阳相互作用而产生变易，整个世界都处于变化之中。京房提出：“天地若不变易，不能通气。五行迭终，四时更废。变动不居，周流六虚，上下无常，刚柔相易，不可以为典要，惟变所适。”② 对于天地变易规律，可以《周易》来把握，《易》列象分爻，就是用来“定阴阳进退之道”的。

京房以《易传·说卦》“乾坤父母六子说”为基础，提出一个新的《周易》卦序排列体系，即八宫卦理论体系。他对《周易》六十四卦卦序重新进行排列、组合，以摸拟天地变易之道。这种对《周易》卦象的重新排序，不是任意的，而是体现出一种阴阳消长的特征，此特征在京房看来，即是天地变易的规律。以《周易》卦象表征之，就是其易学中著名的“八宫卦”说。

“八宫卦”说将《周易》六十四卦按卦、爻的阴阳及其消长规律进行分类研究。具体说来，即按《周易·说卦》分八经卦为乾坤父母六子的方法，

---

① 《易学精华》（上），《汉上易传·汉上易传表》，第634页。

② 卢央：《京氏易传解读》，九州出版社，2004，第520页。

将六十四别卦分为八组，每组八卦，意在通过《周易》卦爻象有规律的变化，在自然和社会中，建立起一种普遍的连续性、流变性、秩序性。如果我们以一个图来展示它，将会使这种理论更加清楚、明白：

世游归	八宫各卦							
八纯卦 上世卦	乾	震	坎	艮	坤	巽	离	兑
一世卦	姤	豫	节	贲	复	小畜	旅	困
二世卦	遁	解	屯	大畜	临	家人	鼎	萃
三世卦	否	恒	既济	损	泰	益	未济	咸
四世卦	观	升	革	睽	大壮	无妄	蒙	蹇
五世卦	剥	井	丰	履	夬	噬嗑	涣	谦
游魂卦	晋	大过	明夷	中孚	需	颐	讼	小过
归魂卦	大有	随	师	渐	比	蛊	同人	归妹

京房“八宫卦”说对每一卦各爻之间的关系，提出了世应说。根据《周易·系辞》“列贵贱者存乎位”的说法，京房取人事中礼教等级的尊卑之义，将一卦六爻分别赋予等级贵贱之位：如初爻为元士，二爻为大夫，三爻为三公，四爻为诸侯，五爻为天子，上爻为宗庙。其中，一世卦初爻为世爻，二世卦二爻为世爻，三世卦三爻居世，四世卦四爻为世爻，五世卦五爻是世爻，八纯卦上爻为世爻。京房认为，一卦的吉凶主要取决于六爻中的一爻之象，所谓“定吉凶只取一爻之象”①，这主要的一爻即为世爻。除世爻之外，一卦中还有与世爻相应的应爻，京房易学主要通过卦中世爻与应爻之间刚柔生克的关系来显示吉凶之象。其所说应爻，指的是六爻中与世爻间隔两位的那一爻。如一世卦初爻元士居世，则四爻诸侯与之相应；二世卦二爻大夫居世，则五爻天子与之相应；三世卦三爻三公临世，则上爻与之相应；游魂卦，京房以之为四爻临世，则初爻为其应爻；归魂卦，以三爻为世，则上爻为其应爻；八纯卦上爻居世，其应爻为三爻三公。此即京房所谓的世应之说。

京房“八宫卦”理论还提出“飞伏”说。他认为，《周易》之卦、爻有隐有现，飞指显现于外可见者，伏指隐藏于背后不可见者。如其解乾宫八卦之《乾》卦云：“纯阳用事。象配天，属金。与坤为飞伏。”② 乾卦六爻皆阳，

① 卢央：《京氏易传解读》，第444页。

② 卢央：《京氏易传解读》，第442页。

故为纯阳用事，其卦象代表天，于五行属金。《乾》为纯阳卦，但内亦蕴含其对立之《坤》卦，这种本身包含对立方的易学体例，京房称之为“飞伏”，“飞”为显卦，“伏”为显卦之后所藏之对立卦。

一般认为，京房“飞伏”之说源自《周易·说卦》：“《巽》，……其究为躁卦”，震为“躁”卦，震与巽为飞伏，故巽中亦伏“躁”之性，巽虽有“柔顺”意，但其究为“躁”卦。因此，所谓飞伏，就是说《周易》显现的卦象、爻象之背后，皆有与其对立的卦象、爻象潜存。每卦有飞伏，各爻亦有飞伏。卦的飞伏，如八纯卦，除乾卦与坤卦互为飞伏外，震卦与巽卦、坎卦与离卦、艮卦与兑卦亦皆互为飞伏。飞伏说要求对事物进行全面的认识，既要看到事物的表象，还要看到事物中隐藏的向其对立面转化的可能性；既要看到事物当前的状况，还要考虑到事物的未来发展及从前的状况。

京房八宫卦理论的另一重要内容就是“纳甲”说。所谓纳甲，就是把阴阳五行、天干地支系统和《周易》六十四卦结合起来，把八宫卦各配以十天干，每卦各爻分别配以十二地支。因为甲为十天干之首，故称为纳甲或纳支。

京房说：“分天地乾坤之象，益之以甲乙壬癸。震巽之象配庚辛，坎离之象配戊己，艮兑之象配丙丁。八卦分阴阳，六位配五行，光明四通，变易立节。”①《周易》之《乾》《坤》两卦分内外卦分别纳甲，其中，乾卦内卦纳甲，外卦纳壬；坤卦内卦纳乙，外卦纳癸。其他六卦不分内、外卦，震卦纳庚，巽卦纳辛，坎卦纳戊，离卦纳己，艮卦纳丙，兑卦纳丁。同时，京房还把地支分别配入各卦六爻，其中，《乾》卦从初爻到上爻，分别配以子、寅、辰、午、申、戌；《坤》卦从初爻至上爻分别配未、巳、卯、丑、亥、酉，《震》卦六爻同《乾》；《巽》卦六爻从初爻至上爻配丑、亥、酉、未、巳、卯，《坎》卦六爻从初爻至上爻配寅、辰、午、申、戌、子；《离》卦六爻从初爻至上爻配卯、丑、亥、酉、未、巳；《艮》卦六爻从初爻至上爻配辰、午、申、戌、子、寅，《兑》卦六爻从初爻至上爻配巳、卯、丑、亥、酉、未。八卦与五行相配，则乾、兑属金、震、巽属木，坎属水，离属火，坤、艮属土；天干、地支分属五行，则天干甲乙属木，丙丁属火，戊己属土，庚辛属金，壬癸属水；地支亥子属水，寅卯属木，巳午属火，申酉属金，辰戌丑未属土，以图示之如下：

① 卢央：《京氏易传解读》，第519页。

八卦五行纳甲之图

爻位＼八卦	乾金☰	坤土☷	震木☳	巽木☴	坎水☵	离火☲	艮土☶	兑金☱
上　爻	壬戌土	癸酉金	庚戌土	辛卯木	戊子水	己巳火	丙寅木	丁未土
五　爻	壬申金	癸亥水	庚申金	辛巳火	戊戌土	己未土	丙子水	丁酉金
四　爻	壬午火	癸丑土	庚午火	辛未土	戊申金	己酉金	丙戌土	丁亥水
三　爻	甲辰土	乙卯木	庚辰土	辛酉金	戊午火	己亥水	丙申金	丁丑土
二　爻	甲寅木	乙巳火	庚寅木	辛亥水	戊辰土	己丑土	丙午火	丁卯木
初　爻	甲子水	乙未土	庚子水	辛丑土	戊寅木	己卯木	丙辰土	丁巳火

这就是京房所谓的“八卦分阴阳，六位配五行”。至于《周易》六十四卦中每一卦的纳甲纳支，其方法按上述原理，分内、外卦分别配以干支即可。

京房在其《易传》中，用五行分别配八宫卦及每卦六爻，以五行间的生克关系来解说吉凶。他说：“孔子云：易有四易，一世、二世为地易；三世、四世为人易；五世、六世为天易；游魂、归魂为鬼易。八卦，鬼为系爻，财为制爻，天地为义爻（天地即父母也），福德为宝爻（福德即子孙也），同气为专爻（兄弟爻也）。”[①] 其中，八宫卦为母，每卦各爻为子，按五行关系说明卦与爻之间的生克关系。系爻指爻性克母卦之爻，陆绩称之为官鬼爻；制爻为母卦所克之爻，又称财爻；义爻是生母卦之爻，陆绩称为父母爻；宝爻是指母卦所生之爻，陆绩称其为子孙爻；还有一种与母卦属性相同，没有生克关系的爻，称作专爻，后人称之为兄弟爻。

我们以《乾》卦为例，来做一说明。《乾》初九纳甲子、九二纳甲寅、九三纳甲辰、九四纳壬午、九五纳壬申、上九纳壬戌，这就是所谓“降五行，颁六位”，京房将《乾》卦本宫配五行之金，《乾》卦各爻所配五行与本宫卦成子孙、父母、兄弟、妻财、官鬼等“六亲”关系，即所谓：“水配位为福德，木入金乡居宝贝，土临内象为父母，火来四上嫌相敌，金入金乡木渐微，宗庙上建戌亥，乾本位。”

对此，陆绩注曰：“甲子水，是乾之子孙；甲寅木，是乾之财；甲辰土，是乾之父母；壬午火，是乾之官鬼；壬申金，同位伤木；戊亥乾之位。”[②] 其大意为：《乾》卦初九纳甲为甲子水，其与本宫《乾》金的关系，为金生水，故初九所纳甲子水为《乾》金之子孙；九二纳甲为甲寅木，其与本宫《乾》

① 卢央：《京氏易传解读》，第520页。

② 卢央：《京氏易传解读》，第442～443页。

金的关系，为金克木，故九二所纳甲寅木为《乾》金之财；九三纳甲为甲辰土，其与本宫《乾》金的关系，为土生金，故九三所纳甲辰土为《乾》金之父母；九四纳甲为壬午火，其与本宫《乾》金的关系，为火克金，故九四所纳壬午火为《乾》金之官鬼；九五纳甲为壬申金，其与本宫《乾》金的关系，为金同位，故九五所纳壬申金为《乾》金之兄弟；上九纳甲为壬戌土，其与本宫《乾》金的关系，为土生金，故上九所纳壬戌土为《乾》金之父母；如此等等。

京房“八宫卦”理论还将《周易》卦象与星辰相联系。其《京氏易传》中有“位五星降二十八宿”之说，通过“分六十四卦配三百八十四爻，成万一千五百二十策，定气候二十四，考五行于运命，人事天道、日月星辰局于指掌，吉凶见乎其位”①。这是将中国古代占星说与《周易》进行结合的一种理论。

以《乾》卦为例，其云：“五星从位起镇星，参宿从位起壬戌。”陆绩之注文云：“土星入西方，丽西北，居壬戌为伏位。”又云：“壬戌在世居宗庙。”② 冒广生先生认为：“镇星，土星；参，西方宿，皆从宗庙世位壬戌土入卦用事。六十四卦，五星十三周，而起一荧惑。二十八宿再周，而多参、井、鬼、柳、星、张、翼、轸，盖其数皆能适合，故康成变其法为爻辰。”③

京房所谓“五星”，指的是土、金、水、木、火五星。其中，土星又称镇星，金星称太白，水星称辰星，木星称岁星，火星称荧惑，六十四卦循环配“五星”，称为“五星配卦”。“二十八宿”在古天文学中将之分为四组，其中，东方苍龙七宿为：角、亢、氐、房、心、尾、箕，北方玄武七宿为：斗、牛、女、虚、危、室、壁，西方白虎七宿为：奎、娄、胃、昴、毕、觜、参，南方朱雀七宿为：井鬼柳星张翼轸。京房易学将“二十八宿”与《周易》卦象相配，如《乾》为西北之卦，西方配白虎七宿，因其方位为西北，故将白虎七宿中最后一位“参”与《乾》配。

之所以要突出水、木、火、土、金“五星”，可能是为了与“五行”说相配合。在《京氏易传》中，其所说“太阴”，即为水星而位居北方；其所说“岁星”，即为木星而位居东方；其所说“荧惑”，即为火星而位居南方；其所说“镇星”，即为土星而位居中央；其所说“太白”，即为金星而位居西

① 卢央：《京氏易传解读》，第519页。

② 卢央：《京氏易传解读》，第441页。

③ 冒广生撰述，冒怀辛、毛景华整理：《冒鹤亭京氏易三种》，四川出版集团巴蜀书社，2008，第17页。

方。京房自《乾》卦配镇星开始，把《周易》八宫、六十四卦，以五行相生的秩序，即土生金、金生水、水生木、木生火、火生土之相生秩序，皆配以五星之位。

二　京房“八宫卦”理论中蕴藏的历史哲学思想

我们对京房八宫卦演变的过程作了一个简单阐述。京房把注意力集中在建立一套易学卦、爻变化的体系，并按照此体系来对自然和社会历史现象进行观察和预测，他的易学理论的根本任务是要发现整个世界所存在的变化规则，其中，就有对社会历史发展规律的相关探讨。

第一，京房认为，《周易》卦爻的变化是有规律的，自然界和人类社会发展、变化过程与此规律相应、相符。

京房的易学体系是一个变化的结构，其变化的方式就是卦爻象阴阳的消长，处在这个变化中的每个因素，也就是具体的卦与爻，皆不是孤立的存在，而是与其他卦、爻象构成一种复杂的阴阳消长关系。

在京房的易学中，一个单纯的爻是没有意义的，爻只有在卦象中，通过考察其与周围其他爻的关系，才能确定其意义。如京房解坎宫二世《屯》卦说：“内外刚长，阴阳升降，动而险。凡为物之始，皆出先难后易。今屯则阴阳交争，天地始分，万物萌兆，在于动难，故曰屯。”① 震动而坎险，故《屯》之意有在危险中来行动之义。其中，坎之中爻为阳，震之初爻亦为阳，坎中阳为两阴所夹，震初阳为两阴所压，阳皆有破阴而出之象，故“内外刚”。物之始，事之初，其理皆如此，因其为阴阳相争、相交之初，事与物皆处于萌芽的状态，故《屯》有难之意，自然、社会皆如此。

在京房看来，整个《周易》卦爻象就是一个关系的系统，卦爻的关系表现为一种阴阳的消长、互换，意味着爻变与卦变。每个卦象与其他卦象之间存在着内在的、必然的联系。京房的易学体系本身就意味着一种过程性、历史性，此历史性通过卦爻符号的阴阳消长来展开。卦与卦的不同在于它自身阴阳爻组合的不同，故爻的变化又必然导致卦的变化，而将不同卦象的变化联系起来，京房倾向于认为就可能揭示出天地宇宙和人类社会历史阴阳消长的规律。

例如，《坎》二阳履四阴，有险之义；坎宫二世卦为《屯》，京房谓

① 卢央：《京氏易传解读》（下），第464页。

《屯》卦："世上见大夫，应至尊。阴阳得位，君臣相应，可以定难于草昧之世。"[①]《坎》为险，《屯》为坎险之后的"定难"，因其世爻六二为大夫爻，得位得中，九五为至尊天子爻，亦得位得中，六二、九五两爻阴阳相应，表明君臣相应，《屯》卦上坎下震，震动而坎险，虽然"动乎险中"，然可以定难于草昧之世。

又，京房解乾宫之《遁》卦与《否》卦之过渡，认为《遁》上卦为乾、下卦为艮，艮卦在下，表明阴积为地、为山岳，山岳积阴而高峻，逼通于乾阳之天，天为山高峻所逼，遁之而去；于人事言，京房认为，则为小人得志，君子避开乱世、"遁世无闷"之意[②]。君子为阳，遁之而去；小人为阴，逆而长之，这必然导致阴得势而阳消退，阴阳不交而否塞不通，故《遁》之后为《否》。其解乾宫之《否》卦，说："天气上腾，地气下降，二象分离，万物不交也。小人道长，君子道消。"[③] 于人事言，《否》代表"小人为灾"，造成"君臣父子各不逭及"，于此时，君子只能"俟时"。然而，"天地盈虚，与时消息"是天道运行的规则，正因为天道"周而复始"，故《否》之"危难之世，势不可久"，有如《否》上九："《象》曰：'否终则倾，何可长也！'"[④] 故《否》之后为教化风行之《观》。

在京房看来，世界并不是一个个孤立的元素、个体，它是整体的、联系的过程。事物处在普遍联系之中，这种联系的内容和本质不离阴阳。京房认为，自然和社会历史的变化虽然是多种多样的，但其中仍然有规律可遁。因为自然和人类社会都是一个由众多因素所构成的统一整体，组成整体的某一个因素如果发生变化，则会相应引起其他因素的变化，导致整体呈现出与变化前不同的特征，这种整体变化可以《易》的卦爻变化来模拟。整体变化既然是由其内部因素的变化所引起，且这种内部的变化具有可预知性。因此，对于事物，不仅要从其自身去认识，还要从其所具有的各种关系去认识，把事物当作是一个展开的历史去把握。由此，京房的八宫卦理论，实际上也就具有了某种历史性的因素和内容。

第二，京房易学重在探讨社会历史治乱变化之因，凸显了"人"在这个过程中的地位和作用。

在汉代哲学中，阴阳是一对普遍的概念，无论是自然、社会、政治、历

① 卢央：《京氏易传解读》（下），第464页。
② 卢央：《京氏易传解读》（下），第446页。
③ 卢央：《京氏易传解读》（下），第447页。
④ 卢央：《京氏易传解读》（下），第447~448页。

史等所有一切存在，皆与阴阳相联系。京房认为《易》所表达的阴阳消长规律，就是所有存在应该遵循的规律；明确了《周易》的意义，就能理解宇宙自然世界和人的生活世界的意义。如果人们能理解这种内在的联系，就可以对事物的发展趋势有所把握，从而增强人在复杂变化事物面前所具有的自由度。

如前所述，京房“八宫卦”理论将易学与天文学进行结合，提出“五星配卦”之说。京房此说，不仅为了观天象，更为“察人事”的历史兴衰而设。在他看来，观天文、星象可预知人事之得失；更重要的是，人事的改变，亦可以使天象由失度转而为正常，影响社会历史发展的进程，这就是天人之间的所谓感应。例如，《周易》乾宫八卦中，《乾》卦五星配“镇星”，《太平御览·咎徵部》载京房云：“镇星失度何？人君内无仁义，外多华饰，则镇星失度。其救也，治社稷，修明堂，近方直之人，此灾自消也。”[①] 京房以《周易》《乾》卦配镇星，如果镇星失度，表明人君内无仁义，外多华饰，从而导致镇星失度。要救此之失，人君当治社稷，修明堂，亲近方直之人，此镇星失度之灾就会自行消失。

《周易》乾宫八卦中，《姤》卦：“五星从位起太白，井宿从位入辛丑。”[②] 京房“五星”配卦，取五行相生，故《乾》卦纳镇星（土星），则《姤》卦纳太白（金星），取五行相生之义；又二十八宿，《乾》配“参”，“参”后为“井”，故《姤》配“井”。井为南方宿，从《姤》初六元士世位辛丑入卦用事。《太平御览·咎徵部》引京房云：“太白失度何？君薄恩无义，懦弱不胜任，则太白失度。其救也，举有义，任威用武，则太白复，兵气消矣。”[③] 太白位西方肃杀之地，如果太白失度，则或过或不及，过则意味着人君薄恩无义，不及则人君懦弱而不能胜任其责。要救此失，人君要通过提拔、荐举有义之贤能来克服薄恩无义，任威、用武来除去懦弱和不任其责，则太白星可以复位，从而兵灾消去。

《周易》乾宫八卦中，《遁》卦为乾宫二世卦，六二为《遁》之世爻，与九五相应，故“六二得应，与君位遇建焉。臣事君，全身远害”。陆绩注此句曰：“遁俟时也。”京房又云：“阳消阴长，无专于败。《系》云：‘能消者息，必专者败’。五星从位起太阴，鬼宿入位降丙辰。”[④]《太平御览·咎徵

① 冒广生撰述，冒怀辛、毛景华整理：《冒鹤亭京氏易三种》，第 17 页。

② 卢央：《京氏易传解读》，第 444 页。

③ 冒广生撰述，冒怀辛、毛景华整理：《冒鹤亭京氏易三种》，第 21 页。

④ 卢央：《京氏易传解读》，九州出版社，2004，第 446 页。

部》引京房云："辰星失度何？人君内无仁义，外多华饰，则辰星失度。其救也，明刑慎罚，审法必中。'辰星，即太阴也。"[①] 辰星失度的情况，与镇星失度相似，皆为人君内无仁义，外多华饰，但所救之法则有所异，京房认为，辰星失度，其救应当明刑慎罚，审法必中。

《周易》乾宫八卦中，《否》为乾宫三世卦，为《遁》变九三为六三而来，这表明"内象阴长"，下卦变为坤，纯阴用事。《否》"五星从位起岁星，柳宿从位降乙卯"[②]，"岁星"指木星，"柳"为南方宿，皆从《否》三公世位乙卯木入卦用事。关于"岁星"配卦，《太平御览·咎徵部》引京房云："岁星失度何？人君不仁，春杀无辜，则岁星失度。其救也，慈明敬让，广恩惠施，无犯四时，则岁星承度。"[③] 岁星失度，表明人君不仁，于当春之时，滥杀无辜，就会导致岁星失度。要救岁星失度之失，人君就要慈明敬让，广恩惠施，无犯四时，则岁星承度，不至于有失。

《周易》乾宫八卦中，《观》为乾宫四世卦，变《否》之九四为六四，则得《观》卦。《观》"五星从位起荧惑"，"荧惑"为火星；"星"指二十八宿之南方宿，皆从诸侯世位辛未土入卦用事。《太平御览·咎徵部》京房所云："荧惑失度何？人君内无法纪，轻薄房室，外行慢易，敛夺民财，则荧惑失度。其救也，爵贤位德，养幼廪孤，命乐师趣𧯷鼓，合欢欣，荧惑还度，天心得矣。"[④] 荧惑失度，表明人君内无法纪，轻薄房室，外行慢易，敛夺民财，则会导致荧惑失度。欲救其失，人君当爵贤位德，养幼廪孤，命乐师趣𧯷鼓，合欢欣，则荧惑还度，天心复得。此五星循环与卦相配。

所以，京房认为，圣人作《易》垂教，旨在定人伦而明王道：

> 夫易者象也，爻者效也，圣人所以仰观俯察，象天地日月星辰草木万物，顺之则和，逆之则乱……卦象定吉凶、明得失，降五行、分四象，顺则吉、逆则凶。故曰：吉凶悔吝生乎动，又曰：明得失于四序，运机布度，其气转易……新新不停，生生相续，故淡泊不失其所，确然示人。阴阳运行，一寒一暑，五行互用，一吉一凶。以通神明之德，以类万物之情。故易所以断天下之理，定之以人伦而明王道。[⑤]

---

① 冒广生撰述，冒怀辛、毛景华整理：《冒鹤亭京氏易三种》，第25页。

② 卢央：《京氏易传解读》，九州出版社，2004，第447页。

③ 冒广生撰述，冒怀辛、毛景华整理：《冒鹤亭京氏易三种》，第27页。

④ 冒广生撰述，冒怀辛、毛景华整理：《冒鹤亭京氏易三种》，第29页。

⑤ 卢央：《京氏易传解读》，第519~521页。

追求人伦的和谐、在人间建设理想的王道政治，是京房想要达到的历史发展目标。京房认为，这个目标的实现之所以可能，是因为《易》可以“通神明之德”“类万物之情”“确然示人”；在此基础上，人通过仰观俯察天道之理，顺《易》道而行，明其得失，就可以运机布度而定其吉凶，转变社会历史的灾凶之气而为吉祥之风，从而社会历史新新不停、生生相续。

京房的历史哲学肯定人在社会历史发展中的作用。虽然作为历史性存在的社会是不断变化、发展的，是一种不断趋向于未来的活动，但社会历史的发展也离不开人的创造性活动和自主性选择；理想引导人朝向更美好的未来，人通过有意识的行动、追求，能够让社会历史朝着理想的目标前进。他说：

> 六爻，上下天地，阴阳运转。有无之象，配乎人事。八卦，仰观俯察在乎人，隐显灾祥在乎天，考天时察人事在乎卦。八卦之要始于乾坤，通乎万物，故《易》曰：“穷则变，变则通，通则久。”久于其道，其理得矣。[①]

又说：

> 八卦建五气立五常，法象乾坤，顺于阴阳，以正君臣父子之义，故《易》曰：“元亨利贞。”夫作《易》所以垂教，教之所被，本被于有无。且《易》者，包备有无，有吉则有凶，有凶则有吉。生吉凶之义，始于五行，终于八卦。从无入有，见灾于星辰也，从有入无，见象于阴阳也。[②]

阴阳之气迭相运转，阳息阴消，有无相承。其所谓“有”，指的是有形的星辰日月运转、四季日时更迭，以及人间的种种灾异，这是有形可见者；其所谓“无”，指的是阴阳二气变化之良能，此则为不可见者。五行生克和阴阳二气消长变化而来，可以通过天时节气、日月星辰显示出来，这就是所谓“从无入有”；《周易》卦爻象的变化，表征阴阳消长之义，通乎万物之情，能示人以吉凶祸福，此则为“从有入无”。

天道其隐与显、灾与祥，可以与人事相对应。京房坚持人事与天道可以相应的观点，认为天道之隐显带来人事之灾难与吉祥。《周易》之乾坤可以表征天地间的阴阳，阴阳为天人之道的根本；由阴阳可以通万物消长之理。所以，《系辞》认为变易是不会穷尽的，因为一旦穷尽，它自身又会生成新的变化；事物有了新的变化之后，则可以由穷而转为通达，故事物不会终极地穷困。由

---

① 卢央：《京氏易传解读》（下），第522页。
② 卢央：《京氏易传解读》（下），第521～522页。

事物发展由穷困至于通达，其中有其理则；得此理则，就可以把握事物发展的规律，从而可以长久地处于通达的状态，这即是与道相通。京房提出：

> 主者亦当则天而行，与时消息，安而不忘仁，将以顺性命之理，极蓍龟之源，重三成六，能事毕矣。①
>
> 八八六十四卦，分六十四卦配三百八十四爻，成万一千五百二十策，定气候二十四，考五行于运命，人事天道、日月星辰局于指掌，吉凶见乎其位。②

因天地阴阳之消长与社会人事吉凶紧密相联，人通过《周易》八宫卦体系，可以用之来观察、指导社会历史变化的过程，从而得其理而豫其事，也就是京房所说的“建五气、立五常，法象乾坤，顺于阴阳，以正君臣父子之义”。在京房看来，人可以自觉运用《周易》之理来改变社会历史的进程，实现理想的社会蓝图。京房认为自己承担着一项神圣的使命、责任，就是使汉代社会历史按照一种理想的方式发展。从历史上看，他确实也是为实现自己理想而献身的一名有担当的知识分子！

第三，京房还用“八宫卦”理论来解释人类社会历史，将社会历史发展融合到他的易学卦爻象数体系中。

京房要构建整个世界的整体联系和逻辑关系，他以《周易》卦爻的形式表现这种无所不包的规律，并力图去证明社会生活、自然变化与这个规律相合。京房采取类推的方法，把人类社会历史发展的规律、自然的变化规律和易学卦爻体系变化的规律联系起来，一定的社会历史现象与一定的卦爻变化形态相一致。如其解乾宫《剥》卦之义，京房认为，《剥》卦义出于《剥》之上九③，他引“《易》云：‘硕果不食，君子得舆，小人剥庐。’”认为“硕果不食”“君子得舆”，就是君子于“剥”之时，要“俟时”而“不可苟变”，坚守正道，故能“存身避害”；陆绩注此云：“君子全得剥道，安其位”，也是这个意思。“小人剥庐”，则表明“剥道已成，阴盛不可逆”，故有“小人剥庐”之象。京房认为，乾宫二世之《遁》、三世之《否》卦、五世之《剥》，卦爻所表征的阴长阳消等关系，是社会历史发展的一种规律和过程的表现，《周易》卦爻的排列秩序就是此规律的一个重要展示，而易学就

---

① 卢央：《京氏易传解读》（下），第519页。

② 卢央：《京氏易传解读》（下），第521页。

③ 卢央：《京氏易传解读》（下），第450页。

是要揭示事物之间所存在的普遍联系，为社会历史发展提供经验、教训。

京房“八宫卦”理论把《周易》卦爻的阴阳消长规律作为考察的对象。在这个过程中，京房不是抽象地研究卦爻的演变，而是将自然与人类社会阴阳消长的具体现象，纳入《周易》卦爻的普遍性变化规律中来。如京房对坤宫归魂卦《比》的解释，就体现了京房综合历史上的分封制与秦汉中央集权制，力图为社会历史发展建构理想政体的愿望。京房解《比》卦说：

> 水在地上，九五居尊，万民服也。比卦一阳五阴，少者为贵，众之所尊者也。比亲于物，物亦附焉。原筮于宗，归之于众。诸侯列土，君上崇之，奉于宗祧，盟契无差，邦必昌矣。①

《比》卦坤下坎上，有水在地上之象，其九五一爻居尊，众阴爻围绕之，有大君在上，万民服从之义；水与地亲密相比附，比有亲之义；《坤》之世爻居宗庙，《比》之世爻为六三，六三三公应上世宗庙，有“奉于宗祧”之象；后面一句说“盟契无差，邦必昌矣”，对于天子与诸侯、三公之关系有所期许，认为君臣上下盟契无差，可以使邦国昌盛。这是京房为汉代政体设计的一项理想制度。当然，《比》卦在京房看来，也讲为臣之道，或者妻之道，其云：

> 阴道将复，以阳为主。一阳居尊，群阴宗之。六爻交分，吉凶定矣。地道之义，妻道同也。臣之附君，比道成也。②

汉武帝之后，天下“大一统”、中央集权的政治格局得到巩固。京房强调《比》卦一阳居尊，群阴宗此一阳，认为此即是地奉天之道，臣奉君之道、妻奉夫之道。在他看来，《周易》卦爻变化所体现的最基本、最一般的阴阳消长规律，既是自然万物发展的规律，也是人类社会所应遵行的最基本的发展规律。

京房认为，易学的卦爻变化体系所体现出的变化规律是可靠的。要从历史的经验中寻找相对稳定和有秩序的关系，这正是其易学的出发点与归宿。他不仅要使他的易学可以用来说明自然，也要使之能够说明历史、社会。通过对卦爻变化规律的探讨，他力图发现自然和社会历史所具有的联系。正如京房解离宫一世《旅》卦之义说：“《易》曰：‘旅人先笑后号咷’，又曰：

---

① 卢央：《京氏易传解读》（下），第490页。

② 卢央：《京氏易传解读》（下），第490页。

'得其资斧'，仲尼为旅人，固可知矣。"[①] 因《旅》卦取象为火在山上，显露无止，故有旅之义；但孔子为大德之士，孔子被迫处于"旅"的状态，则社会之状况可想而知。京房企图用阴阳消长来说明事物的运动、发展的规律，说明社会历史乃至人的思想精神发展过程。他对卦爻象的分析、排列，目的在于为人们的行动提供指导。

第四，京房为人性和社会历史进步设定的价值标准是"道""德"，这也是社会历史变化中所当追求的不变。

京房试图建立起《周易》卦爻体系严密的推演体系，从这些体系中再引出世界所有各种事物的发展规律，其中就包括自然的演化和人类社会历史的发展规律。在京房的视野中，易学体系是一个生生不息的展开，虽然其中有秩序、有步骤，变动不居，处于变化过程中。但在此变化中，有不变者存，这就是"德"。

例如，京房解震宫五世《井》卦说："阴阳通变不可革者，井也。井道以澄清不竭之象，而成于井之德也。《易》云：'井者，德之基'；又云：'往来井井，见功也；改邑不改井，德不可渝也。'"陆绩注文曰："井道以澄清见用为功也，井象德不可渝变也。"[②] 京房认为，变动中有不变者，此不变者为"德"，变者为阴阳，阴阳可以通变，所谓通变者，即阴阳可以互通，但其变动中亦有不变者，此即是"德"。所以，《周易》说："改邑不改井"，因为"德"是不可更改的。

历史条件的不同会限制人们对于历史活动的认识，但是历史活动的德性内容，则具有某种程度的超越性，它可以在一个历史时期以这一种形式出现，也可以在另一历史时期以另一种方式出现，历史性本身并不否定其德性的永恒内容。因为历史性本身就是德性内容的表达，德性内容也只能通过历史性才能得到表达与把握。京房解离宫五世《涣》卦说：

> 内卦坎中满，一阳居中，积实于内，风在外行，虚声外顺。吉凶之位，考乎四序。盛衰之道，在乎机要。阴阳死于位，生于时，死于时，生于位，进退不可诘，正盛则衰来，正衰则盛来。《易》曰："积善之家，必有余庆；积不善之家，必有余殃。"八卦始终，六虚反复。[③]

---

① 卢央：《京氏易传解读》（下），第501页。
② 卢央：《京氏易传解读》（下），第458页。
③ 卢央：《京氏易传解读》（下），第506页。

卦之吉凶，人事之盛衰，皆与时位相联系，有时候位不当，但时至则运转；有时候时不利，但位好而有所免乎危时，故君子进退之道不是固定不移的，随时与位的不同而不断转变；盛与衰也是随时而转变的。但是，这种转变非谓无条件而成之，京房认为，其条件在于《周易·坤文言》所说："积善之家，必有余庆；积不善之家，必有余殃。"将之归到不变的"德"上来。

在存"道"、养"德"的基础上，京房认为，《易》是"穷理尽性"之书。他说："卜筮非袭于吉，唯变所适，穷理尽性于兹矣。"卜筮告诉人们一个道理：天道和人事中没有不变的吉与凶，它一定要在变易的过程中，通过人事与不同的变易相适应，才能趋吉避凶。人们以《周易》为指导，穷天地万物之理，尽天地万物之性，就可以成为穷理尽性、有德的圣人。

三　总结

京房易学继承了汉代以来经学的传统，对社会历史发展规律进行论证，以经世致用。京房易学产生的理论基础，是汉代的天人感应理论；而其产生的社会背景，则是西汉中后期政治危机的进一步加深。

京房对于历史发展规律的实在性，以及人能认识、把握此规律的可能性没有任何怀疑，他所作的一切学术和理论探讨，都是建立在这个基础之上的。《周易》卦爻符号可以表达历史规律、法则，认识这个规律、法则，正好是京房易学哲学的主要任务。《周易》卦爻并不仅仅只是一种抽象的符号，卦爻的层次性、结构性，顺序变化的基本特征，这本身就意味着历史性的存在、意味着过程的存在，京房肯定了此历史性的存在，至于历史的目的、人在历史中的作用和人类历史的趋向等问题，皆隐匿在他的易学的理论中。通过一系列的自然变化的物候，通过《周易》卦爻的不同排列、组合，人可以对社会历史变化进行真切的把握。因此，历史的规律并不超出于人的理解和认识之外，把握历史规律可以通过一种非常理论和理性的方式来作出。京房的易学体系，就是要在变化中求规律、在历史中求普遍。京房的"八宫卦"理论试图超出现象而达到事物的内在本质，将似乎无关的各种现象以《易》卦爻变化的方式进行把握，从而使之成为有秩序、有因果的存在。这样就更深刻地反映了社会历史的普遍本质。

当然，我们也要看到，京房并没有从社会历史发展本身的分析中推导出其变化的根本原因，他所强调的社会历史之间的关系实际上仍然是一种卦象、爻象变化抽象而烦琐的关系。京房将所考察的自然和社会历史等纳入这个预制的模式中，从一种既定的卦爻秩序去认识世界和历史，将活泼泼的生活与历史局限在抽象的卦爻秩序中，这对于社会历史的说明，是一种教条。因为将易学的卦爻体系之内在变化法则当作是社会历史和自然变化的规律，不过是以一种抽象的秩序和思想来说明自然和社会历史的发展，虽然卦爻的变化与某些自然和社会现象可能建立起某种联系，但不符合情况可能更多，故其理论的周延性应该说是得不到保证的。

作者单位：北京师范大学

《韩诗外传》中的易学思想*

李筱艺

摘　要：根据《汉书·儒林传》记载，汉文帝时博士韩婴不仅传《诗》也传《易》，虽然《韩氏易传》已经失传，《韩诗》也只剩《韩诗外传》流传至今，但是从《外传》中还是可以窥见韩婴的部分易学思想。其主要表现在韩婴的宇宙观、人生观和政治思想三个层面，从中可以探索韩婴对于《周易》的独到理解以及汉初社会的思想状况。

关键词：《韩诗外传》　《韩氏易传》　易学思想　《周易》

引　言

《韩诗外传》是关于“韩诗”的传世文献，作者为西汉文帝所立博士，燕人韩婴。《汉书·儒林传》有记载，韩婴“亦以《易》授人，推《易》意而为之传”①，但是由于韩诗更受到当时人的欢迎，所以他所解的《易》就衰微了，不过在《韩诗外传》中还存在一些与《易》相关的片段，说明他的易学思想可能渗透到了他的各项作品当中，加之“韩易”已经亡佚，只能从“韩诗”中来窥见一些韩婴的易学思想。

关于韩氏易学思想的研究，学界关注的重点主要在于韩氏易学的渊源与流传，以及韩婴的部分易学思想两个层面。对于韩氏易的渊源，清代学者张惠言在《易义别录》中认为韩氏传子夏易学，这个意见还得到了清人臧庸、近人张心澂的认可；台湾学者陈鸿森甚至在其论文《子夏易传考辨》中，断定汉代传行的《子夏易传》就是韩婴所作②；也有学者认为韩婴易学得自同

* 本文系北京市社科基金重点项目“易学思想与儒释道文化融合”（项目号：16ZXA001）、国家社科基金重大项目“‘群经统类’的文献整理与宋明儒学研究”（项目号：13&ZD061）阶段性成果。

① 班固：《汉书·儒林传》，中华书局，1962，第3613页。

② 陈鸿森：《子夏易传考辨》，《“中研院”历史语言所集刊》，1985，第359~404页。

为燕人的周丑子家[①]。但是这些说法还未得到学界公认。另有学者将《韩诗外传》中征引《周易》的内容与帛书《易》进行比较，发现两者存在某些渊源关系[②]，这是可以取信的。关于韩婴的易学思想，李学勤指出其很大程度上受到了荀子的影响，源自今本《易传》[③]，这是目前比较有影响力的论断；张涛亦认为《外传》中所表现的易学思想是对《易传》易学思想的阐发，指出其中的阴阳灾异思想为日后京孟易学的发展奠定基础。[④] 另外，还有一些论文专门论述《韩诗外传》中所体现的韩婴易学思想，如黄河《从〈韩诗外传〉探析韩婴的易学思想》[⑤]，通过分析《外传》中所引用的卦爻辞文本来剖析韩婴的易学思想，还有连劭名《〈韩诗外传〉与〈周易〉》[⑥]，以札记和按语的形式来探讨《外传》中与《周易》有关的思想，联系先秦和同时期其他与之相关的文献，总结韩婴的易学思想。另外，日本学人吉田照子也通过《外传》来对韩婴的易学思想进行分析与研究。

前人的成果主要梳理了韩婴易学的渊源，为韩婴易学思想的大致内涵划定了框架。但是对于论述韩婴易学思想的专门论文还不够充分，已有的成果主要分析的是《韩诗外传》中引用《易》的部分，实际上《外传》中所论述的思想是多个主题共通组成的有机整体，引用《易》的论述只是某个主题中的一个论点。所以，本文试图将引《易》部分置于整个主题之中，进行分析；再将其置入汉初思想背景之中，予以考察，以期得到更为完整和充实的结论。

一　易学思想与天人之际

宇宙观是个体认知体系的基础，影响着个人的思维模式和对于整个世界的认知，因此，要探讨韩婴的易学思想必须先从他的宇宙观出发，了解他思维结构的基础才能更好地对他的思想进行认识和理解。经历过先秦百家争鸣之后，诸子对于天与人之间的关系有过丰富的探讨，“天人合一”成为各家不约而同涉及的命题[⑦]，韩婴作为儒门的博士亦继承了这种思想，他在《韩诗外传》中也有类似的叙述，卷一第十六章云：

① 宋翔凤：《子夏易传子夏为韩婴孙商之字》，《过庭录》，中华书局，1986，第9页。
② 刘光胜：《汉初易学传流管窥》，《甘肃理论学刊》2009年1月第1期，第119页。
③ 李学勤：《周易溯源》，巴蜀书社，2006，第153页。
④ 张涛：《汉初易学的发展》，《文史哲》1998年第2期，第72页。
⑤ 黄河：《从〈韩诗外传〉探析韩婴的易学思想》，《船山学刊》2011年第1期。
⑥ 连劭名：《〈韩诗外传〉与〈周易〉》，《周易研究》2012年第4期。
⑦ 张世英：《天人之际——中西哲学的困惑与选择》，人民出版社，1995，第15页。

> 古者天子左五钟，右五钟。将出，则撞黄钟，而右五钟皆应之。马鸣中律，驾者有文，御者有数。立则磬折，拱则抱鼓，行步中规，折旋中矩，然后大师奏升车之乐，告出也。入则撞蕤宾，而左五钟皆应之，以治容貌。容貌得则颜色齐，颜色齐则肌肤安。蕤宾有声，鹄震马鸣，及倮介之虫，无不延颈以听。在内者皆玉色，在外者皆金声，然后少师奏升堂之乐，即席告入也。此言音乐相和，物类相感，同声相应之义也。《诗》云：钟鼓乐之。此之谓也。[①]

“黄钟”“蕤宾”均是乐律的名字，根据《周礼·春官》“大司乐”中的相关规定：“乃奏黄钟，歌大吕，舞《云门》，以祀天神；……乃奏蕤宾，歌函钟，舞《大夏》，以祭山川。”[②] 这些音律是天子祭祀天地、山川所奏，在韩婴看来，人间需要遵循礼乐秩序才符合自然界的规律，所谓“声音之道，与政通矣”[③]，因此只有“音乐相和”才能使得“物类相感，同声相应”，这里化用了《周易·乾·文言》的相关论述：“九五曰：飞龙在天，利见大人。何谓也。子曰：‘同声相应，同气相求。’水流湿，火就燥，云从龙，风从虎，圣人作而万物睹，本乎天者亲上，本乎地者亲下，则各从其类也。”[④] 在《文言传》作者的宇宙观中，事物应各从其类，但是事物之间又存在交相感应的关系，这就好比圣人根据天地之间法则行事，遵循天上地下、各从其类的自然规律来安排人间的秩序，韩婴非常认同此理，并且以此作为礼乐规范的理论基础，用以规劝天子的行为，这是古代天人关系中天人感应、物我合一思想的体现。

他在卷五第一章表达了类似的思想：

> 子夏问曰：“《关雎》何以为国风始也?”孔子曰：“《关雎》至矣乎！夫《关雎》之人，仰则天，俯则地，幽幽冥冥，德之所藏，纷纷沸沸，道之所行，虽神龙化，斐斐文章。……子其勉强之，思服之，天地之间，生民之属，王道之原，不外此矣。”子夏喟然叹曰：“大哉！《关雎》乃天地之基地。”《诗》曰：“钟鼓乐之。”[⑤]

---

① 韩婴撰，许维遹校释：《韩诗外传集释》，中华书局，1980，第16页。

② 阮元校刻：《十三经注疏·周礼正义·春官宗伯第三》，中华书局，2009，第1702页右下至1703页左下。

③ 阮元校刻：《十三经注疏·礼记正义·乐记》，中华书局，2009，第3311页左下。

④ 阮元校刻：《十三经注疏·周易正义·乾》，中华书局，2009，第28页右上。

⑤ 韩婴撰，许维遹校释：《韩诗外传集释》，第164～165页。

孔子对《关雎》的推崇在《论语》里是可以感受到的，韩婴在此借孔子之口赞叹那些能够认清天、地、人之间宏大关系的人，皮锡瑞指出："《韩诗》论《关雎》义尤宏大，何以又有《关雎》刺时之说？"① 虽然有"《韩诗》，刺时也"② 的记载，但是韩婴在《外传》中又为《关雎》赋予了高于"刺时"的意义，此间意味与《系辞传》所云"古者包牺氏之王天下也，仰则观象于天，俯则观法于地，观鸟兽之文与地之宜，近取诸身，远取诸物"③相呼应，在这里，韩婴认为《关雎》中蕴藏着天地起源之道，而人需要通过仰观天、俯察地的方式从中参悟天人之理。

同一时期的陆贾也有类似的论述，他在《新语·道基》有云："故知天者仰观天文，知地者俯察地理。跂行喘息，蜎飞蠕动之类，水生陆行，根著叶长之属，为宁其心而安其性，盖天地相承，气感相应而成者也。"④ 由此可知，天人合一、天人相感的思想在汉初思想界已经具有一定的影响力，从先秦时期《易传》的积淀，到汉初韩婴、陆贾的发挥，最后到董仲舒集大成，为儒家思想中天人关系的系统确立做出了重要的贡献。

二　易学思想与修身养性

韩婴的宇宙观在于"物类相感，同声相应"，至于他的人生观也体现了一种身心协调一致的需求，他是一个非常注重个人修养的人，他在《韩诗外传》卷二第七章有云：

> 孔子曰：口欲味，心欲佚，教之以仁。心欲安，身欲劳，教之以恭。好辩论而畏惧，教之以勇。目好色，耳好声，教之以义。《易》曰：艮其限，列其膑，厉薰心。《诗》曰：吁嗟女兮，无与士耽。皆防邪禁佚，调和心志。⑤

韩婴提出了仁、恭、勇、义四种美德来对身心进行不断的训练和熏陶，他认为，"目者，心之符也。言者，行之指也"⑥，因此尤其注重心性与行为

① 皮锡瑞：《经学通论·诗经》，中华书局，1954，第6页。

② 王先谦：《诗三家义集疏》，中华书局，1987，第6页。

③ 阮元校刻：《十三经注疏·周易正义·系辞下》，中华书局，2009，第179页左下。

④ 王利器：《新语校注》，中华书局，1986，第7页。

⑤ 韩婴撰，许维遹校释：《韩诗外传集释》，第39～40页。

⑥ 韩婴撰，许维遹校释：《韩诗外传集释》，第134页。

的修炼，否则会陷入《易·艮》"九三"所说的危险情况，《象》曰："'艮其限'，危薰心也。"[①] 为了避免这种危险，韩婴在卷三第三十一章对君主的个人修养提出了更进一步的想法：

> 吾闻德行宽裕，守之以恭者，荣。土地广大，守之以俭者，安。禄位尊盛，守之以卑者，贵。人众兵强，守之以畏者，胜。聪明睿智，守之以愚者，哲。博闻强记，守之以浅者，智。夫此六者，皆谦德也。夫贵为天子，富有四海，由此德也。不谦而失天下亡其身者，桀纣是也，可不慎欤！故《易》有一道，大足以守天下，中足以守其国家，小足以守其身，谦之谓也。夫天道亏盈而益谦，地道变盈而流谦，鬼神害盈而福谦，人道恶盈而好谦。是以衣成则必缺衽，宫成则必缺隅，屋成则必加措，示不成者，天道然也。《易》曰："谦亨，君子有终吉。"《诗》曰："汤降不迟，圣敬日跻。"[②]

他强调君主的"谦"德，包括恭、俭、卑、畏、愚、浅，甚至把"谦"作为《易》道的体现。因为谦，天子能治天下，大夫能安家国，君子能守其身，他还引用了《彖传》的观点"天道亏盈而益谦，地道变盈而流谦，鬼神害盈而福谦，人道恶盈而好谦"来论证。他所看重的这些品质的核心在于一种"缺陷"，即所谓"示不成者"，如他在三卷第三十章中亦有涉及：

> 孔子观于周庙，有攲器焉。孔子问于守庙者曰："此谓何器也？"对曰："此盖为宥座之器。"孔子曰："闻宥座之器，满则覆，虚则攲，中则正，有之乎？"对曰："然。"孔子使子路取水试之，满则覆，中则正，虚则攲。孔子喟然而叹曰："呜呼！恶有满而不覆者哉！"子路曰："敢问持满有道乎？"孔子曰："持满之道，抑而损之。"子路曰："损之有道乎？"孔子曰："德行宽裕者，守之以恭；土地广大者，守之以俭；禄位尊盛者，守之以卑，人众兵强者，守之以畏；聪明睿智者，守之以愚；博闻强记者，守之以浅。夫是之谓抑而损之。"诗曰："汤降不迟，圣敬日跻。"[③]

韩婴将六德与攲器的翻覆联系在一起，认为过于盈满就会导致覆灭，而

---

① 阮元校刻：《十三经注疏·周易正义·艮》，第129页左下。

② 韩婴撰，许维遹校释：《韩诗外传集释》，第116页。

③ 韩婴撰，许维遹校释：《韩诗外传集释》，第114~115页。

恰到好处的水量才是最合适的，所谓“宥坐之器，满则覆，虚则欹，中则正”。在这里，韩婴将“中正”与“谦”建立起了联系，只有秉承谦德才能防止超过我们所能承受的情况，从而达到中正的境界，这也是他借孔子来阐释“持满之道，抑而损之”的原因。《老子》中有“持而盈之，不如其已”①的叙述，《周易·序卦》也有：“与人同者，物必归焉，故受之以大有。有大者不可以盈，故受之以谦”② 的说法，韩婴吸收、融合二家说法，将作为“德之柄”③ 的谦与《易》所尚中正之德相结合，来对天子的个人修养进行约束，则是他对于易学思想的独特认识。

在“谦”的基础上，韩婴认为还有一种更重要的品质的就是“慎终如始”。见卷八第二十二章：

> 官怠于有成，病加于小愈，祸生于懈惰，孝衰于妻子。察此四者，慎终如始。《易》曰：“小狐汔济，濡其尾。”《诗》曰：“靡不有初，鲜克有终。”④

“小狐汔济，濡其尾。”出自《未济》卦辞，《象》曰：“君子以慎辨物居方。”⑤ 韩婴继承了《未济》强调的“慎”的思想，但是他不只强调君子行事要谨慎，还强调《老子》所说的“慎终如始，则无败事”。⑥ 从侧面说明了汉初黄老学说已经渗透到以儒家学说而立为博士的韩婴的思想当中。然而，不论是君子仁、恭、勇、义之四德，还是君主应所持守的谦之至德都需要慎终如始地执行，否则就会有危险。因此，他在卷八第四章对为君主而死的荆蒯芮发出了“夙夜匪懈，以事一人”的赞叹，却由于对忠的定义前后不一而对荆蒯芮的随从发出“不恒其德，或承之羞”的严厉批评。⑦

“不恒其德，或承之羞”出自《周易·恒》九三爻辞⑧，韩婴对它的理解虽然与历代对此爻的理解没有太大出入和创新之处，但是他将几个不同的卦辞与爻辞与《诗》义的解释相结合，构成一系列对个人道德修养的界定：空

---

① 王弼注，楼宇烈校释：《老子道德经注校释》，中华书局，2008，第21页。

② 阮元校刻：《十三经注疏·周易正义·序卦》，第200页右上。《韩诗外传》卷八第三十一章提到：“《易》先《同人》后《大有》，承之以《谦》，不亦可乎？”

③ 阮元校刻：《十三经注疏·周易正义·系辞下》，第186页右上。

④ 韩婴撰，许维遹校释：《韩诗外传集释》，第292～293页。

⑤ 阮元校刻：《十三经注疏·周易正义·未济》，第150页右下。

⑥ 王弼注，楼宇烈校释：《老子道德经注校释》，第166页。

⑦ 韩婴撰，许维遹校释：《韩诗外传集释》，第274～275页。

⑧ 阮元校刻：《十三经注疏·周易正义·恒》，第97页左下。

间上，他规定了从君子到君主应有的品行；时间上，他要求道德的修养要从始至终，贯彻终身。由此，韩婴在个人修养的层面深受《周易》的影响，并且能够合理利用《周易》的内容为自己所构建的道德体系进行支撑。

三　易学思想与治国安邦

《韩诗外传》不仅充满了韩婴对于哲学层面的思考，还有大量对政治方面的看法。其中，以易学思想为指导的内容不在少数，最典型的就是他对“易简”思想与政治的融合。

《韩诗外传》卷三第一章说：

> 传曰：昔者，舜甑盆无膻，而下不以馀获罪。饭乎土簋、啜乎土型，而农不以力获罪。麂衣而盭领，而女不以侈获罪。法下易由、事寡易为功，而民不以政获罪。故大道多容，大德多下，圣人寡为，故用物常壮也。传曰：易简而天下之理得矣。忠易为礼，诚易为辞，贤人易为民，工巧易为材。《诗》曰：“岐有夷之行，子孙保之。”[①]

《系辞》曰：“易简而天下之理得矣。”[②] 韩婴认为“易简”是理想政治制度的核心。从朝堂上的君臣，到民间的平民与百工，韩婴造就了一个立体的政治系统，同时他对居于每个层面的个体都有着不同的要求：居上位的君主能够“下德”“多容”和“寡为”，臣子忠诚守礼，百姓向贤，百工善于工事。其核心在于统治者不要过分约束臣民，而臣民能够自得其乐。也许“法下易由”“事寡易为”“圣人寡为”这些理念看似来源于黄老思想，但在韩婴这里，他强调的还是“中正”之“中”的思想，他在六卷第二十二章指出：

> 《诗》曰：“恺悌君子，民之父母。”君子为民父母何如？曰：君子者，貌恭而行肆，身俭而施博，故不肖者不能逮也。殖尽于己，而区略于人，故可尽身而事也。笃爱而不夺，厚施而不伐。见人有善，欣然乐之，见人不善，惕然掩之，有其过而兼包之。授衣以最，授食以多，法下易由，事寡易为，是以中立而为人父母也。筑城而居之，别田而养之，

---

① 韩婴撰，许维遹校释：《韩诗外传集释》，第79～80页。

② 阮元校刻：《十三经注疏·周易正义·系辞上》，第157页左下。

> 立学以教之。使人知亲尊，亲尊故父服斩缞三年，为君亦服斩缞三年，为民父母之谓也。①

可见，他的目的在于“使人知亲尊”，这是极富儒家色彩的理念。他认为君主为民之父母的方法就是“法下易由，事寡易为”，保持一个“中立”的状态，如此才能教化下民，所以他强调的是君主居中立之位，使人民自行去适应法与事。但是，这种自由并不是没有限度的，而是要受到约束的。这种约束需要从最基本的人之欲望入手，韩婴在卷五第十六章指出：“人有六情，目欲视好色，耳欲听宫商，鼻欲嗅芬香，口欲嗜甘旨，其身体四肢欲安而不作，衣欲被文绣而轻暖，此六者，民之六情也，失之则乱，从之则穆。”② 然而，自从周室衰微，到秦之大乱，都是由于六情失去了礼义的束缚，解决的方法只有：“必因其情而节之以礼，必从其欲而制之以义。”原因在于“义简而备，礼易而法，去情不远，故民之从命也速”③。可见，韩婴将礼义作为人之本能欲望合理实现的体现，将易简之道界定为顺应民之本性的治国之道，这是又一独特的解释。

如果说“易简”是韩婴政治思想的核心，那么适当的用人政策则是他认为能够提升国家机器运转效率的有效途径，他把这样的思想表述为尊贤、尚贤的必要性。在《韩诗外传》卷六第十三章中，韩婴引用《易·困》六三爻辞来表达这样的思想：

> 《易》曰：“困于石，据于蒺藜，入于其宫，不见其妻，凶。”此言困而不见据贤人者也。昔者秦缪公困于殽，疾据五羖大夫、蹇叔、公孙支而小霸。晋文公困于骊氏，疾据咎犯、赵衰、介子推而遂为君。越王勾践困于会稽，疾据范蠡、大夫种而霸南国。齐桓公困于长勺，疾据管仲、宁戚、隰朋而匡天下。此皆困而知疾据贤人者也。夫困而不知疾据贤人而不亡者，未尝有之也。《诗》曰：“人之云亡，邦国殄瘁。”无善人之谓也。④

对于这一卦的解释，《象传》云：“据于蒺藜，乘刚也。入于其宫，不见

① 韩婴撰，许维遹校释：《韩诗外传集释》，第228页。
② 韩婴撰，许维遹校释：《韩诗外传集释》，第184页。
③ 韩婴撰，许维遹校释：《韩诗外传集释》，第184页。
④ 韩婴撰，许维遹校释：《韩诗外传集释》，第217页。

其妻，不祥也。"[①]《象传》以九二爻为阳，象征带刺的蒺藜之草，六三爻以阴临驾在阳爻之上，就像脚下是带刺的蒺藜，是不祥之兆。但是，韩婴却有着不同的看法，他将处于困境的原因归咎于君主不懂得依靠贤人，而且他提出了要"疾据贤人"的看法，他引用春秋史事来证明他的论点，李学勤称之为"取《春秋》的佳例"[②]。他在后文所引《大雅·瞻印》"人之云亡，邦国殄瘁"也是为这一主题服务的。

在《外传》中还有很多强调贤人对于国家命运重要性的论述，如卷五第十五章有云："故明王使贤臣，辐凑并进，所以通中正而致隐居之士。"[③] 说的是君主只有礼贤下士，尤其是处江湖之远的贤者，应当与庙堂中正之士一齐并用，才能成就大业，这照应了前文所引证的君主依靠民间贤臣而牟取事业的史事。在卷五第二十六章，韩婴还提出"独不知假此天下英雄俊士与之为伍，则岂不病哉"[④] 的论断，再一次印证他疾据贤人则国不亡的思想。

先秦文献中，尚贤、敬贤的论述比比皆是，《外传》中也不乏类似的论述，但是韩婴用他对《易》独到的见解来诠释据贤于困境之中的思想却不乏是一种创新，这甚至影响到了西汉末期的戴圣，他在《大戴礼记》卷三"保傅"中亦有这样的论述："得贤者安存，失贤者危亡，自古及今未有不然者也"。卢辨注："《韩诗外传》曰：'贤者之所在，其君未尝不尊其国，未尝不安也。'"[⑤]

在陆贾《新语·资执》中也有类似的表述："人君莫不知求贤以自助，近贤以自辅。然贤圣或隐于田里而不预国家之事者，乃观听之臣不明于下，则闭塞之讥归于君，闭塞之讥归于君则忠贤之士弃于野，忠贤之士弃于野则佞臣之党存于朝，佞臣之党存于朝则下不忠于君，下不忠于君则上不明于下，上不明于下是故天下所以倾覆也。"[⑥] 可见当时汉初政局对于民间贤士的向往，这也许是察举制形成的一个重要原因。同时，他们也都强调贤人对于脱离政治困境的重要作用。

---

① 阮元校刻：《十三经注疏·周易正义·困》，第 122 页右上。

② 李学勤：《周易溯源》，第 152 页。

③ 韩婴撰，许维遹校释：《韩诗外传集释》，第 183 页。

④ 韩婴撰，许维遹校释：《韩诗外传集释》，第 193 页。

⑤ 王聘珍：《大戴礼记解诂》，中华书局，1983，第 67 页。

⑥ 王利器：《新语校注》，第 114 页。

四　汉初思想背景与韩婴易学思想

以上案例可以看出韩婴的易学思想涵盖了宇宙观、人生观和政治思想几个方面，从其易学思想本身来看，他对易学有着独到理解，前文已经提及，韩婴不仅将《关雎》之义与《易》宏大宇宙观相联系，还对“谦”的内容进行了细致的划分，甚至对《困》卦的理解也与其他易学家不同，这说明韩婴本人治《易》有着他独到的路径和看法。他又将这些看法与《诗》和史相结合，使其相互阐释、相互发明，与后世易学“史事宗”一派有异曲同工之妙。从两汉文学史的角度来说，这与“外传”这一体例的写作要求有着密切关系，樊东认为，与传统的“内传”引《诗》以解经不同，“外传”更多的是用诗来阐发义理①，因此，通过寓言和史实来解《易》的“内传”体可以说是当时文学创作思潮影响下的产物，其创新的看法又为这种解《易》的方法锦上添花。

从思想史的角度来看，韩婴的易学思想明显有黄老思想的成分，归其原因大致有两点，一是易学思想本身就与老庄、黄老思想有相似共通之处，正是如此，道家才把《周易》与《老子》《庄子》并列为“三玄”，难怪韩婴的思想充满黄老意味，如“慎终如始”“事寡易为”等表述；第二个原因就要把韩婴置于汉初思想的大背景之下，一方面是汉初统治者表面上推行黄老政治方针，《史记·孝武本纪》中就有“窦太后治黄老言不好儒术”② 的记载，窦太后作为文帝皇后、景帝之母，在当时的影响力相当之大，她的喜好可以左右当时的思想界；但是另一方面，儒生的力量在逐渐崛起，汉初靠叔孙通制礼，刘邦以太牢之礼祭孔子，《春秋》《诗经》博士立于学官，都从侧面反映出儒家思想的力量逐渐壮大。

这又与汉初政治局势有着密切的关联，朱维铮先生在《中国经学史十讲》中提到，从汉初黄老思想盛行到武帝“罢黜百家，独尊儒术”是一场政治上的较量，是窦太后集团与武帝集团之间的斗争，罢黜百家的实质就是罢黜黄老③。因此，韩婴作为汉初儒门的博士，不可能不受到当时主要意识形态的影响，同时，他作为一个热心政治的官员，如果他不表示出一定的黄老

① 樊东：《从“传”体特征看〈韩诗外传〉的性质》，《中国典籍与文化》2015 年第 1 期，第 11 页。

② 司马迁：《史记》，中华书局，1959，第 452 页。

③ 朱维铮：《中国经学史十讲》，复旦大学出版社，2002，第 81 页。

倾向便很难立足于朝堂，更无从传播他的学术思想。

因此，《韩诗外传》中的易学思想不仅是韩婴对《周易》的理解和创新，还被时代思潮所深深地影响着，从中可以挖掘出反映汉初思想、政治现实的诸多信息。因此，这不仅是一部表达韩婴思想的著作，更是汉初思想发展的反映和写照，正如丁原明教授所指出的，韩婴与同时代的陆贾、贾谊一起，对当时存在着的各家各派思想做了吸纳，是汉代儒学发展的一个重要环节①。

结　论

韩婴不仅因为他所传的韩诗受到了广泛的认可，同时他还是一个易学大家，虽然韩氏易传已经失传，韩诗也只剩《韩诗外传》流传至今，但是从《外传》中还是可以窥见韩婴的部分易学思想，主要表现在三个层面：韩婴的宇宙观主要来源于《周易·系辞》中天地人三者之间的感应；他的人生观念则主要从空间上规定了君子应有之四德和君主应有之谦德，并且在时间的维度上，要求所有德行都能够持之以恒；最后，他的政治思想主要集中在君主治国应持“易简”之道，并且要能够合理利用人才。

在《韩诗外传》中所呈现的不仅是韩婴的易学思想，更是他以史证《易》，以《易》解《诗》，以及对《诗》与《易》重新阐释的表现。另外值得注意的是，韩婴虽然是儒门博士，但是《韩诗外传》中有许多偏向于黄老思想的表达方式，如果从易学思想的角度上来分析，很多思想又是可以找到易学根基的，我们有理由推测，富于黄老的思想主张与当时的主流思潮和政治状况有着密切的联系，若是从韩婴思想理论的出发点来说他还是坚持儒家的立场。张涛教授指出，也许是因为韩婴诸如“功成者去，不得其人则不居其位”这类激烈的言辞使得韩氏易传没有流传下来②，但是韩婴的易学思想还是有许多值得从中挖掘的宝贵财富。

作者单位：北京师范大学

① 丁原明：《汉初儒家对原始儒学的综合与拓展》，《孔子研究》1999年第2期，第58页。

② 张涛：《汉初易学的发展》，第72页。

《史记》与太史公“三言”的易学根柢

白悦波

摘　要：司马迁的《史记》堪称中国传统史学中史易结合的典范。“究天人之际”“通古今之变”“成一家之言”的背后无不体现了易学对司马迁史学的影响和启发。《周易》的“与天地准”“广大悉备”和“唯变所适”是他思考天人之际和古今之变的基础，而“一致百虑”“殊途同归”则是他成一家之言的手段。梳理太史公“三言”的易学根柢，也有助于我们把握其本意。

关键词：司马迁　《史记》　易学　经史关系

一

《周易》堪称中国学术思想史上的第一奇书。它的奇崛之处既来自它的身世，更来自它的文章和思想。班固在《汉书·艺文志》中概括《易经》十二篇被确立为官学之前的传奇经历时说：

> 《易》道深矣，人更三圣，世历三古。及秦燔书，而《易》为筮卜之事，传者不绝。①

旧注以三圣为伏羲、文王和孔子，以此对应上古、中古与下古（颜师古注引韦昭、孟康说）②。可见，在古人观念中《周易》的创作历程甚为悠久。此后又借助卜筮之书的身份，幸运地躲避了秦火，成为保存最完好的三代典籍。历史上对其文章和思想的评价，更是不胜枚举。此处但举几则《周易》自己的话，《系辞》云：

① 班固：《汉书》卷三十，中华书局，1962，第1704页。
② 《汉书》卷三十，第1704页。

《易》与天地准，故能弥纶天地之道。[1]

范围天地之化而不过，曲成万物而不遗，通乎昼夜之道而知。故神无方而易无体。[2]

古者包牺氏之王天下也，仰则观象于天，俯则观法于地，观鸟兽之文与地之宜。近取诸身，远取诸物，于是始作八卦，以通神明之德，以类万物之情。[3]

《易》之为书也，广大悉备，有天道焉，有人道焉，有地道焉。[4]

《说卦传》云：

昔者圣人之作《易》也，将以顺性命之理。是以立天之道，曰阴与阳；立地之道，曰柔与刚；立人之道，曰仁与义。[5]

从《系辞》对自身的义理阐释到《说卦传》对牢笼人伦自然的初步尝试，可以说，自《易传》出现的年代开始（当春秋战国之世）[6]，《周易》就被视为一部包罗万象并能垂范作则的圣人之作，即所谓“圣人以神道设教”（《观》卦《彖》辞）[7]。

任继愈先生曾说：“《周易》这部书幽微而昭著，繁复而简明。”[8] 这种说法作为对全书的整体把握是很精准的。幽微繁复在于它的思想内涵，昭著简明则在于他的文字形式，而形式与内涵的辩证关系正是《周易》一书在历代都能对人们充满吸引力的原因[9]。从其发展与影响的共时性的角度来看，不同的人对《周易》的关注点各有侧重，《系辞》说，“《易》有圣人之道四焉：以言者尚其辞，以动者尚其变，以制器者尚其象，以卜筮者尚其占”[10]，就是对这个现象而言的。不论言者、动者还是卜筮者，《周易》都是他们共享的思想资源。

① 王弼注、孔颖达正义：《阮刻周易兼义》卷七，浙江大学出版社，2014，第581页。

② 《阮刻周易兼义》卷七，第584页。

③ 《阮刻周易兼义》卷八，第658页。

④ 《阮刻周易兼义》卷八，第693页。

⑤ 《阮刻周易兼义》卷九，第722页。《说卦传》共十一章，先叙述蓍草衍卦、八卦方位，然后集中说明八卦的基本象征意义并广泛援举象例，为全传主体。

⑥ 参见张立文《周易思想研究》第八章，湖北人民出版社，1980年。

⑦ 《阮刻周易兼义》卷三，第233页。

⑧ 任继愈：《〈易学智慧丛书〉总序》，《任继愈文集》卷五，国家图书馆出版社，2014，第285页。

⑨ 当然我们也可以把这句话理解为对《周易》思想特点的概括，借用后儒的术语，就是易之众卦爻是殊，而其上（中）还有一个豁然贯通的一，前者是幽是繁，后者是著是明。

⑩ 《阮刻周易兼义》卷七，第610页。

也就是说，在任何一个时代，《周易》都不会被某一个兴趣方向的需求者独占。用思想史的概念来说，他们就是主流与潜流、高音与低音的关系。当然，他们之间也不是非此即彼的，同样是《系辞》早就说到“君子居则观其象而玩其辞，动则观其变而玩其占，是以自天祐之，吉无不利”①，将四者既分别又统一才是无不利的作法，这本身也符合《周易》的辩证思维方式②。从历时性的角度来看，历代思想家和学者对《周易》经传的注解和发挥成为易学史上最重要的组成部分。《四库全书总目》在论及易学史的发展阶段时说：

> 故《易》之为书，推天道以明人事者也。《左传》所记诸占，盖犹太卜之遗法。汉儒言象数，去古未远也。一变而为京、焦，入于禨祥；再变而为陈、邵，务穷造化，《易》遂不切于民用。王弼尽黜象数，说以老庄。一变而胡瑗、程子，始阐明儒理；再变而李光、杨万里，又参证史事，《易》遂日启其论端。此两派六宗，已互相攻驳。③

这里的两派六宗，换句话说，就是易学在不同时代的阐释学传统。《周易》的精神传统就是在这样一个个时代和阐释主体之间被继承和重构着，成为中国传统思想学术系统中最重要的流派之一。

两派六宗的说法自然是对易学自身的发展而言的，但《总目》接着也说，“《易》道广大，无所不包，旁及天文、地理、乐律、兵法、韵学、算术以逮方外之炉火，皆可援《易》以为说，而好异者又援以入《易》，故《易》说愈繁”④，以示作者并未忽略易学跨领域影响的广泛性。不过仅从我们较为熟知的经史关系的角度看，《总目》的说法尚待完备。“参证史事”的目的在于援史入经，以人事说明经典所揭示的大道的真理性。同时，他们之间也存在一条以经释史的反向路线，即以《易》的思维方式和价值标准去认识并分析历史以及史学自身发展变动的轨迹⑤。可以说，两条路线共同构成

① 《阮刻周易兼义》卷七，第577页。

② 朱伯崑先生曾历数《周易》一书体现的十数种思维方式，并说“其中最为突出的是观察世界的辩证思维”，参见《易学哲学史·北大版前言》，昆仑出版社，2005，第39页。

③ 永瑢等：《四库全书总目》卷一，中华书局，2003，第1页。

④ 《四库全书总目》卷一，第1页。

⑤ 今按：《易》的思维方式和价值标准可以大致归纳为两大类，即天人一体观与辩证运动观，后者也包括我们常说的通变精神与忧患意识。至于说认识历史和史学，则约略等同于西方学界熟悉的思辨的历史哲学与分析的历史哲学两个概念，参见W. H. 沃尔什《历史哲学导论》第一章，北京大学出版社，2008。对历史的认识是中国传统学术的大宗，数量甚多，并不限于史部，《史记》当属最突出者之一。至于对史学的认识，则除章学诚《文史通义》外，似乎很难再举一显例，因为距它关系最近的著述仍停留在讨论史书编纂形式的阶段。

了易学与中国传统史学关系的主体。另外，有的学者也将中国现代史学中以经为史的观点作为易学与史学关系的第三种路线，但此说稍嫌含混。中国的现代史学，或者说广义上的新史学的建立是包含着理论引进、观念革新以及学科建设等一系列活动的复杂进程，而隐藏在这场从传统到现代的大转型背后的则是史进经退的学术浪潮。在革命的语境下，经学居四部之首的重要地位伴随着帝制中国一去不返。① 当“六经皆史”的古老命题被赋予“六经皆史料”的新内涵出现在世人面前的时候②，经学经历了前所未有的知识与价值的分离。也可以说，当史学成为国故中最最受青睐的学问的时候，经学在主流学界已经不复存在了。最早以《论〈易〉学与史学之关系》为题进行论述的刘师培，在其文中所列的“其用有四”就全然是那个时代的典型。③ 所以笔者并不赞成存在第三种路线的提法。作为史料特别是社会史史料的经学显然不再能和史学在一个层面上进行讨论，把它和前两条路线等同起来是似是而非的。

从现有的成果来看，对于易学本身的文献学、思想史乃文本分析研究最为完备，倒是有关“天文、地理、乐律、兵法、韵学、算术以逮方外之炉火”的跨领域研究仍给人以零碎之感，而《易》史会通之研究则约略处于两者之间。本文现就尝试以中国史学界久负盛名的《史记》为例，对传统学术语境下以经（《易》）释史的现象进行一些具体的分析。④

---

① 关于这一过程的详细描述参见陈壁生《经学的瓦解》，华东师范大学出版社，2014。

② 具体参见刘隗《中国学术之近代命运》第一章，北京师范大学出版社，2013。

③ “其用有四”是指“可以考周代之制度”，“可以补古史之缺憾”，“可以考宗法社会之状态”，“可以考古代社会之变迁”，参见刘师培：《经学教科书》下编，岳麓书社，2013，第135页。

④ 今按：《史记》中涉及易学的地方大致有三个方面。一是对易学史和卜筮案例的记载，一是引用或《易》文或化用《易》理来评价历史人物和事件，一是以易学观念书写历史。清人就有对其关系的说明，参见杨燕起等编《历代名家评〈史记〉》下编《天官书》，北京师范大学出版社，1986。而近代学者在此基础上分别展开了对易学史、《周易》异文和司马迁易学思想的研究。前两方面仍以刘师培《司马迁述〈周易〉考》（《刘师培史学论著选集》，上海古籍出版社，2006）及杨树达《周易古义》（上海古籍出版社，2006）最为经典。后一项研究起步较晚而牵涉范围颇广，有的学者将其细分为历史观、人生观、学术观、政治观等，其中影响较大而为笔者所及见者有王记录《〈周易〉与司马迁的史学思想》（《河南师范大学学报》（哲学社会科学版）1993年第2期）、吴怀祺《司马迁的易学与史学》（《国际易学研究》第四辑，华夏出版社，1998）、张涛《司马迁的易学思想》（《史学史研究》1999年第3期）、陈桐生《〈史记〉与〈周易〉六论》（《周易研究》2003年第2期），至于专著中对这一问题有所涉及者尚不在此列。本文限于篇幅，仅以司马迁历史写作中最核心的太史公“三言”问题为中心，在前贤的研究基础上再对这一问题进行梳理。太史公“三言”的说法化自汪高鑫先生的史家“三言”，参见《司马迁“成一家之言”新论》（《中国史学思想史散论》，北京大学出版社，2010）。

二

《史记》的作者司马迁大概可以算作经学官方化时代之前最后的一位大史家[①]。他的教育经历呈现出此前一贯盛行的私学特点。

> 太史公学天官于唐都，受易于杨何，习道论于黄子[②]。

这是他在《太史公自序》中自述他父亲司马谈的学术传承谱系。《自序》下面接着说道：

> 先人有言："自周公卒五百岁而有孔子。孔子卒后至于今五百岁，有能绍明世，正《易传》，继《春秋》，本《诗》、《书》、《礼》、《乐》之际?"意在斯乎，意在斯乎，小子何敢让焉。[③]

据此可知，司马迁同样明于易理，否则正《易传》之语将无所凭依。在没有更多文献记载的情况下，司马迁从父受《易》是顺理成章的，《易传》在两代太史公交接之际所蕴含的重要的象征意义本身就是最好的证明。有关西汉一代易学的发展和变迁，具见《史记》(《儒林列传》)、《汉书》(《艺文志》、《儒林传》、《京房传》）的记载，此处只需点明司马迁秉承的尚是汉初"训故举大谊"[④] 的易学风格，而非焦（延寿）京（房）阴阳灾异术数之学的习气。并且，司马迁对《周易》的学术热情也与章句之儒迥异，他的兴趣是在以历代成败盛衰为对象的历史写作中实践从易学中获得的观念与启示（详见下文)。这一特点使得司马迁具备了推动先秦史学在传统学术全面笼罩于经学之下的时代取得新突破的可能。今日于传统文史之学稍有兴趣者，对《史记》的创作目的和著述宗旨都不会陌生，但它同时又是《史记》学最聚

---

① 此处为行文方便，对史家一词采取最宽泛的理解，与先秦之史（如《周礼》之五史）义通。

② 司马迁:《史记》卷一百三十，中华书局，1982，第3288页。

③《史记》卷一百三十，第3296页。今按：司马谈在遗言中首先开列的《易传》与《春秋》正是与《史记》写作关系最为密切的两部儒家经典，可见司马氏父子之学术实有相知相承处，值得我们注意。关于司马迁的春秋学，杨向奎先生在《司马迁的历史哲学》已有精要的论述，参见《绎史斋学术文集》，上海人民出版社，1983。

④《汉书》卷八十八，第3597页。

讼纷纭的命题[1]。本文无意对“究天人之际，通古今之变，成一家之言”（《报任少卿书》）[2] 的具体含义遽下断言，只是想强调，解者若能从司马迁的学术经历出发，分析这句经典命题的易学背景，也不失为加深我们对其真实含义理解准确性的好方法。

依照太史公“三言”的顺序，我们首先要问易学思想中是否涉及对天人关系的探讨。回答是肯定的。上文反复引证的所谓“广大悉备”，就可以概括为《周易》的天人一体观。《易》的作者在创作之初就是要“与天地准”，故不论天道地道还是人道，都是《易》要包含要反映的对象。道本身是种颇具神秘性的存在，《系辞》说：

> 一阴一阳之谓道，继之者善也，成之者性也。仁者见之谓之仁，知者见之谓之知。百姓日用而不知，故君子之道鲜矣。显诸仁，藏诸用，鼓万物而不与圣人同忧，盛德大业至矣哉。[3]

因为圣人作，道得以通过《易》来显现，“夫《易》，圣人所以崇德而广业也”[4]。用《易》之理可以指导人事，具体来说就是《系辞》所说的：

> 仰以观于天文，俯以察于地理。是故知幽明之故，原始反终。故知死生之说，精气为物，游魂为变。是故知鬼神之情状，与天地相似，故不违；知周乎万物而道济天下，故不过；旁行而不流，乐天知命，故不忧；安土敦乎仁，故能爱。范围天地之化而不过，曲成万物而不遗，通乎昼夜之道而知。[5]

从以上这些《传》文，再结合前面所引“古者包牺氏之王天下”一段，从“结绳而为罔罟”“斲木为耜，揉木为耒”，再到“日中为市”“弦木为弧，剡木为矢”[6]，人道之中的重要活动无一不统于易道。我们不禁要惊讶于

---

① 参见施丁等主编《史记研究》上《20 世纪二十四史研究丛书》，中国大百科出版社，2009。特别是最后一句，目前最广为接受的解释仍是白寿彝先生提出的看法，见白寿彝《说“成一家之言”》，《历史研究》1984 年第 1 期。最近则有陈苏镇先生的《司马迁“成一家之言”新解》，见北京大学中国古代史研究中心编《田余庆先生九十华诞颂寿论文集》，中华书局，2014。其外尚有梁启超、张大可、汪高鑫等多位学者不同程度上提出过自己的观点。

② 《汉书》卷六十二，第 2735 页。

③ 《阮刻周易兼义》卷七，第 585 ~ 589 页。

④ 《阮刻周易兼义》卷七，第 594 页。

⑤ 《阮刻周易兼义》卷七，第 581 ~ 584 页。

⑥ 《阮刻周易兼义》卷八，第 658 ~ 663 页。

这种古老的宏大叙事，多少有些西方学界常说的人类史的味道。

再看《史记》中的天人之际，《太史公自序》末有云：

礼乐损益，律历改易，兵权山川鬼神，天人之际，承敝通变，作八书。①

则八书当可与此句一一对应。《礼》《乐》《律》《历》四书有明文，山川指《河渠书》，鬼神指《封禅书》，兵权旧注亦属之于《律》（《史记索隐》曰“兵权，即律书也。迁没之后，亡，褚少孙以律书补之，今律书亦略言兵也”②），至于最后两项，王先谦说“天人之际谓《天官书》，承敝通变谓《平准书》也”③，就是依照前例做出的判断，甚有理据。《天官书》明见“天人”处有二：

夫天运，三十岁一小变，百年中变，五百载大变；三大变一纪，三纪而大备：此其大数也。为国者必贵三五。上下各千岁，然后天人之际续备。

夫常星之变希见，而三光之占亟用。日月晕适，云风，此天之客气，其发见亦有大运。然其与政事俯仰，最近天人之符。此五者，天之感动。为天数者，必通三五。终始古今，深观时变，察其精粗，则天官备矣。④

从这两处文字出发，反观全“书”，可以发现，所谓“天人之际”的涵义首先体现在实践层面⑤。应该说，对《天官书》影响最直接的当属春秋战国以来大为勃兴的天文星算之学，这自是本篇庞杂内容的主要来源。⑥ 从实

① 《史记》卷一百三十，第3319页。
② 《史记》卷一百三十，第3320页。
③ 王先谦补注：《汉书补注》，上海古籍出版社，2008，第4351页。
④ 《史记》卷二七，第1344页，第1351页。
⑤ 《天官书》全篇依次可以分为七个部分，一是五宫三垣二十八宿等恒星，二是金木水火土五行星，三是日月，四为散星流星，五是云气，六是候岁，七是总论，而以前两部分为重心。
⑥ 今按：《汉志》于术数略详列数术百九十家、二千五百二十八卷，其中天文二十一家，四百四十五卷。（《汉书》卷三十，第1764页），其书在司马迁以前者必不少。且天人感应之说虽大兴于汉，其源头却甚早。“昔之传天数者：高辛之前，重、黎；于唐、虞，羲、和；有夏，昆吾；殷商，巫咸；周室，史佚、苌弘；于宋，子韦；郑则裨灶；在齐，甘公；楚，唐昧；赵，尹皋；魏，石申”“天子微，诸侯力政，五伯代兴，更为主命。自是之后，众暴寡，大并小……争于攻取，兵革更起，城邑数屠，因以饥馑疾疫焦苦，臣主共忧患，其察禨祥候星气尤急。近世十二诸侯七国相王，言纵横者继踵，而皋、唐、甘、石因时务论其书传，故其占验凌杂米盐”（《天官书》，第1343页），春秋战国之际的天文学正是在这种技术与政治双重因素的作用下得以迅速发展。关于先秦天文学发展的详情，可以参见陈遵妫《中国天文学史》第三章（上海人民出版社，1982）。（转下页）

践层面来说，全篇始终贯穿两个特点，一是备列各个星象的位置、特征、运行轨道及其相互关系，二是几将每一天象都与国家的福祸兴亡相联系，也就是常说的天人感应。如云：

天一、枪、棓、矛、盾动摇，角大，兵起。

火犯守角，则有战。房、心，王者恶之也。

礼失，罚出荧惑，荧惑失行是也。出则有兵，入则兵散。①

特别是司马迁在总结汉初以来的天象时说：

汉之兴，五星聚于东井。平城之围，月晕参、毕七重。诸吕作乱，日蚀，昼晦。吴楚七国叛逆，彗星数丈，天狗过梁野；及兵起，遂伏尸流血其下。元光、元狩，蚩尤之旗再见，长则半天。其后京师师四出，诛夷狄者数十年，而伐胡尤甚。越之亡，荧惑守斗；朝鲜之拔，星茀于河戍；兵征大宛，星茀招摇：此其荦荦大者。若至委曲小变，不可胜道。由是观之，未有不先形见而应随之者也。②

可以视作他对这套理论深信的集中体现。当然，他对这个问题处理得也很灵活，《自序》说：

(接上页注⑥)同时，天象知识的发展也使其溢出了专人职守的轨道，引起士大夫学者的普遍兴趣。孟子、荀子等人也在不同程度和不同立场上发表过对天象问题的看法。如孟子说“五百年必有王者兴，其间必有名世者”（《孟子注疏》卷四下，《十三经注疏》，中华书局，2009，第5871页），这与前文所引《天官书》“夫天运，三十岁一小变，百年中变，五百载大变”的说法必然同出一源。荀子讲“天人之分”，但并未将两者的关系完全割裂，“应之以治则吉，应之以乱则凶”，观此“应”字可知，他对感应之说的激烈批驳也衬托出其在当时的流行程度。又《天官书》中有“天则有列宿，地则有州域”的分野之说，也可追溯到《左传》昭公元年子产“后帝不臧，迁阏伯于商丘，主辰。商人是因，故辰为商星。迁实沈于大夏，主参。唐人是因，以服事夏、商”（《阮刻春秋左传注疏》，浙江大学出版社，2015，第2783页）以及《国语·周语下第三》伶州鸠“岁之所在，则我有周之分野也，月之所在，辰马农祥也”（徐元诰集解：《国语集解》，中华书局，2002，第125页）的说法。

司马迁自言“仆之先人，非有剖符丹书之功，文史、星历，近乎卜祝之间”（《汉书》卷六十二，第2732页），班固说“数术者，皆明堂羲和史卜之职也。史官之废久矣，其书既不能具，虽有其书而无其人”（《汉书》卷三十，第1775页），可见史官自古皆通数术。据《天官书》所记载的内容再结合司马迁尝与修太初历的经历，太史公对天文学知识乃至前人的不同学说应该说都是可以充分把握的。凭借此专业知识，以及他对天人感应星象学理论的系统整理，使得《天官书》由此成为日后纪传体史书中天文书志的范本。

① 《史记》卷二七，第1295页，第1298页，第1317页。

② 《史记》卷二七，第1348页。

> 星气之书，多杂禨祥，不经；推其文，考其应，不殊。比集论其行事，验于轨度以次，作《天官书》第五。[①]

这里的前半句与《天官书》中评述“幽厉以往，尚矣。所见天变，皆国殊窟穴，家占物怪，以合时应，其文图籍禨祥不法。是以孔子论六经，纪异而说不”，以及批评“皋、唐、甘、石”“占验凌杂米盐”是一个意思。司马迁合时应的不法不经之说，要求推文考应，只有不殊之应才值得记载。可见在同一学说下，司马迁的眼光仍要高于常人一等。

当然，强调“天人之际”内容的实践性其内涵本身的两重性并不冲突。相反，文中为数不多的理论文字起到了提纲挈领的作用。《天官书》中说：

> 分中国为十有二州，仰则观象于天，俯则法类于地。天则有日月，地则有阴阳。天有五星，地有五行。天则有列宿，地则有州域。三光者，阴阳之精，气本在地，而圣人统理之。[②]

此段体现的易学思想可进而分为两层。

其一，易学思想中的法象说，用《易传》的话说就是“在天成象，在地成形”[③]。此处“仰则观象于天，俯则法类于地”与前文所引《易传》“仰则观象于天，俯则观法于地”的说法别无二致，强调的是人道要效法天道和地道，也就是效法天有日月地有阴阳、天有五星地有五行的程式和规律。这也是《天官书》一书得名之由。清代学术宗主戴东原曾说：

> 《易》曰:“法象莫大乎天地”……夫道无远迩，能以尽于人伦者反身求之，则靡不尽也……天地之道……外内上下尊卑之纪也……地在天中，德承天，是以配天……是故列星之垣卫，拱所尊也，谓之天官。示于上，应于下也。(《法象论》)[④]

东原此篇言简而意赅，其释天官之语，寥寥数字便道明要义。司马迁的法象观念也借此而更加显豁。

其二，在法象的基础上，天人之间还需要有信息的沟通。从性质上说，法象主静而垂象主动。至于后者，信息的形式是天象，沟通的渠道则是圣人。

---

① 《史记》卷一百三十，第3306页。

② 《史记》卷二十七，第1342页。

③ 《阮刻周易兼义》卷七，第568页。

④ 戴震:《戴震集》上编文集卷八，上海古籍出版社，2009，第154页。

《系辞》曰：

天地变化，圣人效之；天垂象见吉凶，圣人象之。[①]

这与司马迁文中的“三光者，阴阳之精，气本在地，而圣人统理之”文异而实通。三光者日、月、星，其气在地才有沟通的必要，圣人统理才有沟通的可能。很明显，《易传》用它一贯擅长的抽象思维为与其同时期产生的感应之说提供了理论的依据。司马迁凭借他敏感的学术嗅觉，将二者巧妙地建构在了一起，而这份敏感则得益于他广博的学习经历。明白了这两点，我们再回头看前文“上下各千岁，然后天人之际续备”时就会发现，不论三五之数的实际含义到底如何[②]，究天人之际所究的最高目标就是求得人事与天道的统一，用《周易》自己的话说就是“立天之道”“立地之道”与“立人之道”的统一，目的就是“将以顺性命之理”[③]。司马迁在《历书》中也表达了相近的看法，“王者易姓受命，必慎始初，改正朔，易服色，推本天元，顺承厥意”[④]，即人是要以天为统续的。随手翻检《周易》，《大有·彖》曰：

其德刚健而文明，应乎天而时行。[⑤]

《大畜·彖》曰：

利涉大川，应乎天也。[⑥]

《萃·彖》曰：

用大牲吉，利有攸往，顺天命也。[⑦]

这些《传》文都是《周易》天人观在易道展开过程中的具体表现，反过来也可作为《史记》天人说的注脚。

当然，《天官书》全篇的论述重心仍在天而不在人。观“为国者必贵三

① 《阮刻周易兼义》卷七，第622页。

② 朱维铮先生曾撰《司马迁》一文，文中对三五背后的天文学意义多有考论，可以参考朱维铮《朱维铮史学史论集》，复旦大学出版社，2015。

③ 《阮刻周易兼义》卷九，第722页。

④ 《史记》卷二六，第1256页。

⑤ 《阮刻周易兼义》卷二，第179页。

⑥ 《阮刻周易兼义》卷三，第265页。

⑦ 《阮刻周易兼义》卷五，第418页。

五，上下各千岁，然后天人之际续备”与“为天数者，必通三五，终始古今，深观时变，察其精粗，则天官备矣”两句中“天人”“天官”语可互换可知也。但我们也并不能以此就认为《史记》对人事的态度是消极的。梁任公先生说过，《史记》“最异于前史者一事，曰以人物为本位”①，钱宾四先生也说“历史上一切动力发生在人，人是历史的中心，历史的主脑，这一观念应说是从太史公《史记》开始的”②，此外翦伯赞、侯外庐诸家也多有专说，这个问题在学界早有定论。其中最著名的段落就是《项羽本纪》末的“太史公曰”：

吾闻之周生曰“舜目盖重瞳子”，又闻项羽亦重瞳子。羽岂其苗裔邪，何兴之暴也……及羽背关怀楚，放逐义帝而自立，怨王侯叛己，难矣。自矜功伐，奋其私智而不师古，谓霸王之业，欲以力征经营天下，五年卒亡其国，身死东城，尚不觉寤而不自责，过矣。乃引“天亡我，非用兵之罪也”，岂不谬哉。③

而《高祖本纪》的“太史公曰”说：

周秦之间，可谓文敝矣。秦政不改，反酷刑法，岂不缪乎？故汉兴，承敝易变，使人不倦，得天统矣。④

项羽虽重瞳，有圣王之相，却因“奋其私智”而身死，高祖出身亭长，却因懂得“使人不倦”而获得天统，这又是以人事可以改变天命的思想了。这种应天合人的人本主义倾向在《周易》中有无体现呢？笔者认为同样有。《贲·彖》曰：

文明以止，人文也。观乎天文，以察时变；观乎人文，以化成天下。⑤

人文与天文对举，人文是化成天下的直接动力，人文在此的重要性不言而喻。此外，人的作用在《周易》一书中更多情况是通过隐晦的手法表现出

① 梁启超：《中国历史研究法》第二章，上海古籍出版社，2009，第19页。
② 钱穆：《中国史学名著·史记（中）》，三联书店，2005，第69页。
③ 《史记》卷七，第338页。
④ 《史记》卷八，第394页。
⑤ 《阮刻周易兼义》卷三，第243~244页。

来的。如果熟知《易》例的话（《周易》本身即具的贯通六十四卦的总纲），对这个问题都不会陌生。一卦有六爻，六爻可为上下卦各三爻也可分为上中下（三才）各两爻；六爻又分奇偶位，上下卦各有中位。所以决定一爻性质总不离三个因素，即本爻的阴阳、本爻所处的爻位以及本爻与上下爻之间产生的乘承比应的关系[①]。值得注意的是，在卦爻辞（有时还包括《彖传》《象传》）对本卦及其六爻性质的说明中，《周易》作者的初衷从来都不是将天命的结果直接展现出来，让人们去认可这个结果。相反，他试图用建议、忠告乃至惩戒的方式告诉用《易》者如何正确认识当前的处境和形势，目的总在逢凶化吉[②]。元亨利贞吉凶悔吝，无不是人事与天道或顺或违的结果，换句话说就是人在与易道与天道的共存中具有一定的主动性，人可以通过顺成天道促进自身的发展，而不是被动地接受天命。此处再以《蹇》卦为例，《蹇》象征的是困难。

初六，往蹇来誉。
《象》曰：“往蹇来誉”，宜待也。
……
九三，往蹇来反。
《象》曰：“往蹇来反”，内喜之也。
……
九五，大蹇朋来。
《象》曰：“大蹇朋来”，以中节也。
上六，往蹇来硕，吉，利见大人。
《象》曰：“往蹇来硕”，志在内也。“利见大人”，以从贵也。[③]

本卦从初六直到最后的上六，困难可以通过大人来化解，但在遇到大人之前要待，要志在内。本卦《彖传》说“见险而能止，知矣哉”，智与否是要靠人来实现的。用《象传》自己的话说更明白，“君子以反身修德”[④]，德是落实到人的品质，修德可以济蹇，人本主义的思想在此不正呼之欲出么？

---

① 关于《易》例的简要说明，可以参见黄寿祺、张善文《周易译注》附录一，上海古籍出版社，2010。

② 最著名的《乾》卦“初九，潜龙勿用”与“上九，亢龙有悔”，《阮刻周易兼义》卷一，第30页、第38页，就是对一始、一终两种形式下人们行为处事的建议与警告。

③ 《阮刻周易兼义》卷四，第364～366页。

④ 《阮刻周易兼义》卷四，第363页。

从中国古典思想学术的发展来看，先秦思想家们对天人之际的思考拥有共同的兴趣。春秋战国以来最明显的思潮就是肯定人的价值。冯芝生先生的《中国哲学史》就特辟《人之发现》[①] 一节来说明这一现象。钱宾四先生也说"在《史记》以前，人物的重要地位，已经一天天地表现出来了。像《论语》《孟子》《墨子》《庄子》都是一部书里记载着一个人的事与言。《论语》记言也记事，《庄子》《孟子》亦然"[②]。同时，他们对天的意义的改造也在悄悄进行。根据余英时先生的研究，此时中国正在经历的"轴心突破"是与西方柏拉图时代"外向超越"截然不同的"内向超越"[③]。内向超越中的两个世界，是处于不即不离的状态，超越世界虽是建立在道之上，而"道不远人"，超越世界与现实世界就成功地结合在了一起，也就是打通古人常说的道心与人心。中国原有之"天"一经"绝地天通"[④]，再经"内向超越"，商周以来的巫觋色彩几乎被剥离殆尽（《周易》书中也只剩只言片语），天人之际的老问题进入了新阶段，一流学问家对它的关注至此走上了论道的轨迹。如果我们不否认《周易》和《史记》是先秦时代天人概念变化过程中最耀眼的两环（此处将《十翼》的创作年代拉伸至整个春秋战国之间，并肯定《史记》保持的战国文化传统[⑤]），那么二书在内在理路意义上的继承关系不就更加顺理成章了么？

三

《天官书》既说"为天数者，必通三五。终始古今，深观时变，察其精粗，则天官备矣"，则与天人问题紧密相连的就是变的问题。《周易》中多言变，变就是运动的观念，孔颖达说，"夫《易》者，变化之总名，改换之殊称"[⑥]，最简明贴切。《系辞》曰：

---

① 冯友兰：《中国哲学史》第三章，商务印书馆，2011。

② 《中国史学名著·史记（下）》，第84页。

③ 参见余英时《论天人之际》第六章，中华书局，2014。

④ 《国语·楚语下第十八》记载"古者民神不杂……及少昊之衰也，九黎乱德，民神杂糅，不可方物。夫人作享，家为巫史，无有要质。民匮于祀，而不知其福。烝享无度，民神同位。民渎齐盟，无有严威。神狎民则，不蠲其为。嘉生不降，无物以享。祸灾荐臻，莫尽其气。颛顼受之，乃命南正重司天以属神，命火正黎司地以属民，使复旧常，无相侵渎，是谓绝地天通。"（《国语集解》，第512页）这是三代以前将天之意义规范化、官方化的重要事件。

⑤ 此处将《史记》与先秦时代联系在一起，意在强调前者所保持的战国文化传统。参见胡宝国：《汉唐间史学的发展》（修订本），北京大学出版社，2014。

⑥ 《阮刻周易兼义·周易正义序》，第10页。

圣人设卦观象，系辞焉而明吉凶，刚柔相推而生变化。①

又曰：

易之为书也不可远，为道也屡迁，变动不居，周流六虚，上下无常，刚柔相易，不可为典要，唯变所适。②

司马迁非常熟悉这一套理论，《自序》中明说：

《易》著天地阴阳四时五行，故长于变。③

又其于《滑稽列传》之首引孔子之言曰：

六艺于治一也。《礼》以节人，《乐》以发和，《书》以道事，《诗》以达意，《易》以神化，《春秋》以义。④

化即是变，司马迁引重孔子之言已经表明了他的观点。《自序》说“作《平准书》以观事变”，故《平准书》中在历数前代知道当下的经济政策之后说道：

安宁则长庠序，先本绌末，以礼义防于利；事变多故而亦反是。是以物盛则衰，时极而转，一质一文，终始之变也。⑤

这就是司马迁用变的观念进行历史分析和概括的尝试。同时，与变密切相关的另一个概念是盛衰。《平准书》说：

物盛而衰，固其变也。⑥

《自序》又说：

罔罗天下放失旧闻，王迹所兴，原始察终，见盛观衰……著十二本

① 《阮刻周易兼义》卷七，第573页。
② 《阮刻周易兼义》卷八，第688~689页。
③ 《史记》卷一百三十，第3297页。
④ 《史记》卷一百二十六，第3197页。
⑤ 《史记》卷三十，第1442页。
⑥ 《史记》卷三十，第1420页。

纪，既科条之矣。①

司马迁所说的“变”始终是落在实处的②，其盛衰之说更是没有脱离政治史和经济史的范畴。十二本纪中频频出现的“兴”“衰”二字，暗示着五帝到当代的历史就是一部长时段下的兴衰史，这是阅读本纪可以得到的最直观的感受。稍加留意可知，这里点出的盛衰观念同样来自于《周易》的古老教诲。《序卦》传在解释《泰》《否》《同人》三卦相连续的原因时说：

履而泰然后安，故受之以《泰》。泰者，通也。物不可以终通，故受之以《否》。物不可以终否，故受之以《同人》。③

---

① 《史记》卷一百三十，第3319页。

② 今按：这点与《史记》中所究天人到底为何的情况相类。前文引王先谦说，以《自序》中“礼乐损益，律历改易，兵权山川鬼神，天人之际，承敝通变，作八书”的“承敝通变谓《平准书》”，又引《自序》后列百三十篇之序文，说“维币之行，以通农商；其极则玩巧，并兼兹殖，争于机利，去本趋末。作《平准书》以观事变，第八”，则王氏之说信而有征。《平准书》明言变字集中在篇末的“太史公曰”，“农工商交易之路通，而龟贝金钱刀布之币兴焉。所从来久远，自高辛氏之前尚矣，靡得而记云。故书道唐虞之际，诗述殷周之世，安宁则长庠序，先本绌末，以礼义防于利；事变多故而亦反是。是以物盛则衰，时极而转，一质一文，终始之变也。禹贡九州，各因其土地所宜，人民所多少而纳职焉。汤武承弊易变，使民不倦，各兢兢所以为治，而稍陵迟衰微。齐桓公用管仲之谋，通轻重之权，徼山海之业，以朝诸侯，用区区之齐显成霸名。魏用李克，尽地力，为强君。自是以后，天下争于战国，贵诈力而贱仁义，先富有而后推让。”（第1442页）
这里不避繁复征引原文，目的就是帮助我们更清晰的看出变的实义。此段史论中有三个变字，都是基于先秦时期的经济政策而发的。“一质一文，终始之变也”是司马迁对古代社会经济史的变的把握。“承弊易变”正合“承敝通变”，汤武承弊易变的结果是民不倦，而后者的表现是兢兢所以为治，治就是治其本业，仍是在说经济政策变更的意义。此外，在本篇“太史公曰”前还有一处“物盛而衰，固其变也”，而这仍是在比对汉初经济凋敝、汉武帝前期奢侈无度后期出现危机三个历史阶段时下的转语，而非对整个历史高谈阔论。
“承弊易变，使民不倦”的说法也见诸《高祖本纪》（详见后文），乃紧接“秦政不改，反酷刑法，岂不缪乎?”一句，则变系指汉高祖约法三章及数大赦天下事，虽非关经济，而仍属制度层面。此外还有两处可以互证。《六国年表》曰“战国之权变亦有可颇采者，何必上古。秦取天下多暴，然世异变，成功大。传曰法后王，何也？以其近己而俗变相类，议卑而易行也”（《史记》卷十五，第686页），《自序》曰“八年之间，天下三嬗，事繁变众，故详著《秦楚之际月表》第四”（《史记》卷一百三十，第3303页），两处提到作表的意图时都有变字。后者中的变众也与事繁相对为文，变就是事。至于前者，权变要采，俗变要行，则所谓异变都是针对战国以来各国变法直到秦朝确立新型国家制度而言的。可见司马迁再此数处所用变字字义全同。祝总斌先生曾据此并通过考察文法和句意的方法更上论《报任少卿书》的“通古今之变”即《自序》之“承敝通变”，持说谨严，参见祝总斌《有关〈史记〉崇儒的几个问题》，《材不材斋文集》，三秦出版社，2006。

③ 《阮刻周易兼义》卷九，第738页。

不仅在两卦之间，一卦之内同样有盛衰的转换。《乾》卦九五“飞龙在天”，阳爻如果知进不知退，就会进入上九“亢龙有悔”的境地；《坤》卦六五“黄裳，元吉”，阴爻如果不遵循谦退的本性，就会引发上六“龙战于野”的阴阳冲突，这岂非是盛极而衰的卦象？《丰·彖》曰：

日中则昃，月盈则食，天地盈虚，与时消息，而况于人乎，况于鬼神乎？①

《史记》中所反复描述的盛衰经过，不正合这里的“况于人乎”么？

再进一步说，明变的意义不止在变本身，它的背后首先是鲜明的忧患意识。司马迁在概括春秋时期的政治史时曾说：

春秋之中，弑君三十六，亡国五十二，诸侯奔走不得保其社稷者不可胜数。察其所以，皆失其本已。故《易》曰“失之毫厘，差以千里”，故曰“臣弑君，子弑父，非一旦一夕之故也，其渐久矣”。②

两句引文，前者今见纬书，或属杨何所传之《易》文③，后者明是《文言传》释《坤》卦初六爻之语，原文如下：

积善之家，必有余庆；积不善之家，必有余殃。臣弑其君，子弑其父，非一朝一夕之故，其所由来者渐矣。由辩之不早辩也。《易》曰：“履霜坚冰至”，盖言顺也。④

顺者慎也，《文言》此句要在强调的正是见微知著、防微杜渐的意识。《周易》当中类似的表述还有很多。《系辞》云：

《易》曰：“何校灭耳，凶。”子曰：“危者，安其位者也。亡者，保其存者也。乱者，有其治者也。是故君子安而不忘危，存而不忘亡，治而不忘乱，是以身安而国家可保也。”⑤

① 《阮刻周易兼义》卷六，第498页。
② 《史记》卷一百三十，第3297页。
③ 参见前揭刘师培《司马迁述〈周易〉考》。
④ 《阮刻周易兼义》卷一，第79页。
⑤ 《阮刻周易兼义》卷八，第673~674页。

这与《乾》卦九三“君子终日乾乾，夕惕若，厉，无咎”① 的意义是一样。《象》曰“终日乾乾，反复道也”，而君子乾乾反复的就是《系辞》所说的“几”：

子曰：“知几，其神乎”君子上交不谄，下交不渎，其知几乎。几者，动之微，吉之先见者也。君子见几而作，不俟终日。②

几是动之微，也就是盛衰成败的关捩。以忧患意识观变的直接结果就是思考如何处变，如何用人的主动性去顺应天道的变化。《文言传》在解读“终日乾乾”句时就说：

君子进德修业。忠信，所以进德也；修辞立其诚，所以居业也。知至至之，可与几也。知终终之，可与存义也。是故居上位而不骄，在下位而不忧。故乾乾因其时而惕，虽危无咎矣。③

这里不但点出了“几”字，更将上文提到的重人事的思想融入其中。再者，《系辞》曰：

子曰：“知变化之道者，其知神之所为乎。”④

又曰：

参伍以变，错综其数，通其变，遂成天下之文；极其数，遂定天下之象。⑤

还有，《益·象》曰“凡益之道，与时偕行”⑥，《姤·象》曰“姤之时义大矣哉”⑦，《革·象》曰“天地革而四时成，汤武革命，顺乎天而应乎人，

① 《阮刻周易兼义》卷一，第34页。此处“夕惕若厉无咎”的断句采用廖名春先生的看法，详见廖名春《〈周易〉经传与易学史新论》（修订版）第一章，中国人民大学出版社，2014。

② 《阮刻周易兼义》卷八，第675～676页。

③ 《阮刻周易兼义》卷一，第53～55页。

④ 《阮刻周易兼义》卷七，第610页。

⑤ 《阮刻周易兼义》卷七，第611～612页。

⑥ 《阮刻周易兼义》卷四，第380页。

⑦ 《阮刻周易兼义》卷五，第412页。

革之时大矣哉”[①]。时义就是与时偕行，《系辞》说“变通者，趣时者也”[②]，可知趣时就是变的意义。而趣时的目的则是“穷则变，变则通，通则久”[③]，《周易》用变的眼光回顾从伏羲到神农再到黄帝尧舜的社会发展史，指出他们成功的原因就是“通其变使民不倦，神而化之使民宜之”，也算是开了《史记》历史观的先河。不但黄帝尧舜可以“通其变使民不倦”，汤武也可以，“汤武承弊易变，使民不倦，各兢兢所以为治[④]”（《平准书》），汉高祖同样可以，“夏之政忠。忠之敝，小人以野，故殷人承之以敬。敬之敝，小人以鬼，故周人承之以文。文之敝，小人以塞，故救塞莫若以忠……周秦之间，可谓文敝矣……故汉兴，承敝易变，使人不倦，得天统矣[⑤]”（《高祖本纪》）。“通其变”，与司马迁所言“通古今之变”一致；“通其变”可以“使民不倦”，“承弊易变”同样可以“使人不倦”，则两句义亦相近；又《周易》说汤武体现的是“革之时义”，是顺天应人，则此数句皆可互为训解。从这里可以发现，司马迁口中的“通古今之变”，绝非抽象的历史规律与精神。抑或可说，司马迁对《周易》变通观念更多的继承了《传》文之变而非《经》文之变（基于一阴一阳的卦爻之变）。《系辞》曰：

> 形而上者谓之道，形而下者谓之器，化而裁之谓之变，推而行之谓之通，举而错之天下之民谓之事业。[⑥]

化而裁、推而行、举而措，三者无不是人道中需要实际处理的问题，这里的变、通，语义也全同子长之通变，他们的落脚点终归要在事业。两相参照，不亦明乎？

当然这里也不必忽略司马迁历史观中的循环论思想。上文引《平准书》即有“是以物盛则衰，时极而转，一质一文，终始之变也”之说。又《历书》曰：

> 盖三王之正若循环，穷则反本。[⑦]

---

① 《阮刻周易兼义》卷五，第439页。
② 《阮刻周易兼义》卷八，第653页。
③ 《阮刻周易兼义》卷八，第661页。
④ 《史记》卷三十，第1442页。
⑤ 《史记》卷八，第393页。
⑥ 《阮刻周易兼义》卷七，第626～627页。
⑦ 《史记》卷二六，第1258页。

《高祖本纪》曰：

三王之道若循环，终而复始。[①]

物有终始盛衰又不免互为起点。司马迁的循环论思想来源比较复杂，邹衍的终始五德论和董仲舒的三统说乃至汉初《尚书》家、《礼》家的学说自是其主体[②]，但同样不必将《周易》对他的启发和影响剔除在外。《泰》卦：

九三，无平不陂，无往不复。[③]

《蛊》卦：

《彖》曰，"先甲三日，后甲三日"，终则有始，天行也。[④]

《复》卦：

《彖》曰，"反复其道，七日来复"，天行也。[⑤]

这些无不是《周易》循环论思想倾向的例证，而这些词句亦有帮助我们将《史》《易》二书接续起来的重要价值。

四

《太史公自序》曰：

序略，以拾遗补艺，成一家之言。厥协六经异传，整齐百家杂语。[⑥]

此句要点有三。第一，什么是序略。《自序》称"小子不敏，请悉论先

---

① 《史记》卷八，第393页。

② 一质一文与三统、五德之说的变动思想并为战国秦汉之时影响最大的历史观念，不止见于《史记》。对这些概念的本义及其变迁的讨论，参见蒙文通《经学抉原·儒家政治思想之发展》，上海古籍出版社，2006；顾颉刚《秦汉的方士与儒生》第一章，上海古籍出版社，2005；陈苏镇《汉道、王道、天道》，《两汉魏晋南北朝史探幽》，北京大学出版社，2013，以及前揭杨向奎文。

③ 《阮刻周易兼义》卷二，第165页。

④ 《阮刻周易兼义》卷三，第224页。

⑤ 《阮刻周易兼义》卷三，第253页。

⑥ 《史记》卷一百三十，第3319页。

人所次旧闻，弗敢阙”“余所谓述故事，整齐其世传，非所谓作也”[①]，序通叙，序略就是叙其略，就是这里的论、次和述，而所补的遗，则包括旧闻、故事以及世传。第二，艺指什么。艺是六艺，六艺即六经，一如《汉志·六艺略》中所指，而非《周礼》“保氏掌谏王恶，而养国子以道”之六艺[②]。补艺就是用前面说的遗来补，怎么个补法？所谓“厥协六经异传，整齐百家杂语”的具体操作，司马迁在《五帝本纪》的“太史公曰”中曾有交代：

> 学者多称五帝，尚矣……而百家言黄帝，其文不雅驯，荐绅先生难言之。孔子所传宰予问《五帝德》及《帝系姓》，儒者或不传。余尝西至空桐，北过涿鹿，东渐于海，南浮江淮矣，至长老皆各往往称黄帝、尧、舜之处，风教固殊焉，总之不离古文者近是。予观《春秋》《国语》，其发明《五帝德》《帝系姓》章矣，顾弟弗深考，其所表见皆不虚。《书》缺有间矣，其轶乃时时见于他说……余并论次，择其言尤雅者，故著为本纪书首。[③]

儒者或传或不传的《五帝德》《帝系姓》就是六经异传，百家口中不雅驯的黄帝就是百家杂语。《五帝本纪》的著成即全靠深考并论次这些异传杂语，弥补了六艺本身“缺有间”的缺憾。第三，何谓百家。上文提到百家言黄帝，这里的百家就是诸子，而不是强调有百家之史。先秦诸子在阐述个人的政治经济以及思想观点的时候，都有援史事以自重的论证传统，但他们对史事的态度却与史官迥异，从自己的观点和立场出发，对史事进行选择甚至改造对当时人来说本是司空见惯的现象[④]。所以对司马迁所采撷的百家言，我们不必去求别解，百家也自有本来的著述目的和性质。《自序》中还有旁证：

> 维我汉继五帝末流，接三代绝业……于是汉兴，萧何次律令，韩信申军法，张苍为章程，叔孙通定礼仪，则文学彬彬稍进，《诗》《书》往

① 《史记》卷一百三十，第3299页。

② 《周礼注疏》卷十五，上海古籍出版社，2010，第499页。此六艺即指礼、乐、射、御、书、数，见同书卷十，第370页。有关春秋战国秦汉之间经与艺概念的递嬗，参见王葆玹《今古文经学新论》第一章，中国社会科学出版社，1997。

③ 《史记》卷一，第46页。

④ 对先秦诸子所载史事的说明和分析，参见蒙文通《周代学术发展论略》（《古学甄微》，巴蜀书社，1987）及其《中国史学史》第一章（上海古籍出版社，2006）和顾颉刚《中国上古史研究讲义》（中华书局，2009）。

> 往间出矣。自曹参荐盖公言黄老，而贾生、晁错明申、商，公孙弘以儒显，百年之间，天下遗文古事靡不毕集太史公。太史公仍父子相续纂其职。①

“天下遗文古事靡不毕集太史公”就是《自序》中另一句所说的“罔罗天下放矢旧闻”。遗文古事与上文所说故事旧闻相同，是司马迁拾遗补艺的基础。这个基础是哪来的，前文有交代。汉兴以来，天下安定，通过一系列整顿工作，改变了图籍变乱的局面，文学彬彬，这是第一个阶段。其后黄老、申商以及儒家学说依次更迭，各显一时，这是第二阶段。前者的成果是《诗》《书》间出，后者则是遗文古事毕集，这难道不等同于说两代太史公相续所纂的重要组成部分就是六艺、黄老、申商乃至诸子之书么。再者，此处以一家对百家，可知两处家字的用法并应解作战国以来诸多思想流派的代名词，也就是《秦始皇本纪》中著名的“非博士官所职，天下敢有藏诗、书、百家语者，悉诣守、尉杂烧之”② 事件中的家。否则前后数语之间所用字义歧出，实难伦类。

明白了这三点后，我们再来说太史公成一家言的宗旨与其《易》学的关联，答案同样藏在《自序》中。众所周知，司马迁之父谈有篇重要文字正得其子之书而广为流传，后世习称《论六家要旨》。其文开宗明义便说：

> 《易大传》：“天下一致而百虑，同归而殊涂。”夫阴阳、儒、墨、名、法、道德，此务为治者也，直所从言之异路，有省不省耳。③

《易大传》即今本《系辞》。凭此一句在《自序》中的位置（列于卷首叙司马氏之家世后）与前文所述太史公父子之间的学术关系，我们便可断言“成一家之言”直接的思想基础正是《周易》书中无处不在的辩证思维④，这与“通古今之变”在思想观念上也是相通的。在此之前，论述先秦学术思想源流的重要文献有三，《庄子·天下》《荀子·非十二子》以及《淮南子·要略》，大体应是《论六家要指》创作的来源与先导，但从处理各家派的关系

① 《史记》卷一百三十，第3319页。

② 《史记》卷六，第255页。

③ 《史记》卷一百三十，第3288页。

④ 《周易》书中有关辩证思维的词句特别丰富，有关对它们的分析可以参见冯友兰《中国哲学史新编》第二十一章（人民出版社，1998）以及朱伯崑《易学哲学史》第二章，此处则从简。

来说，四者显然各具特色。《庄子·天下》篇中虽然在历数天下学者时对与老庄学说相近者给予部分的肯定，但全篇的基调却是痛斥古代“无乎不在”“皆原于一”的学术被扰乱。他很不看好这个局面，“百家往而不反，必不合矣。后世之学者，不幸不见天地之纯，古人之大体，道术将为天下裂”[①]。荀子在《非十二子》中，对各家学说的批驳同样不遗余力，但他的态度倒是积极而鲜明的，“今夫仁人也，将何务哉？上则法舜禹之制，下则法仲尼子弓之义，以务息十二子之说。如是则天下之害除，仁人之事毕，圣王之迹著矣”[②]，强调一个息字。至于《淮南子·要略》则从“应时而兴”[③] 的角度，重点梳理诸子中不同的政治学派，最后论及自己的学术旨归时说：

> 若刘氏之书，观天地之象，通古今之事，权事而立制，度形而施宜，原道之心，合三王之风，以储与扈冶。玄眇之中，精摇靡览，弃其畛挈，斟其淑静，以统天下，理万物，应变化，通殊类，非循一迹之路，守一隅之指，拘系牵连于物，而不与世推移也。故置之寻常而不塞，布之天下而不窕。[④]

可见虽然在学派认同上，《庄子》《淮南子》与司马谈多同，但在对待其他学派的态度上，后两家却更相近。因为《要指》在后文接着说道：

> 尝窃观阴阳之术，大祥而众忌讳，使人拘而多所畏；然其序四时之大顺，不可失也。儒者博而寡要，劳而少功，是以其事难尽从；然其序君臣父子之礼，列夫妇长幼之别，不可易也。墨者俭而难遵，是以其事不可遍循；然其强本节用，不可废也。法家严而少恩；然其正君臣上下之分，不可改矣。名家使人俭而善失真；然其正名实，不可不察也。道家使人精神专一，动合无形，赡足万物。其为术也，因阴阳之大顺，采儒墨之善，撮名法之要，与时迁移，应物变化，立俗施事，无所不宜，指约而易操，事少而功多。[⑤]

两文都认为道家可以统摄诸家，是最接近道术之全的。但《要指》之说

---

① 王先谦集解：《庄子集解》卷八，中华书局，2012，第345页。

② 王先谦集解：《荀子集解》卷三，中华书局，1988，第97页。

③ 胡适：《诸子不出于王官论》，《胡适学术文集：中国哲学史》上册，中华书局，1991，第592页。

④ 刘文典集解：《淮南鸿烈集解》卷二十一，中华书局，1989，第711页。

⑤ 《史记》卷一百三十，第3289页。

又因作者学术的《易》学渊源而高出三家一筹。以“同归而殊涂”来代替“必不合矣”和“息说”，又以“（诸子）务为治者也，直所从言之异路”来纠正《淮南子》统于道的单向学说，可谓兼顾共与殊、同与异，最是持平之论。既关注不同学派之间分与合的辩证关系，又用某家如何然其如何的方式兼及一派之间正与反的辩证关系。二者合而观之，这也与辩证法中正、反、合的经典图式何其神似。司马迁对这个思想可以说是完整地继承了下来，这当然也体现在他对百家学术的态度。

在这首先要替司马迁辩解的是班固对其著作“是非颇缪于圣人，论大道而先黄老而后六经”① 的断语，这也是从他父亲班彪那里继承来的②。有的学者解释其为班彪父子对《论六家要指》作者的误判。但这总有些看扁班氏父子学问之嫌，毕竟《自序》中并未设置理解上的障碍。今考《吕太后本纪》中的“太史公曰”：

> 孝惠皇帝、高后之时，黎民得离战国之苦，君臣俱欲休息乎无为，故惠帝垂拱，高后女主称制，政不出房户，天下晏然。刑罚罕用，罪人是希。民务稼穑，衣食滋殖。③

《曹相国世家》中“太史公曰”：

> 曹相国参攻城野战之功所以能多若此者，以与淮阴侯俱。及信已灭，而列侯成功，唯独参擅其名。参为汉相国，清静极言合道。然百姓离秦之酷后，参与休息无为，故天下俱称其美矣。④

更有《酷吏列传》中语：

> 孔子曰：“导之以政，齐之以刑，民免而无耻。导之以德，齐之以礼，有耻且格。”老氏称：“上德不德，是以有德；下德不失德，是以无德。法令滋章，盗贼多有。”太史公曰：信哉是言也！法令者治之具，而非制治清浊之源也。昔天下之网尝密矣，然奸伪萌起，其极也，上下相遁，至于不振。当是之时，吏治若救火扬沸，非武健严酷，恶能胜其任而愉快乎！言道德者，溺其职矣。故曰“听讼，吾犹人也，必也使无

---

① 《汉书》卷六二，第2737页。

② 参见《后汉书》卷四十上，班彪“（前史）《略论》”，中华书局，2000，第1325页。

③ 《史记》卷九，第412页。

④ 《史记》卷五十四，第2031页。

讼乎”。“下士闻道大笑之”。非虚言也。汉兴，破觚而为圜，斫雕而为朴，网漏于吞舟之鱼，而吏治烝烝，不至于奸，黎民艾安。由是观之，在彼不在此。①

这些，大概是班氏父子误会司马迁的缘由，但这里显然没有什么“先黄老”的意思。休养生息是汉初的历史阶段，而司马迁在如实记述此阶段成就的同时也未曾将仁义之说忘记。《孝文本纪》的“太史公曰”：

孔子言“必世然后仁。善人之治国百年，亦可以胜残去杀”。诚哉是言。汉兴，至孝文四十有余载，德至盛也。廪廪乡改正服封禅矣，谦让未成于今。呜呼，岂不仁哉。②

此段中对仁和德的重视，乃至对改正服封禅的向往心情，无不是太史公由衷的内心独白。又如所谓“述货殖则崇势利而羞贱贫”③，此句是在攻击《货殖列传》。此篇开头就说：

老子曰：“至治之极，邻国相望，鸡狗之声相闻，民各甘其食，美其服，安其俗，乐其业，至老死不相往来。”必用此为务，挽近世涂民耳目，则几无行矣。

太史公曰：夫神农以前，吾不知已。至若诗书所述虞夏以来，耳目欲极声色之好，口欲穷刍豢之味，身安逸乐，而心夸矜势能之荣使。俗之渐民久矣，虽户说以眇论，终不能化。故善者因之，其次利道之，其次教诲之，其次整齐之，最下者与之争。④

这上来便是用重商重货的观点来纠正道家之偏颇了。这一思想又从何而来呢，下文又说：

故曰：“仓廪实而知礼节，衣食足而知荣辱。”礼生于有而废于无。故君子富，好行其德；小人富，以适其力。渊深而鱼生之，山深而兽往之，人富而仁义附焉。

……

① 《史记》卷一百二十二，第3131页。
② 《史记》卷十，第437页。
③ 《汉书》卷六二，第2738页。
④ 《史记》卷一百二十九，第3253页。

子赣既学于仲尼，退而仕于卫，废著鬻财于曹、鲁之间，七十子之徒，赐最为饶益。原宪不厌糟糠，匿于穷巷。子贡结驷连骑，束帛之币以聘享诸侯，所至，国君无不分庭与之抗礼。夫使孔子名布扬于天下者，子贡先后之也。此所谓得势而益彰者乎？①

“故曰”一句语出《管子·牧民》②，管子之说重经济，“崇势利”看来不假，可“羞贱贫”呢？司马迁夸赞子贡是因为他在现实意义上的功劳最大，使孔子之学益彰。这与下文肯定范蠡“十九年之中三致千金，再分散与贫交疏昆弟。此所谓富好行其德者也”③ 的意义一样，都是强调财货在普及仁德时的价值。况且子贡本身即以言语（《论语·述而》）得列孔门十哲，记载这个事实并不缪圣人，又何尝有贬低原宪之说。《仲尼弟子列传》载：

孔子卒，原宪遂亡在草泽中。子贡相卫，而结驷连骑，排藜藿入穷阎，过谢原宪。宪摄敝衣冠见子贡。子贡耻之，曰：“夫子岂病乎？”原宪曰：“吾闻之，无财者谓之贫，学道而不能行者谓之病。若宪，贫也，非病也。”子贡惭，不怿而去，终身耻其言之过也。④

这里的褒贬之意岂不明晰。“所谓得势而益彰”的说法又见于《伯夷列传》：

子曰：“道不同不相为谋”，亦各从其志也。故曰：“富贵如可求，虽执鞭之士，吾亦为之。如不可求，从吾所好”。“岁寒，然后知松柏之后凋”。举世混浊，清士乃见。岂以其重若彼，其轻若此哉？

“君子疾没世而名不称焉”，……“同明相照，同类相求”“云从龙，风从虎，圣人作而万物睹”。伯夷、叔齐虽贤，得夫子而名益彰。颜渊虽笃学，附骥尾而行益显。岩穴之士，趣舍有时若此，类名堙灭而不称，悲夫，闾巷之人，欲砥行立名者，非附青云之士，恶能施于后世哉？⑤

这里“悲夫”同样很明显，不是什么羞，而是感慨清士事迹之易于亡

① 《史记》卷一百二十九，第3255页，第3258页。

② 黎翔凤校注：《管子校注》卷一，中华书局，2004，第2页。

③ 《史记》卷一百二十九，第3257页。

④ 《史记》卷六十七，第2208页。

⑤ 《史记》卷六十一，第2127页。

逸。伯夷叔齐也好，颜渊也好，他们岩穴之士、闾巷之人的身份是事实，但这并不妨碍他们和圣人同类，是云从龙、风从虎的关系。以他们与孔子的关系反观孔子、子贡和原宪的关系，直是辩无可辩了。可见班氏诸语皆应作如是观[①]。

《史记》一则曰“夫学者载籍极博，犹考信于六艺”[②]，再则曰“以拾遗补艺，成一家之言。厥协六经异传，整齐百家杂语”，三则列孔子于世家，无不表明其以儒学为宗的学术倾向。他“何敢让”的学术追求也正是儒家学者的宗旨[③]。但他的态度却与当时的影响最大的正统儒家不同，他对百家的态度是整齐，是对诸子学说的择善而从并一归于儒[④]。这与董仲舒式的“诸不在六艺之科孔子之术者，皆绝其道，勿使并进”[⑤] 难以同日而语。他在《酷吏列传》中交替引用儒道之言更与辕固生说《老子》为“家人言”[⑥] 的态度不可以道里计。哪怕是在儒家原典中被为九畴之一的八政有“一曰食，二曰货”（《尚书·洪范》）[⑦] 之语，也在当时“夫仁人者，正其谊不谋其利，明其道不计其功”（《汉书·董仲舒传》）[⑧] 的儒家宣言下黯然失色。由此可见，班氏父子从正统角度对司马迁的批评，正是司马迁能在他的时代取得巨

---

① 同传还有一句“序游侠则退处士而进奸雄”（第 2738 页），这是针对《游侠列传》而发的。篇中有“鄙人有言曰：‘何知仁义，已飨其利者为有德’。故伯夷丑周，饿死首阳山，而文武不以其故贬王；跖、蹻暴戾，其徒诵义无穷。由此观之，‘窃钩者诛，窃国者侯，侯之门仁义存’，非虚言也。”（第 3182 页）其中引用《庄子·胠箧》之文（《庄子集解》卷三，第 110 页），又似与“先黄老”之说合，大为后世攻讦。实际上，据祝总斌先生考证，此段用《庄子》乃反其意而用之，与儒家之说也无甚冲突，考证细密，此处不再重复，参见前揭祝文。

② 《史记》卷六十一，第 2121 页。

③ 何敢让指其父司马谈对他“绍明世，正《易传》，继《春秋》，本《诗》《书》《礼》乐之际”的期望。此处可以发现司马谈的学术态度的转轨，即与《论六家要指》的出入。这背后的原因或于西汉中期政治学术的大规模变迁有关，参见陈桐生《司马谈由道而儒的转变》，《人文杂志》1995 年第 5 期。

④ 吴怀祺先生将“《史记》对诸子学说的总结，归结为以下几点：1. 从道家、易学中吸收观察历史的富有辩证法因素的思想；2. 从儒家、名家中得到维持名分等级的观念；3. 从墨家、阴阳家中寻找到安邦治国的原则。”具体见吴怀祺：（《易学与史学》第三章，中国书店，2004，第 39 页。有关《史记》与诸子学说关系的专题研究，参见陈桐生《〈史记〉与诸子百家之学》，安徽大学出版社，2008。

⑤ 《汉书》卷五十六，第 2523 页。

⑥ 《史记》卷一百二十一《儒林列传》载“窦太后好老子书，召辕固生问《老子》书。固曰：‘此是家人言耳。’太后怒曰：‘安得司空城旦书乎？’乃使固入圈刺豕。景帝知太后怒而固直言无罪，乃假固利兵，下圈刺豕，正中其心，一刺，豕应手而倒。太后默然，无以复罪，罢之”（第 3123 页）。

⑦ 《尚书正义》卷十一，上海古籍出版社，2007，第 456 页。

⑧ 《汉书》卷五十六，第 2524 页。

大成就的原因。汉初，儒道之争达到空前相对的程度，以学派为旗帜的政治斗争更是不断上演[①]，门户之见的意义在此时也自然披上了多重外衣。司马迁独能在此时用“务为治者”的眼光，去省观“从言之异路”，最后得出自己的学术皈依。以儒家为宗，正是他以古典学术亲历者的身份去体悟的结果。其于《孔子世家》篇末有言：

> 余读孔氏书，想见其为人。适鲁，观仲尼庙堂车服礼器，诸生以时习礼其家，余只回留之不能去云。天下君王至于贤人众矣，当时则荣，没则已焉。孔子布衣，传十余世，学者宗之。自天子王侯，中国言六艺者折中于夫子，可谓至圣矣。[②]

这种发自肺腑的学术热情较之董仲舒略显冰冷的策书文字更能打动人心[③]。这段泛览百家而复归儒家的心路历程及其背后的《易》学精蕴，大概可供“成一家之言”的解读者一些必需的线索。

可以说，司马迁的史学工作从发愿到完结几乎无不深深烙上了《周易》的印记。而《史记》也成为第一部与易学产生系统关联的史学著作，它改变了先秦以来零散的立足于卜筮的史官之言的情况并成为日后史家的范例。前文所述三点大致是对司马迁历史写作宗旨中易学背景的挖掘和梳理。此三点又可以分为两个层次，《易》的“与天地准”“广大悉备”和“唯变所适”是对司马迁在史学观念上的直接影响，成为他思考天人之际和古今之变的基础，而“一致百虑”“殊途同归”则更多是对其在史学方法论上的间接启示，成为他成一家之言的手段。当然两个层面不能分开对待，它们之间是相互交融又彼此影响的关系。

如何看待太史公“三言”的价值是与我们对这三句话进行解读同时必须要着手思考的问题，因为前者常常决定着后者的方向。究天人、通古今的观念在司马迁的时代很可能并不稀见，但司马迁的回应显然与众不同[④]。叫它《史记》也好，《太史公书》也罢，它实质上是一部史书，是一部接续《春

---

① 参见朱维铮《独尊儒术的转折过程》，《中国经学史十讲》，复旦大学出版社，2002。

② 《史记》卷四十七，第1947页。

③ 董仲舒策书中有言“《春秋》大一统者，天地之常经，古今之通谊也……邪辟之说灭息，然后统纪可一而法度可明，民知所从矣”。见《汉书》卷五十六，第2523页。

④ 今按：公孙弘所上奏疏中就有“臣谨按诏书律令下者，明天人分际，通古今之义，文章尔雅，训辞深厚，恩施甚美”（《史记》卷一百二十一，第3119页）之语，虽是奉承话，却道出了当时学者的目标。董仲舒的天人三策就是对这个时代目标的另一个回应。

秋》，存亡继绝，记“明主贤君忠臣死义之士”① 之书。所以司马迁口中的际、变与言究竟应该落在何处，是一个核心问题。如果司马迁本在求得一个近乎西方历史哲学的规律与道理，他又为何含糊其辞，不居一处，以致使得后世学者钩稽索隐、颇费周折呢？答案要么是他没有成功完成他这个目标，要么是他根本就没这个目标。显然后者更合情理，《自序》说《史记》一书是要“藏之名山，副在京师，俟后世圣人君子”② 的，否则他的自信又从何而来，从这个角度说，王先谦氏的解读自然最为证实。

不过还有一点，司马迁有意要集中记述的际、变、言是一个问题，而实际体现在全书的际、变、言是另一个问题。司马迁用以指导《天官书》《平准书》写作的易学观念不可能在全书中再无表现，这些无意中散落各处的只言片语是所谓“含糊其辞”的直接原因，也成为后世学者阐释太史公“三言”意义的重要资源，这些资源更能体现司马迁在中国史学史上的地位，故其多受学者之青睐，良有以也。其实两个角度各有自己的前提和逻辑，可以并行不悖，其在概念解读的边界上，也是一个严一个宽，只是后者的风险会相对较大，因为所谓的宽也有自己的限度。要之，《史记》通篇未尝离事而言理，对待其中引用或化用《周易》原文的地方，先要照顾它们所起到的承接或总结上下文的作用，而不是将它们直接摘出，看似属辞比事，实则断章取义。③ 所以我们在解读中国传统史家以经释史的本义时，如果能时时检讨自己是否“与立说之古人处同一境界”④，是否照顾到作者立说之全体，至于方法上，则宁失于严毋失于宽，或可庶几近之。

作者单位：北京师范大学

---

① 《史记》卷一百三十，第3295页。

② 《史记》卷一百三十，第3320页。

③ 类似的情况随着讨论《史》《易》关系范围的扩大，也逐渐增多。比如有的研究者将《周易》中某些普遍存在于同时代著述中的形而下的观念与《史记》对比，给人造成一种两点一线式的错觉。夷考其实，则又缺乏明确的路线和过硬的证据，如此忽视思想史发展的类比总不免大而无当之讥。又如有的研究者将《史记》中记载的史实本身（包括那些充满变化的历史进程以及熟知进退之道的历史人物）作为司马迁通晓易理的佐证，论证的结果反而更近乎以史证易的方向。在实际情况中，两个问题往往又互相纠缠，彼此依傍，其实都是解释边界过于模糊的结果。

④ 陈寅恪：《冯友兰中国哲学史上册审查报告》，《金明馆丛稿二编》，三联书店，2009，第279页。

西汉易学的易学史贡献*

——以《汉书·艺文志》著录易学文献为参考

谢炳军

摘　要：西汉易学在易学史中有着突出贡献，从《汉志·艺文志》著录易学文献的题名来看，西汉易学文献诠释体式主要有传、章句两种，尤以传体独领风骚，在六经诠释统绪中别具一格；西汉易学有着显著的特点，一是文献数量、易学名家数量特出，二是数家竞爽并各畅其道，三是古、今易学文献并行。显然，汉初田门四家推开了西汉易学之门，易学一家数说、各行其道的局面成为易学发展的常态。承说《易》阴阳之绪，西汉之象数《易》嗣兴，并在西汉易学中呈现盛况。

关键词：《汉书·艺文志》　易学史　易学文献　《周易》　易学

西汉易学处于易学史中承上启下的位置，象数、义理易学两派在此阶段得以成熟。自汉迄清，各家言说《周易》，皆出于象数、义理两派。有鉴于此，将西汉易学从易学史的链条中精择出来，探微索隐，厘清其源委，探索其易学特点，尤有意义。但《汉书·艺文志》（下文省称为《汉志》）所著录之易学文献已继踵亡佚，唐宋以降，虽不乏学者孜孜辑佚，但所能补苴者仍属凤毛麟角。所幸《汉志》较为完备地保存了易学家、易学文献题名等重要的易学信息，加之先达所辑佚的西汉易学文献的残章断句，至今尚可观其崖略。故此笔者立足于《汉志》著录之易学文献题名的视角，阐述西汉易学文献种类，考校《汉志》著录之易学文献的题名旨趣，从而探明西汉易学在易学史中的突出贡献。

一　西汉易学文献丰富，集各家之所长

因西汉易学文献相继散佚、湮没，纵经学者四方辑佚，所得亦仅为残章

* 本文系北京市社科基金重点项目“易学思想与儒释道文化融合”（项目号：16ZXA001）、国家社科基金重大项目“‘群经统类’的文献整理与宋明儒学研究”（项目号：13&ZD061）阶段性成果。

断句。所幸《汉志》较为该备地收录了西京易学文献等目录信息，才有利于我们考镜西汉易学的源流。通过《汉志》，我们尚可勾勒西汉易学风貌。兹分两点予以探研。

稽考《汉志》著录之易学文献题名，可用三个标准划分易学文献种类，条论具列以下。

（一）按易学文献性质分：经术、术数文献

易学文献性质划分的主要依据是易学文献[①]关不关乎易经文义，是否依经附传、润色经业。据此，核校《汉志》所著录的易学文献，可知收录入六艺类的易学文献为经术易学文献，题名嵌入“经”“易传”“章句”等字词；而著录入术数类的易学文献，题名标明“周易”“筮”“卜”“吉凶”“旗”等字词[②]。由此观之，两类易学文献的性质可谓泾渭分明。

（二）按经术文献的体式分：传、章句

因《汉志》著录之术数易学文献形同断港绝潢，亡佚殆尽，仅就题名已难窥其成书体式，故不作考述，而重点厘清经术易学文献传、章句的诠释体式。

易学文献的传体，是一种钩沉《易经》文本从根萌到定本，再到揭示易学文本微言大义的诠释范式，系最早的说《易》体式。西汉易学文献承传《易大传》的诠释体式，占据了诠释易经的主流。《汉志》载：“《易传》：《周氏》二篇、《服氏》二篇、《杨氏》二篇、《蔡公》二篇、《韩氏》二篇、《王氏》二篇、《丁氏》八篇……”[③] 据此，姚振宗云：“自周氏至此凡七家皆蒙上‘易传’两字，《志》欲其简，故省文，旧本文相连属。”[④] 吴翊寅《易汉学考》同姚说，其在“《易传周氏》二篇”之下云：“以下七家皆称

---

① 本文研究对象为经术易学文献，《汉志》著录易学文献亦指此类文献。

② 《汉书·艺文志》载有“术数略”的文献书目，其云：“《蓍书》二十八卷。《周易》三十八卷。《周易明堂》二十六卷。《周易随曲射匿》五十卷。《大筮衍易》二十八卷。《大次杂易》三十卷。《鼠序卜黄》二十五卷。《於陵钦易吉凶》二十三卷。《任良易旗》七十一卷。易卦八具。”见班固撰，颜师古注：《汉书》卷三十《艺文志第十》，中华书局，1962，第1770～1771页。《汉书·艺文志》载有“术数略”的文献书目，其云：“《蓍书》二十八卷。《周易》三十八卷。《周易明堂》二十六卷。《周易随曲射匿》五十卷。《大筮衍易》二十八卷。《大次杂易》三十卷。《鼠序卜黄》二十五卷。《於陵钦易吉凶》二十三卷。《任良易旗》七十一卷。易卦八具。”见（汉）班固撰，（唐）颜师古注：《汉书》卷三十《艺文志第十》，中华书局，1962，第1770～1771页。

③ （汉）班固撰，（唐）颜师古注：《汉书》卷三十《艺文志第十》，第1703页。

④ （清）姚振宗：《汉书艺文志条理》，《二十五史补编》，中华书局，1955，第10页。

'易传'[①]。" 此为确论，但仅道出了其一端。班固删要《七略》，题"易传"二字以统摄起自《周氏》逮及《京氏段嘉》的同类文献，同类相从，从简著录，不如后代标注清楚[②]。学人若不察于此，加之坟籍无标点断句，容易招致误读。参稽《汉书·儒林传》，其载："汉兴，田何以齐田徙杜陵，号杜田生，授东武王同子中、雒阳周王孙、丁宽、齐服生，皆著《易传》数篇。"[③]可见周王孙易确为《周氏传》，史有明文，《周氏》原书被冠以"易传"显然可见。韩氏易为《韩氏易传》，亦切史实，《汉书·儒林传》谓韩婴"推《易》意而为之传"，[④] 又韩氏流裔韩生称其先祖之《易传》为《韩氏易》[⑤]，足证《汉志》著录之《韩氏》全名为《韩氏易传》。至于《古五子》《淮南道训》等书原名是否蒙上"易传"两字，则需作进一步的考察。徐坚《初学记》载：

> 刘向《别录》曰："所校雠中《易传淮南九师道训》，除复重，定著十[⑥]二篇。" 淮南王聘善为易者九人，从之采获，署曰《淮南九师》[⑦]。

此明言《淮南道训》原署《易传淮南九师道训》，而《淮南九师》系其省称[⑧]，而称《淮南道训》和《九师道训》[⑨] 系刘歆等人改称。又考稽《淮

---

① （清）吴翊寅：《易汉学考》卷一，《续修四库全书》经部易类第 39 册，上海古籍出版社，2002，第 116 页上栏。

② 如《隋书·经籍志》载："《周易》二卷魏文侯师卜子夏传，残缺。梁六卷。《周易》十卷汉魏郡太守京房章句。《周易》八卷汉曲台长孟喜章句，残缺。梁十卷。又有汉单父长费直注《周易》四卷，亡。……" 见（唐）魏征、令狐德棻《隋书》卷三十二《志第二十七》，中华书局，1973，第 909 页。又如《旧唐书·经籍志》载："《周易》二卷卜商传。又十卷孟喜章句。又十卷京房章句。……" 见（后晋）刘昫等撰《旧唐书》卷四十六，中华书局，1975，第 1966 ~ 1967 页。可见文献的撰写体例皆标注清楚。

③ （汉）班固撰，（唐）颜师古注：《汉书》卷八十八《儒林传第五十八》，第 3597 页。

④ （汉）班固撰，（唐）颜师古注：《汉书》卷八十八《儒林传第五十八》，第 3613 页。

⑤ （汉）班固撰，（唐）颜师古注：《汉书》卷八十八《儒林传第五十八》，第 3614 页。

⑥ 详核《汉志》著录易学文献总篇数，知"十"为衍文。

⑦ （唐）徐坚：《初学记》，商务印书馆，2005，第 131 页。

⑧ 《太平御览》也载："刘向《别传》曰：'所校雠中《易传淮南九师道训》除复重，定著十二篇。淮南聘善为者九人，从之采获，故中书署曰《淮南九师》书。'" 见（宋）李昉辑：《太平御览》卷六〇九《学部三》，中华书局，1960，第 2739 页下栏。

⑨ （南朝梁）萧统《文选》卷一五《思玄赋》载："'文君为我端著兮，利飞遁以保名。'"《注》云："《遁》上九曰'飞遁，无不利'，《九师道训》曰'遁而能飞，吉孰大焉'。" 见（南朝梁）萧统编，（唐）李善注：《文选》，中华书局，1977，第 215 页上栏。又卷三四《七启》载："飞遯离俗。"《注》亦引《九师道训》同上。见（梁）萧统编，（唐）李善注：《文选》，第 484 页上栏。又（宋）王应麟《艺文志考证》引刘歆《七略》云："《九师道训》者，淮南王安所造。" 见（宋）王应麟《艺文志考证》，《二十五史补编》，中华书局，1955，第 2 页。

南子》所记易说，多为发明经义者，其沿《易大传》之前轨，自不待言。由此及《汉志》所著录之《淮南道训》，亦尚可探其易学之一线，即此书亦以传为体。故此题名为《易传淮南九师道训》乃顺理成章之事。

一般而言，史书中的《艺文志》《经籍志》著录典籍时同类相从，题名或全或从简，可见位列《易传周氏》和《易传淮南九师道训》之间的《古五子》题名亦当嵌有“易传”两字，否则《古五子》便有羼入之嫌，致使《汉志》有杂芜之弊。又考《初学记》：“刘向《别录》曰：‘所校雠中《易传古五子》书，除复重，定著十八篇。’”[①] 此文意甚明，《古五子》原书题名也当有“易传”两字。清儒马国翰辑有《古五子》一卷，题名《周易古五子传》，是援据《初学记》而定名，可惜他在《序》引文中芟薙“易传”两字，近人尚秉和据以为口实，谓“马氏云：‘刘向《别录》云：所校雠中《古五子》书……’刘向《别录》亦只称《古五子》书，均无《五子传》之称……定为《古五子传》，殊属无据”。[②] 尚氏失之详考，于此辨正。

总之，班固《汉志》简省去“九师”及“易传”，幸赖颜《注》及徐氏的辑佚，后人才得以探明西汉易学文献题名之源委，及其诠释体式。

又前人对《孟氏京房》《灾异孟氏京房》《京氏段嘉》等易学文献的诠释体式，考索甚少。兹详审《汉书·五行志》，其援引《京房易传》文句68例，并明文标示出自《京房易传》。可惜此书原本已久佚，传世之《京房易传》也仅三卷，较之《五行志》所引《京房易传》之遗文剩义，相去甚远，而未足取信，疑其为伪撰，故四库馆臣将之著录入《子部·术数类》。今仅藉《五行志》残存的吉光片羽，已难考见《京房易传》真本。然又幸赖《汉志》著录的古简题名，迄今尚可推见《灾异孟氏京房》与《京房易传》之渊源。以《五行志》所引68例《京房易传》遗文为据，相较于《灾异孟氏京房》题名中以“灾异”一词开宗明义，两者于著述旨趣上吻合无间，准此可知《京房易传》系从《灾异孟氏京房》中析出，经由京房后学厘订成书，故此《灾异孟氏京房》亦是以传为体的。而《孟氏京房》《京氏段嘉》处于《灾异孟氏京房》首末，以班固《汉志》著录书目同类相从的体例观之，又以《周氏易传》的题名范式证之，可见《孟氏京房》《京氏段嘉》亦是以传为体，书之全名或系《易传孟氏京房》《易传京氏段嘉》，要之均以传为体。

综上所述，《汉志》著录的易学文献自《周氏》至《京氏段嘉》，题名

---

① （唐）徐坚：《初学记》，商务印书馆，2005，第131页。

② 中国科学院图书馆：《续修四库全书总目提要》，中华书局，1993，第8页。

或嵌入“易传”两字，或以传为经之诠释体式。

《汉志》著录易学文献的另一诠释体式是章句。《汉志》云：“《章句》，施、孟、梁丘氏各二篇。”[①] 易学章句是对《易经》进行分文析字，详解经义的诠释体式。三家《章句》泯没已久，清儒黄奭辑有《孟喜易章句》一卷，马国翰《玉函山房辑佚书》辑存《周易孟氏章句》二卷，《周易施氏章句》一卷；孙堂《汉魏二十一家易注》著录《孟喜周易章句》一卷，张惠言《易义别录》辑录《孟氏易》一卷。马国翰尚辑有《周易梁丘氏章句》一卷，十七例，但马氏于此劳而少功，所获难以确指系梁丘氏独有。尚秉和云：“除‘童蒙来求我’等九条与施义相同，不能确指外；余多据《王莽传》及蔡邕碑文，强定为梁丘《易》。”[②] 此说辨之甚明。总之，迄今已无法详考三家《章句》原貌，但幸借清儒的辑佚以及《汉志》著录的易学文献题名，尚资管窥一斑。

此外，按易学文献题名内容分，可粗略划分为四类：第一类是白文本，分三家，为《施氏易经》《孟氏易经》《梁丘氏易经》，各十二篇；第二类是先秦易学文献，以“古”字标明文献年代，如《古五子》《古杂》；第三类，以宗师姓氏为名，彰显一家之学，如《周氏》《服氏》《杨氏》《蔡公》《蔡氏》《韩氏》《王氏》《丁氏》《孟氏京房》《灾异孟氏京房》及《京氏段嘉》；第四类，以文献中心内容定名，标举经术好尚，如《杂灾异》《神输》《灾异孟氏京房》《淮南道训》。另外，尚有官方的五经杂论集，如《五经杂议》[③]。

二 西汉易学名家辈出，义理象数兼容并包

《汉志》所著录的易学文献的题名，较之西汉其他五经文献的题名别具一格，而纵观整个易学文献题名史，它亦呈露出独特的一面。由此可考察西汉易学的风貌。

（一）文献数量、易学名家数量皆胜它经

西汉易学嗣兴，儒者沿波孔门易传正脉，著书立说，亦以传为体，重在阐明《易经》微言大义。《汉志》著录的易学文献的题名正可资为证。考

① （汉）班固撰，（唐）颜师古注：《汉书》卷三十《艺文志第十》，第1704页。
② 中国科学院图书馆：《续修四库全书总目提要》，第7页。
③ （汉）班固撰，（唐）颜师古注：《汉书》卷三十《艺文志第十》，第1718页。

《汉志》，著录的二十二部易学文献，有十六部或题名嵌入“易传”两字，或以传为体。又寻习《易》名家，先有自周氏至丁氏七家，后续以淮南九师、孟氏、京氏、五鹿充宗、段嘉十三人，较其他五经名家数量上为多。刘歆云：“至孝文皇帝，始使掌故朝错从伏生受《尚书》……诗始萌牙。……至孝武皇帝，然后邹、鲁、梁、赵颇有《诗》《礼》《春秋》先师，皆起于建元之间。当此之时，一人不能独尽其经，或为《雅》，或为《颂》，相合而成。《泰誓》后得，博士集而读之。”[①] 此指出汉初除《易经》外，其他经书在承继上的青黄不接，又反衬出汉初《易》学人才辈出，预示着西汉易学盛美局面的到来。

西汉易学之盛况幸赖直承先秦，考之易学文献题名，可揆其崖略。除却经解以传为体，承继孔门，观易学文献题名内容，足资察见西汉易学前轨。题名中嵌入“古”字者，《汉志》著录易学文献有“《古五子》十八篇，《古杂》八十篇”，观其篇数计98篇，约占《六艺略》著录《易》学文献编帙的33%，数量冠于所著录易学文献之首。又考其他经类，题名有“古”字者有：《尚书古文经》四十七卷，为五十七篇；《礼古经》五十六卷，《古封禅群祀》二十二篇；《太古以来纪》二篇。可见相较他经，篇数上亦为优。并且值得指出的是，上述题以“古”字之四部文献，一类是白本经，一类是纪实，尚未顺考经义，布武经术。而至少《古五子》业已“说《易》阴阳”。[②]

据上所述，易学经解题名相较五经显示出鲜明的“古”之特色，可见西汉易学接踵先秦而嗣兴。究其成因：六艺之中，独《易经》不在禁毁之列[③]，遭秦火而全，授受不绝，故知自周至汉，《易》学文献相较它经，承传条件为优。刘歆云：“汉兴，去圣帝明王遐远，仲尼之道又绝，法度无所因袭。时独有一叔孙通略定礼仪，天下唯有《易》卜，未有它书。”[④] 此可见易学文献传承的通畅，又可证他经残缺之严重程度。

（二）数家竞爽，各畅其道

《汉志》云：“《易》有数家之传。”[⑤] 言“数家”即《易》传播的统绪

---

① （汉）班固撰，（唐）颜师古注：《汉书》卷三十六《楚元王传第六》，第1968～1969页。

② （汉）班固撰，（唐）颜师古注：《汉书》卷三十《艺文志第十》，第1703页。

③ 《汉书·儒林传》载：“秦禁学，《易》为筮卜之书，独不禁，故传受者不绝也”，见（汉）班固撰，（唐）颜师古注：《汉书》卷八十八《儒林传第五十八》，第3597页。

④ （汉）班固撰，（唐）颜师古注：《汉书》卷三十六《楚元王传第六》，第1968页。

⑤ （汉）班固撰，（唐）颜师古注：《汉书》卷三十《艺文志第十》，第1701页。

缭绕，难以将之剖判清楚。《史记》《汉书》论次商瞿传《易》的统系之时，两者差异犹存，更遑论史无明文的其他承传系统①。姑且勿论汉代之前的《易》学传播的路径，仅就汉初田何传《易》统系而言，嫡传弟子的受学实情亦不粲然，如周王孙，与丁宽同门，通晓《易经》古义；丁氏则不知古义，后复从周氏习古义。此似周王孙《易》古义不本自田生，而当另有渊源。因丁宽“读《易》精敏”、才思过人，是祖述业师的高足，无故田何独传周而去丁。又考量“何谓门人曰‘《易》以东矣’”之语气，可推知田何对丁氏的委重。丁氏亦不负师命，《汉志》首列七家，丁学最盛：《丁氏易传》八篇，摆落他家是其力证，后高相之学托之丁氏，可资佐证。但无论易的传播如何盘根错节，汉《易》得以嗣兴的首功非田何莫属，故班固谓“言《易》者本之田何”，殊属确论。自田何、王同、周王孙、丁宽、服生、项生（前四人皆著有《易传》行世）始，后王同歧出杨何一家、周王孙旁分出蔡公一家，至此汉初田门四学推开了西京易学隆盛的大门，亦印证着易学一家数说、各行其道的局面已成为易学发展的常态。

据上所述，田何易学一门数家，各家著书立说，相互媲美。又考究《汉志》著录易学文献题名，除田何一系，自汉初讫武帝朝，尚有韩氏之《易传》、九师之《淮南道训》。两书虽亡佚已久，但所幸题名犹存，结合史实，仍可见此两家别于田何一系。总之，易学的授受统绪并不单一，一门之内有数传，并行不悖；一门之外，又各别数家，各行其道。

（三）古、今易学文献并行

若仅借上文所举八家之著述题名，尚无足辨章《易经》之古、今义，尚需对《古五子》《古杂》两书题名及三家《易经》再作考索。

1. 易学经解题名

《古五子》《古杂》已难考其遗文，虽然马国翰辑有《周易古五子传》一卷，但所辑不能确指为《古五子》的微文碎义，不足信，古题名及班固《注》文成为探究两书堂奥的吉光片羽。《汉志》载“《古五子》十八篇”，

① 张涛将西汉的易学传承分为两大系统，其云：“汉兴以后，……大体上形成了传本卦序不同的南北两大传授系统，一个是承于孔子、传自田何的北方易学系统，一个是以马王堆汉墓帛书《周易》为代表的南方易学系统。……此外，实用性很强的一派易学即蓍龟家易学，也广泛活跃于汉代社会特别是民间社会”，见张涛《秦汉易学思想研究》，中华书局，2005，第44～46页。此为通说，可资参考。

班《注》云："自甲子至壬子，说《易》阴阳。"① 据此，可大较推断《古五子》是解说《易》阴阳之义的易学古文献②。而《古五子》是否承载了《易经》的古义？先必界定古义之义。今人尚秉和谓："古义者言非孔氏《十翼》，即阴阳灾变也③。"尚氏意在揆探《易》之本源，以为《易》本自象数，故以言阴阳灾变的《易》说为古义。刘大钧同此说，如谓："《易》之'今义'，凸显的是一种德性优先的浓郁人文关怀，《易》之'古义'，则更多地关涉明阴阳、和四时、顺五行、辨灾祥等卜筮之旨④。"但杨树达则不同此说，认为《易》之古义即是卦辞、爻辞的旧时的含意⑤。又考《汉书·儒林传》，诸儒臧否赵宾饰"箕子"之义，"皆曰'非古法也'⑥"，"古法"意同古义，可见古义亦涵盖《易经》旧谊。又《易经》分为卦象、卦爻辞及十翼，三者该备，方系六艺之经，专论其一，仅为易经之一端。

据上所述，又寻《初学记》谓《古五子》"分六十四卦，著之日辰，自甲子至于壬子，凡五子，故号曰'五子'⑦"，要之《古五子》系藉助六十四卦和日辰的对应关系，推阐阴阳和人事之间关联的古易学文献。此又牵涉到"古"的界定问题。"古"，既可限定文献的生成年代，亦可标示其著述内容有别于今，还可标榜易学家数。其一，从题名"古"字，可推究《古五子》相较汉人图籍为古笈，可旁证于《礼》书，如《古封禅群祀》乃系汉前礼，《汉封禅群祀》乃西汉礼。其二，题"古"字以明文献原始体势⑧。值得注意的是，"古"字不系刘向所题，中秘《古五子》或《易传古五子》系书原名。《古五子》原本当系古字体写本，或经由刘向等人隶定和校读，定著为今文写本，此后题名中的"古"字就弥足轻重，其可提示读者此书之原貌。其三，考题名之"古"，可以推知缀文之士好古志趣⑨，《七略》校理者刘向、

① （汉）班固撰，（唐）颜师古注：《汉书》卷三十《艺文志第十》，第1703页。

② 《庄子·天下篇》云："《易》以道阴阳。"又《礼记·祭义篇》云："昔圣人建阴阳天地之情，立以为《易》。"可见《易》言阴阳的观念由来已久。

③ 中国科学院图书馆：《续修四库全书总目提要》，第8页。

④ 刘大钧：《周易古义考》，《中国社会科学》2002年第5期，第142页。

⑤ 杨树达：《周易古义》，上海古籍出版社，2006，《自序》。

⑥ （汉）班固撰，（唐）颜师古注：《汉书》卷八十八《儒林传第五十八》，第3599页。

⑦ （唐）徐坚：《初学记》，第131页。

⑧ 顾实云："古者，以《礼古经》《春秋古经》《论语》《孝经古孔氏》例之，盖古文也"，见顾实《汉书艺文志讲疏》，清华大学出版社，2011，第22页。

⑨ 王国维《〈汉书〉所谓古文说》云："《志》于诸经外书皆不著古今字，盖诸经之冠以古字者，所以别其家数，非徒以其文字也。六艺于书籍中为最尊，而古文于六艺中又自为一派，于是古文二字，遂由书体之名而变为学派之名"，见王国维《观堂集林》，中华书局，2004，第312～313页。

刘歆“父子俱好古[①]”，从其厘定题名嵌入“古”字之《古五子》《古杂》易学文献可得以略究。

揆《古五子》题名标“古”之情理，《古杂》之“古”亦不出其外，而题“杂”，当系裒次此书者所题，略作如下推考。

之所以题“杂”，一因仍《杂卦传》前例，类杂记，故得名。二因年代辽远，书短简脱，残本烦多，辑佚一书而不足以成一册，故须连缀数书以充，而诸文献体制不一，内容迥异：推衍圣人大义的成分有之，牵连天文、地理、乐律、兵法、韵学、算术[②]等与《易》义紧密者亦存之。因而显得深芜。准此，题“杂”字[③]于书名，于理为协。关于《古杂》的详情已不可知，仅能就题名略加延伸。又《汉志》以《古杂》《杂灾异》《神输》相次，而非与《古五子》并列，似可蠡测《古杂》与后两者于内容上的通约性，先列古文献，后接汉人文献，可资后学考镜源流。据颜师古《注》“刘向《别录》云‘神输者，王道失则灾害生，得则四海输之祥瑞[④]”，可窥《神输》[⑤]系以《易经》为框架，构建王道失得与灾祥关系学说的易学文献，而《杂灾异》言《易》灾异，然则《古杂》盖《杂灾异》《神输》之前绪。

此外，《古杂》《杂灾异》，著录时不题撰者，一因诸篇作者难晓，二因诸篇撰者不一，难以系之于何人。

综上所述，至刘歆之世，推阐易经微旨的古易文献犹存，且篇数可观。继说《易》阴阳之绪，西汉象数《易》嗣兴，其远有渊源、根基稳固[⑥]。总之，观《汉志》易学文献题名，辅以文献考索，可见西汉易学经解系古、今文献并行。

2. 学官《易经》题名

观《汉志》著录《易经》题名，经文判然成三家，适足证实三家《易经》文本存在差异。为何一门（三家同出田门）教本《易经》会旁分为三，并鼎立于学官呢？去除弟子各记师之《经文》、转写衍夺讹舛（如马王堆帛

---

① （汉）班固撰，（唐）颜师古注：《汉书》卷三十六《楚元王传第六》，第1967页。

② 《四库提要》云：“易道广大，无所不包，旁及天文、地理、乐律、兵法、韵学、算术，以逮方外之炉火，皆可援易以为说”，见（清）永瑢等：《四库全书总目》，中华书局，1965，第1页。

③ 顾实云：“杂，殆犹今之言杂纂也”，见顾实《汉书艺文志讲疏》，第23页。理同。

④ （汉）班固撰，（唐）颜师古注：《汉书》卷三十《艺文志第十》，第1704页。

⑤ 全祖望谓“《神输》五篇，《汉志》误入经部”，见（清）全祖望：《读易别录》，《知不足斋丛书》第23集第177册。此说失之凿空，姚振宗已为辨正，谓“全氏以《古五子》及此三书皆谓《汉志》误入经部者，欲借端以诘难《经义考》，其意有在非为本《志》而发，置之不论可也”，见（清）姚振宗《汉书艺文志条理》，《二十五史补编》，中华书局，1955，第1535页。

⑥ 《四库提要·易类一》云：“汉儒言象数，去古未远。”《易数钩隐图提要》也云：“汉儒言《易》多主象数”，见（清）永瑢等《四库全书总目》，第1～5页。

书《乾卦》龙字，前作“龍”，后作“龔”[1]）等因素[2]，一个甚为重要的缘由是多个《易经》写本在官方、民间的通行不悖。《汉书》载：“讫于宣、元，民间有费、高之说。”[3] 此外，尚有《韩氏易》存于世[4]。又，出土文献马王堆帛书《易经》系汉初写本的一种。司马迁援据之本也有异于今本的地方，如《史记·孝武纪》云：“《乾》称‘蜚龙’。”[5] 淮南子《易经》文本也存在歧异。如今本《序卦》之文云：“物不可以终尽剥，穷上反下，故受之以复。”[6]《淮南子·缪称训》谓：“《易》曰：‘剥之不可遂尽也，故受之以复。’”[7] 等等，不一而足。弟子递禀师承之际，采摭异本之文录入各自写本，由此生异。其时，如史书所言，经历秦火，《易经》独得不禁，或口耳相传，或传写辗转，授受不绝，流布甚广，故逮及汉初，《易经》写本当不尠，《刘歆传》载：刘歆云：“汉初，……天下唯有《易》卜，未有它书。”[8] 此言虽未必持平，但要之近实情。出土文献阜阳简本和马王堆帛本《易经》是其佐证。好异之士如孟喜者搜采异本，补缀已本，形成了他的《易》说。然则师有师之写本，师未得立博士如孟喜，后高足得立，弟子又有已本，异中生异，蔚然成《易经》文本承传生态，并非四库馆臣[9]标定的专祖师法的

① 廖名春：《马王堆帛书周易经传释文》，《续修四库全书》经类第 1 册，上海古籍出版社，2002，第 1 页。

② 陆德明《经典释文·录序》载：“典籍之文虽夫子删定，子思读《诗》，师资已别，而况其余乎”，见（唐）陆德明：《经典释文》卷一，上海古籍出版社，2013，第 6 页。《史记正义·论音例》载：“郑康成云：‘其始书之也，仓卒无字，或以音类比方，假借为之，趣于近之而已。受之者非一邦之人，其乡同言异，字同音异，于兹遂生轻重讹谬矣’”，见（汉）司马迁撰、（宋）裴骃集解、（唐）司马贞索隐、（唐）张守节正义：《史记》，中华书局，2013，第 4033 页。

③ （汉）班固撰，（唐）颜师古注：《汉书》卷三十《艺文志第十》，第 1704 页。

④ （汉）班固撰，（唐）颜师古注：《汉书》卷八十八《儒林传第五十八》，第 3614 页。

⑤ （汉）司马迁撰、（宋）裴骃集解、（唐）司马贞索隐、（唐）张守节正义：《史记》卷十二《孝武本纪第十二》，第 583 页。

⑥ （魏）王弼注，（唐）孔颖达疏《周易注疏》，日本足利学校遗迹图书馆后援会影印南宋初年刊本，1973 年，第 793 ~ 794 页。

⑦ 何宁：《淮南子集释》卷十《缪称训》，新编诸子集成，中华书局，1998，第 725 页。

⑧ （汉）班固撰，（唐）颜师古注：《汉书》卷三十六《楚元王传第六》，第 1968 页。

⑨《四库总目提要·经部总叙》云：“其初专门授受，递禀师承，非惟训诂相传，莫敢同异，即篇章字句亦恪守所闻”，见（清）纪昀：《四库全书总目》，第 1 页。皮锡瑞同此说，云：“汉人最重师法，师之所传，弟之所受，一字毋敢出入，背师即不用，师法之严如此”，见皮锡瑞：《经学历史》，《民国丛书》，上海书店，1996 年，第 64 页。徐复观则不然此说，谓：“清乾嘉学派对师法意义夸张，只是学术进途中自设陷阱，没有历史上的根据。”见徐复观：《徐复观论经学史二种》，上海书店出版社，2002 年，第 76 页。徐说是。文本传播并非等量传播，亦非复制性传播，而是融入了诸多主、客观因素的动态传播，文本于其中更改、再生、流通，形成文本动态的传播链条。

授受态势。

三家《易经》各成一家，题名为《田氏孟氏易经》《田氏施氏易经》《田氏梁丘氏易经》[①] 或《京房[②]梁丘氏易经》，一出于题名的简要的目的，此自不待言；二乃《易经》文本传播的复杂性，胪陈如下：

孟喜父孟卿系当时大儒，以《礼》《春秋》闻名于世。喜承其父之庭训，又从父之意，事田王孙受《易》，可见喜父在喜之学涯上的瀸润。而《易经》的洁净精微[③]、简约条达，是孟卿使喜学《易》的主因。《汉书·儒林传》载："孟卿以《礼经》多，《春秋》烦杂，乃使喜从田王孙受《易》。"[④] 由此又可推寻孟卿于《易》亦颇为通晓，而《易经》又为当时易得之书，盖孟家亦存《易经》写本。准此，则孟喜可得受学写本和家中写本。后孟氏又得《易家候阴阳灾变》书，书中亦至少有卦名或卦爻辞，至此孟氏至少可得三个载有卦名的写本。此与文籍记载可相互印证。

一是，据《说文》征引孟氏《易》，有两卦卦名字形制上与今本的相异，孟氏《晋》卦"晋"作"簮"，帛书《易经》作"溍"；《巽》卦"巽"作"顨"[⑤]，帛书《易经》作筭，"簮"和"顨"均系古文[⑥]。

二是，寻孟氏《易》之文，孟氏"箕子之明夷"之"箕子"殆为"荄滋"[⑦]，而帛书本同今本。孟本《易经》的别开生面，一为标显自己；二殆有异本作"荄滋"，孟氏据以捃拾。由此造成了《孟氏易经》的异质。

梁丘贺前后从学于两师，先事杨何弟子京房，后更事丁宽弟子田王孙，

---

① 如后来易学文献题以《孟氏京房》《灾异孟氏京房》《京氏段嘉》，标明师承。

② 此京房系杨何弟子。

③《礼记·经解》云："洁静精微，《易》之教也"，见（汉）郑玄注，孔颖达疏《礼记注疏》卷五十《经解第二十六》，台湾艺文印书馆，2013，第845页上栏。

④（汉）班固撰，（唐）颜师古注：《汉书》卷八十八《儒林传第五十八》，第3599页。

⑤ 许慎在解释"晋"字时，引《易》云："《易》曰：'明出地上，簮'"，见（汉）许慎撰，（宋）徐铉校定《说文解字·第七上》，中华书局，2013年，第134页下栏。"顨"，许慎云："此《易》顨卦"，见（汉）许慎撰，（宋）徐铉校定《说文解字·第五上》，第94页下栏。

⑥ 惠栋《汉易学》卷三云："顨，古文巽"，见（清）惠栋《汉易学》，《景印文渊阁四库全书》经部第52册，台湾商务印书馆，1986，第330页。江声则不然惠说，谓："伏羲、文王作顨，小篆乃作巺矣。顨为卦名，巺为卦德……但云巺以德为名者，于伏羲文王为古今字也。是可以知字有古今之理矣。许于此特言之者，存周易最初之古文也"，见段玉裁《说文解字注》卷五上，上海古籍出版社，1981，第200页。

⑦《经典释文》卷二《周易音义》载："刘向云：'今《易》箕子作荄滋'"，见（唐）陆德明《经典释文》，上海古籍出版社，2013，第101页。"今《易》"殆指《孟氏易》。孟氏时，儒者据私意饰《易》文，赵宾是其例。据《汉书》卷八十八《儒林传》，可知赵宾称"荄兹"得孟氏首肯，可推断"荄滋（兹）"源自孟氏。

且以阐明京房《易》起家，又以筮有验应而得汉宣帝重用。梁丘贺之子梁丘临也以专行京房法而贵幸。然则梁丘贺所传并非田王孙《易》，而是京房《易》。要之，梁丘氏的《易经》文本亦至少有两个源头，贺据己见，旁参异本，采获所安，盖亦与理有协①。

梁丘贺的同门施雠为童子时，即从田王孙受《易》，其《易经》文本，较之孟本和梁丘本，谅为醇正。此外，古、今文《易经》并行，亦是致使三家《易经》文本衍变的因素。许慎宣称《说文》所征引《易孟氏》皆系古文②，然则孟本《易经》相较诸本保存了不少古字，故许氏特采孟本。实际上，《孟氏易经》祖本亦衍生出别本，如"夕愓若夤"和"夕惕若厉"③两存；如《说文》引《晋》卦作"簮"，《释文》卷二云"孟作'齊'，子西反"，④等等，不一而足。

综上所述，因梁丘、施氏之《易》亡于永嘉之乱，加之载籍鲜有征引⑤，聊以各家《易经》题名姑作阐发。总之，窥览《易经》题名，即可易见各家存在歧义，并考以载籍，可揆其异同之源委，或旁参异本，或转益几师，迨后厘定成为学官教本。

结　论

毫无疑问，西汉易学在易学史上是一块至关重要的里程碑，留下了浓墨

① 《汉书·张禹传》载："初，禹为师，以上难数对已问经，为《论语章句》献之。始鲁扶卿及夏侯胜、王阳、萧望之、韦玄成皆说《论语》，篇第或异。禹先事王阳，后从庸生，采获所安，最后出而尊贵"，见（汉）班固撰，（唐）颜师古注《汉书》卷八十一《匡张孔马传第五十一》，第3352页。理同此。

② 《说文解字叙》卷一五上载："万物咸睹，靡不兼载，厥谊不昭，爰明以论？其称《易孟氏》《书孔氏》《诗毛氏》《礼周官》《春秋左氏》《论语》《孝经》，皆古文也。于其所不知，盖阙如也"，见许慎撰，徐铉等校定《说文解字》，第506页。学者或以许氏误名《孟氏易》为古文，或别以两类，划"称《易》孟氏"为一类，余下为一类。两说皆支离，系郢书燕说，其实许氏之意为其称引诸类上举文献的文字皆为古文。王国维《〈说文〉所谓古文说》云："易孟氏非古文学家，特牵率书之"，见王国维《观堂集林》，第316页。王说不安，许氏言"厥谊不昭，爰明以论"及"于其所不知，盖阙如也"表明了著书笃实谨严的治学态度。

③ 《说文》卷七上，夕部"夤"字引《易》作"若夤"，见（汉）许慎撰，（宋）徐铉校定《说文解字·第七上》，中华书局，2013年，第138页下栏；《说文》（第129页）卷四下，骨部"髑"引《易》作"若厉"，见（汉）许慎撰，（宋）徐铉校定《说文解字·第四下》，第81页上栏。

④ （唐）陆德明：《经典释文》，第99页。

⑤ 马国翰辑《周易施氏章句》一卷，《周易梁丘氏章句》一卷，亦三家并举，非独属一家之遗文。

重彩的一笔。以《汉志》所著录的易学文献为参考，可知西汉易学集汉代以前和西汉易学成果为一体，也即：西汉学者总结了汉代以前的易学成果，汇集了以前各家的易学文献资料，供汉代学者取用；西汉学者善于吸收和利用前人的思想成果，在此基础上，通经致用，根据当时朝廷所提倡的文化思想及时政需要，阐释《易经》，创立学说，涌现出了一批易学名家，如周王孙、杨何、韩婴、丁宽、淮南九师、施雠、孟喜及梁丘贺等人。这些学者，或转学多师，吸收各家所长；或精于一门之学。他们以“传体”与“章句”两种主要形式为基础著书立说，为后代易学著作的撰写体裁提供了典范。

总之，以《汉志》所著录易学文献所提供的文本信息为切入点，参考其他相关的文献资料，可知西汉易学名著数量多，易学名家辈出，在当时朝廷、民间产生了很大的影响。易学家们以《易》说参政议政，形成了适应时政需求的《易》说，先后形成了偏重道家思想的义理易学、融合各家之说的阴阳灾变易学及以儒家学说为主的义理易学。由此可见，西汉易学既有深刻的思想文化底蕴，又能立足于解决时政问题的需要，这些学术品质使《易经》在群经中焕发异彩；西汉易学所形成的象数、义理学说，对易学的发展格局产生了长远而深刻的影响。

作者单位：北京师范大学

干宝及其史易思想特色

王　娟

摘　要：干宝是东晋著名的史学家和易学家，在史学和易学方面都有很高的造诣。易学通变思维对其史学思想有很大的影响，同时史学见解也有助于其易学的注释研究，因此以《易》学解释历史现象、用历史事实来注解《易》学就成为干宝史学易学研究的特色。

关键词：干宝　《周易》　史学思想易学思想

一　干宝生平及其著作

干宝，字令升，是东晋著名的史学家和易学家，其易学思维和史学思想相互作用影响，在其作品中有很深刻的体现。其祖父名统，是三国时期时吴国的将军，后被封为都亭侯（今湖北省恩施市）；父亲名莹，为吴国丹阳丞（今安徽省当涂县东）；哥哥名庆，是豫宁县令。

《晋书·干宝传》记载“宝少勤学，博览书记”①。永嘉元年（307 年）干宝进入晋朝为官，后来由于战乱及西晋灭亡，在永嘉五年（311 年）举家迁徙到了灵泉乡，在此期间，干宝的父亲去世，按照当时的官员制度习俗，为官者需辞掉官职守孝三年，因此干宝就为父守孝一直到建兴元年（313 年）。在这之后经由华谭引荐，干宝“以才器召为著作郎”。② 晋永嘉五年（311 年），荆州刺史陶侃奉命讨伐杜弢领导的反晋起义，干宝也在朝廷的派遣下参加了平定杜弢起义这一战事，建兴三年（315 年）起义军惨败。干宝参与平定杜弢起义一事成为其为晋王朝所立的第一个功勋，《晋书·干宝传》记载：“平杜弢有功，赐爵关内侯。”③ 太宁元年（323 年）干宝擢升为司徒

① 房玄龄等：《晋书》卷八十二《干宝传》，中华书局，1974，第 2150 页。

② 房玄龄等：《晋书》卷八十二《干宝传》，第 2150 页。

③ 房玄龄等：《晋书》卷八十二《干宝传》，第 2150 页。

右长史，但是在咸和元年（326 年）由于其母亲桓氏去世，于是干宝便辞去官职为母亲守孝三年，守孝结束之后于咸和四年（329 年）再次返回朝廷。建元二年（344 年）干宝辞去了在朝中的职位并于永和七年（351 年）去世。

干宝作为东晋著名史官，在担任著作郎期间开始了《晋纪》一书的撰写，《晋书·干宝传》写到“其书简略，直而能婉，咸称良史”[①]，《文心雕龙·史传》也称赞“干宝述纪，以审正得序”[②]。干宝“性好阴阳术数，留思京房、夏侯胜等传”[③]，在撰写《晋纪》的时候，干宝阅读了大量的秘府书籍，在此过程中搜集了更多的古今神鬼怪异变化之事，又加上其本人民间走访和调查，在资料具备的情况下就开始了《搜神记》的撰写。朝廷为使“帝典阙而复补，皇纲弛而更张，兽心革面，饕餮检情，揖让而服四夷，缓带而天下从”[④]，决定要“置《周易》《仪礼》《公羊》博士”[⑤]，干宝在这种“受命而著”的情况下撰述了非常多易学的书，希望通过对《周易》《春秋》等经典的研究来为国家的礼法政治奠定基础。“关于《周易》的著作有《周易注》10 卷、《周易宗涂》4 卷、《周易问难》2 卷、《周易爻义》1 卷和《周易玄品》2 卷”；关于《春秋》的有《春秋序论》2 卷、《春秋左氏义外传》15 卷和《春秋左氏函传义》15 卷；关于《周官》的著作有《周官礼注》12 卷、《周官驳难》3 卷和《周官音注》5 卷”[⑥]。其中《周易注》10 卷是干宝易学研究中十分重要的一部著作，今天我们所看到的《周易注》内容大多是从辑佚而来的。

二　以史注易的易学思维

《周易》是中国古代史学通变思想的理论来源，具有非常丰富的思想内涵，但是最核心的部分还在于对“通变”思维的强调。史学家在解释自然现象以及历史变化时常常受到易学通变思维的启发，司马迁就曾谈道：“《易》著天地阴阳四时五行，故长于变。”[⑦] 在《周易·系辞下》中也记载道：“神

① 房玄龄等：《晋书》卷八十二《干宝传》，第 2150 页。
② 刘勰撰，陈志平注：《文心雕龙译注》，三联书店，2014，第 259 页。
③ 房玄龄等：《晋书》卷八十二《干宝传》，第 2150 页。
④ 房玄龄等：《晋书》卷六十五《王导传》，第 1748 页。
⑤ 房玄龄等：《晋书》卷六《元帝纪》，第 154 页。
⑥ 罗蔷薇：《干宝著述考》，《华中师范大学研究生学报》2011 年第 3 期。
⑦ 司马迁：《史记》卷一百三十《太史公自序》，中华书局，1959，第 3297 页。

农氏没，黄帝、尧、舜氏作，通其变，使民不倦，神而化之，使民宜之。”① 自神农氏到黄帝、尧、舜，历史处于不断的发展进步中，正是这样的历史发展变化表达《周易》通变史学思想及其对社会进步的启示，由此印证“《易》穷则变，变则通，通则久，是以自天祐之，吉无不利”② 这一思想。

干宝在《周易》研究方面有很高的造诣，他承继了汉代以来的象数易，以象数为注《易》的基础，在此之上加入历史事件来对《易》进行解释，其最终目的是阐明义理，进一步揭示《周易》的微言大义，对易学后来的发展产生很大的影响，为宋代史证易学提供了重要借鉴。正如林忠军所言：“京氏易重筮占，旨在建立一个庞大完善的筮占体系，而干氏重注经，目的是以象为工具，诠释经文，揭示象辞之间的内在联系。”③ 干宝易学思维最显著的特色是以史解易，利用历史上的重大历史事件来对易学进行解释，使历史和易象完美的结合起来。最具代表性的是其将商、周王朝发生的重大历史事件梳理为一个脉络，周文王被囚禁羑里表明殷朝天命的转移，周武王在孟津大会诸侯以及讨伐商纣是其承天命的开始，之后周朝经历了政权动乱及衰亡，干宝将这样的历史事实演变过程融合于《易》中，对其卦象进行解释说明，同时运用《周易》的通变思维对历史发展的规律进行了揭示，以此形成了独特的易学研究风格。对此林忠军就持肯定态度：“既然《周易》是一部带有历史特色的典籍，那么站在历史角度和以当时历史事实去诠释之，此法应当说是正确的。干宝既重易象，又重历史，将二者有机地结合起来，对《周易》加以注释，从总体上说，是对《易传》和汉易的阐发而已，没有偏离注《易》的大方向。尤其是对《周易》卦爻辞所涉及卦爻象和历史问题，皆能以京氏易和殷周等历史知识融通之。”④ 运用历史现象来对易学进行解释并非自干宝开始，但他在以史注易上取得的成就及其对后世史证易学发展所起的作用是不可忽视的。

三　以易解史的史学特色

干宝的史学思想受到《周易》变易发展观的影响，认为事物处于不断变化之中，并且当其发展到一定程度时就需要做出改变，如此才能在变通之中

---

① 《周易·系辞下》，《十三经注疏》本，中华书局，1980，第86页下栏。
② 《周易·系辞下》，《十三经注疏》本，第86页下栏。
③ 林忠军：《象数易学发展史》，齐鲁书社，1998，第56页。
④ 林忠军：《象数易学发展史》，第67页。

求得更深层次、更加持久的发展。

首先在自然观方面干宝就受到《周易》的影响。《周易·系辞上》载："是故阖户谓之坤，辟户谓之乾，一阖一辟谓之变，往来不穷谓之通。"① 这里所说的"变"和"通"即为自然界万物的盈虚消长和往来无穷的循环。干宝认为自然界的事物是处于不断发展变化中的，并且这种变化是其自身发展运动的结果。他在《搜神记》中写道："故天有四时，日月相推，寒暑迭代，其转运也，和而为雨，怒而为风，散而为露，乱而为雾，凝而为霜雪，立而为蚰蜺，此天之常数也。"② 认识到雨、风、露、雾等自然现象是在某种情况下变化为霜雪和蚰蜺。尽管由于当时人们认识水平的限制，干宝并未对这些自然现象的变化原因做出科学的说明，但其思想中迸发的变化观念的火花在当时来说还是弥足珍贵的。除了对自然现象变化的认识，干宝还对自然界动植物的变化有所描写，"千岁之雉，入海为蜃；百年之雀，入海为蛤；……秋分之日，鸠变为鹰，时之化也。……此自无知化为有知而气易也。"③ 干宝认为世间万物都是由气构成的，"气乱于中，物变于外，形神气质，表里之用也。本于五行，通于五事"④，也就是说，如果构成事物本原的"气"发生了变化，那么物也会相应地改变。尽管干宝所描述的这些变化在现在看来显得夸张和不切实际，但其蕴含的变易思想是值得肯定的。同时干宝也意识到事物构成及其发展变化之间的因果联系，即"苟禀此气，必有此形；苟生此形，必生此性……应变而动，是为顺常，苟错其方，则为妖眚……尔则万物之变，皆有由也"⑤。由此可知，干宝认为自然界事物的变化是有原因的，它不以人的主观意志而改变，因此在面对事物变化的时候要顺应其发展，否则就会出现妖孽。

《周易》的通变思维不仅是对自然界的认识，更是对人类社会事物深层次的解说，意识到社会是处于不断的变化之中的，同时也肯定了社会历史是由低级到高级发展演变的，并且这种演变的内在动因是古代君王的"通其变"思想。干宝受《周易》的影响，对人类历史的发展演变也有非常深刻的认识。他提出"道非常道，事非常事，化而裁之，存乎变"⑥，认为世间没有

① 《周易·系辞上》，《十三经注疏》本，第 82 页上栏。

② 干宝著，汪绍楹释：《搜神记》卷六，中华书局，1979，第 67～68 页。

③ 干宝著，汪绍楹释：《搜神记》卷十二，第 146 页。

④ 干宝著，汪绍楹释：《搜神记》卷六，第 67 页。

⑤ 干宝著，汪绍楹释：《搜神记》卷十二，第 146 页～147 页。

⑥ 《玉函山房辑佚书·周易干氏族注》，馆刊本 1883 年版，第 34 页。

一成不变的事物，并且随着社会事物的改变道也会相应地发生改变，这就启示统治者对其制定的社会制度和政策法令要适应社会的发展而有所改变，否则其统治就难以维持。

受《周易》历史变易观的影响，干宝在肯定自然界和人类社会发展变化的合理性和必然性的同时，对国家的兴盛衰亡及历史的因革损益也提出了一系列的观点和见解。一方面干宝认为社会历史的变动主要表现为朝代盛衰兴亡的交替，他在《论晋武帝革命》中说到王朝有“代谢”[①]，即国家有兴盛就有灭亡，这符合历史发展的规律。干宝在注《丰》上六时描述商纣亡国前国家的现状，其屋宇由原来的喧嚣吵闹已经变得空虚寂静无人烟，三年之后国家走向了灭亡，因此干宝解释道：“凡国于天地，有兴亡焉。故王者之亡其家也，必天示其祥，地出其妖，人反其常。非斯三者，亦弗之亡也。故曰‘三岁不觌，凶’。”[②] 干宝通过这样解释想告诉统治者要有见盛观衰的历史意识，时刻关心国家的变化，对于不利国家稳定发展的情况要及时采取解决办法。关于王朝兴衰变化的原因，干宝在《晋纪·总论》中作出了解释，他将周朝的历史和西晋历史发展脉络加以比较，认为周朝之所以统治长久，是其统治者决策英明、礼贤下士、体恤民情的结果，是数代君王数百年为政以德使然；而对于西晋的衰亡，干宝指出“故贾后肆虐于六宫，韩午助乱于外内，其所由来者渐矣，岂特系一妇人之恶乎”[③]，认为西晋的衰亡并非简单是贾后的肆意妄为，而是王朝问题长期积累的结果。他充分运用了历史变化发展的思想，对西晋前后整个君主政治发展历史进行深刻的剖析，认为其不但成立之初根基不稳，而且统治者又不施仁政，使西晋社会的礼法刑政遭到破坏，最后才不可避免地走向了灭亡，这是历史发展中各种问题长期累积的结果。

另一方面，干宝在承认社会历史处于不断的发展变化之中的同时，也意识到这种变化既要有对以前的事物有所继承，又必须根据现实情况作出改革，必须做到因革损益。关于因的方面，干宝强调新生事物应该对旧事物好的方面有所继承，同时干宝又十分重视革新对事物发展的重要性，由此干宝已经认识到国家兴盛衰亡、历史变革发展的合理性和必然性以及在变革中因时损益的重要性。干宝认为夏商周是因革损益非常好的事例，注《井》曰：“自

---

① （南朝）梁萧统编，李善注：《文选》四十九卷，《论晋武帝革命》，岳麓书社，1995，第1765页。

② 李道平撰，潘雨廷点校：《周易集解纂疏》卷七，中华书局，1994，第487页。

③ （南朝）梁萧统编，李善注：《文选》四十九卷《晋纪·总论》，第1771页。

《震》化行，至于五世，改殷纣比屋之乱俗，而不易成汤昭假之法度也，故曰‘改邑不改井’。二代之制，各因时宜，损益虽异，括囊则同，故曰‘无丧无得，往来井井’也。”[①] 干宝解释到当周朝由木德取代殷朝的水德之后，只是废弃了殷朝暴虐的统治政策，而对贤明君王的符合时宜的治国之法则选择继承并发展，他在对《易》做评论的时候写道：“夏政尚忠，忠之弊野，故殷自野以教敬；敬之弊鬼，故周自鬼以教文；文弊薄，故《春秋》阅诸三代而损益之。”[②] 干宝这种损益的主张不仅具有历史发展变化的观念，同时也放射出辩证法思想的光芒。

《周易》通变思维对干宝所主张的要有见盛观衰的历史意识以及社会变革的历史观念有很大影响，尽管由于社会认识水平的限制，干宝的认识还不成熟，但他从辩证发展的思想出发，认识到一切事物都有其发展的限度，因此统治者要适时地因革损益，使事物向有利的方向发展。此外，干宝的历史变易观中也常常闪烁着辩证法的火花，这样具有易学特色的历史发展观念在当时是具有很大的进步性的。

总之，干宝处在魏晋特定的学术环境之中，结合其个人学术兴趣，认识到史学和易学本身具有相融相通之性，所以干宝的史易学研究中，一方面合理地运用历史现象对《周易》进行阐释，最终形成以史解易的方法；另一方面易学的通变思维也深刻启发和影响干宝的史学观点，此有利于他的著书立说，为后世留下宝贵的文化遗产。

作者单位：北京师范大学

① 李道平撰，潘雨廷点校：《周易集解纂疏》卷六，第429页。
② 李道平撰，潘雨廷点校：《周易集解纂疏》卷十，第736页。

程颐的易学诠释及其王道政治理念

姜海军

摘　要：程颐与其兄长程颢作为宋代理学的奠基人，基于现实社会秩序的重建，除了积极借助儒家经典诠释的形式建构新的儒学思想体系、以应对佛老之学的挑战之外，更是借助易学诠释、丰富、完善了理学思想体系及其儒家的王道政治理念。在程颐思想体系之中，易学诠释突出强调了“格君心之非”，亦即注重以君主为核心的统治阶层的道德修养与执政智慧之提升。可以说，程颐理学化的易学诠释，秉承了思孟学派之精神，从形上学的高度重建了道德伦理体系，此举改变了以往易学研究之范式，也丰富完善了其儒学思想体系。更为重要的是，程颐易学诠释更新了传统的内圣外王之道，其最终落脚点直指现实问题，为后世百王立法、为社会政治立说，也为现代社会政治秩序完善提供了一定的借鉴。

关键词：程颐　《程氏易传》　内圣外王之道　理学化经学　政治思想史

程颐治《易》，借助《易》学所建构的理学，旨在现实社会，即因经以明道，明道以治世，强调“以道事君”。在程颐看来，现实的社会、政治、经济以及思想文化等诸多问题的解决，关键在“人心”，即个人道德境界的提升与人格的完善，尤其是统治者道德心术、人格的提升与完善，在治理国家、建立王道政治中具有主导作用，故他以“格君心之非”为出发点，提出一套旨在通过改善人心道德，从而达到改造社会政治、重建王道社会的思想体系。程颐《易》学以“内圣外王”为己任，以其义理精审、切于人事而最终获得统治者和社会各阶层的青睐，随着二程洛学及朱熹等人推广，程朱理学成为政治秩序重建、人伦道德敦化的重要理论依据，并最终成为官方思想意识形态，由此直接奠定了其在《易》学史、儒学思想史上不朽的历史地位。

一 尊君、忠君以及"格君心之非"

尊君是程颐政治思想的核心，这在其《易传》中也得到了集中体现，他认为"天为万物之祖，王为万邦之宗，乾道首出庶物而万汇亨，君道尊临天位而四海从，王者体天道则万国咸宁也"[①]，程颐极力宣扬君权至上的思想。他认为既然君主替天行道，万民就应当绝对服从，君臣尊卑上下之分就是神圣不变的天理，"天而在上，泽而处下，上下之分，尊卑之义，理之当也，礼之本也，常履之道也"，"下顺乎上，阴承乎阳，天下之正理也"，"夫上下之分明，然后民志有所定"[②]。不仅如此，在《程氏易传》中，程颐将各个爻位和现实中人的道德与职位等建立关联，一般将五爻视为君位、尊位；二、三、四爻视为臣位、卑位；初与上爻视为无位。如"五，君位，兴师之主也，故言兴师任将之道"[③]，"五居君位，处中得正，尽比道之善者也"[④]，"二以阳刚得中，上应于五；五以柔顺得中，下应于二。君臣同德，是以刚中之才，为上所专任，故二虽居臣位，主治泰者也"[⑤]，等等。可以说，程颐通过爻位解释《周易》卦爻辞的时候，极力突出五爻君主的主导地位及其为政之德。

程颐除了极力强调君权至上,君臣之间尊卑上下的等级关系之外，还强调臣子对君主的服从和尽忠。"阴，从阳者也，待倡而和，……臣道亦然，君令臣行，劳于事者，臣之职也"[⑥]，"为臣之道，当含晦其章美，有善则归之于君，乃可常而得正""为臣处下之道，不当有其功善，必含晦其美，乃正而可常，然义所当为者，则以时而发，不有其功耳。不失其宜，乃以时也。非含藏终不为也。含而不为，不尽忠者也"，[⑦]，"竭其忠诚，致其才力，乃显其比君之道也"[⑧]，等等。归纳来看，就是要求臣对君要服从尽忠，有功、有善归之于君，要及时而且适时的将自己的建议告知君王，要竭尽其忠，鞠躬

① 《程氏易传》卷一《乾》，载于《二程集》，中华书局，1981，第698页。以下《程氏遗书》《程氏外书》《程氏文集》《程氏粹言》皆出自此版本。

② 《程氏易传》卷一《履》，第749页。

③ 《程氏易传》卷一《师》，第736页。

④ 《程氏易传》卷一《比》，第742页。

⑤ 《程氏易传》卷一《泰》，第755页。

⑥ 《程氏易传》卷一《泰》，第706页。

⑦ 《程氏易传》卷一《坤》，第709页。

⑧ 《程氏易传》卷一《比》，第742页。

尽瘁，而不应有所隐藏，否则就是不忠的表现。程颐甚至还在解释卦爻辞的时候，为臣子提出了一系列忠君为国的建议，如他在解释《随》卦之九四爻辞“随有获，贞凶。有孚，在道，以明，何咎”时说：

> 九四以阳刚之才，处臣位之极，若于随有获，则虽正亦凶。有获，谓得天下之心随之己。为臣之道，当使恩威一出于上，众心皆随于君。若人心从己，危疑之道也，故凶。居此地者奈何？唯孚诚积于中，动为合于道，以明哲处之，则又何咎？古之人有行之者，伊尹、周公、孔明是也，皆德及于民，而民随之。其得民之随，所以成其君之功，致其国之安，其至诚存乎中，是有孚也；其所施为无不中道，在道也；唯其明哲，故能如是以明也，复何过咎之有？是以下信而上不疑，位极而无逼上之嫌，势重而无专强之过。非圣人大贤，则不能也。其次如唐之郭子仪，威震主而主不疑，亦由中有诚孚而处无甚失也，非明哲能如是乎？①

程颐在解释这段爻辞的时候，对作为臣子，尤其是那些位及权臣的人臣的处世之道提出了自己的见解。他认为，作为臣子，应当甘心服务于君主，而不可有私心，即使是“处臣位之极”也要使“恩威一出于上，众心皆随于君”，极力维护君主独尊的权威，如果“人心从己，危疑之道也”。程颐强调说，对于权臣，要时刻铭记对自己的职责，且对之要有明确的认识，要使德及于民，致其国之安，所为无不中道，但最终要归功于君，从而使“下信而上不疑”。程颐由此提出“为臣之道”，自然是其尊君、忠君思想的体现，这也与当时北宋在内忧外患之际，加强中央集权、巩固王权的现实需要有很大的关系。当然，程颐希望“以道事君”，而不是完全屈从于君主的权威。如其所谓：“以道事君之义，今世俗之人能为尊君之言，而不知尊君之道。人君唯道德益高则益尊，若位势则崇高极矣，尊严至矣，不可复加也。过礼则非礼，强尊则不尊。”② “以道事君”的原则，这是对孔子君权思想的继承和发挥③，程颐从君臣关系上考虑，一方面强调臣子应有的义务，另一方面则不提倡愚忠，这无疑是对君权的一种限制。

宋朝建立之后，君主权力膨胀，君主成为当时政治社会运行的枢纽，其举手投足都关系到朝廷国家的兴衰存亡，故政治社会的安危、荣衰皆系于君

---

① 《程氏易传》卷二《随》，第786～787页。

② 《程氏文集》卷七《又上太皇太后书》，第551页。

③ 《论语·先进篇》：“所谓大臣者，以道事君，不可则止。”《论语·宪问篇》：“子路问事君。子曰：‘勿欺也，而犯之。’”孔子主张“君君臣臣”（《论语·颜渊篇》）。

主一身。正是因为如此，在程颐看来治理天下，不单是社会体制、运行机制的改革，更主要的是要改变君主自身，通过“格君心之非”，即提升君主的道德境界与执政水平，以此来解决社会政治问题。如他说：

> 治道亦有从本而言，亦有从事而言。从本而言，惟从格君心之非、正心以正朝廷，正朝廷以正百官。①
>
> 治道有自本而言，有就事而言。自本而言，莫大乎引君当道，君正而国定矣。就事而言，未有不变而能有为者也，大变则大益，小变则小补。②

在程颐看来，只有改变君主，这才是改革的根本，因为朝廷治乱安危的根本在于君主，只要君心回归正道，君正则朝廷正乃至天下正。如果君心不正，则会危及天下的安危治乱，所谓“天下之治乱系乎人君仁不仁耳。离是，而非则生于其心，必害于其政，岂待乎作之于外哉？……格其非心，使无不正，非大人其孰能之？”③ 程颐希望君主通过道德修身，养成圣人品质，从而推及整个统治集团，为实现王道理想提供前提条件。这种政治理念无疑是孔孟“内圣外王”仁政思想的体现。后来朱熹继承了程颐“格君心之非”的思想，并将这种思想概括为：“正君心是大本。”他说：“天下事有大根本，有小根本，正君心是大本。”④ 他在《孟子集注》中，对程颐“格君心之非”进行了注解，认为心正则事正，有仁心才有仁政。这也是朱熹为何认为治道中正君心为大本的重要理由。而朱熹的私淑弟子真德秀更是强调“人君一身实天下国家之本”。他认为：“朝廷者天下之本，人君者朝廷之本，而心者又人君之本也。人君能正其心，湛然清明，物莫能惑，则发号施令，罔有不臧。而朝廷正则贤不肖有别，君子小人不相异位，而百官正矣，自此而下，特举而错之耳。”⑤ 他从根本的“正君心”讲起，下及朝廷、百官、天下，步步推演，可以说是与程朱将正君心作为整个治国纲领的出发点和核心的思想一脉相承。

二　重新诠释儒家“内圣外王”之道

程颐所建构的理学具有双重功能，一方面为现实的政权秩序及封建道德

① 《程氏遗书》卷十五，第165页。
② 《程氏粹言》卷一，第1218页。
③ 《程氏外书》卷六，第390页。
④ （宋）黎靖德编《朱子语类》卷一百〇八。
⑤ （宋）真德秀：《大学衍义》卷一。

伦理规范提供合理化的解释，将之视为“天理”，要求人们自觉服从这种现实格局，有益于政权的稳固和有序；另一方面这对于统治阶层而言也有制约与和解的功能，如《程氏易传》中大量谈到了治国安邦的思想，突出作为统治者应当诚意修身，提升自我的道德，从而实行“仁政”“德治”：

居上者，正其表仪，以为下民之观，当庄严如始盥之初，勿使诚意少散，如既荐之后，则天下之人，莫不尽其孚诚，颙然瞻仰之矣。[①]

以无妄而往，无不得其志也。盖诚之于物，无不能动。以之修身则身正，以之治事则事得其理，以之临人则人感而化，无所往而不得其志也。[②]

夫王者之道，修身以齐家，家正则天下治矣。自古圣王，未有不以恭己正家为本，故有家之道既至，则不忧劳而天下治矣，勿恤而吉也。[③]

程颐将《四书》尤其以《大学》的“三纲”“八目”伦理—政治思想为指导，将德治、仁政的思想大量贯注于《易》学解释中，极力强调君臣道德修身的必要性和重要性，以期通过道德修身，进而实现三代的王道政治，这正如余英时先生所云：“道学虽然以‘内圣’显其特色，但‘内圣’的终极目的不是人人都成圣成贤，而仍然是合理的人间秩序的重建。”[④] 对于程颐而言，实现理想社会目标的最好办法就是提升个人道德境界，即通过“内圣”工夫，人人都自觉认同并遵守儒家学说所宣扬的纲常名教、道德规范，就能实现和谐有序的理想社会。

当然，程颐借助《易》学所建构的理学不能简单地等同于“内圣”，在程颐所建构的理学思想体系中，道德修身的“内圣”之学与经世致用的“外王”之学本无泾渭分明的界限，它们始终是一不可分割的整体。只是在程颐看来，“外王”的实现必须建立在“内圣”的基础之上，即“明体达用”。这种观念乃是对孔子“为政以德”，孟子“仁政”政治思想的再次强调，目的在于理想社会的重建，只是与孔孟相比，程颐采取了不同的表达方式而已，如卢国龙先生说“二程洛学本质上是一种政治哲学”[⑤]，可谓剀切。不仅如此，程颐的这种内圣外王理念，在《程氏易传》中推衍到了出处进退、教育

① 《程氏易传》卷二《观》，第798页。

② 《程氏易传》卷二《无妄》，第824页。

③ 《程氏易传》卷三《家人》，第887页。

④ 余英时：《朱熹的历史世界：宋代士大夫政治文化的研究》，三联书店，2004，第118页。

⑤ 卢国龙：《宋儒微言：多元政治哲学的批判与重建》，华夏出版社，2001，第300页。

问题、行军出师、君臣关系、家庭关系、政治斗争、社会治理、改革变法、政事治理等各个方面。在所有这些问题的认识和解决办法上，程颐都是将“内圣”作为其言说的基础和起点。他希望通过“内圣”来解决所有这些问题，最终实现理想的王道社会。可以说，以“天理”“天道”为核心范畴的理学体系只是程颐学术的起点，他的《易》学归宿和立足点还是“人事”，即在于指导人们的思想行动，在于经世致用，目的在于现实社会政治、思想文化的重建和维护。

正是由于程颐对“人事”的关注，使得他在其《程氏易传》中对义理的阐发，与现实的政治、伦理紧密结合，所言重心皆在个人的修身。如程颐在解释《家人》卦时便云：

> 《家人》者，家内之道；父子之亲，夫妇之义，尊卑长幼之序，正伦理，笃恩义，家人之道也。……治天下之道，盖治家之道也，推而行之于外耳，故取自内而出之象，为家人之义也。①
>
> 夫王者之道，修身以齐家，家正则天下治矣。自古圣王，未有不以恭己正家为本。故有家之道既至，则不忧劳而天下治矣。②

他认为治国、平天下当始于治家，而治家的根本在于自身道德境界的提升，只有这样方可以“能施于家，行于家者则能施于国，至于天下治”。可以说，程颐借助对《周易》的解释，阐发了治国应将政治秩序的重建和家庭以及个人的行动紧密结合的道理，而个人修身是一切人事问题解决的起点。为了使其论说更显得客观而紧迫，他将其理学融入易学解释中，希望人人都自觉按照天理的要求，践履儒家的纲常礼教、道德伦理，从而实现圣人“与理为一”的理想人格，程颐说：“道之大本如何求？某告之以君臣、父子、夫妇、兄弟、朋友，于此五者上行乐处便是”③，“循理而至于乐，则己与理一，殆非勉强之可能也。”④ 在程颐看来，通过对人伦道德的自觉践履，而不是对道德规范的勉强屈从，从而实现“己与理一”的精神状态或道德境界，使“乐处”纲常名教成为人生的自觉行为。

总体而言，注重人事与现实社会政治问题的解决是程颐《易》学的重要宗旨，不仅如此，《程氏易传》还在注解《周易》的过程中凸出道德伦理的

---

① 《程氏易传》卷三《家人》，第884页。

② 《程氏易传》卷三《家人》，第887页。

③ （明）吕柟：《二程子抄释》卷四。

④ 《程氏粹言》卷一《论学篇》，第1192页。

说教，并将道德伦理的说教贯穿于所有他所提到的人事之中。可以看出，程颐《易》学通过立足于道德伦理的敦化，实现“外王”的社会秩序，从而突出了把道德修养同治理国家的社会实践相结合的思想，因而它同儒家思想的根本精神，即内圣外王的政治思想是一脉相承的。为了阐明个人道德伦理实践的必要性，程颐将这些都看成天理的表现，他说：“人伦者，天理也”①，“视听言动，非理不为，即是礼，礼即是理也”②，“理”既是存在于宇宙万物之中，又存在于儒家的政治伦常当中。只有每个人都遵循天理，才能够使万物各得其所，“万国咸宁”。进而言之，程颐《易》学及其学说中，“外王”与“内圣”之间是一而二、二而一的关系，这其实也是他《易》学“体用一源，显微无间”思想在现实社会中的运用，如其所言：“至显莫如事，至微莫如理，而事理一致也，微显一源也。古之所谓善学，以其能通于此而已。”③

三　程颐“治道”形成的意义及影响

程颐借助《程氏易传》来表达他的政治理念，并建构了一个全新的儒家政治哲学，这既有别于先秦儒家，也有别于汉唐诸儒，这对南宋包括元明清三朝的政治理念产生了深远的影响。其实，不仅在《程氏易传》中，程颐全面体现了他以“格君心之非”为核心的王道政治理念，在其他的经典诠释之中，他也都或明或暗地表达了他的这种政治思想。可以说，程颐的经典诠释是其政治理念的基石与重要表达形式，而政治理念则是其经典诠释的最终落脚点所在。从这个角度来说，程颐《易》学的历史地位的奠定不仅仅是因为解《易》的新原则和新方法，更为主要的是他对《易》理的阐发，在借助对《易》理阐发的基础上所建构的新儒学——理学，而此理学本身便蕴含着他的“治道”理路。朱伯崑先生曾说：“程氏《易》学继王弼之后，将义理学派推向了一个新的阶段，在《易》学史上有其划时代的意义，特别是程颐的《易》学为宋明理学奠定了理论基础。”④ 诚然，这个理论基础，就包括了程颐借助易学诠释所建构的治道。

程颐是宋明理学的真正奠基者，他所建构的理学很大程度上是为了挽救

① 《程氏外书》卷七，第 394 页。

② 《程氏遗书》卷十五，第 144 页。

③ 《程氏粹言》卷一《论道篇》，第 1222 页。

④ 朱伯崑：《易学哲学史》（中），北京大学出版社，1988，第 184 页。

中唐以来儒家纲常名教、人伦道德的没落，进而重建儒学的人文信仰和价值体系，以应对佛老之学在社会思想文化领域的消解作用。所以，程颐对理学的建构便是将儒家的人伦道德和纲常名教，与哲学的本体论统一起来，统一到“天理”那里，实现了孔孟之道的理论化和体系化，由此达到了对儒家价值观念以及人文信仰的重建和弘扬，所以在《程氏易传》里充斥着大量的、程颐借助注解所阐发的理学思想。程颐借助对《易》理的阐发，来更新和重构新的儒学体系，这个过程夹杂着他对传统《易》学以及当代《易》学的扬弃。如程颐《易》学和王弼在解《易》方法上虽具有一脉相承性，但是在《易》理阐发上，却摈弃了王弼《易》学中玄学的成分，[①] 而替之以儒家思想，正如《四库全书总目提要》论说义理派《易》学的演变时所指出的：“王弼尽黜象数，说以老庄，一变而胡瑗、程子，始阐明儒理。”[②]

在这个过程中，程颐不但剔除了王弼易学所宣扬的玄学、老庄的思想，更为主要的是将积极入世的儒家价值观、人文关怀融入易学的解释之中。这自然异于范仲淹、李觏、欧阳修等人专言人事、罕言天道的做法，[③] 也异于同时期刘牧、邵雍等人以象数重言天道而罕言人事的偏颇。[④] 程颐将天道和人事作为一个有机的整体，更注重现实的人事治理，它是秦汉以来《易》学、儒学的一个新发展，如南宋经学家陈淳所指出的：“自秦以来，《易》幸全于遗烬，道则晦而不章。卑者泥于穷象数而穿凿附会，为灾异之流；高者溺于谈性命而支离放荡，为虚无之归。程子盖深病焉。于是作《传》以明之，一扫诸儒之陋见，而《传》即日用事物之著，发明人心天理之实。学者

① 程颐曾说：“自孔子赞《易》之后，更无人会读《易》。先儒不见于书者，有则不可知；见于书者，皆未尽。如王辅嗣、韩康伯，只以庄、老解之，是何道理？”见《程氏外书》卷五，第374页。

② （清）纪昀：《四库全书总目提要·易类序》。

③ 李觏曾在所著《删定易图序论》中说：“若夫释人事而责天道，斯孔子所罕言。……为人上者必以王制从事，则《易》道明而君道成矣。”李觏所著的《删定易图序论》共六篇，他自明其宗旨为：“成六论，庶乎人事修而王道明也。”欧阳修和李觏一样，都突出现实政治、社会的治理，对形而上的理论比较冷淡，他著《易童子问》，在解释《谦·象传》时云：“圣人急于人事者也，天人之际罕言焉。……修吾人事而已。人事修则与天地鬼神合矣。”他强调君子应以“修身治人为急务，而不穷性以为言”。见《居士集》卷四十七《答李诩二书》。

④ （清）纪昀：《四库全书总目·易类序》云：“汉儒言象数，去古未远也。一变而为京、焦，入于禨祥，再变而为陈、邵，务穷造化，《易》遂不切于民用。”北宋中后象数《易》学很兴盛，《四库全书总目》卷三云：“汉儒言《易》多主象数，至宋而象数之中复岐出图书一派。牧在邵子之前，其首倡者也。牧之学出于种放，放出于陈抟，其源流与邵子之出于穆李者同。而以九为《河图》，十为《洛书》，则与邵异。其学盛行于仁宗时。黄黎献作《略例隐诀》，吴秘作《通神》、程大昌作《易原》，皆发明牧说。”以刘牧所倡导的图书《易》学派在宋仁宗时期非常兴盛，很多学者咸从其说。

于是始知《易》为人事切近之书。"[①]

当然，程颐易学诠释与治道的形成，既是易学、儒学发展的必然结果，更是宋王朝当时重建民众信仰、价值观念的基本诉求。程颐理学的建立改变了之前韩愈、欧阳修等人，以佛、老二教对经济、政治、社会伦理造成的冲击为由对佛老进行对抗，程颐等理学家开始从学理层面，以解决当时社会所面临的价值观和信仰危机。程颐也借助《周易》建构了自己的《易》学体系，"以'理'为最高范畴，一方面代替王弼派的'无'，一方面代替象数学派的'数'"。[②] 由于他以理或天理作为其《易》学的最高范畴，提出"有理而后有象，有象而后有数"[③] 以及"有理则有气，有气则有数"[④] 的命题，辨明了理事关系、道器关系和理气关系，从而在哲学上开创了本体论的体系，这对宋明哲学的发展产生了深刻的影响。[⑤] 可以说，程颐借助《周易》建构了他的理学体系，并用以指导现实的社会治理。在他看来，社会的治理即事理是"天理"的体现。他说："自古治必因乱，乱则开治，理自然也。"[⑥] 所以"推天道"即是"明人事"，"明人事"即是"推天道"。两者又是紧密相连的，不可分割的。[⑦] 一言以蔽之，以"天理""天道"为核心范畴的理学体系只是程颐学术的起点，他学术的归宿和立足点还是"人事"，在于指导人们的思想行动，在于经世致用，即现实社会政治、文化、社会新秩序的重建和维护。

总的看来，程颐对《周易》的解读是诠释性的而非注释性的，他汲取了自先秦孔子、《易传》、王弼以及历来解《易》的方法的精髓，继承和发展了很多解读《易》学思想与方法，奠定了它在《易》学发展史上里程碑的意义。更为重要的是，作为理学家的程颐，面对国家政治紊乱、道德信仰的失落，以一种儒家士大夫所应尽的使命感和责任感，借助《周易》、四书等儒家经典来寻求重建稳定有序的社会秩序与新的价值信仰所需要的理论学说，

---

① （清）朱彝尊：《经义考》卷二十《易十九·程氏颐〈易传〉》。

② 朱伯崑：《易学哲学史》（中），北京大学出版社，1988，第182页。

③ 《程氏遗书》卷二十一上，第271页。

④ 《程氏经说·易说·系辞》，第1030页。

⑤ 朱伯崑：《易学哲学史》（中），北京大学出版社，1988，第184页。

⑥ 《程氏易传》卷二《蛊》，第788页。

⑦ 程颐曾说："至显者莫如事，至微者莫如理。而事理一致，微显一源。古之君子所谓善学者，以其能通于此而已。"（《程氏遗书》卷二十五，323页）其中的"事"，即具体的事物、事情；"理"，即天理、天道。他认为理事合一。"天下物皆可以理照，有物必有则，一物须有一理。"见《程氏遗书》卷十八，第193页。这自然是程颐"体用一源，显微无间"易学观的一种体现。

而理学的建立正是他苦心孤诣的必然结果。正是因为如此，程颐对《周易》的解读，是以反对佛、道，复兴儒学为旨归，通过对《周易》经传的注解和阐发，整合《周易》、四书等儒家经典的思想资源，建构了具有划时代意义的新儒学理论体系——理学。可以说，程颐借助易学诠释所建构的理学，旨在指导现实社会，即因经以明道，明道以治世。他认为现实社会问题、政治问题及经济问题的解决，在于"人心"，即个人道德境界的提升和人格的完善，尤其是统治者道德心术、人格的提升与完善，以推行王道政治。这一理路后来成为中国主流知识、思想和信仰世界的走向。当然，不可否认的是，程颐为了回应佛老之学的挑战，较为片面地发展了"内圣"的一面，使"内圣"甚至成为可以脱离"外王"而具有独立存在的价值和意义。这与孟子对外在功业还有抱负的思想来讲，已经大异其趣。使得二程之后的弟子及其很多学者有一种极端的倾向，即将"内圣"和"外王"的事功相对立，使内圣之学成为脱离外王之学而独立存在。这不能不说是个错误的征兆，这也对儒学本身的发展产生了重大影响，之后心学与理学、尊德性与道问学、直觉与理智的对峙，都是从这里演化而生，并为明代心学的出现提供了契机。

结　语

二程易学及其理学化诠释范式的出现是特定历史情境下的产物，一方面是唐宋变革以来新的社会阶层的诞生，形成了以君主独裁体制下儒士大夫为主体的统治集团。所以，在程颐易学诠释之中，除了积极借助天理学说来强化尊君、尽忠这个基本的政治理念之外，也积极汲取佛老之学、儒家思孟学派的人性学说，建构了系统的基于人心、人性的性理之学体系。在这个学说体系中，程颐将道德伦理视为政治治理的核心要素。他认为，作为君主，应当将个人道德境界与家庭的和谐稳定看成是为政治服务的起点与基本保证，这与《尚书》《四书》等儒家经典中所宣扬的天命观下的"以德治国论"非常近似，即倡导以明君为核心的贤能治国的尧舜模式。如其云："治天下国家，必本诸身，其身不正而能治天下国家者无之"①，"治天下者，当得天下最贤者一人，加诸众人之上，则是至公之法"②。可以说，程颐这种道德政治在一定程度上是上古三代、孔孟思想的重申与强调。只不过，程颐已经借助

① 《程氏遗书》卷二十五，第316页。

② 《程氏遗书》卷十八，第228页。

经典诠释、理论改造，实现了儒家纲常名教、人伦道德的理论化。总的来说，从上古三代、孔孟，一直到程颐，这种将道德视为政治问题解决的核心手段，是儒家学说的核心观念，但在宋代被程颐再一次从本体的高度加以绝对化，全新的政治理念也以易学诠释而建构完善。

程颐作为宋代理学的真正建构者，他通过易学诠释的形式来更新了儒家的理论，从而建构了超越了佛老之学、有别于汉唐儒学的道德形上学。由于他们学说的归宿点在于社会实践，即道德实践，而道德实践主要是针对统治阶层，其核心人物是君主。二程的德政理论尽管强调的主体是个人，但是个人在完善的过程中，已经兼顾了个人与他人之间、个人与外物之间的调适与完善，这自然为重建新的社会政治秩序、人伦道德规范作出了应有的贡献，同时也在现实中重新诠释了儒家内圣外王之道。可以说，程颐将道德与政治、个人与群体之间的关系，借助易学诠释作了有机的建构，使得道德教化成为近世以来社会政治理念的主流。当然，由于过分强调以德治国，强调君主的核心作用，使得人治特征对社会制度的完善产生了极大的阻力，以至于很多社会问题因之而生。

作者单位：北京师范大学

曾贯《易学变通》易学思想论析*

谢　辉

摘　要： 曾贯生活在元代后期的天历、至正年间，其所著《易学变通》以《四库全书》本为主要传世版本。《易学变通》在体例方面，受科举制度影响而采用问答体；在易象方面主张“以意求象”，同时兼采一部分象数学方法；在对待朱子易学的态度方面，对朱子的大部分核心易学思想均有不同程度的接受，并在此基础上积极地加以补充、发展与辨正。

关键词： 曾贯　易学变通　易学思想　元代　版本　象数　朱熹

一　曾贯生平与《易学变通》的版本

曾贯，字传道，江西泰和人。曾于天历二年（1329）以《易》中江浙乡试第十九名[①]，又于至正元年（1341）以《书》得中江西乡试[②]。关于此点，历代记载多有错误，如乾隆间《泰和县志》误将其第二举置于至顺三年(1332)，明代尹昌隆又谓贯“两以《易》中进士举”[③]，均不甚确。中举后曾任绍兴路照磨，后家居[④]，在至正十二年（1352）前后“应达监州辟，御龙泉寇”[⑤]。所谓“达监州”乃达理马识礼，于至正九年（1349）到任泰和。至正十二年闰三月，陈友谅破吉安，达理马识礼率军民固守，其中即“命绍

* 本文系国家社会科学基金青年项目“元代朱子易学研究史”（项目号：14CZS050 阶段性成果）。

① 刘贞：《新刊类编历举三场文选·易义》卷六，元务本书堂刻本。

② 周旉：《皇元大科三场文选·书义》，元刻本。

③ 尹昌隆：《尹讷菴先生遗稿》卷五，《四库全书存目丛书》集部第26册，齐鲁书社，1997，第482页。

④ 杨士奇：《东里续集》卷三十二，《景印文渊阁四库全书》集部第1239册，台湾商务印书馆，2008，第83页。

⑤ 冉棠：《泰和县志》卷十七，清乾隆十八年（1753）刻本。

兴照磨曾贯、永新州判刘稺成观背以遏上横”[①]。至正十四年（1354）冬，“寇之聚龙泉者始悉众大出，由石洲观背奄至城西门外”[②]，曾贯等拒战不克，遂死于是役。

自家世而言，曾氏可称泰和望族。据记载，曾贯上世名安止，北宋熙宁间与兄弟安强同登进士第，终于彭泽令。传至元初，有名幼清者，以《易经》举，为进贤县学教谕，号一斋。幼清生泰通，泰通生贯。贯弟约，字耕道，易学与贯齐名，后为瑞金县学教谕[③]。此外尚有元初词人曾允元，字怀可，号鸥江先生，曾任袁州路儒学教授[④]，盖为贯之祖辈；允元孙鼎，字元友，曾任濂溪书院学正，精于《礼》，应为贯之同族兄弟[⑤]。故杨士奇将曾鼎与曾贯并称。而曾贯亦以学行有名于当世，如杨士奇即称其“以《易经》为学者所宗”[⑥]。元代著名学者吴师道，亦与曾氏有往来，曾赠以《送曾贯还江西应试》诗曰：“桂花庄上昔年秋，送子曾偕计吏游。望气此邦终得剑，济河今度决焚舟。兴文已信关天运，积学深期为道谋。京邑相逢乍分手，春风迟宴曲江头。”[⑦] 按诗中有“京邑相逢”之语，盖吴师道于后至元六年（1340）入朝任职国子监后事。此时吴师道已为年过六旬之名儒，而与曾氏有交往，可见曾氏在当时应有一定名望。所著书有《易学变通》《四书类辩》《学庸标注》，其中《四书类辩》已佚，《学庸标注》尚有佚文数段，保存在《永乐大典》中[⑧]。此外尚有曾氏天历二年参加江浙乡试时所作《易》义文一篇，论《说卦传》“观变于阴阳而立卦”至“穷理尽性以至于命”，保存于《新刊类编历举三场文选》；至正元年参加江西乡试时所作《书》义文一篇，论《立政》“乃用三有宅”至“用丕式见德”，保存于《皇元大科三场文选》。而其比较完整地流传至今的著作，则仅有《易学变通》一种。

《易学变通》的具体撰述时间，目前尚不得而知，但成书后似乎影响并不广泛。明初《文渊阁书目》著录“抄《易学变通》，一部，一册，阙”[⑨]，

① 刘楚：《达理马识礼传》，《全元文》第57册，凤凰出版社，2004，第285页。

② 刘楚：《达理马识礼传》，《全元文》第57册，第286页。

③ 尹昌隆：《尹讷菴先生遗稿》卷五，《四库全书存目丛书》集部第26册，第481~482页

④ 顾宝林：《元代江西泰和词人曾允元流传辨》，《井冈山大学学报（社会科学版）》2011年第5期。

⑤ 杨士奇：《东里文集》卷二十，中华书局，1998，第288页。

⑥ 杨士奇：《东里续集》卷三十二，《景印文渊阁四库全书》集部第1239册，第83页。

⑦ 吴师道：《吴师道集》卷八，吉林文史出版社，2008，第141页。

⑧ 解缙等：《永乐大典》，中华书局，1986，第106、117、120、126、133、137、141、145、152、161页。

⑨ 杨士奇：《文渊阁书目》，《明代书目题跋丛刊》，书目文献出版社，1994，第18页。

可见在明代初年，该书的刻本已不易得，而多以抄本流传。其后明代与清初公私藏书目录，对该书亦罕见著录，直至清乾隆间修《四库全书》时，馆臣将其从《永乐大典》中辑出，析为六卷，此书方重行于世。目前存世的《变通》诸本，都属于此六卷辑本系统。其中最为早出者，为湖南省图书馆藏清抄残本。此本存卷四至六，其中卷四与卷六行款为半页八行二十一字，抄写亦工，卷五每行字数则多少不一，有多至二十七八字者，字体亦与另两卷不类，盖非出一手。全书版式统一为四周双边，单鱼尾，版心上题“钦定四库全书”，中题卷数及“易学变通”，下题页数。卷六前钤“翰林院印”大方印，卷中有大量涂乙增删与浮签批改，所校改之处，文渊阁《四库全书》本大体皆从之。从其外部特征及修改情况来看，应为本书在抄入《四库全书》之前的一个经馆臣校勘之本。四库本出于其后，而其余各本又大致皆从四库本出。例如，丁丙八千卷楼藏抄本，为自文澜阁传抄①，今存南京图书馆。民国间胡思敬辑《豫章丛书》，将《变通》与《易纂言外翼》《读易考原》合为《元三家易说》，予以收录，所据之本为“自江南图书局钞得”②，江南图书局为南图前身，故胡氏所抄盖即丁氏抄本，仍然为四库本系统。又瞿氏铁琴铜剑楼藏抄本③，今存国家图书馆。经目验，该本一函二册，半页九行二十一字，无格，版心上题“易学变通”，中题卷数，下题页数。卷前有四库提要，钤“铁琴铜剑楼”印。其分卷、内容与四库本皆同，也是自四库本而出。其余如张金吾所藏抄本④，以及今存广东省立中山图书馆的孔氏岳雪楼抄本⑤，均明言传抄或影抄自文澜阁《四库全书》本。今存日本静嘉堂的陆心源旧藏抄本⑥，嘉业堂旧藏艺海楼抄本⑦，以及沈氏抱经楼藏抄本⑧，皆为六卷，推测也应出于四库本。

然而，四库本虽为现存诸本之祖，但自身并非十分完善。一方面，豫、随、无妄、大壮、晋、睽、蹇、中孚八卦，为辑佚时《永乐大典》即已原阙者，故四库本亦因而阙之。另一方面，对于《大典》原有的内容，馆臣

---

① 丁丙：《八千卷楼书目》卷一，《续修四库全书》第921册，上海古籍出版社，2002，第66页。

② 胡思敬：《元三家易说跋》，《豫章丛书》第1册，江西教育出版社，2004，第293页。

③ 瞿镛：《铁琴铜剑楼藏书目录》卷一，《续修四库全书》第926册，第69页。

④ 张金吾：《爱日精庐藏书志》卷一，中华书局，2012，第18页。

⑤ 阳海清：《中南、西南地区省、市图书馆馆藏古籍稿本提要》，华中理工大学出版社，1998，第476页。

⑥ 陆心源：《皕宋楼藏书志》卷三，《续修四库全书》第928册，第36页。

⑦ 缪荃孙等：《嘉业堂藏书志》卷一，复旦大学出版社，1997，第130页。

⑧ 沈德寿：《抱经楼藏书志》卷二，中华书局，1990，第25页。

在辑佚时也有漏辑的情况。今存《永乐大典》残卷中，尚有《变通》之坤、贲、泰、兑四卦的部分章节，与四库本相校，可见四库本于贲卦即有二处脱文：

其一，四库本曰：

> 曰：刚柔交错，非一卦也。独取柔文刚、刚文柔而为贲，何也？曰：贲之所以为贲者，以卦象而言，则取山下有火之象；以卦而言，则取离明艮止之义。此文王明卦系辞之本旨也①。

“离明艮止之义”下，《大典》有“至于柔来文刚，刚上文柔，乃夫子于成卦之后，而得刚柔相文之义”二十六字；下文“此”作“非”②，盖馆臣未发觉此处有脱文，但见作“非”不通，遂臆改为“此”。此外“以卦而言”，《大典》“卦”下有“德”字，正可与上文“以卦象而言”相对应；“此文王明卦系辞之本旨也”，《大典》“明卦”作“名卦”，也较佳。此亦均为馆臣之误。

其二，四库本曰：

> 二、五俱阴，不能相贲。故三则近比于二，而有贲濡之说；上则穷极反本，而有白贲之象。此虽非正应之贲，然刚柔交错，亦不害其为贲之象也③。

“二、五俱阴”之“阴”，《大典》原作“应”，然贲卦二、五皆为阴爻，无相应之理，亦与下文“不能相贲”之意不协，故馆臣以卦象与文意改为“阴”，当是。“穷极反本”，《大典》作“极于反本”，似馆臣觉“极于”不通，遂以意改之，虽无根据，尚可接受。但可诧的是，“不能相贲”下，《大典》有“而二附而动，近贲于三，五敦本于上，贲不及于下，至于三上俱阳，亦不能相贲”三十字④，四库本尽脱。一卦之间，脱文近六十字，讹文误字层出不穷，且馆臣还以意弥缝其间，导致文意扭曲，可见四库辑本之不精。但今《大典》的主体部分已佚，《变通》又未见有别本行世，在此情况下，四库本仍为研究《变通》的唯一可以依据之本。

① 曾贯：《易学变通》卷三，《景印文渊阁四库全书》经部第26册，第28页。
② 解缙等：《永乐大典》卷一三八七五，第5983页。
③ 曾贯：《易学变通》卷三，第29页。
④ 解缙等：《永乐大典》卷一三八七五，第5983页。

二　别具一格的问答体著作

作为曾贯唯一传世的著作，《易学变通》集中体现了其在易学方面的成就。而其在体例方面的首要特色，即是采用了一种别具一格的“问答体”，于每一卦下，设为问题若干，自问而自答之。其问题大略可分为三类：

第一类是问卦爻辞中的疑难者，如泰卦下即问曰：

> 治泰之道，可言者多矣，何独以“包荒”“用冯河”“不遐遗”“朋亡”四者为言乎①？

此是问泰卦九二爻爻辞“包荒，用冯河，不遐遗，朋亡，得尚于中行”，历代注《易》者多以为此言治泰之道，如程子即云：“包荒，用冯河，不遐遗，朋亡，四者处泰之道也。”② 曾氏则进而问其缘故。其余如坤卦问：“坤之用六言利用贞，何也？”③ 屯卦问：“六三取象可得而详乎？”④ 都属于这一类型。

第二类为兼举一卦或数卦中相似或相关的经传之词，问其异同者。如屯卦下问曰：

> 六二、六四，其为“乘马班如”一也。然二之婚媾，则贞而不字；四之婚媾，则吉无不利。何也⑤？

屯卦六二爻曰“屯如邅如，乘马班如，匪寇婚媾，女子贞不字，十年乃字”，六四爻曰“乘马班如，求婚媾，往吉，无不利”，均有“乘马班如”及“婚媾”之辞。而一则“贞不字”，一则“吉无不利”，曾氏即问其相异之故。此是问一卦中之异同者。同样是在屯卦下，曾氏又问曰：

> 屯六二“匪寇婚媾”，睽上九“匪寇婚媾”，贲六四“匪寇婚媾”，刚柔不同，而同为“匪寇婚媾”，何也⑥？

---

① 曾贯：《易学变通》卷二，第18页。
② 程颢、程颐：《二程集》，中华书局，2006，第755页。
③ 曾贯：《易学变通》卷一，第7页。
④ 曾贯：《易学变通》卷一，第8页。
⑤ 曾贯：《易学变通》卷一，第8页。
⑥ 曾贯：《易学变通》卷一，第9页。

此三爻分属三卦，且爻位及刚柔均不同，而皆有“匪寇婚媾”之辞，故曾氏因以发问。此即是兼问数卦中异同之例。

第三类为问前代《易》说者。对于此类问题，曾氏有时会明确举出所问诸家之姓氏，如归妹卦下问：“归妹‘永终知敝’，程、朱之说，孰为当乎?”[①] 径问程朱二家对归妹卦《大象传》“君子以永终知敝”解说之优劣。另一些情况下，曾氏则不言所问者为何人之说，仅以“先儒”称之，如其于萃卦下问曰：

> 萃与比，先儒或有以萃为君臣同德，比则二、五相应，萃为盛于比，然乎[②]?

此处曾氏所谓“先儒”，乃南宋学者赵善誉，其说曰：“阳居五而五阴从之，故为比。阳居五与四而四阴从之，故为萃。二卦若相似也……萃者，二阳相比，群阴聚而归之，君臣同德，而万物盛多之时也。非下顺而上说，则不足以为萃，岂止二五相应而已哉?”[③] 此外，某些问题看似问经传卦爻之辞，但若深入考察，则可见其实质仍是问前代《易》说，如小畜卦下问曰：

> 或问：“密云不雨”固文王羑里之象，然以巽畜乾，则纣为巽阴之象矣。若以“自我西郊”为文王之自我，则巽阴又为文王之象。何也[④]?

此实际上是因朱子《易本义》“我者，文王自我也。文王演《易》于羑里，视岐周为西方，正小畜之时也”[⑤] 之说，而推导出相关问题，仍然属于问前代诸家《易》说的范畴。

《易学变通》采用的此种问答体的形式，在元代易学界可谓独树一帜。现存元代四十余部易学著作中，除了少量科举类著作外，采用问答体者即当属《周易变通》。故《四库全书总目》亦注意到了此体例特点，特别指出：“其体例每篇统论一卦六爻之义，又举他卦辞义之相近者，参互以求其异同之故。”[⑥] 而曾氏采用问答体的著作，尚不止此一部，从《永乐大典》中保存

① 曾贯：《易学变通》卷六，第52页。

② 曾贯：《易学变通》卷五，第43页。

③ 赵善誉：《易说》卷三，中华书局，1985，第46~47页。

④ 曾贯：《易学变通》卷二，第14页。

⑤ 朱熹：《易本义·上经第一》，《朱子全书》第1册，上海古籍出版社、安徽教育出版社，2002，第40页。

⑥ 永瑢等：《四库全书总目》卷四，中华书局，2003，第26页。

的佚文来看，其所著《庸学标注》也应是问答体。如在《中庸》“子曰，回之为人也，择乎中庸，得一善，则拳拳服膺而勿失之矣”下，曾氏即曰：“或谓：舜之知则曰用中，回之仁则曰择乎中庸，或言庸，或不言庸，何也?”[①] 可见，多用问答体是曾氏较为突出的一个学术特征。

推究起来，曾贯之所以在《易学变通》等著作中采用问答体，可能与元代的科举制度有一定关系。元代科举始于延祐元年，汉人、南人首场试经疑二道，自《四书》中出题；经义一道，自本经出题。至正元年，又改经疑为自本经出题。而经疑即是举儒家经典中疑难之处发问，令应试者作答，与问答体的形式比较接近。曾氏两中乡试，可谓老于科场，故其著述多用问答体，或即受到经疑的影响。元代另一学者涂溍生，曾撰有经疑拟题类著作《周易经疑》，其所拟问目即与《变通》多有相似。如上文所举曾氏关于屯、睽、贲三卦“匪寇婚媾”同异之问，在《周易经疑》中即有类似的问目：“屯六二曰‘匪寇婚媾’，贲六四曰‘匪寇婚媾’，睽上九曰‘匪寇婚媾’，其旨同否?”[②] 几乎同出一辙。《易学变通》受科举制度的影响，亦由此灼然可见。

三 “以意求象”的易象学观点

《四库全书总目》评价《易学变通》说：“是书纯以义理说《易》。”[③] 将其看作一部义理易学著作。但这并不意味着曾氏在易象方面无所作为，在全书之末的七篇《易统论》中，曾氏特立《象意论》一篇，以阐明其象学观点。其说曰：

> 昔者圣人之作《易》也，书不能尽其言，言不能尽其意，故立象以尽之。是象也者，由其有不尽之意，故卦有不尽之象。世之儒者，徒知象足尽意，而求象中之意矣，而不知象由意立，乃不求意中之象。此后之求象者，所以非滞泥之不通，则必疏略而无据也[④]。

曾氏认为，圣人立象之根本目的，是为了补充穷尽言辞未尽之意，由此而言之，可谓象由意立，意为象之本。故后世解说易象者，不能简单地就象论象或以象求意，还应该“以意求象”。以乾、坤二卦为例，乾卦称龙，而

① 解缙等：《永乐大典》卷五五四，第141页。
② 涂溍生：《周易经疑》卷一，《续修四库全书》第4册，第9页。
③ 永瑢等：《四库全书总目》卷四，第26页。
④ 曾贯：《易学变通》卷六，第64页。

坤上六亦言"龙战于野"，此是因"以坤敌乾"，而言"臣不可加于君"之意；乾卦称马，而坤卦卦辞亦言"利牝马之贞"，此是"以坤配乾，故言牝以别之"①。实则坤卦中并无龙与马之象，只是以意推而言之。又如，对于夬卦九二爻"惕号，莫夜有戎，勿恤"，曾氏论之曰：

> 此皆意中之象也。夫居夬之时，恃刚之过者，虽居下而有前趾之壮；溺柔或偏者，虽居尊而有苋陆之感。惟九二居柔得中，既不过于壮，亦不偏于私。或于莫夜不戒之时，设有兵戎之及，先事而能戒，临事而不扰，此所以无患也。岂非以意而得其象乎②？

按照曾氏的看法，夬卦九二爻刚而不过、居中不偏，能于兵戎之事预作防备，故虽莫夜有戎，亦无足忧恤。所谓"惕号""莫夜""戎"等象，只此便是，不必再采用繁复的象数学方法，向卦象内别去寻求。而一些烦琐取象的解说，则遭到曾氏的批评，如其曾评论前人对泰、否二卦初九爻辞的解说曰：

> 泰初九"拔茅茹以其汇，征吉"，否初六"拔茅茹以其汇，贞吉，亨"。胡氏以泰互震为茅，三阳为根，否互巽为茅，三阴为根，其说似矣。然以《说卦》推之，巽曷尝为茅哉？且胡氏自谓周公取象，不可求之《说卦》，而反复穿凿，必以《说卦》为归妹③，是何前后之相反邪？且周公系辞之时，震曷尝有蕃鲜之象？今欲以蕃鲜强合乎泰之有震，又引李鼎祚，以巽为草木，强合乎否之有巽。是何牵强谬戾，自与前说违耶？盖泰、否之"茅茹"，圣人特以刚柔各有相联之势，故取其邪正各有牵引之象，岂必求之艰深，而自为芜秽哉④？

此处曾氏所引胡氏，为元代学者胡一桂，其说见于《周易会通》所引，曰："《易》取茅象凡三：泰取阳爻，否、大过取阴爻。泰、否以全体取，亦以有互体震、巽也。荀爽谓震为蕃鲜，李鼎祚谓巽为草木。泰互震为茅，三阳为根，否互巽为茅，三阴为根，故拔茹而汇联。"⑤ 意谓泰卦三至五爻互震，震为蕃鲜，有茅之象，而下三阳为其根；否卦三至五爻互巽，巽为草木，

---

① 曾贯：《易学变通》卷六，第64页。

② 曾贯：《易学变通》卷五，第41页。

③ 按："妹"字疑衍。

④ 曾贯：《易学变通》卷二，第18页。

⑤ 董真卿：《周易会通》卷三，《中国易学文献集成》第65册，国家图书馆出版社，2013，第473页。

亦有茅象，而下三阴为其根。故爻辞皆云“以其汇”，言君子小人连类而进，如拔连根之茅。曾氏即针对此提出两点批评：一是《说卦传》无巽为茅之文；二是《说卦传》虽以震为蕃鲜，但爻辞为周公作，《说卦》为孔子作，不能混为一谈。胡一桂自己也主张“毋执夫子之象以求之文王、周公”①，此处可谓自乱其例。在曾氏看来，所谓“拔茅茹以其汇”，只是言泰、否二卦下卦有三阳三阴相连之势，不需更求之艰深。

但另一方面，曾贯在提倡“以意求象”的同时，也并非对全部象数学方法一概拒斥，互体、飞伏等说，在其解《易》过程中仍占有一定比例。如其解屯卦六三爻“即鹿无虞，惟入于林中”云：

> 谓之林者，以震木之繁，根坤土之厚，阻之以艮山，临之以坎水，此林薮之象，所以兼取鹿之象也②。

屯卦下卦为震，二至四互坤，有木根于土之象；三至五互艮，上卦为坎，有山水之象，合成山林之象。此即是以正互二体结合取象之例。其他如以巽卦二至五互睽、二至上互中孚，解说九二爻“用史巫纷若”，乃用六画卦互体之法；以兑伏艮解说升卦六四、随卦上六“亨于岐山”，乃用互体结合飞伏之法。故《四库全书总目》在称其纯用义理的同时，也指出其有“间取互体立说”的特点③。

总的来看，曾贯对待易象的总体观点是：卦爻辞“或取卦象，或取卦义，不一而取”④，故不能一概而论。其中大部分内容，以卦义推之较为简明，而求之象数则有“牵强破碎”之弊，不妨以意求象。但对于象数切合明确，无艰涩抵牾之嫌者，亦不排斥以互体、飞伏等论之。由此可见，在象数易学较为发达的元代，曾贯作为义理派学者，也受其影响，而在其著作中体现出一定的象数色彩。

四　对朱子易学的接受与发展

作为官方主流学术，朱子易学在元代既是科举取士的标准，又得到门人

① 胡一桂：《易本义附录纂注·图录第十三》，《儒藏精华编》第5册，北京大学出版社，2014，第455页。

② 曾贯：《易学变通》卷一，第8页。

③ 永瑢等：《四库全书总目》卷四，第26页。

④ 曾贯：《易学变通》卷二，第12页。

后学的提倡与阐扬，具有广泛而深远的影响力。曾贯生当其时，且由科场出身，故其易学亦时有受朱子影响之处。但其对朱子之说，并非不加分别地一概接受，而是多有补充、发明甚至辨正之处。

首先，在《易》书的性质方面，曾氏既在一定程度上接受了朱子的"《易》为卜筮之书"的观点，又认为占筮中亦有义理。如其论蒙卦曰：

> 或问：蒙之卦独发占例，何也？曰：蒙之求师，犹人之求占也。求占者贵于专一之诚，而不宜再三之渎，犹夫求师者必有本心之诚，而不贵于二三其心者也。此文王虽为占例发，实则为万世师道计也①。

蒙卦卦辞"匪我求童蒙，童蒙求我，初筮告，再三渎，渎则不告"，朱子以占辞解之，门人董铢谓"发此一例，即所谓稽实待虚"②，元代朱子后学胡一桂谓"载观文王为卜筮演《易》，所以于蒙、比二卦，发明六十四卦尚占之例，以示后世"③，总之都是从占筮的角度予以解说。曾氏此处谓"蒙之卦独发占例"，正是受朱子以占筮解《易》的影响。但与此同时，其又提出，卦辞中尚寓有求师贵诚之意，并非只讲占筮。从这一认识出发，曾氏即对朱子仅从占筮角度作出的一些解说提出异义。如其论"帝乙归妹"与"伐鬼方"云："先儒或以当时占得此爻，故圣人系辞因著之于爻。然'帝乙归妹'未应两见于占，且鬼方之伐，亦未应恰于反对之卦而两见焉。窃尝疑其必有微意。"④ 此处所谓"先儒"，即指朱子。在其看来，《易》中言"帝乙归妹"者二，泰卦六五以乾阳在下喻王姬下嫁之义，归妹六五则以阴虚喻王姬不尚华饰之礼；言"伐鬼方"者二，既济九三乃始伐时用明去暗，未济九四则伐之终远人来格。其中皆有微意，并非单纯的占辞。这就从义理的角度，对朱子之说作了补充。

其次，在易图学方面，曾氏对朱子所主张的河图洛书与先后天诸图等多予以接受，同时又在先天图配河图与后天卦位方面有所发展。对于先天图与河图的关系，曾氏提出"因象而有位"的观点，其说曰：

> 圣人之立卦画，因图之奇偶而生。圣人之定卦位，非以图之奇偶而定。盖画之立，因数而有画。若位之定，乃因象而有位，非以数之位而

① 曾贯：《易学变通》卷一，第9页。

② 黎靖德编《朱子语类》卷七十，《朱子全书》第16册，第2335页。

③ 董真卿：《周易会通》卷二，《中国易学文献集成》第65册，第375页。

④ 曾贯：《易学变通》卷二，第19页。

为卦之位也。夫天地有上下之象，则乾坤以定乎南北。日月有代明之象，故坎离以定乎东西。泽陷于东南，而山高于西北，此艮兑之所以定。雷动乎东北，风顺于西南，此震巽之所由定也。所谓析四方之正，补四隅之空者，乃画卦已成，于是借图之位，以布八卦之位，非有取义乎数也①。

“析四方之正，补四隅之空”二语，出自朱子《易学启蒙》，后世多从河图之数的角度进行解说，如元初胡方平即说：“析二、七之合，则七居南为乾，而二补东南隅之空以为兑；析三、八之合，则八居东为离，而三补东北隅之空以为震；析四、九之合，则九居西为坎，而四补西南隅之空以为巽；析一、六之合，则六居北为坤，而一补西北隅之空以为艮者。”② 但如此析补之后，卦与数之间却找不出联系，故曾氏即设问曰：“兑居东南而得乎二，巽居西南而得乎四，艮居西北而得乎一，震居东北而得乎三，何也?”③ 面对这一问题，曾氏的解决方法是，放弃以数配位的思路，仅以河图之数作为画卦的源头，而以八卦之象解说先天卦位，由此也确实避免了一些牵合附会之弊。对于后天卦位，曾氏则详细推阐了其排列的深意，在其看来，后天图当以位居南北的坎、离二卦为主：

夫后天卦位，视先天俱变矣。独、坎离对待，犹先天之配合者，此造化之微妙也。盖先天主体，后天主用，体固用之所由出，而用则不可以离夫体也。故流行之中，而有对待者存焉，此圣人之精意。盖乾、坤所以生万物而无穷者，政以坎、离为真水火也。此二五妙合，然后出乎震而说乎兑也④。

在先天图中，坎、离二卦分居东西，至于后天图则改居南北，虽然位置发生了变化，但两两相对的关系未变，也是后天图与先天图相比惟一未变的部分。此一方面表示后天之用不离先天之体，另一方面也表明坎、离代乾、坤而主事。其余六卦，震居东为生物之初，兑居西为成物之终，震一阳出于乾，兑一阴出于坤，即有“乾知大始”“坤作成物”之意。坤以阴土居西南，为生长之终而收藏之本；艮以阳土居东北，为收藏之终而生长之本。坎、艮、

① 曾贯：《易学变通》卷一，第3页。
② 胡方平：《易学启蒙通释》卷上，《儒藏精华编》第5册，第35页。
③ 曾贯：《易学变通》卷一，第3页。
④ 曾贯：《易学变通》卷六，第63页。

震三男之卦依次位于北方、东北、东方，而乾卦位于西北，不与其杂处；巽、离、兑三女之卦位于东南、南方、西方，而坤卦位于西南，杂于其中。此表示男主外事而可离于父，女主内事而不离于母。此种对后天卦位含义的推阐，也在一定程度上丰富了朱子之说。

再次，对于卦变问题，曾氏提出“卦变无一定之拘”的观点，并据此批评了朱子仅以相邻二爻互换之法为“局于一例”。曾氏认为，卦变法“有文王之卦变，有周公之象变，有夫子之卦变”[①]，文王卦变如泰、否“小往大来”“大往小来”之类，周公象变如乾、坤用九、用六之类，惟孔子卦变特为复杂。有取一爻自外来而变者，如讼卦言“刚来而得中”，指九二自需卦来。有取内外卦之二爻互易者，如损卦言“柔来而文刚，分刚上而文柔”，指泰卦九二与上六互易而成损卦。还有取一爻自下而上行者，如噬嗑卦谓“柔得中而上行”，专取柔自下进而得五位之中。由此可见，曾氏卦变说的实质是认为卦变当随卦义而取，其举例说：“如损、益二卦，虽于诸卦皆可变也，然惟于否、泰而来，乃是损、益之义。不然，损初九上而为四、为五，胡不谓之损？损上六下而为三、为二，胡不谓之益乎？”[②] 而朱子专主邻爻互换之法，有时与卦义不合，故曾氏即不能满意而“不得不备其说之未备”[③]。

最后，在卦爻辞的解说方面，曾氏对朱子之说多数表示赞同，并在其基础上进一步加以阐释，但也偶有批评者。拥护阐发朱子说者，如其论观卦卦辞“有孚颙若”曰：

> “有孚颙若”，乃下观而化之意。《本义》反以为后说，何也？曰：前说则以阳实为孚，主九五而言也。后说以虚中为孚，指四阴而言也。但前说主为观之义，于名卦为切。后说主观光为义，乃推广之意也[④]。

“有孚颙若”一语，朱子《易本义》共设二说，一谓在上者“孚信在中而颙然可仰”，一谓“在下之人信而仰之”[⑤]。曾氏即对此作出解释，谓前一说主九五爻而言，乃本卦得名之本意，后一说主下四阴而言，乃推广之意，可见其对朱子所作二说及先后次序都是认同的。但在解说小过六二爻“过其祖，遇其妣，不及其君，遇其臣”时，其即对朱子之说表示不能认同。朱子

① 曾贯：《易学变通》卷六，第63页。
② 曾贯：《易学变通》卷四，第39页。
③ 曾贯：《易学变通》卷六，第63页。
④ 曾贯：《易学变通》卷三，第26页。
⑤ 朱熹：《易本义·上经第一》，《朱子全书》第1册，第49页。

解此爻曰：“六二柔顺中正，进则过三、四而遇六五，是过阳而反遇阴也。如此则不及六五而自得其分，是不及君而适遇其臣也。”① 意谓“妣”与“君”皆指六五，“祖”则指九四。曾氏驳之曰：“《本义》以五为君，而复以为妣，可乎？且四虽阳爻，亦非尊位，岂可以为祖乎？”② 按其看法，六五当代表“祖”与“君”，“妣”乃指上六。由此即实现了对朱子之说的辨正。与拥护阐发者相比，此种辨正之例相对较少，但也足见曾氏对朱子并非一味盲从。

从上述四个方面，可以看出，朱子易学的大多数核心观点，如《易》本卜筮之书与易图、卦变等，在曾氏易学中均有不同程度的反映，朱子学说在元代易学界影响之大，由此可见一斑。但曾氏并非简单地沿袭朱子之说，而是以己意折衷于其间，积极地加以补充、发展与辨正。此种传承与革新并存的局面，在某种意义上，也反映了朱子易学在元代发展的总体特征。

作者单位：北京外国语大学

① 朱熹：《易本义·下经第二》，《朱子全书》第1册，第85页。

② 曾贯：《易学变通》卷六，第59页。

韩儒金正喜易学考辨蠡探*

赖贵三

摘　要： 朝鲜王朝（1392～1910）后期名儒金正喜（号秋史、阮堂，1786～1856），曾随嗣父金鲁敬（酉堂，1766～1837）出使清朝，因此机缘遂师事乾嘉名儒翁方纲（覃溪，1733～1818）与阮元（芸台，1764～1849），并笃志研习经学、诗学、金石、书法等，为中韩文化交流佳话。本文以金氏《阮堂集》中《周易虞义考》与《易筮辨》为核心，并就其传习翁、阮二师“汉宋兼采”之经学思想，不废一家，以兼容并蓄的态度作为治学根基。金氏承其师说，于《易》学尤尽心致力于“多闻”“阙疑”“慎言”治经三原则。而在翁、阮二师教示影响之下，造就金氏兼容汉宋——“博综马郑（汉经），勿畔程朱（宋理）”与“考古证今，山海崇深；核实在书，穷理在心；一源勿贰，要津可寻；贯澈万卷，只此规箴”的治学风格；并能以“考订”作为治经通经的方法与工具，把握考订之学衷于义理的要旨，正是金氏师承翁、阮二师的重要经学薪向。因此，金氏考辨《易》学之特色，除了能充分发挥考证详实、征引广博、谨慎踏实的考证工夫，也能彰显出“汉宋兼采”的学术态度；整体而言，金氏承绍继创翁、阮二儒之学风，融摄贯通之后，于金石书法学、经学考证，具有实事求是的存古汉学精神，以及实践躬行圣贤之道的宋学风华——“海东儒雅亦中华”，可谓善述善继翁、阮二师之学志。

关键词： 金正喜　翁方纲　阮元　汉宋兼采　《周易虞义考》　《易筮辨》

一　前言

考古证今，山海崇深。核实在书，穷理在心。

* 本文原发表于2015年1月“中韩《周易》国际学术研讨会”（台北：台湾师范大学国文学系），系台湾科技主管部门专题研究计划：“海东儒雅贲《易》华——朝鲜李朝性理、实学与古学三派《易》学研究”（NSC102－2410－H－003－052－，2013.8.1－2014.7.31）之部分研究成果。

一源勿贰，要津可寻。贯澈万卷，只此规箴。[①]

金正喜，诞生于朝鲜正祖十年（1786），逝世于哲宗七年（1856），是朝鲜王朝（1392～1910）后期著名的文臣、学者、书法家、金石学家。本家为庆州名族，出生于忠清道礼山，字符春，号秋史、阮堂、礼堂、诗庵、老果、农丈人……曾祖父为庆州月城尉金汉荩（1720～1758），[②] 祖父行都承旨金颐柱（1730～1797），生父安岳郡守金鲁永（1757～1797），继嗣叔父吏曹判书金鲁敬（酉堂，1766～1837），母为杞溪金堤郡守俞骏柱（1746～1793）之女。[③]

金正喜聪敏好学,有四方之志。启蒙受教于朝鲜学者朴齐家（楚亭、贞蕤，1750～1805），[④] 学习“清朝学”；及长（二十四岁），于朝鲜纯祖九年（嘉庆十四年，1809），名列生员第一。同年十月，随官任冬至兼谢恩副使而年四十四之嗣父金鲁敬“燕行”，[⑤] 以通晓《易》学、天文、地理、史学、经学、金石、音韵、佛学等，赢得清朝学界赞赏，因缘结识在京硕学鸿儒，并拜师翁方纲（覃溪，1733～1818，时年七十七）与阮元（芸台，1764～1849，时年四十六），[⑥] 故常以“覃揅斋”[⑦] “阮堂”与“老阮”自称，就是为了纪念与翁、阮二儒结为师生情缘。而翁方纲尝誉其为“海东英物”，又

---

① 翁方纲于嘉庆辛未（十六年，1811）十月，书赠金正喜治学箴言。

② 案：金汉荩为朝鲜英祖（1724～1776；李昑，1694～1776）庶长女和顺翁主（1720～1758）之夫君；和顺翁主甚得妇道，贞柔兼备，雅尚俭约，与夫婿感情甚笃，因为丈夫过世，而绝食自尽。无子女，养子金颐柱。事详《璇源系谱・纪略》“英祖，三十四年（戊寅，1758，乾隆二十三年）元月十七日”。金颐柱有子鲁永、鲁敬，鲁永有子正喜、命喜、相喜；鲁敬无子，正喜过继承嗣。

③ 详参崔锡起（1954～）编撰《韩国经学家事典》，汉城成均馆大学校大东文化研究院，1998，第73页，第405页。

④ 案：朴齐家，朝鲜汉城（今韩国首尔）人，18世纪朝鲜思想史上空前绝后、构筑独特思想体系的思想家，为朝鲜“诗文四大家”之一，先后四次为朝鲜使臣燕行北京，与清代诗人进行广泛的文学交流，在清代、朝鲜文学交流史上着有重要贡献。

⑤ 案：“燕行”，“燕”指燕京，为明清二朝之首都“北京”，即北京之行。清朝入主中国之后，朝鲜王朝延续着明朝传统，每年正式向北京派出三批使节团朝觐“宗主国”，故称为“燕行”。学者将历来朝鲜出使中国的官员或随行儒士的相关记录数据，汇整统编为《燕行录》，为中韩研究重要文献。

⑥ 案：嘉庆十五年（1810）正月，25岁的金正喜到衍圣公邸拜访47岁的阮元，阮元在“泰华双碑馆”热情接待。阮元官至体仁阁大学士、太子太保，精通经学与金石学。阮元提供金正喜欣赏珍贵的《泰山刻石残蒙》等拓本，以及唐贞观造像铜碑等金石文字，阮元又赠送《皇清经解》与所编著《十三经注疏校勘记》《经籍纂诂》《揅经室集》等书，金正喜大开眼界，从此奠定深造经学与金石学的丰厚学养。

⑦ “覃揅斋”即是指覃溪翁方纲、揅经室阮元，皆为金正喜青年相会后，一生所师事二大硕儒。

说“经术文章，海东第一”，订为忘年交，尺牍诗文往来、典籍赠礼酬答，频繁不断。①

朝鲜纯祖十九年（嘉庆二十四年，1819），文科及第之后，金正喜先后任官承政院注书、侍讲院说书、艺文馆检阅、奎章阁待教等。于纯祖二十六年（道光六年，1826），出任忠清右道暗行御史；翌年（1827），出任弘文馆副校理、议政府检详、礼曹参议。纯祖二十九年（道光九年，1829），出任奎章阁检校兼侍讲院辅德；翌年（1830），出任同副承旨。朝鲜宪宗二年（道光十六年，1836），出任成均馆大司成、兵曹参判；宪宗五年（道光十九年，1839），出任刑曹参判。翌年（1840），虽然被任命为冬至副使，因受“尹尚度事件”的连累，被关押到济州岛围篱安置；直到宪宗十四年（道光二十八年，1848）才被释放。出狱后，住进好友权敦仁（彝斋，1783～1859）“玉笛山房”别墅书斋，埋头研究学问。此后，一直到去世，他仅往返于果川权氏别墅“瓜地草堂”与汉江之南“奉恩寺”之间，以书画并指导后学度过余生。

---

① 详参赵太顺《翁方纲研究》（台北中国文化大学艺术研究所硕士论文，1998），第59～60页。以下检阅抄录王章涛《阮元年谱》（黄山书社，2003）中，二处有关翁方纲、阮元与金正喜师生之间交游数据，以备参考：（1）1809年，己巳，嘉庆十四年，阮元四十六岁（第509～510页）：“十月二十八日，朝鲜青年学者金正喜随父亲（朝鲜冬至兼谢恩使副使）金鲁敬来北京，与翁方纲、阮元等结交问学。”“父金鲁敬，冬至兼谢恩使副使燕（北京）行十月二十八日，秋史随行。于燕京与曹江、徐松、翁方纲、翁树培、翁树昆结交面学。”“《七经》与《孟子》，《考文》析缕细。昔见阮夫子，啧啧叹精诣。随月楼中本，翻雕行之世。（余入中国，谒阮芸台先生，盛称《七经孟子考文》以扬州随月读书楼本板刻通行。）”（2）1810年，庚午，嘉庆十五年，阮元四十七岁（第516～517页）：“二月初一日，阮元出席为朝鲜青年学者金正喜饯行宴会。会后，金正喜为与诸公未曾以诗订契深惜之，旋歌之抒怀。二月初一日，秋史饯别筵。参席者：阮元、李鼎元、洪占铨、谭光祥、刘华东、翁树昆、金勇、李林松、朱鹤年。《饯别册》：李林松《饯诗》，朱鹤年《饯别筵图》，刘华东题签《赠秋史东归诗》。”详参《金正喜年谱》二十五岁，纯祖十年（嘉庆十五年）谱。“我生九夷真可鄙，多愧结交中原士。楼前红日梦里明，苏斋门下瓣香呈。后五百年唯是日，阅千万人见先生。（用联语）芸台宛是画中睹（余曾藏芸台小照），经籍之海金石府。土华不蚀贞观铜，腰间小碑千年古。（芸台佩铜铸贞观碑）化度始自蠹斋（心菀号），攀覃缘阮并作梯。君是碧海掣鲸手，我有灵心通点犀。野云墨妙天下闻，句竹图曾海外见。况复古人如明月，却从先生指端现。（野云善摹古人真像多赠我）翁家兄弟联双璧，一生难遣爱钱癖。（蓄古钱屡巨万）灵芝有本醴有源，尔雅迭宕高一格。最怜刘伶作酒颂（三山），徐邈聊复时一中（梦竹）。名家子弟曹玉水，秋水为神玉为髓。覃门高足剧清真，落笔长歌句有神（介亭）。却忆当初相逢日，但知有逢不有别。我今旋踵即万里，地角天涯在一室。生憎化儿弄狡狯，人每喜圆辄示缺。烟云过眼雪留爪，中有一段不磨灭。龙脑须引孔雀尾，琵琶相应蕤宾铁。黯然销魂别而已，鸭绿江水杯中渴。”王章涛注曰：“金正喜《我入京与诸公相交，未曾以诗订契，临归，不禁怅触，漫笔口号》，《阮堂先生全集》卷九。”按：此诗纸本墨书，收录于济州岛西归浦市所编印之《海国书墨》，第96页。

金正喜回归朝鲜后的三十年内，仍与清朝学界保持联系。在他的门生中，最杰出的是李尚迪（藕船，1804～1865），李氏博学多才，文望日隆，随贡使入燕达十二次，所交往的对象也都是巨卿通儒。[①] 金正喜于道光二十年（1840，五十五岁）时，因连坐被谪放到济州岛；李氏在其师济州谪居的时候，常常寄书慰其寂寥。金正喜感其情谊，于五十九岁时，自画《岁寒图》贻赠，成为其现存画作中最高的杰作。李氏在同年随冬至使入燕，并随身带着此图。来年，在故友所办之宴会上向众宾客出示，并请在座的客人题赞。在这些文辞中，不但对金正喜遭遇寄与同情，也钦佩他的高风亮节，更对师生情谊多所称道，为清代、朝鲜儒士的海外墨缘再添一桩佳话。[②]

金正喜不仅熟谙经学，还贯通史学、以佛教为首的诸子百家，以及天文、地理、音律、数学，能诗善画，对金石考证与书画古董也有很强的鉴赏力。他在三十一岁时所撰写《实事求是说》[③] 一文中，不仅传承翁、阮二师的学说，也阐明了自己的经学观；而《礼堂金石过眼录》，[④] 作为金石考证的基础学问，也透显出他从事史学的姿态。尤其，经他考证否定了《无学碑》为《北汉山峰碑》的说法，证实其为《真兴王巡狩碑》，[⑤] 这在朝鲜金石考证学史上有着非常重要的意义。此外，他还涉猎佛教书籍，研究禅理，并著有不算少的佛教著述；尤其，曾与当时代表佛教界的高敞禅云寺白坡堂亘璇大律师（1767～1852）讨论教义，并与在三十岁时结交的同龄生平知己“草衣禅师”，互动交流最为亲密。每次草衣禅师访汉城时，必然在“清凉寺”盘桓数日，金正喜即迎接到“黔湖别墅”中款待，然后共同探讨诗文与茶书，彼此享受其中的游艺欢乐时光。

金正喜在由清朝考证学发展而来的碑学理论基础上，发挥自己与生俱来

---

① 详参温兆海《朝鲜诗人李尚迪与晚清文人交流研究》，中国社会科学出版社，2013。孙卫国：《清道咸时期中朝学人之交谊——以张曜孙与李尚迪之交往为中心》，《南开学报》（哲学社会科学版），2014 年第 5 期，9 月 20 日出版，第 95～113 页。而王章涛《阮元年谱》，页 34，述其师生之情，曰：“（阮元）名弟子有金正喜，正喜名弟子有李尚迪，三代学人，不但与阮元为文字交，而且是阮元学术思想在朝鲜的宣传者，继承发扬者。”

② 详参王章涛《阮元年谱》，第 1003～1004 页，道光二十五年（1845），阮元八十二岁：“正月二十五日，张穆为朝鲜贡使李尚迪题其师金正喜所绘《岁寒图》，讴歌正喜仰慕阮元及相互之间进行文化学术交流的情况。”

③ 详参金正喜《阮堂先生全集》（汉城新诚文化社，1972），卷一，《实事求是说》。并可互参彭林：《金正喜实事求是的实学思想》，收入葛荣晋主编：《韩国实学思想史》（首都师范大学出版社，2002），第十八章。

④ 金正喜：《礼堂金石过眼录》，辽宁省图书馆，典藏日本明治四十三年（1910），岛叶岩吉抄本一卷。

⑤ 详参金正喜《真兴二碑考》，收录于《阮堂先生全集》，卷六。

的艺术才智，独创了自成一派的“秋史体”。他的画重视写意且饱含诗意，使得朝鲜末期南宗文人画盛行一时。他独具个性的书画风格在朝鲜末期，通过与他结识并追随的权敦仁（彝斋，1783~1859）、赵熙龙（又峰，1789~1866）、李尚迪（藕船，1804~1865）、许维（小痴，1809~1892）、申櫶（威堂，1811~1885）、李昰应（石坡，1820~1898）、金由根、田琦等人，以及他的胞弟金命喜（山泉，1788~1857）、金相喜（琴麋，1794~1861），得以广泛传播，以致在艺术领域中占领了很重要的位置。他的笔迹流传甚广，其中汉城“奉恩寺”大雄殿与经阁“板殿”匾额题字，因秋史晚年所留而著名，他的代表绘画有《岁寒图》《不作兰图》等，著作集有《阮堂先生全集》共10册。[①]

学界有关金正喜与清朝学者的交流情况研究，专书以日本藤冢邻（1879~1948）《清朝文化东传的研究——嘉庆、道光的学界与李朝的金阮堂》、[②] 夫马进《朝鲜燕行使和朝鲜通信使——使节视野中的中国·日本》[③] 与扬州王章涛《阮元年谱》三书最为代表。论文则有全海宗《清代学术与阮堂金正喜》、[④] 苏意雯《从一封函札看中韩儒家明算者的交流》、[⑤] 黄沛荣《韩国汉文〈易〉著的文献价值》、[⑥] 赵太顺《书法家跨越时空之相遇——略论苏轼对翁方纲及金正喜之影响》、[⑦] 文炳赟《汉宋兼采的〈易〉学方法——金正喜〈易〉学初探》与《金正喜考证学思想渊源简述》、[⑧] 叶国良《韩儒

① 按：《阮堂先生全集》（《阮堂集》），收录经学论著有以下八种：《易筮辨·上下》《周易虞义考》《其子考》《革卦说》《尚书·今古文辨·上下》《礼堂说》《壹献礼说》《读丧服征》。

② 详参著藤塚鄰《清朝文化東傳の研究——嘉慶、道光學壇と李朝の金阮堂》（《清朝文化东传的研究——嘉慶、道光的学界与李朝的金阮堂》），東京國書刊行會，1975。按：此书原系藤冢氏于1935年（昭和10年），在东京大学通过之博士学位论文。

③ 详参〔日〕夫马进著《朝鲜燕行使和朝鲜通信使——使节视野中的中国·日本》，伍跃译，上海古籍出版社，2010。

④ 详参全海宗《清代学术与阮堂金正喜》，收入氏著《中韩关系史论集》（全善姬译，中国社会科学出版社，1997），第385~442页。

⑤ 详参苏意雯《从一封函札看中韩儒家明算者的交流》，台湾师范大学数学研究所“韩国数学文本讨论班”，刊载于《HPM通讯》第四卷第八、九期合刊，2001年，第1~6页。本文主要聚焦于晚清八大算学家之一徐有壬（君青、钧卿，1800~1860）以及金正喜的一封函札。

⑥ 详参黄沛荣《韩国汉文〈易〉著的文献价值》，收入《屈万里先生百岁诞辰国际学术研讨会论文集》，2006年12月，第339~360页。

⑦ 详参赵太顺《书法家跨越时空之相遇——略论苏轼对翁方纲及金正喜之影响》，《屏东教育大学学报·人文社会类》第二十七期，2007年6月，第67~100页。

⑧ 详参文炳赟《汉宋兼采的〈易〉学方法——金正喜〈易〉学初探》，《文化中国》2010年第2期（总第65期），第88~94页；《金正喜考证学思想渊源简述》，《理论界》2010年第8期，第130~131页。

金正喜的中韩学术因缘》①、赖贵三《阮元与韩儒金正喜师生情缘与学术交流探论》与《考古证今，山海崇深——韩儒金正喜与翁方纲、阮元的书法与经学交流》② 等。此外，网络资源有扬州市公道阮元文化研究会编撰《中韩友好历史故事——阮元与金正喜》。③ 至于其他研究参考文献，④ 就不在此赘述了。

金正喜《易》学论著，均收载于《阮堂先生全集》卷一，计有以下四种：《易筮辨·上下》⑤《其子考》《周易虞义考》⑥《革卦说》，多为散论性质。以下便依据金氏论述各篇主题内容的时代先后为次，分别窥探蠡测，并分析诠论其“汉宋兼采”的《易》学方法理路与蕲向归趣。

二　金正喜《易》学探析（一）

——《易筮辨·上下》

夫以圣人作《易》，而廑以供人之筮，吾疑焉。及观《春秋传》诸筮法，又与圣人作《易》，迥乎不同，吾益疑焉。《周礼·春官·筮人》掌三《易》，以辨九筮之名。春秋时，筮者不知九筮，别为筮法，谬悠

① 详参叶国良《韩儒金正喜的中韩学术因缘》，“中央研究院”“2012 年第四届国际汉学会议”，中国文哲研究所：《东亚视域中的儒学》，2012 年 6 月 20～22 日，后收入《东亚视域中的儒学——传统的诠释：第四届国际汉学会议论文集》（“中央研究院”，2013 年 10 月），第 379～407 页。本文旨在讨论嘉道新兴学术中的今文学与经世致用之学，论述金正喜的学说如何透过与华夏学者（如翁方纲、阮元）结交、通信、图书购赠等方式，促成中韩学术交流。文中并指出，清初时期的韩国经学仍主宋明理学（高丽时期传入），但金氏因持有《皇清经解》，故对清人学术颇能掌握；此外，其对丁若镛之诋毁五经之言亦多持保留态度。

② 详参赖贵三《阮元与韩儒金正喜师生情缘与学术交流探论》，《经学研究集刊》，第 13 期，2013，第 25～52 页；赖贵三：《考古证今，山海崇深——韩儒金正喜与翁方纲、阮元的书法与经学交流》，《古典文学知识》，2014 年第 4 期（总第 175 期），2014，第 74～82 页。

③ 详参“江苏群众路线网·扬州市邗江区公道镇人民政府·中国公道”：《中韩友好历史故事——阮元与金正喜》，2013. 1. 21 – 3. 4，连载 1 – 40：www. yzgongdao. com/bencandy. php? fid = 87&id = 14932。

④ 如金正喜《阮堂先生全集》，汉城新诚文化社，1972。崔完秀：《金正喜集》，汉城玄岩社，1976。俞弘浚：《阮堂评传》，汉城学古斋出版，1991。

⑤ 《易筮辨·上下》，收入韩国成均馆大学校大东文化研究院：《韩国经学数据集成》，第七、八辑《易经》，1996 年复印原典出版，总 37 大册之 27 册，第 624～625 页。原刊载于金正喜从玄孙金翊焕编，后学洪命憙校：《阮堂先生全集》（汉城：民主文化推进会，1934 年，活字本），卷一《辨》，页二十至二十一，卷一下题款为：“月城金正喜元春着”。

⑥ 《周易虞义考》，收入韩国成均馆大学校大东文化研究院：《韩国经学数据集成》，第 621～624 页。原刊载于《阮堂先生全集》，卷一《考》，页一至二。

虚妄，私造繇辞，以为占法。陈敬仲生，则谓其昌于异国；秦伯之战，则以为必获晋君；楚子救郑，知南国蹙射其元王，中厥目；穆子之生，即知谗人之名牛。是岂三《易》九筮之所辨者乎？惟子服惠伯谓忠信之事则可，又云："《易》不可占险。"此古占法，犹存一线，异乎诸术士之谈。而当时傅会牵合，汩没圣经，孔子所以韦编三绝，以明《易》之非徒卜筮之书，而寡过之书也。《春秋》占法，大谬乎圣人。彼辛廖、卜楚邱、卜徒父、史苏之徒，与后世京房，管辂《火珠林》飞伏、纳甲之法相同，岂圣人作《易》之教者乎？（《易筮辨·上》）①

凡为周公作爻辞之说者，必有实证可凭之经籍，而后可耳。若但凭后世诸儒以意揣测之言，而反灭去《汉·志》质言，则必其所闻见，在洙泗以前，而后可耳。自唐孔氏，已言纷竞不决；而宋以后，诸家相沿传说。塾师习诵，以为固然，非一日矣，愚何敢断定乎？惟是说经主征信，而所最戒其流弊者，尤在以意推衍，传为定说也。愚并非敢于轻驳诸家之说，但愚见苟非实据，则宁阙而勿质言之。凡说经者，偶因一事一义，辄自立义推测；经师承相，遂致沿为一定辞，此则其迹似无害，而实有害于经义之大者。故于周公作爻辞之说，即使误信之，亦初不碍于理；而愚于后儒推说之蔽，则鉴戒深矣。故不得不详言于此，以兢兢致慎焉。（《易筮辨·下》）

《易筮辨·上下》以考辨筮法，复归圣人作《易》之教，属于《易》学之应用范畴。阅此二篇文字，皆以"吾""愚"自称，则出自金正喜手笔无疑。《易筮辨·上》谓："孔子所以韦编三绝，以明《易》之非徒卜筮之书，而寡过之书也。"盖有取于翁方纲《答赵寅永》书信中论《易》之意；至于"《春秋》占法，大谬乎圣人。彼辛廖、卜楚邱、卜徒父、史苏之徒，与后世京房，管辂《火珠林》飞伏、纳甲之法相同，岂圣人作《易》之教者乎？"此义亦可见于《阮堂先生全集》卷三《与权彝斋敦仁第一书》，其中论《易》处甚多，于汉《易》则推荀爽（慈明，128～190）与虞翻（仲翔，164～223）；于宋、明《易》学，则推重程颐（正叔，伊川，1033～1107）、项安世（平甫，平庵，1129～1208），而排黜朱震（子发，汉上，1072～1138）《汉上易传》、来知德（矣鲜，瞿塘，1526～1604）《周易集注》。②

① 以下各篇标点符号，原文所无，皆为笔者所加。

② 案：《与权彝斋敦仁第一书》之说，盖亦取资于清儒凌廷堪（次仲，1755～1809）《汉十四经师颂并序》。金正喜与权敦仁书，达三十余封，讨论《易》学内容颇多，可证知金氏教人读《易》，须兼重汉、宋诸家之学。

《易筮辨·下》则谓周公作爻辞之说，因难以征信，后儒不应推衍，体现其“实事求是”的治学精神。

金正喜反对将《周易》看作神秘之书，或是简单视为占卜之书，《易筮辨·上下》即针对《周易》四道之一的卜筮进行辨证批判。他认为卜筮之所以成为四道之一，乃是为民而设；极力反对东汉以后流于荒诞的占卜术，推阐君子之《易》不必卜筮，亦可符契于《易》道，非常强调《易》的人伦教化作用。他也肯定汉儒最大贡献在于变卦、互体、旁通、消息的《易》例，符合《易》道“变动”的本质。于清代汉学深厚的思想基础，针对宋明理学展开发难批判，阐扬《周易》广大精微，融贯“天人合一”的道理，充分赋予《周易》以天道、地道与人道和合的意义，借以体现修己治人平天下之鸿图大道。

三　金正喜《易》学探析（二）

——《其子考》

蜀才从古文作“其子”，“其”古音“亥”，故读为“亥”，亦作“箕”。刘向曰：“今《易》‘箕子’作‘荄兹’。”《淮南子》曰：“爨萁燧火。”高诱注云：“萁，音该备之该。”该、荄同物，故《三统历》曰：“该阂于亥，孳萌于子。”是也。五本《坤》也，《坤》终于亥，《乾》出于子。“用晦而明”，明不可息，故曰：“其子之明夷。”俗儒不识传《易》之大义，以《彖传》有箕子之文，遂以箕子当五；五为天位，箕子臣也，而当君位，乖于《易》例，逆孰大焉？谬说流传，兆于西汉；西汉博士施雠读“其”为“箕”，时有孟喜之高弟赵宾述孟氏之学，斥言其谬，以为“箕子明夷”，阴阳气无“箕子”，“其子”者万物方荄兹也。宾据古义，以难诸儒，诸儒皆屈。于是施雠，梁丘贺咸共嫉之；雠、贺与喜同事田王孙，而贺先贵。又传子临从雠问，荐雠为博士；喜未贵而学独高，施、梁丘皆不及。喜所传卦气及《易》家候阴阳灾异，皆传自王孙，以授梁人焦延寿者。而梁丘恶之，谓无此事，引雠为证；且以此语闻于上，于是宣帝以喜为改师说，不用为博士，中梁丘之谮也。雠、贺嫉喜，而并及宾；班固不通《易》，其作喜传，亦用雠、贺之单词，皆非实录。刘向《别录》，犹循孟学，故荀爽独知其非，复宾古义，读“其子”为“荄兹”。魏晋以后，经师道丧，王肃诋郑，而禘郊之义乖；

袁准毁蔡服，而明堂之制亡。又如晋邹湛讥荀“其子”之义，而《易》学又晦；纷纷之中，不可以究诘也。《明夷》之“箕子明夷”，《中孚》之“其子和之”，《鼎》之“其子无咎”，同是一义，尤可证“箕子”之为“其子”也。

叶国良教授于《韩儒金正喜的中韩学术因缘》一文，考述及于金正喜《易》学，谓本篇以“蜀才”云云起首，经检索核查《皇清经解》，乃“承袭”自清儒吴派汉学大家惠栋（定宇，1697～1758）《周易述》中《明夷·六五》注下“其读至讹耳”疏，而略有增删；“《明夷》之箕子明夷”以下一小段，则为金氏所加，其结论谓：“《明夷》之‘箕子明夷’，《中孚》之‘其子和之’，《鼎》之‘其子无咎’，同是一义，尤可证‘箕子’之为‘其子’也。”金氏虽同意赵宾解“箕子”当读为“荄兹”之说，但观其引据《中孚·九二》《鼎·初六》二卦爻辞以相比附，谓之“同是一义”，则是金氏训“其”为“彼”，其实并不以赵宾、荀爽、惠栋诸家训释“箕子”当读为“荄兹”之说，为确然正解；斟酌损益之处，犹可观照知悉。①

四　金正喜《易》学探析（三）

——《周易虞义考》

《易》之《彖》象及《大象》，惟取义于本卦“健顺、动巽、险明、止说”之德，“天地、雷风、水火、山泽”之象，无不各如其本卦，义至明也。虞以卦之“旁通”释之，虽极意弥缝，于经未必尽通；如《履·彖》曰：“《履》，柔履刚也。”虞曰：“《坤》柔《乾》刚，《谦》《坤》藉《乾》，故柔履刚。”又“履帝位而不疚”，虞曰：“《谦》《震》为帝，《坎》为疾病。五履帝位，《坎》象不见，故履帝位而不疚。”此谓《履》与《谦》通，《谦》上体有《坤》，互体有《震》《坎》也。

① 详参叶国良《韩儒金正喜的中韩学术因缘》，第 387～388 页。而乾嘉通儒焦循（里堂，1763～1820）于《雕菰楼易学三书·易通释》卷十三末条“箕子之明夷，其子和之，得妾以其子”，循按：“箕子之明夷”，《释文》云：“蜀才本作‘其’。”《说文》：“其，丌也。籀文‘箕’。”然则，“其”为“箕”之籀文，“其子”即“箕子”，“箕子”即“其子”也。……”《周易补疏》亦有近同此说者，可以比观互参；则金正喜所取资于里堂《易》学者，盖亦得自阮元之所贻赠诸书。

然经云："说而应乎《乾》。"谓下《兑》上《乾》也。若取义于下《艮》上《坤》之《谦》，则是止而应乎《坤》矣，岂"说而应乎《乾》"之谓乎？《豫·彖》曰："《豫》，顺以动，故天地如之。"虞曰："《小畜》，《乾》为天，《坤》为地。'如之'者，谓天地动而成四时。"又"天地以顺动，故日月不过而四时不忒"，虞曰："《豫》变通《小畜》，《坤》为地，动初至三成《乾》，故'天地以顺动'。变初至五。《离》为日，《坎》为月，皆得其正，故'日月不过'。动初时，《震》为春；至四，《兑》为秋；至五，《离》为夏；《坎》为冬，四时位正，故'四时不忒'。"又"圣人以顺动，则刑罚清而民服"，虞曰："动初至四，《兑》为刑，《坎》为罚，《坎》《兑》体正，故'刑罚清'。《坤》为民，《乾》为清，以《乾》乘《坤》，故'民服'。"此谓《豫》与《小畜》通，《小畜》下体有《乾》；互体有《离》《兑》也。然经云："顺而动，《豫》。"谓下《坤》上《震》也，若取义于下《乾》上《巽》之《小畜》，则是"健而巽"矣，岂"顺而动"乎？《离·彖》曰："日月丽乎天，百谷草木丽乎土。"虞曰："《乾》五之《坤》，成《坎》为月，《离》为日，'日月丽天'也。《震》为百谷，《巽》为草木；《乾》二五之《坤》，成《坎》《震》体《屯》，'《屯》者，盈也''盈天地间者唯万物''万物出《震》'，故'百谷草木丽乎土'。"此谓《离》与《坎》通，《坎》二至四，互成《震》也；然经云："重明以丽乎正。"又云："柔丽乎中正。"上下皆《离》也，若取义于上下皆《坎》之《习坎》，则是重险而刚中矣，岂谓明与柔之谓乎？《革·彖》曰："天地革而四时成。"虞曰："谓五位成《乾》为天，《蒙》《坤》为地。《震》春《兑》秋，四之正；《坎》冬《离》夏，则四时具。《坤》革而成《乾》，故'天地革而四时成'也。"此谓《革》与《蒙》通，《蒙》《坤》为地，二至四，互成《震》也。然经云："文明以说。"谓下《离》上《兑》也，若取义于下《坎》上《艮》之《蒙》，则是"险而止"矣，岂"文明以说"之谓乎？《坤·象》曰："地势坤，君子以厚德载物。"虞曰："君子谓《乾》，阳为德，动在《坤》下。君子之德车，故'厚德载物'。"此谓《坤》与《乾》通也，然经云"地势"，不云"天行"，何得以《乾》释之乎？《小畜·象》曰："风行天上，《小畜》；君子以懿文德。"虞曰："《豫》《坤》为《乾》《离》照《坤》，为'懿文德'。"此为《小畜》与《豫》通也，然经云"风行天上"，不云"雷出地奋"，何得以《豫》释之乎？《履·象》曰："上天下泽，

> 《履》；君子以辨上下，[①] 定民志。”虞曰：“《谦》《坤》为民，《坎》为志，《谦》二至四成《坎》；《谦》时，《坤》在《乾》上，变而《履》，故‘辨上下，定民志’。”此谓《履》与《谦》通也，然经云“上天下泽”，不云“地中有山”，何得以《谦》释之乎？

《周易虞义考》涉及汉末三国东吴《易》学大家虞翻“旁通说”，属于《易》学史层次。清代《易》学名家张惠言（皋文，1761～1802）为研究虞翻《易》学专门，著有《周易虞氏易》《周易虞氏消息》等书，均收入《皇清经解》；阮元曾以此书贻赠金正喜，故金氏对于清代《易》学当有一定程度的阅读与了解。《周易虞义考》主要在辨章考镜虞翻《易》说，透过列举七条例证，揭示其中颇有违反经传本义者，以汉学考据之学的本质，批判议论，确有卓见慧识，值得正视肯定。

五　金正喜《易》学探析（四）

——《革卦说》

> 君子谓善人。良善则已从革而变，其著见，若豹之彬蔚也。小人昏愚难迁者，虽未能心化，亦革其面，以从上之教令也。龙虎，大人之象，故大人云“虎”，君子云“豹”也。人性本善，皆可以变化；然有下愚，虽圣人不能移者。以尧舜为君，以圣继圣，百有余年，天下被化，可谓深且久矣。而有苗有象，其来格烝乂，盖亦革面而已。小人既革其外，《革》道可以为成也。苟更从而深治之，则为已甚；已甚，非道也。故至《革》之终，而又证则凶也，当贞固以自守。《革》之于极，而不守以贞，则所革随复变矣。天下之事，始则患乎难革；已革，则患乎不能守也。故《革》之终，戒以居贞则吉也；居贞，非为六戒乎？曰：“为《革》终言也，莫不在其中矣。”人性本善，有不可革者可也，曰：“语其性，则皆善也；语其才，则有下愚之不移。”所谓下愚有二焉，自暴也，自弃也。人苟以善自治，则尤不可移者；虽昏愚之至，皆可渐磨而进也。唯自暴者，拒之以不信；自弃者，绝之以不为，虽圣人与居，不能化而入也，仲尼之所谓“下愚”也。然天下自弃自暴者，非必皆昏愚

① 按：“君子以辨上下”之“辨”，原文皆误作“辧”，故正之。

> 也，往往强戾而才力有过人者，商辛是也。圣人以其自绝于善，谓之“下愚”；然考其归，则诚愚也。既曰“下愚”，其能革面何也？曰：“心虽绝于善道，其畏威而寡罪，则与人同也。”惟其有与人同，所以知其非性之罪也。

《革卦说》主要讨论性与善的问题，谓人性本善，皆可以变，虽下愚未能心化，仍能革面；惟自暴自弃者不能耳。本文中关于上智、下愚与自暴自弃之说，颇承袭采用自皖派首领戴震（东原，1724～1777）《原善下》与《孟子字义疏证》，故文炳赞谓之：“有学习戴震《读〈易·系辞〉论性》的痕迹。”[①] 金正喜的性善论，汲取于戴震诸说，并进一步推衍《革》卦《易》理，阐发儒家性理之义。此文也成为了“扫除韩国李朝前期走向没落的旧性理学的武器，具有思想史上的深刻意义”。[②]

金正喜秉持实事求是的学风，博采众师之说，兼收并蓄，以汉学考证为根基，不拘汉宋之辨，发明经学体用思想，取得了丰实的心得与成就。金氏始终认为《易》不是玄虚之道，而是可以治世、修身的宝典；无论才性优劣，都可以透过学《易》而变化气质，陶冶身心；因此，金氏以汉儒经世致用的学术方法，兼采宋儒心性之学，圆融的将《易》道运用转化到宇宙人生之理路，可谓是金氏《易》学的特色所在，后出转精，别开生面，令人耳目一新。

乾嘉汉学炽盛之际，当时学者多专务经籍之文字训诂，而不重其义理思想，以与宋学作区别。在这样“家家许郑，人人贾马”[③] 的学术氛围下，翁方纲与阮元却能不囿门户之见，认为治学要兼采汉宋之长。翁方纲《致金正喜札》曰：

> 愚今年衰齿八十有四，眼昏不能多看，而嗜学之心，计倍于往昔。每日卯刻起来，即取旧草稿轮流覆看，竟往往有自己脱误字句处，又或引绎未详审处，即于架上抽查。今又无人代查，每一条费几许功夫，每日清晨必有改增改删之一二处。此则焉能遽借出与友共商乎？家中无识字相助之人，亦思欲就其略可自信者，先就近觅一人写出，而其事尚未

① 详参文炳赞《阮堂礼学思想的来源——〈礼堂说〉与凌廷堪〈复礼下〉》，《商业文化·学术版》，2008年第12期，第190页。

② 详参文炳赞《汉宋兼采的〈易〉学方法——金正喜〈易〉学初探》，第88～89页。

③ 参见梁启超《清代学术概论》，台北商务印书馆，1985，第82页。按：许谓许慎，郑谓郑玄，贾谓贾逵，马谓马融，皆东汉著名经师。

易就绪。去冬以来，就所记忆诸经诸史（如《损》卦，朱注“两贝四朋”，俗刊作“两龟四朋”。“筑城伊淢”，朱注“成沟也”，俗刊“城沟也”之类甚多。）以及诗文集，以及金石文字宜记出者，撮记为《苏斋笔记》十六卷，此内无一闲谈猥杂之俚语，若果写有底本，当以副稿奉鉴也。①

翁方纲即使高龄八十四，眼昏不能多看他书，仍每日修订以往所作的草稿旧章，足见其嗜学多闻、谨慎踏实的治学态度。翁方纲八十四岁时左足跌患，不能伸动。嘉庆二十三年（1818）正月二十七日丑时，翁氏辞世，门生叶志诜（东卿，1779～?）《致金正喜札》云：

飞白者：我师覃溪老夫子，于本月二十六日夜半逝矣。痛哉！痛哉！师于本月十五六日，偶患痰喘，旋已就愈。十八九日，写完《金刚经》全部。二十三日，颇健饭。二十五日，精神仍如常。二十六日午后，忽思睡，卧睡至夜半，呼家人起坐，坐小刻，忽闻喉中庶瘗声。家人呼叫，已瞑目逝矣。痛哉！痛哉！茕茕弱孙，举目无亲，诜与一二子弟，亲视含殓，附身拊棺，可称无憾。现在酌筹葬地，抚育孤儿，颇不易易，然不敢弛此重负也。②

此书札中明白写出翁方纲辞世前几日之景况，或许即所谓“回光返照”。翁氏晚年颇窘，卒后仅遗一子，后事尚赖门生及友人相助。翁方纲倾心金石，至八十余岁仍是如此，沈津《翁方纲年谱》中有此记载：

阮元寄宋刻本《金石录》至京师，呈翁方纲鉴赏。翁方纲撰《重镌金石录十卷印歌》奉赠阮元，阮元有跋述及此事：“嘉庆廿二年，余以此书寄至京师，呈翁覃溪先生鉴赏。先生甚喜之，留之案头，玩之累月，作跋数百字，手书册后，复撰《重镌金石录十卷印歌》见赠，此冬月十二月事也。时先生年八十五矣，其精神如此，俄于次年正月廿六日以疾终。读叶东卿跋，知人日同人尚集苏斋，共观此书，同人论之，以为此则先生之绝笔也。人实不朽，书亦增重，哀哉！”③

---

① 详参沈津《翁方纲题跋手札集录》，广西师范大学出版社，2002，第543页。

② 详参沈津《翁方纲年谱》，第490页。

③ 详参沈津《翁方纲年谱》，第486页。

此外，翁方纲著有《考订论》上、中、下九篇，文中详述其治经之法与目的。考订的目的，“衷于义理”。[①] 治经之法，源自于孔子“多闻阙疑，慎言其余，则寡尤”，[②] 强调治经之道为“多闻、阙疑、慎言”三者；[③] 翁氏强调此三者不仅为治经之法，更为治《易》之道。[④] 时至八十四岁高龄，晚年治学，念兹在兹的方法仍为“多闻、阙疑、慎言”，这种治学态度于老年仍奉行不悖，影响之大，不可不察，如《致吴嵩梁札》[⑤]《致金正喜札》[⑥]《濠上迩言序》[⑦]《自提校勘诸经图后》[⑧] 皆有提及，都可见到翁方纲对此法的重视与强调。“多闻、阙疑、慎言”的延伸，即是“博证”与“书证”。“博证”，不以孤证为据，无征不信，以经证经；“书证”，重视一手资料的引用、来源出处。考订的目的为义理，如此义理不流于空疏无根。金正喜治《易》，旁征博引众多《易》学家之说法，同时能取各家之长相互补充，亦能评判诸家说法之优劣得失，并说明自己意见，皆为谨承师教学功累积而成。

在清朝乾嘉朴学的学术风气与精神影响，以及翁方纲与阮元之鼓励奖掖之下，金正喜秉持汉宋兼采的立场，既尊崇程朱理学，复重视训诂考订，所以处于乾嘉考证学盛行之际，他能汲取汉学之长，在阐发义理的同时注意考据，并以考据为义理服务，强调小学研究对于治经的重要，“考订”可以说是金正喜治经通经的方法与工具，而这正是缘于翁方纲与阮元的教示。[⑨] 故翁方纲《致金正喜札》中，云：

> 惟义理之学不可空作议论，处今日经学大备，六经如日中天之际，断不可只管讲性理道德之虚辞。……惟经传中有一说、二说相歧出者，

---

① （清）翁方纲：《复初斋文集》，卷七，《考订论上之一》，台北文海出版社，1966，第 300 页。

② 《论语》为证篇第二，《十三经注疏》，台北艺文印书馆，1997，第 18 页。

③ （清）翁方纲：《复初斋文集》，卷七，《考订论下之二》，第 314 页。客曰：“考订之学，其出于后世学人，而非古先圣训所有也乎?”曰：“圣言早已具矣，特未明著其为考订言之耳。盖尝反复推究上下古今考订家之所以然，具于此三言矣：曰多闻、曰阙疑、曰慎言，三者备，而考订之道尽于是矣。”

④ （清）翁方纲：《苏斋笔记》，笔记三《治经》，四辑，第 9 ~ 305 页：“治经有要言，则圣人语颛孙之三言也，曰多闻、曰阙疑、曰慎言，知斯三者，则寡尤悔矣。”

⑤ 沈津：《翁方纲题跋手札集录》，广西师范大学出版社，2002，第 514 页。

⑥ 沈津：《翁方纲题跋手札集录》，第 543 页。

⑦ （清）翁方纲：《复初斋文集》，卷四，《濠上迩言序》，第 204 页。

⑧ （清）翁方纲：《复初斋文集》，卷六，《自提校勘诸经图后》，第 281 页。

⑨ 翁方纲喜谈考订，著有《考订论》上、中、下八篇，开宗明义首先申明考订之学，衷于义理的要旨。详参（清）翁方纲：《考订论上之一》，《复初斋文集》，卷 7，第 296 ~ 321 页。

> 则必当剖析之。所以学问之事，惟有时刻敬奉圣言，曰多闻、曰阙疑、曰慎言，三者尽之矣。①

金正喜身为朝鲜学者，拜师翁方纲与阮元之门下。翁氏致其札中，亦重申“多闻、阙疑、慎言”三者实为最重要的治学方法，既以此三者自勉，也以此勉人。翁氏认为义理之学不可悬空议论，泛谈虚辞，如此做学问才能踏实有所得。

金正喜于其《易》学四种，尤尽心致力于此三事。此外，兼容汉宋之学，也是金正喜师承翁方纲与阮元的重要经学蕲向。② 翁、阮二儒所处的时代背景是汉学风靡、考证盛行的乾嘉时期，虽然当时学风如此，但二儒学宗程、朱，并不排斥汉学，能充分理解宋学与汉学的优缺点，故翁氏曾云：“考证即义理之学，不分二事。”③ 认为兼采宋、汉学之优点，才是最佳治经之法。翁、阮二儒指出当时学界之现象，言宋义理学者认为宋学胜于汉学，汉儒之名物、象数不足以言学，于是吐弃汉唐注疏，导致宋儒多不省《说文》《玉篇》，故咸认为治学不应偏执一边，如此则画地自限；其实，汉儒之名物与象数，亦有益于宋儒之订证，二者是可相互参考援用，不必固执于一端。翁、阮二儒似有意调和汉学与宋学，此亦可体现其兼容并蓄的学术性格。诚如翁氏《致曹文埴札》，云：

> 圣人在上，实学光照乃得。萃汉儒之博赡与宋儒之精微，一以贯之。学者束发受书皆从朱子章句集注始，及其后，见闻渐广，必从事于考证焉。则博综汉唐注疏，以旁及诸家递述之所得，皆所以资辨订，而畅原委也。顾其间师友所问难名义、所剖析渐多，渐衍绪言日出，则考证之途，又虑其旁涉，必以衷于义理者为准，则博综马郑，而勿畔程朱。④

“博综马郑，而勿畔程朱”，诚为翁方纲治学的准则，也可以看出他实事求是、客观好学的学术性格。此札明白指出研究经典须综合汉儒与宋儒的学问要义。学习之初，先以宋学为主，其后以汉学考证作为佐证，但仍须以义

---

① 详参沈津《翁方纲跋手札集录》，第 543 页。

② 《阮堂全集》，卷一《实事求是说》，曰：“故为学之道，不必分汉宋之界，不必较郑王、程朱之短长，不必争朱陆、薛王之门户，但平心静气，博学笃行，专主‘实事求是’一语，行之可矣。”

③ 详参沈津《致金正喜》，《翁方纲题跋手札集录》，第 543 页。

④ 详参（清）翁方纲《与曹中堂论儒林传目书》，《复初斋文集》卷十一，第 426 ~ 427 页。

理为准，对于义理考证的过程中，不免会有疑义处；有疑义处，并非以己意解经，而是寻求客观分析的汉学考证之法，探究圣人之旨。二者皆不可偏废，若只重视其中一种，都会产生弊病。因此，此一思想深刻影响到金正喜的经学进路与归趣。[①] 治学应兼取汉宋之长，格局才不会狭隘，视野才能宏阔。圣人之学既是萃汉宋之精，研究圣人之学的学者，更应该兼容汉宋，才能真正了解圣人之学。因此，翁氏《致金正喜札》中，云：

> 一言以蔽之，此事惟在专精而已，有义理之学，有考订之学。考订之学，汉学也；义理之学，宋学也。其实适于大路则一而已矣。千万世仰瞻孔、孟心传，自必恪守程、朱为指南之定程，士人束发受读，习程、朱大儒之论，及其后博涉群籍，见闻日广，遂有薄视宋儒者，甚且有倍畔程、朱者，士林之蠹弊也。然而义理至宋儒日益精密矣，而宋时诸儒，自恃见理之明，往往或蔑视古之训诂，即如《尔雅》《说文》，实经训所必资，岂可忽略。[②]

翁方纲在此札中简单定义汉学为考订之学，宋学为义理之学，虽然有此分别，但“适于大路则一而已”，此“大路”或可解释为“道”，孟子曰：“夫道若大路然，岂难知哉?”[③] 翁氏认为义理之学与考订之学，皆是通往圣人之道的途径。世人仰瞻孔、孟之道，则必恪守程、朱之学，清代仍以程、朱《易》学课试诸生，故翁氏云士人自束发即习读程、朱大儒之论，及其后来所见日广，竟逐渐薄视宋儒之学，甚至违背程、朱之学，翁氏认为这是当时士林之积弊。另一方面，宋时诸儒亦存有一个缺点，即自恃其见义理之明，往往轻视古之训诂考订，不知《尔雅》及《说文》实为解经之必需，不可忽略。故翁氏曾云“考证即义理之学，不分二事”，[④] 即有兼采宋学与汉学之意。

翁、阮二儒治经不嗜异、不嗜博，考订亦衷于义理，目的即在回归经传根本，惟有回归经传，熟读本经，则无论学问或行为，皆不至流于离经叛道，背离正统规范。专力于本经，则可通贯一切，无论汉儒与宋儒皆需如此，才

① 《阮堂全集》，卷五《书牍——与李月汀璋煜》，曰：“今日急务，只是存古为上，覃翁亦存古之学也，段刘亦存古之学也。覃翁存古而不泥于古，段刘存古而泥于古。覃翁之不泥于古者，亦有可议处；段刘之泥于古者，亦有可议处。”

② 详参沈津《翁方纲跋手札集录》，第542页。

③ 语出《孟子·告子章句下》，《十三经注疏》，台北艺文印书馆，1997，第210页。

④ 详参沈津《翁方纲跋手札集录》，第543页。

能不流于叛道。而离经叛道，即是最严重的错误与缺点。若不能本之经传，异说纷呈，将更难明白经义，故翁氏《致金正喜札》，云：

> 《尚书》每篇之序，《毛诗》每篇之序，皆古师训义，岂可轻议！甚至欧阳永叔并《易·系辞》而疑之，《易》理难明，全恃圣人《十翼》，只因学者不能深思《彖传》《象传》《系辞》《说卦》诸篇，所以后人愈多其解说，而愈不明白也，只在人博闻约取，平心虚怀，细玩《彖传》《象传》《系辞上下传》《说卦》《文言传》，已用之不尽矣。所以圣言云："知者观其《彖辞》，则思过半矣。"①

欧阳修（永叔，1007～1072）撰《易童子问》，认为《系辞传》《文言传》《说卦传》《序卦传》《杂卦传》并非出自一人之手，未可视为孔子所作，自是疑古学风渐启。后来学者也许受此影响，不尽信圣人之《十翼》，欲自为立说，结果"愈多其解说，而愈不明白"，《易》理更难明。翁方纲认为应回归经传，细玩《易传》则已可"思过半"，所悟必然丰富。此种观点金正喜也传习而体现于经典的注解诠释之中，并能发挥考证详实、征引广博、谨慎踏实的考证工夫，可谓善述善继其师翁方纲与阮元之学志。

金正喜在朝鲜后期学界，于经学则服膺其师翁方纲"博综马（融）郑（玄）"，于理学亦追步其师"勿畔程（颐）朱（熹）"之教示，提倡考证源流、实事求是的治学态度，开拓丰富朝鲜学术与文化之崭新视野与多元内涵，大有功于两国学术与文化之互惠交流。

六　结论

经学为清代学术主流，在乾嘉时期更是达到极盛的阶段。清学着重资料收集考据，提倡朴实无华的治学风格，主张实事求是，无征不信，论必有据，反对空谈；并以汉儒经说为宗，从语言文字训诂入手，主要从事审订文献、辨别真伪、校勘谬误、注疏诠释文字、典章制度与考证地理沿革等，因而被称作"朴学"或"考据学"，成为清代学术思想的核心学派。② 从清代学术发展历史态势，阮元尝在《揅经室集·自序》文末，说道："室名'揅经'者，

① 详参沈津《翁方纲跋手札集录》，《致金正喜》，第542～543页。

② 参见吴雁南、秦学颀、李禹阶主编，张晓生校订：《中国经学史》，台北，五南书局，2005，第413页。

余幼学以经为近也。余之说经，推明古训，实事求是而已，非敢立异也。”“推明古训，实事求是”正足以说明阮元恪守汉学，以古训求义理的正统与传统。

金正喜身为一名儒学、金石学、考证学、训诂学、佛教学者与卓越的书法家，除继承其师前时代实学主体朴齐家之学，还随使燕行与翁方纲、阮元等许多清代硕学交流，积极接受清学理论，尤其是翁方纲“汉宋不分论”与阮元“实事求是论”。[①] 因此，金正喜以清朝考证学理论根据为主的思想，明显表现出实事求是与博学于文的批评精神。金正喜学问的本质在于经学，以穷究圣贤之道的本源而实践躬行为其目的，其学问方法具有以存古精神为本的折衷性与综合性。[②] 而且，金正喜不只着重于学问本身的实践，也彰显出科学的考证性，而在方法论的角度上，金正喜折衷于清学与朝鲜的学问，体现了与众不同的自觉融化，成就自己成为融会贯通与实事求是的朝鲜一代大师。

金正喜《易》学态度，以考据为根基，强调古训，不废考据；又以求义理为目的，重视程朱，认为汉宋兼采，各有长短，义理、考据二者相辅相成，才能一窥圣人之旨：

> 义理之学，考证之学，训诂之学，校雠之学，非四事也，此四者得于一事也。[③]

四者得于一事，指的便是这四者密切相关，缺一不可，皆需给予同样的重视。不必刻意区分汉宋之别：

> 国朝虽沿有明之制艺，而实承宋儒之传义，萃汉、唐之注疏，固未有过于今日者也。学者幸际斯时，其勿区汉学、宋学而二之矣。然而划汉学、宋学之界者固非也，其必欲通汉学、宋学之邮者亦非也。[④]

治《易》不能偏执一边，应取各家之长，结合汉宋学之精华，取汉之考订古字古训之功，融宋之义理精醇二者为一：

---

① 《阮堂全集》，卷六《题跋》，曰：“覃溪云嗜古经，芸台云不肯人云亦云，两家之言，尽会平生。胡为乎海天一笠，忽似元祐罪人？”

② 《阮堂全集》，卷一《实事求是说》，曰：“夫圣贤之道，在于躬行，不尚空论。实者当求，虚者无据，若索之杳冥之中，放乎空阔之际，是非莫辨，本意全失矣。”

③ （清）翁方纲：《苏斋笔记》，笔记三《治经》，第四辑，第9～305页。

④ （清）翁方纲：《复初斋文集》，卷七，《考订论中之一》，第308～309页。

宋后诸家专务析理，反置《说文》《尔雅》诸书不省，有以激成之。吾今既知朴学之有益，博综考订，勿蹈宋后诸家之敝，则得之矣。①

圣人在上，实学光照乃得。萃汉儒之博赡，与宋儒之精微，一以贯之学者，束发受书，皆从朱子章句集注始，及其后见闻渐广，必从事考证焉。则博综汉唐注疏以旁及诸家递述之所得者，皆所以资辨考订而畅原委也。顾其间师友所问难名义，所剖析渐多、渐衍，绪言日出，则考证之途又虑其旁涉，必以衷于义理者为准则，“博综马郑，勿畔程朱”，乃今日士林之大闲也。②

“博综马郑，勿畔程朱”，马郑代表的是汉学的考订，程朱代表的是宋学的义理。翁方纲对于汉宋治《易》的调和，便是以各家之长作为治《易》之法。汉学的考订，可以矫正宋学治易空谈义理的弊端，以博综作为工具，才能不违义理。翁方纲以汉宋兼采之道调和二者，不区辨汉宋学，亦不筑起学术堡垒，捍卫汉或宋学，亦不以将汉宋学贯通为宗。圣人思想本身就包含“汉儒之博赡，与宋儒之精微”，从这个角度出发就可以明白二者皆是重点，只是处理的角度与方法不同：汉学的重点在考据，处理的问题是古字古训，这是为了要与圣人时代的字义相贴近；宋学的重点在义理，处理的问题是圣人的思想经义。从这些角度来看，才能彻底做到“一以贯之”，直探圣人之旨。乾嘉学风以汉学为主，考据训诂为重要学问内容，翁方纲却能兼采汉、宋，不废一家，以兼容并蓄的态度作为治学根基，诚属难得。

金正喜秉承师说，对于汉学者，如惠栋，复古、嗜博、嗜奇、泥古的态度，则不苟同。无条件以古人意见为依归，不以圣人之意为依傍，早已悖离治经之首要原则。惠栋任意增删经文文字，破坏经文原貌；《周易述》《周易本义辩证》二书所采立场不同，被翁方纲批评为“信古不笃”。汉代《易》学家，如孟喜、京房、荀爽、虞翻、郑玄等人之《易》学内涵，讲求卦气、纳甲、逸象、世变、爻辰等概念，有其时代背景，但终究非解经之正，亦为圣人所无之语，以此诂经，实所不必。宋学之长来自于义理的诠释，但轻于考证。重视项安世、程颐、朱熹、胡炳文等人的《易》学研究成果，不仅能够补充与阐发，更能够贴近圣人旨意。

前人治学，优缺并现，金正喜采汉宋之长，作为治学之法。以义理为依归，训诂、考证为其法则，不废其一。训诂、考证的目的，是要保证义理正

① （清）翁方纲：《复初斋文集》，卷六，《自题校堪诸经图后》，第 279 页。

② （清）翁方纲：《复初斋文集》，卷六，《与曹中堂论儒林传目书》，第 426 ~ 427 页。

确，非无所根据而来。治《易》方法上，金氏服膺其师翁方纲“多闻”“阙疑”与“慎言”，亦使用“书证”与“博证”来治学。金正喜在治《易》上，考据义理兼重，认为治《易》可以程朱作为门户，上探孔子真意，并以《十翼》为准则，方能走向正确治《易》之道路。其次，重视古训的字义，亦不废考据；反对象数派以逸象、卦变、卦图来解经，认为圣人并无论及，但象数中的重要概念，如“十二消息说”“旁通”“纳甲”“互体”“逸象”“升降”等，并无本质上的批评。综合上述，金正喜《易》学最重要且最特出之处在于三点：（一）汉宋兼容，各取其长。（二）严谨治学，重视证据。（三）强调十翼，述圣人道。

翁方纲与阮元身处乾嘉汉学如日中天的学术环境之中，却能兼采汉宋，不废一家，以兼容并蓄的态度作为治学根基。而金正喜在翁方纲与阮元二位硕学鸿儒的传习教示影响之下，除了书艺视野与境界的突破提升之外，同时也造就他兼容并蓄的治学风格——“博综马郑、勿畔程朱”；并能以“考订”作为治经通经的方法与工具，把握考订之学衷于义理的要旨，以及“多闻”“阙疑”“慎言”治经三原则。此外，金正喜解经特色，也能充分表现出汉宋兼采的学术态度；因此，整体而言，金氏承绍继创翁、阮二儒之学风，融摄贯通之后，总结概括而论，具有以下六项治学的风格特质：（一）存古精神；（二）实事求是；（三）金石书法学；（四）考证朴学；（五）圣贤之道；（六）实践躬行。

清代与朝鲜学者的交流，以翁方纲、阮元与金正喜师生学术交流最为显例，彼此之间多以函札、书籍形式，借着贡使燕行之便交换智识与心得。从19世纪初到1840年鸦片战争为止，两国学者声气相通，在知识圈内形成一个巨大的人事脉络，他们相互间也多有密切的关系，或为师生、或为学友，往来频繁，俨然自成一种研究社群或团体。因此，在充分吸收两国学术精华之后，也能有所融会创新。在朝鲜方面，有心从事文化交流的燕行使臣，一旦能够进入延伸广大的中国学术社交圈内，自然颇富斩获。在传统上，韩国总被视为“文化入超国”，但其实从18世纪以来，在吸收清代考据学术精髓的同时，朝鲜儒学也逐渐出现“转化”的风貌，到了实学末期，研究西方学术的风气越来越盛，此时传统儒家经典的倾向已不复见，或许是出自富国强兵的危机意识，西学也开始被视为独立的科学。于是，出现了韩国史上最大规模的西学开化时代，为韩国后来的自主发展，提供了稳固的根基。

程朱性理儒学为朝鲜正统教化思想，回顾此一思想发展历程，即能看出朝鲜学者将此儒学从“他者”转化为自我认同之归属，但此一认同归属在近代化带来的巨大思想激荡中，再次转化为“他者”。这一不断引进、转化、新生的韩国儒学思想，在朝鲜半岛土壤中扎根，而发显为国族自我生命的贞定。由此而言，儒学进到朝鲜社会政治与文化历史环境之中，进行不断互动的结果，已经充分显示“韩国的儒学”与“儒学的韩国”之间的双向架构，这都能凸显出儒学在韩国的独特风貌。儒家思想进至韩国，几近两千年，相关文献之庞大，影响之深远，可想而知。本文虽以金正喜《易》学为探论核心，但以小观大，阐微显幽，可以观照中韩两国之间，文化相互沾溉濡染的深厚渊源，在历史学术思想的交融视域中，更可理解提升为东亚儒学一贯的脉络与系统。

作者单位：台湾师范大学

明代易学研究论纲*

任利伟

摘　要： 明代易学研究应充分重视、借鉴以往丰富的学术成果，将易学的演进放在明代特定历史文化背景下，综合运用历时性与共时性相结合、易学诠释与诠释的两种定向理论共融、从常见书中发掘出新材料等研究方法，从易学思想与学术衍展、政治变革、文化交融诸领域的互动及其当代价值几方面展开，以期在深入、正确地认识、把握中国易学发展规律和特征的基础上拓宽、深化易学研究的内容。

关键词： 明代　《周易》　易学

中华优秀传统文化有其独特的价值体系，具有鲜明的民族特色，易学作为传承优秀传统文化的主要载体，在其中占有举足轻重的地位。在建设富强、民主、文明、和谐的社会主义现代化国家的过程中，需要创建适应社会发展要求的先进文化体系。而追求群体和谐恰是易学思想的精髓之一，历久而弥新。随着时代、社会的发展，易学研究必须在“继往”的基础上“开来”，做到“与时偕行”，易学研究的内容才能做到持续深化和不断丰富。明代每一历史阶段的社会政治、思想文化等领域处处闪动着易学的身影，易学与明代众多不同领域展开了“对话”。对优秀传统文化进行创造性转化与创新性发展，从明代易学思想中挖掘出古为今用的思想资源，就一定意义而言，对于当代中国社会主义核心价值观念的培育与倡导能够产生一些有益的启示。

一　明代易学研究的回顾与评价

20 世纪，对明代易学进行研究的一个重要成果当属 20 年代后期撰写的

* 本文系国家社科基金一般项目“明代易学思想及其当代价值研究”（项目号：15BZX062）阶段性成果。

《续修四库全书总目提要》。该《提要》收入明代易著21种，以象数易学成就的高低为标准评判明代易学，批评明代易学“心学说易”“不谙易象”“象学大亡”。李证刚主编的《易学讨论集》（1941）附录设有“易学研究书目表”，将明代易著全部列入易学研究的参考书目，而非基本书目。钱基博在《周易的解题及解法》（1931）“汉以后《周易》之学者及其说解”一章中指出，明代易学不脱汉宋窠臼，仅来知德一人虽本旧说，仍能“纵横推阐，专明斯义，较先儒为详”。黄寿祺《论易学之门庭》（1941）一文认为“元之诸儒，大抵笃守程朱遗说，明代犹然。中叶以后乃有以狂禅解经者，末叶犹胜”，将明代易学归入“弱枝”和“枝附”一途。从传统易学发展来看，明代易学与汉代易学、宋代易学相比，在象数、义理、易图方面毫无特色，《续修四库全书总目提要》的评价与钱基博、黄寿祺的观点在当时可谓定论。

50年代到70年代，易学研究并未止步，断代易学史研究仍以汉易和宋易为主。自80年代起，学界对明代易学有所关注，评价渐趋多元。刘大钧《周易概论》（1986）认为明代有独到见解的易著不多，只有来知德的《周易集注》、黄道周的《易象正》、何楷的《古周易订诂》以及张次仲的《周易玩辞困学记》尚可称道，其余皆无根基，且明代研《易》“跟在宋人后面”，易学至明代为衰微时代。台湾地区徐芹庭《易学源流》（1987）却认为，明代易学主流仍以程朱义理讲《易》，而中期以后心学解《易》蔚为大观，又佐以佛道之学，象数之学亦有新发展，易学在明代并未衰微。同是从传统易学发展视角论及明代易学，两位学人的评价截然相反。

90年代以来，系统的明代易学研究专著并没有出现，而随着易学史、哲学史研究的深入，这一时期对明代易学的研究呈现出如下趋势。

其一，就传统易学史研究而言，尽管来知德易学依然是学界关注的热点，但纳入研究视野的明代易学人物有所增加。廖名春等人《周易研究史》（1991）专设“明清易学”一章，对明代易学主要从义理派宋易和象数派宋易两个方面加以论述，收录的明代治《易》学者多于《周易概论》。同时，该书注意到了社会的政治背景以及学术思潮对易学的影响，认为明代易学的发展与这一时期的思想文化主潮同步。《周易研究史》意在从社会史与学术史的角度切入的尝试，确实使明代易学的研究有所深化。还有两部提要性质的易学著作，张善文《历代易家与易学要籍》（1997）在其师黄寿祺《易学群书平议》的基础上有所拓展，从“人”和“书”的角度去把握传统易学发展的流派以及历代的研《易》成果，该书对于明代较为重要的易家与易作搜集得较为全面，共计有易家31人，易著44部。潘雨廷《读易提要》（2003）

介绍的从两汉至近代的200多种易学著作中，明代易作占14部。

其二，立足于传统易学研究范式，学界开始注意到易学与明代哲学、理学、佛学以及医学等领域的密切联系。台湾地区高怀民《宋元明易学史》(1994) 指出，易学思想应以发明哲思为高尚，训诂推演者次之。该书虽名为《宋元明易学史》，元代竟无一人，明代只有来知德一人陪衬，明末清初仅仅提到王夫之。显然，作者以易哲学思想创发多寡作为评判易学家成就高低的标准。朱伯崑《易学哲学史·第三卷》(1995) 同样以是否取得哲学成就评判明代易学，对非以哲思擅长之学者的研《易》成就亦关注不多。易学与阳明心学的关系进入研究视野，温海明《王阳明易学略论》(1998)、范立舟《〈周易〉与阳明心学》(2004) 等论文均认为易学是阳明心学产生的重要理论渊薮，王涵青《刘宗周哲学的易学方法初探》(2013) 认为刘宗周在易简的方法进路下，将太极的意涵与落实主体工夫实践操作时的核心——心进行了合理对接。易学与程朱理学的关系也有论及，张沛论文《明初朱学一尊格局下的薛瑄易学》(2013) 认为明初朱学一尊格局下的理学易未越出朱子易学范围。易学与佛学交涉以及援《易》入医等问题引起学界重视，谢金良专著《〈周易禅解〉研究》(2006) 将《周易禅解》纳入儒、佛、道三教交涉中审视，从另一个侧面反映出儒、道、佛三教关系在明代的新发展。徐仪明《明代医易学极盛的过程与原因》(2004) 指出医易学发展到明代达到极盛阶段，其重要标志是医、《易》同源说的确立。在明代易学的学术取向、地域流派、音韵学与易学关系等研究方面，郭素红《明代易学中的汉学倾向》(2009)、肖满省《明代福建易学述要》(2010)、李波《明代桐城方氏学派易学研究》(2011)、汪银峰《〈元韵谱〉音学思想与明末易学哲学思潮》(2012) 等论文做了较为深入的思考。此外，林忠军等《明代易学史》(2016) 旨在全面总结梳理易学在明代的成果，选取了20余位有影响的、能够体现时代特色的明代易学家及30余部易学著作加以研究，对易学在明代的发展、衍变作了较为宏观的描述与细致的分析，也值得关注。

对于明代易学，后之学者往往因袭清代四库馆臣，很容易形成这样的认识：明代易学既不以象数而著称，也不因义理而闻名，在易学史上的成就较汉易、宋易乃至于清易而言乏善可陈。80年代以来，学界对于明代易学，研究视野较以前有所拓宽，但在以下两个方面仍有缺憾：一是认为明代易学依传统治易路数，或在汉易与宋易上彼此周旋，或在象数与义理上陷入纷争，明代易学因袭守旧多，探索创新少；二是未能充分重视易学思想与明代社会政治与思想文化领域中的重要问题的关联与回应，以充分展现明代的易学概貌与时代精神。

如果在现有研究的基础上转换学术视角，将易学融入时代、社会大潮之中，那么，我们对于明代易学思想的价值或许会有新的认识。明代易学思想，是指当时通过解说、诠释《周易》经传，借鉴、吸收易学研究成果而形成的理论学说、思想倾向。明代不同领域的诸多重要人物都曾研习《周易》，再将所受启示反哺于各自领域，产生了广泛而深刻的影响，同时也推动了易学的发展。易学研究不应只关注有专门易学著作的易学名家，也应重视受《周易》及易学启示的人与著作。这种意义上的易学研究并非大而无当、无所不包，它必须要适应和符合易学自身的发展环节和特有规律。也应该看到，这些环节和规律不仅仅是通过经学史上的经传注释、易学史上的“两派六宗”以及哲学史中的哲思高低呈现出来的。

二　明代易学研究的对象与框架

明代易学研究作为一种断代的易学史研究，必须以有明一代的易学著作作为研究对象，并给予充分的解析与诠释。同时，这一研究更重视将易学思想与明代学术衍展、政治变革、文化交融诸领域的互动及其当代价值纳入研究视野。

易学思想是宋明时期许多理学家建构理论内涵的根基，易学作为一种有意识的方法进路，在明代烙有“述朱”印记，在传承前贤思想中仍能彰显自身特色。明初的朱学代表人物薛瑄、蔡清受易学思想浸染，不惟程朱理学是从，对之有所修正、突破。吴与弼、陈白沙等人越出朱学正轨，倡导静观涵养，于《周易》与心学互涉方面“发端”与“启明”，为明代心学解《易》之滥觞。明中叶，王阳明所创心学体系涵具深层易学底蕴，促成了理学划时代的转变。明末，作为宋明理学殿军的刘宗周，以《易》为道体，以慎独为功夫，其心学易理论体系收摄了知性与德行的本体内涵，包罗了气质义理的性体为一，建立了理学的新形态。明代程朱理学与阳明心学的发展禀易学之溉沾，易学与明代理学相互引发、碰撞，焕发出各自崭新的面貌。在把握明代理学思想观念得以衍展的学术依托以及学术传承背后的思想动力的基础上，如何处理易学在明代理学架构中的定位，将重要易学范畴的意涵与其明代理学的命题接榫，是这一主题的探讨核心。

明代政治推动着易学的发展，易学的发展反哺于明代政治。明初，受文化政策影响，包括《周易传义大全》在内的《五经大全》颁布，在恢复道

统、巩固政权方面发挥了重要作用，《周易传义大全》为时所宗，成为影响最大的易学著作。明中后期，社会危机重重且变动剧烈，士大夫的致思方式和价值立场受到《周易》之学的深刻濡染，充分地将《周易》所载的价值和义理与现实相融，社会政治领域的改革，很多思想和措施就直接秉承《周易》及易学思想中忧患意识、革新鼎故、开物成务等面向，经世思潮由此萌发。丘濬编纂皇皇巨制《大学衍义补》，深受易学经世思想的影响，提出诸多济世良方。张居正的改革精神和实践能力充分地展示了《周易》和易学思想的"涉世妙用"。高攀龙、钱一本、吴桂森等东林党人，无论是以《易》为我用，还是偏重象数一脉，或是义理与象数兼顾，均于险峻的政治环境中做到了修德与用世的合一，将易学自身通经致用的功能发挥到极致。面对明代社会发展形成的时代课题，易学如何做到随世而变，《周易》及易学思想在明代社会政治变革中发挥了怎样的作用，是这一研讨主题的枢纽。

有明一代特别是明末，本土伊斯兰学者与来华耶稣会士坚持各自文化立场对《周易》的诠释是中西文化交融不容疏略的环节。得益于统治阶级的尊奉与优容，中国伊斯兰教在明代最终走向完善和定型，以王岱舆为代表的伊斯兰学者利用"太极""五行"等易学话语，认同易学文化的无极－太极－阴阳－世界的基本观点与思维方法，沟通了伊斯兰教与儒学，建构了汉语伊斯兰思想。这一思想的涵化是双向过程，易学思想在其间扮演了重要角色。来华耶稣会士推崇早期儒学及中国哲学原典，对理学和宋易持批评态度，卷入当时以易学为载体的学术纷争，突出了中西文化交流的内涵。利玛窦《天主实义》依据中国哲学原典来理解儒学，指出天主教义与中国哲学原典所含法则之间有诸多联系，而诸多联系中包含着重要的易学命题，揭示耶稣会士围绕"太极""阴阳五行"之辨而突出的宗教性的哲学立场，以及中西文化在相互遭遇之际所发生的冲撞与反应的深层机理，构成明代易学史和《周易》西传史的重要组成部分。本土伊斯兰学者与来华耶稣会士的讨论，基本完整保持了双方各自宗教信仰和哲学框架，又因易学话语资源的注入，丰富和发展了中国传统哲学。

明代易学思想中诸多价值元素经创造性现代转化，在解释与解决思想学术重建、社会政治改革、异质文化交融等现实问题方面具有重要的借鉴作用。受易学思想之助益，明代学者笃实解经而不忘义理阐发，寓尊德性于道问学中，恢复了学问与价值合而为一的学术传统。当代社会只有高扬人的主体意识和道德内求，并措之于现实生活与社会治平之中，才有可能迎来思想学术的勃兴。出于治国安邦之考量，明代易学思想中"人文化成"的伦理色彩与

“开物成务”的政治底蕴往往比其哲学意义更为突出。任何思想文化在继承以往成果的同时，与所处时代的社会政治变革息息相关，崇德与保民作为传统治国理政的核心理念在当今时代仍不会褪色。明代外来宗教对在中国处于主导地位的儒家思想文化的认同，实现了不同文化的会通与创新，具有“殊途而同归”的易学特质。中西文化的交融，突出地证明一种文化的生成与繁荣，离不开对其他异质文化的吸纳与融摄。

三　明代易学研究的思路与方法

对明代易学所作的研究，不应回避易学自身的发展、演进的轨迹，其与单纯经学意义上的易学研究，以及晚近出现的易学哲学研究均互有关联而又不尽相同。因此，相关研究拟将重点放在易学思想在明代学术衍展、政治变革、文化交融中的历史作用以及明代易学思想的当代价值等层面，尝试改变以往一人一书的视角，立足于“从传统观照现代，从现代反思传统”的学术视野，试拓宽易学史研究的内容，将明代易学的研究延展至当时受《周易》和易学启示、影响下的主要学术、政治、文化领域，以及研《易》用《易》的所有重要人物和著作的思想主张。把明代易学作为一个整体范畴，突出易学在明代的学术衍展、政治变革、文化交融中，究将展现何种特质这一“问题意识”，既从外缘着眼，又遵循易学演进的内在理路，通过逻辑的辩证、历史的考证、文献的佐证，依次从易学思想与明代程朱理学、阳明心学建构，易学思想与明代社会政治秩序重建，及易学思想与中西文化会通三个维度来考察，以把握、揭示明代易学思想的历史内涵与现实品格为旨归。

在这一研究展开、深入时，应充分注意到以下几种研究方法的运用。首先，要把历时性与共时性相结合起来。将明代易学置于易学史发展长链之上，从纵向上加以动态、综合把握的同时，从横向上梳理出易学思想与时代主题之间的内在逻辑，能够在很大程度上有效地揭示明代易学思想的特质。其次，要将易学诠释与定向诠释相结合起来。易学诠释与诠释的两种定向理论共融，将“推天道以明人事”的传统易学义理分析，与“文本的、历史的、解释的定向和当下的、应用的、创新的定向”结合，对明代易学思想的诠释才能做到既遵循其内在的学术逻辑又赋予其现实的价值取向。再有，要把拓展取材范围与完善事实陈述相结合起来。占有丰富的易学文献、史料是确保事实陈述相对完整的前提，相对完整的陈述又是合理的事实判断的基础，即注重实证，以避免对明代易学思想做出不切合实际的评价。在易学文献利用方面格外注意，要以新眼光看待旧史籍，从常见书中发掘出新材料，除重视明代专门易学著作外，更关注当时重要人物传世的且包含有很多易学信息的文集、笔记等以往不被珍视的传世文献中的某些材料。

需要指出的是，易学本身有强大的阐释空间，这在探讨易学与学术衍展、易学与政治变革等主题，特别是易学与中西文化会通主题时表现得特别突出。在易学思想中可以找到很多可以比附伊斯兰教、天主教神学的内容，中西文化在相互遭遇之初，必然发生一系列冲撞与反应，由此产生的以回释儒、"太极""阴阳五行"之辨等问题，就一定意义而言又扩充了中国哲学的问题视域。因此，如何归纳本土伊斯兰学者在伊斯兰教哲学中国化过程中利用易学解经的阐释方法，如何分析来华耶稣会士的宗教思想与中国传统思想特别是易学思想的构成关系等问题时，应着重地予以探讨。而最终解决问题，达到研究目的，却是建立在不偏离原有研究思路、综合运用前述研究方法的基础之上的。

四 余论

易学思想作为社会意识形态，是社会的发展与变革在易学领域里的直接反映，它不能不和时代背景、社会思潮联系，从而带有鲜明的时代风格。明代易学有因循、承袭的一面，但从属于经学形态的易学在明代亦随世而变，有着丰富的思想内涵，应该是中国易学发展进程中的一个关键阶段。和谐、创新作为《周易》和易学的核心理念、根本精神，始终贯穿于明代易学演变发展的全过程，对明代的学术衍展、政治变革、文化交融的影响至深至远。《周易》是明代思想文化发展的理论根基与内在灵魂，易学研究与运用是明代思想文化演进的重要载体，易学思想是明代思想文化发展的主潮、主旋律。就传统易学自身演进而言，明代较汉代和宋代而言特色并不鲜明，也没有像后来清代那样大规模地总结前代易学成就。但是，在明代重大历史变革时期，易学与时代问题相呼应，契合了社会的发展，蕴涵了一股强盛的生命力。所以，对明代易学不妨抱以同情之理解，对前人结论切不可视为定评。基于此，本研究拟从中国易学思想发展中选取明代这一横断面，进行学理上的分疏透视，并重新认识明代易学思想的价值。

作者单位：昆明理工大学

王阳明与《周易》

张向朋

摘　要：作为明代中期著名的思想家，王阳明阐发的阳明心学在当时及后世均产生了巨大的影响。但学者的着眼点多在阳明心学本身，对王阳明与《周易》、阳明心学与《周易》的关系研究较少。笔者经查阅后发现，在有限的几篇研究阳明与《周易》关系的论文中，尚存在着一些有待商榷的问题。通过梳理阳明思想历程、论述阳明与《周易》的主要渊源，可揭示出阳明对心学与《周易》的贯通，及阐明阳明与《周易》的关系。

关键词：王阳明　阳明心学　《周易》

王守仁，世称阳明先生，阳明学派（姚江学派）创始人。阳明学派是明朝中晚期思想学术领域中的一个著名流派，其学说是明朝中晚期的主流学说之一，后传至日本，对日本乃至整个东亚都产生了较大的影响。阳明先生有限的一生与《周易》结下了不解之缘，他在阐释心学的过程中也使心学与《周易》得以贯通。从这个角度来讲，阳明先生“将自己之心学纳入到易学的传承系统中，接续易学道统的努力最终完成”①。

一　王阳明及其思想历程

王阳明（1472 年十月三十一日～1529 年一月九日），名守仁，字伯安，自号阳明子、阳明山人，世称阳明先生。阳明生于浙江余姚，十岁那年父亲王华中辛丑科状元，此后阳明随父亲寓居京师。阳明于弘治十二年（1499）春会试以二甲第七人举进士出身，始入仕途。武宗即位，刘瑾窃权。阳明因上疏救南京给事中戴铣等人而触怒刘瑾，遭谪贵州龙场驿丞。正德五年

① 彭鹏：《王阳明以心学解易内在理路探析》，《周易研究》2015 年第 6 期。

(1510)，阳明谪戍期满，升庐陵知县①。后经多次升迁，于正德十一年(1516)至右佥都御史，巡抚南、赣。南、赣此时多盗贼，阳明恩威并用，最终抚平南、赣。正德十四年(1519)，宁王朱宸濠反。阳明作为地方大员，当机立断，募集义兵并广发檄文，出兵征讨宁王叛军。一个多月之后，宁王战败被俘，叛乱被迅速平定。战后，面对着武宗南巡、奸佞作梗的复杂情势，阳明沉着应对，周旋于政治旋涡中，不计功名利禄，“易前奏，言奉威武大将军方略讨平叛乱，而尽入诸嬖幸名，江彬等乃无言”②。同时，阳明尽力维护地方安宁，避免激起更大的动乱。史载，“当是时，谗邪构煽，祸变叵测，微守仁，东南事几殆”③。

世宗即位，拜阳明南京兵部尚书，寻论功封特进光禄大夫、柱国、新建伯。嘉靖六年(1527)，广西思恩、田州土酋卢苏、王受反。世宗诏阳明以原官兼左都御史，总督两广兼巡抚，讨平叛乱。阳明莅任，以攻心为上，抚定思恩、田州。又以八寨、断藤峡危害郡邑数十年，以归师袭八寨、断藤峡，破之。然而，长年的奔波、讲学、征战耗尽了阳明的心力，当返程至江西南安时，阳明于舟中长逝，年五十七岁。死后，阳明葬于浙江山阴洪溪乡（今属绍兴县兰亭乡）。隆庆元年(1567)，朝廷追赠阳明新建侯，谥文成，世称王文成公。

王阳明是一位对中国社会和东亚产生过深远影响的人物。纵观阳明一生，其思想经历了一个复杂的演变历程。幼时读书，在与塾师的交谈中，阳明已经认为“登第恐未为第一等事，或读书学圣贤耳”④。阳明认为，成圣是一件需要终生去追求的事，是自己的价值期许。21岁时，阳明因笃信宋儒格物之学而试图从竹子中悟取天理，后以过度思虑而累病，最终宣告失败。此后，阳明又研习辞章之学。26岁时开始学习兵法，27岁时又对道教养生之法产生了浓厚的兴趣。28岁那年，阳明举进士第，开始步入仕途。

31岁时，阳明曾在阳明洞中修炼引导术，但随后又认为佛道并不能成为

---

① 正德五年，“先生三月至庐陵”（见王守仁撰，吴光、钱明、董平、姚延福等编校《王阳明全集》卷三十三《年谱一》，上海古籍出版社，2014，第1356页。以下简称《王阳明全集》）。而正德五年四月，安化王朱寘鐇叛乱，后刘瑾事败伏诛。则阳明任知县在刘瑾事败伏诛之前。但经笔者查阅，现有说法多为“瑾诛，量移庐陵知县”（见张廷玉等撰《明史》，中华书局，2011，第5160页。以下简称《明史》）；“瑾诛，知庐陵县”（见黄宗羲撰《明儒学案》，中华书局，2008，第179页），似乎刘瑾伏诛后阳明才得以升知县，此说不妥。

② 《明史》卷一百九十五《王守仁传》，第5165页。

③ 《明史》卷一百九十五《王守仁传》，第5165页。

④ 《王阳明全集》卷三十三《年谱一》，第1347页。

他真正的价值追求。阳明曾遇一闭关禅僧，遂以爱亲本性谕之，使得该僧涕泣还俗。34岁时，阳明与湛若水“一见定交，共以倡明圣学为事”[①]，此时的阳明已经坚定了儒学的立场。不久之后，刘瑾擅权，阳明遭谪贵州龙场驿。

贵州的经历在阳明一生中占有重要的地位。正是在这里的“龙场悟道”，阳明悟得格物致知大旨，“始知圣人之道，吾性自足，向之求理于事物者误也”[②]。阳明的思想实现了质的飞跃，开一代阳明心学之滥觞。

此后，阳明不断完善其心学体系。38岁左右，阳明开始有知行合一之论。正德十六年（1521），阳明50岁，提出“致良知”之说。此时，阳明心学体系已经基本完成构建，其影响力也越来越大。

晚年的阳明致力于解读并阐发其心学，并在56岁时将自己的心学思想凝练为“四句教”，即“无善无恶心之体，有善有恶意之动，知善知恶是良知，为善去恶是格物”。“四句教”高度概括了阳明思想，使后人得以管窥阳明心学之大旨。

提出“四句教”一年之后，阳明先生长逝。

二　阳明与《周易》的渊源

阳明的一生与《周易》结下了不解之缘。实际上，据《王阳明年谱》，“（先生）高祖，讳与准，精《礼》《易》，尝著《易微》数千言”[③]。由此可见，阳明很可能具有易学家传。成化十七年（1481），阳明十岁，父亲王华中辛丑科状元。此后阳明随父亲寓居京师，眼界更加开阔。弘治十二年（1499），阳明举进士第，步入仕途。但阳明仕途坎坷，于正德元年（1506）触怒刘瑾，被捕入狱。狱中，阳明作《读易》诗，写道：“囚居亦何事？省愆惧安饱。瞑坐玩羲《易》，洗心见微奥。乃知先天翁，画画有至教。包蒙戒为寇，童牿事宜早；蹇蹇匪为节，虩虩未违道。《遁》四获我心，《蛊》上庸自保。俯仰天地间，触目俱浩浩。箪瓢有余乐，此意良匪矫。幽哉《阳明》麓，可以忘吾老。”[④] 关于这段经历，阳明在嘉靖七年（1528）作《送别省吾林都宪序》时回忆了当时情景，按阳明所说，“正德初，某以武选郎抵逆瑾，逮锦衣狱，而省吾亦以大理评触时讳在系，相与讲《易》于桎梏之

---

① 《王阳明全集》卷三十三《年谱一》，第1352页。

② 《王阳明全集》卷三十三《年谱一》，第1354也。

③ 《王阳明全集》卷三十三《年谱一》，第1345页。

④ 《王阳明全集》卷十九《外集一》，第747页。

间者弥月，盖昼夜不怠，忘其身之为拘囚也。”① 可见，在特殊的境遇下，《周易》成了阳明的一个精神支柱，而《读易》一诗也在一定程度上展现了阳明的易学造诣。

此后，阳明遭贬贵州龙场驿。阳明离开京城之后并未直奔贵州，而是绕道钱塘，复至闽界。此时阳明隐有逃避之意，恰遇山寺，寺有异人，“因为蓍，得《明夷》，遂决策返”②。《明夷》是《周易》第三十六卦，“利艰贞”。孔颖达《周易正义》说：“此卦日入地中，明夷之象。施之于人事，暗主在上，明臣在下，不敢显其明智，亦明夷之义也”③。按《明夷》卦的内涵，“当此苦难时期，君子应意识到立场的艰难，收敛光芒，艰苦隐忍，逃离险地，先求自保。隐忍逃避，是为了避免伤害，以争取时间，积蓄力量，迅速谋求挽救，待机而动，甚至不惜采取非常手段。但不可操之过急，必须谨慎行事”④。可以看出，此次卜筮所得的《明夷》卦对阳明的决策赴黔起到了关键的作用。

居处龙场时期，阳明苦闷之余遂潜心思索大道。正德三年（1508 年），阳明作《玩易窝记》，写道：“阳明子之居夷也，穴山麓之窝而读《易》其间。始其未得也，仰而思焉，俯而疑焉，函六合，入无微，茫乎其无所指，孑乎其若株。其或得之也，沛兮其若决，瞭兮其若彻，菹淤出焉，精华入焉，若有相者而莫知其所以然。其得而玩之也，优然其休焉，充然其喜焉，油然其春生焉。精粗一，外内翕，视险若夷，而不知其夷之为厄也。于是阳明子抚几而叹曰：‘嗟乎！此古之君子所以甘囚奴，忘拘幽，而不知其老之将至也夫！吾知所以终吾身矣。’名其窝曰‘玩易’。”⑤ 可以看出，阳明读易经历了从“未得”到“得之”再到“得而玩之”的阶段，其中“精粗一，外内翕”是阳明读易所得精髓。在《玩易窝记》中，阳明接着写道：“夫《易》，三才之道备焉。古之君子，居则观其象而玩其辞，动则观其变而玩其占。观象玩辞，三才之体立矣，观变玩占，三才之用行矣。体立，故存而神；用行，故动而化。神，故知周万物而无方；化，故范围天地而无迹。无方，则象辞基焉；无迹，则变占生焉。是故君子洗心而退藏于密，斋戒以神明其德也。

① 《王阳明全集》卷二十二《外集四》，第 975 页。

② 《王阳明全集》卷三十三《年谱一》，第 1353 页。

③ （晋）韩康伯、（魏）王弼注，（唐）孔颖达疏，余培德点校：《周易正义》，九州出版社，2004，第 353 页。

④ 张涛：《周易》（注评本），凤凰出版社，2011，第 157 页。

⑤ 《王阳明全集》卷二十三《外集五》，第 989 页。

盖昔者夫子尝韦编三绝焉。呜呼！假我数十年以学《易》，其亦可以无大过已夫!"[①] 在这里，阳明明确地提出了"体立而用行"的思想，并在以后将这些从《周易》中所得之体悟融为阳明心学的一部分。

除了王阳明这些切身经历之外，其在易学发展史中举足轻重的地位也体现了阳明与《周易》的渊源。阳明生活于明代中期，此时的学术思潮正处于多元化的发展状态。实际上，明代易学大致经历了三个阶段，即独尊程朱解易、以心学解易以及调和理学易和心学易。明初，程朱的易学处于官学地位。随着科举制度的进一步完善，士子大多穷治一经而无暇他顾，将经学作为博取功名的工具。此时，易学的主流沿袭了程朱重义理、兼顾河洛先天的路数，重点在于解释阐发程朱思想。随着社会的渐趋稳定和经济的发展，文教逐渐兴盛，明初经学研究的弊端开始显现。这种情况下，以颠覆程朱的易学为宗旨的思潮逐渐形成，阳明心学思潮正是其中的代表。阳明突破朱子学的框架，点明良知即是天理，主张由良知功夫直达天理。阳明以心学解易打破了明初独尊程朱解易的局面，也为明后期心学易的发展以及理学易和心学易的调和奠定了基础。

纵观易学史，汉易注重指示象辞之间的严整对应并吸收自然科学知识，多关注对文本字词固有意义的解读。而从晋、唐以来直至两宋则多注重义理方面的解读，显示出了一定程度上的哲学思辨性。明代易学承续两宋易学，"确立了程朱易学在明清时期的法定权威地位，承传整合了以程朱为主流的宋代易学，在某些方面或某种程度上修正了宋代易学的缺陷，并形成了异于宋代的易学观点，推动了易学的发展，是易学史上不可缺少的重要环节"[②]。处于明代中期的阳明在冲破程朱的易学框架时也确立了自己在思想史上的地位。

在"龙场悟道"之后，阳明继续完善心学思想，这其中也经历了将心学和《周易》贯通的过程，这是一个以《周易》论证心学和以心学解读《周易》的过程。

三　贯通心学与易学

作为心学大家，阳明的思想具有丰富的内涵，其"心即理""知行合一"

---

① 《王阳明全集》卷二十三《外集五》，第 989 页。

② 林忠军、张沛：《略论明代易学的形成演变及意义》，《周易研究》2016 年第 3 期，第 43 页。

“致良知”的论述构成了阳明心学的组成部分。然而阳明并非专门的易学专家，留下的与易学相关的材料有限。甚至对于这有限的与易学相关的材料，其中一些是否出自阳明之手也一直存在着争议，这无疑给研究阳明与易学关系的学者带来了困扰。笔者查阅《王阳明全集》[①] 卷二十二《外集四》仍收录有《山东乡试录》各篇章。尽管编校者在《编校说明》中提到“卷三十一下原为《山东乡试录》，其内容多非阳明著述，且与卷上文体不类，故移作卷二十二《山东乡试录序》之《附录》”[②]，但仍然没有说清楚具体哪些篇章不出自阳明之手，这其中包括《先天而天弗违后天而奉天时》《河出图洛出书圣人则之》两篇。据考证，阳明“必须遵守洪武戊辰年所制定的科举定制，将乡试中选者的程文收录于《乡试录》中，进呈于上，以供查阅。因此，《山东乡试录》所含之文章非王阳明之亲作，就从科举制度上得到了有力的证明”[③]。尽管之前有主考官作程文以作为考试范文的情况，但在明代洪武年间制定科举定制之后，程文按规定应为中选者的文章。另外，“王阳明主考之弘治十七年，山东乡试所刻之《乡试录》刻本尚有孤本存于上海图书馆，而上海图书馆所收藏之《弘治十七年山东乡试录》刻本，则为《山东乡试录》非王阳明之亲作提供了铁证”[④]。由此可见，《王阳明全集》中与《周易》相关的《先天而天弗违后天而奉天时》《河出图洛出书圣人则之》两篇并非出自阳明之手。相应地，此前学者由这两篇材料出发研究阳明的易学思想所得的结论也就有待商榷了。

实际上，正如笔者所说，阳明并非易学专家，留下的与《周易》相关的材料实在太少。但我们也没必要局限于这些有限的材料，而忽视了丰富的阳明心学中的易学色彩。从“龙场悟道”之后，阳明就注意到了将心学与《周易》进行贯通。总体来讲，随着阳明不断丰富并完善其心学思想，他将心学与《周易》进行贯通的过程也经历了以《周易》论证心学和以心学解读《周易》两个主要的阶段。

在建构阳明心学的初期阶段，阳明注重从传统儒家经典中寻求理论依据。据记载，阳明“居龙场，学得所悟，证诸《五经》，觉先儒训释未尽，乃随

---

① （明）王守仁撰，吴光、钱明、董平、姚延福等编校：《王阳明全集》，上海古籍出版社，2014。

② 《王阳明全集》之《编校说明》，第5页。

③ 彭鹏：《山东乡试录非出于王阳明之手辨》，《孔子研究》2015年第4期，第148页。

④ 彭鹏：《山东乡试录非出于王阳明之手辨》，《孔子研究》2015年第4期，第148页。

所记忆，为之疏解。阅十有九月，《五经》略遍，命曰《臆说》"[①]。《五经臆说》现存仅 13 条，其中有 7 条是《易》论。在论《咸》卦《彖传》中的"天地感而万物化生，圣人感人心而天下和平"时，阳明写道："天地感而万物化生，实理流行也。圣人感人心而天下和平，至诚发见也。皆所谓'贞'也。观天地交感之理，圣人感人心之道，不过于一贞，而万物生，天下和平焉，则天地万物之情可见矣。"[②] 在论《晋》卦《大象传》"明出地上，《晋》，君子以自昭明德"时，阳明写道："心之德本无不明也，故谓之明德。有时而不明者，蔽于私也。去其私，无不明矣。日之出地，日自出也，天无与焉。君子之明明德，自明之也，人无所与焉。自昭也者，自去其私欲之蔽而已。"[③] 由此可见，阳明已开始将天地自然之道与圣人至诚之心以及人心所固有的明德联系起来了。同时，阳明心学中"心即理""致良知"等内涵也可以从这些《易》论中看到些许影子。我们可以体会到，在龙场的那段时间，阳明"中夜大悟"之后，自认为已得格物致知之旨，但又想求得儒家经典的理论支持。于是，"乃以默记《五经》之言证之，莫不吻合，因著《五经臆说》"[④]。《周易》作为群经之首，自然是阳明求证的重要对象。这一时期，阳明心学尚不完善，阳明主要以《周易》等经典来论证心学。当然了，不可否认的是，阳明还受到宋明以来诸多心学思想家以及佛、道的影响，但是"儒家经典还是他返本以求、开新以创的主要依据，而仅就'龙场悟道'言之，《易》学的影响因素也是不可忽视的"[⑤]。

随着阳明心学的完善，阳明的理论自信也不断加强。阳明对心学与《周易》的贯通渐渐进入了第二阶段，也即以心学解读《周易》的阶段。在阳明心学的话语体系中，心学与《周易》在本质上都通向了宇宙中的"常道"，这使得以心学解读《周易》具备了必要性和可能性。这从《稽山书院尊经阁记》中可以管窥一二，阳明写道"经，常道也。其在于天谓之命，其赋于人谓之性，其主于身谓之心。心也，性也，命也，一也。通人物，达四海，塞天地，亘古今，无有乎弗具，无有乎弗同，无有乎或变者也。是常道也，其应乎感也，则为恻隐，为羞恶，为辞让，为是非；其见于事也，则为父子之

① 《王阳明全集》卷二十六《续编一》，第 1075 页。

② 《王阳明全集》卷二十六《续编一》，第 1077 页。

③ 《王阳明全集》卷二十六《续编一》，第 1079 页。

④ 《王阳明全集》卷三十三《年谱一》，第 1355 页。

⑤ 黄黎星：《王阳明龙场悟道的易学因素》，《淮阴师范学院学报》（哲学社会科学版）2006 年第 3 期，第 376 页。

亲，为君臣之义，为夫妇之别，为长幼之序，为朋友之信”[①]。可以看出，阳明在评论儒家经典时已经站在心学的角度了，以心学为主，为心学所用。在这篇《稽山书院尊经阁记》中，阳明继续写道：“是常道也，以言其阴阳消息之行焉，则谓之《易》……六经者非他，吾心之常道也。故《易》也者，志吾心之阴阳消息者也。”[②] 通过“吾心之阴阳消息”，“每个道德主体所存在的世界先获得了宇宙论或价值论上存有论的说明，人们的日用伦常所依存的世界场域才得以向人们敞开，人们的行为才有了可靠而为真的终极根据”[③]。在《传习录》中，也记载了阳明对卜筮的相关解读，“卜筮是理，理亦是卜筮。天下之理孰有大于卜筮者乎？只为后世将卜筮专主在占卦上看了，所以看得卜筮似小艺。不知今之师友问答，博学、审问、慎思、明辨、笃行之类，皆是卜筮，卜筮者，不过求决狐疑，神明吾心而已。《易》是问诸天，人有疑，自信不及，故以《易》问天；谓人心尚有所涉，惟天不容伪耳”[④]。实际上，阳明笃信卜筮是从易体之用而言，认为“易之用不外乎卜筮，卜筮之用不仅是占卦，神明吾心是用之体。人类之所以要以易问诸天人，是为了解决人类自身的疑问，以期从不伪之天道那里获取人类所需要的信心和信息”[⑤]。

从“《易》也者，志吾心之阴阳消息者也”到“卜筮者，不过求决狐疑，神明吾心而已”，阳明以心学解读《周易》的脉络较为清晰地体现了出来。在阳明看来，正是因为每个人都有良知，所以能够在具体的道德境遇中随时知是知非。在良知的主宰下，每个道德主体都能成就完美的人格，都能成为“圣人”。而每个人的良知发挥作用的体现，也就是阳明所说的“志吾心之阴阳消息者也”。至于功夫论意义上的“卜筮”，则使每个人都有机会解除自身疑惑进而使得自身良知得以发挥作用。总体来讲，阳明利用心学来解读《周易》，既体现出了阳明心学中《周易》的色彩，又增强了阳明心学的说服力，扩大了影响。

总而言之，阳明曾在贯通心学与《周易》上做出了一定的尝试并取得了明显的效果。阳明的主要目的还是为了完善自己的心学体系，随着阳明心学影响力的扩大，包括《周易》在内的儒家经典所起到的更多是注解心学的作用。从这个角度来讲，阳明深得陆九渊“六经注我”思想的精髓。

---

① 《王阳明全集》卷七《文录四》，第283页。

② 《王阳明全集》卷七《文录四》，第284页。

③ 彭鹏：《王阳明以心学解易内在理路探析》，《周易研究》2015年第6期，第92页。

④ 《王阳明全集》卷三《语录三》，第115页。

⑤ 杨月清：《体常尽变——王阳明易哲学的心学建构》，《兰州学刊》2006年第8期，第43页。

四 余论

作为阳明心学的创始人，阳明在中国思想史上是一位举足轻重的人物。但正如笔者已强调过的，阳明是心学大师而非易学专家，其思想精华主要在心学部分，对《周易》的解读在根本上还是为了给心学作注解。更何况阳明留下的与《周易》相关的材料比较有限，且《先天而天弗违后天而奉天时》《河出图洛出书圣人则之》两篇已被证明并非出自阳明之手。那么，李贽所言“于是乃敢断以先生之书为足继夫子之后，盖逆知其从读《易》来也”[①]就有言过其实之嫌了。客观地讲，“评价一个思想家学术的根本源流所在，应当就其一生学问圆熟定论之后，通观综论其整体学术精神内核的承接和由来方能断定，而不能只选取促成启发其学术开始产生的时间截点静态割裂地进行判认”[②]。但与此同时，我们也不能因《王阳明全集》中与《周易》相关的材料比较少而忽视《周易》对阳明思想的影响。总之，阳明的一生与《周易》结下了不解之缘，阳明心学也在一定程度上体现了《周易》的色彩。我们既不能忽视阳明对《周易》的论证和解读，也没必要过分拔高《周易》对阳明及其阳明心学的影响。阳明的目的主要还是在于建立“心”“良知”观念与《周易》的联系。我们将会发现，阳明的这些努力在很大程度上促使了之后的心学学者以《周易》来注解心学。从此，“心学易”这一派别在中国思想史上也具有了越来越重要的地位。

作者单位：北京师范大学

① 《王阳明全集》卷四十一《序说·序跋》，第1779页。

② 张沛：《王阳明心学视域下的易学观》，《周易研究》2010年第4期，第26页。

方孔炤、方以智《周易时论合编》研究

翟奎凤

摘　要：《周易时论合编》是明末一部具有集大成性质的易学巨著，该书由方孔炤草拟初创、方以智修订完善，最终由方中德、方中履、方中通、方中泰等人付诸刊刻出版，因此该书实际上是桐城方氏家族上下几代人共同努力的结果，是一部家族易学。同时，该书又广泛吸收了秦汉以来很多易学家的观点，特别是对明代时人的易学著述有大量征引，这使得该书也有着很强的时代性。《时论》一书所征引的大量易学文献往往用的是某易学著作的简称，或作者的名号地望，本文对这些易学文献基本作了通盘考证，当然，也留下一些疑难点待读者进一步考证。《时论》一书的宋易色彩浓厚，推崇邵雍先天易学，重视结合先天方圆图、三十六宫乃至河图、洛书来解释《易经》卦爻辞，这是全书的一大突出特色。

关键词：《周易实论合编》　《周易》　方孔炤　方以智　先天　方圆图　三十六宫

《周易时论合编》（以下简称《时论》）二十三卷，是明末安徽桐城方孔炤、方以智家族易学的代表作，该书的一个突出特征是广泛征引了历史上很多易学家的观点，尤其是大量荟萃了明代时人的易学学说，因此这部书一定意义上有着集大成的性质。《时论》包括《图像几表》八卷、经传注解十五卷，本文主要讨论《时论》的主体即经传注解部分。

“时论”之时，可以多方面来诠释。《周易》哲学重“时中”“时用”，随“时”变化、“与时偕行”乃《周易》大义，《时论》诸序也多揭发此义，方孔炤自序凡例开篇即说“时之为言也，孔子题之，子思书之，孟子潢之。张二无言易赞十二时卦，邹匪石言二十四卦赞时，吾谓六十四皆不息之时也。

时时变，中不变者也”[①]，又说“易之秩叙，寂历同时，万古不坏者也”[②]。方孔炤在凡例中还有一句话叫“合编今古，亦曰随时拾薪云尔”[③]，这也道出了该书的一个重要特色——汇集了古今很多易学家的观点，这其中明代特别是晚明易学家的征引率非常之高（这其中不少人是与方孔炤、方以智关系密切的易学家），这也可以说是《时论》之“时”的另一义，即明代“时人”易学家观点的荟萃。

一 《时论》的作者、成书与体例

关于《时论》的作者，有人认为是方孔炤，有人认为是方以智，实际上我们应该把此书看作他们父子二人共同努力的结果，但方孔炤的功劳是主要的，方以智协助父亲完成此书的修订与完善工作，同时《时论》一书也融入了方以智的很多观点，也是方以智易学思想的重要体现。[④]

《时论》的序作者有李世洽、方鲲、余扬、黄道周、白瑜。李世洽时为“淮徐兵使者”，他是应方孔炤的从子方鸦立（字子建，号竹西）之请为《时论》作序，序中道及方孔炤的坎坷生平，感慨说“履忧患而济之艰贞，身亲《易》用，莫大乎是”[⑤]。方鲲是方孔炤的从父，他在序中说“潜夫居职方，特劾援辽，逃将保任，孙枢辅力争坐府，与逆珰忤；及入楚，主剿不主抚，又忤杨枢辅，其节概以忧患见其艰贞，故有本也”[⑥]，这也是说方孔炤一生的出处进退有得于《易》。余扬为方以智的老师，他在序中也赞叹方孔炤说：“今又即以先生论，嘉州忤贵为《讼》之时，职方忤珰为《壮》之时，抚楚忤相为《过》之时。至若当《蛊》之时而以《谦》为用，际《革》之时而以《遁》为行，盖先生无日而不在《易》中，亦无时而不在卦爻彖象之中”[⑦]。黄道周的“序”是一首诗“方仁植先生每觅易象诗以谢之”，严格意义上并不是特别为《时论》所作；黄道周与方孔炤曾同系狱中，两人切磋易

---

① 《周易时论合编》凡例，第11页。《续修四库全书》经部《易》类，据北京大学图书馆藏清顺治十七年刻本影印。

② 《周易时论合编》凡例，第12页。

③ 《周易时论合编》凡例，第11页。

④ 具体考证可参考彭迎喜：《方以智与〈周易时论合编〉考》，中山大学出版社，2007，第209～227页。

⑤ 《周易时论合编》序，第3页。

⑥ 《周易时论合编》序，第5页。

⑦ 《周易时论合编》序，第6页。

学、感情甚笃，方氏对黄道周的易学思想极为佩服，故收此诗为序。白瑜是方以智的业师，他在序中说“潜夫方子以明善为祖，廷尉为父，职方忤珰，抚楚忤相，当《屯》《蛊》《遁》《革》之末造，观象顺止，盖于《易》身服膺之矣”[①]，这也是赞叹方孔炤能于《易》活学活用。显然，这些序文都是自然地把方孔炤视为《时论》的作者，而且推崇方孔炤易学与人生打成一片，生命达到很高的智慧境界。

方孔炤（1591～1655），字潜夫，号仁植，安徽桐城人。孔炤少年随父宦游，万历丙辰年（1616）进士。丁巳年（1617）任嘉定知州。崇祯三年庚午年（1630），方孔炤以父亲方学渐的《易蠡》、祖父方大镇的《易意》为主要材料，加以发挥，撰成《时论》初稿。后官至右佥都御史，巡抚湖广。庚辰年（1640）为杨嗣昌所劾，下刑部监狱，其间与黄道周切磋易学，获益颇多。崇祯十四年（1641），方孔炤出狱后，花了两年时间对《时论》进行大幅度扩充修订，增补入黄道周的很多观点，创设《图像几表》部分，凸显其象数思想的重要性，这一增补表明方氏易学受到了邵雍一系象数易学思维的很大影响。方以智参与了《时论》此次的修订工作。甲申年（1644），明朝灭亡后，方孔炤归隐桐城家乡，第三次修订《时论》。顺治十一年（1654）夏，方孔炤命孙方中德持《时论》系辞部分稿子交给在南京闭关的方以智，同年冬，孔炤又将全稿寄给方以智。1655年，方孔炤去世，第三稿修订前后花了十二年时间（1644～1655）。方以智庐墓三年，此间遵命进行《时论》的整理、修订、扩充，这次可谓是第四次修订。从崇祯三年（1630），到方孔炤去世（1655），方孔炤主导下的《时论》写作过程达二十六年之久。加上此后方以智的继续修订完善，一直到顺治十七年（1660）《时论》刊刻出版，那么整个过程近三十年[②]。目前中国社科院哲学所、北京大学图书馆、日本内阁文库藏有同一刻本的《时论》，即清初顺治十七年白华堂刻本。[③]

关于《时论》的体例，比较显著的有以下几个方面。①“上经”“下经”下各注有“贞悔十八卦”，贞卦指屯、蒙之类反复实为一个卦象，悔卦指乾坤、坎离之类，互为六爻全变的错卦，这样一合并，上下经各十八卦。②以贞、悔卦为一组，每组卦前有一段议论，主要是讨论卦序排列的道理。③每爻爻辞下常注“独变为某卦”“独存为某卦”“积变为某卦”，如乾卦九

① 《周易时论合编》序，第8页。

② 具体考证可参考彭迎喜《方以智与〈周易时论合编〉考》，第202～207页。

③ 具体考证可参考彭迎喜《方以智与〈周易时论合编〉考》，第168～170页。

二爻下注有“独变离为同人”“积变为遁”“独存为师”，意思是九二一爻变阴则下卦为离，卦变为同人，若初九、九二累变则下卦为艮，卦变为遁，若只九二一爻不变，其他五爻皆变则卦变为师卦。但实际上，《时论》在解爻辞时并没有较多地用到这些变卦之象。（4）有的爻下还注有京房八宫卦的相关信息，如随卦六三爻注为“震宫归世”，蛊卦九三注曰“巽宫归”。（5）有些爻辞、彖辞、象辞注出别本异文，如丰卦初九爻“遇其配主”后注有“郑作‘妃主’”；井卦九二爻辞小象辞“无与也”，注“《释文》作‘无与之也’，徐作‘则莫之与也’”；谦卦上六“鸣谦，利用行师，征邑国”，注曰“郑荀马陆无‘邑’字”。又如随卦彖辞“大亨贞，无咎，而天下随时”，注曰“王肃本作‘随之’”。

二 《时论》征引的易学文献

《时论》为“合编”意义上的编著，该书一个突出特点是大量征引了前贤和同时代易学家的著述，被征引到的易学家非常广泛。《时论》引述同一个易学家的著述，有时用作者的名，有时用其字号地望，有时又用其著述的简称，这就给一般性阅读带来较大麻烦，要想把书中引述的每一个作者都搞清楚并非易事。

据初步统计，先秦两汉的易学著作与易学家或思想家有：“孔子曰”14次，包括“《纬书》孔子曰”1次，“《子夏传》”2次，《乾凿度》3次；“董子曰”（董仲舒）5次；京房22次；荀爽14次（“慈明曰”3次）；“康成曰”（郑玄）6次；“仲翔”（虞翻）17次；等等。

魏晋隋唐时期的有：“辅嗣曰”（王弼）16次，“管公明曰”（管辂）2次，“令升曰”（干宝）11次，“关子明曰”（关朗）4次，“侯果曰”4次，“陆绩曰”11次（“陆公纪曰”1次），“崔憬曰”3次，“孔颖达曰”1次（“孔仲达曰”4次，“孔疏曰”4次），“李鼎祚曰”3次，“文中子曰”（王通）3次。

宋元时期的有：“周子曰”（周敦颐）5次，“程子曰”30次（“程传曰”14次），“张子曰”13次（“横渠曰”2次、“张子厚曰”1次），“邵子曰”（邵雍）20次，“苏传曰”13次（“苏子瞻曰”1次、“东坡曰”6次），“邵子文曰”（邵伯温）2次，“秦淮海曰”（秦观）1次，“朱子曰”50次（提到“朱子”97次），“诚斋曰”（杨万里）37次，“蔡伯静曰”（蔡渊）2次，“项平甫曰”5次，“项氏曰”2次（项安世），“慈湖曰”35次，“敬仲曰”

15 次（杨简），“冯厚斋曰”1 次（冯椅），“幼清曰”29 次（吴澄），“胡双湖曰”1 次、“胡廷芳曰”1 次（胡一桂），“仲虎曰”18 次、“胡仲虎”3 次（胡炳文）。

该书引述明代易学家的著述最多。而明人中，引述最多的当数黄道周的《易象正》，“《正》曰”230 次，另提到“石斋曰”13 次，“漳浦曰”6 次，均是指黄道周；黄道周，福建漳浦人，号石斋。黄道周与方以智的父亲方孔炤关系非常密切，方家子孙对黄道周及其易学思想均极为推崇①。其次引用比较多的是何楷的《古周易订诂》，其中“《订》曰”117 次，“《诂》曰”19 次，“《订》云”2 次，都是指何楷，另有“玄子曰”67 次、“玄子云”3 次、“玄子之师曰”1 次、“何玄子之师曰”1 次，这些也均为何楷，“玄子”是何楷的字。再次引用较多的是郝敬《周易正解》，其中“郝《解》曰”120 次，“京山曰”8 次，“仲舆曰”2 次，“楚望郝氏曰”1 次；郝敬，字仲舆，一字楚望，明京山（今湖北省京山县）人。引述一百次以上的还有黄端伯的《易疏》，其中“元公曰”109 次，“黄疏曰”10 次，“元公”为黄端伯的字。八十次以上的有：孙慎行《周易明洛义纂述》《不语易义》《周易古本》等，书中引“淇澳曰”62 次，“淇澳孙氏曰”1 次，“文介曰”14 次；孙慎行，字淇澳，谥文介。另有“《揆》曰”84 次，指钱士升《周易揆》。10 次以上的有：钱尔卓（钱志立）《易见》，书中“《见》曰”65 次，“尔卓钱氏曰”1 次。焦竑《易筌》，书中“《筌》曰”32 次。陈仁锡《易简录》，“《易简录》曰”22 次，“明卿陈氏曰”1 次，陈仁锡字明卿。倪元璐《兒易内仪以说》，“《兒易》曰”21 次。邓元锡《易经绎》，“邓汝极曰”1 次，“潜谷曰”3 次，“绎曰”14 次，共 18 次：邓元锡，字汝极，号潜谷。毛乾乾，字用九，号心易，别号匡山隐者，著作有《易述》，书中引“心易曰”16 次。杨慎《易解》，“升庵曰”10 次，“用修曰”5 次；杨慎，字用修，号升庵。来知德《周易集注》，“来氏曰”2 次，“来矣鲜”8 次，“矣鲜”是来知德的字。来集之《读易偶通》，“偶通曰”19 次，另有“元成曰”2 次，也可能是指来集之，来集之号元成子。管志道《周易六龙解》，“东溟管氏曰”1 次，“东溟曰”10 次，管志道号东溟。杨时乔《周易古今文全书》，“止庵”12 次，时乔号“止庵”。

① 详见翟奎凤《以易测天：黄道周易学思想研究》第六章第二节《黄道周与方孔炤、方以智的〈周易时论合编〉》。

以上引述明人易学家有以下一些特征。黄道周、倪元璐、何楷、黄端伯等皆为忠烈之士，可谓皆殉于大明，多死于抗清，方氏父子亦有此大义心结，对此类文人学者极为敬重；当然，方氏父子与这些人本来也就往来密切，交情甚笃。而郝敬、邓元锡、管志道等人的一个共同点是有心学倾向，对佛老不排斥。另外，黄道周、来知德、杨慎、孙慎行等人易学的一个相似点是重视象数，提倡实学，反对空谈性理。这些也都从一个侧面反映了方氏父子的易学思想特征。

当然，作为《时论》的作者方孔炤、方以智本人的观点在著作中也是非常之多的。全书"潜老夫曰"172 次、"《潜草》曰"14 次：方孔炤，字潜夫，《鹿湖潜草》为其著作之一。另外，书中"时论曰"57 次，多是一卦之总结性话语，这也是方孔炤所作。书中"智曰"197 次、"智按"42 次，皆为方以智。书中引述方以智祖辈的著作有：方孔炤的祖父方学渐的《易蠡》，"《蠡》曰"18 次，另有"明善公曰"4 次，"先明善曰"1 次，"明善先生"为方学渐的外号。方学渐是方家易学的奠基人。方学渐长子方大镇有《易意》《野同录》，书中"《野同录》曰"80 次，"《野同》曰"2 次，"《意》曰"233 次。方大镇之弟方鲲《易荡》，书中"羽南曰"10 次，"羽南"为方鲲的字。另有方以智堂兄方鸦立，字子建，号竹西，书中引"竹西曰"4 次。书中还有"玉峡公曰"1 次，"玉峡公"为方学渐儿子方大铉；方大铉字君节，号玉峡。方以智的外祖父吴应宾在书中被引述的也较多，吴应宾，名观我，门人私谥宗一先生，又有"三一公"之称，著有《学易斋集》，书中"宗一曰"12 次，"观我氏"3 次，"观我公"2 次，"《三一稿》曰"1 次。左锐又名左藏一，他是方以智的好友，书中"藏一曰"21 次，另书中有"一曰"（82 次）也可能是"藏一曰"的简称。

王宣是方以智非常敬重的老师，书中有"《遡》曰"148 次，《遡》指王宣的易学著作《风姬易遡》，另书中还出现"虚舟"数次，虚舟为王宣的号。白瑜，别号石塘老人，他也是方以智的老师，书中"石塘子曰"多次。戴移孝为方以智好友，书中"移孝"曰 3 次。

此外，《时论》一书有些引用频率非常高的著作，考证起来相当困难。如全书引用"《宜》曰"达 221 次，"宜"到底是指谁或哪部书呢？《蛊》九二有引"《宜》"曰"蛊干而亲之失彰，故悔。子之道蛊，故无咎。爻曲体孝子之心，传直揭干之之道”[①]，钱澄之《田间易学》引此句完全相同[②]，但是作“《易宜》曰”。论《蹇》初六，《周易时论合编》引《宜》曰：

《易》往来不穷之谓通，《蹇》爻四言往来，便不穷而通，爻皆先言往蹇，正是竭力经营处，来正所以为往计，故“来反”者就二，二为王臣，就二即就五；“来连”、“来硕”者就三，三与五同德，而当任就三，所以就五，九五朋来，正诸爻所谓来也。[③]

《田间易学》论《蹇》初六，也引“易宜曰”：

《蹇》之爻言往来者四，诸爻皆先言往蹇，正是竭力经营，其来所以为往计，故三之“来反”者就二也，二为王臣，就二即所以就五。四之“来连”，上之“来硕”者，就三也，三与五同德而当任，就三亦所以就五，至九五曰朋来，正诸爻所谓来也。[④]

这两段引文有些小的出入，但大体上还是一致的。方以智《药地炮庄》卷四外篇也有一处引《易宜》曰“泰否一包，杂卦一决…”[⑤]。这些都表明《时论》中的“《宜》曰”就是“《易宜》曰”。《时论》渐卦六二引“《宜》曰”有“用修训堆者是”[⑥]句，“用修”为明代杨慎的字，这说明《易宜》是明代晚期的著作，但作者为谁，尚待考证。鉴于很少有其他易学著作引用《易宜》，这也说明《易宜》的作者大概就是在方以智、钱澄之的亲密朋友圈中。

《时论》引“全曰”66次，查明代易学著作有卓尔康《易学全书》五十卷、杨时乔《周易古今文全书》二十一卷，鉴于杨时乔的著作曾以其号“止庵曰”的形式被引用，那么“全曰”也很有可能指其《周易古今文全书》。另外，书中有“一一曰”84次、“玄同曰”58次，“导曰”29次、“集曰”

---

① 《周易时论合编》卷三，第288页。

② 吴怀祺校点，《钱澄之全集·田间易学》，黄山书社，1998，第308页。

③ 《周易时论合编》卷五，第388页。

④ 吴怀祺校点，《钱澄之全集·田间易学》，黄山书社，1998，第432页。

⑤ 方以智著，张永义、邢益海校点，《药地炮庄》，华夏出版社，2011，第243页。

⑥ 《周易时论合编》卷七，第458页。

57 次、“一一集曰”19 次、“一集曰”7 次，殊难考证[①]。

三 《时论》中的方氏解《易》特色

方孔炤、方以智解《易》的一个突出特征是重视源于邵雍先天易学思想的方圆图。方孔炤论《鼎》卦就说“圆图《鼎》、《大有》正峙，不易之恒也”[②]，在先天圆图中，南上方位，《乾》、《姤》峙、《夬》与《大过》峙、《大有》与《鼎》峙，在方氏看来，圆图中相峙的卦有意象关联。方以智进一步结合方圆图发挥《鼎》卦之义说“圆图《鼎》与《大有》峙，顺命即凝此命也，方图《鼎》与《井》峙，井养亦此鼎养也”[③]。“顺命”指《大有》卦大象辞“君子以遏恶扬善，顺天休命”，“凝命”指《鼎》卦大象辞“君子以正位凝命”。在方图中，《鼎》与《井》对峙，两卦皆有“养”义。同时，方氏还把圆图诸卦与十二地支对应起来，这样诸卦与节气也有了关联对应，如方以智说“圆图《升》在未方，而《萃》交戌”[④]，又说“《升》在方图之东，而转于圆图之西南，正坤役养之地”[⑤]，这里又结合了后天八卦坤居西南之义。方以智还说“《无妄》与《升》当立春立秋，犹《泰》《否》

① 笔者曾就这些问题向学界的一些方以智专家请教，中山大学哲学系张永义教授在回信中认为：

“一一曰”应该是方以智假托的名字。《东西均》开章有这样一段话：“‘吾道一以贯之’与‘一阴一阳之谓道’，三‘一’者，一一也。”三个一皆是即体即用、费隐不二之一，所以“一一”非常合乎方氏学说的精神。《损》卦六三注有“一一曰：此三即一、一即三之表法也。男与女也，君与民也，道与法也，浑然与森然也，皆此举一明三，而究止有一实之道也。”《恒》卦大象注有“一一曰：一切皆坏，而所以然不坏；所以者不坏，则一切皆不坏，此通论也。有形必坏，声气不坏……此质论也……此冒恒也。冒恒必用于细恒中。”表法、举一明三、止有一实、声气不坏、通论质论、冒细等都是方以智经常使用的术语。

“一曰”很可能是“藏一曰”的省称，并非笼统指一说。《药地炮庄》就经常这样使用。据方孔炤自述及方以智庐墓时的一些文字，知道左藏一和钱澄之都曾参与过《时论》的编纂工作。“集曰”不一定是指某部著作，很可能是“汇集”或“汇编”的意思。蒙卦六四下有双行小字“竹西集曰”。竹西是方豫立的字，也就是方孔炤说的“从子建诒辈间过径中”的方子建。下面所引文字可能就是方子建收集的，并不一定是子建所说。同理，“一集曰”可能是“左藏一”收集的，“一一集曰”可能是方以智收集的。方以智《膝寓信笔》中曾提到：“吾郡阮坚之先生，每日读书有課。虽宴客演剧，彼自翻书。余则以囊自随，车中亦可展卷。其有所考，托一友为之，积日而以语我。”我怀疑《时论》《通雅》《炮庄》这类著作可能都是在好多人帮助下完成的。如果真是这样的话，那些“集曰”就比较容易理解了。

② 《周易时论合编》卷七，第 446 页。

③ 《周易时论合编》卷七，第 446 页。

④ 《周易时论合编》卷六，第 416 页。

⑤ 《周易时论合编》卷六，第 424 页。

之立夏立冬也”[①]、“《明夷》与《无妄》介于冬春，此帝出之关也，即忧惕之场也，惟危乃微，而无妄日新矣”[②]，这些实际上都是把圆图诸卦看作卦气的流变，而且此卦气与卦象卦义也有密切关联。

《易经》六十四卦，上经三十卦，下经三十四卦，若以反复视为一卦来论，则上经实际上是十八卦，下经也是十八卦，六十四卦可以归约为三十六卦（宫）。方氏父子也常以此来诸卦，如方孔炤说“三十六宫，分为三周，卦中四大，于首周著《大有》，于中周著《大畜》《大过》《大壮》，故《大有》予以元亨，而《大壮》予以利贞”[③]，“三十六宫，分为三周”就是一周十二宫，《大有》在第八宫，《大畜》在第十四宫，《大过》在第十六宫，《大壮》在第二十宫，均在第二周十三宫至二十四宫内，四大卦以《大有》始、以《大壮》终，《大有》曰“元亨”、《大壮》曰“利贞”也与其始终顺序若合符节，两卦合起来恰为《乾》卦辞“元亨利贞”。方孔炤还说“六六分之，则《夬》《姤》为下经中轮之首，以三周分十二则《夬》《姤》为末周之首。曰遇曰决，犹之不食，刚反为阳幸也”[④]，所谓“六六分之”，即三十六宫分为六宫，每宫六卦。三十六宫，可以三分（每宫十二卦），也可以四分（每宫九卦）、六分（每宫六卦）。方以智论《丰》《旅》时说：“以六贞悔收场，而九贞悔，亦以《兑》《巽》为中，以参言之，亦以《巽》《兑》为中，而先倡之以《丰》《旅》，后辅以《涣》《节》也。下经末六之一《丰》一《旅》，犹上经末六之一《剥》一《复》也，以《旅》处《丰》而涣其人物悦物之薪沫，即安其行事讲习之通节矣”[⑤]，所谓“六贞悔收场”，即六六分之，《丰》《旅》在末六宫之首；“九贞悔”，即四分之，每宫九卦，末九宫《巽》《兑》居中，《丰》《旅》在其前、《涣》《节》在其后。

方氏父子还常以“换爻”论诸卦，这一点方以智的老师王宣也多论及，如王宣说“三阴阳卦从《否》《泰》变，《否》《泰》具乾坤之体者也，《随》《蛊》乃初上换爻者也”[⑥]，因此“换爻”实际上也是一种卦变说，认为三阴三阳卦皆从《泰》《否》变，把《随》《蛊》看作《否》《泰》初爻与上爻

① 《周易时论合编》卷六，第423页。
② 《周易时论合编》卷五，第376页。
③ 《周易时论合编》卷五，第365页。
④ 《周易时论合编》卷六，第404页。
⑤ 《周易时论合编》卷七，第467页。
⑥ 《周易时论合编》卷三，第278页。

互换的结果。方氏父子于此进一步发挥了卦义，方孔炤说"《随》者《否》初终之反也，《蛊》者《泰》初终之反也。《否》《泰》反其类，于换爻而益明矣"[①]，方以智说"《随》《蛊》为《否》《泰》互换之卦，初上最重，此则初重有子之担当，而上重高尚之超越也"[②]。王宣论《困》《井》也说"换爻卦，《困》二上互换，《井》五六互换"[③]，所谓"《困》二上互换"也是认为《困》从《否》卦变来，"《井》五六互换"当误，当是"初五互换"，即认为《井》从《泰》卦变来。其实，《周易时论合编凡例》中，方孔炤认为"易惟变所适"，他列了九种变例，"互换变"即是其中一种，认为《损》卦即是由《泰》卦三上互变而来。

除了"互换变"，还有伏变、迭变。所谓伏变，方孔炤认为如"《屯》《鼎》望对，旧曰正对、错卦是也"[④]；所谓迭变如"方图东北与西南迤对之《夬》《履》《睽》《革》"[⑤]，《夬》上兑下乾，迭变为上乾下兑即是《履》卦。方孔炤说"《丰》迭《噬嗑》而伏《涣》，《旅》迭《贲》而伏《节》，皆言明慎，而《涣》《节》正所以明慎，可通观也"[⑥]，方以智说"《噬嗑》伏《井》而迭《丰》，劳劝井井，宜照天下而法明矣。《贲》伏《困》而迭《旅》，苟能知命而旅处之，岂有文灭质，礼滋伪之忧乎"[⑦]，在方氏看来，伏卦、迭卦与本卦也有着一定的意象关联。

"易有太极，是生两仪，两仪生四象，四象生八卦"，在邵雍先天易学诠释模式里，乾兑为太阳、离震为少阴、巽坎为少阳、艮坤为太阴，方氏也常借此来诠释卦象卦义。如论《临》卦初九"咸临，贞吉"，方孔炤说"圆图春秋二分四卦互用，又太阳兑与太阴坤为《临》，太阳兑为太阴艮为《咸》，二者稚气之道也"[⑧]，为什么《临》初九有"咸"象，方氏认为《临》《咸》皆为太阳、太阴结合之卦。论《谦》《豫》，方以智说："横图震中坤终，豫乃折半之交也。艮坤同为太阴，《谦》乃太阴之自交，而《豫》亦在太阴八卦之中者也。故《阴符》、黄老皆主谦道，以后为先。《豫》知大随，而兵几藏焉。圣人知之，故和礼以乐，而动止皆顺矣。上经至《豫》，亦折半之中

---

① 《周易时论合编》卷三，第 278 页。
② 《周易时论合编》卷三，第 290 页。
③ 《周易时论合编》卷六，第 425 页。
④ 《周易时论合编》凡例，第 13 页。
⑤ 《周易时论合编》凡例，第 13 页。
⑥ 《周易时论合编》卷七，第 467 页。
⑦ 《周易时论合编》卷三，第 307 页。
⑧ 《周易时论合编》卷三，第 292 页。

也”。“横图”即先天方圆图中的横图，震居四、坤居八，故震中坤终，《豫》为其“折半之交”，以三十六宫来论，上经十八宫，《豫》为第九宫，也是“折半之交”。当然，艮、困同为太阴，故《谦》为太阴自交，所谓“《豫》亦在太阴八卦之中”，这是以《豫》在坤宫八卦之故。方以智说《观》为太阴之卦，也是以《观》在坤宫八卦之故。与《谦》同样，《剥》也是太阴自合之卦，方孔炤说“君子以安夜气之宅焉”。

总的来看，方氏易学一个最大特色可以说就是重视邵雍先天易学及其先天方圆图，方孔炤在凡例中也突出这一点说“近有信后天图而不信先天图者，岂知一切生成，处处皆此图耶！来矣鲜、黄元公止以京变言错综，岂知处处皆错综乎?”[①] 先天八卦及方圆图贯穿在方氏解《易》的始终，如论《讼》卦，方孔炤说“居战劳之交者讼乎？乾职战而既旋于西北，坎职劳而流注于东南，先天乾一坎六，后天坎一乾六，相违而行矣”[②]，这就是结合先天八卦与后天八卦方位的变化来论的。方孔炤综论《小畜》《履》说：“先天竖圆，乾尊位上，右巽左兑，故六坎交乾坤后，巽兑交乾以为序。后天巳亥，乾巽可轴，而自巽至兑以为用”[③]，这也是结合先天、后天八卦方位来发挥的。方以智的业师王宣论《履》卦也说：“先天乾兑同太阳，后天乾兑同金，伦常一体，严和内外，是礼所以一阴阳也。”[④] 应该说，这些结合先后天卦位变化来诠释卦象卦义有其精彩独到之处。与推重邵雍先天易关联的是，方氏易学也重视河图、洛书，如方孔炤论《坤》卦说：“河图坤一在北，洛书坤二在西南，乾用二土，互为终始者也。自北东而南西顺也，自西南而东北逆也。物先得而后丧其所得，乃为当得。先迷于得而后得其不迷，谁知其主乎?”[⑤] 方以智论《兑》卦说：“河图四九，西金数足，义利成坤，而归于乾刚，圣人之始终条理，振时习之铎，此其象哉。”方孔炤在凡例中也说：“两间物物皆河洛也，人人具全卦爻而时时事事有当然之卦爻，无非象也。”在方氏的易学思想体系中，河洛与卦象融为一体。整体上来看，推崇邵雍先天易学，重视河洛象数，这些都是典型的宋易特征。方氏之后，朴学实证的汉学精神兴起，带有玄思色彩的先天图、河洛等象数易学在学界不断遭到质疑，甚至清理。所以，方氏的《时论》一书可谓是邵雍先天易学思

① 《周易时论合编》凡例，第 12 页。
② 《周易时论合编》卷三，第 227 页。
③ 《周易时论合编》卷二，第 238 页。
④ 《周易时论合编》卷二，第 244 页。
⑤ 《周易时论合编》卷一，第 197 页。

想主导下的象数、义理并重，同时又广泛吸纳各种易学学说的一部集大成之作。

后记：本文写作得到兰州大学哲学系彭战果兄惠赐《周易时论合编》word版电子稿说明甚大，中山大学哲学系张永义教授也不吝赐教，特此致谢！

作者单位：山东大学

从康熙六十年《安庆府志》看方志的易学特色*

周　毅

摘　要：易学对于中国传统史学产生了深远影响，这种影响自然延伸至“一方之全史”方志学。易学对于方志的影响主要在于易学的思维方式和易学精神。通过研究康熙六十年《安庆府志》，可以看出，方志中天人合一的整体思维、刚健有为的积极精神以及宣扬伦理道德的伦理特色，体现了易学天道、人道以及实践的统一。方志作为反映地方的产物，其易学特色正说明了易学思想和精神在中国社会是一种渗透到地方的普遍性存在。

关键词：方志　易学　康熙六十年　《安庆府志》

方志在我国起源较早，一般认为始于东汉末年，魏晋以后得到进一步发展，宋元以后，方志编修日益增多，明清时期达到鼎盛①。但对于方志的性质，历来众说纷纭，难有定论。直至清代章学诚提出“方志乃一方之全史”②，明确指出方志的史裁性质，确定了方志在史学发展中应有的地位。而在中国学术传统中，史学与易学一直关系密切，易学对中国传统史学的产生、发展都有重要影响③。从易学角度认识方志，则易学对史学的影响亦必然体现在方志学之中。

吴怀祺在《易学与史学》一书中，从学术史的角度将易学与史学的关系总结为“三种模式”，即以史证易、以易说史和以易解史。并指出真正能够说明易学与史学相互联系与影响的模式是以易解史，就是“以易学的思维方式认识人类历史④”，认为易学对史学最主要的影响还是在于，易学的思维方

---

* 本文系安徽省教育厅重点基金项目“方宗诚史学思想研究”（项目号：SK2013A100）阶段性成果。

① 仓修良：《章学诚的方志学——章学诚史学研究之五》，《文史哲》1980 年第 4 期。

② 章学诚：《丁巳岁暮书怀投赠宾谷转运因以志别》，《章学诚遗书》卷二十八，文物出版社，1985，第 317 页。

③ 吴怀祺：《易学与中国史学》，《南开学报》1997 年第 6 期。

④ 吴怀祺：《易学与史学》，中国书店，2004，第 5 页。

式对于史家认识历史、研究历史以及中国史学本身发展历程的影响。其实，易学思维方式和易学精神不仅对于中国传统史学，且对于中国整个传统文化都有着深远的影响。

从史学思想的角度看，易学思维和精神对于方志学的影响可以体现在以下几个方面。本文拟以康熙六十年《安庆府志》[①] 为例来进行解读。

一　天人合一的整体思维

“天人合一”四个字，虽直到北宋张载才明确提出来，但“天人合一”的观念却很早就有了，最早明确地出现于《周易》中。《系辞》曰：

> 《易》与天地准，故能弥纶天地之道。仰以观于天文，俯以察于地理，是故知幽明之故。原始反终，故知死生之说[②]。

所谓“观于天文”“察于地理”，便是将天地人联系起来思考的“天人感应”观念，这种重视考察天人之际的整体思维方式是易经最显著的一个思维特征。这种整体思维特征反映在方志学中，较多地体现在方志中地理类篇目对自然灾害的记录里。在中国传统史学思想中，自班固创立《五行志》，便将灾异与现实的政治人事联系起来，这种天人感应的灾异思想不仅影响到了后世正史的相关论述，更是影响到方志的编纂。甚至在北宋以后的正史里去除了“事应”和“祥瑞”的部分，方志却还一直到清代都保留了相关的内容[③]。

在很多方志的《地理志》或《风俗志》中都设有“祥异”篇，主要记载当地自古以来的一些自然灾害和奇异现象。如康熙六十年《安庆府志》中“祥异”篇：

---

① 清康熙六十年（1721），安庆知府张楷主持纂修《安庆府志》32卷。2007年，在安庆市政府支持下，安庆师范学院（现更名为安庆师范大学）及安庆市地方志编纂委员会开始共同校点整理康熙《安庆府志》。此次整理以安庆市图书馆藏康熙六十年刻本为底本，辅之以《中国方志丛书》影印本，并以现存明清安庆府郡志和安庆府属怀宁、桐城、潜山、太湖、宿松、望江六县县志等相参校，历时两年，于2009年于中华书局出版清康熙六十年《安庆府志》上下两册。本文所引康熙六十年《安庆府志》均是此版本。

② 张涛注评，《周易》，凤凰出版社，2011，第265页。

③ 王建华：《文本视阈中晋东南区域自然灾异——以乾隆版〈潞安府志〉为中心的考察》，《山西大学学报》（哲学社会科学版）2012年第4期。

鲁自隐迄哀，二百四十年间，灾异叠见，其君臣若罔闻知，孔子所以惧，《春秋》所以作也。今《皖志》“祥异”，亦颇仿《春秋》例，其为鉴之意亦同。后之为政者，以不必知为本而鉴之为勿忘有事。其庶几乎[①]！

此处明确指出，所谓“祥异”，显然不是简单地记载一些自然现象，而是将灾异与现实的政治联系起来，其记载自然灾害的表象背后，其实是有政治含义的。

康熙六十年《安庆府志》“祥异”篇记载的起止跨度从汉至清康熙六十年。从汉至元朝，记载“祥异”次数均较少：西汉的仅 1 条，东汉的仅 3 条，唐代的亦不过 10 条，宋元的也都在 20 条左右。而至明代，陡增至 67 条，几乎占整个“祥异”篇幅的一半。这其中虽有年代越近，材料越易留存的原因，但更主要的还是政治原因。综观明代 67 条记载，多为“大雪”“大雨”“蝗”“旱”“大饥”“大疫”“地震”等自然灾害。记载的一些奇特现象也多不祥，如“（武宗正德）九年甲戌八月二日壬辰，昼晦如夜”，“（世宗嘉靖）二十九年庚戌三月，黄雾四塞”[②]，等等。尤其是对崇祯年间的灾异记载最为详细，除了崇祯四年、六年以及清代明而立的崇祯十七年，崇祯朝每一年都有记载。有关明代的灾异记载尤其是一些不祥的奇特现象基本集中在崇祯朝，如在崇祯元年，有如下记载：

怀宗崇祯元戊辰正月朔，大雷雨。三月，云成无色，有楼阙之状见太湖东南。七月，桐城、望江陨霜，林木房舍结成刀兵状，江湖鱼多冻死[③]。

其他几乎每年都有不祥之兆出现，如“妇生须”“四野鬼哭”“鬼祟大作”“妇人产猿”“野多狐”“白烟三月始散”[④] 等，至于地震、大雨、干旱、瘟疫等自然灾害的记载更是层出不穷。

弘治《徽州府志》“祥异”篇曰：

《传》曰：“和气致祥，乖气致异，人事感于下则天变动于上。”盖天道曰阴阳，地道曰柔刚，人道曰仁义，究极言之，天地人之道一阴阳也。郡邑吏民戴天而履地，率仁由义，则阴阳之气和，不仁不义则阴阳

① 康熙《安庆府志》卷六，第 217 页。
② 康熙《安庆府志》卷六，第 224 ~ 225 页。
③ 康熙《安庆府志》卷六，第 226 页。
④ 康熙《安庆府志》卷六，第 227 页。

之气乖，祥异之致岂能无故[1]？

"祥异之致岂能无故"，祥异的出现必然有其原因。天地人统一于"道"，出现"祥异"的原因还是在于"人事"。作为方志，则将"郡邑吏民"认为是"祥异之致"的原因，"郡邑吏民……不仁不义则阴阳之气乖"，将会导致"异"的出现。

康熙六十年《安庆府志》将明末崇祯描写成灾异频出、民不聊生的末世，是为了说明这些灾异出现的原因是明朝统治的腐败，最终目的还是为了证明清朝取代明朝而立的政治合法性。方志这种"人事"导致"祥异"，并最终由"祥异"来说"人事"的思维模式，正是体现了《周易》将天地人联系起来思考的"天人感应"的整体思维模式。

二　刚健有为的积极精神

易经开篇即为《乾》卦，《乾》卦上卦、下卦均为"乾"，"乾"是天的象征。《乾》卦《象》曰："天行健，君子以自强不息。"[2]"天行健"，天的特性是"健"，运行强健，永不止息[3]。《乾》卦作为易经六十四卦的首卦，也就奠定了阳刚进取作为易经的基调之一。《周易正义》曰：

> "天行健"者，谓天体之行，昼夜不息，周而复始，无时亏退，故云"天行健"。此谓天之自然之象。"君子以自强不息"，此以人事法天所行，言君子之人，用此卦象，自强勉力，不有止息[4]。

易经讲天道与人道的统一，"人事"要"法天所行"，人道源于天道，所以君子应该遵循天道，"自强勉力，不有止息"。

易经作为五经之首，这种阳刚进取、刚健有为的基调，对中国的传统文化产生深远影响。张岱年就认为，易经的"天行健，君子以自强不息"集中表述了中国传统文化的基本精神[5]。

方志作为中国传统文化的重要组成部分，自然继承了易经这种阳刚进

① 弘治《徽州府志》卷十《祥异》，天一阁藏明代方志选刊。

② 张涛注评，《周易》，第4页。

③ 张涛注评，《周易》，第4页。

④ 王弼注，孔颖达疏，李绅、鲁光明整理，《周易正义》，北京大学出版社，1999，第11页。

⑤ 张岱年：《〈周易〉与传统文化》，《周易研究》1991年第1期。

取、刚健有为的精神。这种精神又较为集中地体现在方志《人物志》的纂修上。人是创造历史的主体，无论正史还是方志，自然是以人为主体。章学诚就指出“邑志尤重人物”，人物志传一直在方志中占据突出位置，如最早的《华阳国志》12 卷中就有 7 卷是人物志。明清时期，人物志传更是成为方志的主要内容[①]，很多方志中人物志的篇幅都在 1/3 ~ 1/2。方志作为官方意志在地方的体现，人物志虽主要为响应官方忠孝节义的伦理观念，但也在一定程度上体现了地方人物的精神风貌。尤其是人物志多有“忠节”“忠烈”“贞烈”“义勇”“义烈”等篇目，正是与阳刚进取、刚健有为的精神相契合。这些篇目中多记载了地方官民在国家地方危急关头挺身而出的英勇事迹。

康熙六十年《安庆府志》的纂修者张楷在“忠节”篇开始处便写道：

> 后之言忠者，大抵捐躯狥（殉）难者多，而或忼慨，或从容，总以成不可夺之节，则谓之忠节，良云无愧[②]。

“忠节”篇对于本地“捐躯狥难”的“后之言忠者”，无论官员百姓，“以成不可夺之节”者均有记载。

如明安庆府潜山人王培基，明末崇祯朝太湖县守城参将，康熙六十年《安庆府志》记载：

> 崇祯十五年十二月，贼张献忠袭破城，执培基，欲降之。使之跪，培基不屈，挺立大骂，贼杀之，一门男女四十余口俱遭屠戮[③]。

再如明安庆府桐城人夏统春，崇祯朝黄陂县丞，虽官职不高，亦非武将，仍自觉担负守土职责。抗贼守城失败后，慷慨赴死。康熙六十年《安庆府志》记载夏统春事迹如下：

> 贼执之见伪督，奋然指贼骂曰：“吾累世清白，奉先人忠孝之训，官虽小，皆臣子也。肯从汝反乎?”贼怒，断右手。即以左手指贼，又断之。骂，则割其舌。瞋目视之，则更剜其目。至死犹分首僵起，数示

① 常建华：《试论中国地方志的社会史资料价值》，《中国社会历史评论》，2006 年第 7 卷第 61 ~ 74 页。

② 康熙《安庆府志》卷十七，第 832 页。

③ 康熙《安庆府志》卷十七，第 837 页。

恨贼状，贼肢解之[1]。

其状惨烈之极，今日读来，仍令人震撼。

康熙六十年《安庆府志》还记载了不少士绅民众大义凛然、宁死不屈的事迹。如“忠节”篇所附“死义”篇记载：

（明）怀宁惨遭城溃之变，左师猖獗，元恶陈元芳表里未奸，掳掠杀戮，惨毒不可胜言。一时士民格斗、骂贼、被执不屈而死者，不知凡几，其名皆淹没不可考，然其义气一死，死自凛凛矣[2]。

以上方志中所载，无论官民，其实都只能算是社会中下层的普通人物，但正是这些普通人物能够做到在国家地方危急关头挺身而出，奋力抗争，宁死不屈，更能反映中华民族自强不息精神的普遍性。

三 伦理特色

明清时，方志发展到鼎盛时期，程朱理学也成为方志编纂的主导思想，方志遂成为官方理学教化的重要工具。程朱理学的核心是伦理纲常，讲天道在人伦中的实践，其理论基础正是来源于易经。《系辞上传》开篇就说道：

天尊地卑，乾坤定矣。卑高以陈，贵贱位矣[3]。

《序卦传》也说道：

有天地，然后有万物；有万物，然后有男女；有男女，然后有夫妇；有夫妇，然后有父子；有父子，然后有君臣；有君臣，然后有上下；有上下，然后礼义有所错[4]。

易经重视天道与人道的统一，“天尊地卑，乾坤定矣”，所以相应地人间尊卑贵贱的伦理关系也就有了依据。《家人》卦《彖》曰：

家人，女正位乎内，男正位乎外。男女正，天地之大义也。家人有

① 康熙《安庆府志》卷十七，第835页。
② 康熙《安庆府志》卷十七，第839页。
③ 张涛注评，《周易》，第263页。
④ 张涛注评，《周易》，第298页。

> 严君焉，父母之谓也。父父、子子、兄兄、弟弟、夫夫、妇妇，而家道正。正家，而天下定矣①。

“天尊地卑”之道，决定了“父父、子子、兄兄、弟弟、夫夫、妇妇”的伦理纲常，如此，才能“家道正”，从而进一步达到“天下定矣”的社会状态。儒家“修身齐家治国平天下”的理论正是来源于此。

可以说，程朱理学是有着深厚的易学底蕴。朱熹作为理学之集大成者，提出“太极，理也”，认为理学的最高范畴“理”与“太极”相通，指出了理学的易学渊源。而方志作为宣扬理学教化的工具，自然也有着深厚的易学特色。康熙六十年《安庆府志·人物志》设“理学”篇，也在开篇梳理了理学对于易学的继承关系：

> 自庖羲一画，而理、气、数俱以象告，即《易·系》之“太极”也。尧舜继以十六字，引造物之原归之吾心，取吾心之理名之曰“道心”，其气以成形，不能无杂，则名之曰“人心”，又取吾心之理之极而命之曰“中”，而学问出焉，体用合焉，曰“精”、曰“一”、曰“允执”。周之文、周继之，于《易》，则《彖》、《象》；……厥后，有宋五子继之……若朱子之书，博大精微，无所不有，较孟子殆几过焉，而道统不易矣。至本天之学，则《易》称《天则》，《书》称“天之明命”，而《中庸》所谓“无声无臭”之本体，又恍以象告矣②。

作为官方意志表达的载体，方志受官方理学观念的主导，也就同时成为官方宣扬理学观念的工具。如康熙六十年《安庆府志·人物志》设“理学”篇，便是明确表达对程朱理学的推崇和宣扬。“理学”篇选择人物自然也是符合理学伦理道德标准的。其中所载，有孝顺父母者，如明安庆府怀宁太学生游于诗“好理学，诗亲孝，日夕侍膳，亲食然后敢食，委屈承欢，至老不懈③”；有和睦兄弟者，明安庆府怀宁郡庠生张映奎“以孝悌闻。让产于兄，且独任养事④”；更有致力于宣扬理学者，如清安庆府桐城人王瑜“所志在穷理尽性，发明先圣之微言，视功名富贵泊如也⑤”，等等。

---

① 张涛注评，《周易》，第157页。

② 康熙《安庆府志》卷十七，第822页。

③ 康熙《安庆府志》卷十七，第823页。

④ 康熙《安庆府志》卷十七，第824页。

⑤ 康熙《安庆府志》卷十七，第826页。

康熙六十年《安庆府志·人物志》除设“理学”篇外，还设有“忠节”“孝友”“笃行”等篇，其目的，正如“笃行”篇所说：

> 今皖志所载多此，良亦风世化俗，不容废也。《诗》曰：“高山仰止，景行行止。”吾愿勉之，愿与皖人俱勉之①。

都是通过树立符合理学标准的榜样，宣扬伦理道德。而对理学伦理的宣扬，尤以《烈女志》为甚。儒家五伦以夫妇为始，在夫权压迫之下，对女性的教化成为理学伦理教化的重要环节。康熙六十年《安庆府志》在《人物志》之外单独设置了《列女志》，分为“原祀贞烈（附祀名宦贞烈）”“烈妇”“贞女”“节妇”“孝慈”5个篇目。《列女志》虽仅两卷，但篇幅近乎全书十分之一，可见重视程度。

在《列女志》中，纂修者张楷两次引用易经来阐述自己的伦理观点：

> 《易》曰：“妻道无成。”又曰：“无攸遂，在中馈。”②
>
> 《易》曰：“坤，地也，故称呼母。”又曰：“万物资生。”又曰：“故致养焉。”故家之发祥，每于母乎③？

于此也可看出，作为方志的编纂者，其理学伦理思想的易学基础，而这正从另一方面说明了方志重视伦理的易学渊源。

综上所述，方志的易学特色，正是易学整体思维特征的体现。讲天人合一，由祥异讲人事，由自然秩序讲到社会秩序；讲刚健有为，“人事”要“法天所行”，所以君子应该遵循天道，“自强勉力，不有止息”；讲伦理，是天道在人伦中的实践运用。这都体现了易学天道、人道以及实践的统一，构成了一种整体的生命哲学。易学这种整体的生命哲学被儒家所继承发展。方志作为反映地方的产物，其易学特色正说明了易学思想和精神在中国社会是一种渗透到地方的普遍性存在。

作者单位：北京师范大学

① 康熙《安庆府志》卷十八，第875页。

② 康熙《安庆府志》卷二十一，第1052页。

③ 康熙《安庆府志》卷二十二，第1165页。

从《顾颉刚日记》看易学家顾颉刚与高亨的交游[*]

张玲莉

摘　要：顾颉刚、高亨二人作为中国20世纪易学研究领域中举足轻重的人物，学界对两人易学研究成就关注较多，而对两人的交游却未有着墨。《顾颉刚日记》篇幅浩大，通过爬梳、整理，发现顾颉刚以其视角记载了他与高亨的交游，两人最开始应当相识于北京，频繁交游主要集中于1956～1957年和1963～1964年两个阶段，后来，由于工作调配和“文化大革命”，两人渐行渐远。两人的交游形式则由最初较为拘谨的餐会逐渐变得多样化，写信、主动拜访、面见畅谈等，尤其是频繁期中两人交游呈现一片和乐之象。而顾颉刚多次病痛中都手握高亨易学相关著作，尤为值得关注。只惜，1977年，人民大会堂国宴中顾颉刚未见高亨，心生感慨，两人交游戛然而止。

关键词：易学　顾颉刚　高亨　《顾颉刚日记》

《周易》为群经之首，是我国现存最古老的文化经典之一。易学思想是中国传统思想文化的主流。作为一门古老而又常新的学问，对易经的研究也源远流长，历来不乏优秀学者和高质量成果。20世纪中国易学史上，曾出现两位易学研究大师——顾颉刚和高亨，两人相差七岁。笔者近期在阅读《顾颉刚日记》的过程中，发现顾、高二人有所交游，但学界并未就此主题进行过专题研究。学界着重对顾、高二人各自的易学研究等其他学术成就予以了较为充分的关注，一定程度上忽略了二人的学术交游。那么，两人交游的脉络如何？交游的形式有哪些？在中国历史大变革之际，两人的关系前后是否有变化？两人是否就彼此都关注的易学研究做过交流探讨及是否对各自产生

* 本文系北京市社科基金重点项目“易学思想与儒释道文化融合”（项目号：16ZXA001）、国家社科基金重大项目“‘群经统类’的文献整理与宋明儒学研究”（项目号：13&ZD061）阶段性成果。

了影响？这些问题对于推动有关顾、高的人物研究以及20世纪中国易学研究都有着至关重要的意义。社会和学术交游对于个人的际遇生活、学术研究等方方面面都有可能产生微妙影响，因而梳理顾、高二人的交游实属必要。而《顾颉刚日记》以其独特的史实性和趣味性，为我们探究学人之间的交游提供了契机。所以笔者尝试以《顾颉刚日记》中有关二人的交游记载作为主要材料，辅以《顾颉刚年谱》和高亨部分生平经历，以年为编，按条目整理出《顾颉刚日记》中所呈现的二人交游概况，以便于更全面地理解20世纪的两位易学大师的易学成就。

在正式梳理前，先对顾颉刚、高亨二人的个人情况和易学成就做简要介绍。

顾颉刚（1893—1980年），原名诵坤，字铭坚。中国现代著名历史学家、民俗学家，现代历史地理学和民俗学的开拓者、奠基人，顾颉刚作为古史辨派的创始人，其学术成就、学术思想、学术风格对20世纪中国学术界的影响巨大。而对中国最古老的智慧——易学，顾颉刚也予以充分关注，用力甚深。显然，在现代易学的发展过程中，顾颉刚是重要的代表人物。其主要撰述了《周易卦爻辞中的故事》《论〈易系辞传〉中观象制器的故事》《论〈易经〉的比较研究及〈彖传〉与〈象传〉的关系书》等论文，而《古史辨》第三册则主要收录了有关《易经》《诗经》的研究成果。从学界对顾颉刚易学成就的探讨看来，其易学研究主要是对《周易》的成书年代、作者及《周易》思想等方面的考察和分辨。斯满红认为顾颉刚的易学研究不同于传统研究路径，“在强烈的反传统意识的指导下，顾先生明确了实现‘从圣道王功的空气中夺出真正的古文籍’的研究目标，确立了‘破坏而建设’的研究立场，开出了一条将《周易》文献当作客观史料，对其里面的故事进行实证研究的‘外在’研究路向”，[①] 这样的研究路径彰显了中国传统历史研究重视“求真”的宗旨，促进了易学研究的客观化，顾颉刚“开创了一个以构建上古真史为目标、探求真知为信念、转经为史为识度的以史治易的新范式”。[②] 在肯定顾颉刚于易学研究方面做出的新贡献时，学界也同时注意到了其研究方法也存在一些缺陷，如在考释某些问题时出现错误，[③] 或者“对进入易学堂奥方面则存在一定不足”等。[④]

---

① 斯满红：《论顾颉刚易学研究的进路》，《周易研究》2008年第2期。

② 斯满红：《论顾颉刚走出经学羁绊语境中的以史治易》，《周易研究》2009年第3期。

③ 梁韦弦：《顾颉刚先生的〈周易〉经传研究》，《周易研究》2013年第3期。

④ 斯满红：《论顾颉刚易学研究的进路》，《周易研究》2008年第2期。

高亨（1900—1986 年），初名仙翘，字晋生。中国现代著名古文字学家、先秦文化史研究和古籍校勘考据专家，著有《孔子与周易》《周易杂论》《周易古经通说》《周易古经今注》《周易大传新注》等多部有关易学研究的经典作品。1963 年，高亨应邀出席中国科学院社会科学部委员扩大会议，会后得到毛泽东的接见和鼓励，源于此，高亨回到山东后给毛泽东寄去了六本著作，其中包括《周易古经今注》《周易杂论》，可见其学术研究成果中易学研究的重要地位。王长红在比对高亨、黄寿祺二人易学研究成就时指出，高亨“从 40 年代出版《周易古经今注》至 80 年代的《周易大传今注》，易学研究可谓终其一生”，此番论断正道出了高亨在 20 世纪中国易学发展进程中的突出贡献。对其易学研究成果、治《易》特点总结全面且详致者，一是高亨学生董治安，一是苏丽娟。在董治安看来，高亨“40 多年来走的是一条与前儒有所不同的治《易》道路。他坚持‘以经观经、以传观传’，和‘讲《易经》不谈象数，讲《易传》不滥谈象数’，体现了对传统治《易》观念与实践的突破、创新”。[①] 而其在总结高亨学术的开拓创新之处时，其中两点是关于治《易》的，即“‘以朴释玄’的治《易》原则”和“《周易》‘取象’与《老子》‘谈玄’的比较”[②]，苏丽娟以《高亨先生〈周易〉研究述论》为题，撰写了硕士学位论文，包括高亨的生平、《易》学成就、治《易》特点的总结及评价等内容，较为全面丰富。[③] 高亨的易学研究也并非毫无缺憾，姜文华即认为“高亨没有做到真正的挖掘象数易学，缺乏对象数易学宇宙论的科学诠释”。[④]

由以上简要介绍和总结来看，顾颉刚、高亨二人确为二十世纪中国易学研究上举足轻重的人物。藉由《顾颉刚日记》独特趣味性和史料价值，梳理顾、高二人之间的社会交游与学术交流情况，以期在此基础上为其他相关学术问题提供一个新的视点是此文努力的方向，例如是否可从二人交游路径中看出各自易学研究方面的特点，包括异同差距所在及原因？彼此对对方的易学研究是否给予过相关评价以及对治《易》方法的影响？这些问题值得思考，若是有可能解决当然更好，若无法解决至少我们从此种视角尝试过。此

---

① 董治安：《高亨先生及其〈周易〉研究——纪念晋生师逝世十五周年》，《文史哲》2002 年第 1 期。

② 董治安：《高亨先生及其学术成就》，《古籍整理研究学刊》1993 年第 3 期。

③ 苏丽娟：《高亨先生〈周易〉研究述论》，山东大学，中国古典文献学硕士研究生，2009。

④ 姜文华：《高亨先生易学研究述评》，《重庆理工大学学报》（社会科学）2014 年第 28 卷第 9 期。

文撰写方式需说明如下：

1. 文章以年为编，凡是顾氏《日记》中载有高亨内容的条目皆录入，《日记》原文内容以不同字体标示，并以脚注形式标注出原文出处；

2.《顾颉刚日记》一般是按早中晚分三段记载，为显示时间，故摘录时一般保持全天日记；

3.“按”为笔者就日记内容与《顾颉刚年谱》对二人交游进行的阐述及观点表达。

《顾颉刚日记》卷三

一九三五年

八月二十号星期二

六时起，整理书物。到校印所。七时半乘人力车与履安回城。与子臧同到院长室。记日记六天。

到大美番菜馆吃饭。三时归。与仲良谈。校《禹贡》。宝德堂李君来。寿彝来。芸圻来。张璇来，为写适之先生信。文通来。

到煤市街丰泽园吃饭。访锡永未遇。

今午同席：徐旭生　黎劭西　罗雨亭　高亨　唐立厂　侯芸圻　向觉明　贺昌群　高间仙　刘叔雅　孙海波　郭绍虞　何乐夫　黄仲良　予（以上客）　刘盼遂　张西堂（主）

今晚同席：卓君庸　魏建功　何乐夫　谢君　杨君　予等凡八人（以上客）李润章（主）①

按：计午餐会餐一次。刘盼遂、张西堂二人为主，在大美番菜馆宴请顾颉刚、高亨等十五人（为客），两人同席。

1931 年“九一八”事变后，高亨任职的东北大学迁来北平（今北京），而当时顾颉刚在燕大、北大任职，居于北平。两人得以有机会接触，但两人具体相识的时间尚有待考证。1935 年顾颉刚日记中有关两人交游只有此次会餐，并且是经由刘盼遂、张西堂组织的宴会，很有可能二人最初相识是经由他人介绍。

---

① 《顾颉刚全集·顾颉刚日记》卷三，中华书局，2010 年，第 380 页。以下所用《顾颉刚日记》均为此版本，不再赘述。

一九三七年

五月五号星期三

到院，看蒙文通《古代民族迁徙考》，正其句读。趟璇来。程枕霞来，为写柯燕龄信。张子文来。徐芳来。筱苏来。

到校。新生二人来。点蒙文通文毕。邬式唐来。高名凯来。谭季龙来。黄绍湘，吴翰来。陈女士来。容媛来。郑庭椿来。

到新陆春吃饭。九时许归，写西山信。

今晚同席：萧一山　马幼渔　黎劭西　谢刚主　陆侃如　李戏渔　高亨　予（以上客）罗雨亭　张西堂　刘盼遂（以上主）①

按：计晚餐会餐一次。罗雨亭、张西堂、刘盼遂为主人，在名为新陆春的餐馆宴请顾颉刚、高亨等八人，两人再次同席。

距1935年日记中记载二人同席用餐几近两年，此年，日记中再现顾、高二人以会餐形式进行交游，且还是经由他人，而其中刘盼遂、张西堂在两次餐会中都出现，可猜知，刘、张二人在顾、高两人早期的相识、交游中起着重要作用，其中一种可能性即是刘、张二人介绍顾、高认识。

《顾颉刚日记》卷四

一九三九年

十月十九号星期四

吃点遇刘硕甫等。到中国交通两银行，取履安所寄款存入。到文书课。李延青来。与白珍到上海食堂吃饭。

写寿彝，高晋生信。斟玄来。锡永来。学思来，为写孟轺信。趟梦若偕欧阳君来。到西山处视疾。到后坝看新屋。遇侯太太。归，陈翰伯来。到方叔轩处。

到金陵大学餐厅，赴全校重要教职员宴。饭毕开会，十时始散。②

按：计写信一次，信件不存。顾颉刚给高亨写信。

从顾潮编著《顾颉刚年谱》中可得知，一九三九年九月初顾颉刚任齐鲁大学国学研究所主任，九月二十二日到成都（1937年私立齐鲁大学因战争迁

---

① 《顾颉刚日记》卷三，第639页。

② 《顾颉刚日记》卷四，第297页。

至成都，直到1947年迁回济南）。而高亨也曾在齐鲁大学任职。由此，大致可推测两人的交游在此期间得以加深。只可惜顾颉刚给高亨所写信件今已不存，不知所为何事。但至少证明二人之间已有信件上的来往。

《顾颉刚日记》卷六

一九四八年

四月十二号星期一（三月初四）

俞子厚同吃点。奋生来。写玉年、鹤天、骝先、季陶信。友琴来同到国民酒家吃饭。同到李德邻家，晤张任民。访树帜，不遇。

回学会，取书送王渭珍处。任乃强夫人来，送《张献忠实录》稿，即翻看。奋生来，同到天津馆吃饭。遇孙培良。与奋生等访树帜，又不遇。访孙辛白。

九时半，到李德邻处，与友琴，凌铁庵，德邻夫人谈。待至十一时，德邻始来。并晤马毅、高亨、蓝文征等。十二时归，又几失眠。

今午同席：友琴　奋生　莹苇　明辅

今晚同席：奋生　莹苇　明辅

两次失眠，精神极坏。

此次国民大会之主要任务为选举正副总统，而总统何人，不言可知，副总统则竞选者有李宗仁、程潜、于右任、孙科、莫德惠等人。蒋畏李逼，而陈立夫觊觎立法院长，因共推孙科竞选，费用则出自CC主持之交通，农民两银行，看来孙必当选。实则如此作法，现政府之塌台乃更速耳。[①]

按：计见面一次。顾颉刚在李宗仁处遇见高亨。

据《顾颉刚年谱》知顾颉刚当时人在上海，任大中国图数据总经理兼编辑部主任、社会教育学院教授、文通书局、民众队伍社事。由此可知，高亨当时亦在上海，并且与李宗仁（字德邻）有一定关系。但高亨于此期间在上海所做何事，以及顾、高二人与李宗仁的具体关系还有待相关史料的挖掘以解决。顾颉刚在日记中记载着对正副总统选举一事的看法，其关心政治，关怀国家社会走势，不知高亨是否曾与其就此类政治问题交换过相关看法。

---

① 《顾颉刚日记》卷六，第272页。

《顾颉刚日记》卷八

一九五六年

七月十六号星期一（六月初九）

四时半起。写静秋信。到彝初先生处。到所，参加第一所第一次所务会议，自九时至下午一时。到萃华楼饭。

与谷城等同到西苑大旅社。访起潜叔，未值。到苏联展览馆餐厅，参加哲学研究所召集之整理古籍会议，自三时至六时半。与子植、李埏、厚宣到西苑大旅社，饭。遇程会昌。为李埏写自珍、杨宽、钱海岳信。

与厚宣、中舒、曹绍孔同入城，访陈援庵，不遇。九时归，洗浴。服药，十时眠，翌晨三时半醒。

今日上午同会同席：郭沫若　尹达　翦伯赞　邓拓　徐中舒　张政烺　杨向奎　李俨　张云飞　张德峻　张若达　万斯年　谭其骧　白淑英　易谋远　萧良琼　邓福秋　陈可畏　阴法鲁　周谷城　尚钺　周一良　唐兰　唐长孺

今日下午同会：冯友兰　蒙文通　徐中舒　胡厚宣　高亨　梁启雄　刘盼遂　刘节舒　连景　缪钺　黄淬伯　容肇祖　王维庭　王维城　张恒寿　汪毅　李埏　王利器①

按：计共同参会一次。在苏联展览馆餐厅，顾颉刚与高亨等人一同参加由哲学研究所召集之整理古籍会议，历时三个半小时。顾、高二人为中国古史研究之大家，到此时，两人在相关学术领域已有颇丰成就，两人一同参加古籍整理会议，为学术发展、文化传承提供支持。

八月五号星期日（六月廿九）

七时起。到雁浦家，偕雁浦及其子女到中山公园，看动、植物，遇陆侃如、高亨、张维华、郑鹤声等。饮茶。十二时，到雁浦家饭。

由雁浦子羌奎导至东镇光陆戏院，与丕绳同看济南市京剧一团演《黑旋风李逵》。四时，到蓬莱馆饭。同到范医处针灸。

黄云眉夫人来，赠物。八时即眠，翌晨二时醒，四时起。

今日游散一天，在范医师家扎针时即入睡乡。归后洗身，未至开灯

① 《顾颉刚日记》卷八，第91页。

即上床，竟得一夜自然之睡眠，为自哈尔滨归车后所未有。可见予只要游散与医疗相结合，即可无病。无如生活鞭子紧紧赶着。日前得静秋书，知尚存二百余元，固可延至本月取薪，但决不能更延至下月取薪，在此一月内非得数百元稿费不可，此真说不出之苦痛也![1]

按：计相遇一次。顾颉刚携刘雁浦及其子女到中山公园看动、植物，遇见高亨等人。

八月十八号星期六（七月十三）

校改《魏世家》，未讫。黄云眉来。萧涤非来。云眉夫人及其子、女来。从松江路上山，经京山路、福山路，由大学路归。

眠一小时半。拱辰夫人送桃、鱼来。看《唐宋传奇集》。续写昨致静秋信，讫。到丕绳处，晤陈翠。与丕绳同到范医处针灸。

到晋生处赴宴。九时，与涤非步归。失眠，至十二时半后入眠，翌晨五时许醒。

昨晚得眠六小时以上，今日精神当好，而仍疲惫，何也？今日始服"艾罗补汁"，未知有效否？

今晚同席：陆侃如　萧涤非　王八姨（以上客）高晋生夫妇及其子女峦、英、彦、云等（主）[2]

按：计到高亨处用餐一次。由高亨及其家人做主，邀请顾颉刚等人到其居处用餐。

1935 年、1937 年顾颉刚、高亨的会餐主要是经由中间人安排，多人参与。到此时，两人的会餐形式显得更为亲密，从主、客身份到用餐地点的变化，都显示出二人交游的密切程度已不同往日，在这样的场合下，两人交流程度也愈加深刻。

九月廿五号星期二（八月廿一）

记笔记三则，约四千字。写张又曾信。到科学院休养所，晤高忠坚、吴宜俊、王崇武、叶渚沛。到鲁迅公园小坐。到中山路，买儿童书及绳

---

① 《顾颉刚日记》卷八，第 99 页。

② 《顾颉刚日记》卷八，第 104～105 页。

索。归。到山大医院，就张大夫诊。遇萧涤非。

到郑鹤声处还书，谈。到高晋生处，未遇，留条。到孙思白处，未遇。归，南乔来。到青岛图书馆还书，晤韩宝生。到山大，访赵俪生夫妇，谈至六时别。

与南乔及丕绳夫妇饭，谈。到云眉夫妇处谈。丕绳夫人来理物。失眠。十时服西药，眠至翌晨四时半。

买儿童书，赠南乔、俪生、晋生、鹤声等子女，计十五元余，尚未赠尽。①

按：计主动拜访一次。顾颉刚到中山路购买儿童书后，主动到高亨处去拜访，但高不在家，顾将送高亨子女的儿童书留在住处外，并留下字条说明。

一九五六年，两人共计同会一次、相遇一次、会餐一次、拜访一次（顾颉刚拜访高亨，未能见面，将赠送高亨子女儿童书留下）。此年交游形式增多，会面机会亦增加。整理古籍会议是基于二者的学术研究，从日记记载的细节可看出这也是二人交游的基础和最基本的交际方式。其次，依《顾颉刚年谱》知此年七月下旬至九月下旬，顾颉刚养疴于青岛，借宿杨向奎家。而当时高亨任山东大学（1956年山东大学校址在青岛）教授，故两人得以交游于青岛。顾颉刚到高亨处用餐，主动拜访高亨并送其子女儿童书，可见关系颇为亲密。同在青岛，空间距离的拉近让二人的心灵更加贴合。而青岛也成为两人之后交游一个十分重要的地方。

一九五七年

八月廿五号星期日（八月初一）

写静秋、次君、映娄信。仁之、美锷、季龙来，共商编书事。到李亚农处握别。到王仲荦处谈。到高晋生处谈。到中山路天津馆饭。

到永安戏院，看徐东来《得意缘》，徐东明《奇冤报》。会黄公渚及其女湘畹，同饮冰。遇张玺。到复兴书店购书。到古旧书店购书。六时归饭。

到季龙处，晤董省非。与季龙、仁之、美锷到中山路购物，遇阮鸿仪。十时服药眠，翌晨五时一刻醒。

北京市明来戏剧团为徐东明姊妹所组织。东明唱腔极似余叔岩，而嗓子则过之，拔得起，放得宽，转折如意，今日京剧须生中不可多得之

① 《顾颉刚日记》卷八，第123页。

人才也，简直听不出是女子。东来学于王瑶卿，活泼玲珑，亦是后起之秀。

得意缘：罗生：关韵华小姐：徐东来祖母：徐东祥 乌盆计：刘世昌：徐东明包公：朱玉良张别古：徐永海趟大：张德祥趟妻：新丽华刘升：佟崇湖 判官：常鸣晋①

按：计到高亨处交谈一次。

八月廿七号星期二（八月初三）

校《海外》、《海内》两经。记笔记十则。续点《书经稗疏》十余页。

未成眠。与仁之、美锷同参观水族馆、海产馆，游鲁迅公园。

到春和楼赴宴。到公园买桃。归，洗浴。看《弹指词》。十时半服药眠，无效。十二时再服药，翌晨六时醒。

今晚同席：王起（中山大学教授） 詹安泰（同上） 王瑶（北大教授） 袁家驿（同上） 萧渊巨（山大教授）（以上客） 高亨（主）②

按：计晚餐会餐一次。高亨为主人，在春和楼宴请顾颉刚等人用餐。同席者皆为中山大学、北京大学、山东大学等高校教授学者。

九月十六号星期一（八月廿三）

看《二刻拍案惊奇》约十篇。看张静海《春秋战国时的水利灌溉事业》未讫。到海滨医院，就夏占初医师诊。校《息壤考》讫。

眠二小时。写卢南乔信。

到春和楼赴宴。十时服药眠，翌晨二时三刻醒。又眠，五时半醒。

昨晚睡得不好，今日精神甚差，只得停止工作。到医院，检得血压为148/90，仍较高。上午来往医院皆步行，日光下甚热，以此感疲，午后竟眠至两小时之久，此前所未有也。晚到春和楼，来往皆步行，约十八里，走得满身是汗，以此仅服脑力须亦得佳眠。以此观之，予实须多体力劳动。

今晚同席：予 黄公渚 高晋生（以上客） 萧涤非（主）③

---

① 《顾颉刚日记》卷八，第299页。

② 《顾颉刚日记》卷八，第300页。

③ 《顾颉刚日记》卷八，第309页。

按：计晚餐会餐一次。萧涤非为主人，在春和楼宴请顾颉刚、高亨、黄公渚三人。

从《顾颉刚日记》记载来看，顾颉刚、高亨、黄公渚、萧涤非四人关系紧密，单就顾、高二人有关交游日记内容已可见出四人较为频繁的交游，互相拜访、互为主客宴请等。其中黄公渚（1900～1964）为著名书画家、教授，1946年重返青岛山东大学任教，直至去世。萧涤非（1906～1991），著名中国文学史家、杜甫研究专家，曾于清华大学研究院毕业后到山东大学任教，抗日战争时期去西南联大。抗战胜利后于1947年继续回到山东大学任教。四人的亲密交游与地缘、学术旨趣都有着深厚关联性。

九月廿六号星期四（闰八月初三）

> 继续搜集演讲材料。
>
> 二时半，孟广来至，同到山东大学，晤萧涤非、高晋生、黄公渚、金里等。到大礼堂，为中文系同学讲“诗经的来源问题”两小时半。涤非、公渚、晋生送回。
>
> 到丕绳、南乔处还书。九时，服中药眠。十一时醒，服西药，又眠，翌晨四时半醒。
>
> 今日听讲者约四百人，予喊得嗓子也有些哑了。然夜中竟得佳眠，为前数日所未有。可知活动实与身体有益，一人之生活自当有多方面也。①

按：计护送一次。顾颉刚在山东大学演讲结束后，高亨等护送其回到住处。

在前文，笔者曾提及顾颉刚、高亨、黄公渚、萧涤非四人因为地缘、学术旨趣等缘故关系亲密，此条日记内容再次证明，顾颉刚在山东期间，与高亨为代表的山东区域学者之间建立起深厚的学术情谊。而高亨等也抓住机会，邀请顾颉刚到自身执教的山东大学进行学术讲演。

一九五七年，顾颉刚、高亨两人共计交谈一次（顾至高处）、会餐两次（其中一次高亨为主）、护送归家一次（高亨等护送顾颉刚）。与上一年一样，此段较为集中的交游地亦为青岛。据《顾颉刚年谱》，此年七月十日顾颉刚离京赴青岛休养，住中国科学院招待所。高亨等人依然在山东大学执教，顾、

① 《顾颉刚日记》卷八，第313页。

高的交游在会餐、学术演讲间依然接连不断，愈加紧密。

一九五九年

六月廿七号星期六（五月廿二）

到所，与尹达谈。到礼堂，听刘浩然传达毛主席农业指导及人民公社整社方法，又熊德基、张兆汉发言，自九时至十二时。

眠一小时。到社会科学学部会议室开学习会，讨论供应紧张问题。开至半，予出，到政协礼堂参加文教组会，讨论《蔡文姬》剧，予发言。车中遇陈育麟。邵恒秋来，留饭。

到东安市场板书。归，看高亨《周易通论》。服药两次，十二时眠。九时方醒。

今日上午同会：历史一二所全体

下午同会：张友渔（主席） 徐炳昶 陆志韦 夏鼐 吕叔湘 傅懋勣 郭宝钧 黄文弼 王明 陈述 余冠英 俞平伯 张政烺 胡厚宣 贺昌群 郑奠 巫宝三

下午又同会：胡愈之 傅彬然 李蒸 林仲易 吕振羽 邓初民 张纪元 徐伯昕 陈公培 王伯祥 宋云彬 吴研因 许广平 马正信 李培基 李俊龙①

按：顾颉刚阅读高亨《周易通论》。

在顾颉刚的日记中，可多次看到顾颉刚虽处病痛中，但依然坚持读书作文。而高亨之书常属于其手握之列，可见两人在易学研究方面有过诸多交流。顾颉刚之所以会屡次阅读高亨著作，想必对高的学术很为关注、肯定，阅读其书，对顾自身易学有关方面的研究会有启迪。日记中虽未记载下二人就有关学术研究的具体交流内容，但是他们的学术探讨在会餐、见面、学术讲演等过程中一定未曾断绝。

《顾颉刚日记》卷九

一九六三年

十月廿六号星期六（九月初十）

老鄺来，与昌群、厚宣、政烺同到政协礼堂，参加学部会议，听郭

① 《顾颉刚日记》卷八，第649页。

沫若、周扬讲话。至十二时会散，到政协餐厅，与焦实斋同饭。

遇邓季惺。在政协三楼休息，看毛主席《改造我们的学习》，刘主席《在越南欢迎会上的谈话》。洗浴。三时半，到礼堂，续听周扬“反对现代修正主义”报告，至五时半先出。

与静秋及潮、洪、湲到民族文化宫看话剧。十一时归。十二时服药眠，翌晨五时醒。

今日所晤人：黄云眉　魏建功　王力　高名凯　严群　高亨　杨东尊　朱光潜　吕叔湘　丁声树　刘及辰　容肇祖　侯外庐 白寿彝　翁独健　冯家升　林耀华　傅乐焕

空军政治部文工团话剧团演出《年青的一代》：林育生——林路生　夏淑娟——韩秀黎（林之养母）夏倩如——刘丹（林之未婚妻）　萧继业——趙振涛（林之友）　林坚——王贵（林之养父）　林岚——张蕙英（林之妹）　萧奶奶——王立元（继业之祖母）　李荣生——杜宾（与林岚同上井岗山者）

遇吴研因、程希孟、周亚卫。[1]

按：计相遇一次。顾颉刚等人到政协礼堂参加学部会议，聆听郭沫若、周扬等人讲话，在此期间遇见高亨等。从当时历史背景和所听主题来看，周扬等人已觉知江青对文艺界的粗暴干涉和摧残，因而开始开展有关抵制行动。

十月卅一号星期四（九月十五）

到市人委，与王却尘、吴研因同车到东南郊王四营参观北京市煤气热力公司煤气压缩罐站，听马学亮讲解，出观压缩车间、调节车间、煤气储藏罐、降温水池。十一时许，到北京饭店进餐。与张励生同车归。

未成眠。原孝铨、刘起釪来，出《大诰》所用甲、金文照片见示。为起釪写谷城信。王传恭来，为写文字改革会信。续作《早期尚书表》注文一千六百字。

到北京饭店，访高亨，并晤胡厚宣。与厚宣到蒙文通、徐中舒处。九时归。十时服药眠，上午四时醒。朦胧至六时醒。[2]

（以下为此日正日记后附记）

---

① 《顾颉刚日记》卷九，第754～755页。

② 《顾颉刚日记》卷九，第757～758页。

去年予在政协大会中直陈尹达对我之排挤情状，会后晤陈毅副总理，渠嘱我将一切不方便处与康生同志言之，予当将（下缺）

中国科学院哲学社会科学部委员会第四次扩大会议学科分组名单（摘要）：

哲学一组（四十五人）

艾思奇　刘文珍　李培南　李达　冯定　杨献珍　潘梓年等

哲学二组（三十七人）

冯友兰　关山复　杨荣国　吕潋　陆平　高亨　陶白　严群 赵纪彬　关锋　林聿时　任继愈等

哲学三组（四十三人）

金岳霖　刘刚　胡曲园　贺麟　郑昕　汪奠基　杜任之　匡亚明　张仲实　王子野等①

按：计拜访一次。顾颉刚到北京饭店，拜访高亨。

十一月十四号星期四（九月廿九）

再改《早期尚书表》及《解释》，竣事。写刘起釪信。看赵纪彬《孔墨显学对立的阶级和逻辑意义》。

服药，得眠一小时。磨墨，为赵俪生及其夫人高昭一各写一条幅。赵俪生来。刘起釪来。雁秋、木兰来，留饭。

到北京饭店，访季龙，不遇。到予同处谈。出，到高晋生、徐中舒处谈。九时半归。十时许服药眠，上午四时醒。天明又眠，七时醒。

潮、洪、湲都得学校优良奖状，其勤学苦练可知也。②

按：计拜访一次。顾颉刚到北京饭店拜访高亨，与其进行交谈。

1963年，顾颉刚、高亨两人共计三次面见，其中一次是在会议中相见，另外两次是顾颉刚主动到高亨所暂居之北京饭店拜访。依《顾颉刚日记》得知，此年10月26日至11月16日，中国科学院哲学社会科学部学部委员会第四次扩大会议举行，该次会议“以反修为主，兼及十年科学规划”。顾颉刚从1954年任中国科学院历史研究所第一所研究员，参加此次会议。而高亨从1957年受中国科学院哲学研究所之聘请，兼任该所研究员。两人在此会议

① 《顾颉刚日记》卷九，第758页。

② 《顾颉刚日记》卷九，第766页。

上相遇。从日记内容可推断，高亨应该是从山东大学赶赴过来，住于北京饭店，顾颉刚两次到此拜访，与高亨交谈。依据当时敏感的历史氛围来看，两人除了学术上的交流外，想必也颇为感慨了几分政治环境的风云变幻。也正是此次会后，高亨得到毛泽东的接见和鼓励，源于此，高亨回到山东后给毛泽东寄去了六本著作，其中包括《周易古经今注》《周易杂论》。

《顾颉刚日记》卷十

一九六四年

四月廿八号星期二（三月十七）

又便血。修改《考证》中《流亡东北的殷人》一节讫。李民夫人任翠萍自邯郸来。

未成眠。看李民所钞《大诰今译》，未讫。看高亨《周易古经今注》。齐思和来，长谈。

看《历史教学》四期。服药两次，十二时后眠，上午一时半醒。又眠，七时半醒。

本月廿一、廿二、廿三屡次检查，肛门受有轻伤，今晚作痛。此事固不可经常为之也。

中医谓我“气虚”，西医谓我“功能衰退”，思和云：气即功能，其义一也。西医能治体质性之病而不能治功能性之病，故对予病无术可治。子其常服中药乎?①

按：顾颉刚阅读高亨《周易古经今注》一书。顾颉刚当时处于便血状态，病痛中依然坚持读书作文，而这一次，高亨的著作又一次出现在其阅读清单中。

五月十九号星期二（四月初八）

到西苑医院就诊，大夫不来，看高亨、董治安合著《上古神话》垂尽。十一时四十分就得诊。十二时半回，尹受为煮饭。

未成眠。看《人民日报》平仄《树立一分为二的世界观》。重作《祝融》一节，约二千字。

与李民送尹受回城。与李民在校园散步。到邓恭三处谈。洗浴。静

① 《顾颉刚日记》卷十，第54~55页。

秋白城来。十时半服药眠，翌晨六时半醒。

徐季涵大夫治予肠病从治肺人手，此西医所不能想象者也。此之谓全面看问题。

始闻布谷鸟声，委婉可听。此鸟所鸣，苏州有“家家布谷”、“家中叫化”两说，徐州有“烧香摆供”一说，此城中所不闻。

洋槐花落，镜春园中殆如以氍毹铺地，使人足底芬芳。①

按：顾颉刚阅读高亨、董治安合著《上古神话》，时顾颉刚到西苑医院等待就诊，大夫久久不来，几乎要将《上古神话》阅读殆尽。

此年8月5日前，顾颉刚居于北京，病痛不断加重，与高亨的关联也只能是从其著作中汲取。8月5日经由中国科学院组织，顾颉刚赴青岛休养，再一次能与高亨在青岛这个有缘之地再续友朋之乐与学术情谊。

八月六号星期四（六月廿九）

独至饭厅吃面。车中与石油部刘君及太原工学院机械系主任张志僖谈话。

与三儿同吃饭。三时五十分到青岛，张云弟来接，在站遇张曼筠、刘子衡。到韶关路。吴汉夫来，导至理疗部洗浴。

到武胜关路饭，遇高亨、刘子衡。冒雨归，理书。杜任之来。服药二次，十时眠，翌晨四时醒。

车中闷热不可堪，永在流汗中。夏天出门，真一苦事。青岛已十余日未雨，今日下午三时雷电霹雳交作，大雨如注，然仍不凉。

此次来青岛，系由科学院组织，住入青岛疗养院内之科学院休养区，故予等居韶关路四十九号之七、八两屋，与高亨对门居，与杜任之为楼上下。此间无热水洗浴，只有星期一、三、四可到理疗部洗，又须到武胜关路吃饭，实大不便。②

按：计相遇一次。顾颉刚到武胜关路吃饭遇见高亨等。

依《顾颉刚年谱》此年8月5日由中国科学院组织，顾颉刚赴青岛休养，居住在韶关路四十九号之七、八两屋，恰好与高亨对门居。如此接近的空间距离为二者沟通提供了更为便捷的路径，两人相遇、相见、相谈的次数

① 《顾颉刚日记》卷十，第66页。

② 《顾颉刚日记》卷十，第108页。

频繁增加，想必实际交游时远比日记中记载下来的要多。

八月八号星期六（七月初一）

续看《中国古代社会新研》。到吴晓铃室。访苏秉琦，未遇。到贺昌群处，并晤其子龄字。贺麟来。徐中舒来。与中舒、昌群同到高亨处长谈。中舒、高亨、昌群又同到我室。

未成眠。冯沅君来。到俱乐部看报。

与三儿同到嘉峪关路看电影《差不多》（动画片）及《革命历史歌曲表演唱》。服药两次，十时半后眠。翌晨五时一刻醒。

两日未看报，今日到俱乐部，乃知美帝已轰炸北越，去了卅四架飞机，被击落八架。此事引起全世界之愤怒，北京参加游行者达五十万人。

遇武大教授周大孚，知李剑农先生于本年逝世，年八十余。其双目不明久矣。

昨夜睡不好，今日精神甚觉颓唐。然一上床便觉血液上升，不能人睡，多服药，乃成眠。此间西药少，不易满足予之需要也。[①]

按：计长谈一次。顾颉刚与徐中舒、贺昌群到高亨处长谈后，不知是否因为意犹未尽，几人又同到顾颉刚的居室。如此其乐融融的画面在当时较为混乱的历史背景下显得何为珍贵。而分离两地时，高亨之著作犹常陪伴顾颉刚左右，且常是在顾颉刚身痛病患之时，两人之间的情谊非同一般。

八月十三号星期四（七月初六）

李继年来。水疗。送堪儿至门诊部女医刘大夫处拆缁。高亨偕黄公渚来。吴汉夫来。

略一朦胧。钞写致中华书局信第二遍讫。约四千字。即到邮局寄，适逢休息，退回。写静秋信，未讫。打针。

与湲儿到独健处。看《船长的儿子》。服药二次，十一时后眠，翌晨五时醒。

朝鲜史学家以古朝鲜族曾居我东北，受自尊心之驱使，作“收复失地”的企图，李址麟则系执行此任务之一人。其目的欲将古代东北各族

① 《顾颉刚日记》卷十，第109页。

（肃慎、濊貊、夫余、沃沮等）悉置于古朝鲜族之下，因认我东北全部尽为朝鲜旧疆。今更在东北作考古发掘，欲以地下遗物证实之。而我政府加以优容，甚至考古亦不派人参加，一切任其所为。予迫于爱国心，既知其事，只得揭发。①

按：高亨偕黄公渚到顾颉刚处。1957 年顾颉刚到青岛时，已与高亨、黄公渚等人结下深厚友谊，此次到来，重逢喜乐，更要抓紧机会交流，加之顾颉刚身体抱恙，作为老友怎会不来探望。

八月十五号星期六（七月初八）

赴水疗，遇李珩（晓舫）。水疗毕，到临淮开路一号李珩处谈，并晤其子亚君。出，到俱乐部阅报。到汪奠基处，并晤其新夫人。

朦胧一小时。看《船长的儿子》讫。三时，与堪儿同到公园门口，乘汽车到中山路，入新华书店等处买物。步至车站，雇机器三轮车归。吴汉夫来，送静秋汇款。

冒大雨赴食堂。打针。到刘子衡、高亨处道别。吃西瓜。服药二次，十二时后眠，上午三时醒。又眠，六时醒。

此间韩大夫、续护士均劝予勿吃安眠药，即服亦须少量，以是靳不与予药，近数日殊有断炊之苦。今日尹受取北京医院药寄来，情绪始一松动。予服安眠药已四十七年，如何断得！

骄阳高悬，实不欲出门，惟堪儿已将《一千零一夜》看完，如无他书可看，精神将无安顿处，故为入市购取。然一来回间，汗湿重衣，人亦疲惫矣。

练青返国省亲，将到北京，静秋高兴可知。②

按：顾颉刚到高亨处道别。

1964 年，共计两次提到阅读高亨著作、遇见一次、面谈三次、道别一次，是继 1956 年、1957 年、1963 年之后两人交游的又一个高峰期。青岛，一个连接顾颉刚与高亨的纽带之地，仿佛只要是在青岛，便能见到二人同时出现的身影，见面聊天，畅谈难舍。

---

① 《顾颉刚日记》卷十，第 112 页。

② 《顾颉刚日记》卷十，第 113 页。

一九六七年

七月七号星期五（五月三十中国人民抗日战争三十周年）

本月三日晨三~四时，中央“文革”小组接见文艺院校代表，由戚本禹、金敬迈等发言，劝各校闹革命，业务不可废。谈话中说及林甘泉在运动初期虽犯错误，但今已改造，仍可作文。高亨著书甚多，虽被人定为反动权威，但毛主席说他是革命权威。我们应当分析地看问题，不可一例打倒也。据此，则高在山东大学必曾受打击可知。渠研究古书，不能谓其不破“四旧”也。又杨荣国亦被提出，可见中山大学中亦以彼为斗争对象也。①

按：以上一段话是顾颉刚在当日日记中所写的备注，提到了高亨在“文革”中的处境，高亨著述颇丰，在“文革”期间却被定为“反动权威”，但不过毛泽东一直赞赏高亨的学问，前文提及，1963 年中国科学院哲学社会科学部学部委员会会议后，毛泽东接见高亨，高回到山东后给主席寄去自己的著作。“文化大革命”如火如荼地进行，依《顾颉刚年谱》知顾颉刚此年的任务便是检讨自己的“罪行”，在对自己“罪行”的不断“改写”过程中，也多多少少体会到高亨在山东大学曾遭到的不公待遇，并为高亨辩护，认为“应当分析地看问题，不可一例打倒也”。不管是在此之前顾颉刚经常阅读高亨著作还是此次为其辩护，都可看出在顾氏十分珍视与高的学术情谊，显示出顾氏对高氏学术的关注和肯定，体现了高氏在《易》学研究上的权威地位。显然，顾氏也委婉地肯定了高氏在学术上的影响力，巧妙地否定了高氏学术是“反动权威”的不正论调。1967 年，高亨离开青岛，调至北京。两位友人终于盼来重逢，却不知相逢不得其时。

《顾颉刚日记》卷十一

一九七一年

四月廿九日星期四（四月初五）晴

看报。看穆子书。祝泉山来修面。

倚枕略眠。二时半，张毅彬来，同到二里沟国务院招待所，开会讨论廿四史及《清史稿》标点印行事。自下午三时至五时半，议决将予所

① 《顾颉刚日记》卷十，第 704~705 页。

计划列为第二步，1973 年十月一日向党献礼。出席者有吴庆彤、张毅彬、王济生、谢广生、包遵信、宋云彬、徐调孚、高亨、白寿彝、顾文璧、许大龄、潘如暄等二十余人。如此，一天要平均点出十六卷付印，幸近日大学文科教授除下放者外无事作，可以组织起来，一天点三十四卷。予既承周总理命总其成，更须作有计划之安排，方可竟其功而不致犯病停工也。六时，与潘如暄同回。以久不开会，疲劳就床息。服药眠，翌晨七时醒。

近日咳剧痰多，又洋瓷马桶新装，不能用，以至忍住大便，颇以为苦。①

按：计同会一次。在二里沟国务院招待所，开会讨论二十四史及《清史稿》标点印行事，高亨出席。

一九七二年

日期不明 高亨地址　　安定门外和平里 3 院 2 所 3 楼②

按：顾颉刚记下高亨通信地址，具体时间不明，可能是高亨调至北京后所记，以方便二人通信、走访。但尽管高亨搬至北京，两人的交游却不如当年同处一地时频繁，世事变迁。

一九七七年

九月三十号星期五（八月十八）（人大会堂，国宴，提到未见高亨（原文如下））

看报。看兰大授课笔记。

未成眠。夏作铭来。看报。潮儿自徐水归。早进晚饭。

六时车来，到人大会堂，赴国宴。由服务员扶之上下，九时归。服药四次乃成眠，已十二时矣。

今晚同车：贺麟、吴世昌。

今晚同会所见人：吕叔湘　罗尔纲　钱钟书　俞平伯　侯外庐　尹达　丁声树　翁独健　黄秉维　吴文藻　王昆仑　何思源　傅懋绩　梁漱溟

前两次国宴中所有袁水拍、李希凡、高亨、黄帅等皆不见，而梁漱溟、周扬、夏衍等则被邀，盖以示“四人帮”黑党外一切人皆在团结之

① 《顾颉刚日记》卷十一，第 304 ~ 305 页。

② 《顾颉刚日记》卷十一，第 347 页。

列也。[①]

按：从1964年在青岛一别后，似乎两人相会、畅谈的画面从此不再呈现。1971年廿四史及《清史稿》标点印行会议，高亨出席，但不知顾、高是否有交谈，在那样复杂的环境中言语成为一种困难。1977年国宴，顾颉刚不再见到前两次国宴中出现的高亨等人，“而梁漱溟、周扬、夏衍等则被邀，盖以示‘四人帮’黑党外一切人皆在团结之列也”。面对这样的情境，顾颉刚心中是为高亨鸣不平的。两人的交游在日记中就此戛然而止，完结得多少带些凄凉之感。也许，青岛才是二人的结缘之地；也许，两人的交游更多是以神而交，正如分隔两地时，顾颉刚带病而治中手握高亨的《周易通论》《周易古经今注》《上古神话》。

作者单位：北京师范大学

① 《顾颉刚日记》卷十一，第495页。

凌家滩文化与《周易》*

杨效雷

摘　要：《周易》文化源远流长，《周易》定型后，许多考古文化遗存固然多见《周易》文化的影响；《周易》定型前，许多考古文化遗存亦多见《周易》文化的渊源。凌家滩祭坛反映了《周易》天人观，凌家滩墓葬反映了《周易》尚中观，凌家滩玉版、玉龟反映了《周易》卜筮文化和八卦的起源，玉鹰、玉蝉等则反映了《周易》阴阳观和洛书十五之数的渊源。

关键词：凌家滩　周易　祭坛　墓葬　玉器

1987年6月、11月和1998年秋季，安徽含山县凌家滩村遗址先后进行了三次考古发掘，发掘面积约2150平方米，发现祭坛、墓葬等遗迹，玉器、石器、陶器等遗物。2006年由国家社科基金资助出版了凌家滩遗址的大型田野考古发掘报告。该报告的出版也得到了国家重点文物保护专项补助经费资助。凌家滩遗址发掘过程曲折，发掘收获丰硕，许多发现可从《周易》文化角度诠释。《周易》经传正式定型虽晚，但天人观、阴阳观、尚中观等思想渊源却完全可以上溯至史前时期。这或许便是"伏羲创八卦"的传说的由来。

一　凌家滩祭坛与《周易》

凌家滩祭坛面积约1200平方米，位于遗址的最高处。祭坛自上而下可分三层。最下层（第③层）为纯净的细腻的黄斑土；之上的第②层是用一种灰白色、黏性较强的黏合剂将大量的小石子搅拌铺设而成，结构十分紧密坚硬；

* 本文系教育部人文社科重点研究基地重大项目"易学逻辑溯源及早期发展研究"（项目号：15JJD720015）阶段性成果。

最上层用小鹅卵石、小碎石子加黏土即似现在的三合土铺设而成。①

按，祭坛分三层，可从《周易》"三才之道"的角度诠释。依八卦生成数，离数三。离为日。依八卦洛书数，震数三。《周易·说卦》："帝出乎震。"

为什么祭坛不建成平整的，而是在东南角倾斜？以凌家滩墓地和凌家滩聚落整体地形布局观察分析，站在祭坛的位置向东南方望去，每天早晨可以看到太阳升起，还可看到凌家滩时期聚落生活居住区。在居住区和祭坛之间正好是大面积红陶块建筑遗迹分布区。发掘主持者认为，红陶块分布区可能是神庙遗迹的位置。这三者之间的海拔高程等差依次为祭坛海拔高程20米，红陶块（神庙）遗迹海拔高程13~15米、居住区海拔高程6.7米。站在海拔高程6.7米的居住区向西北方望去，可见红陶块（神庙）和祭坛。②

按，此建筑环境的选择可从《周易》"与时偕行"的角度诠释。"与时偕行"是《周易》基本思想之一。时者，日之行也。太阳的运行带来了四时的更替。据八卦卦气说，八卦对应于太阳在天空上的八个位置。从辞源考察，"与时偕行"即"与日偕行"。乾卦九三爻辞"君子终日乾乾，夕惕若，厉，无咎"后固化为成语"朝乾夕惕"，然而据马王堆帛书《易》，"朝乾夕惕"实应为"朝乾夕沂"。"朝乾夕沂"之意为：白天努力工作，夜晚安闲休息。太阳东升西落，有工作时，有休息时，人效法天道，亦应有工作时，有休息时，故《文言》以"与时偕行"解释此爻。③

凌家滩祭坛北面5公里处坐落太湖山，南面裕溪河由西向东流过，其地理环境符合北玄武（山）、南朱雀（水）的地望八卦思想。④

按，《周易》思想，举其荦荦大者，曰：时、位、应、中。得时则吉，违时则凶；当位则吉，不当位则凶；有应则吉，无应则凶；守中则吉，失中则凶。时、位、应，分别对应于天时、地利、人和。"当位"

① 安徽省文物考古研究所：《凌家滩——田野考古发掘报告之一》，文物出版社，2006，第31页。

② 安徽省文物考古研究所：《凌家滩——田野考古发掘报告之一》，第31页。

③ 廖名春：《周易经传与易学史研究新论》，齐鲁书社，2001，第3~8页。

④ 安徽省文物考古研究所：《凌家滩——田野考古发掘报告之一》，第271页。

思想的内涵之一便是重视环境选择。环境史是“21世纪的新史学”，它“以特定时空下人类生态系统为基本范畴，研究系统内人类社会与自然环境相互作用关系的变化、发展，强调系统的整体性及其内在的有机联系，具有统摄性和跨学界特征”①。

二　凌家滩墓葬与《周易》

凌家滩遗址“位于墓地最南部即第一排和第二排的墓葬，墓坑内随葬品十分丰富。随葬品以玉器为主，玉器又以高规格玉礼器为重要特征，……第一排和第二排的墓葬不但位置显著，而且墓坑都比较大”②。

按：在后世《周易》文化体系中，乾南坤北，乾君坤民。以南为尊的观念源远流长，或与太阳崇拜有关。

凌家滩遗址“凡是在中轴线上或靠近中轴线的墓葬，应该在部落或氏族内享受或还享受原有的较高的身份地位。……墓地第一排和第二排墓葬基本是生前有身份、有地位、有财富的墓主人，如第一排87M1、87M2、87M3、87M4、98M16、98M29、98M7；第二排87M15、87M7、87M8、87M14、87M6和98M31，这些墓葬在墓地最南边，位于第一排和第二排的最显著的位置。而在第一排和第二排中轴线上的墓葬更突出表现出墓主人生前的至高权力和经济地位上的富有，如87M4和87M15。排在第五排以后的墓葬随葬品中玉器几乎不见，表示身份的玉璜、玉镯、玉钺等高规格的玉礼器都没有随葬，基本是些简单的陶器和石器，可想而知，这些墓主人生前贫穷的状况，如98M3、98M4、98M8、98M11、98M12、98M13、98M17、98M22”③。

按：此考古文化现象反映了“尚中”思想。“尚中”是《周易》基本思想之一。惠栋说：“《易》道深矣，一言以蔽之曰：时、中。”④钱大昕则说：“《彖传》之言‘中’者三十三；《象传》之言中者三十。其言‘中’也，曰中正，曰时中，曰大中，曰中道，曰中行，曰行中，曰刚

① 梅雪芹：《环境史：看待历史的全新视角》，《光明日报》，2016年8月27日第11版。

② 安徽省文物考古研究所：《凌家滩——田野考古发掘报告之一》，第272页。

③ 安徽省文物考古研究所：《凌家滩——田野考古发掘报告之一》，第272~273页。

④ （清）惠栋：《松崖文抄》卷1《易论》，聚学轩丛书本。

中，曰柔中。刚柔非‘中’也，而得‘中’者无咎，故尝谓《易》六十四卦三百八十四爻，一言以蔽之，曰‘中’而已矣。”①

三　凌家滩玉版、玉龟与《周易》

凌家滩遗址1987年发掘的M4位于墓地南端第一排中部，随葬品有玉器103件、石器30件、陶器12件。其中玉版（87M4：30）和玉龟（87M4：29、35）的发现备受关注。

凌家滩遗址玉版（87M4：30），长方形，平面略弧，两端略内弧（图1）。玉版有三边琢磨出凹边，两短边上各对钻5个圆孔，一长边上对钻9个圆孔，另一长边在两端各对钻2个圆孔。玉版中部偏右琢一小圆，在小圆内琢刻方形八角星纹，小圆外琢磨大圆，大小圆之间以直线平分为八个区块，每区域内琢磨圭形纹饰一个。在大圆外沿圆边对着玉版四角各琢磨一圭形纹饰。②

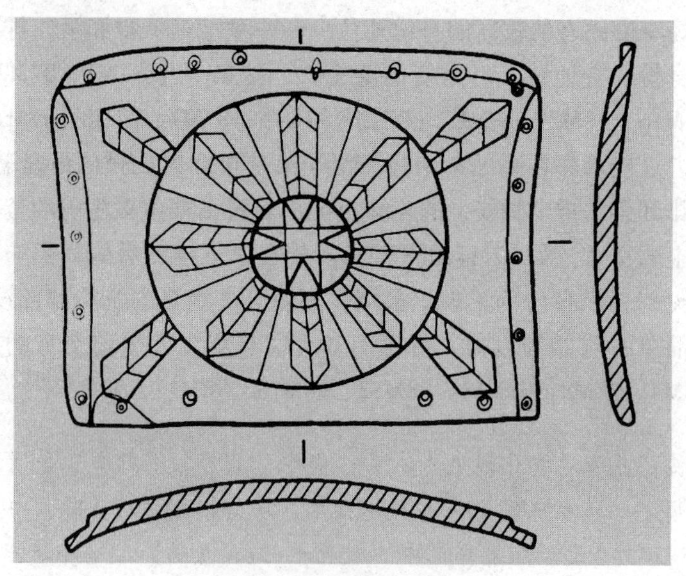

图1　玉版（87M4：30）

① （清）钱大昕撰，吕友仁校《潜研堂文集》卷3《中庸说》，《潜研堂集》，上海古籍出版社，1989，第39页。

② 安徽省文物考古研究所：《凌家滩——田野考古发掘报告之一》，第47页。

凌家滩遗址玉龟（87M4：29、35），由背甲（87M4：35）、腹甲（87M4：29）两部分组成。背甲，圆弧形，两边各对钻 2 个圆孔，尾部对钻 4 个圆孔（图 2）。腹甲平底两边略上斜弧，两边与背甲钻孔相应处各对钻 2 个圆孔，尾部对钻 1 个圆孔（图 3）。出土时，玉版夹在玉龟背甲、龟腹甲之间。①

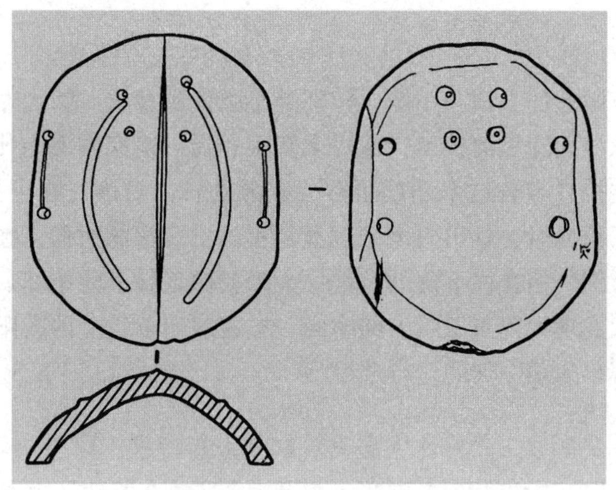

图 2　龟背甲（87M4：35）

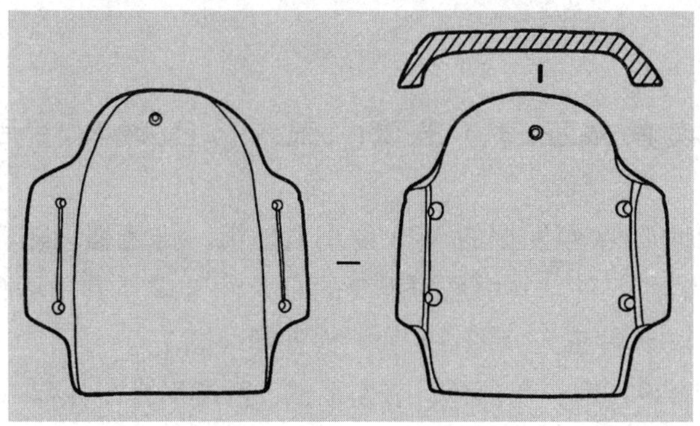

图 3　龟腹甲（87M4：29）

发掘主持者认为，凌家滩遗址玉器上刻划的纹饰“反映了远古先民对太阳的崇拜和对祖先的敬畏，刻划的八个方位和太阳图纹，表现出中国原始八

① 安徽省文物考古研究所：《凌家滩——田野考古发掘报告之一》，第 47 页。

卦的创立和发展，展示了中国原始哲学的起源”①。

按，凌家滩玉版上的图案与西汉汝阴侯墓出土的太乙式盘、《清华简·筮法》中的八卦人身图都十分相似，可视为后世易学逻辑推理系统的重要组成部分之一式盘的早期形式。玉龟上的钻孔，一般认为用于穿系，但根据史前瓮棺葬棺顶开孔以供灵魂出入等现象，笔者认为，钻孔或有沟通天地的精神内涵。

凌家滩玉版上的大圆和小圆，特别是小圆很不规整。圆的左边不是很圆弧。按照凌家滩人琢玉的技术，琢一个圆很容易。凌家滩人为什么不把它画圆呢？发掘主持者带着这个问题观察凌家滩的日出日落，终于找到了答案。在凌家滩，不论何时，日出时太阳都显得很圆，日落的时候，在刚开始，太阳也显得非常圆，但在往下落的时候，太阳就像玉版上的小圆一样不那么规整。观察多次发现太阳与玉版上的小圆一样，表明玉版上的太阳图纹也用写实的手法表现出太阳一天的运行过程。②

按，凌家滩文化的许多发现反映了太阳崇拜。太阳崇拜是《周易》“尊阳抑阴”观的思想渊源之一。《周易》“尊阳抑阴”观的思想渊源有三：一，太阳崇拜；二、生殖崇拜；三，王权崇拜。其中太阳崇拜的历史更为久远。

四　凌家滩玉璜、玉鹰、玉人、玉蝉与《周易》

凌家滩遗址 1998 年发掘的 M29 位于墓地第一排西端，随葬玉器 52 件、石器 18 件、陶器 16 件。其中最为重要的是 5 件玉璜（其中 4 件见图 4）、1 件玉鹰（图 5）、3 件玉人（图 6）和 1 件玉蝉（图 7）。

玉璜（98M29：1），灰白色，表面平整，两端平直，各有一实心对钻孔。玉璜（98M29：4），牙白色，表面琢磨光滑，两端平直，各饰一两面实心钻孔。玉璜（98M29：10），乳黄色，半透明，两端斜平，各饰一实心对钻孔，一端有两个盲孔。玉璜（98M29：41），青绿色泛黄，两端斜直，各饰一两面

① 安徽省文物考古研究所：《凌家滩——田野考古发掘报告之一》，第 343 页。

② 安徽省文物考古研究所：《凌家滩——田野考古发掘报告之一》，第 69 页。

实心对钻孔。玉璜（98M29：49），残碎，无法修复。[①]

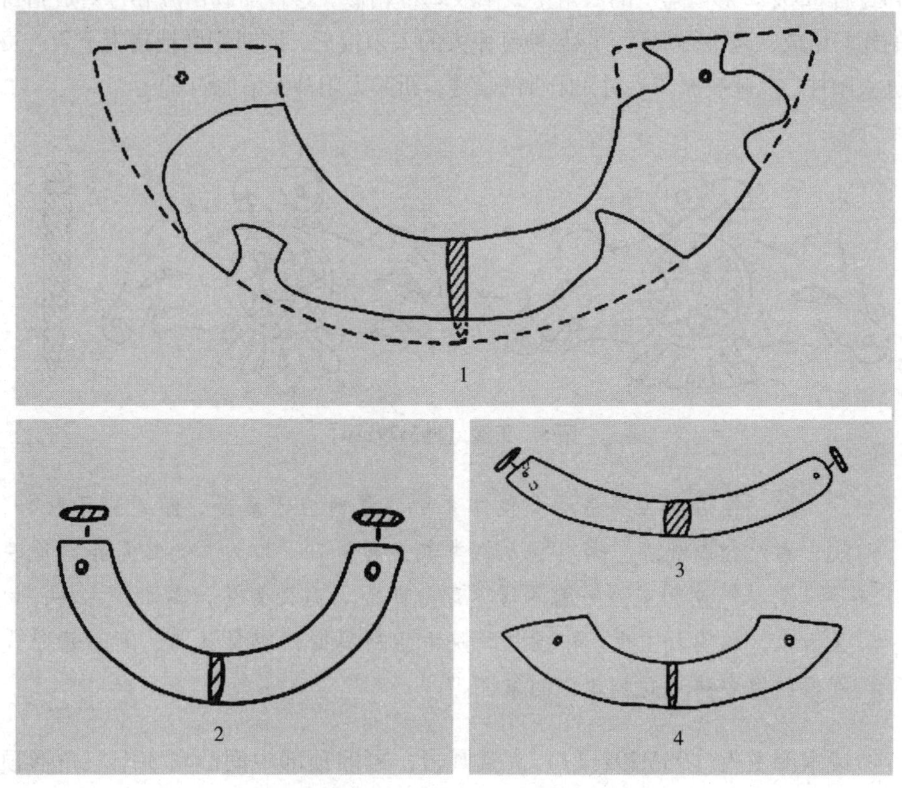

图4　玉璜（1～4：98M29：1、4、10、41）

按，玉璜亦反映了太阳崇拜。许钦彬认为，玉璜表现了“太阳鸟展翅高飞的造型”[②]。太阳崇拜与《易》息息相关。《易》之阴、阳，原本指向阳、背阴之方位。卦字左半边“圭”，原为测日影的工具。许慎对“卦”的析形是“从卜圭声”，其实，应析形为“从卜从圭，圭亦声”。乾“元亨利贞”孔颖达疏引《易纬》云：“卦者，挂也，言悬挂物象，以示于人，故谓之卦。”《周易·系辞》：“悬象著明，莫大乎日月。”

凌家滩玉鹰（98M29：6）“身上的画面由三部分组成：1）整体是玉鹰，琢磨得细致逼真，栩栩如生；2）鹰的两个翅膀琢磨成猪首形；3）在鹰腹部先管钻一个大圆，大圆内刻划八角星，在八角星内再管钻一个小圆，小圆内管钻一圆孔，

---

① 安徽省文物考古研究所：《凌家滩——田野考古发掘报告之一》，第249页。

② 许钦彬：《易与古文明》，社会科学文献出版社，2012，第98页。

这一组画面应代表太阳。腹部刻划的八角星太阳纹，与大汶口文化大墩子 M44：4 和野店 M35：2 彩陶盆上的八角星太阳纹基本相似。这件器物由鹰和琢磨成猪首的翅膀组成，鹰飞得很高，能与神奇伟大的太阳接近，同时用鹰把猪带上天，贡进太阳神，反映凌家滩人对太阳神的崇拜，祈盼太阳神保佑他们。"①

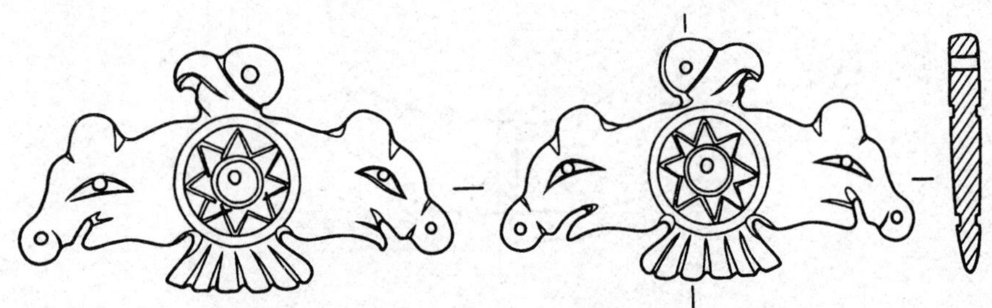

图 5　玉鹰（98M29：6）

按：在后世《周易》文化体系中，鹰对应于离卦，猪对应于坎卦，坎、离组合成既济。据八卦万物类象，离为日，坎为月，日月组合反映了《周易》阴阳观。一鹰两猪，奇阳偶阴。离又为鸟，属阳，主昼；坎又为豕，属阴，主夜。中国社科院考古所冯时研究员认为，新石器时代礼器图像中猪母题是北斗的象征。②

凌家滩玉人（98M29：14）头戴圆冠，冠的顶部中间凸出 3 个三角形顶饰。冠正面帽沿上面刻横竖"十"字纹。双臂各刻八道横纹，腰部饰细宽带，带上饰 6 条斜条纹。玉人后背用减地法琢磨 3 个弧形。凌家滩玉人（98M29：15）"与 98M29：14 基本相似，不同的是冠顶琢磨一个三角形顶饰。手臂上各戴 6 件手镯，腰带饰 3 条斜条纹饰。"凌家滩玉人（98M29：16）"与前两件基本相似，不同的是冠顶部饰四个三角形顶饰，双臂上各饰 7 个手镯，腰带上饰 6 条斜条纹。"（见图六）③

按，三、六、七、八之数或非偶然。在后世《周易》文化体系中，三为天地人三才之数，六为六爻、六合之数，七为少阳之数，八为少阴之数。在远古先民的思维中，数字"充满了玄秘的奥妙与天机，被赋予了能够分类和

① 安徽省文物考古研究所：《凌家滩——田野考古发掘报告之一》，第 258 页。
② 冯时：《中国天文考古学》，社会科学文献出版社，2001，第 106～121 页。
③ 安徽省文物考古研究所：《凌家滩——田野考古发掘报告之一》，第 246～248 页。

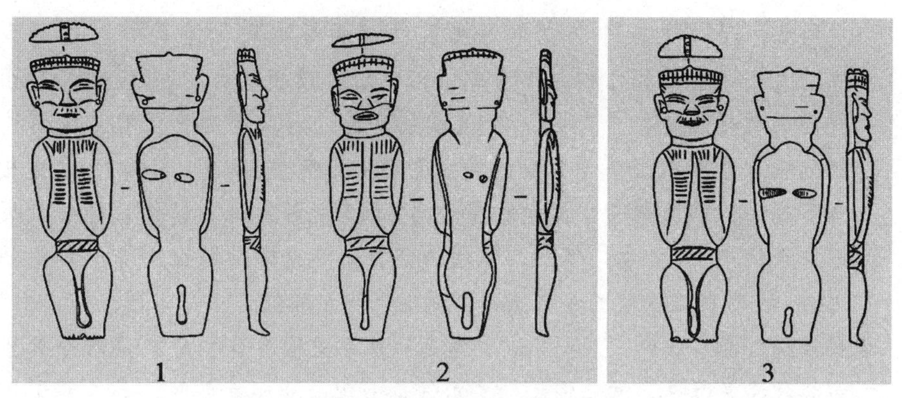

图6 玉人（1~3：98M29：14、15、16）

包容万事万物的概念，以及神圣的哲学之意”①。数占因此而诞生。“十”字纹代表太阳，象征四时。十字纹在世界范围内诸多文明中都有所发现，人们普遍认为它象征太阳。德尔维拉在《符号的传播》中认为：“这种十字在开始时只表示太阳照射的四个主要的方位。后来变成了发光体的符号。这种情况在迦勒底人、印度人、希腊人、波斯人那里，都可以看到。”②

凌家滩玉蝉（98M29：9），周身琢磨15道小凹凸弦纹（见图7）。③

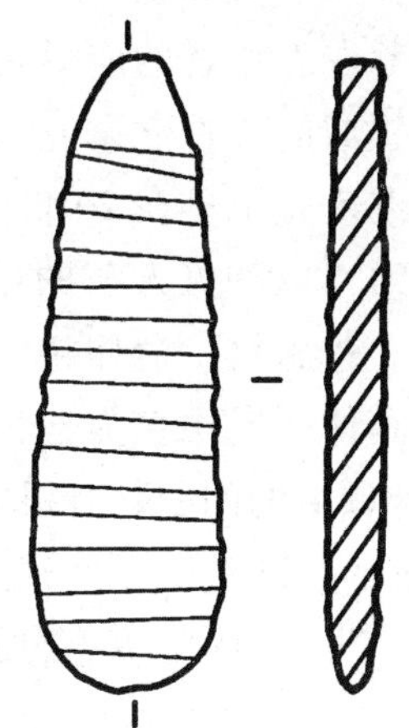

图7 玉蝉（98M29：9）

① 许钦彬：《易与古文明》，第207页。
② 何新：《诸神的起源》，北京工业大学出版社，2007，第2页。
③ 安徽省文物考古研究所：《凌家滩——田野考古发掘报告之一》，第252页。

> 按，15之数或亦非偶然。在后世《周易》文化体系中，15乃太阴、太阳之数相加之和，亦为少阴、少阳之数相加之和。洛书横、竖、斜向之数相加之和亦为15。蔡运章先生通过对我国历史上有重大影响的七座著名古都的综合考察，发现它们的形制规范均与洛书15之数相合。其一，都城的长、宽之和皆合洛书15之数；其二，都城的长宽规模皆合洛书15之数；其三，都城的南北长度或中轴线的长度合洛书15之数。① 凌家滩遗址玉龟夹玉版的现象也使人联想到"河出图，洛出书"的传说。饶宗颐说："这块玉版夹放于龟甲里面，这和历来最难令人置信各种纬书所说'元龟衔符''元龟负书出''大龟负图'等等荒诞不经的神话性怪谈，却可印证起来，竟有它的事实依据，那真是匪夷所思了。"②

源之远者流长，根之深者叶茂。《周易》文化堪称源远流长，根深叶茂。溯其源，越溯越觉其远；究其深，越究越感其深。《周易》在中国传统社会长期以来被奉为群经之首。李学勤称："国学的主流是儒学，儒学的核心是经学，经学的冠冕是易学。"③《周易》定型后，考古发现的大量文化遗存固然多有《周易》文化影响的烙印；《周易》定型前，考古发现的大量文化遗存也多见《周易》文化元素的渊源。透过物态的文化遗存，探求文物背后的精神世界，是考古工作者的应尽之责。《周易》文化视野下的考古文化遗存研究属精神领域的考古学研究。开展精神领域的考古学研究已经有了较长的历史。苏秉琦先生早在20世纪50年代就建议对于考古发现的遗物和遗迹研究要达到"以物见人"的目的。苏先生倡导并实践这一理念，取得了显著的成果。张忠培、俞伟超、严文明等皆接受了苏秉琦先生的学术观点和方法，在具体研究中多有建树。④ 李伯谦先生说："提出和强调通过考古材料研究精神领域的问题是有根据的，将其作为考古学研究的重要内容的确应该引起大家的高度重视。"⑤ 通过凌家滩遗迹、遗物探讨后世《周易》文化体系中"重时""尚中"等思想的渊源，亦属《易》学考古

---

① 蔡运章：《甲骨、金文与古史新探》，科学出版社，2012，第182页。

② 饶宗颐：《未有文字以前表示"方位"与"数理关系"的玉版》，载《凌家滩文化研究》，文物出版社，2006，第21页。

③ 李学勤：《经学的冠冕是易学》，《光明日报》2014年8月5日第16版。

④ 参见张忠培《中国北方考古文集》，文物出版社，1990；俞伟超：《古史的考古学探索》，文物出版社，2002；严文明：《史前考古论集》，科学出版社，1998。

⑤ 李伯谦：《关于精神领域的考古学研究》，《中国文物科学研究》2007年第3期。

研究。《易》学考古与天文考古、音乐考古等一样，同为考古的一个分支。《易》学考古在我国方兴未艾，我们期许该文能为推动《易》学考古的发展添砖加瓦。

附记：本文插图由北大附中天津东丽湖学校王朝辉老师提供，特致谢忱！

作者单位：天津师范大学

《周易》经传如何诠释与转化？

——以“乾”“坤”到“乾元”“坤元”为例

赵中伟

摘　要：《周易》为五经之首，这是毋庸置疑的。为何能够成为五经之首？为何能从卜筮之书，成为哲理之书？其内涵的意义究竟是如何转化与发展的？本文试从诠释学的角度，加以分析。分为三个部分：即是《经》和《传》时代与内容的差异、“乾”“坤”到“乾元”“坤元”的意义变化以及生命意义的赋与和诠释方法的运用，包括时间间距、创造诠释及本体诠释等。从“乾”“坤”到“乾元”“坤元”，意义是如何转化与发展的？这其中包括了意义的赋与，即是从“意义”到“生命意义”。诠释的方法，结合了“时间间距”，以及“创造诠释”与“本体诠释”。其展现的意义与价值为：一是朝向创造与本体的诠释，是内在不容已的驱动力；二是使用方法论，提升意义内涵与价值，朝向终极真理迈进；三是德性文化的彰显，刚健中正，纯粹至精，含弘光大，品物咸亨；四是对全体人类幸福的关照，以美利利天下，首出庶物，万国咸宁。

关键词：乾坤　乾元　坤元　生命意义　时间间距　创造（诠释）及本体诠释

《周易》为五经之首[①]，这是毋庸置疑的。但是，我们要问此书能够成为五经之首的原因何在？为何能从卜筮之书，成为哲理之书？其内涵的意义究竟是如何转化与发展的？

本文试从诠释学的角度，加以分析。分为三个部分：即是“经”和“传”时代与内容的差异、“乾”“坤”到“乾元”“坤元”的意义变化、生命意义的赋与、诠释方法的运用，包括时间间距、创造诠释及本体诠释等。

---

① （东汉）班固（32～92）说：“《易》道深矣，人更三圣，世历三古。……五者（指《乐》《诗》《书》《礼》《春秋》），盖五常之道（指仁、义、礼、智、信），相须而备，而《易》为之原。”参见班固《汉书·艺文志》，卷30，台北弘道文化事业有限公司，1974，第1723页。

一 《周易》没有“传”——《十翼》能够成为五经之首？

《周易》源自卜筮[①]，为何能够超越卜筮，成为哲理之作？

“现代新儒家三圣”之一的马一浮（1883～1967）[②]，一言以蔽之：“不有《十翼》，《易》其终为卜筮之书乎。”[③] 当代易学大家金景芳（1902～2001）也说：“《周易》之所以可贵，端在有《易传》为发掘它在卜筮外衣下所掩着的哲理。”[④] 两位重量级的学者，皆充分指出，如果《周易》仅有“经”，没有“传”——《十翼》的意义的赋与与诠释，它等同于寺庙中的签诗，是无法成为五经之首的。

我们最想知道的是，“传”是如何理解与解释以诠释与转化“经”的，致使《周易》一书，成为五经之首？

我们先看“经”和“传”的差异。

就内容言：“经”包括卦象、卦名、卦辞及爻题和爻辞等五部分。即如古文字学家兼易学家高亨（1900～1986）所说的：

> 《周易》本经简称《易经》，凡六十四卦，每卦六爻（《乾》《坤》两卦各多“用”辞一条），卦有卦名与卦辞（卦名多不代表全卦之意义），爻有爻题[⑤]与爻辞[⑥]。

---

① （南宋）朱熹（1130～1200）说：“《易》本为卜筮而作。古人淳质，初无文义，故画卦爻以‘开物成务’。故曰：‘夫《易》，何为而作也？夫易，开物成务，冒天下之道如斯而已。’此《易》之大意如此。”参见（南宋）黎靖德编《朱子语类》卷66，岳麓书社，1997，第1451页。

② “现代新儒家三圣”，除了马一浮之外，尚有梁漱溟（1893～1988）及熊十力（1885～1968）两位。

③ 马一浮：《复性书院讲录·观象卮言序说》，2册，台北夏学社出版事业有限公司，1981，第1页。

④ 李学勤：《周易经传溯源》，高雄市丽文文化事业股份有限公司，1995，序第1页。

⑤ 爻题之名，为高亨所创。他说：“《周易》有爻题是客观存在，但是爻题名称是我所加的。”所谓爻题，是指“《周易》古经每卦之六爻，以‘初’‘二’‘三’‘四’‘五’‘上’标明其爻之位次，乃自下而上也。以‘九’‘六’标明其爻之性质，即九为阳爻，六为阴爻也。标明爻位之一个字与标明爻性之一个字相结合，成为每一爻之题识，可称为爻题。例如〈泰卦〉六爻之‘初九’‘九二’‘九三’‘六四’‘六五’‘上六’，皆爻题也，其余类推”。而且，高亨再清楚地指出：“《周易》古经，初时殆无爻题，爻题似晚周人所加。”（高亨：《周易古经通说》，台北：洪氏出版社，1977，第2、8、9页）进言之，爻题是指爻的名称。阳爻“－”题为“九”，阴爻“--”题为“六”。别卦六爻的爻题，由爻性和爻位名共同组成。爻位名从下而上，分别为“初”“二”“三”“四”“五”“上”。故一个别卦的阳爻，自下而上称为“初九”“九二”“九三”“九四”“九五”“上九”；一个别卦的阴爻，自下而上称为“初六”“六二”“六三”“六四”“六五”“上六”（参见张其成编《易学大辞典》“爻题”条，华夏出版社，1992，第13页）。

⑥ 高亨：《周易大传今注》，齐鲁书社，2000，自序第1页。

“经”共有六十四个卦象、三百八十四爻以及六十四条卦辞、三百八十六个爻题（包括《乾卦·用九》及《坤卦·用六》两条），和三百八十六条爻辞（包括《乾卦·用九》及《坤卦·用六》两条）。

“传”即是一般所称的《十翼》，共分为7种10篇，即是《彖传》上、下、《象传》（上、下，俗称的《大象传》及《小象传》）、《系辞传》（上、下）、《文言》《说卦传》《序卦传》《杂卦传》等。即如高亨所说的：

> 《周易大传》简称《易传》，乃《易经》最古的注解。凡七种：（一）《彖》，解释六十四卦的卦名、卦义及卦辞；（二）《象》，解释六十四卦的卦名、卦义及爻辞；（三）《文言》，解释《乾》《坤》两卦的卦辞及爻辞；（四）《系辞》，是《易经》之通论；（五）《说卦》，记述八卦所象的事物；（六）《序卦》，解说六十四卦的顺序；（七）《杂卦》，杂论六十四卦的卦义。①

就著作年代差异言：据高亨指出，“经”是作于“西周初年”，约当公元前1111年，距今（2016年）3100余年。而“传”则作于“战国时代”②，约当公元前403年，距今2400余年。“经”和“传”两者相差700余年。

就内容思想差异言：“经”主要为“上古史实”③。李镜池（1902～1975）指出：卦辞内容，包括自然现象变化、历史人物事件、人事行为得失、吉凶断语等。爻辞内容，包括自然现象变化、历史人物事件、人事行为得失、吉凶断语等④。

李氏并表示：卦爻辞叙述方式共六种：

1. 纯粹的定吉凶的占辞。
2. 单叙事而不示吉凶。
3. 先叙事而后吉凶。
4. 先吉凶而后叙事。
5. 叙事吉凶，又叙事吉凶。
6. 混合的：或先吉凶、叙事，又吉凶；或先叙事、吉凶，又叙事。⑤

而卦爻辞所载筮占范围，共有12类：即是行旅、战争、享祀、饮食、渔

---

① 高亨：《周易大传今注》，自序第1页。
② 高亨：《周易大传今注》，自序第1页。
③ 高亨：《周易大传今注》，自序第1页。
④ 李镜池：《周易探源·周易筮辞考》，中华书局，1991，第22～23页。
⑤ 李镜池：《周易探源·周易筮辞考》，第22～23页。

猎、牧畜、农业、婚媾、居处及家庭生活、妇女孕育、疾病、赏罚讼狱等。[1]

高亨则认为卦爻辞可区分为四类：

1. 记事之辞。乃采用古代故事，来指示卦爻的吉凶。例如“高宗伐鬼方，三年克之”（《既济·九三爻辞》）。

2. 取象之辞。乃采用一种事物作象征，指示卦爻的吉凶。例如“枯杨生华，老妇得其士夫，无咎无誉”（《大过·九五爻辞》）。

3. 说事之辞。乃直说人之行事，来指示卦爻的吉凶。例如“君子终日乾乾，夕惕若，厉，无咎”（《乾卦·九三爻辞》）。

4. 断占之辞。乃论断卦爻吉凶的语句。例如“恒其德，贞。妇人吉，夫子凶”（《恒卦·九五爻辞》）。其中“吉”“凶”为断占之辞[2]。

“传”的内容：“《易传》虽是筮书的注解，然而超出筮书的范畴，进入哲学书的领域”[3]。

综此，“经”与“传”的内容分别：就本质言，“经”的本质是，“原为筮（算）书，要在用卦爻辞指告人事的吉凶”[4]。即是“经”的内在本质，是运用占筮，结合卦爻象的变化，以及卦爻辞的说明，以表达人事的吉凶。而“传”的本质，则为即是经由诠释的理解和解释，对“经”予以注释。即是《易传》已超越占筮的范畴，进入哲学领域，以探索生命的形成、生命的价值，以及生命的意义。因此，“传”虽是“经”的注解，相差约700年；但是内在本质是完全不同的。吾人在研究《周易》时，必须“经”“传”分开，方能掌握其确实内涵与价值。

再就作者言，“经”和“传”，皆不知作者为谁，且“不是出于一人之手”[5]。

“传”对“经”既是哲学诠释，笔者不禁要问，其究竟如何诠释，使“经”的内涵“范围天地而不过，曲成万物而不遗”[6]。即是易道广大无尽，包罗天地的化育而不过头；曲折完备成就万物，而不会遗漏。受到极高的评价，致使大家一致推崇为五经之首？今从“乾”“坤”到“乾元”“坤元”的诠释，来观察《周易》从“经”到“传”的创造性的转化与发展；并从

① 李镜池：《周易探源·周易筮辞考》，第33～34页。

② 高亨：《周易古经通说·周易筮辞分类表》，台北洪氏出版社，1977，第38～49页。

③ 高亨：《周易大传今注》，自序第1页。

④ 高亨：《周易大传今注》，自序第1页。

⑤ 高亨：《周易大传今注》，自序第1页。

⑥ 参见《系辞上传·第4章》，引见黄忠天《周易程传注评》，卷7，高雄复文图书出版社，2004，第568页。

其中可以看出“传”的诠释者，如何从本义到创造及本体诠释的提升过程。

二 “乾”“坤”到“乾元”“坤元”，创造转化为万物本源

“乾”，是《周易》整本“经”的第一个字，也是此书第一卦的卦名。全文共出现54次，其中“经”出现5次，“传”出现49次。

就“经”而论，“乾”具有三种意义：一是指天，即是第一卦卦名《乾卦》，如“乾，元、亨、利、贞”[①]；二是指健，表示健行不止，如“九三，君子终日乾乾，夕惕若，厉，无咎”[②]；三是指干燥，即是《噬嗑卦·九四爻辞》“噬乾胏，得金矢，利艰贞，吉”及《噬嗑卦·六五爻辞》“噬乾肉，得黄金，贞厉，无咎”[③]。

“坤”，是《周易》第二卦的卦名《坤卦》，总共出现33次。其中“经”仅出现1次，表示地，即是卦名：“坤，元、亨，利牝马之贞。君子有攸往，先迷，后得主，利。西南得朋，东北丧朋。安贞，吉。”[④] 其余32次，皆出现在“传”里。

就“传”而论，“乾”“坤”的意义，就朝向了形上学的创造性转化与发展。

在“传”中，“乾”“坤”的意义，分成两个层次，一是具象性的内涵，即指“天”“地”，二是指抽象性的概括，表示化生万有的两种特质，“乾”为形式动力，“坤”为质料因素。

在《说卦传》中，“乾”“坤”的意义，已模拟为天地。《说卦传》说：

> 乾，天也，……坤，地也。
> 乾为天，……坤为地[⑤]。

“天”“地”，为具象性的内涵，是万物中最大者，将之模拟为“乾”“坤”，则是将“乾”“坤”的意义朝向宇宙论意义深化。另一则界定“乾”“坤”的本质为健顺，所谓“夫乾，天下之至健也，德行恒易以知险；夫坤，

---

① 此为《乾卦·卦辞》，引见黄忠天《周易程传注评》卷1，第1页。
② 此为《乾卦·卦辞》，引见黄忠天《周易程传注评》卷1，第3页。
③ 此为《乾卦·卦辞》，引见黄忠天《周易程传注评》卷3，第193页。
④ 此为《坤卦·卦辞》，引见黄忠天《周易程传注评》卷1，第24~25页。
⑤ 参见《系辞上传·第10章》《系辞上传·第11章》，引见黄忠天：《周易程传注评》卷7，第603~604页。

天下之至顺也，德行恒简以知阻"[①]、"乾，健也；坤，顺也"[②]、"乾刚坤柔"[③]。将"乾""坤"的本质意义，界定更具创生性的健动，以及凝聚性的柔顺，强化了"乾""坤"朝向化生之源的本质意义，使"乾""坤"的内涵意义与价值更为丰富。

到了《系辞传》及《序卦传》里，"乾""坤"就形成了创造诠释意义，成为形式动力与质料因素的化生之源的两种状态[④]。

《系辞上传·第1章》说："乾知大始，坤作成物。"[⑤]《系辞上传·第6章》也说："夫乾，其静也专，其动也直，是以大生焉。夫坤，其静也翕，其动也辟，是以广生焉。"[⑥] 其中"大始"与"成物"、"大生"与"广生"等，皆在说明"乾""坤"为宇宙化生之源的两种状态，"乾"之形式动力与"坤"之质料因素相互结合，化生一切万有。

《序卦传》更明白指出："有天地，然后万物生焉。"[⑦]"天""地"即是"乾""坤"，是万物化生之源的两种状态，故能使"万物生焉"。

"乾""坤"的本义是什么？意义怎会如此的转化与发展？

"乾""坤"二字，在甲骨文及金文并未出现。"乾"的本义，东汉许慎（58～约147）《说文解字》说："乾，上出也。从乙，乙，物之达也；倝（音干）声。"[⑧] 意指向上冒出，而造字从乙，表示植物由地底向地面通达。"坤"的本义，《说文解字》说："坤，地也。《易》之卦也。从土申，土位在申也。"[⑨] 意指大地，而造字从土申，即指坤位在十二地支的申位。

进言之，"乾""坤"意义变化顺序，可归纳为下列图式：

乾→→上出→→天→→健→→化生之源的状态（形式动力）。

坤→→地→→顺→→化生之源的状态（质料因素）。

如就本义来解读"乾""坤"的意义，仅指上出与地的意义，并未有更高的意义与价值；若放在六十四卦之首二卦，实在没有任何的表义作用，更遑论成为宇宙化生论的意义与价值！

---

① 参见《系辞下传·第12章》，引见黄忠天《周易程传注评》，第598页。

② 参见《说卦·第7章》，引见黄忠天《周易程传注评》，第603页。

③ 参见《杂卦传》，引见黄忠天《周易程传注评》，第606页。

④ 参见劳思光《新编中国哲学史》，第2章，4册，台北三民书局股份有限公司，2004，共4册，第1册第81页。

⑤ 黄忠天：《周易程传注评》卷7，第564页。

⑥ 黄忠天：《周易程传注评》卷7，第571页。

⑦ 黄忠天：《周易程传注评》卷7，第606页。

⑧ 参见（清）段玉裁《说文解字注》14篇下，台北艺文印书馆，1970，第747页。

⑨ 参见（清）段玉裁《说文解字注》13篇下，第688页。

潘德荣就明白指陈："理解的本质是什么？如果是指向'原意'的，那么这个'原意'终将会因时间的流逝而磨损，最终化为无；如果理解是'生产'意义的，那么一切语言、文字流传物将会在这个'生产'过程中变得越来越丰富、充足。"[①] 进言之，如果"乾""坤"的意义，仅指上出与地的意义，此两卦就没有深厚的意义与价值，如何能够使我们肯定与遵照及意义与价值而行！

为了追求最高本体的诠释，字义就必须不断的创新变化，方能达到本体意义，以建构本体体系的方向与目标；进而更能探索出本源意义与价值，这也是我们戮力的最主要目的。

德国学者伽达默尔（Hans - Georg Gadamer）就说："理解是本体论的。"[②] 析言之，"（伽达默尔主张）就是不再把理解仅仅当作人的认知方法，而且主要的不在于此；它直接就是此在的存在的方式，生命的意义并不抽象地存在于别的某个地方，它就在理解之中，是被理解到的意义。正因如此，理解就具有本体论的性质"[③]。

法国学者吕科尔（Jean - Luc Nancy）主张，"理解与解释，就其是获得意义的途径和形式而言，它们都是方法论的；就其意义的存在方式而言，它们又都是本体论的"[④]。充分说明，在理解与解释的诠释时，诠释者都朝向本体论方向立意与发展。

潘德荣剀切地表示："解释所依据的不仅是技术性的规则，它最深层的基础乃是本体论意义上的'世界观点'。"[⑤] 我们可以知道意义的转化与发展，其朝向本体诠释，是其来有自的。

我国哲学为何那么重视本体的意义及价值？当代哲学大师张立文就指出：古人沿着"天地之上为何物"的思维理路，探寻自然、社会现象背后的本体，并把这个本体视为超越形而下的形而上者。"[⑥] 事实上，探寻万象背后的真实本体及生命本质，一直是人类所追求最深沉的"梦"。而本体的追求与探索，是形上学或存有论必须剖析的。

---

① 参见氏著《诠释学导论》，第7章，台北五南图书出版有限公司，1999，第192页。

② 参见氏著《真理和方法》，引见李翔海、邓克武编《成中英文集·本体诠释学》，湖北人民出版社，2006，第1页。

③ 参见潘德荣《诠释学导论》第4章，第75页。

④ 参见潘德荣《诠释学导论》第4章，第76页。

⑤ 参见潘德荣《诠释学导论》第7章，第189页。

⑥ 参见张立文著《中国哲学范畴发展史》（天道篇）第15章，中国人民大学出版社，1989，第537页。

“乾”“坤”是万物化生之源的两种状态，毕竟不是最高本源，是以其意义与内涵必须再朝向最高的本体方向转化与发展。

“乾”“坤”的本源为何？即是“乾元”“坤元”。

在解释“乾元”“坤元”之前，谨先对“元”的意义，作一解析。

“元”字，在甲骨文中就已经出现，例如清儒刘鹗（1857～1909）《铁云藏龟·二·二八·十一》“”、罗振玉（1866～1940）《殷虚书契前编·四·三二·四》“”、《殷虚书契前编·四·三二·五》“”、《殷虚书契续编·一·三九·九》“”、林泰辅（1854～1922）《龟甲兽骨文字·二·二八·十一》“”、郭沫若（1892～1978）《殷契粹编·一三〇三》“”等①。“元”就甲骨文字形言，皆从二，从人；其中二，为古文上字。因此，就“元”的字形言，为人之上部，以致会意为“首”②。《尔雅·释诂》更清楚地解释道：“元，首也。”③ 故知“元”的本义为“首”。

金文中，亦有“元”字，例如《师虎簋》“”、《曾伯簋》“”、《历鼎》“”、《王孙钟》“”、《余义编钟》“”等④。高田忠周（1863～1949）说：“按《说文》：元，始也。从一，从兀声。盖一者万事万物之始也，故元从一训始也。然疑元字从一。从二，二亦古文上字，人首在上之意，在上即始之义也。《左传·襄公九年》传：元，体之长也。长者，首也，在最高之谓也。此为字之本义也。”⑤ 依照《说文解字》的解释，“元，始也。从一，从兀”⑥。但高田忠周不认为《说文解字》的说法是对的，其主张元字不应从一，宜从二，二为古文上字，即为人首在上之意；而人首在上即“始”之义，与甲骨文的字形演变相合。

高亨虽承认“元”的本义为“始”，但在《周易》“经”中，认为要作“大”解。他说：“元，……引申为大义，……《易》中元字皆为此义。其曰‘元吉’者，犹云大吉也。其曰‘元亨’者，犹云大亨也。其曰‘元夫’

---

① 参见徐中舒《甲骨文字典》，四川辞书出版社，1988，第2页。

② 参见徐中舒《甲骨文字典》，四川辞书出版社，1988，第2页。

③ 参见（北宋）邢昺（932～1010）《尔雅注疏》卷1，台北艺文印书馆，1973，第4页。

④ 引自周法高《金文诂林》第2册，日本中文出版社，1981，上：79～80。

⑤ 参见高田忠周著《古籀篇》31，第6～7页。引自周法高《金文诂林》，2册，日本中文出版社，1981，上：80。

⑥ 参见段玉裁《说文解字注》，卷1，第1页。原文是“从一，兀声”。今据汤可敬《说文解字今释》更改，卷1，岳麓书社，2000，上册第2页。

者，犹云大夫也。此乃《周易》元字之初义也。"[①] 其认为"元"字，就《周易》"经"中的意义而言，并非"始"之义，而是"大"之义。例如"黄裳元吉（《坤卦·六五爻辞》）"、"元亨，利牝马之贞（《坤卦·卦辞》）"、"睽孤遇元夫（《睽卦·九四爻辞》）"等之"元"字，皆作"大"解。

因此，"元"字本义为"首"，在《周易》"经"中作"大"字解释。

"乾元"在"传"中出现4次，其创造及本体意义，则为宇宙之本体，一切万物的化生之源。《乾卦·彖辞》说：

> 大哉乾元，万物资始，乃统天。云行雨施，品物流形。大明始终，六位时成，时乘六龙以御天。乾道变化，各正性命，保合大和，乃利贞。首出庶物，万国咸宁[②]。

乾元，指乾元始万物之道大也[③]。资，指凭借或依靠。品物，指各种物类。流形，变化成形。大明，指太阳。六龙，指象征《乾卦》六爻之潜龙、见龙、惕龙、跃龙、飞龙、亢龙。乾道，即指乾元，为理一分殊[④]。性命，性，指人之本质，天道在人或万物之显现。命，指人所禀受。此指万物各自得到其禀性和特质。保合，指保全。大和，指阴阳会合、冲和之气[⑤]。庶物，指万物。咸，指全部。

此段是说"乾元"是一切万物的本体，万物必须凭借其才能化生；它并统领着"天"。就像云彩飘行聚散，各类事物变化成形；又像太阳升降运转，六爻按照不同的时位组成，随着阳刚之气，不同变化，或潜、或见、或惕、或跃、或飞、或亢的6种变化的神龙，驾驭着"天"。随着"乾元"的转化与发展，万物都各自得到其禀性和特质。吾人必须保存"大和"之气，才能保持贞正的生命。"乾元"化生了世间万有，致使天下万方，全都得到安宁。

由此可以看出，此段充分完整说明了"乾元"的功能及价值，不仅能够

---

① 参见高亨著《周易古经通说·元亨利贞解》，第88页。

② 参见黄忠天《周易程传注评》卷1，第5页。

③ 参见（北宋）程颐（1033～1107）《程氏易传》，卷1，第5页。

④ 指宇宙间只有一个最高的理，万物各自的理，只是最高理的体现。亦即普遍规律是"理一"，而具体事物的规律则是"分殊"。"理一分殊"说，出自程颐《答杨时论西铭书》说："《西铭》明理一而分殊，墨氏则二本而无分。"参见《河南程氏文集》，卷9，引见《二程集》下册，台北燕京文化事业股份有限公司，1983，第609页。

⑤ 参见朱熹《周易本义》，卷1，台北老古文化事业公司，1987，第60页。

化生万有，天下文明："大哉乾元，万物资始，乃统天。云行雨施，品物流形。大明始终"。并能内圣外王："乾道变化，各正性命，保合大和，乃利贞。首出庶物，万国咸宁"。同时，对于《乾卦》变化的掌握，亦能"超以象外，得其环中"[①]："六位时成，时乘六龙以御天"。

《乾卦·文言》根于此，续对"乾元"的内涵意义与价值予以申论说：

> 乾元者，始而亨者也。利贞者，性情也。乾始能以美利利天下，不言所利，大矣哉[②]！

此再言"乾元"化生之功。"乾元"首创万有，且使万物生生不息，通达无碍。"利贞"，指和谐有利，贞正坚固，这是"乾元"本有的本性和内情。其表现最大的特质之一，就是"乾始能以美利利天下，不言所利，大矣哉"。即是"乾元"化生万有，以美好的利益施利天下，"生而不有，为而不恃，长而不宰"[③]，功成不居的大公之德，其德品真正伟大！程颐申论解释说："乾始之道，能使庶类生成，天下蒙其美利。而不言所利者，盖无所不利，非可指名也，故赞其利之大，曰大矣哉。"[④]"乾元"最大的功能，即是使"庶类生成，天下蒙其美利"。其普世天下之利之大，能有任何德性超过它吗！故言"大矣哉"！

吾人本于"乾元"化生万有的大公之德，治理天下，天下必然大治。故其曰"乾元用九，天下治也"[⑤]。又说："乾元用九，乃见天则"[⑥]。"天则"者，指"天之法则，谓天道也"[⑦]。进言之，所谓"天则""天道"，具体模拟在我们身上，即是"大人"。所谓"夫大人者，与天地合其德，与日月合其明，与四时合其序，与鬼神合其吉凶，先天而天弗违，后天而奉天时。天且弗违，而况于人乎？况于鬼神乎？"[⑧] 先天，指先于天象、先于天时。此指自然界还没有出现变化时，预先采取必要的措施。例如水潦未至，先修堤防。

---

① 参见（唐）司空图（837～908）《二十四诗品·雄浑》，引自祖保泉《司空图诗文研究》第6章，安徽教育出版社，1998，第112页。

② 参见黄忠天《周易程传注评》卷1，第19页。

③ 参见《老子·第10章》，引自楼宇烈《王弼集校释·老子道德经注》上篇，台北华正书局有限公司，1992，第24页。

④ 参见黄忠天《周易程传注评》卷1，第19页。

⑤ 参见黄忠天《周易程传注评》卷1，第16页。

⑥ 参见黄忠天《周易程传注评》卷1，第18页。

⑦ 参见黄忠天《周易程传注评》卷1，程颐注，第18页。

⑧ 参见黄忠天《周易程传注评》卷1，第22～23页。

后天，指后于天象、后于天时。此指自然界已出现变化后，采取适当的措施。例如时雨已降，则播种、插秧①。

唐儒孔颖达（574～648）解释说：“‘与天地合其德’者，……‘谓覆载也。’‘与日月合其明’者，‘谓照临也’。‘与四时合其序’者，若‘赏以春夏，刑以秋冬之类也’。‘与鬼神合其吉凶’者，若‘福善祸淫也’。‘先天而天弗违’者，‘若在天时之先行事，天乃在后不违，是天合大人也’。‘后天而奉天时’者，‘若在天时之后行事，能奉顺上天，是大人合天也’。‘天且弗违，而况于人乎，况于鬼神乎’者，‘夫子以天且不违，遂明大人之德，言尊而远者尚不违，况小而近者可有违乎？况于人乎？况于鬼神乎？’”②

所谓“覆载”“照临”，指“天无私覆，地无私载，日月无私照。奉斯三者以劳天下，此之谓三无私”③。“赏以春夏，刑以秋冬之类也”，指春夏主生，重在赏。秋冬主“杀”，即衰微，重在刑。“先天而天弗违，后天而奉天时。天且弗违，而况于人乎？况于鬼神乎”，此说明“大人”必须合于“天道”，即是天地大公无私之德，方能达此。

程颐进一步深刻地解释说：“大人与天地、日月、四时、鬼神合者，合乎道也。天地者道也，鬼神者造化之迹也。圣人先于天而天同之，后于天而能顺天者，合于道而已。合于道，则人与鬼神岂能违也？”④ 特别强调“道”，此“道”即是“天道”。而“天道”的本质，即在于具有“天无私覆，地无私载”的大公无私之德。

此段即深入诠释“大人”的特色，必须具有如同“天地”覆载万物的大公无私之德，如同“日月”普照大地的容光必照之性，如同“四时”一样井然有序循环不已，如同“鬼神”一样奥妙莫测示人吉凶。由于“大人”秉持“乾元”之德，能够感应于天，是以“先天而天弗违，后天而奉天时”。

“坤元”，在“传”中仅仅只出现1次。

> 至哉坤元，万物资生，乃顺承天。坤厚载物，德合无疆。含弘光大，品物咸亨。牝马地类，行地无疆，柔顺利贞。君子攸行，先迷失道，后顺得常。西南得朋，乃与类行；东北丧朋，乃终有庆。安贞之吉，应地无疆。

---

① 参见黄忠天《周易程传注评》卷1，第23页。

② 参见孔颖达著《周易注疏（《周易正义》）》，卷1，引见《十三经注疏》，8册，台北艺文印书馆，1973，第17页。

③ 参见孔颖达《礼记注疏（《礼记正义》）·孔子闲居》，卷51，引见《十三经注疏》，第861页。

④ 参见黄忠天《周易程传注评》卷1，第23页。

无疆，孔颖达主张："凡言'无疆'者，其有二义：一是博厚无疆，一是长久无疆也。"[①] 此则兼指空间的无涯与时间的无尽[②]。程颐则主张："《象》有三无疆，盖不同也。德合无疆，天之不已也。应地无疆，地之无穷也。行地无疆，马之健行也。"[③] 含弘光大，弘，指含育万物；大，指光华万物[④]；又含，指包容；弘指宽裕；光，指昭明；大，指博厚[⑤]。

此段是说明"坤元"的功能与价值。就功能言，"坤元"如同"乾元"一样，是化生万物的，而万物皆凭借其生。并顺承"天道"法则。再就价值言，"坤元"之德博厚承载万物，是以其德博厚长久。且是光华无尽，长久永恒，使各类事物皆能亨通成长。同时，"坤元"模拟牝马，不仅"行地无疆"，且"柔顺利贞"。君子秉持"坤元"本质，在于"先迷失道，后顺得常"。即是"坤元"本质在顺从，如果抢先居首，则会误入迷途，偏失正道；反之，顺从人后，就能恒久吉祥。"西南得朋，乃与类行；东北丧朋，乃终有庆"，则是说明前往西南与东北而行，各有不同的际遇。往西南而行，能够得到友朋，可与志同道合者一同前行。然而，往东北而行，虽将丧失友朋，可是最终仍会获得喜庆。最后，揭示"坤元"的核心德性，在于安顺守正，并得吉庆；同时，应合无尽大地的德性，永恒无疆。将"坤元"的功能与价值，诉说得淋漓尽致。

三　"乾元"与"坤元"，唯是"一元实体"

为何"传"中，提出"乾元"与"坤元"？是一或是二？孰高孰低？

赞成是一，且"乾元"高于"坤元"的有：孔颖达、程颐及朱熹。

孔颖达说："'至哉坤元'者，叹美坤德，故云'至哉'。至谓至极也，言地能生养至极，与天同也。但天亦至极，包笼于地，非但至极，又大于地。故《乾》言'大哉'，《坤》言'至哉'。'万物资生'者，言万物资地而生。初禀其气谓之始，成形谓之生。乾本气初，故云资始，坤据成形，故云资生。'乃顺承天'者，乾是刚健能统领于天，坤是阴柔以和顺承奉于天。"[⑥]

---

① 参见孙颖达著《周易注疏（《周易正义》）》卷1，第18页。

② 参见郭建勋《新译易经读本·周易上经》，台北三民书局股份有限公司，1996，第23页。

③ 引见黄忠天《周易程传注评》卷1，第27页。

④ 参见（唐）崔憬说。引见（唐）李鼎祚：《周易注疏及补正·周易集解》卷2，台北世界书局，1987，第26页。

⑤ 参见程颐注，引见黄忠天《周易程传注评》卷1，第27页。

⑥ 参见氏著《周易注疏（《周易正义》）》卷1，第18页。

孔氏主张以“乾元”为最高本体，为化生之源；而其高出“坤元”之因，主要有3点：一是“乾元”用‘大哉’，“坤元”用‘至哉’；虽然‘至谓至极也，言地能生养至极，与天同也’，可是‘天亦至极，包笼于地，非但至极，又大于地。故《乾》言‘大哉’，《坤》言‘至哉’’”。二是“乾元”用“万物资始”，而“坤元”用“万物资生”；但是“‘万物资生’者，言万物资地而生。初禀其气谓之始，成形谓之生。乾本气初，故云资始；坤据成形，故云资生”，是以“资始”高于“资生”。三是“乾元”用“统天”，“坤元”用“乃顺承天”，“乾是刚健能统领于天，坤是阴柔以和顺承奉于天”，是以“统天”高于“顺天”。

程颐则认为：“资生之道，可谓大矣。乾既称大，故坤称至。至义差缓，不若大之盛也。圣人于尊卑之辨，谨严如此。”① 程氏亦主张以“乾元”为最高本体，为化生之源。其主要的理由是“乾元”用“大哉”，“坤元”用“至哉”，“至义差缓，不若大之盛也”。

朱熹同样认为“乾元”为最高本体，为化生之源。其主要的理由是：“至，极也，比大义差缓。始者，气之始；生者，形之始。顺承天施，地之道也。”② 同样强调“大哉”高于“至哉”；并“乾元”为气之始，而“坤元”为形之始，气之始高于形之始。

赞成“乾元”与“坤元”为二，且并行不悖的，是台湾著名青壮代易学家黄忠天（1961~）教授。他说：“对于乾称大哉，坤称至哉，程颐谓‘至义差缓，不若大之盛也’。然推究易理，独阴不生，独阳不长，在始生万物之过程中，天地缺一不可，乾坤虽有主从之分，然于德性则无高下之别。窃以为‘至即大也’，不必在此做价值判断。”③ 持之有故，言之成理，论述是极为深刻周密的。

赞成“乾元”与“坤元”二者为一的，是“囊括古今，平章华梵”的熊十力（1885~1968）先生④。熊十力对于“乾元”与“坤元”两者的关系，论述最为精辟深入。他认为“乾元”与“坤元”，“实则元、一而已”。他明确地分析说：“乾元、坤元、唯是一元。不可误作二元［清王船山（1619~1692）《易传》便有二元之过］。克就乾，而明示其元，则曰乾元；克就坤，而明示其

① 参见黄忠天《周易程传注评》卷1，第26页。

② 参见氏著《周易本义》卷1，第73页。

③ 参见氏著《周易程传注评》卷1，第26页。

④ 平章，指辨别清楚。参见熊十力著，马浮《文言本新唯识论》序，台北文景出版社，1973，第2页。

元，则曰坤元。实则元、一而已。岂可曰乾坤各有本原乎。"[①]。本原，具有唯一性、绝对性及至上性，只能有一，不能分二。因此，"乾元""坤元"之别，只就其特殊属性作分别，实则两者为一，"实则元、一而已"。

"乾""坤"化生个别之现象，每一现象皆寓包"乾""坤"。同时，由于是现象，其必然有特殊性与差异性，彼此不同。可是"乾""坤"所禀之元，即一元实体，则仅有"一"，没有特殊性及差异性。"乾元""坤元"，"其元则一耳"，不可分彼此。即是所谓"夫乾为生命和心灵诸现象。坤为质和能诸现象。现象诚不得不分殊。（现象有对、难泯分化。现象有矛盾、本来殊异。）而其元则一耳。唯就乾以言元、则称乾元。就坤以言元、则称坤元……夫惟了悟乾坤一元者、则说坤之元即是乾之元、亦应说乾之元即是坤之元。互言之、则无病耳"[②]。充分表明"乾元""坤元"为一，则"乾元"可称"坤元"，"坤元"亦可称"乾元"，皆是"一元实体"。

基于上述，吾人明了"乾""坤"到"乾元""坤元"的意义的转化与发展的过程。但是，吾人要问的是，这种意义的转化与发展，究竟是如何产生的?

试从主题分析方法来说，分成三个部分：

一为是什么（what）即是讨论的主题是什么？就是要把握问题本质。即是前述所分析的"乾""坤"到"乾元""坤元"意义转化与发展的过程是什么，并说明及剖析"乾""坤"到"乾元""坤元"的意义及内涵。

二为为什么（why）即是主题为什么要表达此意义？就是认识问题的存在方式。即是为什么"乾""坤"到"乾元""坤元"的意义需要转化与发展?

三为如何应用（how）即是如何落实主题内涵。即是如何存在以及存在的目的及价值。即是"乾""坤"的本义上出及大地，如何转化与发展为"乾元""坤元"为宇宙最高的本体，为万物的化生之源；并成为"一元实体"?

接着，吾人要问为什么"乾""坤"到"乾元""坤元"的意义需要转化与发展?

即是"乾""坤"及"乾元""坤元"等概念[③]，必须先予以界"定义"

---

① 参见熊十力著《乾坤衍》，台北台湾学生书局，1976，第270页。

② 参见熊十力著《乾坤衍》，第270～271页。

③ 概念，指反映事物的本质属性的形式。析言之，即是把所感知的事物的共同本质特点，抽象出来，加以概括为概念。亦即是指运用理性，对事物作客观认识。参见冯契主编《哲学大辞典》"概念"条，上海辞书出版社，1992，第1632页。

及其“意义”。了解其意义与价值，方能知道其为何会朝此方面的意义转化与发展。

所谓“定义”，是指界说，逻辑中通常指示概念内涵的逻辑方法。概念内涵是反映在概念中的事物之特有属性。因此，给一个概念下定义，就是揭示这个概念所反映的事物之特有属性①。即是使界定概念的性质，能够具体表现出来。

亚里士多德（Aristoteles，前384~前322）特别重视“定义”，在《论辩篇》中指出：“定义表明事物的本质，并能帮助理解该事物的本质。”因此，吾人为何要对概念下“定义”，是再清楚不过的。

“意义”，即是指语言文字或其他信号所表示的内容，谓事物所包含的思想和道理。也是人对自然或社会事物的认识，是人给对象事物赋予的含义，是人类以符号形式传递和交流的精神内容。人类在传播活动中交流的一切精神内容，包括意向、意思、意图、认识、知识、价值、观念等，都包括在意义的范畴之中②。析言之，“意义”是指以语言文字等符号，即是概念，以表达事物最深沉的思想和道理。这些深沉的思想和道理，是个人的一切精神内容的总合，包括意向、意思、意图、认识、知识、价值、观念等。

“乾”“坤”内涵所表达的仅是“意义”。而“乾元”“坤元”则朝向“生命意义”界定。

所谓“生命意义”，是一个解构人类存在的目的与意义的哲学问题。这个概念通过许多相关问题体现出来，例如：“我为何在此”“什么是生命”“生命的真谛是什么”等等。在历史长河中，它也是哲学、科学以及神学一直所思索的主题。前人在不同的文化环境与意识形态背景下，也给出了很多的多元化答案。法国学者阿尔贝·卡缪（Albert Camus，1913—1960）指出，作为一个存在的人，人类用生命的价值和意义来说服自己：人的存在不是荒诞的③。

“乾元”“坤元”，作为宇宙本体、万物化生之源，探索的就是生命的来源、生命的本根，即是“生命的真谛是什么”。如能经由意义理解与解释的创造与本体转化与发展，能够体证与掌握，就能达到“作为一个存在的人，人类用生命的价值和意义来说服自己：人的存在不是荒诞的”。

---

① 参见冯契主编《哲学大辞典》“定义”条，第1085页。

② 参见“互动百科”网页“意义”条，http：//www. hudong. com/wiki/% E6% 84% 8F% E4% B9% 89。

③ 参见“维基百科”网页“生命意义”条，http：//zh. wikipedia. org/wiki/% E7% 94% 9F% E5% 91% BD% E7% 9A% 84% E6% 84% 8F% E7% BE% A9。

人为何会追求“生命意义”？奥地利学者弗兰克（Viktor Emil Frankl，1905—1997）解析说：“人要寻求意义是其生命中原始的力量，而非因‘本能驱策力’（instinctual drives），而造成的‘续发性的合理化作用’。这个意义是惟一的、独特的，惟有人能够且必须予以实践；也唯有当它获致实践，才能够满足人求意义的意志。……但是，人是能够为着他的理想与价值而生，也甚至能够为着他的理想与价值而死。”[①] 所谓驱策力（drive），是指基本的驱策、本能、动机。在精神医学中，是近代较为人喜用的字眼，以别于纯粹生物观念的本能[②]。

以此可见，“生命意义”的追求，对我们的生命是何等的重要。而且，我们为了“生命意义”的理想与价值，可以奉献整个生命，为其而生，为其而死。

“在意义治疗中，自我超越是指一种去赋予意义的意图。如果人能够找到和实现他生命的意义，他不仅会变得很开心，还会面对生命的苦难。如果他看到了生命的意义，他甚至准备付出他的生命”[③]。

“乾元”“坤元”，作为宇宙本体、万物化生之源，即是《周易》从“经”到“传”意义转化与发展，最有价值的部分之一。它成为我们最有意义与价值的“生命意义”。它使我们“能够找到和实现他生命的意义，他不仅会变得很开心，还会面对生命的苦难。如果他看到了生命的意义，他甚至准备付出他的生命”。

四　“乾元”“坤元”的形上意义，是创造及本体诠释发展

“乾”“坤”的本义上出及大地，如何诠释转化与发展为“乾元”“坤元”，成为宇宙最高的本体，万物的化生之源，并成为“一元实体”？此方面可分为三部分说明：一是时间间距；二是创造诠释；三是本体诠释。

就“时间间距”言：由于“经”和“传”两者的“时间差”，就形成了

---

① 弗兰克创立“意义治疗学”，是继奥地利·弗洛伊德（Sigismund Schlomo Freud，1856—1939）精神分析和奥地利阿尔弗雷德·阿德勒（Alfred Adler，1870－1937）个体心理学之后，维也纳的第三种心理治疗学派。参见弗兰克著《活出意义来》第2部《意义治疗法的基本概念·意义的意志》，赵可式及沈锦惠合译，台北光启文化事业，2010，第122页。

② 参见同上弗兰克创立“意义治疗学”，是继奥地利·弗洛伊德（Sigismund Schlomo Freud，1856—1939）精神分析和奥地利阿尔弗雷德·阿德勒（Alfred Adler，1870－1937）个体心理学之后，维也纳的第三种心理治疗学派。参见弗兰克著《活出意义来》第2部《意义治疗法的基本概念·意义的意志》，赵可式及沈锦惠合译，第164页。

③ 参见刘翔平《寻找生命的意义——弗兰克的意义治疗学说·走向恢复人性之路的心理疗法》第9章，台北猫头鹰出版社，2001，第213页。

“时间间距”的意义。有了“时间间距”，才能产生创造性的新颖诠释。潘德荣清晰地指出：“为何理解不是单纯的‘复制’，而始终是‘生产性’的？这种生产性归功于时间间距的形成的新视野。”①

“时间间距”，是当代强调“语言诠释学”的诠释学大师伽达默尔所提出的理论。“时间间距”，就是指时间差。“唯有时间间距才使合理的理解成为可能。伽达玛②认为，在时间间距没有给出确定的尺度时，我们是难以对历史的东西进行有效的判断的。我们能更好地理解历史流传物，就是因为我们已经从时间间距中获得了一个确定的尺度。这句话的潜台词就是，人们很难对自己的时代创作出的作品作出更有价值的判断。这是因为，我们的理解总是在一定‘前判断’，一种特定的视界中进行的”。

此即是说，没有“时间间距”，“我们是难以对历史的东西进行有效地判断的”；唯有“时间间距”，“我们能更好的理解历史流传物，就是因为我们已经从时间间距中获得了一个确定的尺度”。进言之，没有“时间间距”，“人们很难对自己的时代创作出的作品作出更有价值的判断。这是因为，我们的理解总是在一定‘前判断’、一种特定的视界中进行的”。

伽达默尔在《时间间距的诠释学意蕴》一文中指出：“这些前判断与前提使这些现代创造品具有一种外在的共鸣，这些共鸣并不就符合于它们的真正内容和它们的真正意蕴。只有当它们与现时代的一切联系都消失后，它们的真正本性才显现出来，从而对它们中所言说的东西的理解才有权自称是本真的和普遍的。正是这种经验导致了历史研究的这种观念：只有一直有某种历史距离，客观的认识才能达到。确实，一件必须说出的东西，它的内在内容，只有当它逸离了它的现实性之短暂环境时，才第一次显现来。”③

这充分说明了“时间间距”的意义与价值。因为，在“时间间距”中，“当它们与现时代的一切联系都消失后，它们的真正本性才显现出来，从而对它们中所言说的东西的理解才有权自称是本真的和普遍的”。也惟有具有“时间间距”，“确实，一件必须说出的东西，它的内在内容，只有当它逸离了它的现实性之短暂环境时，才第一次显现来”。

为什么一定要有“时间间距”？

“平心而论，我们对历史人物、历史事件尚能比较客观的、冷静的思考

① 参见氏著《诠释学导论》第5章，第141页。

② 伽达玛，即是伽达默尔，翻译不同。

③ 参见潘德荣《诠释学导论》第5章，第141页。

与分析，超然的评价其功过是非。但对我们自己和我们这个时代的一些重大事件，却很难做到这一点。究其原因，乃是因为我们与我们这个时代享有着共同的前判断。或者，更确切的说，这个时代本身就是我们这个社会一切成员的共同视界之构成基础，我们总是直接或间接地参与了这些重大的历史事件，我们与这些历史事件有着千丝万缕的联系，甚或切身的利害关系，我们参与这些事件时立场无疑会影响我们对它们的理解。所以，这些事件，乃至我们自己的功过是非当由后人评说，按照伽达玛的说法，只有在这些事件'能与其现在的含义的各种意见保持距离'时，它们的产生基础之'一切联系'都随着时间间距的作用而逐渐消失殆祢，人们才能比较客观地加以评价"①。

进言之，当代人看当代的历史，因为"身在局中"，不易有客观的评价。唯有"时间间距"，就是"能与其现在的含义的各种意见保持距离"时，"才能比较客观地加以评价"。主因是"这个时代本身就是我们这个社会一切成员的共同视界之构成基础，我们总是直接或间接地参与了这些重大的历史事件，我们与这些历史事件有着千丝万缕的联系，甚或切身的利害关系，我们参与这些事件时立场无疑会影响我们对它们的理解"。因此，"盖棺论定"，人死后才能对其一生做评价，主要就是必须有"时间间距"。

《周易》的"经""传"由于有了"时间间距"，是以《易传》才能产生创造性的新视野，有了生产性的理解与解释的新诠释。而"乾""坤"从一般意义的本义，创造转化为具有"生命意义"之"乾元""坤元"的本体义，即得力于"时间间距"。

就"创造诠释"言：源于傅伟勋（1933～1996）教授，他将"创造诠释"分为五个层次："实谓层次""意谓层次""蕴谓层次""当谓层次""必谓（或创谓）层次"②。

"乾""坤"本义为上出与地。此即近代著名中国哲学家冯友兰（1895～1990）所说的"照着讲"，只是一种历史的叙述③。"乾""坤"引申义的天、健与地、顺，相当于"意谓层次"。在"意谓层次"上，即是通过语意澄清、脉络分析、前后文表面矛盾的逻辑解消、原思想家时代背景的考察等功夫，

---

① 参见潘德荣《诠释学导论》第5章，第141～142页。

② 参见傅佛勋著《从创造的诠释学到大乘佛学》，台北东大图书股份有限公司，1999，第1～46页。

③ 引见朱伯崑《易学哲学史·台湾版序言》第4册，台北蓝灯文化事业股份有限公司，1991，第1页。

尽量“客观忠实”了解并诠释原典或原思想家的意思或意向。即是指原思想家想要表达什么？或他所说的意义到底是什么？这包括3个方法以探索其意义——脉络分析、逻辑分析及层次（或次元）分析。即是在不同脉络时，有产生意义变更的情况。再经由逻辑分析，亦即是在论证当中，不可有前后矛盾情形发生，以达到连贯性的目的。再经由层次或次元分析，使创造意义清晰条理的呈现。

综此，“乾”“坤”从本义到本体义的“乾元”“坤元”，经由脉络分析、逻辑分析及层次（或次元）分析，建立了一套“乾元”“坤元”为“一元实体”的宇宙化生论意义与价值体系。即是《易传》在此建立最高本体之“乾元”“坤元”的“一元实体”，再经由道德实践的“元亨利贞”四德及相关道德实践，以下学上达，与此“一元实体”合而为一，臻于“首出庶物，万国咸宁”的荏席之上。

“乾”“坤”转化为本体义的“乾元”“坤元”，则是“当谓层次”与“必谓（或创谓）层次”意义最佳的解说①。在“当谓层次”当中，必须掘发“乾元”“坤元”的深层结构，才能使其居于宇宙化生论上的关键，彰显其意义与价值。当“乾元”“坤元”成为化生之源时，成为“必谓（或创谓）层次”，并解决了“乾元”“坤元”在整个宇宙化生论上的思想课题。而此意义的形成，是“批判的继承”与“创造的发展”两者的双管齐下的。一则是对在“意谓层次”从“乾”“坤”本义的上出与地，到天健坤顺的“批判的继承”。另一则是作为“乾元”“坤元”化生之源的意义，则是意义上的“创造的发展”。基于此，“乾”“坤”从本义到本体义的“乾元”“坤元”意义的发展与递进，就是一种“创造的诠释”。也就是冯友兰所说的“接着讲”，是一种哲理的阐发②。

而且，也达到了“必谓（或创谓）层次”，即是指原思想家现在必须说出什么？或为了解决原思想家未能完成的思想课题，创造的诠释学者现在必须践行什么？亦即原思想家未完成的课题以及从现在必须实践的角度，开发出具有时代意义的诠释。此即是形成了“创造诠释学”。

由字义的创造，到思想的创造，建构成体系的创造，成中英（1935～）有其独到的见解，他说：“‘诠释’是就已有的文化与语言的意义系统作出具

① 傅伟动原本称“必谓层次”，刘述先教授（1937～）更改为“创谓层次”，以符合“创造性诠释”的实质意义。参见黄俊杰编《中国经典诠释传统——通论篇》（一），《“中国经典诠释学的特制”学术座谈会纪录》，台北财团法人喜玛拉雅研究发展基金会，2002，第435页。

② 引见朱伯崑《易学哲学史·台湾版序言》第1册，第1页。

有新义新境的说明与理解，它是意义的推陈出新，是以人为中心，结合新的时空环境与主观感知发展出来的理解、认知与评价。它可以面对历史、面对现在、面对未来，作出陈述与发言。表现诠释者心灵的创造力，并启发他人的想象力，体会新义，此即为理解。事实上，诠释自身即可被看为宇宙不息创造的实现。"① 意义的创造，推陈出新，必然是经由我们理智的深层探索，内心的澄清思辨，才能产生周延缜密的思维体系。这是主观认知与客观时空环境，共同结合所发展出来的理解。这份心智的体证与建构，必须吾人不断的挖掘与探求，方可成为宇宙生生不息的创造者。"乾""坤"从本义转化本体意义的"乾元""坤元"，就是心灵创造力积极展现的最佳典范。

就"本体诠释"言：诠释的极点，就是本体诠释。吾人要问"乾""坤"从本义，创造转化为"乾元""坤元"的"一元实体"，就达到了诠释的终极意义——第一因，即是本体诠释。何谓本体诠释？

"本体诠释学"（Onto－Hermeneutics）的发凡，为华裔学者成中英教授。他指出："'本体'是中国哲学中的中心概念，兼含了'本'的思想与'体'的思想。本是根源，是历史性，是时间性，是内在性；体是整体，是体系，是空间性，是外在性。'本体'因之是包含一切事物及其发生的宇宙系统，更体现在事物发生转化的整体过程之中。"② 这包括了两个方向：一是指"本"，是指根源，即探求万化的本根及其内涵，寓含形上学的宇宙发生论及本体论；二是指"体"，则是指体系，即是建构有机完整的体系及系统，以说明整个思想的发展及变化。

成中英再指出："本体是有层次的，对自我的认识原始于对事物的理解，当我们对自我有更深的要求时，也就能更深认识和掌握世界，更能清除局部性、片面性，而体现了认识和理解的整体性、系统性、发展性与根源性。此即所谓本体。"③ 针对"本体诠释"的内涵，成中英再进一步说明，"什么是本体？它是实体的体系，即体。它来源于实体的本源或根本，即本。本和体是紧密相关的。因为本不仅产生了体，而且不断产生体，这可以根据本来解释体的变化"④。

进言之，"本体诠释"除了强调本体的意义外，还重视体系的建构。

---

① 参见成中英主编《本体与诠释·从真理与方法到本体与诠释》第2辑，三联书店，2002，第6页。

② 参见成中英主编《本体与诠释·从真理与方法到本体与诠释》第2辑，第5页。

③ 参见成中英主编《本体诠释学·世纪会面》第2辑，北京大学出版社，2002，第5页。

④ 参见成氏主编《本体与诠释·何为本体诠释学》，第22页。

“本”与“体”相连相合，方能将内蕴充分展现出来，以提升诠释高度。深一层分析，本体诠释就是将无法用经验认知的万物背后之实体，即是现象背后的真实存在，经由理解与解释，作一完整体系化的呈现，即是成氏所称的“它是实体的体系”。而且，此一体系，由于个人前理解的提升，将不断的产新的体系，建构新的内涵与价值。《易传》诠释创造“乾元”“坤元”的“一元实体”，即具有“本”——宇宙化生之源，以及“体”——建构有机完整的体系及系统。

五 “经”“传”诠释转化，是方法论，更是德性文化的呈现

《周易》能成为“五经”之首，主要的因素，就是不断且永不止息在诠释上的创造转化，从创造诠释，一直转化到本体诠释。其展现的意义与价值如下。

一是朝向创造与本体的诠释，是内在不容已的驱动力人生一直在探索生命的源头，是人类最深沉的梦。“传”的诠释者，就本此宗旨，以内在不容已的驱动力，对“意义”予以转化与发展，成为“生命意义”，以预设宇宙化生之源，万物化生之道。从“乾”“坤”的本义，创造转化为“乾元”与“坤元”的“一元实体”，即是诠释创新的最佳例证。当气势磅礴的“乾元”“坤元”在《易传》大声呐喊“大哉乾元，万物资始”、“至哉坤元，万物资生”时，必然激起吾人的生命底蕴，朝着与“乾元”“坤元”化合为一而戮力不懈！

二是使用方法论，提升意义内涵与价值，朝向终极真理迈进《周易》本为卜筮之书，能够成为哲学著作，朝向形上宇宙论诠释发展，最主要的原因之一，即是“传”使用了方法论。所谓方法论，即是对探索知识的原则或做法而作之分析。方法论意味着的通用概念就是：在某一门学问或所要探索的知识领域上，对所使用之个别方法加以整合、比较探讨与批判。析言之，方法论就是人们认识世界、改造世界的一般方法。是人们用什么样的方式、方法来观察事物和处理问题。概括地说，世界观主要解决世界“是什么”（what）的问题，方法论主要解决“如何”（how）的问题[①]。从“乾”“坤”的本义，创造转化为“乾元”“坤元”的“一元实体”的诠释过程，使用的

① 参见“百度百科”网页“方法论”条，http：//baike.baidu.com/subview/14069/11111558.htm，2016年4月12日。

最主要方法，即是创造及本体诠释。

三是德性文化的彰显，刚健中正，纯粹至精，含弘光大，品物咸亨吾人要问，既然“乾元”“坤元”为形上宇宙的化生之源？要如何体证，与其结合为一？在“乾元”的内在理路中，提出刚健中正，纯粹至精的道德实践；在“坤元”，则提出含弘光大，品物咸亨的道德光华的彰显。同时，在《易传》共出现73个德字，其建构的体系，分成三个层次，即是进德修业，强调“道德”的重要性及迫切性；果行育德，重视“道德”的持续性及不懈性；崇德广业，推广“道德”的崇高性及普及性等价值①。诚如邬昆如（1933～2015）教授所言，“在肯定自己在宇宙中的定位之后，找出适当的行为方针，以行动来完成自己生命的意义，来完满自己生活的目的”②。充分指出从“乾”“坤”到“乾元”“坤元”的一条道德实践历程。

四是对全体人类幸福的关照，以美利利天下，首出庶物，万国咸宁《易传》创造及本体诠释特色之一，就是不仅重视“内圣”，自身德性完美的修持；且强调“外王”，“己利而利人，己达而达人”③，关照全体人类的幸福。诚如《乾卦·文言》所说的“乾以美利利天下”④。对利益的散播，是具有普遍性的。以及《坤卦·文言》所谓“含万物而化光”⑤。其化育万有，是德泽普施，不分畛域的。此即是“乾元”“坤元”所展现最有意义与价值所在的部分。此种“博施济众”的特点，一言以蔽之，即是“首出庶物，万国咸宁”⑥。使天下万国，都能和美顺昌，天下太平。这也是儒家思想的终极目标所在。

作者单位：台湾辅仁大学

① 参见赵中伟《〈易传〉之德性本体论诠释——以“忧患九卦”为例》，《先秦两汉学报》第9期，第1～39页。

② 参见邬昆如著《伦理学·绪论》，台北五南图书出版有限公司，1993，第6页。

③ 参见朱熹《四书章句集注·论语集注》，台北大安出版社，1996，第123页。

④ 参见《乾卦·文言》，引见黄忠天《周易程传注评》卷1，第19页。

⑤ 参见《坤卦·文言》，引见黄忠天《周易程传注评》卷1，第34页。

⑥ 参见《乾卦·彖辞》，引见黄忠天《周易程传注评》卷1，第5页。

《周易·小象》语言表达方式探微*

程建功

摘　要：《小象》解说爻象、爻辞，因其每条必引爻辞，且解说用语过简，这种解说曾一度为学者所诟病。这种单一甚至重复的结构，因其解说对象集中（指每一爻的爻象、爻位），解说方法明确（借助爻辞），故其解说内容主旨明确、语言简洁、蕴含丰富，且表现手法灵活多样。《小象》这种表达方式，不仅节省了笔墨，而且取得了较好的表达效果。

关键词：易经　易传　小象　爻象　爻辞

对《小象》的研究，今人的研究成果相对较少，研究者也只寥寥数人，并且大致可以2000年为界分为前后两期。前期李镜池、陈鼓应、黄石声、刘保贞等就《小象》价值及其与《彖传》的关系做过初步研究，对《小象》总体评价不高，甚至有所贬损，且大多认为《小象》解说的是爻辞，缺乏哲理性内容，与《彖传》体例基本一致，刘保贞则明确指出"《小象》不应称之为《象》，而应称之为《小象》"。① 后期朱伯崑、王博、傅惠生等做了较为系统深入的研究，对《小象》总体评价较为客观，肯定了《小象》的独特价值，分析了它所包含的义理性内容；傅惠生还提出"《大象》和《小象》有相同的表述方式"②。其实，正如唐儒孔颖达所说"释六爻之象、辞，谓之《小象》"③，《小象》全篇正是针对六十四卦每一爻的爻象、爻辞展开的，而且我们认为《小象》以解说爻象为主、爻辞为辅，这是由象辞本身的功能决定的。既然名为"象"，那么《大象》解卦象、《小象》解爻象本来就是顺

* 本文系国家社科基金项目"《易传》的社会伦理思想研究"（项目号：15XZX015）阶段性成果。

① 刘保贞：《象传性质新探》，《周易研究》1996年第2期。

② 傅惠生：《〈周易·小象〉语篇分析》，《华东师范大学学报》（哲学社会科学版）2005年第3期。

③ （魏）王弼、（晋）韩康伯注，（唐）孔颖达正义：《周易宋本注疏》，中华书局，1988，第69页。

理成章的事。只是《大象》针对八卦卦象，可以根据它的上下位置关系描述其“象”，甚至可以有所发挥，如“地上有水，比”、“风行天上，小畜”。《小象》针对单一的或阴或阳的爻象，如果只是简单地描述阴、阳爻象似乎也无不可，但那样的描述不但重复啰唆，而且毫无意义。因为《易经》每一爻不仅有爻象，而且有爻题（即六二、九五之类），已经把爻象的阴、阳以至位置交代清楚。这样一来，如何解说爻象及其内在关系就成了《小象》的一大难题？《小象》最终选择借助爻辞来解说爻象及其上下、阴阳等关系，这不仅仅因为有《大象》借助卦辞解说卦象的先例[①]，更为重要的是《小象》作者明白爻辞其实是对爻象、爻位及其复杂关系全面考虑的结果，是对爻象及其关系最好的解说[②]；所以借助爻辞解说爻象就不但是最经济的办法，也是最明智的选择。尽管这种选择有重复爻辞、就事论事的弊端，加之《小象》解说用语过简，致使个别解说模糊甚至语焉不详，确实给后人的阅读造成了障碍和困惑，但这种引用爻辞加解说的特殊而单一的表现形式，又确实从整体上很好地完成了解说爻象及其复杂关系的任务。正是由于受到这种单一结构极大的局限，为了使解说更加具体明确，促使《小象》在语言表达上不得不进行一些尝试，选用恰当的句式来进行内蕴丰富的表达。在这一方面，傅惠生的研究给予我们极大的启示。傅先生通过字频和语域分析，得出《小象》是由“重复/省略 + 推论/判断”结构组成，即先引用爻辞、后做出推论或判断，认为这种结构具有“言 - 象 - 意”的内在逻辑思维顺序，指出《小象》“为我们研究古代汉语的语言衔接问题开了一个天窗”。下面依循傅先生的这一思路，试就《小象》的表达方式进行简要分析。

一　形式多样的陈述句式

陈述句又叫叙述句，是思维活动最一般的表现形式，因此也是最常用的句子，它可以对事物产生的原因、结果做出直接的判断和说明。如前所述，《小象》要借助爻辞说明爻象，而且“每一爻《小象》语篇的第二部分为推

① 《易传》的产生与春秋晚期学术下移密切相关，当出于筮官之手。他们不仅对《易经》内容了然于心，对解经体例和原则同样驾轻就熟；因此，当他们用文字解经时知道孰轻孰重、孰难孰易，有些内容（如卦辞、爻辞）在他们看来是不言自明、无须解释的，故《小象》才会通过巧妙的引用加上极为简洁的语言点明爻象、爻位等复杂关系，顺带解说一下难解爻辞，并不是学者们以往所理解的《小象》是在解说爻辞。

② 傅惠生：《〈周易·小象〉语篇分析》，《华东师范大学学报》（哲学社会科学版）2005 年第 3 期。

论和判断爻辞形成背后的原因、结果或目的"，陈述句也是必然的首选句式。《小象》中的陈述句运用广泛而多样，大致可分如下类型：

1. 一般陈述句

《小象》较为常见的陈述句是先引用爻辞的全部，而后进行陈述说明。如：

①乾卦初九："潜龙勿用"，阳在下也。
②坤卦六五："黄裳元吉"，文在中也。
③蒙卦六四："困蒙"之"吝"，独远实也。
④讼卦九五："讼，元吉"，以中正也。
⑤大有卦九四："匪其彭，无咎"，明辨晢也。

例①"阳在下也"既解说了爻象爻位，又说明了爻辞"潜龙勿用"的原因。例②"文在中也"既指明阴爻居中位，又用"文"表明柔顺坤道，同时兼带解说了爻辞"黄裳"，因"黄"为中性之色，"裳"为下饰，可谓一举三得。例③"独远实也"既交代了六四阴虚，远离九二和上九阳实的爻象、爻位关系，又顺带解说了"困蒙"受辱的原因。例④"以中正也"首先交代了九五爻位既中且正，其次说明诉讼取得大吉的原因。例⑤"明辨晢也"意在说明九四阳居阴位、不中不正，但因靠近卦中主爻六五，能够明辨分际、明哲保身，又连带解说了"无咎"的原因是因为富而不骄。

以上这样的陈述句在《小象》中较多，限于篇幅，不再例举。仅从以上数例足可看出，《小象》的主要解说对象是爻象、爻位，目的在于说明吉、凶、悔、吝产生的原因，解说爻辞只是顺带之事。因此，它引用爻辞的目的只在借助爻辞解说隐含在文辞背后的爻象、爻位及其复杂关系，同时顺带解说有些相对难解的爻辞。这样的解说同《大象》解说卦象的体例基本一致，且用笔精简、直指中心、蕴含丰富，只不过《小象》针对性更强，解说更具体罢了。这是《小象》解经的通例，贯穿全篇。为了论说之便，先行说明，下文不再重复。

2. 特殊陈述句

所谓特殊只是针对一般而言，这里指《小象》中那些或明引、或暗引、或引用部分、或不引的陈述句，确切说应当是《小象》陈述句的一些变式。如：

①坤卦六二：六二之动，"直"以"方"也。

②屯卦六三："即鹿无虞"，以从禽也。"君子舍"之，"往吝"穷也。

③蒙卦九二："子克家"，刚柔接也。

④履卦初九："素履"之"往"，独行愿也。

⑤谦卦初六："谦谦君子"，卑以自牧也。

例①用"六二之动"特意指明了爻象、爻位及行动趋向，清儒李光地曰："《朱子语类》云'坤卦中惟这一爻最纯粹'。盖五虽尊位，却是阳爻，破了体了；四重阴而不中；三又不正。惟此爻得中正，所以就说这个直方大。"[①] 暗引"直方"则用以说明"六二"的行动特点。例②"以从禽也"既暗示了六三爻象乃阴居阳位、不中不正，有急躁冒进之嫌；又说明了"即鹿无虞"的原因，即追赶野鹿而没有向导是因为过于贪心，"'往吝'穷也"则告诫若一意追逐下去将导致困穷的结果。这是引用部分爻辞以说明爻象、爻位较为典型的例子。例③"刚柔接也"则主要为解说九二爻象与初六、六三、六四等阴爻相交接，并与六五阴阳相应，其次说明"子克家"的原因。并舍弃了爻辞"包蒙，吉；纳妇，吉"，而用"子克家"做了高度概括，可谓高明。例④"独行愿也"的陈述，正如曹魏王弼"处履之初，为履之始，履道恶华，故'素'乃无咎"[②] 的注解，意在说明初九阳爻阳位，为履卦之初，朴实无华，所以专一奉行履道的意愿而无杂念；并且顺便解说了爻辞"素履"和"往"，还暗示了"无咎"的原因。例⑤"卑以自牧"既指明初六阴爻处位低下，又顺带解说了爻辞"谦谦君子"获吉的原因。舍弃"利涉大川，吉"这些易于理解的爻辞，而将重点放在解说"谦谦君子"上，强调和突出人的主观作用，可从一个侧面看出《小象》对爻辞的取舍原则。

这样的陈述句变例在《小象》中随处可见，是《小象》最为常见的陈述句式。它或直接陈述、或暗引爻辞、或引部分爻辞、或省略某些爻辞、或概括爻辞内容，其目的只在借助爻辞解说爻象、爻位及其复杂关系，说明、推论吉凶的原因或结果。这样的陈述主旨明确、方法灵活、言简意赅，可谓巧妙。

3. 双重否定表肯定的陈述句

尽管爻辞中有"不习无不利"这种典型的双重否定句，但《小象》中的双重否定句却比较独特，主要用"不""未"与"失""乱""败""害"组

① （清）李光地著，李一忻点校：《周易折中》，九州出版社，2002，第55页。

② （魏）王弼、（晋）韩康伯注，（唐）孔颖达正义：《周易宋本注疏》，第199页。

合而成，表达一种“没有失去……”等肯定状态，语气显得比较委婉。这一方面与作者肯定的对象有关，另方面或与作者的用语习惯有关。如：

①坤卦六四：“括囊无咎”，慎不害也。
②需卦初九：“利用恒无咎”，未失常也。
③需卦上六：虽不当位，未大失也。
④讼卦九四：“复即命渝”，安贞不失也。
⑤比卦六二：“比之自内”，不自失也。
⑥履卦九二：“幽人贞吉”，中不自乱也。
⑦大有卦九二：“大车以载”，积中不败也。
⑧随卦初九：“出门交有功”，不失也。
⑨睽卦九二：“遇主于巷”，未失道也。
⑩艮卦初六：“艮其趾”，未失正也。

这样的例句有二十余例，数量虽不多，但比较独特。如例①六四阴爻阴位得正不中，又处大臣多惧之位，故强调谨慎就不会有祸害，突出爻辞“无咎”，而将爻辞“无誉”舍去不解。例②初九虽然阳爻阳位得正，又与六四阴阳相应，但居踌躇、等待的需卦之初，保持恒心符合“常道”，故谓“未失常”。同时顺带解释了“无咎”的原因，正在于“未失常”。限于篇幅，余例不再一一分析。值得注意的是《小象》通过这种特殊的句式不仅表达了“没有……”的肯定内容，而且隐含着发挥人的主观作用的积极思想；尤其是用“未失常”“未失道”“未失正”“不自失”这些句式，委婉地表达了遵循常规、常道和固守正道、自我的重要性，体现了显明的道德价值取向。

二　数量众多的否定句式

据傅惠生统计，表示否定的词语按出现频率依次为不75、未42、无24、失21、咎16、穷11、灾8、凶7，其余还有乱、败、弗、丧、亡、伤、吝、莫、勿、非等，除去双重否定表肯定的句式，有230多个表示否定的句子，在386句《小象》里，约占60%，构成了一个庞大的否定或凶丧祸败话语系统。如：

①蒙卦六三：“勿用取女”，行不顺也。
②谦卦上六：“鸣谦”，志未得也。
③师卦六三：“师或舆尸”，大无功也。

④师卦初六："师出以律"，失律凶也。

⑤临卦六三："既忧之"，咎不长也。

⑥坤卦上六："龙战于野"，其道穷也。

⑦需卦九三："需于泥"，灾在外也；自我致寇，敬慎不败也。

⑧随卦九四："随有获"，其义凶也。

⑨ 泰卦上六："城复于隍"，其命乱也。

⑩ 同人卦九四："乘其墉"，义弗克也。

例①《周易集解》引虞翻曰："失位乘刚，故行不顺也。"[①] 意谓六三阴居阳位，下乘九二。例②清儒李光地曰："其志未得者，乃未能遂其大同之心。"[②] 是说上六处谦卦之极，虽能以谦德号召感化众人，但还未能实现相互谦让的大同心愿。余例大体如此，不再一一分析。纵观《小象》的这些否定句多出现在对三爻、四爻和上爻的解说上，这与《系辞》"其初难知，其上易知，本末也。初辞拟之，卒成之终。……二与四，同功而异位，其善不同，二多誉，四多惧，近也。……三与五，同功而异位，三多凶，五多功，贵贱之等也"[③] 的总结相吻合，与《易经》包含的深沉的忧患意识相一致。值得注意的是，《小象》的这些否定句不再把重点放在凶、咎、悔、吝的结果上，而是放在了对造成这种结果的原因分析或对可能的结果提出告诫上。如例①"勿用取女"的原因就在其行为不顺合礼义，例④则告诫军人：既然"师出以律"，那么军队失去纪律一定凶险。不仅如此，《小象》还采用寓正于反的方法，将应对各种凶丧祸败或不利局面的办法含蓄地指了出来。如例⑦既然灾自外来，寇由自招，那么敬慎应对自可免祸。例⑧被人追随而有收获，但从道义上讲则有凶险。暗示因九四处大臣多惧之位，不可贪得无厌。俗话说："祸福无门，惟人自召。"既然祸是人招来的，那么人自然也可避免或解除祸患。《小象》这么多否定句的焦点其实还是集中在祸福由人、事在人为上，表现出一种积极应对的态度。

三　特色鲜明的疑问句式

古代汉语疑问句，一般要用疑问词表示，有用疑问语气词的、有用疑问

① （唐）李鼎祚著，王丰先点校：《周易集解》，中华书局，2016，第57页。

② （清）李光地，李一忻点校：《周易折中》，第642页。

③ （魏）王弼、（晋）韩康伯注，（唐）孔颖达正义：《周易宋本注疏》，第789～796页。有可能《系辞》的这些总结是在对《小象》细致分析的基础上完成的。

代词的，还有二者兼用的。《小象》中这三种形式都有，但以使用疑问代词的句式为常。或许是受限于解释文体的原因，《小象》只有反问一种疑问句式，显得极为独特。反问是不疑而问、明知故问，但只问不答，将肯定或否定的意思包含在问句内。从形式上说属于疑问句范畴，而从表达方式上说，反问又是常见的修辞手法。据笔者初步统计，《小象》约有反问句16例，其中“何可长也（久也）”7例，“又谁咎也”3例，其余6例，由此可见作者的用语习惯倾向。如：

①屯卦上六：“泣血涟如”，何可长也？
②比卦六三：“比之匪人”，不亦伤乎？
③同人卦九三：“三岁不兴”，安行也？
④大过卦九五：“枯杨生华”，何可久也？
⑤恒卦九四：久非其位，安得“禽”也？
⑥遯卦初六：“遯尾”之“厉”，不往何灾也？
⑦解卦六三：自我致戎，又谁咎也？
⑧革卦九三：“革言三就”，又何之矣？
⑨鼎卦九四：“覆公餗”，信如何也？

例①《周易折中》引杨简曰：“何可长者，言何可长如此也。非惟深悯之，亦觊其变也，变则庶乎通矣。”[①] 屯卦上六虽然阴爻阴位得正，但下与六三不应，又凌乘九五，以故“泣血涟如”，怎可长久？好在六爻为屯难之末，尚有走出屯难之可能。例②六三阴居阳位、不中不正，比扶不正之人，不是太悲伤了吗？例③九三虽正不中，又无应，上有三阳爻，故谓“三岁不兴”，怎么能有所行动呢？例④九五与上六阴阳相应，非正应，故以“枯杨生华”为喻，大的过头，怎可长久？例⑤九四阳居阴位、不中不正，长久居位不正，又怎能有所收获呢？例⑥初六处遁退之末，虽遁退不及时，但只要不前往，又有什么灾祸呢？例⑦六三居位不中不正，无应，凌乘九二背负九四，加之处下卦坎险之极，自我招致敌寇，又能归罪于谁呢？例⑧九三虽阳居阳位、有应，但正而不中，处变革之时，有操之过急嫌疑，故谓“革言三就”，还能到哪里去呢？例⑨九四阳居阴位、不中不正，无应，性格毛躁，打翻了鼎，倒了王公美食，怎可令人信任？

《小象》将引文与疑问二者巧妙结合构成了一种特殊的反问句，不仅借

① （清）李光地著，李一忻点校：《周易折中》，第611页。

助爻辞和反问阐明了爻象、爻位及其关系，而且通过明知故问、寓答于问这种修辞手段，把自己对某些事物的肯定、否定态度含蓄地表达了出来。透过作者的含蓄表述，我们不难发现他所强调的主旨在于祸福由人！

四 意味隽永的感叹句式

《小象》全篇的感叹句不多，据我们初步统计，大概有以下十多例（重复的不再例举），而且不见用句末语气词“哉”的感叹句，感情相对显得平和，感叹意味则含蓄深长，这与作者的个性和用语习惯或许相关，与《彖传》大量使用以“哉”煞尾且感情强烈的感叹句区别明显。

①讼卦上九：以讼受服，亦不足敬也！
②临卦六五：“大君之宜”，行中之谓也！
③噬嗑卦上九：“何校灭耳”，聪不明也！
④观卦六二：“窥观女贞”，亦可丑也！
⑤颐卦初九：“观我朵颐”，亦不足贵也！
⑥大过卦九五：“老妇士夫”，亦可丑也！
⑦家人卦上九：“威如”之“吉”，反身之谓也！
⑧夬卦上六：“无号”之凶，终不可长也！
⑨小过卦初六：“飞鸟以凶”，不可如何也！
⑩小过卦九三：“从或戕之”，“凶”如何也！

例①上九处讼卦之极，又为上乾之极，过于刚强，争讼不止，虽可因争讼获得赏赐，但这样的行为并不值得尊敬啊！例②六五处上卦中位，又与九二阴阳相应，以智临人、持中行事，故感叹：这说的就是实行中道啊！例③上九阴居阳位，下乘六五，又处离卦之末，故带的枷都磨掉了耳朵，因此感叹太不聪明了！例④六二阴爻阴位得正得中，又与九五阴阳相应，仰观应正大光明，不宜窥观。宋儒朱熹曰：“在丈夫则为丑也。”[①] 故谓也太丑了吧！例⑤初九阳爻阳位得正，又为下卦复卦唯一阳爻，上与六四相应，本应开始即有所行动，自求口实，却只是观看别人大快朵颐，所以感叹说（这样的行为）太不值得尊重了啊！例⑥感叹与例④基本相同，例⑦与例②基本相同，不作分析。例⑧上六以一阴高居五阳之上，为众阳决断对象，故感叹终将不

① （宋）朱熹著，廖名春点校：《周易本义》，中华书局，2009，第99页。

可长久！例⑨明儒来知德曰："不可如何，莫能解救之意。"[①] 初六为下卦艮之始，处小过之时，以静为佳，却如小鸟般高飞上行，这样的凶险如何解救啊！例⑩尚秉和注："'从或戕之'，言三若应上，则四或害之也。"[②] 九三阳爻阳位得正，又为下卦艮之极，处小过之时，同样以止为上，因阳刚不中，又与上六阴阳相应，若从上高飞，必将受害，故感叹说怎么那样凶险啊！

《小象》的感叹，貌似感情平和，实则意味深长。既有对羞丑之事的厌弃，又有对不值当之事的批评；既有对事所当行的赞叹，又有无可奈何的慨叹；既有对修身的大加肯定，又有对愚蠢做法的否定。然而无论何种感叹，它都隐含着一种行事宜持中守正、不可走极端的主观倾向，颇有点"若能那样该多好啊"的意味。

五　丰富多样的修辞手法

除了以上的反问、感叹之外，《小象》还运用了比喻、借代、双关等修辞手段以加强表达效果。

1. 比喻

《小象》里的比喻多为暗喻或借喻，并且常常与爻辞结合在一起使用，这一类的例句较多，因爻辞本身即有大量的比喻。如：

①坤卦六二："黄裳元吉"，文在中也。
②比卦九五：舍逆取顺，"失前禽"也。
③谦卦初六："谦谦君子"，卑以自牧也。
④大过卦九二："老夫""女妻"，过以相与也。
⑤革卦九五："大人虎变"，其文炳也。
⑥艮卦九三："艮其限"，危熏心也。
⑦丰卦上六："丰其屋"，天际翔也。

例①唐儒孔颖达曰："既有中和，又奉臣职，通达文理，故云文在中，言不用威武也。"[③] "文""武"相对，以"文"喻温文坤德。例②以狩猎时的舍逆取顺暗喻君王的用人策略。例③以"自牧"喻指谦谦君子的自我约

① （明）来知德，张万彬点校：《周易集注》，九州出版社，2004，第589页。
② 尚秉和：《周易尚氏学》，中华书局，1980，第274页。
③ （魏）王弼、（晋）韩康伯注，（唐）孔颖达正义：《周易宋本注疏》，第117页。

束、自我管理。例④借爻辞“老夫”“女妻”喻指过度的结合关系。例⑤用文采焕然比喻大人的变革。例⑥用烈火烧心喻被阻于关键位置的危险。例⑦宋儒程颐曰：“六处丰大之极，在上而自高，若飞翔于天际，谓其高大之甚。”[①] 用在天际飞翔比喻房屋的丰大和居位过高。

《小象》的比喻由于借助爻辞来完成，或用暗喻，将本体、喻体巧妙联系起来，取得一种强调整体的表达效果；或直接借用爻辞的比喻，化繁为简，化抽象为形象，给人以鲜明生动的印象。《小象》这种通过修辞衔接引文与解说语言的方法颇具独到创新之处，值得后人学习和借鉴。

2. 借代

《小象》的借代多用特征代本体或专名代泛称的方式，如：

> ①屯卦初九：虽“磐桓”，志行正也；以贵下贱，大得民也。
> ②坎卦六四：“樽酒”“簋贰”，刚柔际也。
> ③蹇卦上六：“利见大人”，以从贵也。
> ④解卦初六：刚柔之际，义无咎也。
> ⑤损卦六五：六五元吉，自上祐也。
> ⑥姤卦初六：“系于金柅”，柔道牵也。
> ⑦鼎卦初六：“鼎颠趾”，未悖也；“利出否”，以从贵也。
> ⑧鼎卦上九：玉铉在上，刚柔节也。

例①唐儒孔颖达曰：“言初九之阳在三阴之下。”[②] 故有“以贵下贱，大得民”之说。《周易》讲求崇阳抑阴，阳贵阴贱，故以贵、贱代指阴阳，此属以专名代泛称，下同。例②此谓九五阳刚与六四阴柔相互交接。以刚代阳爻、以柔代阴爻属于特征代本体，下同。例③宋儒程颐曰：“谓从九五之贵也。所以云‘从贵’，恐人不知大人为指五也。”[③] 此谓上六当蹇难之时应回来追随尊贵的阳刚君主。例④同例②，但与坎卦所指爻象、爻位有别，此谓初六与九四刚柔相交际或相应。例⑤唐儒孔颖达曰：“上，谓天也。”[④] 此以特称代泛称，六五下应九二、上承上九，故谓来自上天保佑。例⑥初六居五阳之下，此以柔顺之道代指阴居阳位的初六应受阳刚牵制。例⑦同例③，此以“贵”代指九四，告诫初六应上从九四。例⑧明儒来知德曰：“‘刚柔节’

① （宋）程颐著，王孝鱼点校：《周易程氏传》，中华书局，2011，第321页。
② （魏）王弼、（晋）韩康伯注，（唐）孔颖达正义：《周易宋本注疏》，第129页。
③ （宋）程颐著，王孝鱼点校：《周易程氏传》，第225页。
④ （魏）王弼、（晋）韩康伯注，（唐）孔颖达正义：《周易宋本注疏》，第453页。

者，言以阳居阴，刚而能节之以柔；亦如玉之温润矣，所以为玉铉也。”① 此以刚柔代指上九阳居阴位，告诫阳刚当用阴柔作调节。

《小象》运用特征代本体的借代，不仅突出了事物本身的鲜明特点，而且引人联想；运用专名代泛称的借代，则不但避免了使用泛称的单调乏味，而且使被指代的事物更具典型性，更生动形象，取得了良好的表达效果。

3. **双关**

笼统地说，《小象》里凡涉及“中”“上”“下”“内”“外”“位”等字眼的内容一般与双关相关，因为它们明指爻位关系，暗指社会关系。这样的双关《小象》里随处可见。如：

> ①师卦六五：“长子帅师”，以中行也。
> ②讼卦六三：“食旧德”，从上吉也。
> ③讼卦九二：自下讼上，患至掇也。
> ④临卦上六：“敦临”之“吉”，志在内也。
> ⑤益卦六二：“或益之”，自外来也。
> ⑥家人卦六四：“富家大吉”，顺在位也。
> ⑦困卦初六：“入于幽谷”，幽不明也。
> ⑧中孚卦六四：“马匹亡”，绝类上也。

例①“中”明指六五居上卦中位，暗指行为居中不偏。例②“上”明指六三以阴柔上承三阳之乾卦，暗指随人则吉，自主则无功。宋儒朱熹曰：“从上吉，谓随人则吉，明自主事则无成功也。”② 例③“上”“下”明指九二、九五之爻位，暗指上、下级关系。例④“内”明指内卦，暗指邦内。例⑤“外”明指六二与九五阴阳相应，暗指帮助来自外部。例⑥“位”明指六四的上爻为九五，应以阴顺阳；暗指顺从地位高者则富有吉利。例⑦曹魏王弼注：“言‘幽’者，不明之辞也。入于不明，以自藏也。”③“幽不明”明指初六以阴柔处困之初，处于幽暗不明之境；暗指可进入幽深之地苟且藏身。例⑧清儒李光地曰：“盖孚不容于有二，况居大臣之位者乎！”④“绝类上”明指六四断绝同类初九而上承九五，暗指人与人相处之诚信必须专一。

《小象》大量运用双关，既指出了爻象、爻位及其关系，又含蓄地表达

---

① （明）来知德，张万彬点校：《周易集注》，第512页。

② （宋）朱熹著，廖名春点校：《周易本义》，第61页。

③ （魏）王弼（晋）韩康伯注（唐）孔颖达正义：《周易宋本注疏》，第497页。

④ （清）李光地著，李一忻点校：《周易折中》，第611页。

了自己对各种复杂人事关系的看法，可谓一举两得。

通过以上对《小象》语言表达方式的简要分析，至少可得出以下几点基本结论。第一，《小象》运用“重复/省略+推论/判断”结构形式，即引用爻辞加说明性文字的结构方式，或全引、或半引、或明引、或暗引，然后结合所引文字内容作出或说明原因、或交代目的、或指出结果的推论和判断，巧妙地将二者融合在一起，取得了很好的表达效果。这里作者引用的既非单纯的爻辞、亦非被解说对象，而是解说爻象、爻位、爻义的部分内容，是整体解说内容的有机组成部分。《小象》的这种语言衔接巧妙而审慎，极具创造力和想象力，既节省了笔墨，又突出了解说重点，可谓一石二鸟。这是对语言表达方式的一大独特贡献。第二，《小象》采用“爻位说和取义说”①，借助引用的爻辞，主要解说的是爻象、爻位及其复杂关系，兼带解释了部分难解的爻辞。应当视为与《大象》体例一致的解说爻象的作品，而非解说爻辞的作品。第三，正如傅惠生所说“每一爻小象的推论和判断部分都很简短，其内容单独读起来，确实似乎没有什么精彩之处，不能显示出什么哲理性。但是，三百八十六爻合成一个整体看，就可以显示其与其他部分不同的特征和作用”②。不仅如此，将所引爻辞内容与推论和判断内容结合起来看，《小象》的解说有一个完整的体系，并且这个体系始终隐含和围绕着一条事在人为、发挥人的主观努力的主线来展开。这种颇具哲理性的思考，与荀子“制天命而用之”“人定胜天”的思想如出一辙。由于无法确定二者孰先孰后，究竟是谁影响了谁亦不可知，但从荀子“善易者不卜”的表述看，显然是受了《易经》很深的思想影响。第四，李镜池、陈鼓应认为《小象》缺乏哲理性，③ 但通过分析，我们发现《小象》特别重视“持中守正”“遵道守义”“安守本位”的重要性，这些内容颇有点遵循规律行事的哲理意味。此外，王博还提出《小象》具有“盈不可久”和“中以行正”的义理性内容④。这些都有待于进一步研究。

作者单位：河西学院

---

① 朱伯崑、王德有、郑万耕：《易学基础教程》，九州出版社，2003，第91页。

② 傅惠生：《〈周易·小象〉语篇分析》，《华东师范大学学报》（哲学社会科学版）2005年第3期。

③ 李镜池说：“在《易传》里，《小象》是最不像样，可以说没有哲学意义。”详见李镜池：《周易探源》，中华书局，1978，第351页。陈鼓应说：“综观《小象》全文，哲理性不强，于哲学思考力尤为贫弱，除‘乾’、‘坤’两卦外，其余解释各卦爻辞其义理性极低，学派性也不强，故不论。”详见陈鼓应《易传与道家思想》（修订版），商务印书馆，2007，第54页。

④ 王博：《易传通论》，中国书店，2003，第117~121页。

《周易·系辞》中的“君子”学说试探

凌俊峰

摘　要：《周易·系辞传》中的“君子”学说与孔子有紧密关系，它反映的思想应最早出现在孔子的中晚年时期。《系辞》中的“君子”学说充分体现出了道德内涵，将较高的社会地位与优越的道德统一在一起，符合儒家思想人格修为的目标。相较于早期儒学思想文献《论语》，《系辞》中的君子学说的概念、内涵走向一致，思想更加成熟，也与其后子思、曾子一脉的学术理路接近。

关键词：孔子　《周易·系辞》　君子

一　问题的提出

《周易·系辞》分上、下两篇，是重要的先秦学术典籍。它与《彖辞传》《象传》《文言传》《说卦传》《序卦传》《杂卦》并称“十翼”，在易学中有重要地位。作为一个与《易经》六十四卦不同的学术体系，它充分地创建了以《易经》六十四卦为基础的阴阳辩证哲学体系，提出了“一阴一阳之谓道”[①] 的重要哲学命题，深化了易学的思想内涵，其中所体现的思想丰富多彩，“广矣大矣”，既有阴阳天地的对立转化，也包含了原始易学取类比象的思维模式，更包含了“开物成务”“神明其德”的理性精神与人文内涵。研习儒家学术的传统学者多认为，《系辞》为孔子所作。《史记·孔子世家》载：“孔子晚而喜《易》，序《彖》《系》《象》《说卦》《文言》。读《易》，韦编三绝。曰：‘假我数年，若是，我于《易》则彬彬矣。’”[②]《汉书·艺文志》载：“孔氏为之《彖》《象》《系辞》《文言》《序卦》之属十篇”[③]，并

① 黄寿祺、张善文译注：《周易译注》，上海古籍出版社，2001，第538页。

② 司马迁：《史记》，中华书局，2013，第2334页。

③ 班固：《汉书》，中华书局，1962，第1704页。

指出："六艺之文，《乐》以和神，仁之表也；《诗》以正言，义之用也；《礼》以明体，明者著见，故无训也；《书》以广听，知之术也。《春秋》以断事，信之符也。五者，盖五常之道，相须而备，而《易》为之原。"[①] 也就是说，在汉儒的学术体系中，孔子作《系辞》，是毋庸置疑的。不但如此，《易经》还拥有"圣道之源"的特殊地位，那《系辞》更是充分体现了孔子作为儒学开创者的思想的文章。在《系辞》与其他易传中，多次提到了"君子"这一概念。传统学者多认为，这正是孔子亲自对"君子"这一重要儒家命题的阐述与论断，表达了孔子作《易传》的"戒占"之义。

但是此论早在宋代，著名学者欧阳修就提出异议。他认为《系辞》不是孔子所作，与孔子没有直接关系。近世疑古学风大盛，针对《系辞》作者的问题，又有了各种各样的思考与探索，学术得到了繁荣与发展。近年来，亦有学者（如陈鼓应先生）提出《易传》是稷下学宫黄老学派的作品[②]，但陈先生只看到了《易传》思想的道家因素，却忽视了其思想中的儒家底色。我们认为，《系辞》是一部以儒家思想为主、道家思想为辅，杂糅百家、超越百家的学术作品，不能简单将它划归哪个学派，这正是思想多元与自由的先秦诸子时期由众多学者共同思考、凝聚成的一部伟大作品。

在孔子去世后，其后学整理孔子的学术，述先圣之意，《系辞》的蓝本可能在这个时候已经写就了。曾子、子思时期，儒学迎来了又一次发展契机，曾子重视反躬自省与心性修养的学术理路开始流行。儒家思想中重要的"君子"命题，也屡屡被提及，相较于反映早期儒家思想的著作《论语》，体现出了更加复杂的意义指向。本文试图通过对《系辞》中的"君子"内涵与特点进行总结，并勾勒出其思想的来源、对孔子儒学思想的继承与损益。

二　"君子"的含义与《系辞》所见君子特质总结

"君子"一词多次出现在先秦著作之中。《说文解字》对两个字分别解释如下："君，尊也。从尹口，口以发号"[③]、"子，十一月阳气动，万物滋。人以为称"[④]。因先秦时人以阳为尊，"子"便表示出对称呼者的尊敬。"君子"

① 班固：《汉书》，第1723页。

② 陈鼓应：《〈易传·系辞〉所受老子思想的影响——兼论〈易传〉乃道家系统之作》，《哲学研究》1989年第1期。

③ 许慎：《说文解字》，中华书局，2013，第26页。

④ 许慎：《说文解字》，第311页。

连用，则取其“地位尊贵”之义，一般在孔子之前的时代，专门指进行政治统治，发号施令的贵族。《诗经·古风之什·大东》：“君子所履，小人所视。”孔颖达《正义》：“此言君子、小人，在位与民庶相对。君子则引其道，小人则供其役”[①]。《说文解字》对“道”解释如下：“所行道也”[②]，即人所走的路，故只有在国家政治层面统领者的涵义。《左传·襄公九年》：“君子劳心，小人劳力，先王之制也”[③]。这里的“君子”都是地位较高的政治统治者，以智力为劳动，不带有道德内涵在其中。但因此这一词汇便逐渐连用，《论语》亦多见孔子论“君子”之语，从而让“君子”成为重要的儒家命题。然而，孔子语境下的“君子”却发生了意义内涵的变化。

作为一篇儒学经典，《系辞》中也反复出现“君子”一词，共涉及了七章内容。且都与《系辞》对《周易》卦辞、爻辞的特点的总结与阐发，或与《周易》本身所体现的人文内涵有关。其所反映的是否完全为孔子本人的观点，不属于本文讨论的内容，但《系辞》的“君子”，却有以下特点。

首先，通过《周易》的“戒占”功能，充分的体现出了道德内涵。《系辞》中孔子为了解释周易之道，大量地引用了周易爻辞，并加以思想上的解释与阐发，直接提供了为人处世的经验与哲学，通向人格的完善。《系辞上传》引“中孚”卦九二爻爻辞：“鸣鹤在阴，其子和之，我有好爵，吾与尔靡之。”孔子对此解释道：“君子居其室，出其言善，则千里之外应之，况其迩者乎？居其室，出其言不善，则千里之外违之，况其迩者乎？言出乎身，加乎民；行发乎迩，见乎远。言行，君子之枢机，枢机之发，荣辱之主也。言行，君子之所以动天地也，可不慎乎？”[④] 在这里，孔子善用取类比象的易学思维，将君子鹤鸣比喻为“君子”与“庶民”的互动关系，指出“君子”的言行是关键所在，只有慎言慎行，才能获得“千里之外”人们的响应与拥护。其引用“同人”卦九五爻爻辞：“同人，先号啕而后笑。”孔子对此解释道：“君子之道，或出或处，或默或语，二人同心，其利断金；同心之言，其臭如兰。”[⑤] 在这里，孔子也运用了触类旁通的思维模式，认为“同人”卦九五爻揭示了“团结一心”的秘诀，“君子”的同心同德虽然困难，却能够产生极其积极的效果。又如“谦”卦九三爻：“劳谦，君子有终，吉。”在这

① 《毛诗正义》，北京大学出版社，1999，第780页。
② 许慎：《说文解字》，第36页。
③ 杨伯峻：《春秋左传注》，中华书局，2009，第968页。
④ 黄寿祺、张善文译注：《周易译注》，第543页。
⑤ 黄寿祺、张善文译注：《周易译注》，第543页。

里孔子解释："劳而不伐，有功而不德，厚之至也。语以其功下人者也。德言盛，礼言恭，谦也者，致恭以存其位者也。"① 这里的"君子"不自矜夸，有功而不居，是真正德性充沛的优秀者。

其次，"君子"仍占有较高的社会身份与地位、道德与身份的优越得到了统一。"君子"本有贵族的意义指向，前文已论。《系辞》中的"君子"，固然已经带有了道德内涵，却不仅仅指向有道德修为的人，其社会地位仍然是处于上层的。这一点，我们可以从"君子""小人"的对立关系中发现。《系辞上传》中引孔子说："作易者其知盗乎？《易》曰：'负且乘，致寇至。'负也者，小人之事也；……小人而乘君子之器，盗思夺矣！上慢下暴，盗思伐之矣！慢藏诲盗，冶容诲淫，《易》曰：'负且乘，致寇至。'盗之招也。"② 这里的"君子"本来应当乘车，占据较尊贵的地位并承担管理国家政治的职责，而"小人"则应该担负重物，付出体力劳动。在各安其序、各守其位的条件下，形成了相对稳定的社群结构。推而广之，在这样思想指导下的政治机构能够相对稳定地运转，社会能够保持常态发展。而一旦君子、小人的职分对立、躐等，小人僭居君子之位，从事君子之事，其结果是引来盗寇，导致秩序走向崩溃。这正充分贯彻了儒学"差等"观念下贤人政治的理念：首先我们承认人与人智力、情感的不同，再通过教育，完全的发展每个人的才具，并量才而用，将德性圆满、智力优秀的人放在重要的位置，从而实现社群的安定进步与政治的平稳运行。在春秋战国时期，周代的社会秩序崩溃，从而导致了无穷的战乱，在儒家学派眼中，其原因在于"礼"的缺失与"王道"政治的崩坏，为求让混乱秩序重新走向安定，需要重新建立新的社会秩序，"君君臣臣父父子子"，故占据社会较高地位的"君子"，必须要有优秀的道德才能引领时代的进步，道德与身份，在《系辞》中真正得到了统一。

再次，"君子"深受"圣人之道"的熏陶，有"法天则地"的精神特质，是儒学思想中理想的人格。《周易》充满了"取类比象"的思维模式，本专门用于卜筮，其结果中充满"吉凶""失得"的教诲，《系辞》阐发此理，认为其为上古圣王所作，"圣人设卦观象，系辞焉而明吉凶，刚柔相推而生变化。"③ 所以占卜的卦、爻辞，也自有一套特殊的理论进行阐释："是故吉凶者，失得之象也；悔吝者，忧虞之象也；变化者，进退之象也；刚柔

① 黄寿祺、张善文译注：《周易译注》，第544页。

② 黄寿祺、张善文译注：《周易译注》，第544页。

③ 黄寿祺、张善文译注：《周易译注》，第531页。

者，昼夜之象也。六爻之动，三极之道也。”[①] “三极之道”，即为“天”“地”“人”“三才”之道。也就是说，《系辞》中的君子是得天地之灵秀，通过研习周易能够与天地并立的伟大人物。这一时期的天人关系，强调的是天赋予人一定的禀赋才能，而人通过学习、体会易道，能够实现对个人性情的完善、发展，最终与天地并立，成为圣人君子。

《系辞上传》云：“《易》与天地准，故能弥纶天地之道。”[②]《系辞下传》云：“《易》之为书也，广大悉备。有天道焉，有人道焉，有地道焉。兼三才而两之，故六。六者非它也，三才之道也。”[③] 在这里一卦之六爻，被赋予了“天”“地”“人”之间相互运动转化的意义，《系辞》指出的学《易》之法，正在于深入体会“三才”的变化道理：“是故君子所居而安者，《易》之序也；所乐而玩者，爻之辞也。是故君子居则观其象而玩其辞，动则观其变而玩其占，是以自天祐之，吉无不利。”[④] 通过对《周易》卦序、爻辞的玩味，研易者可以发现大人之道，从而趋吉避凶，在生活中无往不利。《系辞》引孔子云：“《易》其至矣乎！夫《易》，圣人所以崇德而广业也。知崇礼卑，崇效天，卑法地。天地设位，而《易》行乎其中矣。成性存存，道义之门。”[⑤] 在这里，孔子告诉我们要深入体会天地之道，从而学习天的高明、地的薄厚。当我们看到这样一句话的时候，显然就会想到《象传》中的名句：“天行健，君子以自强不息”；“地势坤，君子以厚德载物”……人们通过对天地精神的体认，最终能够找到完善自己人格的力量。

三 《系辞》所见“君子”与《论语》所见“君子”的比较研究

显然，《系辞》的成书是晚于早期儒家思想代表文献《论语》的。作为一部以儒家思想为底色的著作，我们有必要把《系辞》中的君子拿来和《论语》中的君子做一些比较。

儒学思想中的“君子”之论，有其发展的源流，从商周之际的道德观念发展而来，又承继了早期儒学思想的许多观点。《论语》同样是反映先秦儒

① 黄寿祺、张善文译注：《周易译注》，第531页。
② 黄寿祺、张善文译注：《周易译注》，第535页。
③ 黄寿祺、张善文译注：《周易译注》，第602页。
④ 黄寿祺、张善文译注：《周易译注》，第531页。
⑤ 黄寿祺、张善文译注：《周易译注》，第542页。

家思想的一部文献，其中的言论，凡是孔子所说，就确定为孔子本人的思想。孔子在《论语》中亦多论“君子”，这与《系辞》中的“君子”有相当大的联系，亦呈现出一定区别，通过对两者的比较，可以发现一些特点，获得新的启示。

《论语》中的“君子”概念内涵并不一致，有专门指向身份高贵的贵族者，突显其世袭血统，如孔子对别人疑问的回答：“吾少也贱，故多能鄙事。君子多乎哉？不多也”[①]，其中的“君子”因血缘高贵而得以直接从事政治，不用从事低端的体力劳动。又如孔子所说“先进于礼乐，野人也；后进于礼乐，君子也。如用之，则吾从先进”[②]，这里的“君子”也是从事政治后才得以接受礼乐的教化。相较于这一类人，孔子更赞同让虽然出身卑贱，但因学习礼乐而走向完善的“小人”去从政，显然这里的“君子”“小人”虽然对立，却没有道德上孰优孰劣的区分。且孔子说过：“君子学道则爱人，小人学道则易使也”[③]，无论出身尊卑，都应“学道”，这体现出儒学差等下的公正观，一旦拥有了道德与文化，就应该拥有更多的机会去参与政治，从而施行礼乐教化，在这个问题上是不应该考虑出身贵贱的。

《论语》中的“君子”又有不考虑出身，专门指向道德优秀的士君子者，突显其道德内涵，这在《论语》中是占据主流的。从下面这些语句中就可得知：“君子坦荡荡，小人长戚戚”[④]；“君子欲讷于言而敏于行”[⑤]；“君子食无求饱，居无求安。敏于事而慎于言，就有道而正焉，可谓好学也已”[⑥]……这样的例子还有很多，大家都耳熟能详，而这样的“君子”才是真正符合儒家学派人格理想的人，他们是因知识与美德而高贵的士大夫，英国思想家艾德蒙·柏克给了他们一个更恰如其分的名称——“自然贵族”，这正是孔子在结束周游列国后返回鲁国从事教育所迫切希望培养出的人。每个人生命是有限的，周游列国后的孔子已经68岁，这样的年纪恐怕不再能在政治上有大的作为了。面对无法挽回的局势，唯一能做的也许是把自己的理想信念与治国之术传给后人，让他们为自己的未竟理想去奋斗。无论出身贵贱，只要有平治天下的理想担当，有经邦治国的文化修养与策略，这样的人都应该参与

① 杨伯峻：《论语译注》，中华书局，1980，第93页。
② 杨伯峻：《论语译注》，第115页。
③ 杨伯峻：《论语译注》，第193页。
④ 杨伯峻：《论语译注》，第82页。
⑤ 杨伯峻：《论语译注》，第42页。
⑥ 杨伯峻：《论语译注》，第9页。

到这样一份事业当中。倘若儒家思想在这里没有跳出血缘高贵即人格高贵的传统论调，就缺乏了自由的精神与批判现实的价值。孔子在这里告诉他的学生们：一个出身卑贱的人仍然可以通过接受礼乐的教化，成为优秀的君子。孔子曾这样如实地评价自己："吾少也贱，故多能鄙事。"[①] 承认自己出身的卑贱是一种诚实与自信，拥有了在底层社会的生活经验才能更好地在为政中考虑到底层百姓的需求，推行善政。而《系辞》中的"君子"则获得了道德高尚与身份尊贵的统一，并不专门就其身份与道德而言，这一点在文章中我们也加以申论，兹不赘。

若从先秦儒学思想发展史的角度对此现象进行探讨，则我们可以发现，《论语》中所反映的孔子思想，亦呈现出矛盾与动态发展的特点，"身份"与"德性"有时相合，有时候分裂，早期儒学思想发展得不够成熟、理论系统仍然有所瑕疵，可从此窥见一斑。在《系辞》中，"君子"则获得了道德高尚与身份尊贵的统一，并不专门就其身份与道德而言。这里的"君子"思想已经与《论语》中的孔子早年、中年的思想有不同的理路。通过这一点，我们可以推测，《系辞》中的"君子"观，恐怕最早可以上溯为孔子晚年的思想总结，这与司马迁所说"孔子晚而喜《易》，序《彖》《系》《象》《说卦》《文言》"[②] 的论断相当契合。

四　结语

从上面的分析，我们可以发现，《系辞》中的儒家"君子"学说，相较于早期的儒学思想，得到进一步的发展，其内涵走向统一。其有重视道德、身份内涵一致性的特点，更加重视个人心性的磨砺、道德的自修完善与人格完成，为儒学思想开辟了新的发展方向。

孔子去世之后，七十子聚集在一起，对孔子所留下的学术进行讨论总结，而其往往各执孔子学说之一端，而最终导致儒学思想走向分裂，"儒分为八"，先秦儒学进入了新的发展阶段。孔子的高足曾子和孙子子思，在对外的政治贡献和参政欲望显然不如孔子，他们对儒学加以改造，开创的正是一条重视心性修养的学术理路。若要说这个时期的代表作，则不得不说被宋儒抬高到《四书》之一的《中庸》。尽管有许多学者认为它直到秦代才成书，

---

① 杨伯峻：《论语译注》，第 87 页。

② 司马迁：《史记》，第 2334 页。

但其思想的学术基础毫无疑问还是子思奠定的。这部文献所具有的哲学思辨与精深的义理，与朴素的早期儒学有明显的不同，而与《系辞》接近。《中庸》中强调君子对慎独的坚守、对命运的依循与安乐，对中庸之道的孜孜不倦，让我们看到了更加完备的“君子”形象。

同时，《中庸》中的君子终于实现了尊贵身份与优秀德性的融合，“内圣外王”终于合二为一。正如其引述孔子所说的：“大德必得其位，必得其禄，必得其名，必得其寿。”它巧妙地将人们的外在命运问题转变为内在德性问题，让人们更加重视反躬自省、德行日进，也为现实中儒家知识分子们的因理想无法实现而带来的情感抑郁提供了消解的渠道。而这正是与我们在《系辞》中看到的君子形象一致的地方。正因为《中庸》与《系辞》中有太多的相似，才有学者把两篇文献放在一起比较。冯友兰首先将两者对论，他在《新原道》中提出：“《中庸》的主要意思与《易传》的主要意思，有许多相同之处。例如《中庸》说中，《易传》亦说中。《中庸》注重时中，《易传》亦注重时。不但如此，《中庸》与《易传》中底字句，亦有相同者……《易传》的作者不只一人，《中庸》的作者亦不只一人，《易传》的作者，也许有些就是《中庸》的作者。至少我们可以说，他们的中间，有密切底关系”[①]。

考虑到孔子晚年对经学的推崇，这个时期的学者们已经不再习惯于直接表达自己的观点，他们将所思所想融入经学、推演经义，开创了阐明经学义理、为圣人立言的风气，若从这样的角度去看，《中庸》毫无疑问阐发的是《周易》的思想，因为在五经之中，没有第二部经典能像《周易》一样横跨天人之际、包罗万象又有深邃的思想底蕴。诚如杨向奎先生所说：“《中庸》完全可以纳入《易传》的行列之中，变作‘十一翼’，不会有‘非我族类’之感。”[②] 我们可以大胆推测，曾子、子思这一脉的儒家学者对《系辞》进行了大量的整理加工，完成了《系辞》的蓝本，而最后这部文献又得到了诸子百家的重视与加工，杂糅了道家、阴阳家等学派的观点，成为了综合百家、超越百家的学术著作。

这一时期的学术，因为更加注重内在修养与心性的磨砺，故变得更加深邃有哲思，易学也是这样。朱熹说《周易》本为卜筮的著作，但显然“十翼”的作者们已经不再对《周易》占卜吉凶得失如此的重视，他们希望通过易占，人们能更加重视自己的德性修养，戒占的内涵被更加凸显了。占卜的

① 冯友兰：《新原道》，《贞元六书·下》，华东师范大学出版社，1996，第779~780页。
② 杨向奎：《〈易经〉中的哲学与儒家的改造》，《北京大学学报》（哲学社会科学版）1995年第2期，第34页。

结果不再是给人们在具体事务上提供意见，而是反身修德、做个君子的教诲。就如散落在《易经》中的《象传》所说的那样，“天行健，君子以自强不息”；“地势坤，君子以厚德载物”……这也许正是晚年的孔子对《周易》爱不释手的原因，他的想法经过后人的整理加工，终于成为易学思想的主流。四库馆臣总结《周易》时说道：“夫六十四卦大象皆有‘君子以’字，其爻象则多戒占者，圣人之情，见乎词矣。其余皆《易》之一端，非其本也。”[①]这正是超越千年，学者们对《周易》基本精神的远见卓识，也是我们今天研究易学依然能够获得的宝贵价值。

作者单位：北京师范大学

① 永瑢等：《四库全书总目》，中华书局，1965，第1页。

拟卦续补

陈开林

摘　要： 拟卦作为拟经的一个重要组成部分，目前学界对此关注不足。《周易文化研究》第四辑曾刊载司马朝军教授《拟卦考略》一文，其文考证出21种拟卦的文本内容，并有5卦待考。通过爬梳载籍，笔者新整理出27个拟卦的内容，其中有3卦是《拟卦考略》待考的部分。

关键词： 周易　拟经　拟卦　《经义考》

拟经作为一种源远流长的独特的文化现象，意义重大。就《易》而言，既有摹仿全书体例而为的专书（如《法言》《潜虚》），又有摹拟部分卦的单篇之作。对于这些单篇卦的拟作，武汉大学司马朝军教授将之名为“拟卦”，并撰《拟卦考略》一文，加以辑录。全文共“考证出21种拟卦（其中《寿卦》有两种），还有5卦待考”①。其内容依次为：（1）潘纯《辊卦》（2）蔡卫《吝卦》（3）马琬《谝卦》（据陶宗仪《辍耕录》卷十“辊吝谝三卦”条录），（4）王丹麓《谄卦》（据褚人获《坚瓠续集》卷六“谄卦”条录），（5）褚人获《蟹卦》（据褚人获《坚瓠二集·蟹卦》录），邵玄同（6）《忍卦》（7）《默卦》（8）《恕卦》（9）《退卦》（据《辍耕录》卷十四“四卦”条录），（10）宇文材《笔卦》，何乔新（11）《忠卦》（12）《勤卦》（13）《廉卦》（14）《慎卦》（据何乔新《椒丘文集》卷十九《杂著》录），（15）邵经邦《福卦》（16）《寿卦》（17）《止卦》（据邵经邦《弘艺录》卷二九《杂文》录），（18）旷宗舜《芝卦》（据杨林《嘉靖长沙府志》卷五录），（19）文德翼《隐卦》（据文德翼《求是堂文集》卷十七录），（20）尤侗《负卦》（据尤侗《艮斋杂说》卷十录）。此外，（21）刘定之《呆卦》（22）彭泽《邃卦》（23）邹鲁《信卦》、屠本畯《谑卦》（24）《抢卦》（25）《谑

① 司马朝军：《拟卦考略》，《周易文化研究》第四辑，社会科学文献出版社，2012，第248～272页。

卦》(26)《馋卦》，均列目待考，无原文内容。司马教授首次将拟卦现象进行研究，可谓独具只眼。

其实，关于拟卦现象，清人马国翰在《目耕帖》卷6中就曾有过一番简单的梳理。兹录相关记载如下：

> 自宇文材得吴兴笔，衍作《笔卦》，人多效之。刘定之作《呆卦》，何乔新作《忠》《勤》《廉》《慎》四卦，彭泽作《邃卦》，邹鲁作《信卦》，邵经邦作《福卦》《寿卦》，无名氏作《止卦》，旷宗鲁作《芝卦》，文德冀作《隐卦》，潘纯作《辊卦》，蔡卫作《吝卦》，马琬作《谝卦》，屠本畯作《抢》《谑》《馋》《谄》四卦，王倬亦作《谄卦》，张潮作《贫卦》，尤侗作《负卦》。近有杭人缪艮著《文章游戏》八卷，内有曹斯栋《师卦》、韩文潮《朋卦》、顾天朗《笔卦》《赌卦》及缪自作《须卦》《困卦》《酒卦》。此其偎者，顾近于诙谐。即其庄者，亦涉于娱戏文人之笔而已①。

对比《拟卦考略》和《目耕帖》，不难发现，二者所载略有异同，可互为补充。如《止卦》，《目耕帖》称“无名氏作”，司马教授考订作者为邵经邦；《芝卦》，《目耕帖》称“旷宗鲁作”，司马教授考订作者为旷宗舜，并对其生平多有抉发。此外，司马教授搜集的褚人获《蟹卦》、邵玄同《忍卦》《默卦》《恕卦》《退卦》，《目耕帖》均失载。这些均可补《目耕帖》之不足。

与此同时，《目耕帖》提及的部分拟卦，如张潮《贫卦》、缪艮《文章游戏》所载，《拟卦考略》亦失之搜检。此外，《拟卦考略》中存目待考的拟卦，部分内容亦可加以补充。本文通过爬梳载籍，整理出27个拟卦的内容，其中有3卦是《拟卦考略》待考屠本畯的部分。

一　屠本畯四卦

《拟卦考略》著录屠本畯《抢卦》《谑卦》《馋卦》三卦，称“内容待考”。今检屠本畯《山林经济籍》卷七，有《卦玩》上、下篇。《卦玩上》据《南村辍耕录》载录《辊卦》《吝卦》《谝卦》《忍卦》《默卦》《恕卦》

---

① （清）马国翰辑：《玉函山房辑佚书》，《续修四库全书》第1205册，上海古籍出版社，1996，第44页。

《退卦》；《卦玩下》载自己所作四卦，除《拟卦考略》所载《抢卦》《谑卦》《馋卦》外，另有《谄卦》，且在《抢卦》下有云："鄞人屠幽叟本畯作《抢》《谑》《谗》《谄》四卦，若已窥宇宙而睨河汉，盖古今一揆也。"① 今逐录如下：

1. **《抢卦》②**

抢，亨，利有攸往，不利守贞，乃终有吝。

彖曰：乘机遘会，抢。君子以担圭剖爵，小人以安富尊荣。不以其道抢之，皆有悔也。

象曰：担圭剖爵，不施抢泽。安富尊荣，抢道不革。

初六，出门抢，不戒以其邻，凶。

象曰：以抢出门，非正道也。不戒其邻，抢道或塞之。

九二，利转圜。

象曰：转圜之利，抢道彰也。

六三，见金夫，不有躬，善抢者得之。

象曰：抢得其抢，抢者昌也。抢失其抢，抢者丧也。抢之时义大矣哉。

九四，负且乘，致抢至。

象曰：负而且乘，乘以炫也。炫而骄，抢之致至，不亦宜乎？

六五，其利之抢，不如其名之抢。

象曰：名而抢，浸假得民，操、懿以之。利而抢，浸假失民，莽、温以之。

上九，廉士殉洁，夸夫殉名。趋趋抢抢，众庶冯生。惟君子为能办抢。

象曰：殉洁殉名，不由衷也。趋趋抢抢，其道穷也。君子办抢，得其情也。

2. **《谑卦》③**

谑，亨，利嘉乐之贞。大人吉，小夫凶。

---

① （明）屠本畯：《山林经济籍》，《北京图书馆古籍珍本丛刊》第64册，书目文献出版社，2000，第241页。

② （明）屠本畯：《山林经济籍》，《北京图书馆古籍珍本丛刊》第64册，第241～242页。

③ （明）屠本畯：《山林经济籍》，《北京图书馆古籍珍本丛刊》第64册，第242页。

象曰：谑，戏言也。大人仁达，雅而谑，能动荡神爽，斯叶吉矣。小夫拘挛，虐而谑，不能宣洽情况，斯获凶矣。

象曰：谑有雅虐，爱怨系之。谑之当知慎也。

初九，谭言微中。

象曰：谭言微中，滑稽之耀也。

九二，谑浪笑傲，嘉宾式燕是宜。

象曰：谑笑，四美具也。宴宜，二难并也。

九三，突梯，滑稽。好爵自縻，安贞不可训。

象曰：滑稽，近俳优也。好爵安贞，终不可为训也。

六四，戏谑不知止。

象曰：王公谑而人民危，士庶谑而闾里嗤，父子谑而家节隳。谑之当知止也。

九五，君子无戏谑之言。

象曰：嚬笑在口，慎自爱也。故虽妻妾不得而䙝也，虽朋友不得而狎也。

上九，武公善谑，诗人美之。

象曰：武公善谑，人不厌也。诗人美之，世不忘也。

3.《馋卦》①

馋，元亨。利染指，不利画饼，朵颐丑。

象曰：贪得无厌曰馋，变白为黑曰谗，挥空为有曰谗，因人之过而饰成曰谗。谗其可不防欤？谗其可不远欤？

象曰：染于指，犹得充饥。画于饼，不可充饥也。朵颐之丑，人贱之也。

初九，试于谗。渎再三，乃始缄，无咎。

象曰：试，谗未衍也。三，谗未行也。不信而缄，无以庸其谗也，故仅无咎。

九二，辅颊，舌巧言如簧。君子趋，不如避。

象曰：辅颊，憸人群也。如簧，谗言兴也。避之，避舌端也。

六三，习谗。习惯而成，其格之也，尧舜病诸。

象曰：习谗，无时不习也。习成，虽尧舜不能格也。

---

① （明）屠本畯：《山林经济籍》，《北京图书馆古籍珍本丛刊》第64册，第242～243页。

六四，狐疑致谗。

象曰：执狐疑之心，来谗贼之口也。

六五，谗口嗷嗷，毁积金销。君子撄之，凶。

象曰：嗷嗷，垂涎久也。毁积，塍口久也。是以遇而有悔。

上六，太谗。父母国人贱畏之。君子除谗以自安。

象曰：太谗，鄙而险也。贱而畏之，亦可耻也。闻谤而怒，谗之由也。君子除谗弭谤。

4.《谄卦》[①]

谄，有孚，不可贞，利有言。

象曰：谄，谀也。居谄之时，行谄之行，其道大通也。好谄于人，求人悦己者也。好人之谄，悦人求己者也。彼求此应，谄其有不利者乎?

象曰：不谄而贞，贞而固，不能为也。

初六，阿谀求容。

象曰：以谀求容，谄之甚也。

六二，或泣或歌，招摇市过之。

象曰：或泣，鼓泪于谄也。或歌，献笑于排也。以谄而逞，招摇亦可丑也。

九三，周文处谄，君子讥之。

象曰：讥之，恶其献佞为忠也。

六四，至谄。

象曰：至谄，无所不谄也。动容周旋，与谄化也。

六五，上交谄，下交渎，国人欲杀之。

象曰：上下交谄，人欲杀之，何可久也。

上六，孝子不谀亲，忠臣不谀君。贞固，吉。

象曰：克孝克忠，纯乎其仁，正而固也。

二　张潮《贫卦》

按：王晫、张潮曾编纂《檀几丛书》，分初集、二集、余集，共收随笔、杂

---

① （明）屠本畯：《山林经济籍》，《北京图书馆古籍珍本丛刊》第64册，第243页。

著一百五十七篇。其中，尤侗《负卦》、王晫《谄卦》、张潮《贫卦》均载其中。尤侗《负卦》、王晫《谄卦》，《拟卦考略》已录[①]，兹录《贫卦》[②] 如下：

分上贝下，下八为初阴，中目为四阳，上分为上阴。

贫，无咎。利君子贞，不利有攸往。

彖曰：贫，无财也。人莫之觊，故无咎。利君子贞，君子固穷也。不利有攸往，往无功也。

象曰：一无所有，贫。君子以不改其乐。

初六，贫于财，不贫于学。

象曰：不贫于学，贫尚可救也。

九二，不忮不求，何用不臧。

象曰：不忮不求，自天祐也。

九三，贫于囊，不贫于外。人莫之知，有悔。

象曰：贫于囊，非伪也。人莫之知，世之愦愦也。

九四，贫而无谄，无咎无誉。

象曰：既贫矣，无咎宜也。无谄于人，誉何来也。

九五，贫而乐，吉亨。

象曰：贫而乐，必有以也。其吉亨，有喜也。

上六，贫止富来。富于其家，以及于其宗，吉无不利。

象曰：贫止富来，大有庆也。及于其宗，尤可敬也。

三　缪艮八卦

缪艮（1766～1835）[③]，字兼山，仁和籍，生于杭州。幼慕太白，故名莲仙。生平著述甚丰，计有《破涕新谈》《书画管窥》《南楼梦话》《涂说》《自订年谱》《藕花盦诗集》《藕花盦词钞》《自悦集》《绥红吟草》《一螺吟

① 《拟卦考略》据褚人获《坚瓠续集》卷六“谄卦”条录王丹麓《谄卦》，未究王丹麓生平。而《目耕帖》称“王倬亦作《谄卦》”，人名有误。阮元《两浙輶轩录》卷八有传，称：“王晫，初名棐，字丹麓，号木庵，又号松溪。仁和诸生。有《霞举堂集》《檀几丛书》《文津》《今世说》《墙东草堂词》。”

② （清）王晫，张潮编纂：《檀几丛书》余集卷上，上海古籍出版社，1992，第460页。

③ 陈益源、赖承俊：《寓粤文人缪艮与越南使节的因缘际会——从笔记小说〈涂说〉谈起》，《明清小说研究》2011年第2期。

草》《花奁藏书总目》《四书文钞》《兰臭集》《赠言心佩集》《闺秀诗三百诗》《尔尔集》《花奁词选》《嘤求尺牍》[①]。另有《文章游戏》四编，初编八卷、二编八卷、三编八卷、四编八卷[②]，后改题为《梦笔生花》[③]。朱太忙于1934年应大达图书供应社之请，将初编八卷加以标点，分为前、后集，并于次年出版。朱太忙《序》称"是书为武林缪莲仙所辑，兼附已作，诗赋铭赞，各体俱备，皆嘉庆时越郡浙省名士之文翰"[④]。

马国翰称《文章游戏》内有曹斯栋《师卦》、韩文潮《朋卦》、顾天朗《笔卦》、及缪自作《须卦》《困卦》《酒卦》，实则搜检不全。马国翰所云均载前集，然顾天朗《笔卦》后，尚有无名氏《赌卦》。此外，前集另有缪艮《随卦》《大壮卦》《大畜卦》《解卦》《小畜卦》；后集有巢南《钱卦》、无名氏《俏生卦》。缪艮在所选之文后，均附有相关评语，或交代作文缘由，或评判内容特色，兹一并录入，以备参考。

1. **《须卦》**

鬚，有孚元吉，大人贞，小人否，光亨无咎。

彖曰：鬚，需也，或有或无，需以乘时也。始富有而终割弃以避大难，魏王以之。小人否，光而亨也。始无而终著其美，苏子以之。大人之贞吉，无不利矣。圣贤鬚而修髯生，奸雄鬚而短翲萌，鬚之时义大矣哉！

象曰：毛自颊生，鬚。君子以凛威风表丈夫。

初六，鬚于少，突如其来如，焚如弃如薙如。

象曰：突如其来如，未当位也。

九二，鬚于壮，面戢戢，如出戟利用将。

象曰：出戟用将，惧不长也。

六三，鬚于老，镊其白，出血涟如，贞厉。涅而不淄，弗药有喜。

象曰：镊白[⑤]贞厉，灾切肤也。勿药有喜，志未污也。

九四，鬚于老，无咎无誉。惟难干饮食，悔吝。

---

① 朱太忙：《梦笔生花·序》，《梦笔生花》（上册），大达图书供应社，1935，第1～2页。

② 况周颐《眉庐丛话》称："仁和缪莲仙（艮）所辑《文章游戏》多至四十余卷，虽无关大雅，而海内风行"，卷数与此不符。

③ 朱太忙《梦笔生花序》称："《文章游戏》不知何人易名为《梦笔生花》，虽不甚切合，比旧名佳。"而王伯祥《庋榛偶识》著录《文章游戏》，称"中华民国廿四年，广益书局排印本，两册。朱太忙序谓其名不雅，改为《梦笔生花》"，所载似不确。

④ 朱太忙《梦笔生花序》，《梦笔生花》（上册），大达图书供应社，1935，第1页。

⑤ 按：《须卦》《困卦》《酒卦》又载于1935第3卷第10期《青鹤》。《梦笔生花》原作"镊自贞厉"，《青鹤》作"镊白贞厉"，与六三"镊其白"相应，据改。

象曰：无咎无誉，得中也。饮食有悔，其道穷也。

六五，鬒于腮，观其项，不见其颈，凶。括囊无咎。

象曰：六五之凶，反常也。括囊无咎，善藏也。

上九，鬒于鬒，自上下下，其道大光。

象曰：损上益下，道大光也。

予性喜鬒，年始壮而即蓄之。然苦不多亦不长，积数岁之久，殊寥寥也。岂蹭蹬其身者，并此而亦淹蹇乎？抑因躁进之故，稍遏抑之，而使其大器晚成乎？是皆不可知，姑作此以解嘲。(自记)

汉人恶鬒，至以作披竹春苗为喻，恨不早除其根，而莲仙性独喜鬒，使鬒有知，当必喜得一知己矣。(澹然程作霖)①

2. **《困卦》**②

困，安贞吉。

彖曰：困，寝也，火伏而下，泽动而上，柔而丽乎阴，明动而晦，休得时而偕藏，是以安贞吉。男女困而其志通也，万物困而其事同也。困之时义大矣哉！

象曰：上筦下簟，困。君子以宴宴③居息。

初九，困于夜，乃安斯寝，乃寝乃兴。

象曰：困于夜，未失时也。

六二，困于昼，问其疾，悔亡。

象曰：困于昼，问疾可也。

九三，困于家，终夜不寝，以思无益，吝。

象曰：终夜不寝，忧贫。以思无益，志不行也。

六四，困于旅，寝不安席，不利有攸往。

象曰：寝不安席，其道穷也。不利有攸往，往无功也。

九五，困于床，载弄之璋，富家大吉。

象曰：富家大吉，易养也。

上六，困于地，载弄之瓦，有悔。

象曰：上六之悔，未得当也。

---

① （清）缪艮：《梦笔生花》（上册），大达图书供应社，1935，第55~56页。

② （清）缪艮：《梦笔生花》（上册），第56页。按：原注“困一作盹”。

③ 按：宴宴，《青鹤》作“晏晏”。

长日如年，倦而思卧，戏占困卦，以驱睡魔，知不免侮圣言之罪矣。(自说)

信手拈来，头头是道，可谓奇而法矣。至其语语以经注经，尤见须有根底。(政数吴业诗)

3. **《酒卦》**[①]

酒，元亨，利君子贞，小人弗克。

彖曰：酒，侑也，侑以养阳也，故元亨。利君子贞，尚德也。小人弗克，不知节也。

象曰：黄流在中，酒。君子以饮食宴乐。

初九，有酒盈樽，王用享于上帝，大亨贞。

象曰：有酒盈樽，以时需也。王用享于上帝，利有孚也。

九二，禹恶旨酒，贞吉悔亡。

象曰：乐酒无厌，未或不亡也。

九三，沽酒不食，无咎。

象曰：无酒酤[②]我，来无方也。不食无咎，未失常也。

九四，惟酒无量，不及乱，小有吝。

象曰：惟酒无量，以量饮也。不及乱，不为困也。小有吝，惧失正也。

六五，酒盈缶，有不速之客三人来，饮之终吉，有悔。

象曰：客来不速，从哺啜也，饮之终吉。其得志也。有悔，自求口实也。

上六，恶醉而强酒，濡其首，征凶。

象曰：饮酒濡首，大有害也。征凶，往有戒也。

酒以合欢，适可而止，酗于酒则败厥德矣。占此以为沉湎者戒！(自记)

子云《酒箴》贤于伯伦自颂，然陈遵一辈，及借之藉口，不如以此卦为枳柤。(小皃庐泉)

莲仙善饮，饮不至醉，醉亦未尝少有失德也，故其言之恺切如此。(青萝薛宗烈)

① (清) 缪艮：《梦笔生花》(上册)，第57页。

② 按：酤，《青鹤》作“始”。

4.《**随卦**》①

随，小亨，利贞，无咎。

彖曰：随群来而下，柔媚而悦，随。小亨贞，无咎，而室内随之，随之时义大矣哉。

象曰：牍中有煤，随。君子以向晦入宴席。

初九，官有渝，贞吉，出门随有驺。

象曰："官有渝"，从爱吉也。出门随有驺，不徒也。

六二，系小子，失丈夫。

象曰：系小子，弗兼爱也。

六三，系丈夫，失小子，随有难悦，利司阍。

象曰：系丈夫，志舍后也。

九四，随有获，贞吉。有权在势，以凌何咎？

象曰：随有获，义其吉也。有权在势，易虐也。

九五，孚于家，吉。

象曰：孚于家吉，位正当也。

上六，威逞之，拘系之，乃从拘之，主用放之他方。

象曰：威逞之，上穷也。

蚁慕膻于肥羊，狐假威于猛虎，若辈逞其伎俩。豪焰熏天，可恨可鄙！作者尽情摹绘，如夏鼎之铸奸，温屏之烛怪，慎毋令严府牛二太爷见也。（汤小眉）

5.《**大壮卦**》②

大壮：膨亨。

彖曰：大壮，大者壮也。食以肉，故壮。大壮膨亨，大者肥也，肥大而肉食之可见矣。

象曰：腹在膝上，大壮。君子以非肉不饱。

初九，壮于体，正凶，有舆。

象曰：壮于体，其行穷也。

九二，暑吝。

---

① （清）缪艮：《梦笔生花》（上册），第164页。

② （清）缪艮：《梦笔生花》（上册），第164～165页。

象曰：九二暑吝，以中（读去声）也。

九三，富家同[1]壮，窭人用罔，贞厉。如鼠饮河，盈其腹。

象曰：侏儒常饭，方朔饥也。

九四，贞吉，悔亡。体胖不羸，壮于大牨之腹。

象曰：体胖不羸，尚饱也。

六五，饮[2]牛于草，无悔。

象曰：卧牛于草，位正当也。

上六，牨牛触藩，不能退，不能随，无攸利，利则吉。

象曰：不能退，不能随，黼预也。眠则吉，习宴安也。

活画出脉肶之状，蹒跚之态，作者独不怕董卓、禄山一辈人，自惭形秽，恼羞成怒耶？（汤小眉）

6. 《大畜卦》[3]

大畜：利贞。得刍牧，吉。利耕大田。

象曰：大畜腺肮，膗肿膨脝，且尽其力，茧栗而尚犧，能享帝大正也。得刍牧吉，养牲也。利耕大田，制千人也。

象曰：牛在田中，大畜。君子以多务，犁云锄雨，以用其力。

初九，有病厉已。

象曰：有病厉已，终犯屠也。

九二，舆脱辐。

象曰：舆脱辐，轭无缚也。

九三，良马逐，利艰贞，日在车载，利有攸往。

象曰：利有攸往，亦受制也。

六四，得气之臭，元吉。

象曰：六四元吉，自大也。

六五，寄人之篱，吉。

象曰：寄人之篱，有养也。

---

① 按：《周易·大壮》"九三，小人用壮，君子用罔，贞厉。羝羊触藩，羸其角。"故此句"富家同壮"中，"同"疑为"用"。

② 按：象辞作"卧牛于草"，故爻辞中"饮"似应作"卧"。

③ （清）缪艮：《梦笔生花》（上册），第165页。

上九，【集富之庭，亨。象曰：】[①] 集富之庭，道大同也。

摹情绘态，如一幅戴嵩图画。(汤小眉)

7. **《解卦》**[②]

解：利江乡，无小大，其来秋。有攸获食，吉。

彖曰：解，剥以肉，食而弃乎壳，解。解利江乡，利得众也。其来秋吉，乃时中也。有攸获食吉，嗜所同也。秋月解而团尖别，团尖别而姜米醋汁皆拌食，解之时美矣哉！

象曰：姜醋解，君子以持螯大嚼。

初六，无肠。

象曰：公子之状，义无肠也。

九二，田获稻粱，得黄甲，贞吉。

象曰：九二贞吉，得中（读去声）兆也。

六三，横以行，致烹至，贞吝。

象曰：横以行，亦可丑也。自我致烹，又谁咎也？

九四，解而肥，朋至斯飨。

象曰：解而肥，正及时也。

六五，君子肴有解，吉，分甘于小人。

象曰：君子有解，小人分也。

上六，宵用设断于高灯之上，获之，无不利。

象曰：宥[③]用设断，以解苹也。

逐层描写尽致，读之几令馋徒咽唾，饿汉流涎。(汤小盾)

按：寻绎此卦文意，似当作《蟹卦》。《拟卦考略》曾录褚人获《蟹卦》，今新检得载《蟹卦》三篇，附录于此。

其一，鸳湖映雪生《蟹卦》，刊《申报》1874 年 11 月 28 日 795 号第 5 版：

蟹，其箍圆，吉。

---

① 按：【】内容为笔者所加。《周易·大畜》“上九，何天之衢，亨。《象》曰：何天之衢，道大行也。”

② （清）缪艮：《梦笔生花》（上册），第 165～166 页。

③ 按：爻辞作“宵用设断于高灯之上”，故象辞“宥”似应作“宵”。

象曰：蟹，解也。解其四肢以饱我，老饕也。

象曰：外刚而内柔，蟹无肠，含其膏，公子以黄中通理。

初九，霜始降，纬萧承其流而障之。

象曰：纬萧承流火以取之也。

六二，体中虚，外有余而内不足。

象曰：有余不足，未及乎时也。

九三，蟹登于盘，饮食衎衎，吉。

象曰：饮食之吉，以取欢也。

九四，先甲后甲，朋来，至于九月有凶。荐之宾筵，持其螯，倾其膏，利用剥。

象曰：利用剥，团尖皆宜也。

六五，设其姜醋，断股折足，以佐菊酒，元吉。

象曰：姜醋之设，气味相投也。佐酒之需，股足亦可也。

上九，蟹其醉，请君入瓮，凶。

象曰：入瓮之醉，不可有常也。

按：1919年《广益杂志》第26期载有《竹窗杂著》，依次为《蟹卦》《无肠公子传》《金衣公子传》《鼠姑传》《菊婢传》《为牛女代偿聘钱疏》《册封竹夫人诏》《拟为孔方兄建造别墅记》《虞美人传》，题署"槜李静盦朱瘦竹作"。《竹窗杂著》之《蟹卦》与本篇内容全同，可知鸳湖映雪生即朱瘦竹。

其二，枫隐《新蟹卦》，刊《申报》1917年11月6日16068号第14版：

读老申报《蟹卦》，爱其工妙，惟于近日时事不切，戏复占此。

蟹，象武人，利横行。得其时，大出风头，终凶。

象曰：蟹内柔而外刚，如武人之色厉而内荏，故曰象武人。蟹有八足二螯，故利横行。得其时大出风头者，八九月之间，蟹得横行江湖流域也。终凶者，卒罹鼎镬之烹也。

象曰：戴甲荷戈，蟹，武夫效之，以凭恃爪牙，肆厥凶锬。

初六，蟹始生，厥壳软，无咎无誉。

象曰：蟹始生，未得势也。厥壳软，击之易破也。于人无害，故无咎无誉。

六二，蟹爬沙，其行郭索，据江淮，厉无大咎。

象曰：蟹爬沙，欲试其利爪也。其行郭索，举动蹒跚，进行濡滞也。

据江淮，占为势力范围也。厉无大咎，厥害未彰也。

九三，蟹盈其膏，厥状轮囷，奋其巨螯。童子遇之，先笑而后号咷，凶。

象曰：蟹盈其膏，厥状轮囷，饱吸万民脂膏。奋其巨螯，欲择人而噬也。童子遇之，先笑而后号咷，初遇其形而喜，继遭其夹而痛也，故凶。

六四，蟹朝其魁，输厥稻，始吉终凶。

象曰：蟹朝其魁，一心不忘故主也。输厥稻，剥民以奉上也。始吉终凶者，风头出足，过则为灾也。

六五，蟹入于簖，向明而奔，执其魁吉。

象曰：蟹入于簖，自投罗网也。向明而奔，厥性趋炎也。执其魁吉，为天下除厥巨害也。

上九，煮其蟹螯，供余大嚼，万民悦豫，元吉。

象曰：煮其蟹螯，讨逆功成也。供余大，嚼饮至策勋也。万民悦豫，元吉，武人失势，共和复活也。

其三，黄钧宰《蟹卦》，载其所著《金壶戏墨》①。1921 年，《函牍研究会汇刊》第 1 期载全幻珊《栖霞轩笔记》之《蟹卦》，即转述此文，然文字时有讹夺之处。

蟹味之美，人所同嗜，独金华陆少葵嗜之尤甚，且食且赞，而先生玉山颓矣。同人或笑之，少葵曰："吾之嗜蟹犹未也，不及吾师。吾师食已不盥手，则纳诸袖中。曰：'留此余香，以待衾窝臭玩也。'"予尝戏作《蟹卦》，曰：

蟹，元亨，利用剥，黄中通理，至于九月有凶。

象曰：蟹，解也。元享，元而光也。利用剥，其色黄也。中通而理，内柔而外刚也。至于九月有凶，命不长也。

象曰：得虫以解，蟹。君子以横行天下。

初九，断竹于河，利用火。先甲后甲，朋来，吉。象曰：断竹朋来，火一星也。

六二，入于镬，其行郭索。

象曰：其行郭索，声不可听也。

① （清）黄钧宰：《黄钧宰集》，陕西人民出版社，2009，第 310 页。

九三，饮酒濡手，东邻取雄，西邻得雌，凶。

象曰：取雄得雌，人各有心也。

九四，解其蝥，利用小斧。

象曰，利用小斧，去甲兵也。

六五，解其腹，大美在中，元黄，大吉。

象曰：在中之美，易重一觔也。

上九，断股折足，食我僮仆，不吝。

象曰：断股之吝，其味腥也。

8.《小畜》[①]

小畜：凶。薄雷不雨，自我南郊。

象曰：小畜，柔[②]得位而上下应之，曰小畜。健而巽，昏中而易盈，乃凶。薄雷不雨，尚飨也。自我南郊，冬未[③]宁也。

象曰：虫飞床上，小畜。君子以拟文德。

初九，复自画，何其咎？吉。

象曰：复自画，其义吉也。

九二，垂帐，吉。

象曰：垂帐居中，亦不自失也。

九三，帐脱辐，夫妻反目。

象曰：夫妻反目，不能同梦也。

六四，有肤拂去，血去，无咎。

象曰：有肤血出，掌挞死也。

九五，有肤累如，啮以其邻。

象曰：有肤累如，不独啮也。

上九，既雨既署，尚湿载聚，贞厉。月几望，君子宵凶。

象曰：既雨既署，湿积聚也。君子宵凶，群喙从也。

《诗》之刺谗也以青蝇，君子之刺谗也以白乌，纷纷扰扰，灾及剥肤。读此，恨不烹尽颠禽，砍遍柁树。(汤小盾)

---

① （清）缪艮：《梦笔生花》（上册），第166页。

② 按：柔，原作“揉”，文意不通。《周易·小畜》作“柔得位而上下应之”，据改。“柔得位”指六四。

③ 按：未，原作“米”，文意不通。《周易·小畜》作“自我西郊，施未行也”，据改。

四 曹斯栋《师卦》[①]

按：潘衍桐《两浙輶轩续录》卷六有其小传，称："曹斯栋，字仙耨，仁和诸生。著《饭颗山人诗》五卷"[②]。另有《稗贩》八卷，载《四库未收书辑刊》。曹斯栋生卒年不详，约生于乾隆五年（1740）[③]。

师，亨贞，小人吉，君子否。

彖曰：师，尸也，亨贞，通方而后可久也。小人吉，往有功也；君子否，其道穷也。

象曰：席升于西师，君子以不耕而食。

初六，有教无类。

象曰：有教无类，来群丑也。

九二，击蒙，悔亡。

象曰：九二悔亡，蒙不可击也。

六三，饮食衎衎，弟子嘻嘻，吝。

象曰：饮食衎衎，素饱也。弟子嘻嘻，失教也。

六四，朋来，内言出于梱，贞凶。

象曰：朋来，未失常也。内言出于梱，为房阶也。贞凶，位不长也。

六五，人之患在好为人师。

象曰：好为人师，无师也。

上六，大君有命，小人勿用。

象曰：大君有命，崇[④]文教也。小人勿用，师道光也。

缪莲仙曰："此先生阅历后语，故真实不虚。"

---

① （清）缪艮：《梦笔生花》（上册），第54页。

② （清）潘衍桐：《两浙輶轩续录》，《续修四库全书》第1685册，上海古籍出版社，1996，第154页。

③ 何冠彪：《曹斯栋非明遗民考》，载《明清人物与著述》，香港教育图书公司，1996，第143页。（按：柯愈春先生有《曹斯栋非明遗民》，载《文献》1990年第4期，与何冠彪文同辨《清诗纪事》称曹斯栋为"明诸生"之误。前举朱太忙《梦笔生花序》称此书"皆嘉庆时越郡浙省名士之文翰"，知曹斯栋乃嘉庆时人，非明诸生显矣。）

④ 按：《师卦》《朋卦》《笔卦》《赌卦》又载于1935第3卷第9期《青鹤》。《梦笔生花》原作"岂文教也"，文意不通。《青鹤》作"崇文教也"，是，据改。

五 韩文潮《朋卦》[1]

朋，亨吉贞厉。

彖曰：朋亨吉，通方而吉也，不利君子，是以贞厉。

象曰：二人同心，朋，小人以利而合。

初六，酒食贞吉。

象曰：酒食贞吉，交相受也。

九二，嘻嗃于内，震惊于外，交孚无咎。

象曰：嘻嗃于内，言不及义也。交孚无咎，中心愿也。

九三，有不速之客来，群居终日。

象曰：九三之来，比匪人也。

六四，富家大吉。

象曰：富家大吉，大得志也。

六五，和光吉，利有攸往。

象曰：和光之吉，往有功也。

上九，尚夫中行，而心不快。

象曰：尚夫中行，心未快也。

缪莲仙曰："同道为朋，小人道长，君子道消也。"

六 顾天朗《笔卦》[2]

笔，元亨，利用书，贞吉。

彖曰：笔，聿也，刚柔合而成，内虚而外健，柔得中而[3]顺行，应乎刚而文明，是以元亨。上用书，贞吉，书契笔而天下治也，《春秋》笔而乱臣惧也。笔之时用大矣哉！

象曰：天下文明，笔。先王以作书契代结绳。

初九，田于林皋，获免拔毛，以其汇征吉。

测曰：获免拔毛，大有得也。

① （清）缪艮：《梦笔生花》（上册），第54页。

② （清）缪艮：《梦笔生花》（上册），第54～55页。

③ 按：《梦笔生花》原作"柔得中间顺行"，而《青鹤》作"柔得中而顺行"，据改。

六二，淇园伐竹，用资简牍。

测曰：淇园之竹，虚利直也。用资简牍，言有实也。

九三，秉笔濡其墨，王用享于三画，大吉。

测曰：三画之吉，其文立也。

九四，陨笔不利，入而场屋，有悔。

测曰：陨笔有悔，其行蹇也。

九五，利见大人，天下同文。

测曰：利见大人，居君侧也。天下同文，小人黜也。

上九，笔颠剥不资录，其形秃，终凶。

测曰：笔颠形秃，任之极也。

缪莲仙曰：精实语，不愧拟经。

七　韩文潮[1]《赌卦》[2]

赌，凶，无攸利。

彖曰：赌，妒[3]也，君子赌而业堕消亡，小人赌而罹于[4]桁杨。赌之为殃大矣哉！

象曰：上慢下赌，贼后以严刑惩戒[5]。

初一，童蒙之嬉，吝。

象曰：童蒙之嬉，渐不可长也。义方有训，用预[6]防也。

初二，诱以赌迷往[7]，即于泥。

象曰：诱赌，朋之伤也。往入，其类自戕也[8]。

---

① 按：《梦笔生花》《青鹤》载此卦，均不言作者。此卦又载于《益闻录》1885 年第 482 期，署作者为"韩文潮"。

② （清）缪艮：《梦笔生花》（上册），第 55 页。

③ 按：妒，《梦笔生花》《青鹤》均作"妬"，据《益闻录》改。

④ 按：于，《梦笔生花》《青鹤》均作"子"，据《益闻录》改。

⑤ 按：戒，《益闻录》作"忒"。

⑥ 按：预，《益闻录》作"豫"。

⑦ 按：诱以赌迷往，《梦笔生花》作"诱以以迷往"，《青鹤》作"诱以迷往"，据《益闻录》改。

⑧ 按：此句象辞，《梦笔生花》《青鹤》均作"朋之伤也，诱赌往入，其类自戕也"，据《益闻录》改。

初三，夫征不复，妇叹于屋，良友不告[①]。

象曰：夫征不复，夜以为明也。良友不告，不可匡也。

初四，昼不食，夜不息，资士有疾。

象曰：不食不息，反厥常也。资士有疾，大无良也。

初五，凿赌有悔。

象曰：凿赌有悔，志刚也。

上六，出涕沱若，吉。

象曰：上六之吉，群悔亡也。

缪莲仙曰："发挥透彻，可作箴铭。"

按：况周颐《眉庐丛话》载有《赌卦》一篇，称"清初王先生（官学博，名待考）戒子弟之作"，与此篇文字颇多雷同，录文如下[②]：

赌，凶，无攸利。

象曰：赌，妒也。妒人之有，而先罄其藏。胜者偶而败其常，获者寡而失不可偿。是以凶，无攸利。君子赌而业隳资亡，小人赌而离于桁杨，赌之为殃大矣哉。

象曰：上慢下贼赌，后以严刑惩慝。

初九，童蒙之嬉，吝。

象曰：童蒙之戏，渐不可长也。义方有训，用豫防也。

六二，诱赌以迷，往即于泥，凶。

象曰：诱赌，朋之伤也。往入其类，自戕也。

六三，燕乐衎衎，乃赌乃战，士以丧名亏行。

象曰：燕乐衎衎，赌起争也。丧名亏行，大无良也。

六四，迷赌，晡不食，赀亡有疾。

象曰：迷赌，夜以为明也。既亡其赞又疾，无常也。

六五，夫迷不复，妇嗟于屋，良友弗告。象曰：夫迷不复．妇用伤也；良友弗告，不可匡也。

上九，鉴赌有悔，出涕沱若，戚嗟若吉。象曰：自鉴其祸，断用刚也，中心有悔，易否为臧也。

---

① 按：妇叹于屋，良友不告，《梦笔生花》《青鹤》均作"妇难于屋，而文不告"，据《益闻录》改。

② 况周颐：《眉庐丛话》，山西古籍出版社，1995，第269～270页。

正义曰：赌者，小人之事，阴之类也。童蒙之嬉，阴未甚盛，有义方之训以豫防之，则初吝可以终吉。鉴赌有悔，来复之象，故初上皆阳爻。

八　巢南《钱卦》[1]

钱，亨，有攸往，无不利。

彖曰：钱，泉也，取之不竭，利其有源也，故亨。阴阳合德，刚柔以克，外圆而内方，雷动而风行，钱之时义大矣哉。

象曰：木上有雷，钱。君子以利物顺时。

初六，钱其藏，致寇倡。

象曰：钱其藏，缄诸囊也。致寇倡，囊其亡也。

九二，钱有趾，见之则喜。

象曰：钱有趾，刚中而上应也。见之则喜，家道之盛也。

九三，君子守经，小人丧贞，厉无咎。

象曰：君子守经，谨于恒也。小人丧贞，恃其能也。厉无咎，何咎也。

九四，得禄华服，有悔。

象曰：得禄华服，贿以成贵也。有悔，不胜其位也。

六五，钱吝爽于信，莫名其病。

象曰：钱吝爽于信，居上骄也。莫名其病，下不敢要也。

上六，钱无灵，鬼瞰其人，终凶。

象曰：钱无灵，其道穷也。鬼瞰其人，终则有凶也。钱之为灵，昭昭也。尊之曰神，亲之曰兄，得之则贵，失之则无以保其生。

巢南拟经似经，中有守义，勿徒作游戏读。（饭牛赵古农）

有钱则亨，然惟利物顺时，斯攸往无不利矣。使骄且吝，凶亦随之。予有咏钱句云：‘人甘为虑何妨守，我岂无兄肯浪乎？’盖谨于恒也。（缪莲仙）

按：赵古农称“巢南拟经似经”，可知此卦乃巢南所作，名不详。

---

① （清）缪艮：《梦笔生花》（下册），第17页。

九　《佾生卦》[1]

佾生，亨贞，利用丁，童蒙吉，文人吝。

彖曰：佾生柔得尊位，而上下应之，亨贞，利用丁也。后甲三日，先庚三日，往有事，随有获也。上不在天，下不在田，虽入于林中，不成乎名也。系小子，失丈夫，故吝。

象曰：泽中有雷，佾生。先王以作乐崇德。

初九，观其生，利用牌名，不列于号。

象曰：观其生，亦可喜也。利用牌名，不列于号，不足贵也。

六二，同人于门，朋盍簪，鼎金铉。不用木，威如吉（粤俗言物之煜耀曰威），终厉。

象曰：朋盍簪，威如吉，大得志也。鼎金玄，不用木，失其道也。

六三，学以聚之，各永所事，月几（音己）望，无不利。

象曰：各永所事，位正当也。月几望，利用祭祀也。

九四，用大牲吉，笑言哑哑，妇子嘻嘻。

象曰：用大牲，或益之也。笑言哑哑，妇子嘻嘻，并受其福也。

九五，王假有庙，利见大人。舞于庭，其羽可用为仪，贞吉。

象曰：利见大人，上合志也。其羽可用为仪，以中节也。

上六，【上下无恒，进退无常，贞厉终吉。象曰：】[2] 上下无恒，进退无常，大失正也。贞厉终吉，求可复也。

余年十七，受知彭春农学使，以额满置遗珠，例得充补佾生。时同列十数人，簪掛日，惟余不到，窃以未尝学舞也。或谓余不当自弃，或谓余矫异流俗。余不置辩，灯下拟此以自嘲，且供同志一喙。（自记）

古人凡一文出，非无故而浪费笔墨者，仙槎此卦，若自誉而亦自嘲也。（缪莲仙）

按：作者自云“年十七，受知彭春农学使”，“充补佾生”，缪艮称其为

① （清）缪艮：《梦笔生花》（下册），第272页。
② 按：【】内容为笔者所补。

"仙槎"，然究不知何人，俟考[①]。

十　郑兰芬《钱卦》

按：沈起风《谐铎》中《笔头减寿》一篇载中州才女郑兰芬，作《钱卦》[②]，录文如下：

钱，利用贞。

《彖》曰：钱方正位乎内，圆正位乎外。方圆正，天地之大义也。钱有孔方焉，家兄之谓也。兄兄弟弟，父父子予，夫夫妇妇，而钱运亨。运亨，而家道定矣。

象曰：金自火出，钱。君子以内有物而外有光。

初九，闲有钱，悔亡。

象曰：闲有钱，来未正也。

六二，无攸遂，在中柜，贞吉。

象曰：六二之吉，顺以藏也。

九三，钱神嗃嗃，悔厉吉。钱奴嘻嘻，终吝。

象曰：钱神嗃嗃，将失也。钱奴嘻嘻，失家业也。

六四，富家大吉。

象曰：富家大吉，积在德也。

九五，君子有钱勿恤，吉。

象曰：君子有钱，交相爱也。

上九，有官威如，终吉。

象曰：威君之吉，发身之谓也。

十一　乐平子《钱卦》

按：文载《益闻录》1880年第73期，文末题署"吴中乐平子戏拟"，可

① 按：前举朱太忙《梦笔生花序》称此书"皆嘉庆时越郡浙省名士之文翰"，今检刘锦藻《清续文献通考》卷二百八十《经籍考二十四》著录梁龄增《晚晴轩诗钞》十三卷，称"龄增，原名德增，字同川，号仙槎，浙江海宁人。嘉庆甲子举人，新昌县教谕。"（柯愈春《清人诗文集总目提要》卷三十九亦著录此书）据此，可知梁龄增号仙槎，为嘉庆时人。而彭邦畴，字范九，号春农，乃彭元瑞之孙。江西南昌人。嘉庆乙丑进士，翰林院侍讲升侍讲学士。据此，梁龄增与彭邦畴确有交集。不知梁龄增是否即此卦作者否？俟考。

② （清）沈起风：《谐铎》，大中书局，1933，第22~23页。

知其为吴中人，生平不详。

钱，亨利，君子吉，小人否。

彖曰：亨利，运亨则利也。君子吉，小人否，用不同也。外圆而内方，得之而其强莫当，去来无常，转祸而为祥。钱之为用大矣哉！

象曰：范铜合铅，钱。君子以见得思义，蓄之以备不虞。

初九，俭积而富，日增月盛。

象曰：以俭致富，得其道也。

六二，门如市，众夫所止。用合乎礼，贞吉。

象曰：用合乎礼，其誉光也。

九三，祖父吝，子孙凶。

象曰：子孙凶，悖而出也。

六四，先贫后富，终吉，无悔。

象曰：终吉无悔，其理顺也。

九五，胁肩谄笑，锱铢期必得，悔吝。

象曰：胁肩谄笑，丧其志也。虽为锱铢，亦可丑也。

上六，廉而洁，歌声出金石。

象曰：贫而能乐，不役于物也。

十二　钱香如《钱卦》

按：文载《繁华杂志》1914 年第 1 期，又载《香如丛刊》1916 年第 2 期。作者自言："世之著《钱卦》者多矣，然终未有若余著之痛快淋漓者。余言此，非以自炫。盖《钱卦》，必须姓钱者自作，方有密切之关系也。"其文曰：

钱，亨，有攸往，无不利。

彖曰：钱，全也。得之则生，可以活命也，故亨。呵叱鬼神，驱役人兽，涉讼则有理，做官可运动。钱之时义大矣哉。

象曰：手中有小钱，乞丐乃沿街叫化。

初六，钱其藏，要上当。

象曰：钱其藏，摆架子也。要上当，强盗抢也。

九二，钱有眼，钻之则吉。

象曰：钱有眼，可以翻筋斗也。钻之则吉，钻营可以发财也。

九三，大人伸手，小人张口，厉无咎。

象曰：大人伸手，要铜钱也。小人张口，买糖吃也。厉无咎，何咎也。

九四，得服新衣，白相。

象曰：得服新衣，以钱换来也。白相看戏，吊膀子也。

六五①，钱香如人意，无所不可。

象曰：钱香如人意，眼睛红也。无所不可，万事可为也。

上六，钱用光，亲友情伤，终凶。

象曰：钱用光，其人穷也。亲友情伤，终则有凶也。

十三　枫隐《新钱卦》

按：文载1917年4月16日《小铎》第2版。枫隐，生平不详。前文于缪艮《解卦》后附枫隐《新蟹卦》，与此《新钱卦》并观，知其为一抨击腐朽时政之人。

钱，利运动议员，吉。不恤人言，无咎。

象曰：大哉钱乎，其魔力可以通神，而况于议员乎？其魔力可使鬼推磨，而况于运动乎？然犹必不恤人言乃无咎，钱之用亦难矣哉！

象曰：外圆内方，钱。议员以拼命运动。

初六，钱来不正，腌臜带血腥，君子凶，小人吉。

象曰：钱来不正，腌臜不可究诘也。带血腥，为律师之钱也。君子不屑染指，故凶。小人惟利是图，故吉。

六二，用钱运动，秘之，无咎。

象曰：用钱运动，欲作参谋也。秘之无咎，无人揭其黑幕也。

六三，用钱泄其秘密，御以面皮，厉无咎。

象曰：用钱泄其秘密，为报纸所揭载也。御以面皮，恃其厚也，故虽厉无咎。

九四，用钱小吝，不得保障，舆尸以入，终凶。

象曰：用钱小吝，肉痛也。不得保障，人不信也。舆尸以入，载鬼一车也。终凶者，不足法定人数也。

---

① 按：原作“六四”，误。

六五，拼用钱，自三百至三千，小往大来，吉。

象曰：拼用钱，失之东隅欲收之桑榆也。自三百至三千，因人而施也。小往大来吉，小钱不去，大钱不来也。

上六，金钱与良心战，始厉无咎，开票大吉。

象曰：金钱与良心战，少数人之天良未泯也。始厉无咎者，良心不敌金钱也。开票大吉，达目的也。

综观这些拟卦，可知：（1）沿袭《周易》体例，有卦名、卦辞、象辞、象传；（2）部分卦名直接袭用《周易》原有卦名（如缪艮《困卦》《随卦》《大壮卦》《大畜卦》《解卦》《小畜卦》、曹斯栋《师卦》）；（3）内容多直接袭用、模仿、拼合《周易》词句，且以《佾生卦》最为突出。今条举如下，"童蒙吉"，出自《蒙卦》六五爻辞；"后甲三日"，出自《蛊卦》卦辞；"先庚三日"出自《巽卦》九五爻辞；"随有获"出自《随卦》九四爻辞；"上不在天，下不在田""不成乎名"出自《乾卦文言》；"虽入于林中"仿《屯卦》六三爻辞"惟入于林中"；"系小子，失丈夫"出自《随卦》六二爻辞；"先王以作乐崇德"出自《豫卦》大象；"观其生"出自《观卦》上九爻辞；"同人于门"出自《同人卦》初九爻辞；"朋盍簪"出自《豫卦》九四爻辞；"鼎金铉"出自《鼎卦》六五爻辞"鼎黄耳金铉"；"各永所事"仿《讼卦》初六爻辞"不永所事"；"月几望"出自《小畜卦》上九爻辞、帝乙《归妹》六五爻辞、《中孚》六四爻辞。"用大牲吉"出自《萃卦》卦辞。"笑言哑哑"出自《震卦》卦辞；"妇子嘻嘻"出自《家人》九三爻辞；"王假有庙。利见大人"出自《萃卦》卦辞；"其羽可用为仪"出自《渐卦》上九；"上下无恒，进退无常"仿《乾卦文言》"上下无常，进退无常"。

古人拟卦，一方面割舍不了与《周易》之间的紧密联系，亦步亦趋；另一方面拟卦并非单纯的模仿，而是从娱乐、讽刺、教化等现实需要出发，又赋予了其新的内涵，如枫隐《新蟹卦》云"读老申报《蟹卦》，爱其工妙，惟于近日时事不切，戏复占此"，分明是有感时事而作，以蟹喻横行的军阀武人。职是之故，拟卦与《周易》之间，恰如俗语所谓的"旧瓶装新酒"。

本文搜集整理27个拟卦的内容，期于为拟卦、拟经的整体研究提供一些新的材料。然而，书缺有间，加之囿于见闻，部分拟卦未能检得，如刘性之《呆卦》、彭泽《邃卦》、邹鲁《信卦》，朱彝尊《经义考》均有著录，《拟卦考略》和《目耕帖》也都提及，尚待进一步寻访。至于拟卦与《周易》之间，诸如内容、思想等方面的联系，以及其深层的意义，限于文章篇幅，拟另行撰文，再作探讨。

作者单位：盐城师范学院

从河图、洛书看中国传统管理的终极理想

林金泉

摘　要：本文以宋代图书易学的河图、洛书，结合汉代儒者对河图、洛书的解释，以河图八卦为体，洛书九畴为用，体用兼备，十全十美，即中国古代管理的终极目标。文中除引文外，凡古义新解归结处，亦概以楷体标示，提供现代管理学的研究与参考。

关键词：图书易学　河图八卦　洛书九畴　中国传统管理

一　前言

河图，先秦或以为是宝物，[①] 或以为是符瑞。[②] 河图、洛书二者并举，首见于《周易·系辞上传》的“河出图，洛出书”。汉代孔安国注解说：“河图则八卦是也，洛书则九畴是也。”[③] 刘歆发挥其义，称“伏羲氏继天而王，授河图，则而画之，八卦是也。禹治洪水，赐洛书，法而陈之，洪范是也。……河图洛书，相为经纬，八卦九章，相为表里”，载于《汉书·五行志》。[④] 而河图八卦、洛书九畴相辅相成的关系，于斯建立。宋代“天一生水，地六成之；地二生火，天七成之；天三生木，地八成之；地四生金，天九成之；天五生土，地十成之”以白点、黑点标示组合而成呈左旋五行相生的河图，与“戴九履一，左三右七，二四为肩，六八为足”呈右转五行相克以黑点、白点组合而成的洛书，配合着先、后天八卦，进一步推衍到六十四卦，将洪范九畴的外在管理模式，寄寓在以生生之德为本质的易经六十四卦主体的原则之上，形成一套德贯天人，体用合一，以本质指导形式，十全十

① 《尚书·顾命》：“大玉、夷玉、天球、河图，在东序。”

② 《论语·子罕》：“子曰：凤鸟不至，河不出图，吾已矣乎。”

③ 见《周易正义》，十三经注疏第一册，台北新文丰出版公司，1958，第157页。

④ 见《汉书补注》，二十五史第一册，台北艺文印书馆，1978，第608页。

美的象数哲理思维体系，正是中国传统管理的终极目标。

二 洛书九畴的管理模式今诠

中国最早、最具体的管理学文献应非《尚书·洪范》篇莫属。《尚书》是古代虞、夏、商、周之书。“洪”意谓大；“范”即法，或谓规范，“洪范”的意思就是伟大的治国方案。这篇经典文献，出自天启、神授，充满神话色彩。① 相传是夏禹治水时，上帝所赐予。周武王灭殷推翻商纣统有天下之后，不晓得治国安民的大道，于是就亲自请教于殷商遗老箕子，箕子才把它公布出来，这是《尚书·洪范》成篇的由来。《洪范》既然是西周初期治理国家的伟大的方案，历朝各代，制度虽有所因革，大抵皆具备其雏形，不出它的影响。而现今企业的规模，类同各自独立的政治实体，如何去管理经营，当可从此一经典文献中去汲取营养，这是古人留给后世的遗产，其中的经验和智慧，有值得现代企业管理者借镜参考的地方。

《尚书·洪范》除了篇前一段天启神授的传说文字之外，透过箕子回答周武王的询问，将治理国家的方法分为九类，刘歆谓之九章，就是所谓的“洪范九畴”，其总纲内容如下：

> 初一曰：五行；次二曰：敬用五事；次三曰：农用八政；次四曰：协用五纪；次五曰：建用皇极；次六曰：乂用三德；次七曰：明用稽疑；次八曰：念用庶征；次九曰：向用五福、威用六极。

上段一共六十五个字，西汉刘歆认为是洛书本文。是说治理国家的伟大方案可分为九类：第一，“水、火、木、金、土”五种物质的利用；第二，谨慎地从事“貌、言、视、听、思”五件事情；第三，勤勉地施行“食、货、祀、司空、司徒、司寇、宾、师”八种政务；第四，配合使用“岁、月、日、星辰、历数”五种天象时令；第五，建立使用大中至正的君王法则；第六，带领部属要根据“正直、刚克、柔克”三种德性；第七，明白事理要用卜筮来考察疑惑；第八，要顾虑上天的各种征兆；第九，用“寿、富、康宁、攸好德、考终命”五福，“凶短折、疾、忧、贫、恶、弱”六极

① 《尚书·洪范》：“惟十有三祀，王访于箕子。王乃言曰：‘呜呼箕子，惟天阴骘下民，相协厥居，我不知其彝伦攸叙。’箕子乃言曰：‘我闻在昔，鲧陻洪水，汩陈其五行，帝乃震怒，不畀洪范九畴，彝伦攸斁。’鲧则殛死，禹乃嗣兴。天乃锡禹洪范九畴，彝伦攸叙。”见《尚书正义》，十三经注疏第一册，台北新文丰出版公司，1978，第167～168页。

来奖赏、惩罚民众。这九类是治理国家的总纲领，纲举而目张，底下则分项逐一阐释说明。

（一）五行

> 五行：一曰水，二曰火，三曰木，四曰金，五曰土。水曰润下，火曰炎上，木曰曲直，金曰从革，土爰稼穑。润下作咸，炎上作苦，曲直作酸，从革作辛，稼穑作甘。

第一畴，将水、火、木、金、土配合生数一、二、三、四、五，说明它们是人类生活所必须使用的五种基本物质。其性质分别是：往下润湿的水，味道就咸；往上燃烧的火，味道就苦；可以弯曲可以伸直的木，味道就酸；可以任凭人的意思来改变形状的金，味道就辣；可种植收获五谷的土，味道就甘。

《左传·鲁文公七年》记载："水、火、金、木、土、谷，谓之六府；正德、利用、厚生，谓之三事。"谷，可以归类于五行的木，所以六府也就是五行。认识这五种基本物质，并且了解它的性质，就可以"正德、利用、厚生"。"正德"就是符合天地生生的仁德，先确立以仁德为基础的正确目标。"利用"就是利用这五种物质，了解其性质，进而开发创造，以成就开物成务的伟大事业。"厚生"就是深耕厚植此一基础，让民生物资得以丰厚，能够如此，大至天下，中至国家，小至百姓，都可以面面顾及，所以，经济是治国平天下的前提。

就今日的企业而言，掌握资源、了解资源的性质，来开物成务，极其重要。例如：掌握铀，了解其为放射性物质，经过研发则可运用于发电、医学、军事等方面，而开创出一番大事业来。所以，生产研发单位是公司的基本命脉，绝对不能忽视。

（二）敬用五事

> 五事：一曰貌，二曰言，三曰视，四曰听，五曰思。貌曰恭，言曰从，视曰明，听曰聪，思曰睿。恭作肃，从作乂，明作哲，聪作谋，睿作圣。

第二畴，谈到君王必须具备的五种素养：仪态（貌）要恭敬，言论（言）要正当，眼光（视）要明亮，听闻（听）要清晰，思想（思）要通达。因为仪态恭敬就能严肃，言论正当就可以治理事务，能观察得分明就是

明智，能听得清楚就有谋略，思想通达那就圣明了。

衡诸今日，仪态严肃、言论正确、观察入微、察纳雅言、全盘思考五项，正是企业领导者所必须具备的领袖特质。

（三）农用八政

八政：一曰食，二曰货，三曰祀，四曰司空，五曰司徒，六曰司寇，七曰宾，八曰师。

第三畴，谈到任用八种政务官员，分别掌管粮食、财物、祭祀、土木、教育、司法、外交、军事八种政务。朝廷官吏制度以此为基础与框架，彼此分工，国家的政治活动就能正常而有条理地运作。

以今日企业来说，对内的：薪俸福利、财货管理、信仰信念、硬设备、教育训练、监察考核，相当于食、货、祀、司空、司徒、司寇。对外的：交际应酬、战术策略，相当于宾、师。此正是巩固公司的八大管理要点。

（四）协用五纪

五纪：一曰岁，二曰月，三曰日，四曰星辰，五曰历数。

第四畴，年岁、每年的月数、每月的日数、星辰的运行规律、历数的推算，这五种天象时令，是古时候天子每年必须颁布的重大事情。《尚书·尧典》说："乃命羲和，钦若昊天，历象日月星辰，敬授人时。"尧禅让给舜，舜禅让给禹也说："天之历数在尔躬。"因为君权神授，天子是上天的儿子，其权力来自上天的授予，他必须负责制定历法，并且有义务颁布历法，让老百姓按照历法依春夏秋冬四时的节令来耕种收成。这代表着天子"替天行道"的无上权威，是老百姓崇拜仰赖的对象。

所以今日企业的领导者，在新的年度到来之前，先制订、公布下一年的行事历，让员工有所遵循，知道全年努力的目标。而员工的薪水、福利、红利等的核定、人事的任命权，也应操之在领导者手上，都须经领导者盖章核可，由领导者统筹掌控。形塑出统筹一切、至高无上的权威，确实有其必要。

（五）建用皇极

皇极：皇建其有极，敛时五福，用敷锡厥庶民。惟时厥庶民于汝极，锡汝保极。凡厥庶民，无有淫朋，人无有比德，为皇作极。凡厥庶民，有猷有为有守，汝则念之。不协于极，不罹于咎，皇则受之。而康而色，曰："予攸好德。"汝则锡之福。时人斯其惟皇之极。无虐茕独；而畏高明。人之有能有为，使羞其行，而邦其昌。凡厥正人，既富方谷；汝弗能使有好于而家，时人斯其辜。于其无好德，汝虽锡之福，其作汝用咎。无偏无陂，遵王之义；无有作好，遵王之道；无有作恶，遵王之路。无偏无党，王道荡荡；无党无偏，王道平平；无反无侧，王道正直。会其有极，归其有极。曰，皇极之敷言，是彝是训，于帝其训。凡厥庶民，极之敷言，是训是行，以近天子之光。曰天子作民父母，以为天下主。

第五畴，文长，采分段翻译于前，归结出与管理有关者十一点于后。

君王的法则：君王建立君权是有法则的，聚集五种幸福（详下第九畴"向用五福"），用来普遍地赐给民众，于是民众就会效法你的法则，与你保有这个法则。凡是民众不要有邪恶的朋友，官吏也不要有偏私的行为，只要以君王作为法则。

领导者的法则：

1. 领导者的法则也就是领导者与部属员工的互动法则。

2. 领导者以五福有恩于部属、员工，相对的部属、员工就会与你合作，遵守公司的种种规定。

凡是民众有计划、有作为、又有操守的，你要把他们记在心中。如果有人不合法规，但也不至于陷入罪恶的，做君王的你就要宽容他。

3. 要记得员工的表现成果，容忍员工的小缺点。

如果有人和颜悦色并且说："我爱好美德。"你就要赐给他幸福，这种人就会以君王为法则。

4. 要善待品行良好的部属、员工。

不要暴虐孤苦无依的人。

5. 要懂得体恤安抚弱势的员工。

且要敬畏明智的人。假如官吏有才能有作为就让他顺利地去做，那你的国家就会昌盛。

6. 要尊敬那些才华高、为公司卖命的员工，授权给他，让他充分去发挥。

凡是官吏，你要常用俸禄使他们富足，你若不能使他们对你的国家有好

的贡献，那就是这些官吏们的罪过了。

7. 如果部属的福利、待遇都不错，却没有对公司有贡献，那是部属没有尽责，应予纠正或迁调。

假如他们没有好的德行，虽然你赐给他们幸福，那他们的作为也会使你受到罪过的。

8. 品行不好的部属和员工，会危害到整个团队，最好不要用。

不要偏邪不正，要能遵循王的法则；不要有所偏好，要遵循王所规定的正道；不要有所作恶，要走向王所规定的道路。不要偏袒同党，不要偏私，王的道路才会平易。不要反复无常，不要偏邪不正，王的道路才会既正且直。

9. 领导统御的原则是公正、公平、坦荡。

君王聚集官吏、百姓要有法则，官吏、百姓归附天子也要有法则。

10. 开会聚会，领导者要制订规章规定，部属、员工必须参与遵守这个规定。

以上所说的君王法则的陈述言论，是要以之为法则，以之来教导人民的。(若能够做到这样）那就是顺从上帝了。凡是民众，若能够以上述的言论为法，能顺从，能实行，那就接近天子的光耀了。所以说：天子作为人民的父母，是天下百姓的君王。

11. 必须在部属和员工当中，建立领导者是衣食父母，是公司的统筹者，都必须顺从此一领导法则的坚定信念。

（六）乂用三德

> 三德：一曰正直，二曰刚克，三曰柔克。平康正直，强弗友刚克，燮友柔克；沉潜刚克，高明柔克。惟辟作福，惟辟作威，惟辟玉食。臣无有作福作威玉食；臣之有作福作威玉食，其害于而家，凶于而国。人用侧颇僻，民用僭忒。

第六畴，首先区分三种德性的人：平正中和就是正直的人；刚强而不温顺就是刚强过度的人；温和而不坚强就是柔弱过度的人。其次说明沉潜的人要用刚强来领导他，高明的人要用温柔来领导他，平正中和正直的人就由他自己去充分发挥。这是领导统御的最基本法则。只有君王才有造福于人的权力，只有君王才有惩罚人的权力，只有君王才可以享受美食。官吏们没有造福人、惩罚人、享受美食的权力。

就今日企业来说就是：领导者的福利、待遇，必须高过部属，依阶级之高低而有所不同。

官吏们如有造福人、惩罚人、享受美食的权力，那就会害到你的国家，给你的国家带来凶灾。因为官吏们要是这样的偏邪不正，那百姓就要逾越本分而作恶乱国了。

就今日企业来说就是：部属的福利、待遇高过于领导者的话，就是僭越、或是不法。会为害到整个团队，影响到员工也会有样学样，僭越、不法。所以薪资发放要公道合理。

（七）明用稽疑

> 稽疑：择建立卜筮人。……三人占，则从二人之言。汝则有大疑，谋及乃心，谋及卿士，谋及庶人，谋及卜筮。汝则从、龟从、筮从、卿士从、庶民从，是之谓大同，身其康强，子孙其逢：吉。汝则从、龟从、筮从、卿士逆、庶民逆：吉。卿士从、龟从、筮从、汝则逆、庶民逆：吉。庶民从、龟从、筮从、汝则逆、卿士逆：吉。汝则从、龟从、筮逆、卿士逆、庶民逆：作内，吉。作外，凶。龟筮共违于人：用静，吉；用作，凶。

第七畴，卜问疑惑：选择并建立掌管龟卜和易筮的官员而让他们卜筮占卦。假如三个人来判断龟兆和卦象，要遵从两个人的说法（即少数服从多数）。你如果有重大的疑问，要用你的心好好地去考虑，然后再跟官员们商量，然后再跟民众商量，然后再就龟卜和易筮来商讨（先人事，后卜筮）。如果你赞成，龟卜赞成，易筮赞成，官员赞成，民众赞成（全数通过）这就是意见全体一致，那么你身体就会安康强健，你的子孙一定会昌盛，这自然是吉祥。如果你赞成，龟卜赞成，易筮赞成，而官员反对，民众反对（三比二），这还是吉利的。官员赞成，龟卜赞成，易筮赞成，而你反对，民众反对（三比二），这也是吉利的。民众赞成，龟卜赞成，易筮赞成，而你反对，官员反对（三比二），这也是吉利的。若你赞成，龟卜赞成，易筮反对，官员反对，民众反对（二比三），那么做家庭方面的事是吉利的，做朝廷方面的事就不吉利。龟卜和易筮的结果都和人的意见不同（全数反对）那么若是无所作为，是吉利的；若是有所作为，就凶险了。

这是谈重要大事的处理原则：先人事后卜筮，即重人为而轻迷信。不得已才用占卜。采多数决。

（八）念用庶征

> 庶征：曰雨、曰旸、曰燠、曰寒、曰风、曰时。五者来备，各以其叙，庶草蕃庑。一极备，凶，一极无，凶。曰休征：曰肃，时雨若；曰乂，时旸若；曰哲，时燠若；曰谋，时寒若；曰圣，时风若。曰咎征：曰狂，恒雨若；曰僭，恒旸若；曰豫，恒燠若；曰急，恒寒若；曰蒙，恒风若。……岁月日时无易，百谷用成，乂用明，俊民用章，家用平康。岁月日时既易，百谷用不成，乂用昏不明，俊民用微，家用不宁。庶民惟星，星有好风，星有好雨。日月之行，则有冬有夏；月之从星，则以风雨。

第八畴，谈到“下雨、晴天、温暖、寒冷、刮风”6种征象在一年中全来了，而且都按照节序发生，那么各种草木就都繁茂起来了。如果某一种气象太多，那是凶的。某一种气象太少了，也是凶的。美好的征象是：天子若严肃，就会有及时雨；天子若言论正当，就会及时晴朗；天子若明智，就会就会及时温暖；天子若有谋略，就会及时寒冷；天子若通达，就会及时刮风。不好的征象是：天子若狂妄，就会久雨不止；天子若有过错，就会久晴不雨；天子若喜好享乐，就会经常温暖；天子若严苛急躁，就会经常寒冷；天子若蒙昧不明，就会经常刮风。全年全月全日和四时都没有改变常态，一切农作物就因此而成熟了，政治也因此而修明了，杰出的人才也因此而显达了，国家也因此而太平安康了。全日全月全年和四时若改变了常态，一切农作物就不能成熟，政治也就黑暗不修明，杰出的人才也就不能显达，国家也就不能安宁了。

这是说：上天可以根据领导者的作为，施降休征或咎征，给予嘉勉或警惕。是“天人感应”思想在政治上的运用。

民众就好像星星，星有爱好风的（古人认为月亮经过箕宿就会刮风），星有爱好雨的（古人认为月亮经过毕宿就会下雨），日月运行起来固然有冬季、夏季；但月亮若遇到星星，那就会刮风、下雨。

这是说：民众可以影响政府，即员工可以影响领导阶层。因为，天视自我民视，天听自我民听，水可载舟，亦可覆舟，千万不要搞得天怒人怨，众叛亲离。

以上所言，是在封建集权统治的时代，借“天人感应”思想来约束领导者的作为。现代则可藉干部开会协调来制衡。

（九）向用五福、威用六极

五福：一曰寿，二曰富，三曰康宁，四曰攸好德，五曰考终命。六极：一曰凶短折，二曰疾，三曰忧，四曰贫，五曰恶，六曰弱。

第九畴，用长寿、富裕、康乐安宁、遵行美德、得享天年五种福分，勉人为善。用夭折、疾病缠身、忧愁、贫困潦倒、邪恶、怯弱六种不幸，惩人作恶。这是假借上天之赏罚，遂行天子之赏罚，君意即天意，充满神权色彩。

当今企业领导者非必能够如此，但制定一套合情合理的赏罚制度，恩威并济，来赏善罚恶，确有其必要。

总上九畴，前有大纲，后有细目，治理国家，经营企业，自可提纲挈领，以简御繁，如此运作，国家、企业将能生生不息，永续发展，古人如是认为。

三　河图八卦的指导原理

圣人则河图而画八卦，八卦产生的形上原理即太极，《周易·系辞上传》说："易有太极，是生两仪，两仪生四象，四象生八卦，八卦定吉凶，吉凶生大业。"意思是说：万事万物变化的原理是太极，太极创生阴阳两仪，两仪生出老阳、少阴、少阳、老阴四象，四象生出乾、兑、离、震、巽、坎、艮、坤八卦，八卦重迭为八八六十四个六画卦后，根据六十四条卦辞、三百八十四条爻辞，以及乾卦用九、坤卦用六两条用辞，就可以用来判定吉凶。灵活地运用周易六十四卦三百八十四爻及两用爻的管理智慧，以趋吉避凶，就能够成就开物成务的伟大事业。所以，八卦定吉凶的八卦指的是重迭后的六十四卦，因为三画的八卦并无吉凶之可言。分项说明如下。

（一）太极生两仪，两仪生四象

太极是宇宙万事万物创生变化的总原理，强调其本体的超越性可名之为无，强调其在众形之上，为现象界万化之根源，可名之为有，无中生万有，所以是万有的源头。

太极生两仪，两仪中有太极，太极是一元宇宙的阴阳两面，而阴阳是浑然一体的、矛盾对立的、相互相依的；阴极则生阳，阳极则生阴，是运动不息的。这是一种既分立又统一，相互依存，你中有我，我中有你的宇宙整体观。在永无止尽的运动循环、生生不息中，呈现出"于穆不已"的全面和谐状态。

不仅宇宙是太极，国家、企业皆可类推为一体两面的太极整体。在企业中，管理者与被管理者相处，产生既相对又互补的运动，此方之进须顾及彼方之退，才能达到均衡和谐。《尚书·周官》曰：“论道经邦，燮理阴阳。”就是说要将国家治理好的话，必须要阴阳均衡和谐，把全国各个方面都协调摆平，也就是达到太极完美的最高理想境界了。治理国家是如此，经营企业亦复如此。

从上述对太极图的分析，王仲尧在《易学与中国管理艺术》一书中，将它称为太极思维艺术，并对太极管理艺术分为四项，认为是具有东方特色的管理艺术思想。

1. 整体思维艺术：观察分析问题时，注重把握认识对象的有机的、运动的整体性。

2. 矛盾思维艺术：注重事物内部及事物之间一阴一阳的对立统一关系，强调事物之间阴阳双方的相摩相荡，互转互化。

3. 发展思维艺术：坚持发展观点，生生不息，旧的过程终结，即新的过程开始，生生日新。

4. 和谐思维艺术：“保合太和”，均衡和谐，阴阳双方相反相成，维持动态平衡。[①]

综合上述四项思维艺术，人们在观察处理问题的同时，可从客观事物整体的联系上去全面了解，可缩小着眼点从事物内在的矛盾处去认识，以寻求事物之间的和谐统一做为目标，来促成事物相互之间的均衡发展。王氏之说，具参考价值。

① 王仲尧：《易学与中国管理艺术》，中国书店，2001，第13页。

两仪动而生四象，上图中白黑左右回抱的是老阳、老阴；对过阴在中，即白中的小黑点是少阴；对过阳在中，即黑中的小白点是少阳，老阳涵摄着少阴，老阴涵摄着少阳，如同每个部门包含有小组。而四象中自有两仪，自有太极，如同小组隶属于部门，隶属于公司。两仪是生于太极的阴阳两面，阴阳抽象概念的提高可涵盖众多事物，这种用以表达事物存在和变化的种种并存或对立的关系，当然也可以应用在管理之上。最有效、最符合易理的管理方式，莫过于管理者（阳）与被管理者（阴）共同参与的中道管理，也就是易经“致中和”的原理。老阳、少阴、少阳、老阴四象，亦可类推为四时、四位。从时间来看是春、夏、秋、冬；从空间来看，是上、下、左、右；从组织观念来看，是上层、下层、左辅、右弼。当管理面对问题时，要考虑到时空变易的四象环境，来执经、用权、达变，即要统筹兼顾，握经不离权，考虑内外环境的变易，适时适度，因时因地而制宜。

（二）四象生八卦

四象动而生八卦，如下图分为八个区段：上全白区段为正南纯阳乾卦；左上白黑比例 2∶1 区段，即居阳二分阴一分的东南兑卦；左中取西之白中黑点，为二阴含一阳，是为正东离卦；左下白黑比例 1∶2 区段，即居阳一分阴二分的东北震卦；右上黑白比例 1∶2 区段，即居阳二分阴一分的西南巽卦；右中取东中黑中白点，为二阴含一阳，是为正西坎卦；右下黑白比例 2∶1 区段，即居阳一分阴二分的西北艮卦；下全黑区段为正北纯阴坤卦。

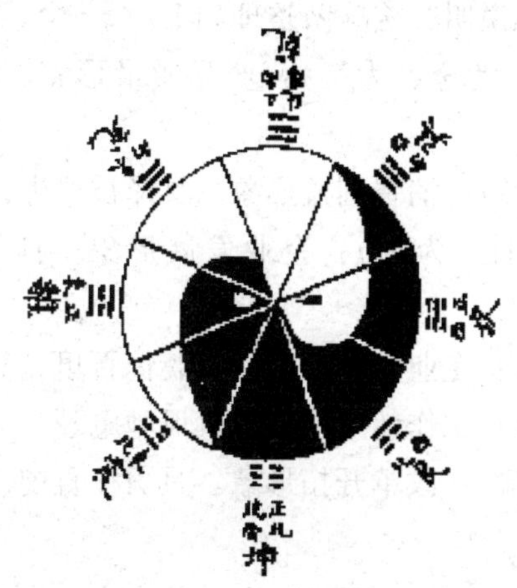

八卦是周易六十四卦系统中最基本的八个卦，六十四卦由此重迭而成。依产生次序，分别是：乾一、兑二、离三、震四、巽五、坎六、艮七、坤八。其象征意义如下。

乾：三阳并升，犹如天体积聚阳气而成，所以乾的卦象为天。又由于阳性刚健，而天道运行刚健，所以乾的卦德为健。

兑：一阴在二阳之上，犹如湖上之水为阴，湖底为阳，所以卦象为泽。又由于湖泽能滋润万物，使万物呈现喜悦之色，所以兑的卦德为悦。

离：二阳显于外，一阴含于内，犹如火表阳而里阴，所以卦象为火。又由于此卦二阳附着于二阴之上，而火的燃烧也必须附着于燃料，所以离的卦德为附丽。

震：一阳上升，二阴下降，两相激遏如雷震动，所以卦象为雷。又由于一阳受二阴抑制必动，而雷也震动万物，所以震的卦德为动。

巽：二阳上升，一阴从中下降，中空而气体流通，所以卦象为风。而风吹是无孔不入的，所以巽的卦德为入。

坎：一阳包含在二阴之中，犹如水表阴而里阳，所以卦象为水。又由于一阳陷入二阴之中，而水之所存也总是在低陷之地，所以坎的卦德为险陷。

艮：一阳居于二阴之上，犹如山之顶为阳，其下蕴藏阴质，所以卦象为山。又由于山是静止不动的，所以艮的卦德为止。

坤：三阴同降。犹如地体凝聚阴气而成，所以卦象为地。又由于阴性柔顺，而地道宁静，承顺着天道的运行，所以坤的卦德为顺。

庞钰龙先生在《谈古论今说周易》一书中，将八卦的象征应用在企业形象的策划上①，并举例说明，兹略做整理如下。

乾（为天、为健、为金、为玉）：产品质量形象。具刚健运行，生生不已特征。

兑（兑为泽、为悦）：消费利益形象。具泽被群生，喜形于色特征。

离（离为火、为日、为丽）：企业发展形象。具如火炎上，如日中天特征。

震（为雷、为动）：企业规模形象。具震惊百里，势不可当特征。

巽（为风、为入）：工作效率形象。具风驰电掣，无孔不入特征。

坎（坎为水、为险）：改革开拓形象。具勇往直前，不畏坎险特征。

---

① 庞钰龙：《谈古论今说周易》，中国书店，2003，第73～74页。

艮（艮为山、为止）：企业标帜形象。具挺拔显眼，稳重直立特征。

坤（坤为地、为顺、为众）：社会参与形象。具稳定踏实，面面俱到特征。

例：

1. 泰卦，乾下坤上，内部有良好的产品质量形象，再通过广泛的社会活动参与，就会通泰顺利。

2. 否卦，坤下乾上，没有高质量的产品作保证，仅靠广泛的社会活动的参与效应，试图达到良好产品质量形象，便会否塞不通。

3. 既济，离下坎上，有蒸蒸日上的发展势头，进行大胆的冒险开拓是会成功的。

4. 未济，坎下离上，试图透过冒险行动造成一种蒸蒸日上的假象，注定要失败。

5. 需卦，乾下坎上，在保证产品质量的前提下，进行产品改革是消费者所需要的。即真正需要的改革，应首先从消费者的意见开始。

6. 讼卦，坎下乾上，置产质量不顾而进行的任何改革，都会引起消费者的争议乃至诉讼。即置消费者意见不顾，仅从企业自身情况着眼，就会出现矛盾甚至官司。

其他卦可依此原则而类推。

（四）八卦定吉凶

八卦定吉凶的八卦，指的是重卦后六画卦的六十四卦，① 上已说明，因为六十四卦才有吉凶之可言。六十四卦的产生，如下图示。

前述太极生两仪，两仪生四象，四象生八卦，为简易的、动态的生成过程。此八卦重迭变化成六十四卦，则错综复杂，包括了万事万物的生成变化过程。在此一过程里，有消有长，有成有毁，整个是一个周遍流转、推陈出新的体系，是多元的，也是整体的。彼此呈现对立对应、互补互成的关系，同时也表现冲突紧张，相互抵消，相互平衡的作用，但它的最佳状态则是生生不息，彼此圆融和谐，因其根源于中心的圆满太极。

根据此六十四卦，寻绎周易卦爻辞，人生的哲理、谋略涵盖其中。企业的管理、谋略、创意等当可从中汲取智慧，获得启示。周易卦爻辞的谋略、

① 《皇极经世书·观物外篇》：“八卦生万物之类，重卦定万物之体。”见《皇极经世书》，学林出版社，2003，第925页。

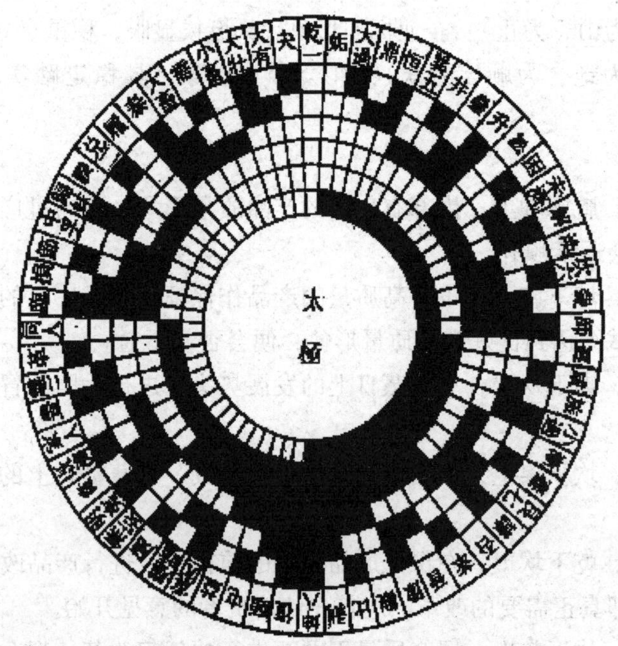

哲理，依据孙映逵、杨亦鸣合著《六十四卦中的人生哲理与谋略》一书，参以己见，做适度修改，列如下表。①

乾卦	刚强者的进取哲学	坤卦	柔弱者的辅佐哲学
初九	地位低下时，应潜修德性。	初六	见微知著，防微杜渐，要有先见之明。
九二	具备德行后，应展现才华。	六二	率直、方正、宏大的美德，无不利。
九三	在展现才华时，应小心勤奋。	六三	随顺时势，韬光养晦，静待时机。
九四	在关键时刻，应做出正确选择。	六四	慎言谨行，明哲保身，避免患祸。
九五	在飞黄腾达时，应得民拥护。	六五	居高位者，中庸谦逊，美德之至。
上九	在高高在上时，应戒除骄亢。	上六	阴盛至极，阴阳争斗，邪不胜正。
用九	领导统御的最高境界：内阁共治。	用六	固守柔顺，辅以阳刚，持续有利。
屯卦	论艰难创始	蒙卦	论启蒙之道
初九	创始之初，保持冷静，多方考虑。	初六	严加管教，合宜适度。
六二	面临两难，守正待时。	九二	慎选有教无类、能宽能容之良师。
六三	借助外力，避免盲动。	六三	勿收品行不良、见利忘义之学生。
六四	求贤辅己，明智之举。	六四	远离良师，必然困于蒙昧。
九五	领导者，应视情况，广施恩泽。	六五	恭顺谦逊之学生，最受欢迎
上六	屯难之极，应知变通。	上九	攻治蒙昧，宜严不宜暴。

① 孙映逵、杨亦鸣：《六十四卦中的人生哲理与谋略》，社会科学文献出版社，1998，见目录及各爻提示。

续表

需卦	论等待时机	讼卦	论止息争讼
初九	耐心等待，不可轻易冒险。	初六	争端初起，不可长久纠缠。
九二	镇定以待，可以避险。	九二	争讼失利，及时中止，免遗祸害。
九三	临险谨慎，可以不败。	六三	无力争讼者，应退让免争。
六四	陷入险境，从容待变。	九四	反身就理，化讼为和。
九五	身处险困，不改其乐。	九五	以中正之道，决断争讼，吉祥。
上六	遇险待援，贵在诚敬。	上九	恃强争讼不止，必有祸果。
师卦	论用兵之法	比卦	论亲附之道
初六	纪律是军队的生命。	初六	亲密比附，贵在诚信。
九二	任用儒将，充分授权。	六二	亲密比附于内，贵在守正。
六三	有勇无谋，用兵必败。	六三	所亲非人，无吉可言。
六四	适时退守，谨慎用兵，另谋再起。	六四	亲密比附于外，贵在守正。
六五	师出有名，慎择将领。	九五	心悦诚服的亲密比附，吉祥。
上六	分封功臣，小人勿用。	上六	阳奉阴违的亲密比附，凶险。
小畜卦	论以阴蓄阳	履卦	论慎行防危
初九	阳质薄弱，应避免被蓄聚。	初九	初涉世事，应以质朴的态度行事。
九二	阳质薄弱，应联合抵制阴的蓄聚。	九二	内心安静恬淡，道路自然坦荡。
九三	阳受制于阴，会造成阴阳离异。	六三	以匹夫之勇，盲目妄动，凶险。
六四	以阴蓄阳，必须心怀诚信。	九四	履危知惧，可以化凶为吉。
九五	至诚之心，可促小蓄之道的实现。	九五	领导者行事，应防止武断。
上九	以阴蓄阳，过于盛满，会有祸殃。	上九	行事终了，应考察前后，总结教训。
泰卦	论阴阳交泰	否卦	论处乱世之道
初九	一阳始泰，诸阳皆泰，连类并进。	初六	小人连类趋进之时，君子要自守正道。
九二	处泰之时，包容果断，崇尚中庸。	六二	小人道长之时，君子要安于否闭。
九三	处泰而防否，可以避害。	六三	否闭之时，包庇邪恶，凶。
六四	虚心应下，诚心以共，通泰可期。	九四	转否为泰，要君子共同努力。
六五	屈尊降贵，中道以行，通泰大成。	九五	转否为泰之时，要处处提防危险。
上六	应思泰极否来，安泰不可过度。	上九	否极泰来，有赖人为的努力。
同人卦	论和睦相处	大有卦	论富有之道
初九	与人和睦共处，要打破门户之见。	初九	富有时，应该止恶扬善。
六二	与人和睦共处，要打破宗族观念。	九二	刚健谦和，中道而行，能够保其富有。
九三	以武力争取同盟，不是和睦共处。	九三	位尊而富者，要贡献国家社会。
九四	与人和睦共处，应以道义为准则。	九四	过分富有，应自我损抑。
九五	先苦后甘，心同志同，障碍可除。	六五	领袖诚信威严，富有吉利。
上九	和睦扩及远郊，大同可期。	上九	天助人助，大富其有。

续表

谦卦	论谦虚行事	豫卦	论处安乐之道
初六	谦而又谦，能成就大事业。	初六	在安乐中自鸣得意者凶。
六二	谦虚发自内心，则声名远播于外。	六二	在安乐中警惕守正者吉。
九三	劳苦功高而始终保持谦虚，最可贵。	六三	媚上以求安乐者，不可取。
六四	发挥谦德，无所不利。	九四	为人带来安乐的人，会大有所获。
六五	虽行谦道，仍可对外征伐不服者。	六五	沉溺安乐之病，无法痊愈。
上六	虽行谦道，仍可对内动用武力。	上六	乐极则必变，应改恶而趋善。
随卦	论随从之道	蛊卦	论除弊治乱
初九	刚下于柔，是随之正道	初六	谏正上级的弊端，如同子承父志。
六二	随从之时，要避免因小失大。	九二	纠正属下的错误，言辞不可过激。
六三	随从上级，要注意守正。	九三	治弊既要防过于刚猛，又要不失锐气。
九四	被人追随，诚信守正，要防凶险。	六四	治弊不可宽容。
九五	居尊位者，应该从善如流。	六五	谏正上级的弊端，会使他获得荣誉。
上六	违逆不从者，可先强硬，后感化。	上九	治弊大功告成后，应退出名利之争。
临卦	论统御之术	观卦	论观察事物
初九	在统御民众的初期，要实行感化。	初六	观察事物，不能目光短浅。
九二	在民众未顺命时，要实行感化。	六二	观察事物，不能目光狭隘。
六三	不可以空言欺骗，失信于民。	六三	自我省察，知所进退。
六四	统御民众要亲临现场，接近下层。	六四	观察国家政经发展，可被领导者重视。
六五	统御民众要选贤任能。	九五	领导者观己要与观民相结合。
上六	统御民众要心存厚道。	上九	领导者要宏观，放眼天下。
噬嗑卦	论执法断狱	贲卦	论文饰美化
初九	小惩大戒，防其再犯。	初九	最简单的文饰，表现出质朴之美。
六二	柔顺中正者，要注意执法深严。	六二	文不能脱离质而独立存在。
六三	不在其位者执法，会遇到麻烦。	九三	应该避免文饰过份，造成文胜灭质。
九四	刚直者执法，利于在艰难中守正。	六四	素洁之美，适用于刚实之质。
六五	位尊性柔者执法，应具中正之德。	六五	领导者应提倡简朴之风。
上九	不听告诫，积恶不改，必有凶险。	上九	以白为饰，饰极反素。
剥卦	论退守待变	复卦	论正气回复
初六	阴邪初起，剥蚀基础。	初九	偏离正道者，贵在及时回复。
六二	阴邪持续剥蚀，应守正防凶。	六二	亲近仁人，是回复正道的最佳途径。
六三	处剥蚀之时而有应援，可以免过。	六三	屡次改过，也能无咎。
六四	剥蚀至极，应防范灾祸临身。	六四	独善其身，回归正途，吉不言而谕。
六五	掌握转化契机，无不利。	六五	坦诚认错，利于回复正途。
上九	不被剥蚀的仅存硕果，得民拥护。	上六	迷而不复，极为凶险。

续表

无妄卦	论行为无妄	大畜卦	论德智蓄养
初九	起步无妄，前途吉祥。	初九	大有蓄积，应适可而止。
六二	寄希望于虚妄，无利可言。	九二	大有蓄积，应审势而自止。
六三	虽不妄为，也可能遭灾。	九三	大有蓄积，前进必须谨慎。
九四	守正而不妄为，可以免过。	六四	最有效的蓄止，是止于未然。
九五	无妄而有疾，不必服药攻治。	六五	有效的蓄止，在于正本清源。
上九	无妄而遭灾，乃天意，无须咎己。	上九	最有效的蓄止，不是阻止，而是疏通。
颐卦	论颐养之道	大过卦	论以柔济刚
初九	弃颐养之道，求口腹之欲，凶。	初六	过于柔弱，应济之以阳刚。
六二	颐养应依循常理，不可违背原则。	九二	阳刚过份，应济之以柔。
六三	违背颐养之道，长期得不到供养。	九三	过刚而折，无法辅助。
六四	向下求养于民，以德自养，吉。	九四	阳刚过度，应以阴柔纠正。
六五	向上求养于贤，以德自养，吉。	九五	过盛之阳刚，很难以衰极之阴柔调济。
上九	由民由贤颐养，由德遍养天下。	上六	阴柔残存，势必被阳刚所排斥。
坎卦	论排难脱险	离卦	论依附行为
初六	面临重重险阻，不守正道，必凶。	初九	在依附之初，要敬慎行事。
九二	先求小得，可以逐步出险。	六二	以中道依附，最为吉祥。
六三	置身重险，安居待时，谨慎小心。	九三	依附不得其时，必有凶险。
六四	置身重险，至诚简约，有助脱险。	九四	依附者喧宾夺主，必有凶险。
九五	持中守正，可以平险。	六五	依附于尊位而知忧惧，可避凶得吉。
上六	处险之极，柔弱之质，无法出险。	上九	最后依附，会受到惩罚。
咸卦	论感情交流	恒卦	论人贵有恒
初六	感应之初，还不到行动的程度。	初六	恒久之道，须日以渐深，戒遽求深入。
六二	虽已感应不可妄动，不可强求。	九二	恒久之道，在于守住中庸原则。
九三	感应渐进，应有主见，不宜盲从。	九三	人贵有恒，否则或许蒙羞，不被容纳。
九四	以正道感应于心，无悔。	九四	长久名位不正，将劳而无功。
九五	孤僻就无法与外物感应沟通。	六五	守恒之道，应因事制宜。
上六	以至诚感应，不可玩弄口舌。	上六	极端的恒久，违背常理，将一事无成。
遯卦	论以退为进	大壮卦	论慎用强壮
初六	退遁不及有危险，无所往可免灾。	初九	强盛之时，不可躁动。
六二	坚持退遁的策略，不要轻易改变。	九二	强盛之时，守持正固，可获吉祥。
九三	该退则退，不要心怀系念。	九三	切莫利用壮大，逞强任性。
九四	心有所系，断然退避，小人则否。	九四	强盛而持正，可以进取，不能退缩。
九五	处世得体，及时退避，值得赞美。	六五	强盛之时，柔以刚济，亦可无悔。
上九	高飞远去是退避的最佳境界。	上六	进退两难时，应考虑周详，坚持忍耐。

续表

晋卦	论以德进升	明夷卦	论用晦之道
初六	升进受挫，守持正固，宽以待人。	初九	明夷之初，义无反顾离去，明哲保身。
六二	升进坎坷，守持正固，化险为夷。	六二	君子伤于小人，外柔内刚，可获吉祥。
六三	升进之时，取信于众，才能成功。	九三	明夷之时可有所作为，不可操之过急。
九四	升进之时，守正以防小人阻挡。	六四	了解黑暗内慕，当机立断，出门远遁。
六五	升进时勇往直前，莫患得患失。	六五	深陷黑暗，身罹内难，也应守持正固。
上九	升进至极，须自我克制。	上六	伤害光明的人必自伤。
家人卦	论治家之道	睽卦	论化分为合
初九	立定规矩，防恶于未萌	初九	正邪之间，亦可异中求合。
六二	女子主管家中饮食之事。	九二	以权宜之法，化分为合。
九三	治家宜严不宜宽。	六三	暂时的障碍，不能阻挡最终的遇合。
六四	顺从丈夫，殷富其家。	九四	孤立无援时，应与处境相同者联合。
九五	家齐而后国治。	六五	同心同德，能克服困难而无咎。
上九	治家威信，自从反身修己中来。	上九	分离孤独中，易生猜疑，应注意化解。
蹇卦	论匡济险难	解卦	论清除小人
初六	势弱力柔，见险知止，静待时机。	初六	患难初解，平安无事。
六二	为义赴险济难，不论成败，无咎。	九二	消除险难，须把握中庸、中正原则。
九三	情势蹇难，往则入险，返则得所。	六三	维护安定，切莫忽视小人窃位的隐患。
六四	蹇难之时，联合同志，壮大力量。	九四	小人不去，朋友不来，才能得到信任。
九五	大难当头，广结盟友，共渡难关。	六五	君子消解险难，可影响小人改邪归正。
上六	共渡大难后，将收获丰硕。	上六	对邪恶小人，应采取断然措施。
损卦	论失与得	益卦	论得与失
初九	应损则损，但必须量力适度。	初九	获益图报，大有作为。
九二	不损而益，当灵活运用不可拘泥。	六二	道德中正，虚怀若谷，可得帮助。
六三	减损欲念，要调和一致。	六三	开仓济民，益之当益。
六四	以损增益，行动必须迅速。	六四	反应上级，以实际行动来益下。
六五	以损增益，必须得大多数人支持。	九五	益人者自受益。
上九	应损则损，应益则益，大得民心。	上九	自益者反受损。
夬卦	论果决除奸	姤卦	论遇合之道
初九	没有把握，应慎始，不可妄动。	初六	遇合之道须专一，否则有凶。
九二	有备则能无患。	九二	遇合时非义莫取，严守正道。
九三	忍辱负重，果决除奸。	九三	犹豫不决的遇合，知危而改，无咎。
九四	行动果决，察纳善言，将无悔恨。	九四	不与民遇合，有凶险。
九五	清除小人，要坚决彻底。	九五	内含美德，屈己求贤，必有理想遇合。
上六	小人可得势于一时，终将被除去。	上九	与世无争，虽无人遇合，但无咎害。

续表

萃卦	论团结聚合	升卦	论顺势而升
初六	会聚之时，心怀诚信，专一不乱。	初六	升进之时，追随志同道合前辈，大吉。
六二	诚信可以促成团结聚合。	九二	以至诚之心，求升于上，将被任用。
六三	远交同道朋友，完成全面聚合。	九三	升进之时，应勇往直前，无所疑虑。
九四	会聚之时，不可擅自充当领袖。	六四	顺从正当途径升进者，吉祥，无过错。
九五	会聚之时，领导者应以德服人。	六五	善用贤者之有力辅助，可顺利升进。
上六	聚合无门，应自我反省。	上六	升至极点，守成为宜。
困卦	论处困之道	井卦	论井德之美
初六	柔弱之躯，陷入困境，不能自拔。	初六	德之不修，人禽共弃。
九二	处困之时，君子要安贫乐道。	九二	寡德无助，难以成功。
六三	处困失道，必有凶险。	九三	举贤授能，让人才发挥，为当务之急。
九四	脱困时，审慎行动，勿操之过急。	六四	修养品德，无咎可言。
九五	处困应树立必胜信念，寻求解脱。	九五	井德养人无穷，为至德之美。
上六	穷困之至，悔改前进，可获亨通。	上六	广施井养之德，大吉。
革卦	论变革之道	鼎卦	论去故取新
初九	变革之初，不要轻举妄动。	初六	旧的不去，新的不来。
六二	抓住时机，革故除弊。	九二	破旧立新，要端正己位，慎行不偏。
九三	变革不能急于求成。	九三	破旧立新，要讲究方法，遵循规则。
九四	变革要充满信心。	九四	破旧立新，不胜其任，必有灾难及身。
九五	推行变革要大刀阔斧。	六五	破旧立新时，利于持守中道。
上六	变革后，要洗面革心，巩固成果。	上九	破旧立新时，刚柔相济，大吉。
震卦	论化危为安	艮卦	论自我控制
初九	行事成功，必具涵养。	初六	抑止于行动未开始之前，不会失当。
六二	以退为进，将失而复得。	六二	应止不止，受制于人，其心不快。
六三	谨慎前行，可以避灾免祸。	九三	抑止不当，将有危险。
九四	发挥刚毅，才能经得起震撼。	六四	自我约束，适可而止。
六五	既要小心谨慎，又要积极进取。	六五	言语也应当适可而止。
上六	要防患于未然。	上九	止于至善，善始善终。
渐卦	论循序渐进	归妹卦	论嫁娶之道
初六	量力渐进，没有咎害。	初九	安于其份，自善其身，吉祥。
六二	渐进应稳健踏实。	九二	不改节操，洁身自爱者，有利。
九三	渐进有度，躁进必失。	六三	名份不正的，不要有非分之想。
六四	渐进时，谦卑待人，不会有灾难。	九四	选择对象，守静待时，不急于求成。
九五	渐进时，克服阻力，将如愿以偿。	六五	尊贵而能谦，美盛而不盈，吉祥。
上九	超然物外，即可进退由心。	上六	缺乏品德，结果将不会圆满。

续表

丰卦	论强盛不衰	旅卦	论行旅之道
初九	丰大应积极追求，但应适度。	初六	羁旅在外，吝啬小气，会招来灾难。
六二	追求丰大，应以诚信启发意志。	六二	旅费充足，柔顺中正，会得忠仆之助。
九三	因丰大而迷失，屈己自守，无咎。	九三	羁旅在外，高傲待下，将失仆寡助。
九四	因丰大而迷失，携手共济，吉祥。	九四	羁旅不能因得人帮助而忘记理想。
六五	追求丰大，必须用贤。	六五	羁旅在外，切勿因小而失大。
上六	自高自大，与世隔绝，自致其凶。	上九	羁旅在外，倔强傲慢，将无处安身。
巽卦	论以屈求伸	兑卦	论和悦相处
初六	谦逊并非优柔寡断。	初九	与人和悦，光明正大，不会有疑惑。
九二	虔诚中正的谦逊，吉祥。	九二	和悦相处，应有诚信之德。
九三	表面的谦逊，无济于事。	六三	谄媚求悦，必有凶险。
六四	谦逊进取，可以建功。	九四	拒绝诱惑，将有喜庆。
九五	前叮咛、后检讨的谦逊，吉祥。	九五	勿受小人巧言令色所迷惑。
上九	卑躬屈节的谦逊，不可取。	上六	居心不良，以悦诱人的人，应加防备。
涣卦	论拯济涣散	节卦	论节制之道
初六	涣散之初，借用外力，及早拯救。	初九	慎言慎行，知所节止。
九二	涣散成形，另辟蹊径，以求聚亨。	九二	当动之时，不应保守。
六三	忘身无私，可致无悔。	六三	不能节制，嗟叹悔改，可免咎害。
六四	涣释朋党，解除割据，统合一致。	六四	柔顺尊上，万事亨通。
九五	拯涣致聚，要有正确的领导核心。	九五	适当的节制，吉祥。
上九	涣散至极，刚柔并济，远离伤害。	上六	过份节制，固执则凶，改变则无悔。
中孚卦	论诚信之德	小过卦	论小有过越
初九	既可信而信之，莫怀二心。	初六	不当过越而过之，自取其害。
九二	心意诚信，远也能应。	六二	适当过越，不致凶咎。
六三	无诚之人，言行无常。	九三	稍有过越的防备，不遭戕害。
六四	诚信必须专一。	九四	刚不过越，守柔以往，无咎。
九五	以诚信牵系天下人心。	六五	小有过越之时，不应大有作为。
上九	虚声远闻，诚信不实，凶。	上六	过于亢极，咎由自取
既济卦	论慎终如始	未济卦	论变易无穷
初九	谨慎守成，可以无咎。	初六	冒险躁进，终有吝惜。
六二	坚守柔中，可稳定局势。	九二	审慎而行，可获吉祥。
九三	胜利不易，勿用小人。	六三	失位处险，不可妄动。
六四	居安思危，警惕防患。	九四	坚持不懈，可获成功。
九五	处盛切忌骄奢，诚信可受福泽。	六五	未济达于既济，君子获信赖、得殊荣。
上六	成功后应以无法长久守住成功为戒。	上九	既济复又未济，终而复始，变易无穷。

以上是对六十四卦人生哲理与谋略的简单归纳，《周易·系辞下传》说："苟非其人，道不虚行。"一切就端赖深知易道、能履行易道的管理者的灵活运用。

（五）吉凶生大业

吉凶是周易卦爻辞的价值判断，包括吉、凶、悔、吝、无咎等。一就卦爻本身言，一就君子的行动言。

1. 六十四卦及本身爻位的吉凶

六十四卦每卦六个爻，二分法可分成上下或称内外二卦。一如上有老板，下有员工。三分法：五爻、上爻为天；三爻、四爻为人；初爻二爻为地，象征三才，又如公司上层、中层、基层三大单位。因为"易逆数也"，所以一卦六爻，自下而上、由内而外递进，合乎管理的基本程序。管理中一切数据、决策、信息、沟通等，皆是由下而上，由内而外，从基层反映到上层。在管理中，高层、中层、基层各居天、人、地三才爻位。中层（人位）为第一线管理者，地位十分重要，其管理职能完善与否，关乎管理全局。一如人为万物之灵，处天地之中，得天地形气之中正，有责任，有义务，参与赞助天地之化育，让天地位焉，万物育焉。"苟非其人，道不虚行"即是在强调第一线管理者的重要。

六爻的"爻位"与吉凶有关，卦的吉凶与"时"有关。下分"中""得位""应""比、乘、承""时"五点，依次说明。

（1）中：凡二爻、五爻称中，二为下卦之中，五为上卦之中。"中"是不偏不倚、无过无不及、恰到好处之谓。管理达到恰到好处的地步，当然吉无不利了。

（2）得位：凡阳爻居阳位，阴爻居阴位，谓之得位。得位多吉，反之多凶。让人才适得其位，充分发挥所长，企业将蓬勃发展。

（3）应：凡一、四爻；二、五爻；三、上爻，阴阳互异，异性相吸，谓之应。同为阴或同为阳，同性相斥，谓之失应。应多吉，失应多凶。能管理到让相关单位的上级与下级彼此相应，调和一致，又有何凶咎之可言呢？

（4）比、乘、承：紧临的两爻曰比，体现乘、承的关系。阴爻在阳爻之上，谓之乘刚；阴爻在阳爻之下，谓之承阳。乘刚多凶，承阳多吉。下级凌驾在上级之上的乘刚，不听指挥，当然是凶险的。反之，下级接受上级指挥的承阳，服从命令，吉利自不待言。

（5）时：六十四卦表示六十四个时态，如泰卦象征通泰之时；讼卦象征争讼之时；等等，每卦的六个爻都由该卦时所统摄，不可离开该卦而做漫无边际的理解与发挥。六十四卦共三百八十四爻，是指在三百八十四种人生处境中可能发生的情况。[①] 若因为爻位相似而吉凶有别的，大抵多是由于卦时（即大环境）不同的关系所引起。

2. 君子行事效法易理以趋吉避凶

圣人作易，卦爻辞的吉凶大抵循卦时、爻位的吉凶而系。君子学易，其居处行动的吉凶则取决于能否效法卦爻辞，所以《周易·系辞上传》说："圣人设卦观象，系辞焉而明吉凶，刚柔相推而生变化。……是故君子所居而安者，易之序也；所乐而玩者，爻之辞也。是故君子居则观其象而玩其辞，动则观其变而完其占，是以自天祐之，吉无不利。"

（1）吉、凶、悔、吝、无咎的界定。

《周易·系辞上传》说："吉凶者，失得之象也。悔吝者，忧虞之象也。"又说："吉凶者，言乎其失得也。悔吝者，言乎其小疵也。无咎者，善补过也。"

朱熹对悔吝二字的注解是："悔自凶来而趋于吉，吝自吉来而趋于凶。"意即：凶若忏悔忧虑则转向吉，吉若安逸放纵则转为凶。悔吝介于吉凶之间，吉凶是大得大失；悔吝是小过失小毛病。

（2）吉、凶、悔、吝、无咎产生的原因。

《周易·系辞上传》说："忧悔吝者存乎介，震无咎者存乎悔，辨吉凶者存乎辞。"

意即：忧虑遭受悔吝的小毛病，必须要注意一些小细节。有所行动而能获致无咎的，在于人内心的悔悟。辨别吉凶得失，在于言辞是否得体适当。

所以《系辞下传》说："吉凶悔吝者，生乎动者也。"吉凶悔吝，完全是由人的行动作为所产生。注意平常被忽略的细节，有错及时悔悟更正，言论谨慎，不乱放厥词，是趋吉避凶的最佳保证。

（3）爻位吉凶悔吝与上下层级的互动关系。

《周易·系辞下传》又说："变动以利言，吉凶以情迁，是故爱恶相攻而吉凶生，远近相取而悔吝生，情伪相感而利害生。"

意即：刚柔二爻的变动，是以"利"或"不利"来表达的，卦爻辞中或吉或凶的判断，是根据刚柔二爻爻位的实际情况而推移不定的。所以刚柔二

---

① 王弼《周易略例》："夫卦者，时也；爻者，适时之变者也。"见《周易王韩注》，台北大安出版社，1999，第257页。

爻的相摩相荡，阳遇阴、阴遇阳，呈应的关系叫作相爱。阳遇阳、阴遇阴，呈不应的关系叫作相恶。相爱则吉，相恶则凶，因此吉凶便产生了。刚柔二爻在上下卦爻位间所产生的应与不应的关系叫作远。在每爻上下之间所产生的比与不比的关系叫作近。当应当比而不成应比（是刚柔相求而不求）则产生悔辞；不应不比反而去应去比（是刚柔不相求而有求）则产生吝辞，因此悔吝便产生了。刚柔二爻在爻位间守正而应，是真实的感应；失正而应是虚假的感应。真实感应则生利，虚假感应则生害，因此利害便产生了。

此段由爻位间的变动关系，判断相爱相应的真实虚假，可产生利害关系。衡诸企业亦然，上下阶层真实的相感相应则生利，反之则生害，上下和同一致，彼此真诚以对，则将有利而全无一害了。

（4）由爻位、上下阶层的互动关系类推到知人、用人。

而基于上述真实虚假，相感相应的道理，《周易·系辞下传》又说："将叛者其辞惭，中心疑者其辞枝，吉人之辞寡，躁人之辞多，诬善之人其辞游，失其守者其辞屈。"我们可以类推得知：凡是内心充满疑惑的人，他的言辞一定支支吾吾，模棱两可。凡是有修养的大吉之人，他的言辞一定少而精粹。凡是轻浮急躁的人，他的言辞一定多而无当。凡是诬毁善良的人，他的言辞一定游移不定。凡是有亏于职守的人，他的言辞一定理不直、气不壮。

如此由爻位连及上下阶层的互动关系而推知人之贤否，以"诚"字为要，进而审慎地用人。管理艺术的高低在于对人的把握程度，里外如一，真心地投入工作的人，确实也是当今企业所拣选倚重的人才。

（5）守正、变通与功业的完成。

《周易·系辞下传》又说："刚柔者，立本者也。变通者，趋时者也。吉凶者，贞胜者也。"又说："爻象动乎内，吉凶见乎外，功业见乎变，圣人之情见乎辞。"

意即：刚柔（即阴阳）二爻是设卦立象的根本。阴阳刚柔的变化会通，是要我们的行动趋向于时宜。吉凶（悔吝的）判断，是告诉我们守正就能稳操胜算。因为在筮卦之时，爻和象在内变动不定；筮卦之后，筮得的卦爻才显示在外，才确定是吉是凶。一切功业便表现在你是否能根据爻象的变化，而应变求通。因为圣人的心志，都表现在供你抉择取舍、趋吉避凶的卦爻辞上了。

立本、守正、变通、趋时，是功业完成的重要因素。《系辞下传》说："易之为书也，不可远。为道也屡迁，变动不居，周流六虚，上下无常，刚柔相易，不可为典要，唯变所适。"唯变所适就是随机应变，也就是艮卦象传所谓的“时止则止，时行则行，动静不失其时，其道光明”的意思。也是《系辞下传》所说的“穷则变，变则通，通则久”、“君子见几而作，不俟终日”的意思。随机应变，贵在“知几”，《系辞下传》曰：“知几其神乎!”“知几”就是知道事情还没发生之前的细微征兆，亦即具先见之明。周易是一部谈变化的书，“生生之谓易”，生生不息的变化不已也就是易。

商场如战场，诡诈多变，具备先见之明且能够当机立断：产品的推出，先人一步；决策的拟定，快人一着，则企业将立于不败之地。所以将卦爻位、卦爻辞的吉凶悔吝运用到企业上来，立定根基，谨守正道，变通以趋时，趋吉以避凶，知几而作，当机立断，则无往而不利，那么开物成务、永续发展、生生不息的伟大事业，将可在深知易道而且能够笃行易道，运用自如，知所变通的企业管理者身上，获致实现。

四　河图为体、洛书为用

上节所引“易有太极，是生两仪，两仪生四象，四象生八卦”四句，南宋朱熹《易学启蒙》解释说：“太极者，……在河图洛书，皆虚中之象也。”“两仪，其数则阳一而阴二，在河图洛书中则奇偶是也。”“四象，其位则太阳一；少阴二；少阳三；太阴四。其数则太阳九；少阴八；少阳七；太阴六。以河图言之，则六者，一而得于五者也；七者，二而得于五者也；八者，三而得于五者也；九者，四而得于五者也。以洛书言之，则九者，十分一之余也；八者，十分二之余也；七者，十分三之余也；六者，十分四之余也。”又解释八卦说：“其位则乾一、兑二、离三、震四、巽五、坎六、艮七、坤八。在河图，则乾坤离坎分居四实，兑震巽艮分居四虚。在洛书，则乾坤离坎分居四方，兑震巽艮分居四隅。”[①] 太极、两仪、四象、八卦与河图、洛书关系若此，此节专就宋代河图、洛书续作说明。

西汉孔安国以“八卦为河图，九畴为洛书”，刘歆称“河图、洛书相为经纬，八卦、九章相为表里”，“洪范九畴”被配上明堂、九宫，经东汉、魏、晋、六朝、唐代的酝酿，在宋代尚书学、图书易学的推波助澜下，大放异彩。形成“戴九履一，左三右七，二四为肩，六八为足”以黑点、白点组合成呈右转五行相克、纵横交错皆十五的洛书，与“天一生水，地六成之；地二生火，天七成之；天三生木，地八成之；地四生金，天九成之；天五生

① 李光地：《周易折中》十九卷《启蒙·上》，巴蜀书社，1998，第1066~1069页。

土，地十成之”以黑点、白点组合成呈左旋五行相生、四方为实、四隅为虚的河图。河图为体，黑、白点五十有五；洛书为用，黑、白点四十有五。

（一）五行相克的洛书

洛书与《大戴礼记》明堂有关，《大戴礼记》明堂仅列数字，将偶数化作黑点、奇数化作白点、以成图，就是洛书。

《大戴礼记·明堂》：“明堂者，古有之也。凡有九室。二九四，七五三，六一八。”列明堂九室图于下左。

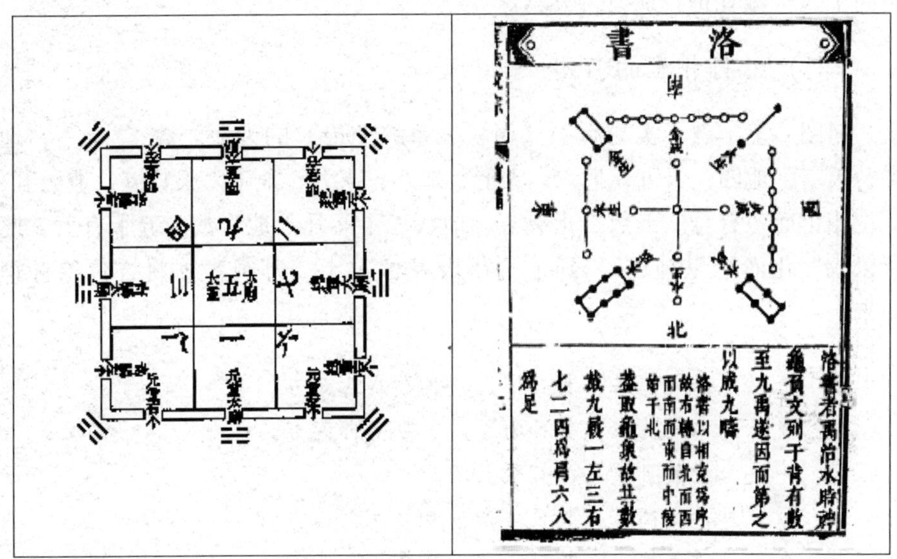

北宋时被画作白点、黑点的洛书，实即古算法的九宫数，纵横交叉之和均得十五。《易纬·乾凿度》所记载的“太一取其数以行九宫，四正四维皆合于十五。”郑玄注并配上后天八卦，[①] 即是如此。举《算法统宗》所附洛书及说明如上右。

《洪范·九畴》第一畴“五行”，将水、火、木、金、土配上一、二、

① 《易纬·乾凿度》卷下“太一取其数以行九宫，四正四维皆合于十五。”郑注：“太乙下行八卦之宫，每四乃还于中央。中央者，北辰之所居，故因谓之九宫。天数大分，以阳出，以阴入。阳起于子，阴起于午，是以太一行九宫从坎宫始。坎中男，始亦言无适也。自此而从于坤宫，坤母也，又自此而从震宫。震长男也，又自此而巽宫。巽长女也，所行者半矣，还息于中央之宫。既又自此而从乾宫。乾父也，自此而从兑宫。兑少女也，又自此从于艮宫。艮少男也，又自此从于离宫。离中女也，行则周矣。上游息于太一天一之宫，而反于紫宫。行从坎宫始，终于离宫。”见《易纬八种》，台北鼎文书局，第488页。

三、四、五，此一位次，称为五行生数。各加五而成六、七、八、九、十称为五行成数。故一、六合为水，二、七合为火，三、八合为木，四、九合为金，五、十合为土，谓之五行生成数。洛书奇数居四正，偶数居四隅，一六水克七二火，七二火克九四金，九四金克三八木，三八木克中五土，中五土克一六水，一六水再克七二火。相克依逆时针方向循环右转，表示事物之间的制约和克制作用。

奇数配上四正卦：坎北、离南、震东、兑西；偶数配上四隅卦：艮东北、巽东南、坤西南、乾西北，即宋儒所谓后天八卦。洛书与后天八卦紧密结合则同于《大戴礼记》明堂与九宫。

（二）五行相生的河图

河图一至十点，实受启于《周易·系辞上传》的天地之数："天一，地二，天三，地四，天五，地六，天七，地八，天九，地十。天数五，地数五，五位相得而各有合。天数二十有五，地数三十。凡天地之数，五十有五，此所以成变化而行鬼神也。"到了《吕氏春秋·十二月纪》才将方位给标识出来。

> 春三月，其德木，其日甲乙，其数八，东方。
> 夏三月，其德火，其日丙丁，其数七，南方。
> 中央土，其日戊己，其数五。
> 秋三月，其德金，其日庚辛，其数九，西方。
> 冬三月，其德水，其日壬癸，其数六，北方。

上引文虽仅出现"八、七、五、九、六"五个数字，但若配上生数或成数，十个数字配东南中西北五方就成形了，恰好是顺着春、夏、夏秋之间、秋、冬四时，呈木、火、土、金、水五行相生次序。

郑玄说得更具体，《礼记·月令》正义引其注解《周易·系辞传》说："天一生水于北，地二生火于南，天三生木于东，地四生金于西，天五生土于中。阳无偶，阴无配，未得相成。地六成水于北，与天一并。天七成火于南，与地二并。地八成木于东，与天三并。天九成金于西，与地四并。地十成土于中，与天五并也。"[①] 这里为五行生成数加上方位，实际已具备成图条件，如下图左。

---

① 《礼记正义》，台北新文丰出版公司，1978，第283页。

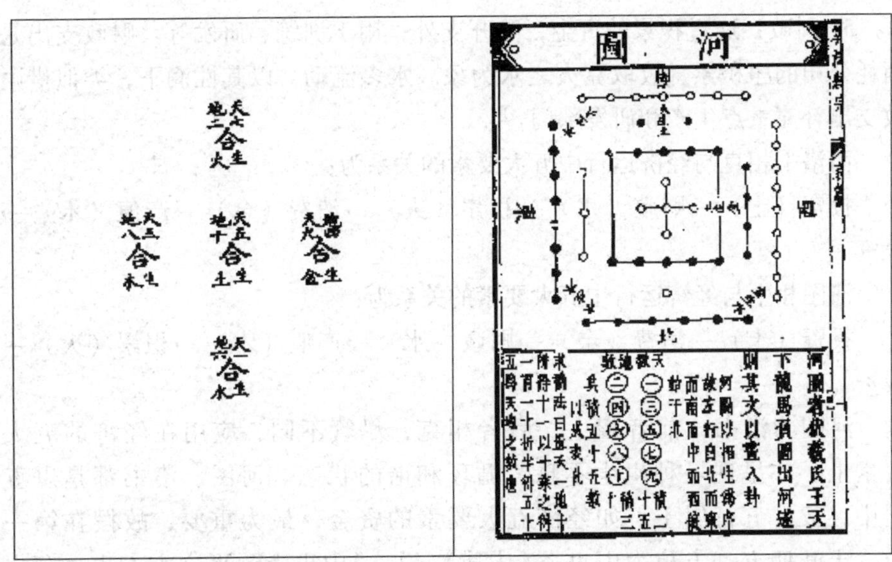

将上左图的偶数化作黑点、奇数化作白点，就是北宋出现的河图，举《算法统宗》所附河图及说明，如上图右。

图中生数居内，成数居外。一六水生三八木，三八木生二七火，二七火生中五十土，五十土生四九金，四九金生一六水，一六水再生三八木。相生依顺时钟方向循环左转，表示事物之间的促进和增长的作用，与洛书五行相克运行方向相反。

（三）河洛五行生克与经济的五大要素的对应关系

庞钰龙先生在《谈古论今说周易》一书中将经济运行中的五大要素：投资、产值、消费、积累、财政与五行：土、木、金、火、水相对应，以相生相克说明五者相互循环的关系。

1. 投资：投资将资金固化为资本（购置设备、厂房等），而资本是整个公司的基础，所以取象土，意为坤，是生育万物之母，且有不动之象。

2. 产值：产值直接消耗投资，故取象为木，克土之意。因木具有生命活力，生发向上。

3. 消费：用货币购买的商品，直接损耗产值，故取克木之金为象，因金有收杀、毁折之意。

4. 积累：通过储备、储蓄、债券、股票等方式，将资金积累起来，用于投资，或备它用。积累增多，消费自然减少，故取克金之火为象。火性多变，强弱难控。

5. 财政：通过积累的资金，除开支外，用于训练、研发等。财政支出是消耗公司的净积累，故取克火之水为象。水多流动，以其性润下，类似借财政支出补充重点生产和研发部门。①

而洛书相克与经济运行中五大要素的关系为：

投资（土）→财政（水）→积累（火）→消费（金）→产值（木）→投资

河图相生与经济运行中五大要素的关系为：

投资（土）→消费（金）→财政（水）→产值（木）→积累（火）→投资

河图与洛书，前者相生，后者相克，尽管不同，应用在经济的五大要素上，亦呈现一种生生不息、循环和谐的状态。河图、洛书都是以五居中，五，五行属土，如经济五大要素的资金，最为重要，故摆在第一位。土旺四方，方位为中央。《中庸》说："中也者天下之大本也，和也者天下之达道也。致中和，天地位焉，万物生焉。"汉代刘歆说："二五居中，相应为和，故易尚中和。"扬雄说："中和莫尚于五""立政鼓众，莫尚于中和"，清代惠栋进一步说"六经皆尚中和""君道尚中和""治国尚中和"。河图、洛书着实体现了中国传统典型的"中和文化"，而企业如君道、如治国，能借着五行的生克，管理到"致中和"的境界，运转和谐顺畅，资金源源不绝，让"人才位焉""大业生焉"，则是此一崇高理想的彻底实践。

（四）河图、洛书与周易太极、洪范皇极的中道管理

河图、洛书皆以五居中，而五圈又归根于中间一圈，列"河洛中五图"于下以利说明。

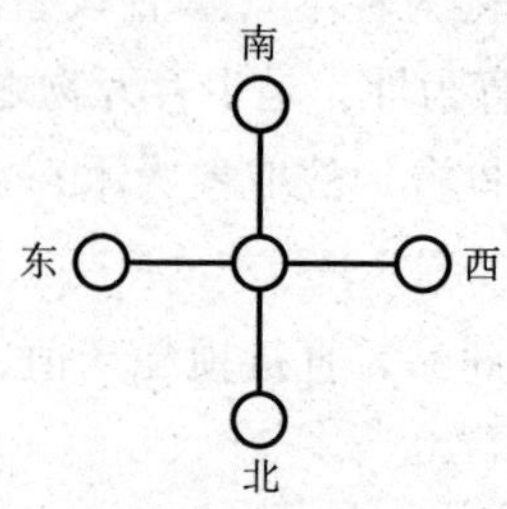

---

① 庞钰龙：《谈古论今说周易》，第249~250页。

上图五圈依五行生数次序，按北、南、东、西、中而排列。天一生水，故第一圈居北；地二生火，故第二圈居南，天三生木，故第三圈居东；地四生金，故第四圈居西；天五生土，故第五圈居中。中间的一圈为第五位，其实是由内而外的第一位，所以最终的第五与最初的第一就在此中间的一圈。以中间的一圈言之，一就是太极。太极生两仪，即东南二圈，属阳；西北二圈，属阴。两仪生四象，即东一圈为少阳，南一圈为老阳，西一圈为少阴，北一圈为老阴。此五圈的“太极生两仪，两仪生四象”已具备产生八卦乃至六十四卦的雏形。一加五得六，二加五得七，三加五得八，四加五得九，五加五得十。有此生数则可推衍成数，故无论生数、成数都统于一。统于一，也可说是统于五。统于一，此一就是周易的太极。统于五，此五则是洪范“五曰建用皇极”的五。易之太极与洪范的皇极在河洛中五图中找到了联贯，都位在中间，居统畴的地位。所以邵雍《皇极经世·观物外篇》说：“先天图者，环中也。”“图皆从中起，万事万化生于心也。”“图虽无文，吾终日言而未尝离乎是。盖天地万物之理，尽在其中矣。”“先天之学，心法也。”①

人为万物之灵，得天地形气之正，位在天地之正中，如太极之虚中，如皇极的处中，又如三画卦的中间人爻，如六画卦的中间三、四两爻，皆谓之中。《周易·系辞下传》说：“易之为书也，广大悉备，有天道焉，有人道焉，有地道焉。兼三才而两之，故六。六者非它，三才之道也。”《周易·说卦传》也说：“昔者圣人之作易也，将以顺性命之理，是以立天之道曰阴与阳，立地之道曰柔与刚，立人之道曰仁与义。兼三才而两之，故易六画而成卦。”天之阴阳就气言，地之刚柔就形言，人之仁义就德言。企业管理从管人开始，管人就是管心，管人从正心诚意以修身的管理自己开始，进而管理他人、管理众多事物，也都必须秉持着这个仁义。从天地所赋予、人人所具备的与生俱来的仁义之善性，由内而外，推拓出去，亲亲而仁民，仁民而爱物，来弘扬天道，就可使天地位焉，万物育焉，而与天地参，这就是儒家天人合一的理想。因此，由心之中正，充内形外，统领一切，以简御繁，通达无碍，这种敬德、重德、明德的管理，也就是河图、洛书、太极、皇极的中道管理。

又六画卦第二爻为下卦之中，第五爻为上卦之中，亦称为中，《周易·系辞下传》说：“二多誉，四多惧，三多凶，五多功”，二、五爻是一卦居中最佳的爻位。企业管理不但管人也管心，管理到不偏不倚无过而无不及的中

① 邵雍：《皇极经世书·观物外篇上》，学林出版社，2003，第919页。

庸最佳状态，也是以仁义为出发点的。所以宋儒邵雍的观物诗：“一物其来有一身，一身还有一乾坤。能知万物备于我，肯把三才别立根。天向一中分体用，人于心上起经纶。天人焉有两般义，道不虚行只在人。”可以说道尽了以人心为主体，经纶万事万物，“苟非其人，道不虚行”的中国传统管理的个中三昧。

五　结论：燮理阴阳，于穆不已

宋代的尚书学将先秦的《洪范九畴》配上九宫与《大戴礼记》的明堂，和黑点白点的洛书结合，让“戴九履一，左三右七，二四为肩，六八为足”呈纵横交叉相加皆为十五的平衡和谐状态，如下图：

四. 五纪	九. 五六福极	二. 五事
三. 八政	五. 皇极	七. 稽疑
八. 庶征	一. 五行	六. 三德

这是宋儒解释汉儒所谓的“圣人法洛书而作九畴”。南宋数学家杨辉将此图称之为纵横图，日本谓之方阵，西洋则称之为三阶幻方。

而汉儒所谓的“圣人则河图而画八卦”其义安在？清代江永《河洛精蕴》载有“圣人则河图画卦图”，并说明其理。

此图下半部：太极生阴阳两仪，阴阳两仪生“一太阳、二少阴、三少阳、四太阴”四象，四象生“乾九、兑四、离三、震八、巽二、坎七、艮六、坤一”八卦，八卦之所以如此配数，是根据先天八卦配上洛书数而得。以此先天八卦配数为准，则上半部河图九个白点为乾，四个黑点为兑，三个白点为离，八个黑点为震，两个黑点为巽，七个白点为坎，六个黑点为艮，一个白点为坤。河图中间五个白点减右边兑四个黑点为一是为太阳；减左边离三个白点为二是为少阴；减上边巽二个黑点为三是为少阳；减下边坤一个白点为四是为太阴。再以围绕中间五个白点的十个黑点减右外方乾的九个白点为一，与五个白点减兑四个黑点同为一，所以说“九四之中有一为太阳”；

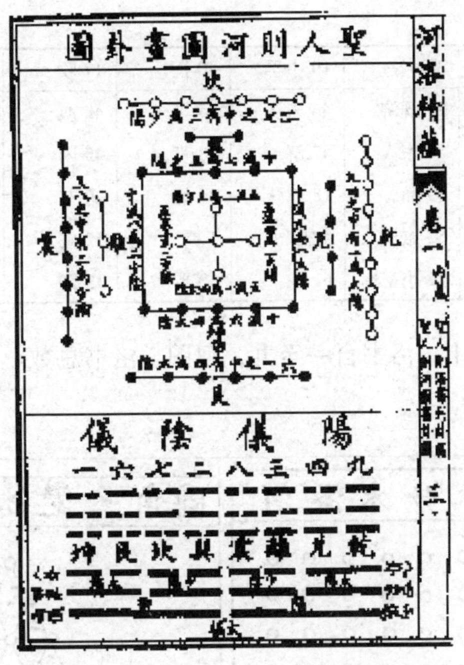

以十个黑点减左外方震的八个黑点为二，与五个白点减离三个白点同为二，所以说“三八之中有二为少阴”；十个黑点减最上方坎的七个白点为三，与五个白点减巽两个黑点同为三，所以说“二七之中有三为少阳”；十个黑点减最下方艮的六个黑点为四，与五个白点减坤一个黑点同为四，所以说“六一之中有四为太阴”。这就是“圣人则河图而画八卦”的理论根据，此八卦即先天八卦。而洛书寄寓在河图里，后天八卦也随着寄寓在先天八卦里。河图为体，洛书为用，可从此图说明看出端倪。

元代李简《学易记》卷首“图说”中的“先天衍河图万物之数图”① 更将三阶幻方的洛书九畴推衍到八阶幻方的六十四卦。其法：先立先天八纯卦：乾 1、兑 2、离 3、震 4、巽 5、坎 6、艮 7、坤 8 次序（联机呈八边形），后依先天六十四卦圆图由左半圈至右半圈次序，排入六十四格内，让纵横交错的各方其和也皆呈二百六十的平衡和谐状态。

23 同人	34 屯	9 夬	64 剥	57 谦	16 履	35 颐	22 临
42 蛊	31 随	56 蹇	1 乾	8 坤	49 蒙	30 无妄	43 升

① 见《四库全书荟要》第十册，台北世界书局，第 17 ~ 18 页。又李简主“河九图十”说，此“先天衍河图万物之数图”以今之“图九河十”说言之，即“先天衍洛书万物之数图”。

续表

10 大有	63 比	38 大过	19 中孚	40 恒	17 睽	58 否	15 泰
55 渐	2 兑	27 既济	46 未济	25 丰	48 涣	7 艮	50 师
54 小过	3 离	26 家人	47 解	28 贲	45 困	6 坎	51 遯
11 大壮	62 观	39 鼎	18 归妹	37 姤	20 节	59 萃	14 大畜
29 明夷	44 讼	53 旅	4 震	5 巽	52 咸	41 井	32 噬嗑
36 复	21 损	12 小畜	61 豫	60 晋	13 需	24 革	23 益

而河图自一至十，洛书自一至九，河图、洛书总数一百，当其未分、未变之时，如下二图：

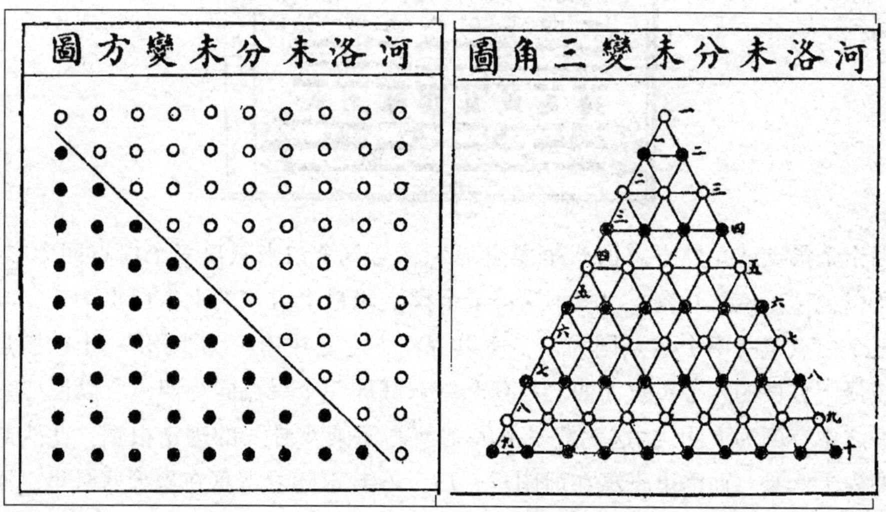

上左方图左斜半边白点四十五，右斜半边黑点五十五，阴下阳上，左右排列，合黑点、白点两个三角形为一四方形，总数一百，《周易启蒙附论》谓之“天地之全数”。[①] 上右三角图由一至十，自上而下，阳阴相间排列，白点二十五，黑点三十，总数五十五，《周易·系辞传》谓之“天地之数”。河图自一至十，故主全；洛书自一至九，故主变，因九是变化之极，过此则复变为一。故河图五十五点、洛书四十五点，各取自天地之数的三角图，即河洛未分未变三角图。前者成方图右上五十五白点之三角形；后者成方图左下四十五点之三角形。两者合一，共成“天地之全数”一百点的方图，亦即河洛未分未变方图。故就数而言，推溯河图、洛书未分未变之起始，先以三角

① 李光地：《周易折中·启蒙附论》，第1181页。

图天地之数为根基，次以方图天地之全数为合体，后乃分而为呈五行相生之河图与五行相克之洛书。从三角图言之，自上而下，阳奇阴偶，稳重踏实；自方图言之，亦左右照应，中正不偏。而以相生的河图为体，以相克的洛书为用，体用合一，百数齐全，十全十美，则在人如何从《周易》及《尚书·洪范》中汲取智慧去灵活地运用了。

总此以观，河图、洛书将“数”由单纯的计量功能，提升到天地之数、河洛之数的理念功能。进而至满分一百，十全十美的圆满呈现，与初始天帝赐禹《洪范》九畴的“天启、神授”完美一致。这套源远流长的中国传统管理体系，理论完成于宋代的河图、洛书，是图书易学素朴的一部分。河图为体，洛书为用，由八卦推衍到六十四卦，将洪范的外在形式管理模式寄寓在以生生之德为本质的易经六十四卦为内在主体的原则之上，以本质指导形式。形式可因时因地制宜而改变，如“天、地、春、夏、秋、冬”六官，可以改变为“吏、户、礼、兵、刑、工”六部等，但它奠基在仁义道德之上生生不息的本质却是“放诸四海而皆准，俟诸百世圣人而不惑”永远不能改变的。这一套德贯天人，体用合一，十全十美的象数哲理思维体系，如何从中去汲取经验与智慧，落实在现代企业的管理之上，以燮理阴阳：在和谐中求稳定；于穆不已：在稳定中求永续发展，理应被重视。而此天人合一，兼顾情、理、法的人性化管理，的确有别于西方的管理方式。称之为中国传统管理的终极理想，殆亦不为过了。

作者单位：台湾成功大学

北京故宫建筑的易学理念（上）

韩增禄

摘　要： 中国易学主张贵中、贵正、贵和，中国建筑讲究尊卑分明、内外有别、长幼有序。这些建筑易学的文化理念，在北京故宫即明、清时期的紫禁城建筑中，体现得尤为淋漓尽致。解读北京故宫建筑的易学理念及其匾额文化中所蕴含的治国方略，对我国当代建筑的健康发展和古建筑保护意识的升华，乃至中国社会的振兴与发展等方面的古为今用、继往开来，都具有积极的现实意义和历史意义。

关键词： 易学理念　阴阳方位　中国建筑　北京故宫　中轴线　主轴线

前　言

易学是中国文化各个领域的核心与灵魂，也是中国建筑文化的核心与灵魂。“风水”一词，最早出自《黄帝内经》，指的是浮肿病。所谓“肾肝并沉为石水，并浮为风水”①。在相传由晋代郭璞署名的《葬经》（又名《葬书》）中，与天文、地理、建筑相关的“风水”一词，与现代意义上的“环境”相通，是关于生存环境的综合性学问，是中国古代的环境学。在中国汉语辞源中，“环境”的原意是“环绕全境”“今指周围的自然条件与社会条件”②。

在中国建筑中，崇尚和谐的易学理念、以易学为核心的风水理念，主要是通过如下六种方式物化出来的：

方位（包括自然方位、社会方位和文化方位，主要用于建筑选址、建筑规划和建筑布局）；

---

① 《黄帝内经·素问篇》卷十三“大奇论篇第四十八”。

② 《辞源》，1981 年修订本，第 2077 页。

造型（包括建筑的外形、结构和体量等）；

图像（包括龙、凤、龟、麟等吉祥物的彩绘与雕塑）；

颜色（包括五行色的运用，以及建筑色彩基调的选择等）；

数字（包括阳数与阴数、天干地支数、天地生成数、天罡地煞数、河图洛书数、大衍之数等）；

文字（包括建筑物的命名、宫殿房屋的门额、楹联、题词，与标牌、碑文等）。

在通过上述六种方式将中国易学理念物化到中国传统建筑当中，以历代皇家的京城、皇城、宫城（紫禁城）建筑，及其相应的礼制建筑，最为典型。

本文仅以明、清北京紫禁城即我们今天所说的北京故宫为例，略加解读，以供讨论。

一　北京故宫贵中贵正的方位理念

（1）天子必居天下中的建筑方位理念。

建筑的首要问题是选址。风水环境，包括自然环境、社会环境、人文环境。这是建筑选址需要综合考虑的三大因素（见表1）。

表1　风水环境的主要内容

<table>
<tr><td rowspan="4">风水环境</td><td rowspan="2">自然环境</td><td>天然自然环境</td><td>地理形势、自然方位、地质状况、水土质量、山川河流、气象气候等</td></tr>
<tr><td>人工自然环境</td><td>城市规划、房屋建设、园林花园、亭台楼阁、道路桥梁、人工湖泊、堤坝运河等</td></tr>
<tr><td>社会环境</td><td colspan="2">政治环境、经济环境、建筑形制（建筑法规）、社会方位、治安环境、邻里环境、卫生环境、交通环境、教育环境、医疗环境、通信环境、给排水状况、供暖状况、供电状况、购物环境等</td></tr>
<tr><td>人文环境</td><td colspan="2">城市规划、文化方位、建筑命名、建筑雕塑、建筑彩绘、建筑数理、建筑形制、建筑造型、建筑布局、室内外装饰等文化内涵</td></tr>
</table>

在自然环境方面，建筑选址需要综合考虑的四项基本原则是：相形取胜；辨方正位；相土尝水；藏风聚气。建筑选址的最佳格局是："背山、面水、向阳"或"前要'照'、后要'靠'"。"照"是"照水"，"靠"是"靠山"（见图1、图2、图3、）。

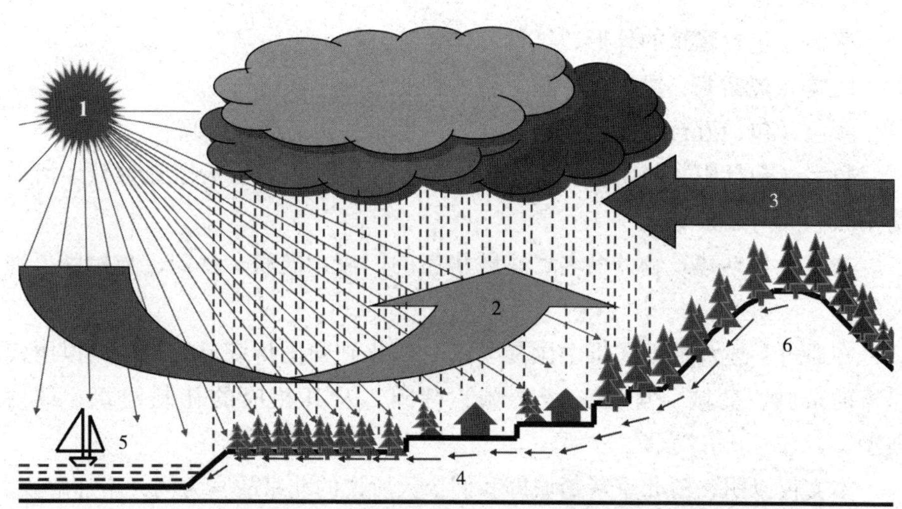

1.良好的日照　2.接受夏日南风　3.阻挡冬季寒流　4.良好的排水地势　5.便利的水路交通
6.平时水利水土保持可以调节小气候，战时以山为屏障可以减少后顾之忧

图 1　背山面水向阳的最佳自然环境示意

图 2　清《书经图说》中羲叔在夏至用景表土圭测日影以辨方正位、以定时令
（资料来源：网上下载）

易学的核心是阴阳变易，风水的核心是阴阳方位。在中国建筑中，用于规划基准的南北子午线有三种：用景表土圭测日影得到的称作天文子午线；

图3　清《书经图说》中太保用罗盘辨方正位相宅

（资料来源：网上下载）

用罗盘测定的称作磁子午线；后来依据地理经线确定的称作地理子午线。

紫禁城是京城的核心建筑。与一般的建筑选址相比较而言，中国古代的京城选址，还有如下两项特殊的要求：

其一，就是天子必居天下之中。

易学文化，贵中、贵正。中国古代的君主，在“君权天授”的理念下，都自称“天子”，并有“天子居天下中”的传统，借以强调其中央的统治地位。《荀子·大略》曰：“欲近四旁，莫如中央；故王者必居天下之中，礼也。”“中央”，乃天下之尊位。《吕氏春秋·卷十七·审分览第五·慎势》曰：“古之王者，择天下之中而立国，择国之中而立宫，择宫之中而立庙。”这里所说的“国”，指“国都”；“宫”，指“宫城”即紫禁城。“庙”，指“太庙”。

那么，何谓“天下之中”呢？

在中国历史上，人们对“天下之中”的含义，有以下两种解释。

一种是地理方位上的“中”，即中原、中州。例如，现在确定的中国八大古都（郑州、安阳、洛阳、西安、开封、杭州、南京、北京）中，郑州、安阳、洛阳、开封等四大古都，都位居中原。

另一种是天文方位上的“中”，主要以北极星为准。例如，北京不在中原，而是位于中原的东北方位。这样，在地上找不到“中”，就到天上找。

在中国历史上，曾以北斗星为“帝车”，即承载帝王的大车。《史记·天官书》曰：“斗为帝车，运于中央，临制四向。”这里所说的“四向”，泛指四方（见图4、图5）。

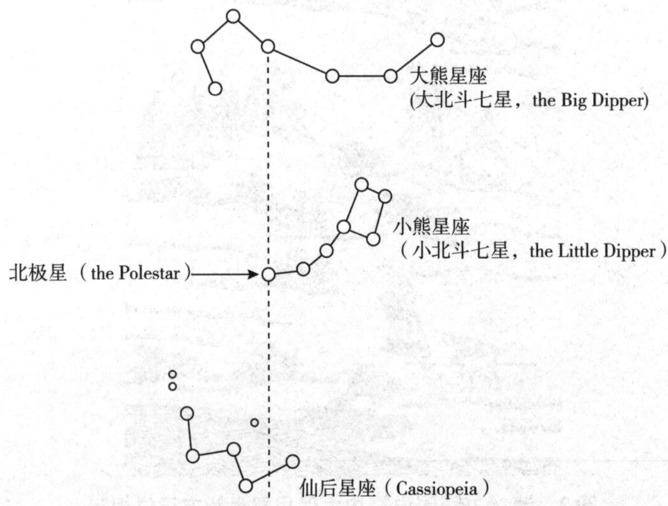

图4 北极星示意（A sketch map of the Polestar）

图5 北斗为帝车图

（资料来源：网上下载）

其二，是京城一定要有靠山。

在冷兵器时代，京城背后的靠山，非常重要。否则，京城背后无靠，必有后顾之忧。

在我国有关部门已经认定的中国八大古都中，背后无靠的古都只有南京与汴京（今开封）。

在军事上，由于背后无靠而导致一个王朝灭亡的沉痛事件，就发生在北宋京城的汴京。汴京背后无靠，而且位于黄河南岸。南京虽然北临长江，但长江是不常结冰的，即便是结冰，冰层也比较薄，军队是难以履冰而过江的，更不要说是骡马辎重了。汴京后面的黄河则不同，黄河在冬天是会上大冻的，这时候的冰层很厚，足以供人马车辆从冰上通过。再加上大风吹过黄沙遮盖，兵马过去几十里都不知黄河在哪里。当年，金兵正是在冬天黄河上大冻的时候，渡过黄河，把徽宗、钦宗二帝及其后妃、大臣等掳走的。这就是导致北宋灭亡的“靖康之变”，又称“靖康之难”“靖康之耻”。据清代乾隆晚期成书的《钦定四库全书·宋史》记载：

> 靖康元年（公元1126年，引者注）十一月金人陷汴京……
>
> 靖康元年闰十一月，大雪盈三尺不止，天地晦冥，或雪未下时阴云中有雪丝长数寸坠地。二年正月丁酉，大雪天寒甚，地冰如镜，行者不能定立。是月乙卯，车驾在青城，大雪数尺，人多冻死。
>
> 靖康元年十二月己卯庚辰京师雨雹。
>
> 靖康元年，金兵逼京城。

这一历史教训，在河南省朱仙镇的年画中，就有关于“黄河水冻渡金兵”的生动记载（见图6、图7）。

京城的地理位置不在中原，又称作“天下之中”的典型实例，就是北京。将北京称作“天下之中”的根据不在地上，而在天上。

就天文方位而言，北京位于中国北部，上应北辰。所以，古人认为，北斗星位居天上之中，与其天地对应的北京也应当是位居地上之中。

《治平略》曰：“天之象以北为极，则地之象亦当以北为极”，“北京上应北辰以象天极，南面而听天下，天险地利甲于关中”。

《大兴县志》曰：“大兴在昔为召公所封地，春秋战国时，以燕代劲兵抗衡秦楚，亦形势得也。……东枕辽海，沃野数千里，关山以外，直抵盛京。气势庞厚，文武之丰镐不是过也。天津襟带河海，运道咽喉，转东南之粟以实天庾，通州屹为畿辅要地。北则居庸耸峙，为天下九塞之一。……若夫万里河山而都城位北，南向以牧其朝拱之势，梯航车马，络绎奔赴，皆自南而北以奉神京，岂非古今第一形胜哉！”①

---

① 转引自（清）于敏中等编纂《日下旧闻考》，北京古籍出版社，1983，第86~87页。

图6　关于“靖康之变”的年画

（资料来源：网上下载）

图7　关于“靖康之变”中“黄河水冻渡金兵”的年画

（资料来源：网上下载）

元代李洧（wěi）孙在《大都赋》中说："帝车运乎中央，北辰居而不移，临制四方。下直幽都，仰观天文，则北乃天下之中也。"①

清代孙承泽在《春明梦余录》中写道："幽燕自昔称雄，左环沧海，右拥太行，南襟河济，北枕居庸。苏秦所谓百二天府之国，杜牧所谓王不得不可为王之地。杨文敏谓：西接太行，东临碣石，钜野亘其南，居庸控其北。势拔地以峥嵘，气摩空而崱屴。又云：燕蓟内跨中原，外空朔漠，真天下都会。桂文襄云：形胜甲天下，扆山带海，有金汤之固。盖真定以北至于永平，关口不下百十，而居庸、紫荆、山海、喜峰、古北、黄花镇险阨尤著。会通漕运便利，天津又通海运，诚万世帝王之都。"②

在天文方位中，北京位于中国东北方位的幽燕之地，上应天文四象二十八宿之尾、箕方位。

"尾、箕星曰析木，宫曰人马，时曰寅，州曰幽。"（《历代地理指掌图》）

"天汉起东方箕、尾之间，谓之天河，亦谓之汉津。"（《通志》）

"析木谓之津"（《尔雅》）。

古代的幽燕之地，又称为析津。北京在辽金时代，就称作析津府（见图8、图9）。

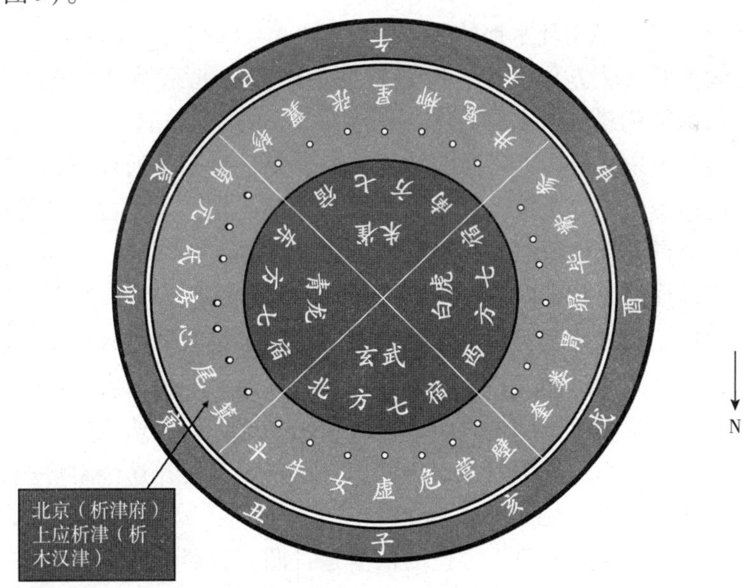

图8　北京上应天文四象之尾、箕方位示意

---

① 转引自（清）于敏中等编纂《日下旧闻考》，第89页。

②《春明梦余录》上，北京古籍出版社，1992，第14页。崱（zè），屴（lì）。崱屴：山峰高耸貌。

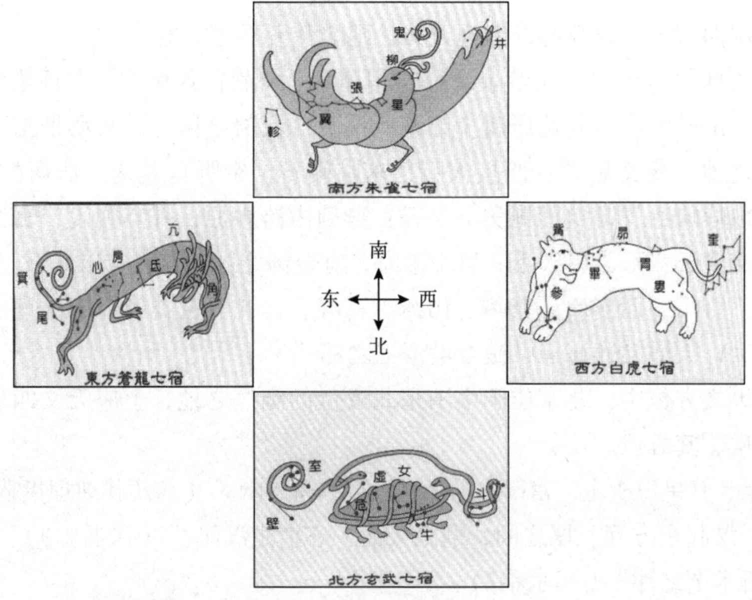

图 9　天文四象方位

（图片来源：网上下载）

（2）北京紫禁城山环水抱的风水格局。

就地理上的自然方位来说，以紫禁城为中心的北京城，具有“背山面水、山环水抱”的最佳风水格局。

南宋易学家朱熹说：“冀都山脉从云中发来，前则黄河环绕，……嵩为前案，淮南诸山为第二重案，江南五岭诸山为第三重案。故古、今建都之地莫过于冀。所谓无风以散之，有水以界之也。”①

从北京四周的山脉走向来看，也符合天文四象的理想风水模式。

北京面向正阳方位时背靠燕山，和面向朝阳方位时背靠太行山，两者都大有来头，都有其深远而又神圣、吉祥的来龙去脉。燕山来自天山山脉。天山自天而降，绵延万里、层峦叠嶂，途经阴山相连，而到达燕山。太行山来自昆仑山脉。昆仑山从云中发来，由西向东、峰回路转，途经秦岭相连，越过黄河而到达太行山（见图 10、图 11、图 12）。

风水的核心是阴阳方位。方位的依据是日照。日照的基准有两个：以朝阳为基准；以正阳为基准。其中，又以正阳之基准为贵（见图 13）。

就自然阴阳方位而言，北京所在的地理位置，无论是以朝阳为基准，还

① 转引自（清）于敏中等编纂《日下旧闻考》，第 69 页。

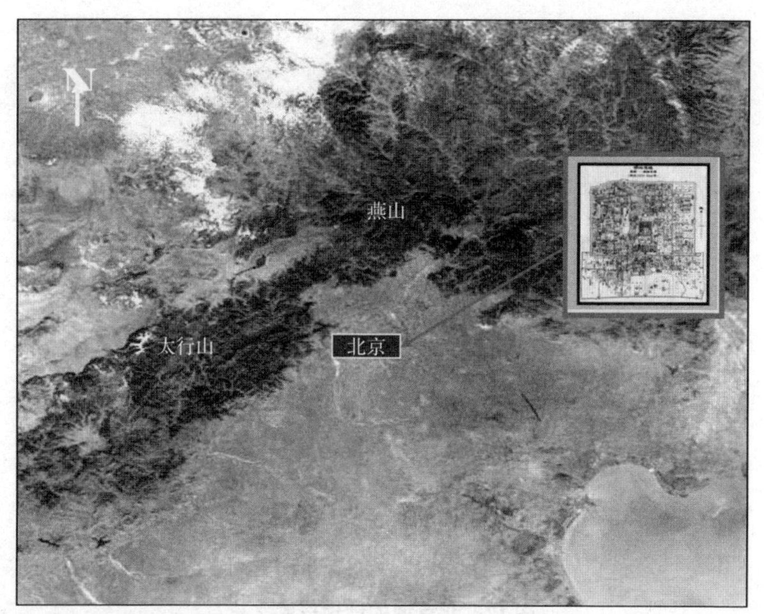

图 10　北京城的地理形胜之一

（资料来源：网上下载）

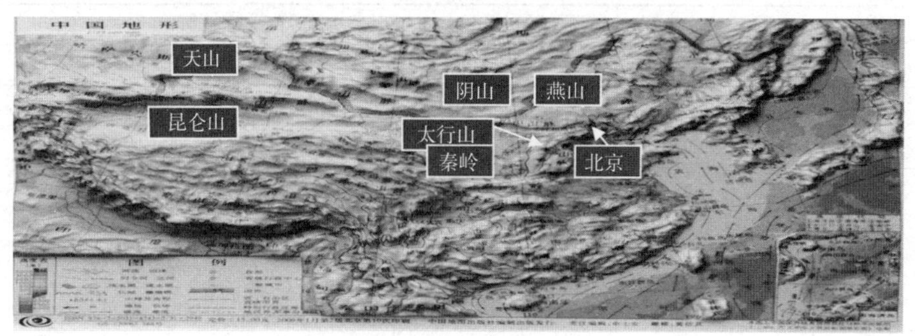

图 11　北京城的地理形胜之二

（资料来源：中国彩色立体地形图）

是以正阳为基准，都符合“背山、面水、向阳”的风水格局。

从以正阳为基准的自然阴阳方位来看，北京位于燕山山脉之阳、永定河水之阳的重阳方位。

从以朝阳为基准的自然阴阳方位来看，北京位于太行山山脉之阳、潮白河水之阳的重阳方位。

位于山脉之阳的优点如下。

在气象上，可以采纳充足的阳光，并有利于阻挡来自西北面的寒风。

在生活上，有利于农业生产、水上交通和生活用水等。向阳方位，还具

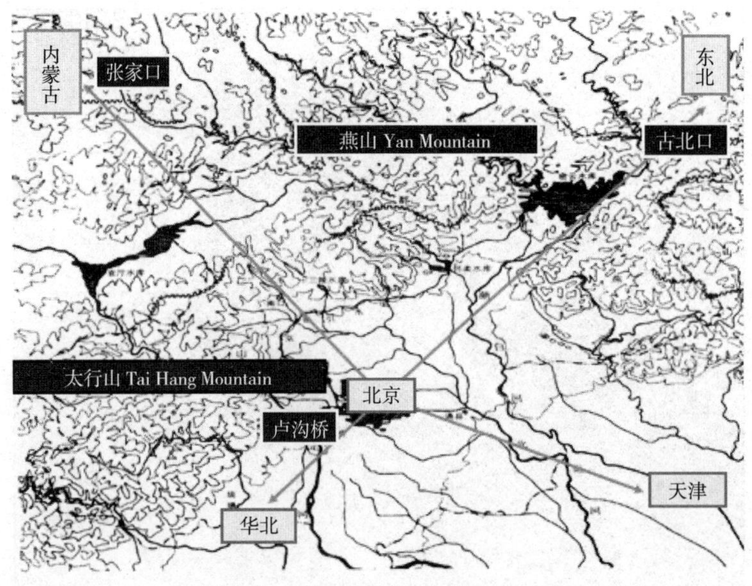

图 12　北京城的地理形胜之三

（资料来源：网上下载）

地形标志	方位	
	阳	阴
山岳	东山坡	西山坡
	南山坡	北山坡
平原上某地	东　面	西　面
	南　面	北　面
水岸（江、河、湖、海）	西　岸	东　岸
	北　岸	南　岸

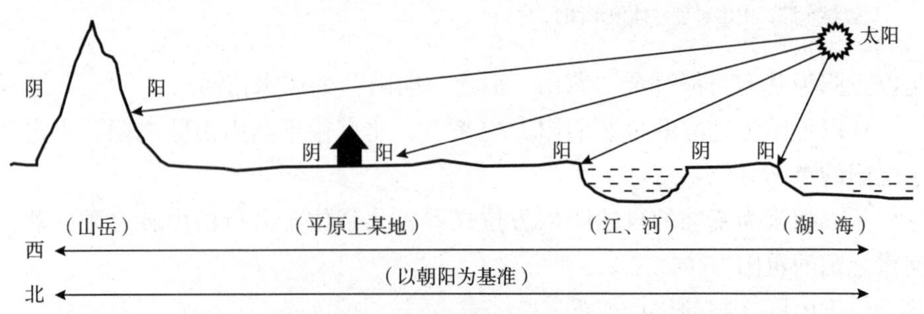

图 13　自然阴阳方位示意

有充足的阳光普照。

在军事上，有利于京城的军事防御。

北京城所处幽燕之地的大环境是如此，北京故宫即明、清北京紫禁城，也是遵照“背山、面水、向阳”的最佳风水格局来营造的（见图14）。

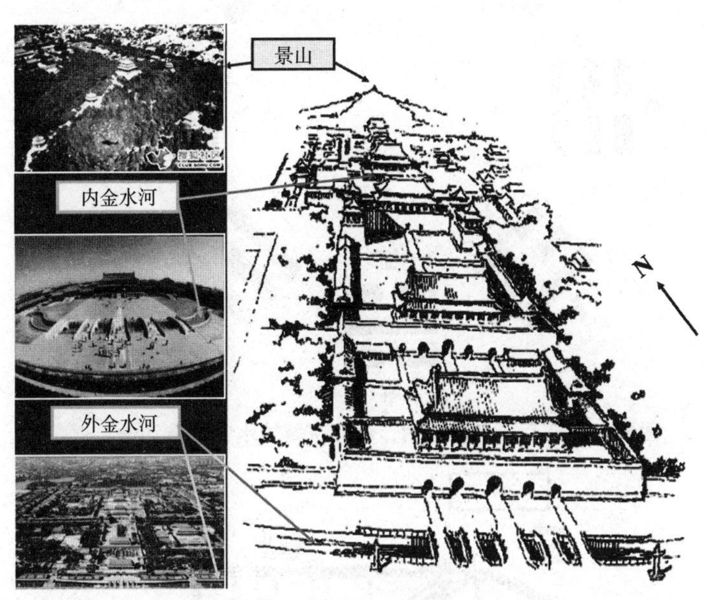

图14　北京故宫背山面水的风水格局

（资料来源：网上下载）

（3）后天八卦与北京故宫的水口方位。

后天八卦主要用于明、清北京城及其紫禁城的水口方位，即入水口位于西北乾方，出水口位于东南巽方。北京内城西北方向缺一角的自然原因是：元代时这里就有一条由西向东的明沟，明代将元大都的北城墙往南缩回五里时，正好将它用作北面的护城河。而且，西北方又有一个水面很大的太平湖。北京故宫筒子河的西北方也缺一角，则是后来为了交通便利起见改建的。内城和紫禁城筒子河西北方缺角处，分别是明清北京城与北京紫禁城入水口的水关方位（见图15、图16）。

在人文风水环境中，西北乾方天门方位的入水口处缺一角，谓之“天口缺”。入水口被水面掩盖而不见源流，谓之“天门开”，象征门开财来、财源不断。位于东南巽方地户方位的出水口，因为设在隐蔽之处且被水面掩盖，谓之“地户闭”，象征财源集聚、财用不竭。《入山眼图说·卷七·水口》曰：“入山寻水口，……凡水来处谓之天门，若来不见

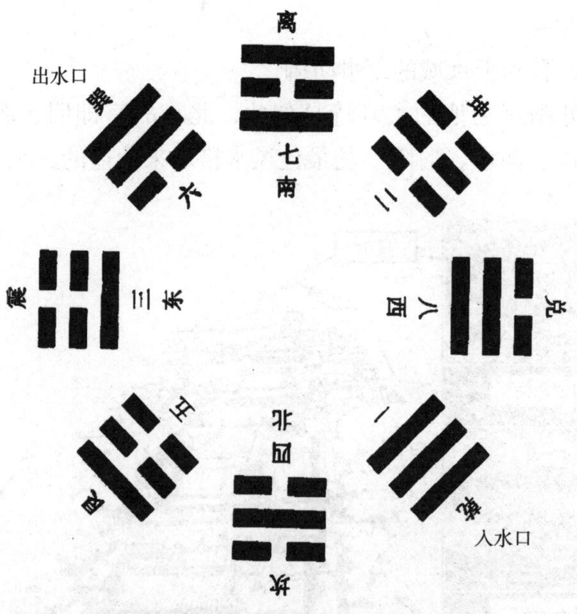

图 15　文王后天八卦与明、清北京城的水口方位（一）

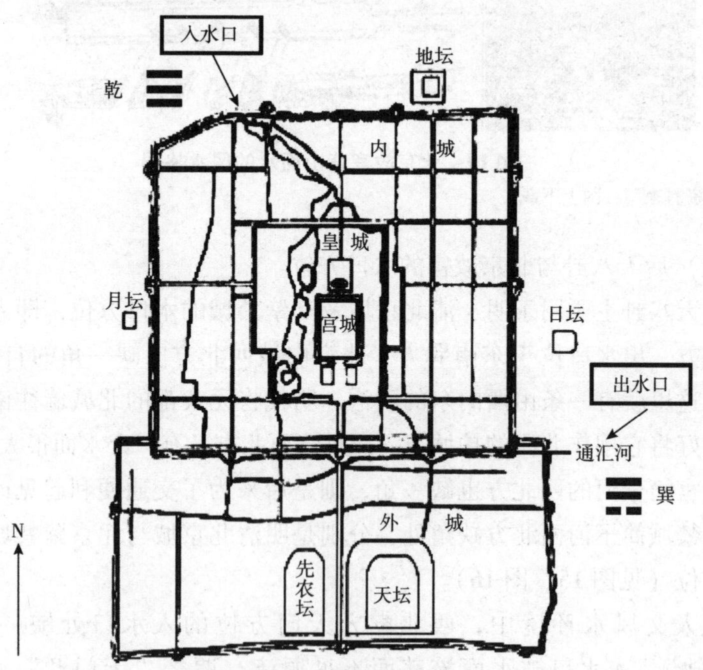

图 16　文王后天八卦与明、清北京城的水口方位（二）

源流谓之天门开；水去处谓之地户，不见水去谓之地户闭。夫水本主财，门开则财来，户闭财用不竭。”现在，由于北京的水位下降或将大部分原来的护城河改为暗河，北京内城西北乾方的积水潭水关和看守水关的吉祥动物虮蝮①，以及故宫西北乾由三海通向筒子河的水关、故宫东南巽方的出水龙头口，都暴露在外了（见图 17、图 18、图 19、图 20、图 21、图 22）。

（4）北京紫禁城的下水道与排水功效。

据文献记载，万历年间曾有 20 天连降大雨，长安街出现积水，但故宫没有大面积积水的情况发生。永乐十八年（1420）落成的紫禁城排水系统经受

图 17　位于北京城西北乾方的积水潭水关（韩增禄摄于 2006 年 1 月 26 日）

---

① 《钦定四库全书·卷六·诗传名物辑览》：世传龙生九子不成龙，各有所好。
一、赑屃，形似龟好负重，今石碑趺是也。
二、螭吻，形似兽性好望，今屋上兽头是也。
三、蒲牢，形似龙而小，今钟纽是也。
四、狴犴，形似虎有威力，故立于狱门。
五、饕餮，好饮食，故立于鼎盖。
六、虮蝮，好水，立于水关与桥头。
七、睚眦，性好杀，故立于刀环。
八、金猊，形似狮好烟火，故立于香炉。
九、椒图，形似螺蚌性好门（闭），故立于门铺首。

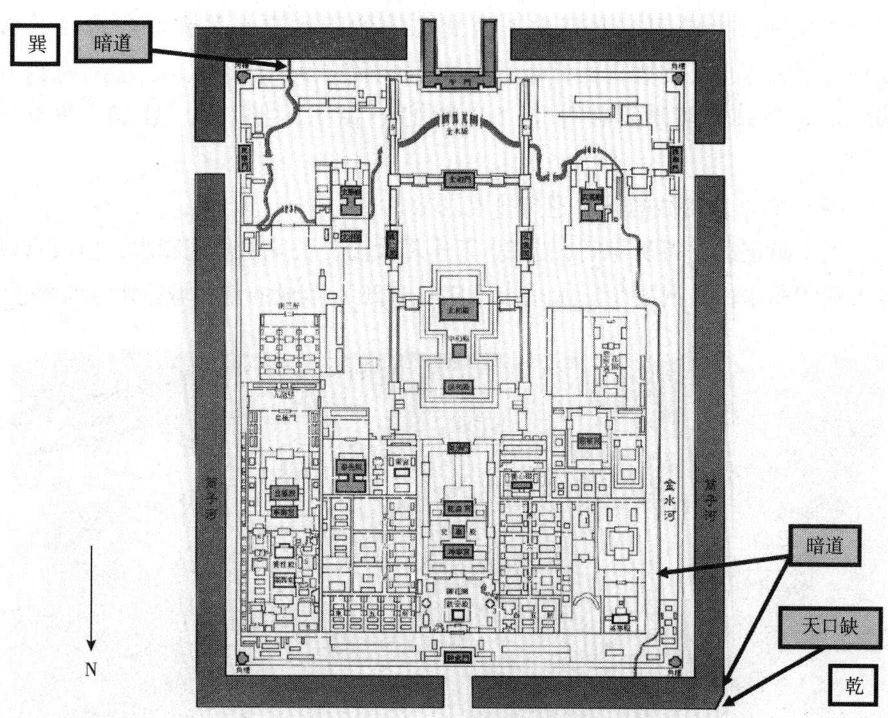

图 18　北京故宫的水口方位

图 19　北京紫禁城筒子河西北乾方的天口缺（韩增禄摄于 2003 年 7 月 9 日）

图 20　北京紫禁城西北乾方的入水口（韩增禄摄于 2004 年 7 月 24 日）

图 21　流向北京紫禁城东南巽方出水龙头口的内金水河（韩增禄摄于 2003 年 7 月 9 日）

图 22　位于北京紫禁城东南巽方的出水龙头口（2005 年 7 月 31 日韩增禄摄于北京先农坛内古建筑博物馆）

住了考验。其原因，就是以内金水河为主乾道的排水系统顺应自然地利用了紫禁城西北高东南低的地形。内金水河的河水，从紫禁城的西北隅通过暗渠引入紫禁城内，然后向南沿着明渠经武英殿南面绕到午门内，再流经文渊阁前，转而从东南隅的暗渠注入护城河（俗称“筒子河”）。据 1935～1936 年北平市政府工务局实测的《北平市内外城地形图》（1∶5000），景山西门外的地平高度是 47.5 米，紫禁城东南隅外侧地平高度是 45.5 米，其间相差 2 米。今昔地形可能会有小的变化，但其坡度的总趋势，当无大的改变。而且，紫禁城占地面积 72 公顷，庭院都是中高边低、北高南低，雨水首先流入四周房基下面的石水槽，亦即明沟。台阶或建筑物之类的障碍物则都开有券洞，亦即沟眼，方便地面水穿过障碍物。地面或明沟的水再通过入水口流入地下。入水口多为方石板镂雕成明清铜币（大钱）形，即外圆中方镂成 5 个空洞，可以进水，称作钱眼。疏通各个宫殿院落的排水系统，经过精心测量、规划设计和施工，每年固定时间淘挖养护。所以，建于 600 年前的北京故宫排水工程，至今仍然能够有效地排水。无论下多大的雨，紫禁城内都不会存水。据搜狐网 2012 年 7 月 23 日 16：34：01（来源：《北京晚报》）报道，7 月 21 日晚 11 时，新浪微博网友“张远摄影”发表一条微博并配发一张照片说：“我本来想去拍水淹故宫，但是开车到达午门的时候，真的傻眼了，什么事情也没有。”当时的雨量应该算暴雨，而且下得很急，北京正在内涝之中。

正如于倬云（1918 年～2004 年 12 月 17 日）先生在《紫禁城始建经略与明代建筑考》一文中所说，“紫禁城内明代排水系统工整，坡降精确、科学，上万米的管道通过重重院落，能够达到雨后无淤水的效果，这也是我国古代市政工程的一大奇迹。”①

（5）北京紫禁城里面的水井都是甜水。

就水土质量而言，北京城的地表水虽然多为苦水（即硫酸钠、硫酸镁等无机盐矿物质含量多的水），但皇宫内的水质大都是比较好的。明代北京紫禁城内的七十二眼井，都是甜水。据文献记载：“自郊畿论之，玉泉第一；自京师论之，文华殿大庖厨井第一”。

总的说来，紫禁城内的地下水质是比较好的。除大庖厨井外，东华门内有一井，“甘冽可用”，慈宁宫后门外有一井，“味极甘冽”。尽管紫禁城内的水质较好，但皇帝却不饮用，皇帝所饮用的是玉泉山的泉水，明、清两朝都是如此。

清朝乾隆曾特制“银斗”，衡量天下名泉水质的轻重，结果是关内以玉泉水最轻且甘甜，用现代的话来说，就是矿化度较低（矿物质含量较低），最适于饮用。

明代皇帝去十三陵祭祖时，后面都跟着取用玉泉山甜水的水车。据《宛署杂记》记载，万历十六年（1588）“圣驾谒陵，随甜水车一百辆”。

清代，皇帝每次下江南巡视之时，也都跟着取有玉泉山甜水的水车。

紫禁城外的甜水井，也大都被皇家占用。例如，王府井大街的地下水质较好，王府处有一口井，水质甘甜。其南面又有小甜水井（今小甜水胡同）和大甜水井（今大甜水胡同），均被王府占用。

（6）北京故宫天人之和的文化象征。

北京故宫是北京城皇家的核心建筑，从选址、命名、规划、布局、设计，都体现出贵中、贵正的方位理念。

①对应天上紫微垣的地上紫禁城。

在中国古天文学中，将天上的恒星分为三个区域，即所谓“三垣”：上垣（太微垣）、中垣（紫微垣）、下垣（天市垣）。因此，依据天人合一、天人对应的易学理念，将自称“天子”的皇上与天上居中的紫微垣对应而称为

---

① 于倬云：《紫禁城始建经略与明代建筑考》，《故宫博物院院刊》1990 年第 3 期。

“紫禁城”。“紫”，象征与天上居中之紫微垣相对应的地上的中央；“禁”，是禁止一般人靠近的意思（见表2）。

表2　中国古天文学中全天恒星分区与国际恒星命名对照

三垣	垣					
三垣	上垣：太微垣	分布	东藩（五星）	中枢（五帝座）	西藩（五星）	备　注
		两藩星名	东上将（后发座42）		西上相（狮子座δ）	上坦：在北斗之南，轸宿、翼宿之北，有星十颗。
			东次将（室女座ε）		西次相（狮子座θ）	
			东次相（室女座γ）		西次将（狮子座ι）	
			东上相（室女座γ）		西上将（狮子座σ）	
			左执法（室女座η）		右执法（室女座β）	
	中垣：紫微垣	分布	东藩（八星）	中枢（北极）	西藩（七星）	
		两藩星名	少丞（仙后座23）	阊阖门	上丞（鹿豹座 H_1）	中坦：在北斗东北，有星十五颗。
			少卫（仙王座π）		少卫（鹿豹座9）	
			上卫（天龙座73）		上卫（鹿豹座43）	
			少弼（天龙座υ）		少辅（天龙座d）	
			上弼（天龙座ζ）		上辅（天龙座λ）	
			少宰（天龙座η）		少尉（天龙座κ）	
			上宰（天龙座θ）			
			左枢（天龙座ι）		左枢（天龙座α）	
	下垣：天市垣	分布	东藩（十一星）	中枢（帝座）	西藩（十一星）	
		两藩星名	魏（武仙座δ）		河中（武仙座β）	下坦：在房宿、心宿东北，有星二十二颗。
			赵（武仙座λ）		河间（武仙座γ）	
			九河（武仙座μ）		晋（武仙座κ）	
			中山（武仙座ο）		郑（巨蛇座γ）	
			齐（武仙座112）		周（巨蛇座β）	
			吴越（天鹰座ζ）		秦（巨蛇座δ）	
			徐（巨蛇座θ）		蜀（巨蛇座α）	
			东海（巨蛇座η）		巴（巨蛇座ε）	
			燕（蛇夫座υ）		梁（蛇夫座δ）	
			南海（巨蛇座ζ）		楚（蛇夫座ε）	
			宋（蛇夫座η）		韩（蛇夫座ζ）	

②后天八卦与北京紫禁城的方位。

就文化方位而言，北京紫禁城的选址，还可以从《易经》的八卦方位中找到理论依据。《大学衍义补》曰：“易曰：艮者，东北之卦也，万物所成终而成始也。离，万物皆相见，南方之卦也。圣人南面而听天下，向明而治。孔子曰：为政以德，譬如北辰，居其所而众星共之。今之京师，居乎艮位，成始成终之地介乎震、坎之间。出乎震而劳乎坎，以受万物之所归。”“自古建都之地，上得天时，下得地势，中得人心，未有过此者也。”。

③对应天文四象的地上罡星朝拱。

北京故宫与四方二十八宿之天文四象即青龙、白虎、朱雀、玄武，以及位居天上中央之北斗七星（又称“罡星”）相对应，而有“罡星朝拱九五天安”之建筑布局。天安门前，通向五个城门洞口的五座汉白玉石桥，加上左祖、右社南面的两座汉白玉石桥（现在的劳动人民文化宫与中山公园大门是后开的），共有七座桥梁（“公生桥”是后来加宽的），彤扉三十有六，象征北斗七星即所谓罡星。天安门，高九丈九尺，五阙，上覆崇楼九间、进深五间，象征九五至尊。在整体上，叫作“罡星朝拱，九五天安”。城楼上六十根柱子，与天干地支六十花甲纪时之数相同，象征江山社稷循环往复、绵延久长（见图23）。

顺便提一下，天文四象是青龙、朱雀、白虎、玄武（见图24）。易学四

图23　罡星朝拱九五天安的建筑布局

象是少阴、少阳、太阴、太阳。天地四灵是龙、凤、龟、麟。这些都混淆不得。天文四象，是位于天上中心之北斗七星周围四正方位的二十八星宿。在建筑文化中，天文四象只是用来象征地上中央地位的天象符号，不可乱用。

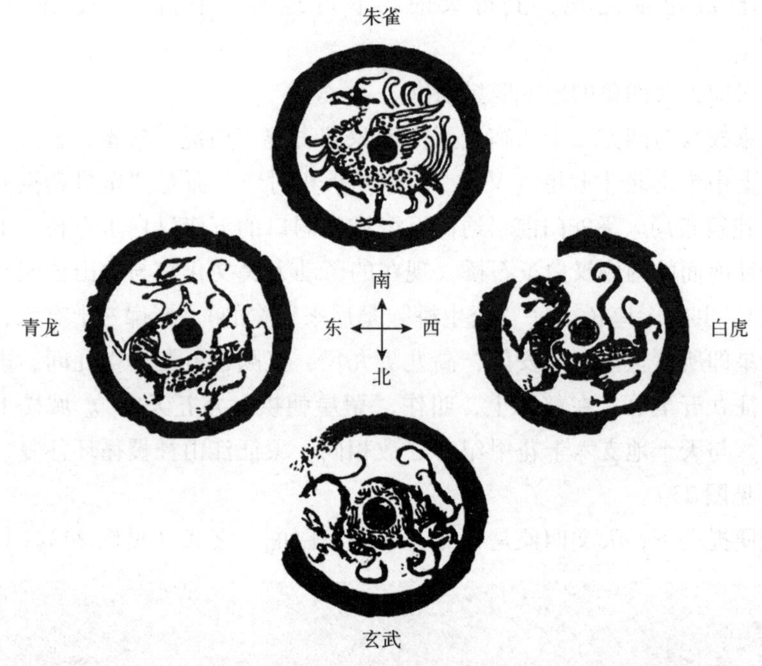

图 24　天文四象瓦当

④对应五帝四象的宫殿轩辕宝镜。

更为直观的是，还有以五帝二十八宿方位中，位居中央的轩辕黄帝为宗之太和殿正中方位飞龙在天藻井内的轩辕宝镜（又称大圆宝镜）、养心殿藻井中的大圆宝镜，以及颐和园仁寿殿的大圆宝镜、排云殿的大圆宝镜匾额等建筑装饰，以象征其地上中央之尊位（表 3、图 25、图 26、图 27、图 28）。

表 3　五帝四象二十八宿方位表

五　方		东	南	中	西	北
五帝	《春秋纬·文耀钩》	苍帝	赤帝	轩辕黄帝	白帝	黑帝
	《淮南子·天文训》	太皋	炎帝	黄　帝	少昊	颛顼
四　象		苍龙	朱雀	北 极 星	白虎	玄武
二十八宿		东方七宿	南方七宿	北 极 星	西方七宿	北方七宿
		角 亢 氐 房 心尾箕	井 鬼 柳 星 张翼轸		奎 娄 胃 昴 毕觜参	斗 牛 女 虚 危室壁
五　季		春	夏	长　夏	秋	冬

图 25　太和殿内飞龙在天藻井中象征与黄帝居中一脉相传的轩辕宝镜

（资料来源：网上下载）

图 26　养心殿的大圆宝镜

（资料来源：网上下载）

图 27　颐和园仁寿殿的大圆宝镜匾额（韩增禄摄于 2004 年 6 月 2 日）

图 28　颐和园排云殿的大圆宝镜匾额（韩增禄摄于 2016 年 02 月 16 日 09：40）

⑤易学四正方位与建筑工程地标。

保证北京故宫建筑四正方位的工程标记，是用作辨方正位的十字地标与直角地标（见图 29、图 30）。

（7）阴阳方位与紫禁城之左祖右社。

在先天八卦方位中，南方为乾卦，乾为天、为君，象征至高无上的地位。在后天八卦方位中，南方为离卦，离为火、为日，象征光明。因此，在北京

图 29　北京故宫西南角筒子河边辨方正位的十字地标
（韩增禄摄于 2003 年 6 月 17 日）

图 30　北京故宫东南角筒子河边辨方正位的十字地标
（韩增禄摄于 2003 年 6 月 17 日）

故宫的建筑格局中，处理国家重大政治事务的场所，即文武大臣朝拜之处的三大殿，位于内廷之前。而皇家生活之内廷，则位于前朝之后。在四季方位中，东方属春，春主生；西方属秋，秋主收。在正五行方位中，东方属木，木主生；西方属金，金主收。古人云："先祖者，类之本也。"（《荀子·礼论》）类者，种族家族也。在北京故宫的建筑格局中，祭祀皇家祖先的太庙，位于紫禁城的左侧而且是在朝阳与正阳交会重阳之地的东南方位；平时祭祀皇家祖先的奉先殿又称内太庙，位于内廷乾清宫的左侧而且也是在朝阳与正阳交会重阳之地的东南方位，象征其家族人丁兴旺，宗庙香火不断。此外，按照中国传统农耕文化的民本主义理念，君以国为本，国以民为本，民以食为天，食以稷为主，稷以土为根。所以，社稷又代表国家、江山。社稷坛上的五色土，代表着五方五色的可耕土地。坤为地、为母。在文王后天八卦方位中西南为坤位；在八卦五行方位中，西南为土行。万物生长于斯、成熟于斯。因此，将祭祀社主、稷主的社稷坛，设在紫禁城右侧的西南坤方，象征着农事兴旺、民富国强。基于上述理念，北京紫禁城同历代都城和宫城的规划一样，都遵照《周礼·考工记》关于建筑规划的传统形制：前朝内廷，"左祖右社，面朝后市"（见图31）。

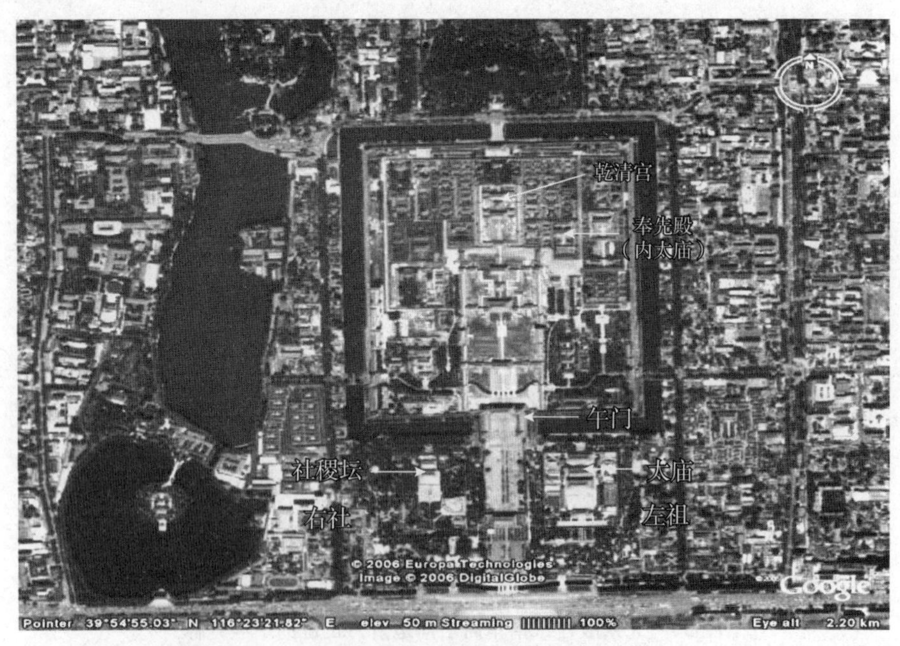

图31　北京故宫建筑平面鸟瞰

（资料来源：网上下载）

（8）紫禁城中轴线建筑的文化内涵。

北京紫禁城建筑的贵中、贵正理念，在规划布局上的集中体现，就是一

图 32　北京天安门广场鸟瞰

（资料来源：网上下载）

条贯通南北的中轴线。按照不偏不倚、左右对称谓之“中”的理解，严格地说，中轴线是对紫禁城来说的。就北京城来说，正如贺业钜先生所说，“这是一条贯穿全城的主轴线。”[①] 在帝王时期，“中轴线”就是只有君主与皇后才能居住的子午线。这条主轴线，往南延伸到外城的永定门，往北直到钟楼便戛然而止。钟楼的“钟”是“终点”之“终”的谐音。明代北京城是在元大都基础上改建而成的。明代徐达攻陷元大都后，将北面的城墙往南缩回五里，将南面的城墙往南推进了一里多地，东西城墙的位置并未改动。明代紫禁城的中轴线自元代紫禁城中轴线（其延长线在旧鼓楼大街一带）往东移动了 148.5 米。所以，今天北京城的主轴线，并不居中（见图 31、图 32）。所以，在中国历代的京城建筑中，紫禁城的中轴线一定是居中的，而京城的主轴线则未必居中，甚至没有主轴线。例如，隋唐洛阳的宫城并不在京城的中心而是位于西北乾方，其宫城有与皇城端门相对应的中轴线，京城则没有主轴线（见图 33、图 34、图 35）。

紫禁城的这条中轴线，在易学文化的不同方位系统中，具有不同的含义：

---

① 贺业钜：《考工记营国制度研究》，中国建筑工业出版社，1985，第 1 页。

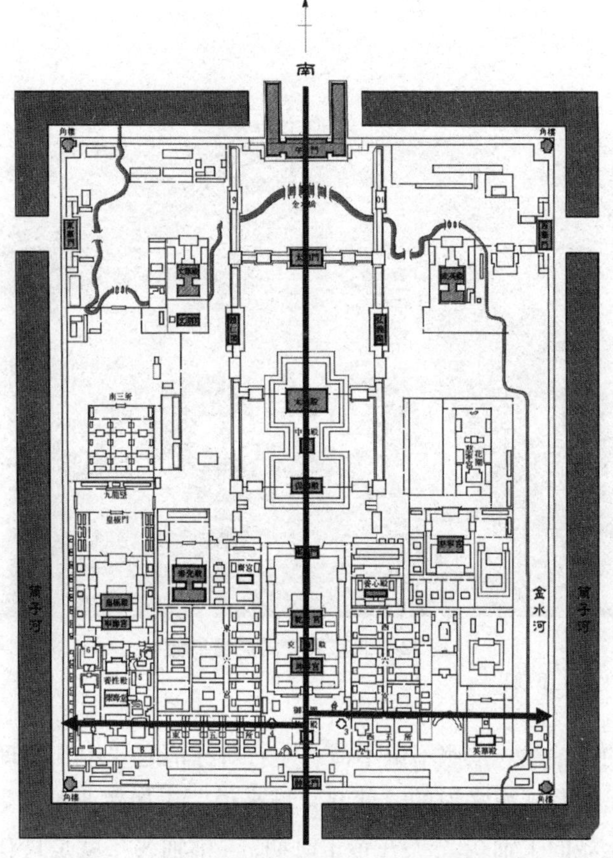

图 33　明清北京紫禁城的南北中轴线是居中的

在自然阴阳方位中，谓之负阴抱阳线；

在十二地支方位中，谓之南北子午线（后来曾在正门桥下挖出一个石马，在地安门桥下挖出一个石鼠）；

在文王后天八卦方位中，谓之离坎水火线；

在伏羲先天八卦方位中，谓之乾坤天地线、刚柔相济线；

在正五行方位中，谓之南北水火线；

在五行色方位中，谓之南红北黑、上红下黑的经天纬地线。

易学理念，贵中贵正。在正东、正南、正西、正北的四正方位中，以正阳、正午为准的中轴线，居于首要地位，并坐北面南为尊，《周易·说卦传》曰："圣人南面而听天下，向明而治。"基于易学中"天人合一"的哲学理念，这条贯穿京城南北的主轴线，在中国古代，就是象征规天矩地、法地则天、乾坤经纬、象天法地的基准线。就是象征天地大法的一条法线。《周

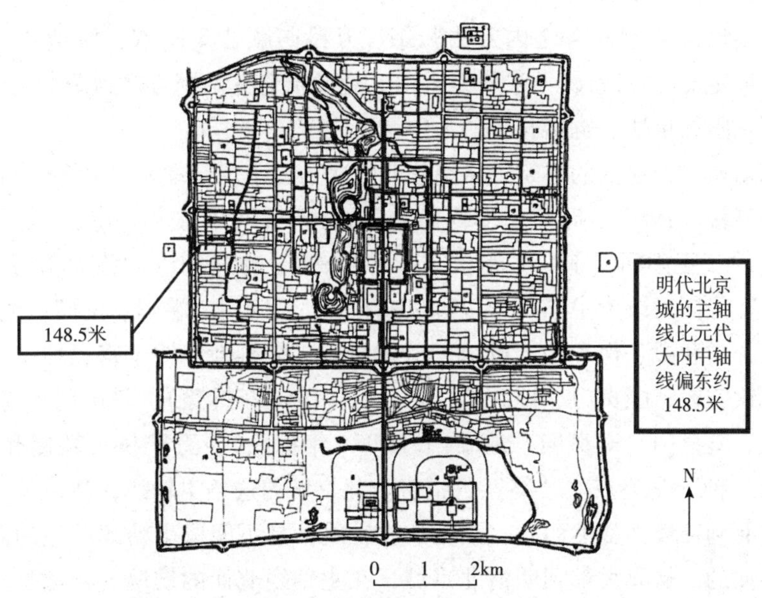

图 34　北京城的南北主轴线

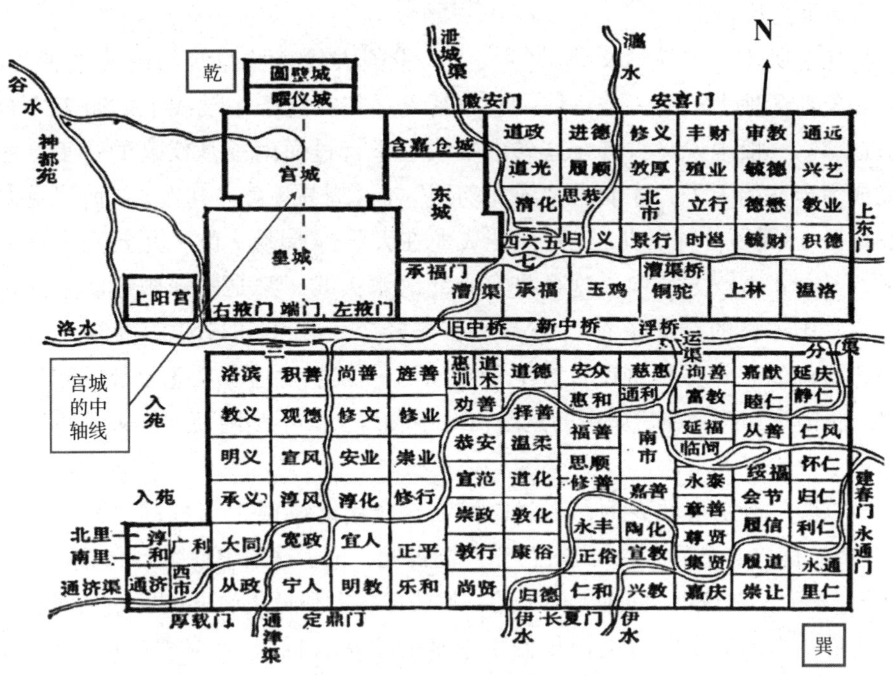

图 35　隋唐洛阳宫城的南北中轴线

易·系辞传》曰："法象莫大乎天地"。中国古代，位于这条中轴线上的帝王的"宝座"又称为"法座"。将宫城内的主要宫殿与宝座，建筑在这条中轴线上，不仅象征着六合之内万法归宗、万民归顺普天同贺，所谓“天尊地卑，乾坤定矣”（《周易·系辞传上》），还象征着其治国方略为阳德阴刑、刑德并用、隆礼重法、宽猛相济的大中至正之道。

北京城主轴线上的建筑，从南往北依次为，永定门箭楼（1957 年拆除）、永定门城楼（1957 年拆除，2005 年重建）、天桥（1934 年拆除）、正阳桥坊（五牌楼）、正阳门（前门）箭楼，正阳门城楼、中华门（明称大明门，清称大清门，民国时改为中华门，1954 年拆除）、天安门、端门、午门、太和门、太和殿、中和殿、保和殿、乾清门、乾清宫、交泰殿、坤宁宫、坤宁门、御花园、钦安殿、顺贞门、神武门、北上门（1956 年拆除）、景山门、绮望楼、万春亭、寿皇门、寿皇殿、地安门（1954 年拆除）、万宁桥、鼓楼和钟楼。钟楼的“钟”是终点之“终”的谐音。北京城的这条主轴线，往南通到永定门，往北到钟楼便戛然而止。京城的主轴线，是不能像串糖葫芦似的向城外无限延伸的。从元大都到明清北京城，在主轴线北面的城墙上，都是不设城门的。否则，在风水中就谓之“漏气”或“泄王气”。其实质是在军事防御上有后顾之忧。

综上所述，在易学文化的意义上，中国古代宫城建筑的南北中轴线，就是象征天地大法的一条法线。它象征着居住在这条中轴线上的帝王之合法地位。一般地说，只有在这条中轴线上举行过面南登基仪式的帝王，才能成为合法的天子，才能由“潜龙勿用”（《周易·乾·初九》）而“见龙在田”（《周易·乾·九二》）而“飞龙在天”（《周易·乾·九五》）。在后天八卦与正五行方位中，这条贯穿南北的水火线，又是坚守中道、坚守正道之治国方略的文化象征。清高宗在乾隆二十二年（1757）御制斋宫诗中，所说的“辨方慎水火，协纪验柔刚”，[①] 就是对这一文化象征的政治诠释。正因为如此，在宫城中的这条南北中轴线上，不是随便什么人都可以居住的。

以明、清北京城为例，当时能够在这条南北轴线上居住的，只有皇帝（住乾清宫）与皇后（住坤宁宫）。中国古代，位于这条中轴线上帝王的“宝座”，称为“法座”。同时，中央的一切法律，大都是从这里颁发到全国各个地方的。中国戏剧舞台上衙役们手中拿的“水火棍”，不是普通的烧火棍，而是源于天地大法的这条“法线”的一个缩影，是象征国家大法的一条执法

① 转引自（清）于敏中等主编《日下旧闻考》，第 204 页。

棍。在法律面前，只有用它来打人，才是合法的。①

（9）北京故宫中轴线上的黄金分割。

中国古代建筑的传统审美观点是以庭院为中心的。一件艺术品最重要的部分应当放在整个作品的0.618位置上才有最好的效果，现在称为黄金分割线。据于倬云先生考察，“从大明门到万岁山（景山）的总长度是5里，而从大明门到太和殿的庭院中心是3.09里，两者的比值为3.09∶5=0.618，正与黄金分割线的比值相同!”（见图36）。

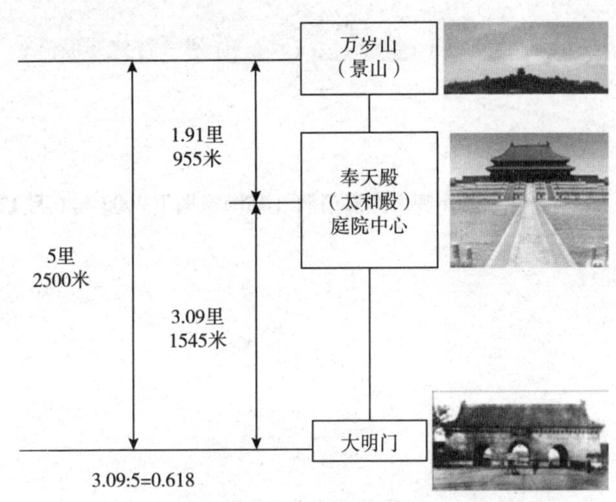

图36　北京紫禁城中轴线上的黄金分割比例

二　北京故宫天圆地方的建筑造型

中国文化，是尊天敬地的自然文化。天圆地方的建筑造型，在北京故宫的建筑中，有着丰富多彩的表达方式。例如：

（1）内圆外方的宫门造型。

北京紫禁城四周城门门洞上方的门楣，都是内圆外方的。其寓意，见元代马祖常的如下诗句：

御沟流水晓潺潺，直似长虹曲似环。
流入宫墙才咫尺，便分天上与人间。

① 韩增禄：《“水火棍”的样式与中国易学文化》，《中国戏曲学院学报》1997年第4期。

北京紫禁城内圆外方的门洞，是依据天圆地方理念的造型，象征着紫禁城内外犹如天地之别（见图37、图38、图39、图40、图41）。

图37　北京故宫午门外侧之方形门洞（韩增禄摄于2003年6月17日）

图38　北京故宫午门内侧之圆形门洞（韩增禄摄于2006年5有28日）

（2）上圆下方的龙井结构。

太和殿龙井又称“藻井”（见图42）。

（3）天地相交的方圆建筑。

“天地交而万物通也。”①

---

①《周易·泰·彖传》。

图 39　内圆外方的北京故宫东华门门洞（韩增禄摄于 2003 年 7 月 9 日）

图 40　内圆外方的北京故宫西华门门洞（韩增禄摄于 2003 年 7 月 9 日）

“天地合和，生之大经也。”“阴阳和而万物生矣。”①

东汉王充曰：“天地合气，人偶自生也。犹夫妇合，子则自生也。”②。

北京故宫前朝的中和殿，为上圆下方的四方攒尖瓦顶、圆形宝顶（见图 43）。象征天地之和、万物兴旺。

（4）地久天长的方圆建筑。

御花园中的万春亭与千秋亭，均为上圆下方，四面加抱厦的黄色琉璃瓦

① 吕不韦、刘安著，杨坚、前言点校《吕氏春秋·淮南子》，岳麓书社，1989，第 85、260 页。

② （东汉）王充：《论衡》，上海人民出版社，1974，第 47 页。

图 41　内圆外方的北京故宫神武门门洞（韩增禄摄于 2003 年 6 月 3 日）

图 42　太和殿上圆下方的龙井（韩增禄摄于 2004 年 7 有 24 日）

顶（见图 44、图 45）。

（5）尊卑分明的方圆建筑。

位居北海公园天门方位之五龙亭（龙泽亭、澄祥亭、涌瑞亭、滋香亭、浮翠亭）。

这里原是明代泰素殿旧址，殿中有草亭。清顺治八年（1652），拆泰素殿，改建五龙亭。五龙亭又叫天地亭，是清代君臣钓鱼的场所。中间的龙泽亭，为五亭之首。按照天圆地方的理念，龙泽亭是上圆下方的重檐顶，圆形属天象，是只有皇帝本人才能垂钓的地方。左、右两侧分别为方形攒尖重檐顶

图 43　北京故宫上圆下方的中和殿屋顶造型（韩增禄摄于 2004 年 8 月 13 日）

图 44　北京故宫御花园中上圆下方四面加抱厦的万春亭
（韩增禄摄于 2003 年 7 月 9 日）

图 45　北京故宫御花园中上圆下方四面加抱厦的千秋亭
（韩增禄摄于 2010 年 7 月 2 日）

的澄祥亭、涌瑞亭。左右两侧分别为方形攒尖单檐顶的滋香亭、浮翠亭。而且，其平面布局为龙泽亭居前，澄祥亭、涌瑞亭与滋香亭、浮翠亭依次退后。在建筑体量上，中间的龙泽亭最为高大，由中间到左、右两侧，由内而外，呈依次递减之势。五龙亭建筑的造型与布局，表明：即使是在天门方位钓鱼的休闲场所，君臣之间也要讲究尊卑分明（见图 46）。

图 46　位于西北乾方天门方位的北海五龙亭
（韩增禄摄于 2002 年 10 月 24 日）

(6）象征皇权的方圆建筑。

位于乾清宫月台东、西两侧，仿木结构建筑、上圆下方的江山金殿、社稷金殿（见图47、图48）。

图47　位于乾清宫东侧上圆下方的江山金殿（韩增禄摄于2003年06月30日）

图48　位于乾清宫西侧上圆下方的江山金殿（韩增禄摄于2006年05月28日）

作者单位：北京建筑大学

周易文化与中国戏曲的表演美学

胡志毅

摘　要：周易是中国文化的符号，中国戏曲则是中国文化的载体。因此，周易文化和中国戏曲有着神秘的契合。中国戏曲晚出，古老的周易文化也影响了中国戏曲的表演美学，本文从太极与阴阳、八卦与五行、功法与意象对周易文化与中国戏曲的表演美学进行了阐释。本文认为，周易文化与中国戏曲的关系，是一种美学的抽象思维和表演的具体实践之间的关系，这种关系表现了中国戏曲的表演艺术特征，可以上升到表演美学的高度，从而显示了中国戏曲美学的独特性。

关键词：周易文化　中国戏曲　表演美学

周易是中国文化的符号，中国戏曲则是中国文化的一个载体。因此，周易文化和中国戏曲有着神秘的契合。[①] 中国戏曲晚出，古老的周易文化也影响了中国戏曲的表演美学，这主要呈现在太极与阴阳、八卦与五行、功法与意象的分类上。

一　太极与阴阳

一般认为，有人认为《易传》是孔子所作，和儒家有着直接的联系。但是，有学者认为，诸子各家都重视易学研究，各家的理论主张和治学旨趣也不同程度地反映到易学研究中，影响着易学和易学思想的发展。张涛说：

> 《易传》并非成于某一时间、某一地点，亦并非成于某一学派、某一学者，而是陆续成于战国中后期的一些易学家之手。……它吸收百家、

① 周育德：《中国戏曲文化》，中国戏剧出版社，2010，第361页，其中就对周易与中国戏曲文化的关系进行了梳理；王政的《周易与元明戏曲》，《周易研究》2011年第2期，将周易与元明戏曲的关系进行了考证。

综合百家，又扬弃百家，超越百家。”[①]

在这里，我们且从周易和道家的关系入手来分析，陈鼓应认为，《易传》是道家系统的作品而非古今学者所说的“儒家制作”。[②] 中国戏曲和道家的关系密切，三国魏阮籍在《通老论》中曰《易》谓之太极，《春秋》谓之元，《老子》谓之道。（《全三国文》卷四十五）唐孔颖达说：“太极，谓天地未分之前元气混而为一，即是太初、太一也。故《老子》云‘道生一’，即此太极也。又谓混元既分，即有天地，故曰‘太极生两仪’，即老子云‘一生二也’”。《周易·系辞上》孔颖达疏）[③] 因此，中国戏曲的表演美学，可以从老子所说的“道生一，一生二，二生三，三生万物”说起。盖叫天在京剧表演中悟道式地说道：

凡事要想，不想没有。一想，要从头想起。也就是说，凡事从“一”想起，再想这二，这样，就一生二，二生三，三生万物，万物再归“一”，“一”又生长出更新的东西来。所以这“一”很重要，是思想，是基础，是目的，是发生一切事物的根本。他将这个道理运用于戏曲表演之中，说道，万事都得先找到这“一”，找到这“一”，就别让他“跑了”，时刻记住这“一”。唱戏也是如此，没有出台，先想想我在这戏里演什么人物，多大岁数，出场为的什么事儿，该有什么养的身份品局，找到这“一”，上了台打一出场就始终守住它。[④]

盖叫天说，凡是想一，一生二、二生三，三生万物。这个“一”，就是石涛所谓的“一画”，石涛说：

一画者，众有之本，万象之根。

太古无法，太朴不散，太朴一散而法立矣。法于何立，立于一画。（石涛《画语录．一画章》）。

这个“一画就是太极”。[⑤] 在中国戏曲中，这种太极不仅仅是“粤剧包公

---

① 张涛：《秦汉易学思想研究》，中华书局，2005，第21页。

② 陈鼓应：《易传与道家思想》，商务印书馆，2007，第12页。

③ 转引自张涛《秦汉易学思想研究》，第16页。

④ 盖叫天口述，何慢整理，龚义江编《粉墨春秋——盖叫天舞台艺术经验》，中国戏剧出版社，1980，第151~152页。

⑤ 本人曾和已故中国美术学院教授，著名画家周沧米先生有过交往，他曾对我说，石涛的一画，就是太极，这是中国绘画以书入画的本质。

脸谱的额头是一幅规范的太极图”、“杨小楼精通根据易理创造的太极拳”,[①]而且是一种形而上的抽象的表演美学。

《易传·系辞上》的第十一章曰:“是故,易有大极,是生两仪,两仪生四象,四象生八卦。《易》中的一阴一阳也是两仪。阴就是阴爻,用--来表示;阳就是阳爻,用—来表示。[②]《系辞下》说:“子曰:乾坤其《易》之门耶!乾,阳物也。坤,阴物也。阴阳合德而刚柔有体,以体天地之撰,以通神明之德。”这就形成了“一阴一阳之谓道”的说法。陈鼓应说,阴阳是指乾坤二卦,即以乾卦卦体为阳,以坤卦卦体为阴。[③]庄子曰:“易以道阴阳。”(《庄子·天下》)此说明了周易与道家的阴阳的关系。

中国戏曲的演员有着阴阳之分,如生、旦,就是男、女,但是,生有女小生,旦有乾坤之分。

中国戏剧的角色原型可以追溯到中国文化的源头,如我们前面所说的中国文化的“意义的原型”,即老子《道德经》的“道生一,一生二”。老子的“守雌抱雄”就是一种男女同体的现象。对于上古流传下来的伏羲女娲二合一连体造像。叶舒宪解释说,正像“男人的一半是女人”或“女人的一半是男人”;伏羲女娲神话暗示出来的也正是“伏羲的一半是女娲”,“女娲的一半是伏羲”。[④]这种“男女同体”的文化渊源,自然会表现在装扮性的戏剧中。

在中国戏曲史的记载中,男扮女装似乎要多于女扮男装。谭帆指出,“据司马师《废帝奏》记载,魏齐王曹芳曾使小优郭怀、袁信在广望观表演《辽东妖妇》,且扮相淫亵,使过路行人都为之掩目。这一记载透露了中国古代优伶发展史上的一个重要的信息:‘以男饰女’,这是中国戏曲演剧史上的传统,无疑,这一传统在魏晋时就已肇其端了。据说南北朝时,后周宣帝就‘好令城市少年有容貌者,妇人服而歌舞’(隋书·音乐志》),风气已开始流行”。到了宋代,“由于宋杂剧表演因素的扩大,角色行当也随之增加,出现了五种相对稳定的角色类型:末泥——男主角,引戏——戏头(多数兼扮女角,称‘装旦’),副净——被调笑者,副末——调笑者,装孤——扮演官一类的角色。这五种角色类型世称‘五花爨弄’。”[⑤]清代纪昀在《阅微草堂笔

---

① 赵建永:《〈周易〉与京剧艺术》,《周易研究》1996 年第 1 期。

② 金景芳讲述、吕绍刚整理:《周易讲座》,吉林大学出版社,1987,第 19 页。

③ 陈鼓应:《易传与道家思想》,第 12 页。

④ 叶舒宪:《阉割与狂狷》,上海文艺出版社,1999,第 115~124 页。

⑤ 谭帆:《优伶史》,上海文艺出版社,1995,第 12 页,第 20~21 页。

记》卷十二中曾描述了一个男伶的心理体验：

> 吾曹以其身为女，必并化其心为女，而后柔情媚态，见者意消。如男心一线犹存，则必有一线不似女，乌能争蛾眉曼睩之宠哉！若夫登场演剧，为贞女则正其心，虽笑谑亦不失其贞，为淫女则荡其心，虽庄坐亦不掩其淫；为贵女则尊贵重其心，虽微服而贵气存；为贱女则敛抑其心，虽盛妆而贱态在；为贤女则柔婉其心，虽怒甚无遽色；为悍女则拗戾其心，虽理诎无巽词。其他喜怒哀乐，恩怨爱憎，一一设身处地，不以为戏而以为真，人视之竟如真矣。

在这里，这位男伶的“设身处地”式的表演，可以达到乱真的程度，可以说是男扮女装的演员的一种例证。

京剧和越剧就有一个特别有趣的现象：京剧是由男演员来扮演女性角色，称之为男旦，而越剧则是由女演员来扮演男性角色，称之为女小生。这和地域文化是相关的，如果说，北方是男性化的，那么南方是女性化的，男性化的北方需要以男性来扮演女性，而女性化的南方需要女性来扮演男性，这是一种互补。

京剧中的四大名旦，就是如此。梅兰芳扮演的旦角是一种典范，他对于旦角从梳头到服装都有非常精到的体会：“旦角的梳头除了必须的、最简单的首饰以外，闺门旦还不免要戴些花。”“梳头要求高低厚薄合适，髻心略凹，髻的边缘要分明，特别上端更要清楚，让观众看清髻的造型美，同时要求抱紧而不要有单摆浮搁的感觉，如果成一个不见棱线的圆包，或薄而下溜，都不好。”“旦角的斗篷，有花有素。过去老习惯是武的穿花，文的穿素（所谓素，并不是专指黑白蓝等素色，而是包括各种颜色，只是不作花，就叫素的）。该穿素斗篷的也不一定纯素，也可以点缀一些疏落的小花或花边等。武旦则常常穿大花斗篷。我穿过素的，也穿过花的，我觉得虽然不必过于强调文武之分，但有些角色穿的太热闹了是不大相宜的。”① 从这里，我们可以看出梅兰芳对于女性的梳头和服装的理解，似乎比女性本身的理解更出色、更细腻。

在越剧中，最典型就是《梁山伯与祝英台》，祝英台女扮男装为越剧的表演提供了最佳的基础。而《红楼梦》中的女性化的贾宝玉也为越剧的女小生提供了表演的舞台。和京剧中“帝王将相”相比，越剧更多的是“才子佳

---

① 梅兰芳：《谈舞台美术》，《舞台美术文集》，中国戏剧出版社，1982，第4~6页。

人”。因为越剧是从“女子文戏”中发展起来的。越剧的女小生最著名的有演《红楼梦》的徐玉兰，和演《陆游与唐琬》的茅威涛等。

二 八卦与五行

周易《系辞》曰：“太极生两仪，两仪生四象，四象生八卦。”周育德说道，中国传统戏曲舞台上的“一桌二椅”恰似《周易》的阴阳卦爻符号。他又说，戏曲舞台上的“一桌二椅”真像《周易》由阴爻和阳爻构成的“单卦”。① 赵建永也认为，同“二爻构象”思维相一致，传统的京剧都采取“一桌二椅”式的舞台装置。②

傅秋敏认为，易经八卦“这种化繁为简的虚实象征关系也影响了中国戏曲。象征性或为戏曲的一个典型特征”。她说，“八卦这种排列称为‘后天八卦九宫排列’像太极一样，也是一个圆。……圆是中国文化的一个特征。……在《梅兰芳文集》中，特意提到《顾误录》的作者通过引用八卦的图形，通过《七调圆图》及《十二旋律宫图》来呈现出音调的不同作用。”③

中国戏曲中的三国戏。诸葛亮是一个人物，在《借东风》中，他穿着的八卦衣就是一种图像符号。

周易在八卦之外，还有一个五行的理念：金、木、水、火、土。这个理念，不仅影响了中国的哲学，也影响了中国的艺术，如音乐中的宫、商、角、徵、羽，戏曲的行当就是，生、旦、净、末、丑。

傅秋敏把梅兰芳的空间平衡关系进行阐释，她说，假如我们把梅兰芳所划分的五块空间同五行联系起来，从这幅图中就可以发现东、西、南、北、中五个方向还有一层引申义。《尚书》中写的五行是金、木、水、火、土。五行就像五个象征性的标志，可以构成世间各种事物。④

中国传统文化中，有“阴阳五行”之说，所谓“阴阳”，我在前面已经论述过“男女的反串”，而“五行”则与角色的类型有关。所谓五行，即木、火、土、金、水，它体现在音乐中是宫、商、角、徵、羽；体现在戏曲中就是生、旦、净、末、丑。当然戏曲中的行当还可以细分。景孤血指出，中国

---

① 周育德：《中国戏曲文化》，第361页。

② 赵建永：《〈周易〉与京剧艺术》，《周易研究》1996年第1期。

③ 傅秋敏：《梅兰芳京剧艺术研究》，文化艺术出版社，2015，第133～134页。

④ 傅秋敏：《梅兰芳京剧艺术研究》，第108～109页。

戏曲之有"行当"，元杂剧时代，已经有了"正末、冲末、小末、外、正旦、老旦、外旦、搽旦、净、丑、杂、卜儿、邦老、人来"等分别。汉剧分成的"十门角色"，分别为：一末、二净、三生、四旦、五丑、六外、七小、八贴、九人夫、十杂。京剧有"八门"：生、旦、净、末、丑、净斗、上下手只为两或三门，这七行是"生、旦、净、末、丑，另加打旗、武行。但是实际上还是"生、旦、净、末、丑"。

显然，中国戏曲的角色类型，是有一个发展过程的。洛地指出：

> 中国戏曲艺术构成之内，有脚色在焉。戏曲萌芽之初，其扮演即有趋向脚色化之势。脚色及其体制形成之过程，即戏曲形成之过程。自"参军"、"苍鹘"、"五花爨弄"，至宋戏文，脚色齐全而戏曲成熟。元曲杂剧以曲为剧，其色唯二："正脚"与"外脚"耳。《荆钗》《琵琶》出，其后脚色体制乃定，于艺术为完整之组合，于班社为严整之组织；且，剧本之结构、场上艺术综合俱维系其上。①

钱南扬指出：

> 为了提高表演技术，所以要分工，把戏中人物分成若干类型，由演员分别扮演，使各有专精，于是有脚色之名。唐戏弄、北宋杂剧、金院本，脚色分类还较简单。戏文继承了古剧，又有所发展，角色乃渐趋完备。《南词叙录》分脚色为七类，大致与《戏文三种》《琵琶记》合。②

从以上的生旦净丑来看，中国戏曲的角色都有其来源，而这是构成中国戏剧体系的非常重要的部分。就像洛地所说的，生，剧中之主者也，旦，剧中之合者也，丑、净，剧中之离者也。末，脚色制之灵魂。故，脚色以"生旦末丑净"五家门为制，辅者并非必备。③ 焦菊隐指出，把角色分成若干不同的行当，不仅表明人类心理活动多种多样，其丰富程度是惊人的，而且使演员在掌握其某一类型人物的表演技艺方面能精益求精。④ 谭帆也说，一般地说，"角色行当"在表演时，各异其趣：在男角色中，老生雍容端庄，小

---

① 洛地：《中国戏曲文学剧本结构与场上艺术结构的凝聚点中国戏曲艺术存在的实体——角色制》，《艺术研究》第八辑，第 138 ~ 139 页。

② 钱南扬：《戏文概论》，上海古籍出版社，1981，第 228 页。

③ 洛地：《中国戏曲文学剧本结构与场上艺术结构的凝聚点中国戏曲艺术存在的实体——角色制》，《艺术研究》第八辑，第 140 ~ 141 页。

④ 《焦菊隐文集》第 1 卷，文化艺术出版社，1986，第 168 页。

生倜傥风流，老生气局苍老，花脸粗豪雄浑，小丑则风趣戏谑；在女角，青衣庄重娴静，花旦活泼窈窕，闺门旦秀雅柔婉，刀马旦则明丽婀娜。[①] 而观众是根据自己的审美趣味来观赏各种角色。形成了中国戏曲舞台的五光十色的世界。

三　功法与意象

傅秋敏说，像太极八卦的圆“在戏剧中，圆不仅体现在步法上，还体现在唱法和动作上。圆是表演的基本原则”。她认为，“手膀动作讲究圆”、唱腔要“字正腔圆”。[②]

中国戏曲十分强调基本功和表现方法，这就是所谓的“四功五法”。四功，就是唱、念、做、打；而五法就是手、眼、身、法、步。在这里，手、眼、身、法、步，程砚秋认为是手、口、眼、身、步，而手、眼、身、法、步中的“法”，焦鞠隐说是“发”。但是张庚说这都是次要的问题，重要的是如何表现，他说，“我感觉所谓五法，就是具体地演一个戏的时候，应如何运用你的眼睛，如何运用你的手式，如何运用你的身体和脚步来表现一个人物在规定情境里面的动作。”他引述侯喜瑞的话说，眼睛看有五种：什么叫看，什么叫视，什么叫瞧，什么叫眇，什么叫睇；瞧的时候，看的时候，以至视睇的时候，都要拉上什么架势。他琢磨的是用眼睛如何动，手如何指，步法如何走，身子是怎么样的姿态，把这些连在一起，如何来表现一种内心的情绪、感情和心理活动。[③] 而在笔者看来，姿势不仅仅是一种本能，一种模仿，也是一种抽象，一种体验，它能抽象出宇宙的节奏，体验太极的欢愉。

《周易·系辞上》曰：“立象以尽意”。周易的抽象思维方式，影响了中国戏曲是写意的程式，虚拟的意象。赵永健从易象的象征功能与京剧表演城市的象征原则、观象会意与京剧写意手法的灵活、易象的多义性与京剧道具功能多样化三个方面进行论述，[④] 给人以启示。宗白华引《易》云：“天地絪缊，万物化醇”，这生生的节奏是中国艺术境界的最后源泉。[⑤] 而从中国戏曲

---

① 谭帆：《优伶史》，第111～112页。

② 傅秋敏：《梅兰芳京剧艺术研究》，第134页。

③ 张庚：《漫谈戏曲表演体系问题》，《中国戏曲理论研究文选》（下），上海文艺出版社，1985，第326页。

④ 赵建永：《〈周易〉与京剧艺术》，《周易研究》1996年第1期。

⑤ 宗白华：《中国艺术境界之诞生》，北京大学出版社，1987，第157页。

的表演美学上说，“在戏曲舞台的艺术里，每一种艺术美被溶化到表演中来，则都成为塑造形象的直接手段，都成为形象本身”①。在这里，意境和形象都和“立象以尽意”的意象有关。笔者则从中国戏曲的唱念、布景和道具（砌末）等方面来阐释“立象以尽意”的“意象”。

先说唱念之意象。姚文放引用了王思任的《批点玉茗堂牡丹亭叙》说：

……古今高才，莫高于《易》。《易》者，象也者，像也。其次则“五经”递广之，此外能言其所像，人亦不多。左丘明、宋玉、蒙庄、司马子长、陶渊明、老杜、大苏、罗贯中、王实甫、我明王元美、徐文长、汤若士而已。

姚文放解释说，历来合乎《周易》之旨，“能言其所像者”，除了“五经”之外，虽然代不乏人，但是屈指可数，就戏剧作者而言，仅王实甫、王世贞、徐渭、汤显祖而已。②

在中国戏曲中，王实甫的《西厢记》是最具意象性的典范，最为有名的就是脍炙人口的那句：

碧云天，黄花地，西风紧，北雁南飞……

全剧要表现的是“愿天下有情人皆成了眷属”的主题，剧中的意象都是围绕这个主题来表现的。

汤显祖的《牡丹亭》中的唱念之意象也堪称典范。《牡丹亭》由梦情而化为梦境，在某种意义上说也就是梦的意象。杜丽娘“可谓是有情人耳”。她在“惊梦”以后又去后花园“寻梦”。她吟咏这些景物，其实就是吟咏她失去的梦情，此所谓“一切景语皆情语也”。她在“游园”的过程中唱道：

原来姹紫嫣红开遍，似这般都付与断井颓垣。良辰美景奈何天，赏心乐事谁家院。

然而，她寻来寻去，已寻不着惊梦之情，于是她更为伤怀。她的梦情难诉，于是就让自己在死后葬于梅根之下，永远伴随着她的梦中人。在这里，“游园”看到的景象成为她梦中的意象。

---

① 陈幼韩：《戏曲表演美学探索》，中国戏剧出版社，1985，第10页。

② 姚文放：《中国戏曲美学的文化阐释》，中国人民大学出版社，1997，第163～164、166页。

次说布景之意象。中国古代戏曲没有布景，或者说，中国的戏曲布景是虚拟的。它是随着演员的虚拟性动作来显现。曾永义说，因为舞台的空间有限，举凡屋舍城墙的布置或车马舟楫的运行，都无从处理；另外如战阵所用的刀枪戈戟，用真物则易主危险，且妨碍舞姿；所以只得用假物使之徒具其形，甚至以部分代全体，完全采取象征的形式。譬如一块布画上城墙，便成了铜墙铁壁，画上轮子，便成了布辇安车；画上风，便可以使场面尘烟滚滚；画上水，也可以使舞台波涛汹涌。挥动一支马鞭，于是有万里驰骋的英姿；摇动一支舟楫，于是有孤帆远影的写照。成为广阔的天地，便没有什么事物不能容纳与表现的了。① 但是富有意味的是，中国戏曲喜欢用戏曲故事所发生的中心地点作为剧名，如《长生殿》等。在何新看来，“长生殿”其实是汉代的益寿宫的变名，意即“桂宫”。“桂宫”以月宫为名，西王母就是中国的月神，即牵合男女爱情的高媒神——月老，即月下老人。他因此得出结论说，长生殿是高媒女神宫。② 从这个意义上说，《长生殿》所表现的是原型象征。到了现代，中国戏曲吸收了西方现实戏剧的布景方式，这就带来了一系列的矛盾，尤其是现代戏曲的改革。新时期以来，中国戏曲越来越强调它的写意的布景，使得戏曲的布景符合它的虚拟性的美学规律。中国的布景是以神写形的，如昆曲《千里送京娘》，赵匡胤送京娘，一路风光的变化都是通过表演来实现的。越剧的《十八相送》也是如此。

再说道具（砌末）之意象。中国戏曲的道具，被称为“砌末”。中国戏曲的舞台道具也是具有意象性的。曾用义说，“元杂剧所用的道具叫砌末。砌末的使用，比较微细的像扇子和酒器，不妨用真物上场；但比较笨重的，或会妨碍演出的，就不能用真物了。”③ 在这里，“比较细微”的“砌末”就是指的小道具。中国戏曲特别喜欢采用信物作为剧名，如《琵琶记》《荆钗记》《桃花扇》等。孔尚任的《桃花扇》中的桃花扇，既是全剧的核心意象，也是道具意象。桃花扇是侯方域和李香君情感的意象。从一开始作为感情的信物，而后李香君以自己的鲜血点染桃花扇，又显示感情的坚贞，而最后被张瑶星法师一声怒喝，撕毁桃花扇。侯李两人猛然醒悟，当场撒手。同样是扇子，在冯洁编剧、郭小男导演的越剧《寒情》中却得到了一种虚拟的运

---

① 曾永义：《中国古典艺术的象征艺术》，《中国古典戏剧论集》，台湾联经出版事业公司，1986，第23页。

② 何新：《宫神女与中国古代的女神崇拜》，《诸神的起源》，光明日报出版社，1996，第448～449页。

③ 谭帆：《优伶史》，第111～112页。

用。编导根据在《史记·刺客列传》中荆轲爱好“品酒论剑”的记载，在剧中，“剑”和“酒”是一种传达“寒情”的道具。在《史记》中，荆柯刺秦王用的是匕首，而不是剑。在剧中，运用假定性的手法，用扇子代替剑，富有创意。这使得这出剧既塑造了荆轲这样的游侠刺客的形象，又保持了越剧柔美的特色。

总之，周易文化与中国戏曲的关系，是一种美学的抽象思维和表演的具体实践之间的关系，这种关系表现了中国戏曲的表演艺术特征，可以上升到表演美学的高度，从而显示了中国戏曲美学的独特性。

作者单位：浙江大学

先秦“乐气”思想与《易》的“三才”之道*

张　涛　谢炳军

摘　要：《三易》在推测天地的变化、鬼神的意志及最终预示人事的走向等方面起着重要作用。由此产生的中国人的神灵观念、思维方式及行事原则及祭祀仪式，对中国早期的音乐艺术的发展及演变产生了深刻的影响。先秦时期的“乐气”思想的成形、发展及其流变与此《三易》文化的影响密切联系。以“乐气”贯穿娱乐神灵的仪式，此与《周易》所认为的神灵难以预测其具体位置、神灵变化不穷等观念直接相关。古人希望通过“乐气”来协调天、地、人三才的关系，促使游离于天地的神灵给予指示，以安排人事。以“乐气”愉悦、感激神灵的仪式，并由此产生的颂神之歌、舞蹈、乐器，以及音乐教育的方法、价值理念等，也与《易》文化的涵养有着不可分割的关系。总之，《易》文化尤其是《周易》的思想对先秦“乐气”思想以及音乐理论的形成及发展、乐教价值观等方面具有深远的意义。

关键词：《三易》　《周易》　乐气　乐器　乐教

《三易》包括《连山》《归藏》《周易》，按照中国传统的学术观点，《连山》文本的生成与使用主要在夏代，《归藏》则在殷代，《周易》则在周代。从文献、文本生成的一般规律来看，这种学术观点体现了文化传承与发展的轨迹，具有合理性和科学性。所以在未有足够的文献支撑的前提下，不宜轻易否定这种观点。显然，《易》文化的产生又在《三易》各文本的生成之前。本文所指的《易》文化，则是广义上的《易》文化，除了《三易》所包罗的文明，它还包括占筮文化的萌芽、占筮的思维方式、占筮的心理特征、八卦文化的形成、八卦文化的价值观念，以及在这些文化影响下所产生的人类

* 本文系北京市社科基金重点项目“易学思想与儒释道文化融合”（项目号：16ZXA001）、国家社科基金重大项目“‘群经统类’的文献整理与宋明儒学研究”（项目号：13&ZD061）阶段性成果。

文明的产物。

当中国古哲在追溯《三易》的文明之时，提到的第一个关键人物是伏羲。《周易·易传·系辞下》说："古者包牺氏之王天下也，仰则观象于天，俯则观法于地，观鸟兽之文与地之宜，近取诸身，远取诸物，于是始作八卦，以通神明之德，以类万物之情。作结绳而为罔罟，以佃以渔，盖取诸《离》。"东晋韩康伯《注》说："圣人之作《易》，无大不极，无微不究，大则取象天地，细则观鸟兽之文与地之宜也。"《系辞下》肯定了伏羲在《三易》文明形成过程中的丰功伟绩。韩氏《注》则总括了圣人伏羲所创作的八卦的文化大格局，认为《易》取材于万事万物，既包含着形而上的大道，又容纳着形而下的形、器。《易》在此处指的也是大文化的《易》。在此《易》文化或《易》文明影响之下的中国早期文化，呈现出注重现实应用的特征。不管是推明大道，还是探知万物之性质，最后的落脚点都是希望达到知行的合一的状态。具体而言，通晓神明的指示，观察物体的形象、功能，是为了获得人类发展的去向、制造工具而推进人类的发展。这种朴素的生存哲学及注重应用的思维特征，是中国古民在面对险恶的生存环境、落后的生产力、鬼神旨意难明等状态下的产物。这种思维特征以及行事观念对中国的音乐歌曲的创作、乐器的制造、舞蹈的设计、音乐的教学及音乐理论的品质等，产生了直接与深远的影响。而目前学界，关于《易》学与中国艺术的研究成果很少。笔者在此，先想谈谈《易》文化中的三才之道与先秦"乐气"观念的关系，借以抛砖引玉，就教于方家。

《周易·易传·说卦》说："昔者圣人之作《易》也，将以顺性命之理，是以立天之道，曰阴与阳；立地之道，曰柔与刚；立人之道，曰仁与义。兼三才而两之，故易六画而成卦。"是天、地、人各有其运行的规律，而人类知道天地的旨意，获得神灵的指示，从而达到顺应天命、获得祥和的目的。人们从寒暑、昼夜的变化之中感知了阴阳的存在。《系辞下》说："日月运行，一寒一暑。……刚柔者，昼夜之象也。……日往则月来，月往则日来，日月相推而明生焉；寒往则暑来，暑往则寒来，寒暑相推而岁成焉。"日月的变化、寒暑的往来，甚至山崩地裂，在古人看来，都是神灵的力量在冥冥之中起着作用。《系辞上》说："神无方而易无体。"是神灵无有形状可捉摸，无有方向可寻觅。但神灵在古人看来是有着感情的，从万事万物的变化，尤其是人事的重大变化，可感知鬼神的喜怒。《系辞上》说："精气为物，游魂为变，是故知鬼神之情状。"精气即阴气和阳气相互融合而形成的气，它聚集在一起便形成事物；若它离散便形成变化。通过阴阳之气的变化，可以感

知鬼神的旨意。从此认识出发，为了更好地沟通鬼神，协调天地间的阴阳之气，使之不至于紊乱、闭塞，古人从《易》文化之中得到了启示：通过制造乐器，演奏乐器，唱歌、表演来娱乐神灵、歌颂神灵，从而使天道、地道、人道的运行归于正常。

六代之乐即是告成与颂神的仪式诉求中的产物，寄托着人类的天、地、人协和的朴素而崇高的理想。它们的产生由《易》文化中的取象、观物的思维形式所影响，又与《易》文化中观象制器以及注重变化的观念密切相关。由伏羲为核心的领导集体总结了古民在长期的生存斗争中积累的经验与智慧，改进捕猎及捕捞的工具与技术，提高了社会生产力。这些智慧体现在由他为核心的领导集体而创作的八卦体系之中。并经过世代的口头相传而最后被载入《易传》之中。显然，此中《易》文化中所突出的古民的思维方式及行事风格，对中国古民的影响是方方面面的。六代之乐作为表现形象、声音等的音乐艺术，它以舞蹈动作的刚、柔协调来表现情境，以声音的高低、缓急的协和来表现人们的情志。这些皆有一个终极的目的，即表现人间的和乐景象，展示王者的仁义及丰功伟绩，从而感谢、歌颂神灵的眷恋。从本质上来讲，六代之乐最终要表现的思想是天、地、人的和气。即使是表现周武王的赫赫武功的《大武》之乐，它最终的艺术归宿也是“和”。“和气”的意识正是《易》文化的一个思想灵魂。它的这种价值观念被《说卦传》所概括，即“昔者圣人之作《易》也，幽赞于神灵而生蓍，……和顺于道德而理于义，穷理尽性以至于命”。古民希望顺应天道、神道而达到王天下的目的，使人道得以彰显。当然，人道的内容随着人类文化的发展而在不断发展，但它在中国的文化之中必定是以“和”为归宿。在《易经》的卦辞、爻辞之中，不中正、不和谐，即有悔恨、有吝咎、有凶险，如《乾·上九》爻辞“亢龙有悔”、《坤·上六》爻辞“龙战于野，其血玄黄”、《讼》卦辞“中吉，终凶”、《师·初六》爻辞“师出以律，否臧凶”，等等。作为音乐教学范本的六代乐舞，它也是以中正、和谐的理念教育王者的继承人、各诸侯国的接班人。《周礼·春官·大司乐》载：

> 以乐舞教国子，舞《云门大卷》《大咸》《大磬》《大夏》《大濩》《大武》，以六律、六同、五声、八音六舞、大合乐，以致鬼神示，以和邦国，以谐万民，以安宾客，以说远人，以作动物。

此种教育的价值观的内容有具体的乐舞知识、音乐训练、神道的教育、治国理政的方法教育。它贯穿着“和谐”的思想。“和谐”的文化及价值理念正是《周易》经传的思想的精华之一。六代之乐尽管它们的内容不同，但它的思想是一致的。而且，从六代之乐的教育目标来看，其中之一是以鬼神观念来教育国子，此与《周易》“以神道设教”的思想相同。

与六代之乐不同，巫歌是另一种风格的艺术体式，巫师作为神灵的代言人，以歌唱的方式对不协调的神、人、自然关系发出矫正的命令，《礼记·郊特牲》载：“土，反其宅；水，归其壑；昆虫，毋作；草木，归其泽！”[①]伊耆氏所唱的巫歌展示了古民面对恶劣的自然环境所提出的殷切希望。而在古民那里，土、水、木、金、火皆与“气”或“气物”相连，如黄帝“治五气”，又如《礼记·礼运》载：“天秉阳，垂日星；地秉阴，窍于山川。播五行于四时，和而后月生也。是以三五而盈，三五而阙。五行之动，迭相竭也。五行、四时、十二月，还相为本也。五声、六律、十二管，还相为宫也。五味、六和、十二食，还相为质也。五色、六章、十二衣，还相为质也。”[②]此言阴阳之气息对天地的功用，五行之气息于四季的作用，气息、声律、味道、色质等皆处于循环反复之中，构成了天地宇宙及万事万物，而气息居于核心位置。

鬼神的旨意可以通过气息的状态洞察，故中国古代政权的兴衰更替被认为与一个政权的气象相关，“望气知政”成为史书的一种传奇书写。黄鸿春说：“在甲骨卜辞中，殷人把支配风雨云隮的各方神灵作为祭祀对象，‘气物’因被视为神灵意志的显现和吉凶的表征而受到重视。”[③]即鬼神掌管着一个政权的气象，具有“天子气”是决定一个人成为王者的必备要素。而要保有“天子气”并使之顺利承传，即要协和天地的阴阳之气，五行之气息等等。而协和人类、鬼神、万物的气息，用乐被古人认为是一种适宜的方式。

为什么巫师不是以言说的方式调和鬼神、自然与人的关系，而是以唱歌、舞蹈的形式沟通天、地、人或神、人、自然的关系呢？这就涉及到“乐气”的问题。气的观念与知识应用广泛，可用于古民之医学，如《周礼·天官·疾医》说：“疾医掌养万民之疾病……以五气、五声、无色，眡其死生。”[④]气、声本质相同，色是气外露的表现。气息的强弱可从人之声音、形体之色调感知。气的生灭决定着人类及万物的消长，气是生命之始。在古民那里，圣人或贤者之孕育，与感应上帝或神灵之气息相连，《诗·大雅·生民》载：

① 郑玄注、孔颖达疏《礼记正义》，《十三经注疏》，上海古籍出版社，1997，第1454页。
② 《礼记正义》，第1423页。
③ 黄鸿春：《从“事神”到“敬德”：商周“气物”观的变迁》，《历史研究》2013年第2期。
④ 郑玄注、贾公彦疏《周礼注疏》，《十三经注疏》，上海古籍出版社，1997，第667页。

“厥初生民，时维姜嫄。生民如何，克禋克祀，以弗无子。履帝武敏歆，攸介攸止，载震载夙，载生载育，时维后稷。”[①] 此载姜嫄感应掌管生育的神灵之气，体内气息左右流通，震动不已，因而受孕而生后稷。

《尚书·太甲上》说：“恒舞于宫，酣歌于室，时谓巫风。”[②] 此指舞、歌与通鬼神的巫的关系，歌、舞是巫通神所藉的媒介。歌唱是搭建神、人默契沟通的媒介，它以人类气息最美妙的方式为神献上听觉、视觉的盛宴。气息，在先民那里是神、人、自然万物所共有的感知彼此的呼应。《礼记·效特牲》载：“有虞氏之祭也，尚用气。血、腥、爓，祭用气也。殷人尚声，臭味未成，涤荡其声，乐三阕，然后出迎牲。声音之号，所以诏告于天地之间也。周人尚臭，灌用鬯臭，郁合鬯，臭阴达于渊泉……臭阳达于墙屋。”[③] 血气、腥气、爓气、臭阳本质是气，声的本质也是气。“乐由阳来者也”，孔颖达疏：“阳，天也。天气化，故作乐象之，乐以气为化……阳化谓五声八音也。”[④] 凡此皆指向了乐的本质：协和之气，即是协和天地人三者关系的媒介。

乐，本意是“快乐”，《荀子·乐论》有云：“夫乐者，乐也。”[⑤] 乐之设最高的境界是神、人、自然万物都达到和乐、愉悦的理想状态。乐仪式，并不是死气沉沉的仪式符号，而是寄托着一种人类的终极关怀的方式。在古民那里，“乐气”是人类借以实现这种共同愿景的条件。

乐气是指由歌唱、伴奏、舞蹈等表演形成的人声、器物声、形体布局的气场，并由此形成的音乐观念及思想的总和。乐气的气场是融会人类强劲生命力的气息的场域，它从产生之时就与古民朴素的、美好的愿望及理想相连结。黄帝时的《弹歌》“断竹，续竹，飞土，逐害”[⑥]，就是古民们保持整饬的节奏驱逐鸟兽时的情景，呈现的是人们奔跑时力量的壮美、众声齐唱的威慑，伴随着弹器的节奏及鸟兽慌乱的鸣叫、飞奔，构成了融合原始的歌、舞、器物、节奏的古乐气场。此气场直接连接地气，又通接“天气”，向着神灵展示着人类表达孝志的诚心、团结的力量、拼搏的气势。古乐是人类共同享有的闪现着智慧之光的精神资源，乐的气场如同一种神奇的

---

① 毛亨传、郑玄笺、孔颖达疏《毛诗正义》，《十三经注疏》，上海古籍出版社，1997，第528页。

② 孔安国注，孔颖达疏《尚书正义》，《十三经注疏》，上海古籍出版社，1997，第163页。

③ 《礼记正义》，第1457页。

④ 《礼记正义》，第1446~1447页。

⑤ 董治安、郑杰文汇撰《荀子汇注汇校》，齐鲁书社，1997，第678页。

⑥ 赵晔：《吴越春秋》，《四部丛刊初编史部》，上海商务印书馆，1939，第66页。

力量，让古民的生活保持畅通的气息，灵动的生命气流，让古民不断去谱写人类文明史新的一页。

古民与神灵、万物等的交流和协调是通过乐的形式得以实现。古乐宛如神医，清除去人们阻滞的生活气场，引领人们走向一个阴阳协调的生活新场域。人们通过视觉、听觉、嗅觉等感知器官，以及手脚等动作肢体去体认气息对于人类生命的重大意义，体会到锻炼、控制、调节体内气流、人体呼吸的意义，认识到抒发、歌唱、舞动对人体身心气息平衡的作用。简而言之，人类对乐的释放与人的呼吸、天地之气、万物之气的宣泄、吸纳、均衡等的感性与理性的认识，使人们就地取材，借自然之物之利，观象及体认物之功能，从而创制了乐器。舞阳贾湖遗址的发掘，让我们有缘考察8000多年前的七声音阶骨笛，还有一支刻划有精美图案的两孔骨笛。[①] 对骨笛的功能的认识，吴钊称贾湖龟铃、骨笛可能是用于巫术礼仪的法器。[②] 作为通灵的仪式工具，龟铃、骨笛皆以气流的振动而发出声音，通过气息给神灵传达人类的愿望。骨笛手工技艺的精致，反映出人类对神灵的虔诚与对实现集体共同愿景的渴望，他们欲通过精心制作的乐器吹奏优美的音乐，献给神灵以愉悦的感受，体现了古民的艺术想象力与艺术构造力。

王子初说："贾湖人在骨笛上留给我们的那些刻画遗痕，说明这些骨笛的制作是贾湖人在当时已经流行的音律观念的驱使下精心设计、精心制作、有着明确音律规范的乐器，它清楚地体现出人类在新石器时代初期高度发达的音乐文明。"[③] 古民力图为神灵献上世间最美好的艺术产品，以给疲惫的心灵一个新的栖息，新的奋进力量，此等观念的发生说明人类进入了一个新的文化发生的起点，中国的音乐沿着这种观念开花结果，形成了良性的文化增长的循环。尤值得指出的是，古乐的发展始终以"气"贯穿其中，形成独特的中国音乐格局。此气是协和之气，是生命体征的均衡，是人与神灵的和谐感知与呼应，是人与自然万物的协和共生。古民以"气"的哲学考量音乐与思考天地宇宙，并生成了"和气"的中国古乐的总体格局，而值得玩味的是，新乐器、舞蹈等的产生常与"和气"直接联系。《吕氏春秋·仲夏纪·古乐》载：

---

① 中国科学技术大学科技史与科技考古系等：《河南舞阳贾湖遗址2001年春发掘简报》，《华夏考古》2002年第2期。

② 吴钊：《贾湖龟铃骨笛与中国音乐文明之源》，《文物》1991年第3期。

③ 王子初：《说有容易说无难——对舞阳出土骨笛的再认识》，《音乐研究》2014年第2期。

> 昔古朱襄氏之治天下也，多风而阳气畜积，万物散解，果实不成，故士达作为五弦瑟，以采阴气，以定群生。昔葛天氏之乐，三人操牛尾投足以歌八阕：一曰《载民》，二曰《玄鸟》，三曰《遂草木》，四曰《奋五谷》，五曰《敬天常》，六曰《达帝功》，七曰《依地德》，八曰《总禽兽之极》。昔陶唐氏之始，阴多滞伏而湛积，水道壅塞，不行其原，民气郁阏而滞著，筋骨瑟缩不达，故作为舞以倡导之。[①]

五弦瑟的功用是采阴气而调和过剩的阳气；八阙之歌舞是调和人、天地、神灵，使之达到和谐的局面；陶唐之舞是采阳气而疏通闭塞的阴气，令人体阴阳之气息协和、天地之气息平衡而畅通。乐调和气息的功能通过乐器的演奏、歌唱的宣泄、舞蹈的运行而得以实现。音乐于此并不是格罗塞所言的“只为艺术的目的”而“不为别的生活的目的卖力”[②]，实际上，并无存在纯粹的只为艺术而艺术的音乐，至少在中国古民那里是如此，音乐的流动是多层次的审美的艺术活动，是被赋予了神、人、自然沟通意义的体验方式，它指向此三者的通约之物，即气息。乐舞中各种气息的流动，人声、器物声、肢体语言、舞蹈场景等等，皆与气息的“有用性”相勾连，表现人们希望世界是怎样变迁的愿望，乐舞向观乐者、人们预设的在场的神灵展示生活的现状，正如莫砺锋所言葛天氏之乐“再现的内容显然正是当时的生产活动和社会生活”[③]，除此之外，其乐舞展开未来憧憬的美妙画面，“凤凰来仪”就是其中一幅，“总禽兽（万物）之极”也是其中一环。

在古民那里，神灵被赋予更高层次的生命权威，感应乐气而动的动物被赋予吉祥神物的地位。但神灵并非招之即来、挥之即去，招降神灵是一件困难之事，而人、神沟通的障碍越大，其价值与地位就越显重大。《楚辞·九歌》是神、人沟通的歌舞之作，它是古民内心图景生动的展示，人、神沟通的氛围也非处于乐气之中不可，楚人总是竭力营造一种芳芳、和美的气息场域而迎接鬼神的降临，如：“蕙肴蒸兮兰藉，奠桂酒兮椒浆。扬枹兮拊鼓，疏缓节兮安歌，陈竽瑟兮浩倡。灵偃蹇兮姣服，芳菲菲兮满堂，五音纷兮繁会，君欣欣兮乐康”（《东皇太一》）。[④] 王逸《注》：“屈原以为神无形声，难事易失，然人竭心尽礼，则歆其祀而惠以祉。”如同吸食芳芳的祭品、美酒

---

① 许维遹撰《吕氏春秋集释》，中华书局，2009，第118～119页。

② 〔德〕格罗塞：《艺术的起源》，商务印书馆，1984，第231页。

③ 莫砺锋：《论中国古代文学艺术的主要特征》，《文艺研究》2011年第10期。

④ 洪兴祖：《楚辞补注》，中华书局，1983，第56～57页。

之气，在古民那里，神灵也是通过乐气而感应盛美的歌舞。古民为鬼神虔诚地奉献和美的歌舞，一是娱神、颂神，二是求神，谢神、送神。但神、人以和的愿望往往可遇而不可求，鬼神性格反复无常，如"灵皇皇兮既降，猋远举兮云中"（《云中君》），甚至千寻万觅，不得相见，如"君不行兮夷犹，谁留兮中洲？……望夫君兮未来，吹参差兮谁思？驾飞龙兮北征，邅吾道兮洞庭"（《湘君》）。

因神、人沟通的不易，而乐舞的调和之气能呼唤鬼神，所以改造乐器；增添歌舞章节，如从单段乐章的《弹歌》到八阕之歌，再到九德之歌；模仿天地清响之物，如黄帝时伶伦"听凤凰之鸣，以别十二律"、颛顼时"令飞龙作效八风之音，命之曰《承云》以祭上帝"，帝尧时"乃命质，质乃效山林溪谷之音以歌"；扮演动物形象，如"拊石击石，以象上帝玉磬之音，以致舞百兽"，"大人虎变，君子豹变"[①]，等等，乐舞艺术得到不断的发展，其所达到的艺术高度实在震撼人心，如《左传》襄公二十九年，季札观周乐，"见舞韶箾者，曰：'德至矣哉，大矣，如天之无不帱也，如地之无不载也。虽甚盛德，其蔑以加于此矣。观止矣，若有他乐，吾不敢请已。'"[②] 此等至德至大的乐舞艺术，融合了人类安舒之声、天地和善之气、自然界动植物之灵气。乐之末，由人所扮演的凤凰展示了和美的姿态，以至于古人会有"若乐九变，则人鬼可得而礼矣"[③] 的观念，以至于孔子"闻《韶》，三月不知肉味，曰'不图为乐之至于斯也'"[④]。《韶》之至善至美，在于其"八音克谐，无相夺伦，神人以和"，此希望人与神能和谐相处，从而达到"百兽率舞""凤凰来仪"的状态，此希望人与自然和睦共生，人与动物融为一体的表演形式，正是人们师法自然的艺术产物。王元麟说："内蒙古发现的狼山岩画，一群舞人有的是鸟头，这正是'凤鸟来翔'之类的舞蹈写真。原始舞蹈不单是娱乐和审美，很多都是关系敬神的。"[⑤] 人与动物、植物的关系，不能仅以图腾的关系简化之；人与动物的关系，在古民那里，是希望两者能和睦共生，却又为了生存而不得不违背这种关系。这种人类希望世界"和气"的愿望与"不和气"的现实格局的冲突，是"乐气"观念生成的一个深层次的原因，人们希望乐所释放出的"和"之气息能调和世界，缓和人、神、自然三者的

① 王弼注、孔颖达疏《周易正义》，《十三经注疏》，上海古籍出版社，1997，第61页。
② 杜预注、孔颖达疏《春秋左传正义》，《十三经注疏》，上海古籍出版社，1997，第2008页。
③ 《周礼注疏》，第790页。
④ 孔安国注、邢昺疏《论语注疏》，《十三经注疏》，上海古籍出版社，1997，第2482页。
⑤ 王元麟：《中国舞蹈的独特道路与审美特征》，《中国社会科学》1987年第6期。

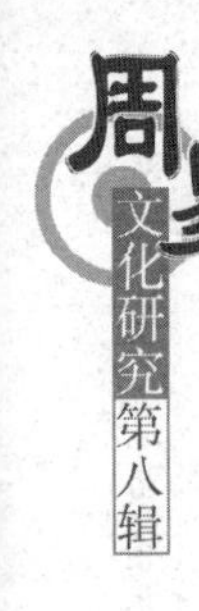

紧张关系。

周王朝取六代之乐舞，教民众以和气，令军旅以正气，使天地、自然、神灵以阴阳协调，各得其乐，对此文献有详细记载：

《周礼·地官·大司徒》说："大司徒之职掌建邦之土地之图与其人民之数……以六乐防万民之情，而教之和。"[①]《地官·鼓人》说："鼓人掌六鼓四金之音声，以节声乐，以和军旅，以正田役。"[②]《周礼·春官·大宗伯》说："以礼、乐合天地之化，百物之产，以事鬼神，以谐万民，以致百物。"[③] 乐因具有协和天地人的神奇力量，而被用于教化民众、军旅、祭祀鬼神等国家的重要事项，以取得诸事和谐之呼应。

乐舞，是视觉、听觉、嗅觉等的感官艺术。和美的乐舞，意义在于给观乐者以审美的感受，以陶冶其性，以造就其端正温和的气魄，以担当起其社会赋予的角色任务。《国语·周语下》载：

> 单穆公曰："夫乐不过以听耳，而美不过以观目。若听乐而震，患莫甚焉。夫耳目，心之枢机也，故必听和而视正。听和则聪，视正则明……"王弗听，问之伶州鸠。对曰："夫政象乐，乐从和，和从平。声以和乐，律以平声。金石以动之，丝竹以行之，诗以道之，歌以咏之，匏以宣之，瓦以赞之，革木以节之。物得其常曰乐极，极之所集曰声，声应相保曰和……于是乎气无滞阴，亦无散阳，阴阳序次，风雨时至，嘉生繁祉，人民和利，物备而乐成，上下不罢，故曰乐正。"[④]

使人内心世界平和、身体阴阳之气畅通、均衡的音乐是正乐。耳朵以倾听的方式感知音乐的声音、节奏，眼睛以观察的形式摄取音乐的图像、情景，有和平气场的音乐为"乐极"，即"乐正"，耳朵、眼睛作为心灵世界的感知枢纽，"听和视正"是达到内心世界和美、政治格局和美的最基本的行为规范。正因为乐与政治的关系，制作音乐以引导执政人才成为执政者、王官的基本任务，乐教由此而生。

综上所述，《易》文化所追求的"和谐"归趣以及天地人三才协和为美的价值理念、行事观念等，对中国音乐艺术的创造、乐器的制作以及音乐的

① 《周礼注疏》，第708页。
② 《周礼注疏》，第720页。
③ 《周礼注疏》，第763页。
④ 韦昭注《国语》，上海古籍出版社，2008，第55页。

教育理念有着重要的影响。显然，作为取象而成舞蹈的形体艺术，作为气的产物的音声艺术，它展示的是力量的柔和、刚强，表现的是仁义、暴戾，最终是达到阴阳的和谐。当我们重新审视中国礼乐文明的时候，当我们思考礼乐文明的现代困惑的时候，中国古乐中蕴含的三才之道能为我们推开一扇令人豁然开朗的大门。

作者单位：北京师范大学

宋人易书考（一）

顾宏义

摘　要：《易》作为群经之首，在宋代思想文化史上的地位极为重要，宋人对其进行注疏、阐释与发挥的著述文献也大量涌现，远过前代。由于年代久远，宋人《易》书多有残佚，其传世者也不乏错乱、窜伪者。本文拟通过对宋代《易》学文献进行逐人逐书的整体考辨，以廓清相关记载的讹缺。

关键词：宋代　易学　易书　文献

中国古代思想、哲学的发展，往往是通过对旧有经典的创造性解释、注疏而得以体现。宋代前期，仍以唐代官修的孔颖达《五经正义》作为官定儒经注疏，但又逐步扩大“官定经注的范围”，并在学界中出现“疑经”以及重新解释“经书”的一代风气，以满足其政治上以及学术思想发展的需要，[①] 由此形成一代学术特色，如唐君毅《原教篇》中所指出者：“宋学之初期，乃是以经学开其先。在经学之中，则先是《春秋》与《易》之见重，然后及于《诗》《书》之经学，再及于《易传》《中庸》《大学》及《孟子》《论语》等汉、唐人所谓《五经》之传记，终乃归至于重此传记之书，过于重《五经》。”[②] 然《易》作为“五经之首”，仍深受宋人关注，而在宋代思想文化史上占有极为重要的地位，故有关注疏、阐释以及发挥《易》学文献也大量涌现，其种数、卷帙都较前代大增。两宋以后，历代学者对宋人《易》书进行了整理、刊印以及注释、发挥，但因年代久远等原因，宋代《易》书残、佚者甚众，其留存至今者亦颇有误题著者、书名以及内容割裂、窜伪、依托者。近年来，随着传统学术研究的兴起与发展，出现了不少有关宋代《易》学研究之论著，然迄今尚未见有就宋人《易》学著述进行整体考辨、

① 参见邱汉生《四书集注简论》，中国社会科学出版社，1980，第3~4页。

② 唐君毅：《唐君毅全集》卷十九《中国哲学原论·原教篇（校订版）》，台北学生书局，1984，第12页。

探研者。为此，本文拟通过对宋人《易》书逐人逐书之考订、辨正，以期廓清相关记载的讹误及缺失：所考辨之诸《易》书，按著者之生卒年月先后为序，生卒年不详者，则依据其进士及第年月，或主要活动时间及师承、交往之亲友等情况而定；同著者之著述，一般按其撰写时间先后为序。古人载录、引录有关书名时，或称别名，故存在一书异名，以及全称、简称错见等现象，故本文一般以著者所定书名或通行书名为条目，而一般依次考辨相关著述之著者生平及其学术、师承情况，著作之卷数以及序跋、历代书目著录、存佚，并及今存之版本与图书馆收藏情况等。又因文献有阙等原因，前人论述宋人《易》书，时有误引古书而致讹者，或将后世编纂者视为宋人著述，故本文对此多所考辨，并附录于相关条目之下，以祛疑惑。

易论

王昭素撰。

《崇文总目》卷一[①]、《郡斋读书志》卷一、[②]《宋史·艺文志·易类》[③]著录王昭素《易论》三十三卷。佚。

王昭素（894～982），开封酸枣（今河南延津）人。“少笃学不仕，有志行，为乡里所称。常聚徒教授以自给。……昭素博通九经，兼究庄老。尤精《诗》《易》，以为王、韩注《易》及孔、马疏义或未尽是，乃著《易论》二十三篇”。开宝中“诏召赴阙，见于便殿，时年七十七，精神不衰。太祖问曰：‘何以不求仕进，致相见之晚。’对曰：‘臣草野蠢愚，无以裨圣化。’赐坐，令讲《易·乾卦》，召宰相薛居正等观之。至‘飞龙在天’，上曰：‘此书岂可令常人见?’昭素对曰：‘此书非圣人出，不能合其象。’因访以民间事，昭素所言诚实无隐，上嘉之。寻以衰老求归乡里，拜国子博士致仕，赐茶药及钱二十万，留月余遣之。年八十九卒于家”。《宋史》卷四三一有传。据《续资治通鉴长编》[④]卷十一开宝三年三月辛亥条载，“以处士王昭素为国

① （宋）王尧臣等：《崇文总目》（《中国历代书目丛刊》本）卷一《易类》，现代出版社，1987。

② （宋）晁公武撰，孙猛校证《郡斋读书志校证》卷一《易类》，上海古籍出版社，1990。

③ （元）脱脱等：《宋史》卷二〇二《艺文志一·易类》，中华书局，1985。以下简称《宋志·易类》。

④ （宋）李焘：《续资治通鉴长编》，中华书局点校本。以下简称《长编》。

子博士致仕”。并云昭素著《易论》三十三篇。则推知王昭素生于唐乾宁元年，卒于太平兴国七年。又《东都事略》卷一一三《王昭素传》、[①]《宋史全文》[②] 卷二亦云其“著《易论》三十三篇”。是知《宋史》本传“著《易论》二十三篇”乃“三十三篇”之误。

《郡斋读书志》卷一云《易论》“其书以注、疏异同互相诘难，蔽以己意”。元胡一桂《周易启蒙翼传》[③] 中篇云：“愚谓此书（王昭素《易论》）专辨注疏同异，往往只是文义之学。而朱文公《语录》云：‘太祖一日问王昭素：“乾九五‘飞龙在天，利见大人。’常人何可占得此爻?”昭素曰：“何害？若臣等占得，则陛下是飞龙在天，臣等利见大人，是利见陛下。”此说得最好。’以此观之，解中说象占必有可观者。”

易龙图

陈抟撰。

《宋志·易类》《玉海》卷三五《伏羲河图》[④] 引《书目》著录陈抟《易龙图》一卷。

陈抟（？~989）字图南，自号扶摇子，亳州真源（今安徽亳州）人。好读书，举进士不第，隐武当山，移居华山。周世宗闻其名，召见，命为谏议大夫，辞不受。宋太宗召见于延英殿，赐号希夷先生。端拱二年七月卒。《宋史》卷四五七有传。

《玉海》卷三五《伏羲河图》引录陈抟《易龙图序》云：“龙马始负图，出于羲皇之代，在太古之先。今存已合之位，或疑之，以陈其未合之数耶?于仲尼三陈九卦之义探其旨，所以知之。且龙图本合，则圣人不得见其象。所以天意先未合而形其象，圣人观象而明其用。是龙图者，天散而示之，伏羲合而用之，仲尼默而形之。始龙图之未合也，惟五十五数，上二十五，天数也。中贯三五九，外包之十五，尽天三、天五、天九并十五之用。后形一、六无位，又显二十四之为用也，所谓天垂象矣。下三十，地数也，亦分五位，皆明五之用也。十分而为六，形坤之象焉。六分而几四象（原注：七、九、八、六），地六不配。在上则一不用，形二十四。在下则六不用，亦形二十

① （宋）王称：《东都事略》，上海古籍出版社影印《文渊阁四库全书》本。

② （元）佚名：《宋史全文》，上海古籍出版社影印《文渊阁四库全书》本。

③ （元）胡一桂：《周易启蒙翼传》，上海古籍出版社影印《文渊阁四库全书》本。

④ （宋）王应麟：《玉海》，江苏古籍出版社、上海书店，1988。

四。后既合也，天一居上，为道之宗，地六居下，为气之本。天三干地二地四为之用，三若在阳则避孤阴，在阴则避寡阳。大矣哉，龙图之变！今述其梗概焉。”

《宋史》卷四三五《朱震传》载朱震著有《汉上易解》，云“陈抟以《先天图》传种放，放传穆修，穆修传李之才，之才传邵雍；放以《河图》《洛书》传李溉，溉传许坚，许坚传范谔昌，谔昌传刘牧；穆修以《太极图》传周惇颐，惇颐传程颢、程颐”。《经义考》[①] 卷十六载录王湜曰：“《先天图》传自希夷，前此则莫知其所自来也。”魏了翁曰：“先天之学，秦、汉而后，惟魏伯阳窥见此意，至华山陈处士始尽发其秘。”胡一桂曰：“按《龙图序》希夷正以五十五数为河图，则刘牧以四十五数为图，托言出于希夷者，盖亦妄矣。”王申子曰：“《先天圆图》，阳左阴右，易之体也。《后天横图》，阴左阳右，易之用也。此二图不知希夷以前何所托，至希夷始出，亦已奇矣。”徐善曰：“图南之书已亡，度其目约二十一篇，而《图》《书》二象居其末。马氏《经籍考》不载，则由其徒秘不示人，故当时未传尔。其序文义晦涩，叶梦得以为伪作，良是。”

周易异议论

刘遵撰。

《通志·艺文略·易》[②] 著录刘遵《周易异议论》十卷。佚。《经义考》卷十六置于王昭素《易论》、胡旦《周易演圣通论》之间，是视刘遵为宋初人。按：刘遵，事迹不详。待考。

周易广疏

勾微撰。

《通志·艺文略·易》著录勾微《周易广疏》三十六卷。佚。

勾微，一作“勾徽”，事迹不详。《经义考》卷十八云：“按凌氏《万姓统谱》以微为南北朝人。观其论《周易》义云：‘唐卫元嵩作《元包》，以坤卦为首，乾卦后之。’疑为宋初人。”

---

① （清）朱彝尊撰，林庆彰等主编《经义考新校》，上海古籍出版社，2010。

② （宋）郑樵：《通志二十略》，中华书局，1995。

周易发题

任奉古撰。

《厚斋易学》附录二引《中兴书目》云："《周易发题》一卷，本朝成都乡贡三传任奉古撰。"《玉海》卷三六《皇佑周易折蕴旨要》引《国史志》《宋志·易类》著录任奉古《周易发题》一卷。佚。

任奉古，成都府（今属四川）人，乡贡三传。馀不详。又《宋志·孝经类》著录任奉古《孝经讲疏》一卷、《蓍龟类》著录任奉古《明用蓍求卦》一卷。陈师道《后山谈丛》[1] 卷一云："杨内翰绘云：庄遵以《易》传扬雄，雄传侯芭，自芭而下，世不绝传，至沛周郯，郯传乐安任奉古，奉古传广凯，凯传绘，所著《索蕴》，乃其学也。"杨绘乃宋神宗熙宁间翰林学士。由上推知任奉古当为宋初人。元吴澄《庄子正义序》云：唐剑南道士文如海著《南华正义》，"宋太平兴国八年（983），成都道士任奉古锓诸木，而世不传"。[2] 此成都道士任奉古，或即成都乡贡三传任奉古。

又，《经义考》卷十五载任奉古《周易发题》，云"《通志》，一卷。佚"。置于唐人"张辕"条下，不确。且据《通志》卷六三，《周易发题》实张元撰，朱氏亦误。

明用蓍求卦

任奉古撰。

《宋志·蓍龟类》著录任奉古《明用蓍求卦》一卷。佚。

周易彩戏图

岐赉撰。

王禹偁《小畜集》[3] 卷十九《周易彩戏图序》有云："同州节度推官、试大理评事岐君赉，登进士第，尚奇好古，独行寡合，文学之外，尤耽《易》象，善戏善诱，制为此图。取《大易》六十四卦三百八十四爻，除

---

① （宋）陈师道：《后山谈丛》，中华书局，2007。

② （元）吴澄：《吴文正集》卷十七，上海古籍出版社影印《文渊阁四库全书》本。

③ （宋）王禹偁：《小畜集》，上海商务印书馆影印《四部丛刊》本。

乾六爻君象也，人臣不敢为戏，自余每爻当棊子一路，爻有吉凶，子有赏罚。遇谦谦君子者，终局有赏而无罚；遇以讼受服者，终局有罚而无赏。周旋曲折，至于大方。此图势也。以骰子二只，得阳九阴六之数者先之。此局例也。又以黄裳元吉，人道之具美，遇之有不争而胜矣。以至龙战于野，其血玄黄，则赢输未可知也。得阳九之数者胜焉，故起于屯而终于坤也。俾夫消息盈虚之道，吉凶悔吝之理，谈笑抵掌，斯须不离《易》象，不习而自精，人心虽戏而无荡。大哉!”并誉为“戏而有益者”。按：本图佚。

岐贲，《通志·氏族略二·夏商以前国》云其端拱年间登科。宋魏野《东观集》[①] 卷一有《岐贲推官》诗云：“动静不违书，如君始是儒。婢闲犹画卦，儿戏亦投壶。门冷僧长往，官清道更孤。吾君能大用，皇宋即唐虞。”又卷五《哭岐贲从事》云：“君丧重堪悲，才高位竟卑。寄孤偏属我，知己更求谁。祭德宜修庙，传名不在碑。何人与为传，愿录野人诗。”即此人。由上知岐贲当卒于宋太宗末、真宗初同州推官任上，时其子尚幼，遂“寄孤”于魏野。

周易六十四卦赋

陈在中撰。

《厚斋易学》[②] 附录二引《中兴书目》云：“《周易六十四卦赋》一卷，题守大理寺黄宗旦序云：‘颍川陈君，不知名。’”《宋志·易类》著录《周易六十四卦赋》一卷，注云“题颍川陈君作，名亡”。据《福建通志》[③] 卷五一云：“陈在中，字繇文，晋江（今属福建）人。博学洽闻，尤深于《易》。景德中，进所著《六十四卦赋》，赐释褐，不仕。”杨亿《武夷新集》[④] 卷七有《送进士陈在中序》，略云：“颍川陈君，世家瓯闽，寝处《坟》《索》，少好《易》象，洞达其要，尝慷慨发愤，以学者传授失其宗本，去圣逾远，亡羊多歧，大惧夫羲、文之微言将坠于地，乃铺衍遗意，发挥成文，作赋六十四篇，篇演一卦之义。前年从赋南安郡，薄游上都，扣门造予，以赋为防，予一见而甚骇之也。深者厉之，坚者钻之，高者跂而望之，

① （宋）魏野：《东观集》，上海古籍出版社影印《文渊阁四库全书》本。

② （宋）冯椅：《厚斋易学》，上海古籍出版社影印《文渊阁四库全书》本。

③ （清）郝玉麟等：《福建通志》，上海古籍出版社影印《文渊阁四库全书》本。

④ （宋）杨亿：《武夷新集》，上海古籍出版社影印《文渊阁四库全书》本。

幽者俯而探之，汗漫无际者凌厉以求之，窈冥无状者罔象以索之，隐几弥旬，怳然有得。或谈于台阁僚友，或语于场屋流辈，闻善如响，争取以观。于是陈君之名，一旦籍甚，所谓《易》赋者亦盛行于时。既观艺泽宫，不利攸往，……退归旧庐，高卧环堵。"则陈氏名在中，字繇文，泉州晋江人。举进士未中。称"颍川"者，乃郡望耳。

又，杨亿《武夷新集》卷十八《答陈在中书》有云："辱所著《蒙言释象》六篇，披绎之际，初不能晓，既而考释卦之由，赜取象之自，有条不紊，乃端若贯珠，自难而易，亦渐如攻木，颇以见作者之旨也。岂不以山泉之象著于《大易》，以险而止。盖取诸蒙二象并设，所以建六爻之位，六爻肇分，所以明一卦之意。初六混沌未判，目之为混源，九二刚中得位，于焉而照物，六三有求明之义，六四得养正之理，六五阴默，上九文明，推而广之，区以别矣。且自三、五以降，讫于周政教之污隆，讨御之得失，创守之方略，治乱之本原，莫不周旋紬绎，包括总统，引而伸之，如茧之抽绪，提而举之，若网之在纲。穷理尽性，钩深索隐，磊磊落落，自成一家之言矣。昔京房作《易占》，焦赣作《易林》，历代宗之，然不过卜筮之说。子云述《太玄》，建立方州部家，虽云准《易》，其如参以星历，颇近术数。若今之所作，但取一卦之意，磅礴数千载之间，摭其成败是非，可为蓍蔡者著于篇，杰然名家，贻于后觉，盖与夫先民之用心不同矣。"据杨亿所云，其《蒙言释象》六篇，当即《六十四卦赋》初稿，后扩充为六十四篇。按：本书佚。

周易演圣通论

胡旦撰。

《厚斋易学》附录一引《中兴书目》云："《周易演圣通论》十六卷，本朝前知制诰胡旦撰。"《宋志·易类》著录胡旦《易演圣通论》十六卷。佚。

胡旦（955~1034），字周父，滨州渤海（今山东惠民）人。历官史馆修撰、知制诰，以秘书省少监致仕。居住襄州，卒。胡旦学识渊博，著述甚丰。《宋史》卷四三二有传。据《长编》卷十九，胡旦乃太平兴国三年（978）第一人及第。胡旦卒于景祐元年，《东都事略》卷三八本传称其卒年八十。

《周易演圣通论》乃胡旦《演圣通论》之一部。《长编》卷一〇四仁宗天圣四年正月，“秘书监致仕胡旦言撰成《演圣通论》七十卷，以校正五经，家贫，不能缮写奏御。庚子，赐旦钱十万，米百斛”。又卷一〇五天圣五年十二月，“秘书监致仕胡旦复上其所撰《演圣通论》七十二卷、《唐乘》七十卷、《五代史略》四十三卷、《将帅要略》五十三卷”。《玉海》卷四七《唐乘五代史略》云：“天圣五年十二月二十一日辛卯，秘书监致仕胡旦上《唐乘》七十卷、《五代史略》四十三卷、《演圣通论》七十二卷、《将帅要略》五十三卷，诏以旦子彤为监簿。景祐元年七月壬辰，又上《续演圣论》。”《崇文总目》卷二云《演圣通论》三十六卷，“以《易》《诗》《书》《论语》先儒传注得失参糅，故作论而辩正之。《易》百篇，《书》五十六篇，《诗》七十八篇，《论语》十八篇，凡二百五十二。天圣中献之”。其三十六卷者，似合七十二卷之二卷为一卷。其中《易演圣通论》十六卷，《厚斋易学》附录一引《中兴书目》称“其说多引注疏及王昭素《论》，为之商榷。”而《郡斋读书志》卷四称其书“《演圣通论》四十九卷，右皇朝胡旦撰。论六经传注得失。……天圣中尝献于朝。博辨精详，学者宗焉”。

卦气图

李溉撰。

《宋史》卷四三五《朱震传》云：“陈抟以《先天图》传种放，放传穆修，穆修传李之才，之才传邵雍；放以《河图》《洛书》传李溉，溉传许坚，许坚传范谔昌，谔昌传刘牧”。李溉，事迹未详。《直斋书录解题》卷一《易证坠简》云范谔昌“言得于湓浦李处约，李得于庐山许坚”。李处约，疑为李溉字，而直斋所述次序或有倒错。

李溉《卦气图》一篇，收录于朱震《汉上易传·卦图》，① 云其说源于《易纬是类谋》《通卦验》。

周易符祥注

龙昌期撰。

《通志·艺文略·易》著录龙昌期《符祥注》十卷。《经义考》卷十六

① （宋）朱震：《汉上易传》，上海古籍出版社影印《文渊阁四库全书》本。

作《周易注》。佚。

龙昌期，字起之，陵州（今四川仁寿东）人。[①]《渑水燕谈录》卷六云其“祥符中，别注《易》《诗》《书》《论语》《孝经》《阴符》《道德经》，携所注游京师，范雍荐之朝，不用。韩魏公按抚剑南，奏为国子四门助教。文潞公又荐，授校书郎，讲说府学。明镐再奏，授太子洗马。明堂泛恩，改殿中丞。又注《礼论》，注《政书》《帝王心鉴》《八卦图》《精义入神》《绝笔书》《河图》《照心宝鉴》《春秋复道》《三教图通》《天保正名》等论，《竹轩小集》。昌期该洽过人，著撰虽多，然所学杂驳”。[②]《长编》卷一九〇嘉祐四年八月癸未条云：“先是昌期上所著书百余卷，诏下两制看详。两制言昌期诡诞穿凿，指周公为大奸，不可以训，乞令益州毁弃所刻板本。昌期年几九十，诣阙自辩。（文）彦博少从昌期学，因力荐之”，故特“赐殿中丞致仕龙昌期五品服、绢百匹”。然“翰林学士欧阳修、知制诰刘敞等劾昌期异端害道，当伏少正卯之诛，不宜推奖。同知通进银台司兼门下封驳事何郯亦封还诏书，乃追夺昌期所赐遣归”。故推知龙昌期约生于开宝末、太平兴国初，卒于嘉祐后期。

周易绝笔书

龙昌期撰。

《通志·艺文略·易》著录龙昌期《周易绝笔书》四卷。佚。

周易化源图

高志宁撰。

高志宁（971~1053），字宗儒，河南洛阳（今属河南）人。未冠已能通六经，尤深于《大易》。咸平中举明经，真宗初应识洞韬略运筹决胜科。召对龙图阁，“极陈用兵方略，且言事莫备于《师卦》，因讲其卦于上前，真宗大悦”，特授大理评事。又应才识兼茂明于体用科，执政罢之，特改太子左赞善大夫，换供备库副使、知祁州。天圣中转崇仪使，充河北沿边安抚副使。后以右领军卫大将军致仕。庆历中特改殿中监致仕，转卫尉卿。

---

① （明）曹学佺：《蜀中广记》卷九八，上海古籍出版社影印《文渊阁四库全书》本。
② （宋）王辟之：《渑水燕谈录》卷六《文儒》，中华书局，1981，第73页。

皇祐五年四月卒，年八十三。“所著《皇王治统》《文武经纬》《太平助化策》《儒将前议》《兵机总要》《周易化源图》，总名之为《阃外书》，行于世”。事迹见韩琦《安阳集》[①] 卷四七《故卫尉卿致仕高公墓志铭》。按：本图佚。

易 枢

李见撰。

《玉海》卷三六《天禧易枢易筌证坠简》云：“天禧二年（1018）七月戊寅，富顺监言李见撰《易枢》十卷，诏附驿以闻。”然《厚斋易学》附录一引《中兴书目》云“《易枢》十卷，不知作者。释六十四卦”。《宋志·易类》亦著录《易枢》十卷，云“不知作者”。佚。

李见，富顺（今属四川）人。《蜀中广记》卷四六称其“父英恪，尝诛王均，有功，擢知富顺监。见读《易》于神龟山，著《易枢》。天禧令附驿以闻，见不愿仕，有诗云：‘一片青山消不得，满朝朱紫是何人?’”又卷九一云江阳李见著《易枢》五卷。“见尝读《易》于神龟山。天禧中，令附驿以闻，不起，乃终隐焉。”

大易源流图

范谔昌撰。

《厚斋易学》附录二引《中兴书目》云《大易源流图》一卷，云“天禧中毗陵从事范谔昌撰”。《宋志·易类》著录范谔昌《大易源流图》一卷。佚。

范谔昌，《直斋书录解题》卷一《易证坠简》云其建溪人，任毗陵从事，“天禧中人。序言任职毗陵，因事退闲。盖尝失官也”。按：毗陵，即常州别称。建溪，闽江上游三源之一，崇阳溪、南浦溪于建瓯（今属福建）长源汇合后称为建溪。因建溪流域唐属建州，故世人以建溪代指建州。朱震《汉上易传·表》云：“濮上陈抟以《先天图》传种放，……放以《河图》《洛书》传李溉，溉传许坚，坚传范谔昌，谔昌传刘牧”。晁说之《景迂生集》卷十六《传易堂记》云：“有庐江范谔昌者，亦尝受《易》于种征君，谔昌授彭

① （宋）韩琦：《安阳集》，上海古籍出版社影印《文渊阁四库全书》本。

城刘牧”。庐江，或为其祖籍。

范谔昌又撰《周易证坠简》二卷，内有《补注》一篇，《直斋书录解题》卷一《易证坠简》云：“《源流图》一卷，言纳甲、纳音者，即此下卷《补注》序中语也”。《厚斋易学》附录二引《中兴书目》云：“其说先定纳甲之法，以见纳音之数”。

易证坠简

范谔昌撰。

《郡斋读书志》卷一、《宋志·易类》著录范谔昌《证坠简》一卷，《直斋书录解题》卷一著录《易证坠简》二卷，《通志·艺文略·易》著录《周易证坠简》二卷。佚。

《郡斋读书志》卷一云：“其书酷类郭京《举正》，如《震》卦象辞内云脱‘不丧匕鬯’四字，程正叔取之；《渐》卦上六疑‘陆’字误，胡翼之取之。自谓其学出于湓浦李处约、庐山许坚，意岂果有师承，故程、胡有所取焉”。《直斋书录解题》卷一言：“其上卷如郭京《举正》，下卷辨《系辞》非孔子命名，止可谓之‘赞系’，今《爻辞》乃可谓之《系辞》。又复位其次序。又有《补注》一篇，辨周、孔述作，与诸儒异，为《乾》《坤》二传。末有《四辞晷刻图》一篇。《馆阁书目》止一卷。又有《源流图》一卷，言纳甲、纳音者，即此下卷《补注》序中语也。世或言刘牧之学出于谔昌，而谔昌之学亦出种放，未知信否？晁以道、邵子文、朱子发皆云尔”。元胡一桂《周易启蒙翼传》中篇云范谔昌“又撰《证坠简》一卷，谓诸卦《彖》《象》《爻辞》《小象》，《乾》《坤》《文言》并周公作，自《文言》以下，孔子述也。朱汉上《周易丛说》极辨其非”。

按：《道藏·周易图》中有范氏《四象生八卦图》，列《说卦》八卦方位，图左有“范氏谔昌曰”，其说当本诸《系辞》“《易》有太极，是生两仪，两仪生四象，四象生八卦”而加以演绎之。

周易证义疏

范谔昌撰。

《通志·艺文略·易》著录宋朝范谔昌《周易证义疏》二十卷。佚。

易　论

释普印撰。

释普印（983～1056），胡宿《文恭集》[1]卷三九《故右街副僧录普印大师赐紫昕公塔铭》云其俗姓曹，名昕，丹徒（今江苏镇江）人。六岁出家，十六受具戒，“年二十余，通《华严》《起信》等经论。雅好《易》学，长诵说山中。晨起讲经，午后说《易》，如此累年，未始有懈”。后为右街副僧录，赐号曰普印，居景德兰若。“晚邃于《易》，参京氏，著论三篇，造至韫常”。至和三年丙申四月示灭，寿七十四，腊五十九。按：其书佚。

周易旨要

代渊撰。

《宋志·易类》著录代渊《周易旨要》二十卷。《郡斋读书志》卷一作《易论》二十卷，“《国史艺文志》有其目”。佚。

代渊（985～1057），字蕴之，本代州（今山西代县）人，唐末避地导江（今四川都江堰市聚源镇）。年四十，举进士甲科。以太子中允致仕。著《周易旨要》《老佛杂说》数十篇。田况上其书，自太常丞改祠部员外郎。晚年日菜食，巾褐山水间，自号虚一子。嘉祐二年九月卒。《宋史》卷四五八有传。按《隆平集》卷十五云其字仲颜，天圣二年（1024）登进士第。“知益州田况表其所著《周易旨要》二十卷，朝廷特授祠部员外郎而卒。渊恬于势利，退居青城山二十余年，以著书自适，仕进非所乐也”。《东都事略》卷一一三亦云其字仲颜。宋祁《景文集》[2]卷五九《代祠部墓志铭》称其“致仕，始谢门下客，止不教授。深探《易》性命之理，作书二十篇，细复而推原之，《易》家取为隽腴”。

易　范

林巽撰。

---

① （宋）胡宿：《文恭集》，上海古籍出版社影印《文渊阁四库全书》本。
② （宋）宋祁：《景文集》，上海古籍出版社影印《文渊阁四库全书》本。

林巽，《万姓统谱》卷六四云："字巽之，海阳（今属广东）人。天圣中应才识兼茂明于体用科，对策鲠切忤权贵，主司不敢取。庆历中投匦论事，仁宗异之，授徐州仪曹，不就南归。读《易》著书八篇，曰《卦元》《卦经》《卦纬》《丛辞》《起律》《吹管》《范余》《叙和》，总名曰《易范》。人称为草范先生。有文集若干卷"。按：本书佚。

宋释契嵩《镡津集》[①] 卷十三《送林野夫秀才归潮阳叙》中称林巽"生而知，学六经，探百氏，悉能极深研几圣人之道，卓然自得。以谓《易》者备三极之道，圣人之蕴也。独病扬雄氏虽欲明之，而玄也未至，因著《草范》，将以大明《易》道之终始也"。然南宋陈淳其书"无加损于《易》"。陈淳《北溪大全集》[②] 卷二五《答郭子从一》有云："林贤良草范之书，极荷承教。此亦英才美质，度越流俗者，恨不遇明师，学无本源，用心良苦，与子云《太玄》、温公《潜虚》、后周卫元嵩之《元包》同一律，皆无加损于《易》。后世圣道不明，而英才美质无所成就，枉入偏曲者何可胜计耶?"

周易解

邵古撰。

《郡斋读书志》卷一著录邵古《周易解》五卷，云："其学先正音文云"。《经义考》卷十六云"未见。《一斋书目》有"。

邵古（989~1067），字天叟，范阳（今河北涿州）人。邵雍之父。邵伯温《邵氏闻见录》[③] 卷二〇云："大父伊川丈人尤质直，平生不妄笑语。年七十有九，以治平四年正月初一日捐馆"。

王应麟《困学纪闻》卷一云："上蔡谢子为晁以道《传易堂记后序》，言安乐邵先生皇极经世之学，师承颇异。安乐之父，昔于庐山解后文恭胡公，从隐者老浮图游。隐者曰：'胡子世福甚厚，当秉国政。邵子仕虽不偶，学业必传。'因同授《易》书。上蔡之文今不传，仅载于张栻《书文恭集后》。康节之父伊川丈人，名古，字天叟。"卷八又云："康节邵子之父古字天叟，定律吕声音以正天下音及古今文，谓天有阴阳，地有刚柔，律有辟翕，吕有唱和，一阴一阳，交而日月星辰备焉，一刚一柔交而金木水火备焉，一辟一

---

① （宋）释契嵩：《镡津集》，上海古籍出版社影印《文渊阁四库全书》本。

② （宋）陈淳：《北溪大全集》，上海古籍出版社影印《文渊阁四库全书》本。

③ （宋）邵伯温：《邵氏闻见录》，中华书局，1983。

翕而平上去入备焉，一唱一和而开发收闭备焉，律感吕而声生焉，吕应律而音生焉，观物之书本于此。谓辟翕者律天，清浊者吕地，先闭后开者春也，纯开者夏也，先开后闭者秋也，冬则闭而无声。东为春声，阳为夏声，此见作韵者亦有所至也。衔凡冬声也。”

附：周易会通正义

纵康乂撰。

《宋志·易类》著录纵康乂《周易会通正义》三十三卷，《通志·艺文略·易》著录纵康乂《会通正义》三十二卷。又《四库阙书目》（辑本）、《秘书省续四库书目》皆作“纵匡乂”。佚。

纵康乂，事迹不详。其名当作“纵匡乂”，因避讳宋讳而改“康”字。《经义考》卷十五置于“邵古”条下，当视为宋人。然此时已入宋，不当以宋太祖御名为名，疑其实为宋前人。附此待考。

新注周易

刘牧撰。

《玉海》卷三六《周易传》注引《书目》《宋志·易类》著录刘牧《新注周易》十一卷，《郡斋读书志》卷一著录《刘长民易》十五卷。《遂初堂书目》作刘牧《易传》。佚。

《直斋书录解题》卷一云：“《新注周易》十一卷、《卦德统论》一卷、《略例》一卷，又《易数钩隐图》二卷。太常博士刘牧长民撰，黄黎献为之序。又为《略例图》，亦黎献所序。又有三衢刘敏士刻于浙右庾司者，有欧阳公序，文浅俚，决非公作。其书三卷，与前本大同小异。案敏士序称伯祖屯田郎中，临川先生志其墓。今观志文所述，但言学《春秋》于孙复而已。当庆历时，其《易》学盛行，不应略无一语及之，且黎献之序称字长民，而志称字先之，其果一人耶，抑二人耶?”考之史传，知时有两位刘牧：一字长民，彭城（今江苏徐州）人。又一字先之，衢州（今属浙江）人。

朱震《汉上易传·表》云“濮上陈抟以《先天图》传种放，……放以《河图》《洛书》传李溉，溉传许坚，坚传范谔昌，谔昌传刘牧”。《宋史·朱震传》所云同。即刘牧《易》学师承范谔昌，远绪陈抟河洛之学。冯椅

《厚斋易学》附录二曰："《中兴书目》云：《新注周易》十一卷，本朝太常博士刘牧撰，吴秘表进，田况序。牧字长民，彭城人，仁宗时言数者皆宗之。又有《周易卦德通论》一卷，论元亨利贞四时；《易数钩隐图》一卷，采摭天地奇偶之数，自太极生两仪而下，至于河图，凡六十四位，点之成图，于图下各释其义。《读书志》云：凡四十八图，并遗事九。欧阳永叔序，而其文殊不类。吴秘又撰《周易通神》一卷，凡三十四篇，注云所以释钩隐。黄黎献受之于牧，秘受之于黎献，久之无传，因作《通神》以奏之。"据杨亿《武夷新集》卷十二有《景德二年三月试草泽刘牧策二道（原注：奉圣旨撰）》，是知刘牧当于景德二年（1005）初入仕。又王应麟《玉海》卷一二七《嘉祐定横行员数》云"宋朝文武无轻重之偏，有武臣以文学授文资者。……有文臣以智略易右职当边寄者，若……天圣元年（1023）刘平、四年刘牧……之属"。而《长编》卷一〇三天圣三年十一月庚子，"太常博士刘牧为屯田员外郎、权度支判官。牧善言边事，真宗时尝献阵图、兵略，得见，赐出身。上知其名，于是通判定州，召对便殿而命之"（原注：刘牧邑里及赐出身，当考）。《宋会要辑稿·职官》[①] 六一之七云天圣四年二月十三日，"以权三司度支判官、屯田员外郎刘牧为如京使"。据直斋云本书"太常博士刘牧长民撰"，推知其当撰于天圣初任太常博士时。而《郡斋读书志》卷一云："庆历初，吴秘献其书于朝，优诏奬之，田况为之序"。或此时彭城刘牧已卒。

衢州刘牧（1011～1064）事迹，见王安石《王文公文集》[②] 卷九五《荆湖北路转运判官尚书屯田郎中刘君墓志铭》：字先之，杭州临安（今浙江杭州）人，其祖父刘彦琛为吴越衢州刺史，葬西安，故为西安（今浙江衢州）人。其"少则明敏，年十六求举进士不中"，故多购书闭门读之，再考而为举首，调任饶州军事推官。因范仲淹、富弼等举荐，历任兖州观察推官、建州通判。后任广南西路转运判官。治平元年移荆湖北路转运判，五月卒，年五十四，官至尚书屯田郎中。其在兖州（今属山东），"又学《春秋》于孙复，与石介为友"。检《浙江通志》[③] 卷一二三景祐元年（1034）甲戌张唐卿榜有刘牧，西安人，屯田员外郎。是知三衢刘牧于是年始入仕，后于彭城刘牧入仕达三十年。又石介《徂徕集》[④] 卷十四有撰于康定元年（1040）七

① （清）徐松等：《宋会要辑稿》，中华书局影印本。

② （宋）王安石：《王文公文集》，上海人民出版社，1974。

③ （清）嵇曾筠等：《浙江通志》，上海古籍出版社影印《文渊阁四库全书》本。

④ （宋）石介：《徂徕集》，上海古籍出版社影印《文渊阁四库全书》本。

月之《泰山书院记》，有“今先生游从之贵者，故王沂公、蔡贰卿、李泰州、孔中丞，今李丞相、范经略，……门人之高弟者，石介、刘牧”云云。即指此衢州刘牧而言，然皆未言其曾学《易》于范谔昌。

综上可知，从范谔昌学《易》者为彭城刘牧，字长民，撰有《新注周易》等；而从孙复学《春秋》者乃三衢刘牧，字先之，并无著述。北宋文献并无误认二人者。然以两刘牧时代相近，且皆曾官屯田员外郎，至南宋时，三衢（衢州）刘牧之侄孙刘敏士误以为《易数钩隐图》等为其伯祖所撰，故特重刊印行之。因刘敏士之序与黄黎献之序有异，遂启直斋刘牧“果一人耶，抑二人耶”之疑。而元人吴澄已视作一人，云：“又按临川王氏志刘（刘牧）之墓，称其为饶州军事推官时，师郡守范文正，为兖州观察推官时，从孙复、石介学《春秋》，而未尝称其《易图》。岂求志墓时不以此图闻于王乎？抑王见其图之不足取而不称之乎？今图之卷端伪作欧阳修序。刘君子人也，决不自作伪，或是其子若弟托人求序，而所托之人撰此伪文欺之尔。欧阳与阮逸同是一时之人，然阮及见《图》《书》而欧阳未及见。窃意当时虽有一二人得所传，而所传未广也。欧阳不信《图》《书》，岂肯为刘牧作序，况其文卑猥，的然可知其非欧阳之笔乎！刘著《钩隐》之名，朱震子发《易传》亦依刘牧九数之《图》、十数之《书》，列于《易图》之首。邵子之学，直至乾道、淳熙间朱子始推尊之，然信从者寡，亦未盛行于世也。”[①] 此后，明道士白云霁撰《道藏目录详注》，即谓《易数钩隐图》三卷，《易数钩隐图遗论九事》一卷皆为“三衢刘牧撰”，又谓《大易象数钩深图》三卷亦“三衢刘牧撰”；《浙江通志》卷一七七引《衢州府志》云西安人刘牧，登进士，授《易》数于穆修，著《易解》与《易象钩隐图》，王安石志其墓。又《宋元学案》[②] 卷二云三衢刘牧“既优于学，优于才，又为范、富二公所知，一时士大夫急誉之”，任兖州观察推官时“又学《春秋》于孙复，与古介为友”，“从学于泰山之间”，故列入“泰山学案”中；又云“先生又受《易》学于范谔昌，谔昌本于许坚，坚本于种放，实与康节同所自出”。而《四库全书总目》[③] 卷二《易数钩隐图》则两录之：刘牧“字长民，其《墓志》作字先之，未详孰是，或有两字也。彭城人，官至太常博士”。

元代胡一桂《周易启蒙翼传》中篇著录刘牧《周易解》十二卷，云：

① （元）吴澄：《易纂言外翼》卷七，上海古籍出版社影印《文渊阁四库全书》本。

② （清）黄宗羲等：《宋元学案》，中华书局，1982。

③ （清）永瑢等：《四库全书总目》，中华书局影印本。以下简称《四库总目》。

"愚尝见其《钩隐》一书，自《易》至《河图》《洛书》二图外，余皆破碎穿凿。江西李觏泰伯只存其《图》《书》及《八卦》三图，余尽删去，且云：'牧又注《易》，所谓新意者，合牵象数而已，其余则援辅嗣之意，而往往改其辞。'此即所谓《易解》十五卷是也。"

卦德通论

刘牧撰。

《宋志·易类》著录刘牧《卦德通论》一卷。《厚斋易学》附录二《新注周易》引《中兴书目》云"《周易卦德通论》一卷，论元、亨、利、贞四时"。《经义考》卷十六云"存"。

易数钩隐图

刘牧撰。

《玉海》卷三六《治平周易图义》引《书目》、《宋志·易类》著录刘牧《易数钩隐图》一卷；《直斋书录解题》卷一著录二卷。《通志·艺文略·易》、《郡斋读书志》卷一、《四库总目》卷二著录《钩隐图》三卷。存。

《郡斋读书志》卷一云《钩隐图》"皆《易》之数也，凡四十八图，并遗事九。有欧阳永叔序，而其文殊不类"。《玉海》卷三六《治平周易图义》引《书目》云其书"采摭天地奇耦之数，自太极生两仪而下，至于河图，凡六十四位。点之成图，于图之下各释其义，凡四十八图"。按《玉海》卷三五《伏羲河图》云："《系辞》曰：天一至地十，天数五，地数五，位相得而各有合。天数二十有五，地数三十，凡天地之数五十有五。此《河图》之数也。自汉孔安国、刘歆、魏关子明、有宋邵雍皆谓十为《图》，九为《书》，至刘牧始两易其名，（原注：以九为《图》，十为《书》。）而朱震诸家因之。（原注：朱震以《列子》为证。）朱文公复之，悉从其旧。"而《经义考》卷十六引雷思齐则曰："自图南五传而至刘长民，增至五十五图，名以《钩隐》，师友自相推许，更为唱述。各于《易》间有注释，曰《卦德论》，曰《室中语》，曰《记师说》，曰《指归》，曰《精微》，曰《通神》，亦总谓《周易新注》。每欲自神其事及迹，而究之未见其真能有所神奇也。"故《四库总目·易数钩隐图》有云"汉儒言《易》多主象数，至宋而象数之中复歧出图书一派。牧在邵子之前，其首倡者也。牧之学出于种放，放出于陈抟，其源流与邵子之出于穆、李者同，而以九为《河图》，十为《洛书》，则与邵异。其学盛行于仁宗时，黄黎献作《略例》《隐诀》，吴秘作《通神》，程大昌作《易原》，皆发明牧说。而叶昌龄则作《图义》以驳之，宋咸则作《王刘易辨》以攻之，李觏复有《删定易图论》。至蔡元定则以为与孔安国、刘歆所传不合，而以十为《河图》，九为《洛书》，朱子从之，著《易学启蒙》。自是以后，若胡一桂、董楷、吴澄之书，皆宗朱、蔡，牧之《图》几于不传”。

本书据《直斋书录解题》卷一，南宋孝宗时，“有三衢刘敏士刻于浙右庾司者，有欧阳公序，文浅俚，决非公作。其书三卷，与前本大同小异”。《四库总目·易数钩隐图》云清通志堂刊本，“何焯以为自《道藏》录出。今考《道藏目录》实在《洞真部·灵图类》云字号中，是即图书之学出于道家之一证，录而存之，亦足广异闻也”。今有《四库全书》本，乃源出《通志堂经解》本，削去欧阳修《序》；《道藏》本收于《正统道藏·洞真部·灵图类》，题“三衢刘牧撰”，有刘牧《自序》一篇，而无欧阳修之序。

按：《四库总目·易数钩隐图》有云“南宋时，刘敏士尝刻于浙右漕司”，然据《直斋书录解题》等，刘敏士实刊是书于浙右庾司，即提举浙西常平司，四库馆臣所云误。又，刘敏士所刻《易数钩隐图》卷前欧阳修序，亦非元人吴澄先辨其伪，南宋晁公武《郡斋读书志》已言“其文殊不类”，《直斋书录解题》亦云其“文浅俚，决非欧公作”，《四库总目》所云亦不确。

周易先儒遗论九事

刘牧撰。

《四库总目·易数钩隐图》著录刘牧《遗论九事》一卷，其九事者，“一为太皞受龙马负图，二为六十四卦推荡诀，三为大衍之数五十，四为八卦变六十四卦，五为辨阴阳卦，六为复见天地之心，七为卦终九事，八为奇偶揲法，九为阴阳律吕图。以先儒之所未及，故曰《遗论》。本别为一卷，徐氏刻《九经解》，附之《钩隐图》末，今亦仍之焉”。有《四库全书》本，附录于《易数钩隐图》后。

按《通志·艺文略·易》著录刘牧《先儒遗事》二卷，注“一作陈纯臣"。陈纯臣,《吴郡志》[1] 卷二九注引陈纯臣荐白云泉于范仲淹书作"前进士陈纯臣谨裁书献于知府司谏合下"云云,则其为苏州人,尝第进士,乃仁宗时人。馀未详。因《遗论九事》所收九图中有多图出自《易数钩隐图》,疑本书乃后人纂集刘牧诸人著述而成,而非刘牧所撰作。

周易口义

胡瑗撰。

《郡斋读书志》卷一著录胡瑗《胡先生易传》十卷,《玉海》卷三六《周易传》云《易传》十卷;《通志·艺文略·易》著录胡瑗《周易口义》十二卷,《厚斋易学》附录一引《中兴书目》云十卷,《直斋书录解题》卷一著录十三卷。《宋志·易类》著录胡瑗《易解》十二卷,又著录《口义》十卷。存。

胡瑗(993~1059),字翼之,泰州如皋(今江苏泰州)人。世称安定先生。庆历二年(1042)后历任太子中舍、光禄寺丞、天章阁侍讲等。嘉祐元年(1056)升为太子中允、管勾太学,兼国子监直讲,以太常博士致仕,卒。著有《周易口义》《洪范口义》《论语说》《春秋口义》等。《宋史》卷四三二有传。欧阳修《胡先生瑗墓表》云胡瑗卒于嘉祐四年六月,年六十七。[2]

《郡斋读书志》卷一云胡瑗"通经术乐律,教人有法,在湖州从其学者常数百人,成材而备朝廷器使者不可胜数",而《易传》"此解甚详,盖门人倪天隐所纂,非其自著,故序首称'先生曰'"。《厚斋易学》附录一引《中兴书目》云:"援以《易说》授其弟子,因记之为《口义》,大抵祖王弼"。《朱子语类》[3] 卷九六《程子之书二》云:"伊川教人看《易》,以王辅嗣、胡翼之、王介甫三人《易解》看,此便是读书之门庭。缘当时诸经都未有成说,学者乍难捉摸,故教人如此。"故《直斋书录解题》卷一有云:"新安王炎晦叔尝问南轩曰:'伊川令学者先看王辅嗣、胡翼之、王介甫三家,何也?'南轩曰:'三家不论互体,故云尔。然杂物撰德,具于中爻,互体未可废也。'南轩之说虽如此,要之,程氏专治文义,不论象数。三家者,文义

---

① (宋)范成大:《吴郡志》,江苏古籍出版社,1999。

② (宋)杜大珪:《名臣碑传琬琰集》中卷三五欧阳修《胡先生瑗墓表》,上海古籍出版社影印《文渊阁四库全书》本。

③ (宋)黎靖德:《朱子语类》,中华书局,1986。

皆坦明，象数殆于扫除略尽，非特互体也。”而《经义考》卷十七引朱子曰：“胡安定《易》分晓正当，伊川亦多取之。”胡一桂曰：“安定《口义》解中好处甚多。”董真卿曰：“胡氏《易传》十卷，经二篇，传十篇：《上彖》一，《下彖》二，《大象》三，《小象》四，《文言》五，《上系》六，《下系》七，《说卦》八，《序卦》九，《杂卦》十。”而李振裕曰：“《宋艺文志》既列胡瑗《易解》，复列《口义》十卷、《系辞说卦》三卷，而《扬州志》亦仍其目，误也。盖安定讲授之余，欲著述而未逮，倪天隐述之，以其非师之亲笔，故不敢称传，而名之曰《口义》。传诸后世，或称《传》，或称《口义》，各从其所见，无二书也。”则诸书作十三卷者，乃合《口译》十卷和《系辞说卦》三卷而言，而《易传》（或《易解》）与《口义》为一书，至于《宋志》云《易解》十二卷者，当亦即合《口义》《系辞说卦》而言，因其题名《易解》，故元人误以为别有一书，而致重出，又“十二卷”或为“十三卷”之误。

《四库总目》卷二著录《周易口义》十二卷，云：“宋倪天隐述其师胡瑗之说。……天隐始末未详。叶祖洽作《陈襄行状》，称襄有二妹，一适进士倪天隐，殆即其人。董棻《严陵集》载其《桐庐县令题名碑记》一篇，意其尝官睦州也。其说《易》以义理为宗。邵伯温《闻见前录》记程子《与谢湜书》言：‘读《易》当先观王弼、胡瑗、王安石三家。’三原刘绍攽《周易详说》曰：‘朱子谓程子之学源于周子，然考之《易传》，无一语及太极。于《观》卦词云：“予闻之胡翼之先生‘居上为天下之表仪’。”于《大畜》上九云：“予闻之胡先生曰‘天之衢亨，误加何字’。”于《夬》九三云：“安定胡公移其文曰‘壮于頄有凶，独行遇雨，若濡有愠，君子夬夬无咎’。”于《渐》上九云：“安定胡公‘以陆为逵’。”考《伊川年谱》，皇祐中游太学，海陵胡翼之先生方主教道，得先生试文大惊，即延见，处以学职。意其时必从而受业焉。世知其从事濂溪，不知其讲《易》多本于翼之也。’其说为前人所未及。今核以程《传》，良然。《朱子语类》亦称胡安定《易》分晓正当，则是书在宋时，固以义理说《易》之宗也。王得臣《麈史》曰：‘安定胡翼之，皇祐、至和间国子直讲，朝廷命主太学，时千余士，日讲《易》。’是书殆即是时所说。”按：据《宋史翼》卷二三，倪天隐字茅冈，学者称千乘先生，桐庐（今属浙江）人。尝官县尉。师承胡瑗，仁宗嘉祐间，主讲桐庐县学。又《鄱阳集》[1] 卷七《送梁晦之诗序》，其卒于熙

① （宋）彭汝砺：《鄱阳集》，上海古籍出版社影印《文渊阁四库全书》本。

宁、元丰间。

有《四库全书》本、《武英殿聚珍版书》本等。

系辞说卦

胡瑗撰。

《厚斋易学》附录一《胡安定口义》引《中兴书目》、《宋志·易类》著录胡瑗《系辞说卦》三卷。

周易略例

黄黎献撰。

《通志·艺文略·易》著录黄黎献《周易略例义》一卷。《厚斋易学》附录二引中兴书目》作黄黎献撰《周易略例》一卷。《宋志·易类》著录黄黎献《略例》一卷。佚。

黄黎献，刘牧门人。事迹不详。

《直斋书录解题》卷一称《新注周易》十一卷，“太常博士刘牧长民撰，黄黎献为之序。又为《略例图》，亦黎献所序”。李觏《盱江集》[①] 卷四《删定易图序论》云，刘牧“别有一本，黄黎献为之序者，颇增多诞谩，自郐以下可无讥焉”。《厚斋易学》附录二引中兴书目云：“黎献学《易》于刘牧，采摭其纲宗以为《略例》。一本总之于《新注周易》，以《通神》为第十四卷，《略例》为第十五卷。此为牧之学者集而为一书也”。按：《直斋书录解题》卷一亦以为《新注周易》十一卷，“太常博士刘牧长民撰，黄黎献为之序。又为《略例图》，亦黎献所序”。所述有不同。

续钩隐图

黄黎献撰。

《通志·艺文略·易》著录黄黎献《续钩隐图》一卷。当续其师《易数钩隐图》。佚。

---

① （宋）李觏：《盱江集》，上海古籍出版社影印《文渊阁四库全书》本。

室中记师隐诀

黄黎献撰。

《宋志·易类》著录黄黎献《室中记师隐诀》一卷。《厚斋易学》附录二引《中兴书目》云："黎献又以学《易》于牧，笔其隐诀，目为'室中之记'，一卷，题《室中记师隐诀》"。又《玉海》卷三六《治平周易图义》云刘牧撰《易数钩隐图》一卷，"凡四十八图。黄黎献受于牧，摭为《略例》一卷、《隐诀》一卷"。按：该书佚。

刘牧王弼易辨

宋咸撰。

《宋志·易类》著录宋咸《刘牧王弼易辨》二卷，《直斋书录解题》卷一著录宋咸《王刘易辨》一卷。佚。

宋咸（995～?），字贯之，建阳（今属福建）人。天圣二年（1024）进士。皇祐中为广西转运判官，迁转运使，官都官郎中。嘉祐六年（1061），被劾党附知邕州萧注而追官勒停。后注起用，宋咸已卒。所著有《易注》《论语增注》《扬子法言注》诸书。[①]《青箱杂记》[②] 卷四云其"乙未八月二日生"。乙未即至道元年（995）。《长编》卷一九三载嘉祐六年四月戊午，其被劾党附知邕州萧注而追官勒停。此后萧注起用，而宋咸已卒。据《东轩笔录》卷八，萧注起用于英宗初年。由此推知宋咸当卒嘉祐末。

《周易启蒙翼传》中篇载康定元年（1040）宋咸《易辨自序》曰："近世刘牧既为《钩隐图》以画象数，尽刊文王，直用己意代之。业刘者实繁，谓刘可专门，王可焚窜。咸闻骇之，摘《乾》《坤》二卦中王、刘义及《钩隐图》以辨之也，凡二十篇，为二卷，题曰《王刘易辨》云。"又云宣和四年（1122）蔡攸"上其书曰：'咸引《正义》以辨，然（孔）颖达专以弼为宗，非所以辨二家之得失。至谓孔子不系《小象》于《乾》卦，以尊文王、周公，不知《易》本各自为篇，岂孔子旨哉。咸尝注《扬子法言》，纠李轨

① （明）凌迪知：《万姓统谱》卷九二，上海古籍出版社影印《文渊阁四库全书》本。
② （宋）吴处厚：《青箱杂记》，中华书局，1985。

之误五百余义，盖亦工于诃人者”。《直斋书录解题》卷一云：“《易辨》，凡二十篇。刘牧之学，大抵求异先儒，穿凿破碎，故李、宋或删之，或辨之”。按：李、宋即指李觏、宋咸。

又，《厚斋易学》附录一引《中兴书目》云“《刘牧王弼易辨》二卷，凡二十八篇，石介撰。又云宋咸撰。其说取王弼，谓刘牧以五十五数、天五退藏为四象者为《钩隐图》之精义非是，独摘《乾》《坤》二卦以见其余”。按：称该书石介所撰者，误。

易明

宋咸撰。

《直斋书录解题》卷一《易补注》云，“咸尝撰《易明》，凡一百九十三条，以正亡误。及得郭京《举正》于欧阳公，遂参验为《补注》”。佚。

易补注

宋咸撰。

《直斋书录解题》卷一《易补注》《宋志·易类》著录宋咸《易补注》十卷。佚。

余靖《宋职方补注周易后序》曰：“《易》之道深矣。自汉兴，有施、孟、梁丘、京氏、费、高诸家之学列于庠序，而传异词、师异说，往往入于五行、谶纬之术，故其学中絶焉。王氏之学传自魏、晋，盛于隋、唐之际，大都言阴阳变化，人事得失，不悖于三圣，不荡于术数，故独为学者所宗。近世言《易》者，复以奇文诡说相尚，自成一家之言，考之《卦》《繇》《爻》《象》《彖》《系》之微，有所不通矣。今广平宋君贯之补注《周易》，盖惩诸儒之失，而摘去异端，志在通王氏之说，合圣人之经，字有未安，意有未贯，必引而伸之，用明文王、周公之旨。初著《易明》数十篇，后得唐郭京《举正》之说，意与己合，遂采郭氏《举正》与《易明》相参，缀于经注之下，辨《坠简》之所缺，启后人之未悟，朱墨发端，粲然可观。其《自叙》详矣。……贯之学必稽古，言必贯通，以词章取科第，以通博副名实。皇祐五年，岁在荒落，《补注》既成，闻于旒扆，俄颁中旨，附邮投进。其明年，蛮事平息，因谈经义，遂得奏御副本为示，乃周而研之。尝观刘氏《钩隐图》，言宓羲氏因龙图龟书之文以画八卦，又言天五地五，大衍之用，其深于数者。及观贯之之释，以为宓羲稽象于天，取法于地，观鸟兽之文，通万物之情以画卦，奚独取于龙马之文耶？又其言《乾》《坤》之策生于四象。其于尼父之经、辅嗣之注亡所戾而有所明焉，固可秘之藏室，流之学官，宁止是正文字而已哉！叹其言近旨远，故题而序之。”[①] 故《直斋书录解题》卷一乃云宋咸初撰《易明》，“及得郭京《举正》于欧阳公，遂参验为《补注》。皇祐五年表上之”。《玉海》卷三六《皇祐周易折蕴》亦载“至和元年（1054）十二月，宋咸上注《周易》十卷，诏褒谕”。

《闽书》称宋咸“所注《易》，大为欧阳文忠所称赏”。此事见欧阳修《答宋咸书》，撰于至和二年。[②]

易　训

宋咸撰。

《通志·艺文略·易》、《郡斋读书志》卷一、《厚斋易学》附录一引《中兴书目》、《宋志·易类》著录宋咸《易训》三卷。佚。

《厚斋易学》附录一引《中兴书目》云：“《易训》三卷，本朝至和中屯田郎中宋咸撰。咸以既补注《易》，以其余义百余篇，大可疑者三十有六，题曰《易训》，谓训其子而已。”《郡斋读书志》卷一载“咸自序云：‘予既以补注《易》奏御，而男亿请余义，凡百余篇端，因以《易训》名之。’盖言不敢以传世，特教其子而已。颇论陆希声、刘牧、鲜于侁得失云”。

变卦反对图

李之才撰。

《玉海》卷三六《先天图》云李挺之撰《变卦反对图》八篇。宋林至《易裨传外篇》[③] 收有李氏《变卦反对图》，云：“李挺之《变卦反对图》八篇、《六十四卦相生图》一篇。汉上朱氏以为康节之子伯温传之于河阳陈四丈，陈传之于挺之。长杨郭氏序《李氏象学先天卦变》曰：‘陈图南以授穆

① （宋）余靖：《武溪集》卷三，上海古籍出版社影印《文渊阁四库全书》本。

② （宋）欧阳修：《欧阳修全集·居士集》卷四七《答宋咸书》，中华书局，2001，第666～667页。

③ （宋）林至：《易裨传外篇》，上海古籍出版社影印《文渊阁四库全书》本。

伯长，伯长以授李挺之，挺之以授邵尧夫、陈安民，安民以授兼山。’卦变一义，横渠、伊川罕言，而兼山独得之。”

李之才（？～1045），字挺之，青社（今山东青州）人。天圣八年（1030）同进士出身。“师河南穆修。修性庄严寡合，虽之才亦频在诃怒中，之才事之亦谨，卒能受《易》。时苏舜钦辈亦从修学《易》，其专授受者惟之才尔。修之《易》受之种放，放受之陈抟，源流最远。其图书象数变通之妙，秦、汉以来鲜有知者”。累迁殿中丞，丁母忧，甫除丧，暴卒于怀州官舍，时庆历五年（1045）二月。《宋史》卷四三一有传。

宋项安世《项氏家说》[①] 卷二《说经篇二·李挺之反对法以乾坤变六十四卦》有云：“李挺之反对法，其实即生卦法也，故世之言卦变者皆自挺之出。”又云：“右六十四卦虽皆自乾、坤来，而乾、坤之交不出于三，故推卦变者，因乾、坤初交为复、姤，而以为一阴一阳者皆自复、姤来；再交为临、遯，而以为二阴二阳者皆自临、遁来；三交为否、泰，而以为三阴三阳者皆自否、泰来。盖乾、坤之变自此六卦始，则继此而变者，当推此六卦而为所从来之地，理或然也。”

六十四卦相生图

李之才撰。

《玉海》卷三六《先天图》云李挺之撰《六十四卦相生图》一篇。朱震《汉上易传·卦图》林至《易裨传外篇》[②] 收有李氏《六十四卦相生图》。

古易

王洙撰。

《直斋书录解题》卷一云：“《古易》十二卷，出翰林学士睢阳王洙原叔家”。《宋志·易类》著录王洙《古易》十三卷，注“出王洙家”。《经义考》卷十七曰“存”。

王洙（997～1057），字原叔，[③] 应天府宋城（今河南商丘）人。天圣二

---

① （宋）项安世：《项氏家说》，上海古籍出版社影印《文渊阁四库全书》本。

② （宋）林至：《易裨传外篇》，上海古籍出版社影印《文渊阁四库全书》本。

③ （宋）曾巩撰，王瑞来校证《隆平集校证》卷十四《王洙传》“原叔”作“源叔”，中华书局，2012，第416页。

年（1024）进士，历官至翰林学士。“及卒，赐谥曰文。御史吴中复言官不应得谥，乃止。预修《集韵》《祖宗故事》《三朝经武圣略》《乡兵制度》，著《易传》十卷、杂文千有余篇”。《宋史》卷二九四有传。欧阳修《翰林侍读侍讲学士王公墓志铭》云王洙病卒于嘉祐二年九月甲戌朔，享年六十一。[①]《隆平集》卷十四、《东都事略》卷七〇本传称其“卒年六十”者误。又，睢阳，河南商丘之古称。

王洙《古易》，宋石林先生叶梦得云：“班固《儒林传》称孔子晚而好《易》，读之韦编三絶，而为之传。《艺文志》叙《易》云：文王重《易》爻，作上、下篇。孔子为之《彖》《象》《系辞》《文言》《序卦》之属十篇，故总称《易》十二篇。施、孟、梁丘三家。而其余王氏以上至周氏六家，二篇而已。二篇者，传上、下《经》之辞。而十二篇者，上、下《经》之外，又有十篇之说也。《古易》书之序如此。吾尝于睢阳王原叔家得《古易》本，自《乾》《坤》而下分《咸》《恒》为二篇，但有六爻之文，如《乾》《坤》首言‘初九，潜龙勿用’，‘九二，见龙在田’之类，至《繇辞》《彖辞》《大象》《小象》《序卦》《说卦》《杂卦》《文言》，与今上、下《系辞》，皆别为卷，正十二篇。乃知今本各以《彖》《象》之辞系每卦之下，而取孔氏之传谓之《系辞》者，王辅嗣之误也。”[②]《直斋书录解题》卷一亦云其书“上、下《经》惟载《爻辞》，外《卦辞》一、《彖辞》二、《大象》三、《小象》四、《文言》五、上《系》六、下《系》七、《说卦》八、《序卦》九、《杂卦》十。叶石林以为此即《艺文志》所谓《古易》十二篇者也。案隋、唐《志》皆无《古易》之目，当亦是后人依仿录之尔。”故《宋志》作“十三卷”者疑误。

周易言象外传

王洙撰。

《崇文总目》卷一云《周易言象外传》十卷，“皇朝王洙原叔撰”。《宋志·易类》著录王洙《言象外传》十卷。《宋史》本传称王洙“著《易传》十卷”。佚。

《崇文总目》卷一云：“洙以通经侍讲天章阁，乃集前世诸儒《易》说，折衷其理，依卦变为类。其论以王弼《传》为内，故自名曰《外传》”。《直

① （宋）欧阳修：《欧阳修全集·居士集》卷三二《翰林侍读侍讲学士王公墓志铭》，中华书局，2001，第473页。

② （宋）吕祖谦编《古周易·上经》，上海古籍出版社影印《文渊阁四库全书》本。

斋书录解题》卷一云："其序言学《易》于处士赵期。论次旧义，附以新说，凡十二篇。以王弼《传》为内，摘其异者，表而正之，故曰外云"。案：赵期，北宋定陶（今属山东）人，朝散大夫任颛布衣时曾与之论《易》。余不详。

周易意学

陆秉撰。

《通志·艺文略·易》《宋志·易类》著录陆秉《周易意学》十卷。《直斋书录解题》卷一作六卷。佚。

陆秉字端夫，原名陆东，自题齐鲁后人，当祖籍齐鲁（今山东）。《长编》卷一一七载景祐二年（1035），"太子中舍陆东献文，得召试学士院，赐进士出身，改太子中允。而东性狷躁，意望帖职三馆，乃掷敕不受"。十月辛亥朔"坐停见任官，处州安置"。同上卷一一八载三年三月庚寅，"太子中舍陆东滁州安置。初，东擅离贬所，援赦乞叙用，已诏复旧官，而为知杂御史司马池劾奏，仍命安置焉"。《长编》卷一三五载庆历二年（1042）三月壬辰，"赐太子中舍陆秉进士出身，仍改太子中允。秉即东也，先召试学士院，赐出身，辄拒不受，坐责。至是更赦，乃复予之"。

《郡斋读书志》卷一云陆秉"宝元二年（1039）以此书奏御，敕书嘉奖。秉尝通判蜀州。首篇论《易》之名，颇采《参同契》之说"。《厚斋易学》附录二引《中兴书目》云："《周易意学》十卷，题齐鲁后人陆东撰。云欲撰《易决蕴》，难就，今祇成此书。亦如前代传《易》之说"。《直斋书录解题》卷一云："其说多异先儒，穿凿无据"。按：《周易义海撮要》卷十二收录陆秉说五条。

周易通神

吴秘撰。

《宋志·易类》著录吴秘《周易通神》一卷。佚。

吴秘，《闽书》云字君谟，瓯宁（今福建建瓯）人。景祐元年（1034）登第，历侍御史、知谏院，以言事出知濠州，提黠京东路刑狱，改为同安守。《万姓统谱》卷十云其著有《周易通神》及《扬子注》《太玄笺》等。

《玉海》卷三六《治平周易图义》云刘牧撰《易数钩隐图》一卷，"凡四十八图。黄黎献受于牧，摭为《略例》一卷、《隐诀》一卷。吴秘受于黎献，作《通神》一卷，以释《钩隐》，奏之。凡三十四篇”。《厚斋易学》附录二引《中兴书目》云：“黎献学《易》于刘牧，采摭其纲宗以为《略例》，一本总之于《新注周易》，以《通神》为第十四卷，《略例》为第十五卷。此为牧之学者集而为一书也”。

作者单位：华东师范大学

萧云从年谱（上）

沙　鸥

编者按：萧云从（1596～1673），当涂人。他不仅是明末清初著名画家、诗人，还是一位重要的易学家，萧云从于60岁之际（1655）撰写《易存》一书。年谱虽然为一人之史，但是通过爬梳整理人物的生平经历、作品创作情况，对于深入探究人物思想及同时代相关专题都有着关键价值。除此之外，在中国传统文化中，易学与书画、诗词等历来都有着紧密联系，萧云从兼及书画和易学等方面，整理、谱写其年谱，有益于推动学术研究，故《周易文化研究》第八辑刊载沙鸥《萧云从年谱》一文。

萧云从（1596～1673），当涂人。明末清初画家、诗人、书法家、易学家。清初以来，由于萧氏为反清人士，故而得不到朝廷的关注。20世纪以来，虽有学者加以关注，但由于资料严重缺乏，研究并不能得以深入。萧云从年谱的整理也仅有1960年胡艺先生简要整理，不过几千字，并不能完全满足学界的需要。笔者经十余年研究，通过方志、笔记、拍卖等手段，加以研究辨析整理，得之近四万言年谱，奉献学界。

一五九六年（丙申）明神宗万历二十四年，一岁

十月，生于当涂。

沙鸥案：据黄山书社一九九九年版清黄钺《壹斋集》萧云从诗《辛卯十月初度》，知其出生于十月。今定为出生地当涂是以《钦定补绘萧云从离骚全图》三卷总纂官纪昀、陆锡熊、孙士毅；总校官陆费墀《序》中记有"萧云从，字尺木，当涂贡生"字句作为根据的。

其父萧慎余。传说生萧云从时，其父梦宋画家郭忠恕。

清乾隆《芜湖县志》卷末《志余》："萧无闷老人，喜绘事，人谓将诞之夕，其父梦郭忠恕先至其家，殆所谓前身老画师也。"

清嘉庆《芜湖县志》卷十三《人物志·文学》："萧云从，字尺木，一号无闷道人。父慎余，明乡饮。生云从时，父梦郭忠恕至其门，曰：'吾当为嗣。'"

萧云从画常有"郭恕先后身"之印迹。

乌程庞氏一九〇九年刊本庞元济撰《虚斋名画录》卷十"萧尺木山水"图有"前丙申生"（白文）印章；清光绪十七年刻本陆心源撰《穰犁馆过眼续录》卷十三《秋林出云卷》记载萧云从画作有"岁丙申生"（白文）印章。

萧云从，字尺木，号默思、于湖渔人、石人、梅石道人、东海贡生、谦翁、梦履、梅主人、无闷道人、钟山老人、钟山梅下等。

清乾隆《芜湖县志》、清黄钺《画友录》、中国书店 1990 年版清李浚之《清画家诗史》、清光绪三十年陈作霖撰《金陵通传》。

友人胡曰从十二岁。

南京十竹斋艺术研究部 1987 年版《十竹斋研究文集》《胡正言年谱》。

友人邢昉六岁。

清光绪十八年版汤之孙《邢孟贞年谱》。

一五九七年（丁酉）明神宗万历二十五年，二岁

一五九八年（戊戌）明神宗万历二十六年，三岁

一五九九年（己亥）明神宗万历二十七年，四岁

一六〇〇年（庚子）明神宗万历二十八年，五岁

一六〇一年（辛丑）明神宗万历二十九年，六岁

一六〇二年（壬寅）明神宗万历三十年，七岁

友人戴重生。

民国十一年吴兴刘氏嘉业堂刻本清章学诚《和州志》"戴重"。

一六〇三年（癸卯）明神宗万历三十一年，八岁

从师讲《孟子》六律五音。

浙江图书馆藏清钞本萧云从《易存》卷一。萧云从《易存》自序曰："余自八九岁从师讲《孟子》六律五音"。

一六〇四年（甲辰）明神宗万历三十二年，九岁

从师讲《孟子》六律五音。

浙江图书馆藏清钞本萧云从《易存》卷一。萧云从《易存》自序曰："余自八九岁从师讲《孟子》六律五音"。

友人孙逸生。

中华书局一九五九年版《历代人物年里碑传综表》。

一六〇五年（乙巳）明神宗万历三十三年，十岁

一六〇六年（丙午）明神宗万历三十四年，十一岁

一六〇七年（丁未）明神宗万历三十五年，十二岁

一六〇八年（戊申）明神宗万历三十六年，十三岁

当涂山洪暴发，江涨丈余，圩岸皆溃。

中华书局 1996 年版《当涂县志·大事记》。

芜湖大水，圩岸冲决，庐舍倾毁，舟行陆地，河鱼游入市区。

社会科学文献出版社 1993 年版《芜湖县志·大事记》。

一六〇九年（己酉）明神宗万历三十七年，十四岁

一六一〇年（庚戌）明神宗万历三十八年，十五岁

临摹唐寅《鹤林玉露图》。

清光绪十七年刻本陆心源《穰梨馆过眼续录》卷二十三：“余髫时便摹唐解元此册，不能淡远，与子西所云超轶尘外之义殊失也。”

上海鸿文书局石印本古虞邵氏光绪三十年邵松年撰《古缘萃录》卷七载《萧尺木青山高隐图卷》题跋：“少时习业之暇，笃志绘事，寒暑不废。”

沙鸥案：因古之男童为少年，将发束成髻，指十五岁左右，时应学会各种技艺。《大戴礼记·保傅》曰：“束发而就大学，学大艺焉，履大节焉。”古之志学之年，也为十五岁。《论语》子曰：“吾十有五而志于学。”

友人渐江生。

安徽人民出版社 1964 年版汪世清、汪聪《渐江资料集》。

一六一一年（辛亥）明神宗万历三十九年，十六岁

友人冒襄生。

清光绪二十二年冒氏丛书冒广生撰《冒襄民先生年谱》卷一。

一六一二年（壬子）明神宗万历四十年，十七岁

一六一三年（癸丑）明神宗万历四十一年，十八岁

一六一四年（甲寅）明神宗万历四十二年，十九岁

八月作《明月归舟》图。题画诗跋："明月未离海，幽人先倚楼。清临中江水，高占一天秋。太白偏能赋，元规亦共游。何人夜吹篴，江面有归舟。甲寅八月，云从。"

北京翰海拍卖有限公司2007年春季第五十七期拍卖会〇〇六三号萧云从立轴设色山水题跋。

一六一五年（乙卯）明神宗万历四十三年，二十岁

一六一六年（丙辰）明神宗万历四十四年，二十一岁

友汤燕生生。

1998年4四期《书法研究》，胡艺《汤燕生年谱》。

一六一七年（丁巳）明神宗万历四十五年，二十二岁

夏，当涂蝗灾。江北田鼠渡江。

中华书局1996年版《当涂县志·大事记》。

杜岕（仓略）生。

一六一八年（戊午）明神宗万历四十六年，二十三岁

一六一九年（己未）明神宗万历四十七年，二十四岁

一六二〇年（庚申）明神宗万历四十八年，二十五岁

一六二一年（辛酉）明熹宗天启元年，二十六岁

正月，当涂大雪四十余日，深六七尺，野鸟多饿死。

中华书局1996年版《当涂县志·大事记》。

戴本孝农历闰七月初九生。

吉林美术出版社2003年版薛翔《新安画派》年表。

一六二二年（壬戌）明熹宗天启二年，二十七岁

一六二三年（癸亥）明熹宗天启三年，二十八岁

沈士尊（天士》生。

梅清《行书长卷》（原件藏南京博物院）中有一诗曰："曾向鸠兹唤沈郎，年同甲子鬓同霜。只今江上灵光影，不与昆铜作雁行（自注曰："天士与余同庚。"）"按梅清生于明天启三年癸亥(1623)，天士与之同庚，亦当生于是年。

十二月二十二日，当涂地震。

黄山书社1992年版《马鞍山市志·大事记》。

一六二四年（甲子）明熹宗天启四年，二十九岁

芜湖地震，呼呼有声，屋宇皆鸣，墙有倾倒，地有拆裂。

社会科学文献出版社1993年版《芜湖县志·大事记》。

一六二五年（乙丑）明熹宗天启五年，三十岁

一六二六年（丙寅）明熹宗天启六年，三十一岁

作纸本浅绛山水手卷《秋山行旅图卷》。画长一百八十五厘米，宽二十九点二厘米。

1931年12月12日此画为东京帝室博物馆所藏。

1930年日本东京“唐宋元明清画展”萧云从画卷题跋。

民国谭氏区斋影印清宫写本《石渠宝笈续编》著录，此画萧云从题款曰：“作此画几十年矣，当时偶没之废册中，若不知有此。今予年六十有二，重一相遇……丁酉花朝题，钟山萧云从。”

沙鸥案：按东京大学东洋文化研究所一九九八年版《中国绘画综合图录》影印此全图，款识清晰可辨，未署具体创作时间。上海人民美术出版社一九七九年版王石城《萧云从》记为一六二六年所作，不知何据。现录此以俟考。

一六二七年（丁卯）明熹宗天启七年，三十二岁

一六二八年（戊辰）明毅宗崇祯元年，三十三岁

一六二九年（己巳）明毅宗崇祯二年，三十四岁

春月作《野老出猎》图。

福建省拍卖行2006年春季拍卖会一〇三四号萧云从水墨设色纸本手卷题跋。

一六三〇年（庚午）明毅宗崇祯三年，三十五岁

一六三一年（辛未）明毅宗崇祯四年，三十六岁

辛未冬，悟子产七音六律以奉五声，寒夜举火以识其图，遂为泄古今之秘，而乐律之书。

浙江图书馆藏清钞本萧云从《易存》卷一。《易存》自序曰：“乃至三十六岁，为辛未冬矣，忽然悟子产七音六律以奉五声，寒夜举火以识其图，遂为泄古今之秘，而乐律之书……”

一六三二年（壬申）明毅宗崇祯五年，三十七岁

春日作《萧山春日》图。

中贸圣佳国际拍卖有限公司2002年春季拍卖会萧云从设色纸本山水题跋。

八月刻山水于砚。

文汇出版社1999年版施蛰存《北山谈艺录》记有萧云从之砚，上录：“寒林野渚小亭幽。壬申秋八月，萧云从。”

戴本孝随父避乱于南京。

吉林美术出版社2003年版薛翔《新安画派》年表。

一六三三年（癸酉）明毅宗崇祯六年，三十八岁

秋七月仿大痴道人《天池石壁图》笔意，画《山水图轴》。

上海人民美术出版社1979年版王石城《萧云从》。

沙鸥案：王石城误记此年萧云从为三十七岁，实际应为三十八岁。

一六三四年（甲戌）明毅宗崇祯七年，三十九岁

友人宋荦生。

苏州大学藏清康熙刊本宋荦《漫堂年谱》。

一六三五年（乙亥）明毅宗崇祯八年，四十岁

作云溪野渡图。题画诗文曰：“崇祯七年，次甲戌秋七月廿日，自东湖游归，醉之余，随意终其前幅，不觉纵横，然势在矣已。十指皆有酒气，醒时设色，若一往奇性，人虽古怪之，我亦大称意也。萧云从识。

余初画此卷自娱适辱。右白社兄过嘉赏识，因举以赠之。所以酬知己也。乙亥七月廿三日，弟萧云从。

昔王半山谓李供奉，恃皆哆酒，狂舞所取也。予生平作画，不醉则澹远而已。稍饮醇醪，便倚兴奕奕。如骏马下坂，非羁勒所能控耳。今夜又觉酣矣，与家小曼披卷熟玩，因颂其图句，女娲炼石补天处，石（破）天惊逗秋雨。差池拟也。从又记。”

北京匡时国际拍卖有限公司2010年春季艺术品拍卖会，第九二一号萧云从《云溪野渡》手卷纸本。尺寸：31厘米×278厘米。钤印：萧云从、前身老画师、齐梁王孙。画幅记有萧云从之弟萧云倩跋文：△今年初秋，同社纵观东湖飞楫竞涛，山川易面，大非平波湖荡之本色也。各成诗记，以踪古人尺木复构是图，一草一木，梦云山，视彼兰亭、西园、宏奇横肆，不复相及矣。韩邓州谓古今人同不同未可知也，其在是舆。小曼倩记。

一六三六年（丙子）明毅宗崇祯九年，四十一岁

四月十七日，当涂地震。

黄山书社1992年版《马鞍山市志·大事记》。

五月二十一日，芜湖地震，天鼓鸣，声东南来，东北去，橱户铜环皆动。

社会科学文献出版社1993年版《芜湖县志·大事记》。

遇胡曰从于金陵。

乌程庞氏1909年刊本庞元济撰《虚斋名画录》卷十载《萧云从山水轴》跋文“曰从先生长余十二岁。别三十年。偶来金陵，拜瞻几杖。年开九秩，人景千秋，犹镌小印，篆成蝇头，神明不隔，真寿征也。丁未九月区胡七十二弟萧云从诗画呈教。”

沙鸥案：丁未为一六六七年，推前三十年应为是年。

十月作《南岳七十二峰之图卷》。

衡阳市博物馆藏萧氏纸本设色《南岳七十二峰之图》跋文。自题“南岳七十二峰之图，崇祯九年岁次丙子十月潇湘道中所见之景，次第稿存，绘呈建翁老先生鉴定。钟山梅下萧云从”。款下钤两方印，一为“云从”，白文；一为“尺木”，朱文，皆篆书。

作《雪岳读书图》，该图现藏北京故宫博物院。

上海书画出版社1997年版《宋元明清书画家传世作品年表》。

一六三七年（丁丑）明毅宗崇祯十年，四十二岁

往高淳避乱，与友人戴重、邢昉聚于石臼湖，后返芜湖。

民国《金陵丛书》蒋氏校印本清邢昉《石臼集》。

清嘉庆《历阳典录》卷六《艺》六十邢昉诗题：“寇定后送戴敬夫萧尺木还乡省亲。”

浙江古籍出版社1985年版《明遗民录》：“邢昉，字孟贞，一字石湖，高淳人。诸生，复社领袖。明亡，弃诸生服，伏湖滨，弹琴赋诗，以终其身。”曾筑室石臼湖上，著有《石臼集》。

民国十一年吴兴刘氏嘉业堂本清章学诚《章氏遗书外编》卷十八《和州志》：“戴重，字敬夫，和州人，画家戴本孝之父，复社成员，抗清负伤后绝食而亡。”

一六三八年（戊寅）明毅宗崇祯十一年，四十三岁

与弟萧云倩列具《南都防乱公揭》名。

清吴应箕《南都防乱公揭》。

与弟萧云倩参加复社。

清吴应箕《复社姓氏》前卷“太平府芜湖县姓氏”。

民国《芜湖县志》卷五十《人物志》附《萧云从传》：“弟云倩，字小曼，有俊才。画山水似其兄。”

作《山水图》，该图现藏日本黑川古文化研究所。

日本东京大学出版社1982年版《中国绘画总合图录》。

一六三九年（己卯）明毅宗崇祯十二年，四十四岁

中科副榜第一准贡，其弟萧云倩中举人。

清康熙《芜湖县志》卷六《选举》、卷三十《人物·文学》，清乾隆《芜湖县志》卷九《举人》、卷十五《人物志·卓行》，清嘉庆《芜湖县志》卷十三《人物志·文学》，清黄钺《画友录》。

阳月鉴定唐小李将军金碧山水真迹。

上海神州国光社1925年刊本《听帆楼书画记》卷一《唐李昭道山水卷》题识曰："唐天宝间，召宗室李思训画大同殿壁，此大李将军也。其子名昭道，号小李将军。以帝胄勋贵，而能继志，尤为可贵。又观《益州名画录》有李锦奴者，自比昭道，蜀人呼为小李将军。尝作《青城面山图》。其楼台桥舫，构结精巧。春骑如粟，云雁如尘。长短之缣，随人征索。此或然欤，今细玩此卷，虽不著款，而笔墨精工，非小李将军不能臻此绝诣。则两小李将军，必居一于此耳。崇祯十二年己卯阳月尺木萧云从识。"

作水墨设色立轴《春山烟霭》图。题画诗跋："其一痴翁惯识山中趣，访道明图写出精。策杖林泉谁作伴，萧然物外转多情。《山静访道》，黄大痴本。尺木云从。其二陡壑遥临百尺楼，西风吹送满林秋。疏钟远花泉流急，尽属山樵笔底收。《陡壑鸣泉》，黄鹤山樵本。尺木居士。其三松高树山起凉风，无限清流一棹还。静对云山尘不到，笔端潇洒美髯翁。《松风水树》，文太史本。崇祯己卯后避金陵，写清凉山冶识山馆遣兴作此。萧云从"

上海晟安拍卖有限公司2008年春季书画拍卖会萧云从《春山烟霭》图。

夏四月，作日暮图。题画诗曰："浦树生阴翳，诸峰沈杳霭。日暮不逢人，疏钟落烟外。买得四邻山，风雨静相对。不知山路遥，但赏山中趣。樵唱有时闻，更入云深处。己卯夏四月，萧云从。"

2012年2月19日华夏收藏网公布编号为HY2788589号藏品。

作松溪泛舟图。题画诗曰："天地一溪秋，痴翁坐小舟。利名全不会，情思在沙鸥。己卯夏四月，萧云从"

中国嘉德国际拍卖有限公司嘉德四季度第二十五期中国书画拍卖会第二八三九号拍品。尺寸：117厘米×55厘米。钤印：萧云从、员照。

一六四〇年（庚辰）明毅宗崇祯十三年，四十五岁

春三月，作册页十五页。题画诗文曰："一、闲云流水多幽意，古木苍崖侥士风。兹日孤亭人去后，载得秋思付征鸿。萧云从。二、树影杂云气，山光照晚晴。扁舟江水阔，止兴鹭鸥盟。萧云从。三、朝披梦泽云，坐钓青茫茫。此李青莲句，以米氏法写之。萧云从。四、溪阁联吟。云从写于梅花堂。五、平林远岫。梅花堂主人，萧云从。六、秋水才添四五尺，野航忆思三人。此句落一受字。庚辰春日，萧云从。七、村坞幽人曳杖藜，衡门尽掩草晏晏。午艰啼罢□动变，日红血出到远林。尺木萧云从。八、筑室溪水滨，窗牖漾碧色。邻尌期不寒，研朱点周易。尺木萧云从。九、古树斜阳杂影乱。尺木云从。十、四围山色淡如烟，湖上苍茫烟暮天。何处钟声云外落，凌音兄到树村头。尺木云从。十一、秋波摇，碧风卷，梧桐隙，有客楼头话别，共尊酒，永今夕。尺木萧云从。十二、烟郊望中秀，色如有无间。萧云从。十三、尺木云从依痴翁富春山图。十四、山疑古木秋云外，家住丹霞碧水边。

尺木云从并句。十五、碧湖烟艇。崇祯庚辰春三月。萧云从记于梅花堂。”

宁波富邦拍卖有限公司2012年迎春拍卖会。第〇九〇四号萧云从设色纸本册页。尺寸：20厘米×25厘米。

中秋，作《花卉图》，该图现藏日本黑川古文化研究所。

日本东京大学出版社1982年版《中国绘画总合图录》。

一六四一年（辛巳）明毅宗崇祯十四年，四十六岁

芜湖旱蝗，大饥，死者枕藉。

社会科学文献出版社1993年版《芜湖县志·大事记》。

一六四二年（壬午）明毅宗崇祯十五年，四十七岁

复中壬午科副榜。

清乾隆《芜湖县志》卷九。

清乾隆二十三年版《太平府志》卷二十《贡生》：“萧云从十二年己卯科副榜准贡，复中壬午科副榜。”

四月画题曼殊像。题画诗文曰：“曼殊同余读书栖霞甘乳泉，窗间有梅，丛花古干，将与吉祥寺树等矣。而曼殊云：自十年前手植也。余乃绘于仪象之左，盖咏赋棠桧，物重于人。矧兹玉迭春香，岂非谢东山之别墅乎。又与曾子所写抱膝吟之义微有合尔。芳兰绮石，偶志其见云。崇祯十五年次壬午四月望前，中江社盟弟萧云从识。”

2010年第2期《嘉德通讯》。

作《秋山访友图》。

上海人民美术出版社1979年版王石城《萧云从》。

作山水设色长卷《关山行旅图》。画长三百二十厘米，宽二十八厘米，该图现藏上海博物馆。

文物出版社1993年版《中国古代书画图目》卷四。

一六四三年（癸未）明毅宗崇祯十六年，四十八岁

七月二十二日，作纸本设色山水长卷《岩壑奇观图》。画长二百六十一点七厘米，宽三十点三厘米。该图现藏北京故宫博物院。

文物出版社1993年版《中国古代书画图目》卷二十二。

九月作秋窗松风图。题画诗跋：“秋窗静坐菊花开，细雨重阳酌酒回。此日松风游路冷，凌歊台上慨烟霾。癸未九月未赴登山之约，次晨则□□逼人，遂有良时难再之叹。作此图以致足下也。似频宣社兄教。萧云从。”

国学图书馆民国二十一年版《陶风楼藏书画目》“清萧云从山水轴”。

一六四四年（甲申）清世祖顺治元年，四十九岁

离芜湖到高淳避居。

黄钺《壹斋集》，黄山书社 1999 年版。移居诗序曰："畴昔小筑于东皋，则迩王处仲梦日亭也，甲申后为镇兵是据，遂毁精舍为圂椷。至丁亥秋，始得携儿子，担书笥，蓐穇缉垣，略蔽风雨而家焉。惟乱离迁播，亲友凋残，触景内伤，忽然哀愤，溯其凄戾，横集无端，况予老矣，病矣，无能为矣！穷途日暮，情见乎词，得诗六首，求故人书之。倘曰元亮《移家》、少陵《秋兴》，是以灵乌飞，而誉腐草之光矣。"

作水墨纸本立轴《春岛奇树图》，该图现藏北京故宫博物院。题画诗跋："春岛荣琪树，兰蕤袐初春。仙人来卜宅，云幄饭芝房。翠襭松萝古，萦珠结子长。画图开半壁，晓露绕箙床。峻阁钟镤连，龙归带雨飒。芙蓉留石影，美酝盈螺椿。醉卧桃花坞，如沈十日酿。崇祯甲申数日，坐校书堂小酌，拾此素纸，图厥《青山图》，感念乱离，致数语纪，愿知我有悉于武陵源矣。石人萧云从。"画长八十八点一厘米，宽三十三点六厘米。

人民美术出版社 1962 年版郭味渠编《宋元明清书画家年表》。

沙鸥案：其题画诗首句有"春岛荣琪树"句，《宋元明清书画家年表》载萧云从作《春鸟奇树图》，有误，应为《春岛琪树图》。

去金陵遇跳石道兄，并画山水扇面赠之。今为日本东京组田昌平私人收藏。

日本东京大学出版社 1982 年版《中国绘画总合图录》。

作无题纸本设色立轴山水。画长八十八点一厘米，宽三十三点六厘米，该图现藏北京故宫博物院。

文物出版社 1993 年版《中国古代书画图目》卷二十二。

始作《离骚图》。

民国二十三年蝉隐庐影印《陈萧二家绘离骚图》，清张秀壁《天问图》跋。

三月十九日李自成攻入北京，明崇祯皇帝自缢景山。

北京大学出版社 1983 年版《中国通史讲稿》。

一六四五年（乙酉）清世祖顺治二年，五十岁

春作《纵情图》。题画诗跋："数岁自放唯纵情，丘壑或忆读书山。馆著屐云蹬应险，风涛掩愁露淋潇。磅礴之间，未尝不与古人之驰驱，是范故牵连盈丈，如山阴道上，烟华自相映发，使人应接不暇。吾倩尊尼极为嘉赏，且以燕石鱼目作宝亦可嗤也。乙酉仲春，萧云从。"

美国洛杉矶博物馆藏萧云从纸本设色山水长卷《纵情图》。画题为沙鸥所拟。

作《青山高隐图》。题画跋文："画亦戏事也，而感慨系之。少时习业之

暇，笃志绘事，寒暑不废。近流离迁播，齿落眼朦，年五十而谆谆然居八九十者，遂握笔艰涩。间有索者，则假手犹子一芸〔二〕。芸年才廿余，即游霅，溯湘衡，以画著声。复归来余，益加精励，而门已铁限矣。见余懋僁郁郁，不复读书，灯荧茗沦，忽作悲吟之。余乃申纸研墨，异一见猎。生喜，余亦破涕为欢，下笔剌剌不休。自秋叶藏红，冬雪肤白，代谢未几，而群芳恣艳，为己丑春之今日也。尝忆《竹林图》晋遗民南北之阮，窃已愧矣。而复有小儿破贼于淝，令东山老子折屐。人处乱世，上不得击栉纾奇，次不得弹琴高蹈，而优游尘土，画青山而隐，则吾与芸子解衣盘礴，相附于长康、探微之流，亦足矣，他复何愿！寒食日，石人云从识。"

清光绪三十年上海鸿文书局石印本邵松年《古缘萃录》卷七《萧尺木青山高隐图卷》。

四月二十五日，扬州陷，督师史可法死国。

清乾隆《宣城县志》卷十四《杂记》。

五月，清兵渡江，进攻金陵。弘光帝朱由崧连夜奔太平府（当涂），百姓闭门不纳，又奔芜湖水师黄得功兵营。清兵截其退路，黄得功战死，明总兵田雄挟持朱由崧降清。

社会科学文献出版社1993年版《芜湖县志·大事记》。

与戴重等友人避难于石臼湖，并为戴重义举送行。

清章学诚《和州志·戴重传》："时同避乱于石臼湖者，萧云从等皆一时高士。湖中邢于定亦贤而隐者，馆重其家，意气甚得。至时重欲远行，诸隐士相与饯于大枫桥下，雪泣别去。"

邢昉有《寇定后送戴敬甫萧尺木还乡省视》诗相赠："大盗盈江介，萧萧古战场。流离行异县，跋疐想维桑。井灶余荒垒，条枚问远扬。二贤俱索莫，欲去更沾裳。"

浙江古籍出版社1985年版孙静庵《明遗民录》："邢昉，字孟贞，一字石湖，高淳人，诸生，复社领袖。明亡，弃诸生服，伏湖滨，弹琴赋诗，以终其身。"曾筑室石臼湖上，著有《石臼集》。民国十一年吴兴刘氏嘉业堂刻本清章学诚《和州志》记："戴重，字敬夫，和州人，画家戴本孝之父，复社成员，抗清负伤后绝食而亡。"

民国《金陵丛书》蒋氏校印本清邢昉《石臼前集》卷四）

作《霜林秋障图》，又名《秋山霜霁图》。画长六十点二厘米，宽二十一厘米。题画诗跋："一林霜叶可怜红，半入虚中半雾中。冷艳足为秋点染，从来多事是西风。尺木萧云从。"

沙鸥按：1984年《南京艺术学院学报》第一期音乐表演版史金城《鲁连蹈海典属还家》一文记，此画《秋山霜霁图》为1645年作。但广东省博物馆藏画题画诗后未注明时间，存疑俟考。

广东博物馆藏萧云从纸本墨笔立轴山水《霜林秋障图》。

《南京艺术学院学报》1984年第1期史金城《鲁连蹈海典属还家》。

中秋七日，完成《离骚图》并题《离骚图序》于万石山之应远堂。

民国二十三年蝉隐庐影印《陈萧二家绘离骚图》萧云从《离骚图序》。

作七言诗《吊邑人周孔来殉节泾县学署》："泮壁何人自鼓刀，天寒日暮风飕飕。老儒转战敌长稍，弟子招魂赋反骚。夜雨同悲涵水鳣，阴雷欲剸戴山鳌。庙空悬古松长碧，浩气森森北斗高。

清黄钺《壹斋集·诗集》卷七《于湖竹枝词》第四十六注："周泗，字孔来，南乡凤翎圩人，任泾县教官。乙酉城陷，手刃十数人，殁于明伦堂，十日后犹坚持利刃不释，即葬于泾。"

沙鸥按：此年九月清兵陷泾县，故推断本诗作于是年。

清乾隆《芜湖县志》卷二十三。

作《和州含山张不二先生乙酉殉节纪实》。

毗陵董氏民国二十九年刻本清戴重《河村集》附录。案：安徽省图书馆藏民国石印本《皖志列传稿》卷一，所记《张秉纯传》应为《和州含山张不二先生乙酉殉节纪实》节选。

中秋仿吴镇山水一幅。该图现藏日本黑川古文化研究所。

日本东京大学出版社1982年版《中国绘画总合图录》。

九月，作《山水图册》十二开。该图现藏香港何氏至乐楼。

上海书画出版社1997年版《宋元明清书画家传世作品年表》。

一六四六年（丙戌）清世祖顺治三年，五十一岁

立夏前三日作立轴山水。

太平洋国际拍卖有限公司2007年金秋拍卖会〇四八四号萧云从设色水墨立轴山水题跋。

一六四七年（丁亥）清世祖顺治四年，五十二岁

夏至作立轴设色山水《岁寒三友》。题画诗跋："春气欲腾龙，水华蔽碧空。年年招隐处，芳意更从容。

丁亥夏至，七十二翁云从。"

沙鸥按：丁亥应为五十二岁，与七十二翁云从不合。疑该画为赝品，或萧云从误笔。俟考。

佳士得香港有限公司2001年秋季拍卖会萧云从立轴设色山水。

从高淳归芜湖，秋天写《移居诗》六首。"一、喜得幽荒日月同，棕轩

樾馆筑华嵩。秋风北道谁为主，皓首东园赖有松。乱石何年逢射虎，贞公临水欲成龙。药栏书屋才安置，却见寒山树树红。二、鹿门见寄一行书，悲滞风尘万里余。未靖干戈中外警，当途冠盖往来疏。天高猿啸松枝落，篱折鸡栖月影虚。鬓短霜繁潦倒甚，杖藜挥泪过荒墟。三、尽醉才倾一两杯，醺然扶病欲登台。水随天远秋无尽，月并沙明雁已回。绛帻郑玄犹遇主，青罇袁绍独怜才。披榛相待渔樵话，隔院先闻钟磬来。四、莼嫩鲈肥尽可餐，归思岂衹一张翰。吾庐近市无车马，世法宽人有帻冠。霜气空凋千树碧，旭光已破万山寒。衰年强起凭高望，赋得鹏云万里抟。五、卜筑黄尘尽草洼，于时深愧自为家。树高不隔蝉声切，墙短犹留驹影斜。老病风前犹种药，伤心雨后亦栽花。生长贫贱原非隐，未许青门学种瓜。六、随意寒潭落钓钩，青蛉作伴立竿头。浮云天际归何处，独树溪边影不流。蹈海鲁连能战日，还家典属雁声秋。身经迁播皆萍梗，一有吾庐更有愁。”

民国《芜湖县志》卷五十九《杂识》诗。

为香士作《山水轴》。题画跋文：“丁亥暮春，为香士词兄临李咸用法。萧云从。”

清道光刻本胡积堂辑《笔啸轩书画录》。上海神州国光社民国九年玻璃版精印风雨楼藏本《新安名画集锦》。

十二月，仿王蒙山水图卷。该图现藏北京文物商店。

上海书画出版社 1997 年版《宋元明清书画家传世作品年表》。

一六四八年（戊子）清世祖顺治五年，五十三岁

春，完成《太平山水图》，初夏题跋。张万选为之作序。序文如下：“昔向子平谓婚嫁毕，遍游五岳。宗少文图五岳名山于斋壁，曰：‘鼓琴动操，欲令众山皆响。’两者未知孰胜。古人言，游尽天下名山水，读尽天下奇书，方能不俗。太史公登龙门，探禹穴，其文日进；康僧渊在豫章去郭数十里立精舍，旁连岭带长川，声名日兴。乃者正堪与向平颉颃，但山水作缘未易，必体便登陟，有济胜之具如许椽，然后可必；伐山开道，有选境之赀如康乐，然后可必；情闲遇适，有宴豫之时之地如阮光禄、孔车骑，然后可非。此不足以穷态极妍，犹之懵懵未见庐山真面目，则万里春粮之有待，何如卧游一室之无烦，少文又岂可少与？余理姑四载，姑名胜日在襟带间，披臻涉巘，溯洄寻源，宝愧未能，今适量移北去，山川绵眇，遥集为艰，岁月驱弛，佳游不再。于是属于湖萧子尺木为撮太平江山之尤胜者，绘图以寄。余思间一展卷，如闻鸟啼，如见花落；如高山流水，环绕映带；如池榭亭台缋满眼，即谓置我于丘壑间，讵曰不宜？萧子绘事妙天下，原本古人，自出己意，正

未知昔日少文壁上曾有此手笔否？异时布袜芒鞋，涉迹五岳，当循是图为嚆矢，请洒洒与谢李诸公订盟而去。是为序。顺治戊子初夏。济南张万选题。”

南京图书馆藏褒古堂藏版《太平山水诗画》。清张万选编入《太平三书》卷十二。

社会科学文献出版社1993年版《芜湖县志·大事记》。

作设色山水长卷《烟鬟秋色图》、墨笔立轴山水《疏林图》，上述两图现藏天津市艺术博物馆。烟鬟秋色图诗跋：“畴昔爱种石，魏然成假山。后子爱更深，环蓄成林峦。买山无资斧，握笔湛余间。牵连数丈纸，厥兴逾难删。十日兼五日，袅袅出烟鬟。携以政后子，残秋破愁顽。嘉树拂雪檐，石林发青斑。龙蹲与虎立，高下环□关。我欲攫之去，坚巨讵易扳。彼且笑我愚，遂尔不复悭。秦皇驱海岛，大山失其顽。贰员担危石，精卫徒潺湲。巨灵有神划，黄初叱羝菅。窃笑米南宫，袍笏无官闲。赠我二三枚，朝夕云一湾。石山归我去，画山不复还。留供青閟阁，之羡倪荆蛮。戊子春作此卷，易集翁道盟山水数枚，至辛卯十月廿五日，小酌自醺，复索以观。醉中草赋，记乱世中有吾两人石交也。钟山梅下萧云从。”画长五百八十四厘米，宽二十八点三厘米。

文物出版社1993年版《中国古代书画图目》卷九。

作设色无题山水长卷《畴昔爱种石》。

天津杨柳青画社2002年版《萧云从·张洽山水画》题跋。

作《白马洞天图轴》绢本。

清乾隆抄本金瑗辑《十百斋书画录》。

一六四九年（己丑）清世祖顺治六年，五十四岁

建醮于庭，道士召白鹤至，回翔久之，方文与绣铭皆赋诗。

清方文《嵞山集》卷七《萧尺木建醮于庭有道士召白鹤至回翔久之予与绣铭皆有赋》。

寒食日，与侄萧一芸合作创作《青山高隐图》。

上海古籍出版社1996年版清邵松年撰《古缘萃录》卷七“萧尺木青山高隐图卷”。

十一月二十日，作纸本立轴设色山水《幽谷村居图》。画长八十厘米，宽三十点五厘米，该图现藏沈阳故宫博物院。题画诗跋：“放浪风茎又一年，烟光相照见春妍。老来诗画随时健，不愧吴门沈石田。己丑十一月廿日，□□仁兄命余作画，时已三更，宾立无倦怠，阁笔则有词。跳石先生拈之，以为白石翁也，遂俨然为诗。萧云从。”

文物出版社1993年版《中国古代书画图目》卷十五。

方文去芜湖访萧云从，并赠诗。

清方文《嵞山集》卷七《芜阴访萧尺木有赠》。诗曰：“山川悠邈叹离居，尝见君诗画与书。四海相知惟草木，千秋不朽在樵渔。偶停江上故人棹，为访城东处士庐。握手匆匆言不尽，愁看烟水晚来疏。

一六五〇年（庚寅）清世祖顺治七年，五十五岁

除夕，作纸本设色山水立轴雪景山水。画长一百一十三点三厘米，宽五十二厘米，署名“钟山老人”，该图现藏北京故宫博物院。题画诗跋：“群峰矗矗种白玉，山家避寒居茅屋。雪后易晴日当空，老人惊喜踏深麓。木屐草笠不随身，带水拖泥趁双足。撑天栟栗自主张，觅醉前村汎醽醁。有诗何必灞桥吟，有鹤莫向华亭宿。身处穷庐望雁飞，独怜汉使麾节秃。庚寅除夕染此《雪图》，感时题咏，颇大称意趣。钟山老人萧云从。”

定远方氏清光绪三年锦城柏署刊本方浚颐撰《梦园书画录》卷十七“萧尺木雪景直幅”。

二月二十五日，作雪景扇面山水。题画诗跋：“欢饮春宵尽烛光，丹青犹见树苍茫。茅檐住得乾坤老，松引龙麟竹引凰。庚寅二月廿五夜饮，跳石道兄出旧所画，感而题教，弟萧云从。”

上海人民美术出版社1959年版《明清扇面选》第二十五页。

孟春作《秋山访友图》。题画诗跋：“千峰凝翠宛神州，中有仙翁寤寐游。循溪隐隐穿细路，断岸疏疏起烟雾。秋山万叠西日下，渺渺一片江南秋。庚寅孟春，钟山老人萧云从。”

北京中嘉拍卖有限公司2008年秋季艺术品拍卖会三〇一四号萧云从立轴设色纸本山水。

与方文、罗天成登范罗山。

清方文《嵞山集》卷五《初度日宋玉叔计部载酒见访因偕萧尺木罗天成登范罗山限春光二字》。诗曰：“甲子浑忘却，君犹记我辰。轩车来旅舍，壶榼徙江滨。去日忙如水，衰年愁杀人。那能同草木，枯绝又逢春。古阜宜登陟，晴江尽一望。微云分片白，弱柳弄丝黄。野酌邀山友，高吟逊省郎。无才甘自弃，不敢恨年光。”

卷七《萧尺木有诗见讯答之》。诗曰：“方文明江卜宅意如何？祇为情人此地多。刷羽且凭鸥作侣，衔泥不见燕成窠。迎家就客风犹阻，冒雨寻芳春又过。安得一枝长傍尔，短墙朝夕共烟萝。”

方文去宛陵，家人乏食，萧云从曾赠米一石予方文家人。

清方文《嵞山集》卷七《予去宛后家人乏食萧尺木罗天成胡允右张与瞻各饷米一石归日赋此谢之》。诗曰：“秋林旬日雨凄其，缾罄难教小妇炊。晚臼忽舂云子白，故人先送救公饥。釜锺高义今应少，管鲍贫交更有谁？灯火客窗儿女笑，老亲差不怨仳离。十年戎马故园荒，百亩曾无儋石粮。尽室畏途同剑阁，叩门乞食类柴桑。壶餐每荷青山友，饮啄犹瞻白日光。比夜留侯频入梦，忘询辟谷是何方。”

一六五一年（辛卯）清世祖顺治八年，五十六岁

到扬州与郑士介相聚。

四川省博物馆藏萧云从纸本设色山水册页之十。

夏初到南京钟山，写《钟山梅下诗》八首。诗曰：“萧子性喜梅花，而梅花无如钟山之麓之盛。少时纵游其处，遇王孙筑草阁数椽，引余登

之。仰望钟山，丹楹金瓦，鳞戢翚飞，曜云而丽日。俯瞰其下，则梅花万树，恣放纵横，一望十余里，如坐香航浮玉海也。辛卯夏初，复往访之，鞠为茂草矣，王孙亦不知所之。荒凉之中，因感成诗，他无所及。一、海天万里大明东，花气中朝令节同。才见汉官颁玉历，忽闻桓笛怨春风。结庐山下无高士，挥泪霜边失侣鸿。几度寻梅灵谷寺，云闲今古草连空。二、苍天白发总难期，野径梅花两不知。海内有春藏北斗，雪中无路觅南枝。玉龙战退盈城湿，瑶爵轻寒引杖迟。尘土飘摇香未散，乾坤今见几人诗。三、空谷伤心祗自酸，三更风发总无端。春归但籍花为历，僧老都忘岁已寒。粉蝶一飞陵阙冷，铜驼半委雪霜残。精神自足诸天外，好对西溪白玉盘。四、老去芳游兴未删，愁多白日泪犹潸。人瞻北阙春千里，香过西邻水一湾。望帝不来翻玉树，洛神何处赠瑶环。东风渐已回天地，鴂鹊空残冷雾间。五、何处诗人宅灞桥，寒陵古树晚萧萧。名花岭上供千佛，野雪香中阅六朝。消息已通祠腊后，飘零不为买山饶。俨然天竺先生矣，犹揽残枝看碧霄。六、海树森森在古壕，空原不见夜悲号。枝残蒋庙三更月，花乱秦淮一叶桃。香雾有神晶殿冷，天寒相伴玉峰高。可怜汉武坛犹在，何处风飘白凤膏。七、灵峦千仞腐儒情，茅屋长年住帝京。落日石鲸栖御道，孤山仙鹤散瑶琴。瘦寒有句桥边影，巢许无心花并名。敝履经行天路近，阳和更见一枝横。八、三楹在昔筑湖阴，旧植梅花何处寻？一折不堪伤岁暮，衰年空欲卧霜林。南朝古木交龙气，西浦高人放鹤心。藤杖经行山路徧，迢迢此恨白云深。”

清黄钺《壹斋集·萧汤二老遗诗合编》。

秋作《辛卯秋至南庄作》及《辛卯十月初度》诗二首。《辛卯秋至南庄作》诗曰：“湖庄来往任飞蓬，不谓山田立钓翁。旧日路旁松见顶，几年门外水连空。秋烟已断千家爨，花穗重遭一夜风。叶叶白波无限恨，纷纷人哭雨声中。”《辛卯十月初度》诗曰：“忆昔燕台称壮游，十年一别困沧洲。读书漫说身当致，临老曾无国可忧。青镜不堪霜鬓雪，黄花犹系九秋愁。龙蛇又复嗟明岁，目极西山楚水流。”

民国《芜湖县志》卷五十九《杂识》诗。

九月，画山水册页十幅。题画跋文：“其一溪亭论古图。无闷道人。其二‘偶然值邻叟，淡笑无还期。尺木萧云从。古梅江上诗史画师。其三层轩皆面水，老树饱经霜。萧云从。其四远浦来帆。抚赵大年笔意。萧云从。其五晚霭泳平林，晴波含倒景。萧云从。其六溪桥观瀑图。尺木萧云从。其七'山静似太古，日长如小年。'无闷道人。其八'树树皆秋色，山山唯落晖。'拟许道宁笔意。其九溪楼论古。仿江贯道笔。尺木萧云从。其十松亭幽集。辛卯秋九月，无闷道人萧云从。"

深圳市天禄琳琅文化艺术传播有限公司二〇〇七年网上在线展览萧云从山水设色纸本册页。

十月二十五日，在戊子春旧作上题诗作跋。

杨柳青书画社 2003 年版《萧云从·张洽山水册页》。

作山水图。该图现为日本东京江田勇二私人收藏。

日本东京大学出版社 1982 年版《中国绘画总合图录》。

与萧一旸合作山水卷，并作山水扇面。

文物出版社一九八七年版《中国古代画家印鉴款识》。

一六五二年（壬辰）清世祖顺治九年，五十七岁

三月二十八日卯时，芜湖地震，同年大旱，河水断流。

社会科学文献出版社 1993 年版《芜湖县志·大事记》。

作纸本设色立轴山水《雪岳读书图》。画长一百二十四点八厘米，宽四十七点七厘米，该图现藏北京故宫博物院。

人民美术出版社 1962 年版郭味渠编《宋元明清书画家年表》。

作山水《秋林出云卷》。

清陆心源《穰梨馆过眼续录》卷十三萧云从《秋林出云卷》题："此卷作自壬辰。"

作《溪山送别图》。

中国嘉德国际拍卖有限公司拍卖图录 2006 年第 1 期《中国书画》第四卷。

作立轴水墨纸本《春溪轻舟图》。画长一百五十一点五厘米，宽四十六点六厘米。题画诗跋："荆溪周隐士，邀我画溪山。流水初无竞，归云意自闲。风花春烂熳，藓雨石斓斑。书画终为友，轻舟数往还。

壬辰长至，为仰山社盟作图，并系以小诗，呈教。钟山梅下弟萧云从。"

中国嘉德 2006 年秋季拍卖会图录。

初秋作立轴设色纸本《溪山寻径》。题画诗跋："结伴寻径曲，风清汲远泉。榕荫溪水绿，山寄白云边。

壬辰初秋，钟山萧云从。"

上海朵云轩拍卖有限公司 2004 年春季艺术品拍卖会萧云从立轴设色纸本《溪山寻径》。

作设色绫本立轴《万壑松声图》。画长一百九十八点五厘米，宽四十九点五厘米。题画诗跋："沧桑空作世中情，谁记尧年献雉羹。化国虽长今八代（翁生自嘉靖年）。人风如见古三更。蒲车不复征辕固，宝典犹传授伏生。万石峰头云冉冉，往来无碍听松声。壬辰上元恭祝继翁表叔父九十大寿。小侄萧云从。"

北京翰海拍卖有限公司2006年秋季拍卖会萧云从拍品。

中秋，为名扬作《云开南岳图》。该图现藏香港何氏至乐楼。

上海书画出版社1997年版《宋元明清书画家传世作品年表》。

作山水扇面。

文物出版社1987年版《中国书画家印鉴款识》。

方文留别萧云从等诸子。

清方文《嵞山集》卷八《留别萧尺木沈昆铜汤玄翼张东图诸子》。诗曰："鲁明江上每停舟，来及春风去及秋。缘有数人同苦节，浑无一事衹闲游。诗篇妍雅交相勖，家计萧条且勿愁。东海南湖消息好，岂应垂钓老沧洲？"

一六五三年（癸巳）清世祖顺治十年，五十八岁

去扬州，访郑士介，并为之作拟古山水八开即《万山飞雪》《仙山楼阁》《松溪渔隐》《西台恸哭》《闭门拒客》《仿关仝》《学洪谷子法》（又名《岩壑幽居图》）《碧山寻旧》，以上诸图现藏安徽省博物馆。题画跋文：《闭门拒客图》赵荣禄仕元，省其舅子固。子固高卧松檐，闭门拒之。今就子固画法为图，荣禄笔意虽优，余无取焉。

《西台恸哭图》跋曰："西台恸哭图。宋谢翱父事，用赵子固笔法为之。盖其志同也。"

《碧山寻旧图》跋曰："碧山寻旧图。学荆浩。癸巳夏初访士介年兄，写此致意。区湖萧云从。"

《万山飞雪图》跋曰："万山飞雪。为营丘之笔，缩巨幅之一册，远蹬盘析，秀木凄寒，六月著捥，不减北风图也。"

《仿关仝图》跋曰："关仝笔细若蚕丝，寸幅具百里山水之气韵，愧老蒙不能尽其量也。"

《仙山楼阁图》跋曰："郭恕先为仙山楼阁，而李锦奴亦有此画，锦奴学师训，时号'小李将军'云。"

郑侠如，字士介，歙县长岭桥人。其祖、父辈以盐商起家，为扬州富室。兄弟四人皆以文章意气倾海内，各营园林以接宾客。士介与萧云从同中明崇祯己卯副贡，有同年之谊。

文物出版社1993年版《中国古代书画图目》卷十二。

作无题六开纸本设色山水册页，该图现藏四川省博物馆。

文物出版社1993年版《中国古代书画图目》卷十七。

作《风雪归舟图》扇面。

文物出版社1993年版《中国古代书画录》及1987年版《中国书画家印鉴款识》。

六月作册页六开。题画跋文："其一、勾龙爽作《仙神僊来花图》，飞行

于枯藤之上，想其下视沧海，不知几扬尘矣。癸巳夏写存邗江，见古今同抱此藏也。其二、五代时，高士避迹雪霅间，放艇读书，苍严碧水照映，俄吟其事可图也。乃学郭河阳法。癸巳六月望识。其三、王叔明《仙岛藏书图》。原作长卷，盖本李锦奴《赤城仙馆图》，而笔法圆秀胜也。其四、大痴笔燥而墨淡，得李成惜墨如金之意，非任气者所为。大痴饮量胜百年王，作画深密如枯禅，然今酒人写山，便曰学大痴法，岂不宛哉！其五、黄鹤山樵有此大幅，用笔苍健，今摄作小册，参之北苑气韵，如觉长房缩蓬壶于半衰，而更饶云水尔。其六、郭河阳《关山车马图》。”

四川省博物馆藏萧云从设色山水纸本册页。

秋日作二幅山水立轴。

中国嘉德国际拍卖有限公司2006年嘉德四季第四期拍卖会一三二四号及二〇〇七年嘉德四季第十期拍卖会一四八八号萧云从绫本立轴山水。

十二月作《水村图》。题画跋文：“赵文敏水村图，余所见者则王石谷临本也。癸巳嘉平月，无闷道人于砚石山房抚古。”尺寸：120厘米×31厘米。设色纸本。钤印：幼辛。

浙江一通拍卖有限公司2011年秋季拍卖会。

汪之瑞卒。友人邢昉卒。

吉林美术出版社2003年版薛翔《新安画派年表》。

一六五四年（甲午）清世祖顺治十一年，五十九岁

正月二十七日，完成为彭旦兮而作的山水长卷，费时二十七天。题画跋文：“旦兮道盟别四年，今春蒙其过访，快惬晤怀。而索余画山之兴不减于昔，然余亦老惫，百务俱捐，而此事断不能已。自元旦风雪，键户融冰，便搦管续（缊），随意成卷丈余，以黄公望瘦树山石为之纵横，润之以马远泼墨之法。矜慎自娱，乃尘之旦兮鉴。中谓旦兮汉隶之学甲天下，将以易得数十幅为晚年摹式，解鱼目贷明珠，所获虽多，余亦太狡狯矣。甲午正月廿七日，区湖弟萧云从识。”

南京图书馆藏有正书局《萧尺木山水神品》狄学耕跋：“按：彭旦兮名旭，明末孝廉，国变后，隐居不仕。家有夏林园，园中古木为江左名园之冠。主人亦好事，喜招致名流，丰采照耀一时，无不知夏林园古木者。其园址在吾溧邑南门外偏东三里许。”

上海书画出版社1997年版《宋元明清书画家传世作品年表》。

新秋为子翁作无题设色纸本山水册页十开，该图现藏上海博物馆。

文物出版社1993年版《中国古代书画图目》卷四。

作无题纸本设色山水长卷，该图现藏北京故宫博物院。

文物出版社1993年版《中国古代书画图目》卷二十二。

一六五五年（乙未）清世祖顺治十二年，六十岁

三月十七日，方沂梦用藏墨二笋换萧云从山水画。萧云从五天完成此画。此画卷高九寸五分，长四尺二寸，为浅绛山水，画名为《深山溪流图卷》。题画跋文："乙未三月十七日，沂梦先生以藏墨二笋，下易余画。乃归山寺，解衣静坐纷披，五日搁笔，而风雨大作时，心寂掫间，遂多称意，盖不务修饰，独摅性情也。昔吾家颖士梅花诗云"丑怪惊人能妩媚"，此语与写山水甚合。第世人画山水务墨气而不知笔气，余见大痴全以三寸弱翰为千古擅场，虽复格纤皴以蒙茸杂乱，而力古势健，流览而莫尽者，笔为之也。沂梦为诗画宗匠，勉以小幅应教，必有鉴于骊黄之外者矣。"

上海人民美术出版社1979年版王石城《萧云从》。

作山居图。画长二百零四点五厘米，宽五十三点五厘米。题画诗跋："读书畴昔在西山，塞雨边云入梦还。此际欲酬千里意，好携藤杖万峰间。乙未夏五，为山翁老先生教。区湖萧云从。"

中国嘉德拍卖有限公司2002年拍卖会萧云从立轴设色绫本《山居图》。

六月，携唐祖命诸公于芜湖识丹亭。初识宋荦。

清康熙刊本宋荦《西陂类稿》卷四十七，漫堂年谱记："十二年乙未，余二十二岁，五月为江南之游，道滁州，访醉翁亭、琅琊寺。月杪抵金陵。六月与张公尔自烈、杜于皇俊、康小范范生、吴汉若濯时、陈伯玑允衡、董文友以宁，会于秦淮，赋诗纪事。过高座寺，访无可大师（即方公以智）游牛首献花岩、燕子矶诸胜。购秘书名迹甚富。至芜湖，与萧尺木云从、唐祖命允甲诸公，会于识丹亭。还经采石，欲登天门，以风驰扬帆而过，七月返里。"

浙江古籍出版社1985年版孙静庵《明遗民录》卷十七："明唐祖命，字允甲，宣城人，故明中书舍人也。"

清宋荦《西陂类稿》卷二十六《谪仙楼题名》："予识萧尺木在顺治乙未。"

作纸本设色册页，该图现藏北京故宫博物院。

文物出版社1993年版《中国古代书画图目》卷二十二。

七月二十九，萧云从去宛陵相会白云山奉圣寺净儒。

按：首图跋文为萧云从录文："乙未秋七月廿九日，余诞辰。五十初度也。烟霞飘衲，异地萧然。古人云，达士以兴滞，他乡总是家。虽至理攸存，而自念学道无成，徒虚岁月，又何能无故地风烟之感耶？因暇日自作《白云山长松草堂图》，并宛陵全概。俾得一展卷，而先人庐墓，桑梓风光，恍如目接，继以寓地姑溪名胜，共成一卷。寓郎归也，归郎寓也。合名《归寓一元图》。宛陵白云山奉圣寺净儒识。区湖萧云从录。"

南京图书馆藏上海神州国光社萧云从《归寓一元图》。

秋作《平林翠色扇面》。题画诗跋："平林尽处白云封，翠色曾为入画中。乙未秋初仿石谷老人法以应云村先生雅正。尺木萧云从。"尺寸：17 厘米 ×50 厘米。钤印：云从（白）。文题沙鸥自拟。

上海驰翰拍卖有限公司 2011 年第二届书画文玩专场拍卖会。第〇〇一八号拍品。

作设色绫本《山居图》。画长二百零四点五厘米，宽五十三点五厘米。

中国嘉德拍卖有限公司 2002 年拍卖会展品。

作《安徽全景图卷》，该图现藏瑞士苏黎世伯格博物馆。

日本东京大学出版社 1982 年版《中国绘画总合图录》。

王希文去世，方文到姑溪哭别王希文。

清方文《嵞山集》卷九《姑溪哭王希文》。

著《易存》之书。

浙江图书馆藏清钞本萧云从《易存》卷一。萧云从《易存》自序。

作者单位：马鞍山市文联

北京大学图书馆藏易学善本叙录——抄本（二）

李雄飞　顾千岳

编者按：《周易文化研究》第三辑、第四辑、第五辑已刊载李雄飞等多位老师整理过的《北京大学图书馆藏日本版本易学善本叙录》《北京大学图书馆藏燕大旧藏易学善本叙录（上）》《北京大学图书馆藏燕大旧藏易学善本叙录（下）》，并于第六辑刊载《北京大学图书馆藏易学善本叙录——抄本（一）》，受到读者欢迎，因此本辑仍继续刊载有关部分内容，以接续第六辑。

《周易像象述》不分卷《像象金针》一卷

经部易类传说之属。明吴桂森撰。清抄本。一函五册。书高二十五点八厘米，广十三点六厘米。半叶九行二十一字，小字双行同大字，无版框直栏。版心上抄卦名，下抄叶次。该本为李盛铎旧藏，钤有“麐嘉馆印”阳文朱印。书中另钤有“武陵家藏”、“益寿”、“杨氏修堂”阴文朱印、“抱淳主人”、“自山”、“弘农含文堂印”、“含文堂印”阳文朱印。六眼线装。

吴桂森（1565～1632），字叔美，号觐华，又号九龙山人，自署东林素衣，学者称为“素衣先生”。给谏吴汝伦第三子，明常州府梁溪（今江苏无锡）人。为诸生，即以斯道为己任，日手《周易》一编，玩味不辍。及长，从顾宪成、高攀龙讲学龟山书院、东林书院。万历丙辰（四十四年，1616）岁贡，试后遂绝意仕进。曾从钱一本学易，尽得其传。天启间，受高攀龙之邀，主东林书院讲席。崇祯年间任东林书院山长。崇祯壬申年（1632）卒，年六十八。著有《周易像象述》《书经说》《曲礼说》《息斋笔记》及《真儒一脉》等书。

吴桂森是“东林学派”的代表人物之一；而他的老师钱一本，则是著名的“东林党人”“东林八君子”之一。钱一本，明季著名学者。字国端，号启新，毘陵（今江苏常州武进）人。万历十一年（1583）进士，任庐陵知

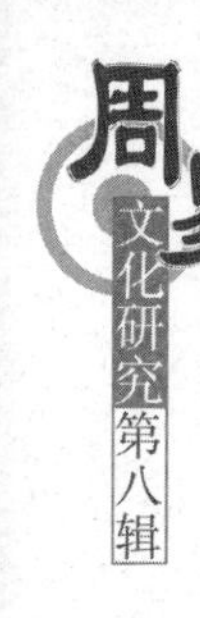

县，授福建道御史。因上《论相》《建储》二疏而触怒明神宗，被削职为民。归而潜心六经及濂洛诸书，尤精于《易》，学者称“启新先生”。天启初追赠太仆寺卿。著有《像象管见》《像抄》《续像抄》《四圣一心录》《范衍》《遁世编》等。得遇名师，吴桂森格外珍惜，用功甚勤；每玩一卦辄进而请正，尽得其真传。学成归乡，钱一本目送曰：“吾易在梁溪矣！”[①] 钱氏研《易》，尤邃于“像象”之学。桂森深得其传，治《易》主“依象明理”。言象不袭焦、京、陈、邵，言理亦不陷于空虚心性。颇有新意。

《周易像象述》一书是吴桂森对其师钱一本“像象”理论的进一步阐发。此书成于天启乙丑（五年，1625），据卷首作者同年自识《像象述叙》云：“《像象述》者，述启新先生钱君[②]之《易》也。先生有‘像象三书’，曰《管见》，曰《像抄》，曰《续抄》。其大旨以乾、坤两画为人像[③]，以天、地、雷、风、水、火、山、泽八物为人象。而谓之像者，以全象备于人，则人必成其为象，斯成其为人也。惟知像象为人，而乃知一卦一爻，皆人身中物；爻象之辞，皆言人身上事。故《易》至深也，而寔至显、至赜也，而实至近。圣人曰：神而明之，存乎其人；默而成之，存乎德行。其示人之意，亦亲切明白矣。先生三书外，又画人象图，以析其象[④]。斯义象也，启钥开关，无异以司南指来学之路也。然则先生之书详矣，又何必述乎？盖森于庚戌（万历三十八年，1610）受业，得睹《管见》，于癸丑（万历四十一年，1613）设皋。比延先生于东林，得睹《像抄》，随读随听，而见先生之言，不尽于书也。又于丁巳（万历四十五年，1617）负笈龟山，得睹《续抄》，朝夕从游，而见先生之意，不尽于言也。于是间有所述以呈先生，先生为面订之。惜未及半，而先生曳杖矣。自是朝而读，夕而思，更八寒暑而成帙。夫先生之书犹不足尽先生，而况述之者又安能仿佛先生乎？然而宁述焉者，使有好《易》者见之，知像象之旨，其意不在于言，而言不在于书若此。”

《四库全书总目》提要云：“经文用《注疏》之本，惟删其卦首六画。……卷中所注皆一字一句，究寻义理，颇有新意可参。”[⑤]

《东林列传》云：“外史氏曰：‘余读先生《像象述》一书，知《易》之有理、有数、有象焉。今训诂家但知讲理融通而已，而不知象数之寓于理中。

---

① 《东林列传》卷二十二《吴桂森传》。笔者按：梁溪，古时为无锡别称。

② 君，《文渊阁四库》本作子。

③ 像，《文渊阁四库》本作仪。

④ 象，《文渊阁四库》本作义。

⑤ 《四库全书总目》卷五《经部·易类五》。

微先生《易》，其蓁芜乎？'"①

《周易像象述》卷首列有《像象金针》一卷。据天启四年（1624）吴桂森自撰《像象金针题辞》云："是书所言非《易》也，而有读《易》之法。循其法，象象爻爻若有线可通者，变而通之，特存乎人焉尔。书未尝出于启新先生，而矩则出于先生，故谓之'像象金针'云。"

《周易像象述》的版本系统比较多，且多以抄本行世。主要有：1. 七卷本。国家图书馆藏有一明末抄本，是为见存最早的抄本。国家图书馆还藏有一清抄七卷本。2. 六卷本。明崇祯间刻本，此为见存唯一的刻本，上海图书馆、苏州图书馆和吉林大学图书馆有藏。另外，上海图书馆和浙江图书馆，分别藏有一清抄六卷本。3. 五卷本。南京图书馆藏有清嘉庆十七年（1812）胡倚抄五卷本。国家图书馆亦藏有一旧抄五卷本。4. 不分卷本。除北京大学图书馆藏本外，南京图书馆也藏有一不分卷清抄本。5. 乾隆年间，《周易像象述》和《像象金针》被收入《四库全书》，厘为十卷。《四库全书总目》提要作"五卷"。

书中"铉""颙"不讳，应为乾隆之前抄本。另有朱笔、湖蓝色笔校注。

《周易集传》八卷

经部易类传说之属。元龙仁夫撰。清抄本。一函三册。书高二十六点八厘米，广十七点六厘米。半叶八行十七字，小字双行同大字，无版框直栏。该本为李盛铎旧藏。卷一首叶钤"翰林院印"满汉合璧阳文朱印。

龙仁夫（？～1335），字观复，元吉安庐陵（今江西吉安）人，一说为吉安永新（今江西吉安）人。早年"博学好古，潜心理道，深探濂洛关闽之奥；经传子史、律历阴阳靡不精究。曾官湖广儒学提举，屡典列省文衡，所得名士甚多，号一时龙门"②。晚年侨居黄冈，著述以终。为文奇逸流丽，与元代庐陵文学的代表人物刘诜并称于时。善治《易》，"多发前儒之所未发"③。《四库全书总目》提要云：其立说以朱熹《周易本义》为宗，每卦爻下各分变象、辞占，意在即象诂义，于卦象、爻象反复推阐，颇能抒己心得，非墨守旧文。谓《杂卦》为占筮书，引《春秋传》、《屯》固、《比》入、《坤》安、《震》杀，皆以一字断卦义为证，其说似创而有本。④ 著《周易集

① 《东林列传》卷二十二《吴桂森传》。

② 清王翰等修、陈善言等纂，清乾隆十一年刻本《永新县志》卷八。

③ 《元史》卷一百九十《龙仁夫传》。

④ 《四库全书总目》提要卷四《经部·易类四》。

传》十八卷，今传世者仅存八卷，然上、下经及《彖》《象》传皆全。所阐说易旨，宗主程、朱之解为多，但又兼重易象，颇有独到之处。学者称麟洲先生。

今存《周易集传》，文本的大体面貌如下：卷一为上经之上、卷二为上经之中、卷三为上经之下、卷四为下经之上、卷五为下经之中、卷六为下经之下、卷七为彖上传、卷八为彖下传，大字经文、小字双行注，无序跋。

《周易集传》在乾隆年间被收入《四库全书》。其他版本主要有：明影抄元本，日本静嘉堂藏。清影抄元本，有清盛百二跋，上海图书馆藏。清乾隆五十三年（1788）后抄本，北京大学图书馆藏。《别下斋丛书》本（道光刻本、商务印书馆影印本、竹简斋影印本）。清光绪十七年（1891）龙文彬永怀堂刻本，北京大学图书馆、湖北省图书馆有藏。清抄本，中国人民大学图书馆藏。另外还有一个版本系统，内容为《周易集传》八卷、《补遗》一卷、《考证》一卷、《校正》一卷，元龙仁夫撰，清尹继美录。这个版本系统的版本有清同治间刻《鼎吉堂全集》本和清同治十年（1871）丁宪曾刻本（山东省图书馆藏）两个版本。

每卷末墨笔题："男阳寿校刊"。书中笔迹不同，非成于一人之手。有朱笔校注。有贴签，上有墨笔题"誊录沈谦"。每册书衣均已脆化、脱落。

北京大学图书馆还藏有一清抄本。一函两冊。书高二十五点八厘米，广十七点四厘米。半叶八行十七字，小字双行同大字，无版框直栏。行款版式与上本同。该本亦为李盛铎旧藏，函套夹板内侧贴签墨笔注"残存八卷"。书中钤"李盛铎印"阴文回文朱印、"木斋真赏"阳文朱印。

卷首有民国著名藏书家李盛铎墨笔题识："抄本龙麟洲先生《周易集传》，每卷末有'男阳寿校刊'字样，似从元本抄出。且前有李秋锦（李良年）、朱悔斋（朱鼎爵）题字，尤为可宝。篇末识语似是余秋室（余集）笔迹。癸丑（民国2年，1913）大雪后三日盛铎记。"

李良年墨笔题识语云："元龙麟洲《易经集传》得之华阴王山史（明末清初著名学者王弘撰），朱子锡鬯（朱彝尊）从余借抄。《传》中释经义，殊有独见，不随人步趋。""锡鬯叹为元人说《易》经之最，以视胡炳文之《通释》（《周易本义通释》）、吴澄之《纂言》（《易纂言》）不可同年语矣。"

乾隆戊申（五十三年，1788）朱鼎爵墨笔题识云："昆山徐尚书（徐乾学）辑《通志堂经解》一书，最为钜观。其《易》经凡三十九家，元人则自李简《学易记》以下十三家，而龙麟洲先生《易传》不与焉，盖由传者之少。此本原序谓得之王山史，余又从秋锦山房借抄者也。""（龙仁夫）所著

《易传》，尤多发前人所未发，良不诬也。元儒治《易》者多，徐氏所未收者甚众，余所见保八公孟《周易原旨》六卷，曲尽理蕴，惜亦非锓本。今得是书，益叹秘册之不公于世久矣。”末又有己酉（乾隆五十四年，1789）题：“东海司寇本口（?）刻入《通志堂经解》中，因见系词不全而止，非未尝见也。”《通志堂经解》是清代最早出现的一部阐释儒家经义的大型丛书，由徐乾学、纳兰性德师徒领衔编纂。徐乾学为清初重臣，著名学者，昆山人（今属江苏省昆山市），官至刑部尚书。司寇是古官名，明清时指刑部尚书。因此，上文中的“东海司寇”，应该即指徐乾学。

又有乾隆乙酉（三十年，1765）余集（1738～1823）题跋，称龙氏《周易集传》，多发先儒所未发。“《元史》亦亟称之，惜轶去大半，深为惋悒。”

卷一为上经之上；卷二为上经之中；卷三为上经之下；卷四为下经之上；卷五为下经之中；卷六为下经之下；卷七为彖上传；卷八为彖下传。大字经文，小字双行注。

卷一首叶 B 面为空白。书口破损。虽然字抄得不如前本，但错误较前者为少。卷一第十一叶叶下朱笔题：“朱子解此卦不通，以其泥《亨》以下为占词也。此书中亦沿其谬已，痛削之。”朱笔题“琰”不讳。卷四末墨笔题：“戊申（乾隆五十三年，1788）七月发抄毕”。朱笔题：“承堂勘本”，“己酉（乾隆五十四年，1789）四月初三日过毕于梁园并校讹字。”卷五书眉朱笔题：“是书观象研理，多可采之处，元儒经说中此为翘楚。惟惑于宋人占词之说，条分缕析，殊多牵率。浏览之下，悉为削去，欲成其美也。”每卷末墨笔题“男阳寿校刊”。

该本中有大量朱笔、墨笔校注、按语，朱笔多评论。有缺叶（整叶文字空白）、有删削。校评精当。两个版本的行款版式相同，内容也大多一致。书中“玄”字缺末笔，“铉”字或缺或不缺。“弦”“弘”“颙”“琰”“宁”等字均不缺笔。据卷四末朱笔题识，该本应抄于乾隆五十四年（1789）至乾隆六十年（1795）之间。

书中笔迹不同，非成于一人之手。书口破损，经衬纸、修补，并重新装订。

《周易原旨》六卷《易原奥义》一卷

经部易类传说之属。元保八撰。清影元抄本。一函四册。书高二十八点二厘米，广十八点三厘米。无版框直栏。《周易原旨》半叶九行十九字，小字双行同大字。《易原奥义》半叶九行十九字。该本为李盛铎旧藏，《周易原旨》卷端钤“木斋审定善本”阳文朱印、“李印盛铎”阴文朱印。卷六末钤

"李盛铎读书记"阴文朱印。《易原奥义》首叶钤"少微"阳文朱印、"李滂"阴文朱印、"德化李氏凡将阁珍藏"阳文朱印。《易原奥义》卷端钤"李氏玉陔"阳文朱印、"木犀轩藏书"阳文朱印。有图。

保八（？~1311），亦作保巴、宝巴，字公孟，号普庵，蒙古人，居于洛阳。元代著名哲学家。元初曾任侍郎，历官太中大夫、黄州路总管兼管内劝农事，累官至尚书右丞。至大四年（1311）以"变乱旧章，流毒百姓"①罪名被杀。邃于《易》，曾奉诏为太子讲《易》。其解《易》上溯王弼，下承宋儒，兼收并蓄，自成一家，重在阐明易理，且用于实际。曾自创"先天图式说"，绘"树图"，标以根、干、支、气、形、质及阴阳五行等，表示其创造的宇宙演化的先天图式。他称"河图"为"先天图"，"八卦图"为"中天图"，"洛书图"为"后天图"。认为先天即太极，中天即人道，后天即地道，分别比作"树图"中的"根""干""支"，而自根而干，自干而支末的"运化"过程，就是太极演化万物的逻辑过程。他承宋儒之说，主张太极为宇宙本原，认为阴阳二气在转化为客观事物过程中，有个"气变质成"的阶段。他还继承发展了王弼"言不尽意"说，提出了"言不尽意，以心会心"的认识论观点。他发挥易学辩证法思想，认为"物极必反，道穷必变"是阴阳变化的实质，一切事物都是"一分为二"，"二者可以相有而不可相无，要其归则一而二，二而一"，天有阴阳，地有刚柔，人有仁义，表述了其建立在唯心主义辩证法基础上的对立统一思想。其易学哲学思想对后人颇具影响。著有《周易原旨》《易原奥义》《周易尚占》，合称《易体用》，今惟前二种尚见存。②

此二书均被收入《四库全书》中。《四库》中《周易原旨》为八卷，《易原奥义》作《易源奥义》。其大旨皆以程颐的学说为宗，阐发《易》之义理。《四库全书总目》提要云："是书原分三种，统名《易体用》，本程子之说'即卦体以阐卦用'也。"又云："宝巴说《易》，并根柢宋儒，阐发义理，无一字涉京、焦谶纬之说。"

上文所述《周易集传》中的朱鼎爵题识，亦对该书给予了高度评价："元儒治《易》者多，徐氏所未收者甚众，余所见保八公孟《周易原旨》六卷，曲尽理蕴，惜亦非锓本。"

《周易原旨》内容依次为：卷一，"乾"卦至"履"卦；卷二，"泰"卦

① 《元史》卷二十四《本纪·仁宗一》。

② 《中华易学大辞典》，上海古籍出版社，2008。

至“观”卦；卷三，“噬嗑”卦至“离”卦；卷四，“咸”卦至“益”卦；卷五，“夬”卦至“归妹”卦；卷六，“丰”卦至“未济”卦。

《易原奥义》卷首有保八《进太子笺》，宋末元初浙东著名诗人、学者牟巘（1227～1311）丙午（元大德十年，1306）撰《普庵易体用序》。内容依次为：先天图说、中天图说、后天图说、大定支图说、大横图说、易源心法、画卦阳进阴退之例（自先天而序）。

书中“玄”“弦”“眩”“弘”“颙”“宁”“仪”等字皆不讳。“曆數”作“曆數”。“弘”字的右半部分或做长“口”。书中笔迹不同，非成于一人之手。

本馆另藏有一清抄本，与《四库》本同为八卷，应抄于乾隆四十七年（1782）之后。一函三册。书高二十七点四厘米，广十八点一厘米。无版框直栏。半叶八行二十一字，小字双行同。版心上抄书名，中抄卷次，下抄叶码。无序跋。各卷内容依次为：卷一，“乾”卦至“履”卦；卷二，“泰”卦至“观”卦；卷三，“噬嗑”卦至“离”卦；卷四，“咸”卦至“益”卦；卷五，“夬”卦至“归妹”卦；卷六，“丰”卦至“未济”卦。书中“弘”“颙”均缺末笔。“寧”作“寕”。“仪”字不讳。

该书版本亦流传稀少，除了《四库》本，目前见存者只有北京大学图书馆的这两个抄本，十分珍罕。

作者单位：北京大学图书馆

中国人类学与民族学联合会

中国高校易学博士学位论文题名索引（1990～2016）*

张金平

说明：一、本索引“中国高校易学类博士学位论文题名索引（1990～2016）”，收录中国各高校（不含港澳台）自1990年至2016年的以易学为题的博士学位论文的题名。收录的论文标准是以易学为研究内容，酌情收录占筮、术数等内容论文，但不收录从经学角度宽泛涉及到《周易》的论文。共收录博士论文215篇。

二、本索引采录的学位论文信息分别有：发表年度、作者名、题名、专业、毕业院校、导师名等。

三、本索引以论文发表年份为序，同年度者以作者姓名拼音为序。

四、本索引材料来源主要是中国知网检索系统、国家图书馆博士论文检索系统以及某些高校的机构知识库等，也通过其他渠道得到一些论文信息。因一些论文信息未公开，我们虽多方寻求而难免遗珠之憾，只能随时增补，以期逐渐完善。

年度	作者	题名	专业	毕业院校	导师
1990	鄢良	中国古代时间医学与象数学	中医学史	中国中医研究院	李经纬
1993	陈亚军	通行本《易经》卦画卦形问题研究史略	中国哲学	北京大学	朱伯崑
1995	叶鹰	易玄合论	中国哲学	中山大学	李锦全
1996	程钢	焦循天算学、易学学术思想研究	专门史	西北大学	张岂之
1996	邢文	帛书《周易》与古代学术	历史文献学	中国社会科学院	李学勤

* 本文系山东省高校科研发展计划项目“易学出土文献资料研究”（项目号：J15WD24）阶段性成果。

续表

年度	作者	题名	专业	毕业院校	导师
1996	詹石窗	易学与道教文化关系研究	宗教学	四川联合大学	卿希泰
1997	张其成	象数哲学研究	中国哲学	北京大学	朱伯崑
1998	傅海伦	中国传统数学机械化思想	自然科学史	中国科学院	郭书春
1998	彭迎喜	方以智与《周易时论合编》小考	历史文献学	中国社会科学院	李学勤
1998	谢宝笙	龙、《易经》与中国文化的起源	中国哲学	中山大学	李宗桂
1998	张涛	秦汉易学思想研究	中国古代史	山东大学	田昌五
1999	林映希〔韩〕	李退溪与朱熹易学哲学比较研究	中国哲学	北京大学	朱伯崑
1999	田永胜	文本的解释与王弼思想研究	中国哲学	北京大学	许抗生
2000	黄震	从神权秩序到人伦秩序——《易经》的法律文化读解	法律史	北京大学	武树臣
2000	林亨锡〔韩〕	王船山《周易内传》研究	中国哲学	北京大学	朱伯崑
2000	王新春	虞翻易学研究	中国哲学	山东大学	王晓毅
2000	汪显超	古易筮法研究	中国哲学	中山大学	冯达文
2000	于雪棠	《周易》与中国上古文学	中国古代文学	东北师范大学	李炳海
2001	刘光本	汉代象数论略	中国哲学	复旦大学	潘富恩
2001	曾传辉	元代参同学——以俞琰、陈致虚	中国哲学	中国社会科学院	许抗生
2002	金演宰〔韩〕	宋明理学和心学派的易学与道德形上学	中国哲学	北京大学	朱伯崑
2002	刘青	《易经》心理谓词研究	汉语言文字学	复旦大学	胡奇光
2002	刘玉平	《周易》人生价值论	中国哲学	山东大学	刘大钧
2002	倪南	象数易道的历史考察——从经验、观念到话语、图式（先秦—西汉）	中国哲学	南京大学	李书有
2002	吴世彩	易经管理哲学研究	中国哲学	山东大学	刘大钧
2002	杨维杰	明代医易学研究	中国哲学	北京大学	朱伯崑
2002	杨效雷	清代易学研究	中国古代史	南开大学	白新良

续表

年度	作　者	题　　名	专　　业	毕业院校	导　师
2002	杨一木	《周易》与《黄帝内经》思维逻辑共通性研究暨现代科学知识之诠释	中医基础理论	南京中医药大学	孙　桐
2002	杨月清	陆王心学派的易学思想研究	中国哲学	复旦大学	潘富恩
2003	崔波	甲骨占卜源流探索	中国古代史	郑州大学	王蕴智
2003	侯敏	易象论	中国古代文学	哈尔滨师范大学	傅道彬
2003	胡元玲（台）	张载易学及道学研究——以《横渠易说》与《正蒙》为主的探讨	中国古典文献学	北京大学	孙钦善
2003	黄黎星	《易》学与中国传统文艺观	中国古代文学	福建师范大学	张善文
2003	李定	“指掌易”之美学研究	文艺学	复旦大学	王振复
2003	吕书宝	满眼风物入卜书——《易经》摄象明理探微	中国古代文学	东北师范大学	李炳海
2003	苏永利	论京房五行易学思想	中国哲学	山东大学	刘大钧
2003	孙熙国	周易古经与诸子之学	中国哲学	山东大学	傅有德 刘大钧
2003	唐琳	朱震易学思想研究	中国哲学	武汉大学	萧汉明
2003	谢金良	《周易禅解》研究	中国哲学	南京大学	洪修平
2004	宫宝利	术数活动与清代社会	中国古代史	南开大学	冯尔康
2004	黎心平	《周易虞氏消息》研究	中国哲学	山东大学	刘大钧
2004	李志诚（台）	《易》学与中医学之相通性研究	中医基础理论	南京中医药大学	孙　桐
2004	刘彬	《易纬》占术研究	中国哲学	山东大学	刘大钧
2004	彭华	阴阳五行研究（先秦篇）	中国古代史	华东师范大学	谢维扬
2004	祁润兴	义理易学研究	中国哲学	中国人民大学	张立文
2004	史少博	朱熹理学与易学的关系	中国哲学	山东大学	刘大钧
2004	王峰	朱熹易学研究	中国哲学	中国社会科学院	王葆玹
2004	吴克峰	易学逻辑研究	逻辑学	南开大学	崔清田
2004	杨恺钧	《周易》管理思想研究	产业经济学	复旦大学	苏东水
2004	杨倩描	王安石《易》学研究	中国古代史	河北大学	郭东旭
2004	章伟文	宋元道教易学初探	中国古代史	北京师范大学	郑万耕
2005	陈碧	《周易》象数美学思想研究	美学	武汉大学	陈望衡

续表

年度	作　者	题　　名	专　　业	毕业院校	导　师
2005	陈京伟	程伊川易学思想研究	中国哲学	山东大学	林忠军
2005	陈仁仁	上海博物馆藏战国楚竹书《周易》研究——兼论早期易学相关问题	中国哲学	武汉大学	萧汉明
2005	陈修亮	乾嘉易学三大家研究	中国古典文献学	山东大学	刘晓东
2005	马新钦	《焦氏易林》版本考	中国古代文学	福建师范大学	张善文
2005	王浩	汉代象数哲学研究	中国哲学	北京大学	李中华
2005	王莹	帛书《易传》思想研究	中国哲学	武汉大学	郭齐勇
2005	问永宁	《太玄》研究	中国哲学	武汉大学	萧汉明
2005	尹锡珉〔韩〕	王弼易学解经体例探源	中国哲学	北京大学	朱伯崑
2005	于成宝	先秦与西汉易学研究	中国古典文献学	南京大学	蒋广学
2005	曾华东	杨万里易学·哲学研究	中国哲学	中国人民大学	向世陵
2005	张玖青	杨万里思想研究	中国古典文献学	浙江大学	束景南
2005	张新俊	上博楚简文字研究	历史文献学	吉林大学	吴振武
2005	郑朝晖	述者微言——惠栋易学研究	中国哲学	武汉大学	萧汉明
2005	朱光镐	朱熹太极观研究——以《太极图说解》为中心	中国哲学	北京大学	朱伯崑
2006	房振三	楚竹书周易彩色符号研究	汉语言文字学	安徽大学	何琳仪
2006	江弘远（台）	京氏《易》学研究	中国哲学	中国社会科学院	王葆玹
2006	金奋飞	明末东林书院多维透视（1604～1626）	中国古代史	复旦大学	樊树志
2006	井海明	汉易象学研究	中国哲学	山东大学	刘大钧
2006	李秋丽	胡一桂易学思想研究	中国哲学	山东大学	林忠军
2006	刘成汉	从《周易》象数、义理看中医学的六经、八纲辨证	中医基础理论	湖北中医学院	成肇智
2006	刘银昌	盖事虽《易》，其辞则诗——《焦氏易林》文学研究	中国古代文学	陕西师范大学	张新科
2006	马宗军	《周易参同契》思想研究	中国哲学	山东大学	丁原明
2006	秦峰	黄宗羲的易学思想与明清学术转型——《易学象数论》的思想史解读	中国哲学	北京大学	王守常

续表

年度	作　者	题　名	专　业	毕业院校	导　师
2006	申红义	出土楚简与传世典籍异文研究	历史文献学	四川大学	彭裕商
2006	苏晓晗	船山易学思想研究	中国哲学	山东大学	王新春
2006	王化平	简帛文献中的孔子言论研究	历史文献学	四川大学	彭裕商
2006	曾凡朝	杨简易学思想研究	中国哲学	山东大学	林忠军
2006	张国洪	吴澄的象数义理之学	中国哲学	山东大学	刘大钧
2006	赵会华	医易养生心理学思想研究	科学技术哲学	吉林大学	车文博
2006	赵荣波	《周易正义》思想研究	中国哲学	山东大学	刘大钧
2007	陈壮维〔新加坡〕	“方阵”卦序的构拟及《周易》初始形态研究	历史文献学	吉林大学	吕文郁
2007	韩慧英	尚秉和易学思想研究	中国哲学	山东大学	刘大钧
2007	侯乃峰	《周易》文字汇校集释	历史文献学	安徽大学	刘信芳
2007	金生杨	宋代巴蜀易学研究	专门史	四川大学	舒大刚
2007	兰甲云	周易古礼研究	专门史	湖南大学	陈戍国
2007	李良贺	胡煦易学研究	中国哲学	北京师范大学	郑万耕
2007	李尚信	今、帛、竹书《周易》卦序研究	中国哲学	山东大学	刘大钧
2007	刘震	帛书《易传》卦爻辞研究	中国哲学	山东大学	蒙培元
2007	王天彤	魏晋易学研究	中国古典文献学	山东大学	徐传武
2007	王永平	先秦的卜筮与《周易》研究	中国古代史	吉林大学	陈恩林
2007	辛翀	丁超五科学易学思想研究	中国哲学	山东大学	林忠军
2007	杨天才	《周易正义》研究	中国古典文献学	福建师范大学	张善文
2007	曾海军	易道的神明与幽微——《周易·系辞》解释史研究	中国哲学	中山大学	陈少明
2007	张汝金	解经与弘道——《易传》之形上学研究	中国哲学	山东大学	颜炳罡
2008	白效咏	汉代的易学与政治	中国古代史	中国人民大学	黄朴民
2008	范方芳	中国史前用龟现象研究	科学技术史	中国科学技术大学	张居中 柯资能
2008	官岳	来知德易学研究	中国哲学	山东大学	刘玉建

续表

年度	作　者	题　　名	专　业	毕业院校	导　师
2008	姜海军	程颐易学思想研究——思想史视野下的经学诠释	中国古典文献学	北京大学	孙钦善
2008	刘云超	元代易学家王申子易学哲学初探	中国哲学	山东大学	刘大钧
2008	刘志平	《焦氏易林》的历史考察	中国古代史	北京师范大学	王子今
2008	潘忠伟	《周易正义》研究	中国哲学	中国社会科学院	王葆玹
2008	史怀刚	现代新儒学易学思想研究	中国哲学	中国人民大学	宋志明
2008	斯满红	古史辨派易学研究——以顾颉刚和李镜池为例	中国哲学	山东大学	林忠军
2008	宋锡同	邵雍易学与新儒学思想研究	中国哲学	中国人民大学	宋志明
2008	孙爱云	《周易》对中医学理论建构的影响	中医基础理论	山东中医药大学	孙广仁
2008	孙照海	乾嘉易汉学研究	中国古代史	北京师范大学	张　涛
2008	徐建芳	苏轼与《周易》	中国古代文学	陕西师范大学	杨恩成
2008	薛松	张景岳医易思想研究	中医医史文献	北京中医药大学	张其成
2008	张乾元	周易与中国书画美学	美术学	南京艺术学院	樊　波
2008	张文俊	《周易》德性伦理思想研究	伦理学	东南大学	董　群
2008	张轶	汉唐之间郑玄易学研究	中国古代史	清华大学	王晓毅
2009	陈作飞	《周易》文本演变考论	中国古代史	南京大学	范毓周
2009	窦可阳	接受美学与象思维：接受美学的“中国化”	比较文学与世界文学	吉林大学	张锡坤
2009	冯静武	李光地易学思想研究	中国哲学	厦门大学	詹石窗
2009	郭丽娟	熊十力“乾元”易学思想探析	中国哲学	山东大学	林忠军
2009	姜颖	《童溪易传》研究	中国哲学	山东大学	刘大钧
2009	李昊	《焦氏易林》研究	中国古代文学	四川大学	罗国威
2009	雷喜斌	朱熹易学思想研究	中国古典文献学	福建师范大学	张善文
2009	李建国	《周易》与《黄帝内经》学术思想的比较研究	中医基础理论	广州中医药大学	王洪琦
2009	林胜勤	医易相通之辨证研究	中国古典文献学	福建师范大学	张善文
2009	任利伟	明代中叶易学思想研究	中国古代史	北京师范大学	张　涛

续表

年度	作　者	题　　名	专　业	毕业院校	导　师
2009	谭德贵	项安世易学思想研究——《周易玩辞》解读	中国哲学	北京师范大学	郑万耕
2009	田小中	《太玄》易学思想研究	中国哲学	山东大学	刘玉建
2009	王俊龙	周易经传数理研究	中国哲学	上海师范大学	陈卫平
2009	王棋	荀爽易学研究	中国哲学	山东大学	王新春
2009	吴国源	《周易》本经卦爻辞新释——并以此探索本经解释的新体例	中国古代史	清华大学	廖名春
2009	徐强	帛书《易传》解《易》思想研究——以意义生成的诠释结构为视角	中国哲学	北京大学	汤一介
2009	袁江玉	康乾易学研究	中国古代史	北京师范大学	张　涛
2009	赵文源	朱子《易》注考源	中国古典文献学	浙江大学	束景南
2009	赵中国	邵雍易学哲学研究——兼论易学对于北宋儒学复兴的贡献	中国哲学	南开大学	严　正
2009	翟奎凤	以《易》测天——黄道周易学研究	中国哲学	北京大学	陈　来
2010	程刚	欧阳修、苏轼、杨万里的易学与诗学	中国古代文学	中山大学	彭玉平
2010	崔丽丽	毛奇龄易学研究	中国哲学	山东大学	刘大钧
2010	董艺	张载易学思想研究	中国哲学	山东大学	刘玉建
2010	郭胜坡	二十世纪易学本体论的两条基本路向研究	中国哲学	南开大学	李翔海
2010	黄新根	《周易》管理哲学研究	中国哲学	山东大学	刘大钧
2010	焦杰	《易》《礼》《诗》对妇女的定位——西周至两汉主流妇女观	历史文献学	陕西师范大学	贾二强
2010	李慧智	儒教及其经学阐释对杜诗的影响研究	中国古代文学	南开大学	卢盛江
2010	刘建萍	蔡清及其易学思想研究	中国古典文献学	福建师范大学	张善文
2010	乔宗方	江永易学思想研究	中国哲学	山东大学	林忠军

续表

年度	作　者	题　　名	专　　业	毕业院校	导　师
2010	孙喜艳	《周易》美学的生命精神	文艺学	苏州大学	朱志荣
2010	王长红	宋人笔记所载易学资料论述	中国古典文献学	山东大学	王承略
2010	文平	虞翻易学思想研究	中国哲学	湘潭大学	陈代湘
2010	吴勇	楚国易学研究	中国古典文献学	华中师范大学	高华平
2010	肖满省	明代福建易学研究	中国古典文献学	福建师范大学	张善文
2010	辛亚民	张载易学研究	中国哲学	北京师范大学	郑万耕
2010	徐瑞	《周易》符号结构论	中国哲学	山东大学	刘大钧
2010	张克宾	朱熹易学思想研究	中国哲学	山东大学	刘大钧
2010	张文智	西汉孟、焦、京易学新探	中国哲学	山东大学	刘大钧
2010	张绪峰	康有为易学思想研究	中国古代史	北京师范大学	张　涛
2010	张耀天	周易历史哲学研究	中国哲学	中国人民大学	姜日天
2010	周广友	王船山《周易外传》中的天道观	中国哲学	北京大学	张学智
2011	崔朝辅	《易纬》易学思想研究	中国哲学	山东大学	刘大钧
2011	龚轩	《伤寒论》中的术数	中医临床基础	北京中医药大学	王庆国
2011	呼兴华	从术数的角度考察运气学说的发生	中医基础理论	成都中医药大学	邢玉瑞
2011	李静	易学思想与生态美学建构	文艺学	辽宁大学	高凯征
2011	李育富	元代婺源胡氏易学研究	中国哲学	厦门大学	詹石窗
2011	刘伟	方以智易学思想研究	中国哲学	苏州大学	蒋国保
2011	刘新华	今本《易传》溯源——发现真正中华文明大道性情世人时空整体论	中国哲学	北京大学	汤一介
2011	宋野草	蔡清易学思想研究	中国哲学	厦门大学	詹石窗
2011	庹永	蔡元定父子易学思想阐释	中国哲学	厦门大学	詹石窗
2011	王洪霞	胡瑗易学思想研究	中国哲学	山东大学	王新春
2011	王莹	周易古经之比兴研究	文艺学	浙江大学	张节末
2011	谢辉	元代易学对朱子易学的传承与革新	历史文献学	北京师范大学	周少川
2011	邢春华	明中期关中四家易学研究	中国古典文献学	福建师范大学	张善文
2011	续晓琼	南宋“参证史事”易学研究	中国古代史	北京师范大学	张　涛

续表

年度	作　者	题　　名	专　业	毕业院校	导　师
2011	杨永林	易象德治思想意蕴发微	中国哲学	厦门大学	詹石窗
2011	张二平	王弼易学研究——以体用论为中心	中国哲学	北京大学	楼宇烈
2011	张韶宇	智旭佛学易哲学研究	中国哲学	山东大学	林忠军
2012	陈旭东	唐代易学著述考论	中国古典文献学	福建师范大学	张善文
2012	程强	“太极”概念内涵的流衍变化——从《易传》到朱熹	中国哲学	上海师范大学	陈卫平
2012	崔伟	李觏易学视野下的经世之学	中国哲学	山东大学	王新春
2012	董睿	易学空间观与中国传统建筑	中国哲学	山东大学	林忠军
2012	高新满	俞琰易学研究	中国哲学	山东大学	刘玉建
2012	江凌	象数易学与《西游记》创作之研究	中国哲学	山东大学	刘大钧
2012	刘炳良	北宋易学与变法思想研究	中国古代史	北京师范大学	张　涛
2012	刘黛	王弼《周易略例》与《周易注》对照研究	中国哲学	北京大学	李中华
2012	蔺若	神秘文化对中国古代诗学的影响——以《周易》之阴阳与气化说为例	中国古代文学	四川师范大学	李天道
2012	梅强	《周易正义》法律思想研究	中国哲学	山东大学	林忠军
2012	娜塔莎〔俄〕	《周易》的天道观	中国哲学	北京师范大学	张奇伟
2012	邱崇	《周易》语篇研究	汉语言文字学	山东大学	杨端志
2012	邵志伟	易学象数下的中国建筑与园林营构	中国哲学	山东大学	刘大钧
2012	孙萍	王弼《周易注》思想研究	中国哲学	北京师范大学	张奇伟
2012	王冉冉	元代易学思想研究	中国古代史	北京师范大学	张　涛
2012	王绪琴	气本与理本——张载与程颐易学哲学比较	中国哲学	南开大学	韩　强
2012	王绪琴	气本与理本——张载与程颐易学哲学比较	中国哲学	南开大学	韩　强

续表

年度	作者	题名	专业	毕业院校	导师
2012	王娅维	王弼、朱熹《周易》注释比较研究	中国古典文献学	陕西师范大学	党怀兴
2012	吴宇	朱子易学哲学研究	中国哲学	北京大学	陈来
2012	杨生照	易道形而上学何以可能？——以“象”为中心的《周易》思想研究	中国哲学	华东师范大学	杨国荣
2012	赵娟	论《周易》的时间观念——一个文化史的视角	文艺学	复旦大学	汪涌豪
2013	关梅	《易传》法哲学思想研究	中国哲学	山东大学	林忠军
2013	杨柳青	图书易学中的象与理——以宋代图书易学为中心	中国哲学	复旦大学	陈居渊
2013	赵薇	《周易》智慧与战略领导力	专门史	曲阜师范大学	杨朝明
2013	周克浩	《周易》治道解	中国哲学	厦门大学	傅小凡
2014	高原	蔡清易学思想研究	中国哲学	山东大学	林忠军
2014	孙世平	唐代易学思想研究	中国古代史	北京师范大学	张涛
2014	李志阳	李光地易学研究	中国古典文献学	福建师范大学	张善文
2014	汤太祥	《易林》与经学典籍关系及文史价值研究——以《易林》援引《周易》《左传》为例	中国古代文学	安徽师范大学	潘啸龙
2014	陶有浩	钱澄之易学思想研究	中国哲学	苏州大学	蒋国保
2014	王社庄	春秋易学研究	中国古代史	天津师范大学	杜勇
2014	王彦敏	近代医易学派研究	中医易史文献	北京中医药大学	张其成
2014	魏建刚	易学“象”视角下的译学研究	英语语言文学	山东大学	孙迎春
2014	肖梦夏	“体用一源，显微无间”：程伊川理一本思想研究——以《程氏易传》为中心	中国哲学	复旦大学	林宏星
2014	张金平	考古发现与《易》学溯源研究	考古学及博物馆学	天津师范大学	杨效雷
2015	曹晓伟	魏晋南北朝易学研究	中国古代史	北京师范大学	张涛

续表

年度	作　者	题　　名	专　　业	毕业院校	导　师
2015	黄德锋	易学和谐思想与江西古代民间信仰研究	中国古代史	北京师范大学	张　涛
2015	李长庚	《文心雕龙》与《易》卦关系探微	中国古代文学	西北大学	赵小刚
2015	江明洲	医《易》相通论伤寒	中医临床基础	南京中医药大学	周春祥
2015	金志友	易道基本符号系统研究	宗教学	中央民族大学	谢路军
2015	吕纪立	从《周易参同契》看汉到宋时期天人关系变迁	中国哲学	上海师范大学	崔宜明
2016	陶英娜	朱震易学哲学探微	中国哲学	山东大学	林忠军
2016	谢炳军	《周易》文本生成研究	中国古典文献学	暨南大学	张玉春
2016	徐浩诚	汉唐齐鲁易学思想研究	中国古代史	北京师范大学	张　涛

作者单位：德州学院

附　录

《续修四库全书总目提要·经部·易类》（五）

《周易文化研究》编委会整理

编者按：《周易文化研究》第四辑至第七辑已刊载经过整理的《续修四库全书总目提要·经部·易类》的部分内容，受到读者欢迎，本辑仍刊载该书的部分内容，以续接第七辑。此次整理，以中华书局1993年出版的《续修四库全书总目提要》为底本，并改为横排简体字，以方便读者阅读使用。一般不出校记，有明显的讹误衍脱之处以“编者按”之例给予纠正。（执笔：李小依）

《周易偶记》二卷（道光间诚意堂家塾刊《七经偶记》本）

清汪德钺撰。德钺，字崇义，怀宁人，嘉庆进士，由庶常改礼部主事，终于员外郎。所著有《七经偶记》，为桐城姚鼐、武进臧庸所称，《周易》其一也。其说《易》不章解句释，详于上经，略于下经，以宋《易》为宗，以义理为主，其说之善者，如“朋盍簪”云，“《豫·九四》取象于‘盍簪’者，象一阳横贯于五阴之中也”。按：簪，所以括发；而《震》为发，《艮》为簪，一阳横贯于五阴之中，正簪之用。乃执者谓“朋如何能盍簪”，而读为戠为揩为臧。岂知《易》辞皆由象生，有此象而不必有此事；如执而不通，则《比》曰“有孚盈缶”、《剥》曰“贯鱼以宫人宠”，将如何讲哉？又如释《大过》“君子以独立不惧，遯世无闷”云，“《巽》为寡，有独立之象，然独立而惧，则不可谓之独立矣；《兑》悦，故不惧也。《巽》为伏为入，有遯世之象，然遯世而闷，亦不可谓之遯矣；《兑》悦，故无闷也”。由象取义，最得《易》旨。又如说《履·六三》“咥人，凶”云，“三应在上，四虎尾，上虎首。上来三则虎首反噬，故‘咥人，凶’也”。按：乾，虎之象，久已失传，岂知《文言》曰“风从虎”，以乾为虎也。又《履》彖曰“不咥人”，独六三曰“咥人，凶”，旧解能通其说者甚少。汪氏所说，独简而明；惟为义理所蔽，一切训诂，浮泛说之，蹈宋儒空疏之病，又汉人旧训，似皆不知。如《屯》“即鹿无虞”云，“鹿”读为“麓”，虞翻、王肃皆如是读，而汪氏乃引朱子之说，谓“晁氏‘鹿作麓，鹿、麓古通”。晁氏述旧训耳，非始于晁氏也。又书中误解甚多，其书之编次，书怀宁臧庸，然庸于篇首，并无序文。又考姚鼐为汪氏作墓志惜其早逝，否则其经学与事功，必不止此，亦叹其学之未成，则此书之定论也。

（尚秉和）

《周易杂卦反对互图》一卷（嘉庆刊本）

清汪德钺著。德钺所著《周易偶记》，已著录。兹专攻杂卦反对及互图义者，据其自叙，此篇非漫为颠倒者。顾自汉以来，终未明其旨。朱子谓自《大过》以下不反对，或疑其错简，以韵协之，又似非误。今录《杂卦》，时时玩索，稍有窥测，即录之于后，以质世之通《易》者。按汪氏所测，凡一阳之卦六，皆在前三十卦；一阴之卦六，皆在后三十四卦。除乾坤二卦外，前三十卦，坤卦凡十二见，而乾只二卦，《大畜》《无妄》是也。后三十四卦，乾卦凡十二见，而坤止二卦，《否》《泰》是也。而上经除《乾》《坤》，自《比》《师》至《大畜》《无妄》凡十卦，下经自《咸》《恒》至《否》《泰》亦十卦。按《否》《泰》损益，为上下经之枢纽。《杂卦》以《损》《益》居上经，以《否》《泰》居下经，而除《乾》《坤》不计外，自《比》《师》至《损》《益》十卦，自《咸》《恒》至《否》《泰》十卦，与《序卦》自《乾》《坤》至《否》《泰》十二卦，自《咸》《恒》至《损》《益》十二卦略同。兹云《自》比至《大畜》《无妄》十卦，《比》至《大畜》《无妄》，十二卦耳，非十卦也。上经《乾》只二卦，下经《坤》只二卦，其次序未必相应也。又云《周易》上经不变之卦六，余二十四卦，实十二卦，共十八卦；下经不变之卦二，余三十二卦，实十六卦，共十八卦。《杂卦》则前三十卦，只乾坤两卦，余二十八卦，反对只十四卦；后三十四卦，不变者六卦，余二十八卦，反对亦十四卦。又云以互卦论之，互《剥》《复》凡八卦，皆在前三十卦；互《夬》《姤》凡八卦，皆在后三十四卦，与《序卦》一阳者六卦皆在上经，一阴者六卦皆在下经同。按：此义昔人未经道过。惟又云前三十卦互《乾》者一卦，互《坤》者凡三卦；后三十四卦，互《坤》者一卦，互《乾》者凡三卦，亦整齐不差。按：前三十卦，共互《坤》卦十四，后三十四卦，共互《乾》卦十四，不知其胡以只云三卦。至其他所测，多有勉强者，不尽当也。

（尚秉和）

《读易义例》一卷（嘉庆刊本）

清汪德钺撰。德钺所著《周易偶记》《杂卦反对互图》，已著录。此所为义例，共六十五条，有与义例皆不相涉者，如言《易象》六十有四，言贞者三十有四卦，言不可贞者一卦，言元亨者十一卦，言亨者二十有六卦，言吉者十九卦，言元吉者一卦，大吉者一卦，言利者三十五卦，言凶者五卦，言悔者一卦；又《易·爻辞》三百八十四爻，而言贞者七十一爻，言无咎者九十爻，言吉者九十七爻，言凶者四十七爻，言无悔者二十二爻，言厉者二十三爻，吝者二十爻，亨者四爻，利者四十一爻，不利者十爻，言咎者一爻，有孚者十七爻，此直总簿计耳。于例既无涉，若其义皆在本卦本爻中，于总数亦无涉也。至其他所举之例，皆不注明某卦，以申明其义，令人阅之，多不知其所指。如云《易》初上无位，而即以为贱者，《易》中四爻有位，而有时以为贱者。《易》有以二爻为一类，分上中下三等而观之者；《易》有以中二爻为一类，合上下四爻为一类而观之者。按之诸卦，皆不合，讫不得其所指，抑有误耶。书内如此者甚多，只易刚柔皆应者八卦，而其应有取有不取，知其指《否》《泰》《咸》《恒》《损》《益》《既济》《未济》八卦而言。又云《易》五上二爻，多有相首尾者，知其指《乾》《泰》等卦而言。又云《易》有全体取象为一物者，知其指《大壮》之羊，《渐》六爻之鸿而言。又云《易·大象传》多有与《彖》爻之义不类者。按：《大象传》义有与卦义相反者，有引以为戒者，有推扩卦义者，有相成者，先儒皆未言。兹云与《彖》义不类，可补前人所未发，最为善疑。至云《易》有二卦合体相似，而名迥不同者，有二卦颠倒，而其名义迥不同者，则所见太浅，何待言哉，不足贵也。

（尚秉和）

《周易精蕴汇解》十八卷《翼传质疑》五卷（旧抄本）

清谭爱莲撰。爱莲，字净方，新化人，乾隆庚戌岁贡，邃于经学，尤精于《易》，是编于象数义理，言之颇详，而荟萃众说，又能得其精要。稿初就，适嘉善卢文弨督学湖南，搜罗遗书，爱莲遂以稿呈正。文弨称精蕴为能融贯先儒之说，而能折其中于程朱《传》《义》，极为可传。《质疑》自立己思，思多创获，于宣圣之微，亦颇窥见一斑。钱唐梁国治按察湖南，索观其书，欲以付梓，会迁去未果。是乾嘉诸儒于是编，久见推许矣。前有《自序》，称："乾隆戊子肄业岳麓时，按察梁公国治及监司郡守诸公咸索观余书，称为程朱功臣。阅己酉一病复生，庚戌贡成，均未免废时日于科举。至嘉庆甲子，困棘闱者十八科矣。乙丑病困不起，延至丙寅五月，气息奄奄，乃勉坐书楼，检箧笥《易》稿观之，则已被蠹鱼残朽，欲缮书之，忽死卒业，困苦不堪，衰老病中，每日不多，今勉强工竣，时嘉庆十二年也。”是编大本，密行细字，全书赵体，颇见功候。或者为其晚年所订手稿欤？特不知视呈正文弨时，有所改定否？惜当日国治欲刊未果，无由考订，以验其进境耳。

（叶启勋）

《周易大义图说》二卷（嘉庆间刊本）

清郑凤仪撰。凤仪，字南荣，原名豹文，萧山人，乾隆四十二年举人。是书凡两卷，卷上载图四篇，说三篇，卷下载图说凡九篇，末后附修道堂月课张之槎课卷一首。又郑氏自作纪梦诗一首，并卷端汪廷珍序一首。郑氏自序一首。总其全书，不过两万言；核其大旨，盖谓天尊地卑，乾坤既定，乾六画从阳升为刚，坤六画从阴降为柔，谓之易缊。从易缊推出，谓之易门。太极两仪四象八卦，即《河图》《洛书》也。《河图》从阴阳之无而有，《洛书》从《河图》之有而无，升降卦变从《河图》之无而有推出，升降卦气从《洛书》之有而无推出。又谓学《易》者必知太极为乾初，两仪为坤上，推上为阴阳，推下为一二等升降之法，方为能得其传。按：《易》之太极两仪四象八卦为一事，《河图》《洛书》为一事，卦气为一事，卦变又为一事，郑氏必欲混而同之，以为太极两仪四象八卦即《河图》《洛书》，而卦变卦气又从《图》《书》有无推出。夫《图》《书》究为何物，已属不可知；卦变之术，汉宋儒者纷纷究辨，亦莫衷一是。孟喜、京房六日七分六十卦用事值日之法，明亦无预乎《图》《书》，穿凿比附，治丝益棼，不徒无益，而又害之。故郑氏所作，如卦气升降外不用从前从后隔六三爻卦二十四卦图，卦气升降外不用从前从后隔三隔四三爻卦二十四卦图等，皆支离破碎，无当经旨。至其末后所附修道堂张之槎课卷，赋得《河图》八卦五言八韵，既与此书无关，又其纪梦，自谓在国学梦见卜子夏，一若其书殆有神授。斯皆诡奇好异，在所当删者也。

（黄寿祺）

《易卦图说》一卷（道光刊本）

清崔述著。述，字东壁，大名县人，乾隆壬午举人，官罗源上杭知县。平生著述甚富，多发前人所未发，而《考信录》尤为世所重。兹《易卦图说》，仍自出己意，不依附前人。如八卦各重八卦，为六十四卦图，则以山泽水火，雷风天地，两两对列，以重一卦。以“天地定位”节为方式，与邵子之以先天卦次相重，其法略同，而形式特为整齐，别成壁垒。至奇偶两画，三重为八卦图。以阳爻重坤初爻，再重中爻上爻，以成《震》《坎》《艮》；以阴爻重乾初爻，再重中爻上爻，以成《巽》《离》《兑》，而六子生。夫乾奇坤偶，有奇偶则相交，乾坤初爻交生《震》《巽》，中爻交生《坎》《离》，上爻交生《艮》《兑》，先儒旧说，不能易也。故谓《震》《巽》得乾坤初爻，《坎》《离》得乾坤中爻，《艮》《兑》得乾坤上爻则可；谓六子由初中上奇偶相重而生，则义不如旧说之备。又谓十二消息卦，与月不相应。如《泰》《否》天地平，应当二分，为卯月酉月，不当为寅月申月；冬至日短极寒极，不当为《复》，《复》一阳生，应为丑月，不当为子月；夏至日长极热极，不当为《姤》，《姤》一阴生，应为未月，不当为午月；又《乾》《坤》不应当巳亥月，应当子午月。按十二月卦，其见于《易》者，《坤》上六行至亥，乃《乾》原居亥，故与龙战。《临》曰："八月有凶。"《临》为丑月，至八月则遯未，丑未冲，故凶。其见于《左传》者，晋筮遇《复》，曰："南国蹙，射其元，王中厥目。"谓阳气自北射南也，以《复》居子也，且无论以寒暑验阴阳之非，而欲将古圣留遗之定法而改之，亦太过矣。又日至冬至而极短，极则反，反故阳生；至夏至而极长，极则退，退故阴生。人以二至，寒暑已极也，故不感其气，而物则知之。麋阴兽，至冬至而角解，感阳气也；鹿阳兽，至夏至而角解，感阴气也。其他草茹之验尤多，奈之何欲以纯乾纯坤当之乎？至于说《讼》《小畜》《丰》《井》《革》诸卦，或为前人所已发，均无甚精义；独驳议唐郭京《举正》，精审透辟，而谓"'舍逆取顺，失前禽也'，'禽'与上'中'叶；'密云不雨，已上也'，'上'与下'亢'叶，《举正》所改皆失韵"，尤为卓识云。

（尚秉和）

《易卦图说》一卷（东壁遗书本）

清崔述撰。述，字武承，号东壁，直隶大名人，乾隆二十七年举人，嘉庆元年，授罗源县知县。时武弁多藉海寇邀功，诬商船为盗，述屡平反之。于是奸徒控其擅释巨盗，使者故知述，得免议。四年，调上杭。关税向赢数千金，述悉解充缉盗公费。未几，投劾归。著书三十四种，而《考信录》一书，尤生平心力所专注。其《上古考信录》二卷，为《易传》仅溯至伏羲，《春秋传》仅溯至黄帝，不应后人所知，反详于古人。述言如此，盖述家世传《周易》，凡四世矣。《考信录》既成，乃绘为图而系以说，成此一卷，石屏门人陈履和校刊，于道光四年正月刻之东阳县署云。

（高润生）

《读易经》一卷（肖岩经说本）

清赵良澍著。良澍，字肃征，安徽泾县人，号肖岩，乾隆进士，官内阁中书。性孝友，立身先行谊，不务科名。有《读易》《读诗》《读礼》《读春秋》诸书，及《肖岩文钞》。其《读易》至《乾·文言》“其唯圣人乎”而止。据其侄绍祖后跋，《读易》未终而疾亟，遂辍笔而卒。时为嘉庆丁丑，故其书只一卷，不若读《诗》《礼》《春秋》之多。今观其说“乾，元亨利贞”云：“伏羲始画此卦，已具有大通至正之四德；文王系之以辞，括四德为两义，恐后人筮得此卦，乐其大通，而未知不正者之难于通也，故以‘元亨’鼓舞之，而以‘利贞’申戒之”，此则不合。“利贞”在他卦，诚有为戒辞者，而在《乾》则确为四德。是以《太玄》释之为春夏秋冬，拟之为罔直蒙酋冥。四德循环，往来不穷，天时如此，人事如此，莫能逃，莫能外。盖文王观象系辞，知非此四字，不足以赅括乾天之德。故《文言》曰“君子行此四德”，固正解也。若以“利贞”为戒辞，则于《乾》德不合矣。又以“利见大人”为二见五，五见二，仍朱子之解，弗知其误。惟谓“用九”为示人以占筮之例，则独具卓见，不随流俗，为昔人所未言。又以“知进退存亡，而不失其正者，其唯圣人乎”一节，为明“用九”之道，不独为处亢言，能详昔儒之所略。盖《文言》原以释经，置用九不释，是未毕也。乃解《易》者，十九不知，以为仍说亢义。岂知知进复知退，知存复知亡，即用九也。惟赵氏但知敷陈义理，不谈象数，宗主宋人，汉魏《易》注似未寓目者，亦一蔽也。

（尚秉和）

《周易虞氏略例》一卷（光绪乙未独山莫氏铜井寄庐刊本）

清李锐撰。锐，字尚之，江苏元和人。张惠言撰《易例》，博综群言，以已著《虞氏消息》，故略于虞氏之义例。锐著此书，则专述虞氏一家之学。其为例十有八：日月为易第一，日月在天成八卦第二，《乾》第三，消息第四，《临》《观》《否》《泰》《遯》《大壮》例第五，《乾》二五之《坤》成《坎》，《坤》二五之《乾》成《离》第六，旁通第七，《震》《巽》特变第八，反第九，两象易第十，半象第十一，体第十二，四时象具第十三，十二月卦第十四，中第十五，正第十六，成既济定第十七，权第十八。备载《虞氏易注》，每篇后附以已说，则皆发挥虞义，或引古训以明之，至虞所未言，与后人疑虞为误者，概不羼入，体例尤为谨严。其论卦气，谓《易纬稽览图》《坎》《离》《震》《兑》用事，皆八十分日之七十三；其余消息及杂卦，皆六日七分。唯《颐》《晋》《井》《大畜》四卦皆五日十四分。自汉刘洪以下，其推卦气并如上说，唐僧一行大衍术始改旧法。以《坎》《离》《震》《兑》四卦二十四爻，爻主一气，余皆六日有奇。寻虞注，《震》二月凡三见，不云三月四月亦《震》用事；《兑》八月凡二见，不云九月十月亦《兑》用事。盖虞意与《稽览图》及《乾》象等术合，而不与太衍同。视惠言《易例》，实为精审。又惠言谓八卦消息成六十四卦，锐纠其误，亦不愧茗柯诤友也。

（柯劭忞）

《孙氏周易集解》十卷（粤雅堂丛书本）

清孙星衍撰。星衍，字渊如，江苏阳湖人，乾隆五十二年进士及第，授翰林院编修，改刑部主事，官至山东督粮道。星衍取李鼎祚《周易集解》，合于王弼注，又采集《书传》所载马融、郑康成诸家之注，及史征《易口诀义》中古注，附于其后。凡《说文》、陆《释文》、晁《音训》所引经文异字异音，附见本文，命曰《周易集解》。伍崇曜以王注、李《集解》孤行之本，世所恒见，乃甄录孙星衍所辑者署曰《孙氏周易集解》，别为刊行。今据崇曜刊本著录。星衍之书，文登毕以田实助其裒辑。以田，字九水，亦究心训诂之学者。崇曜《序》谓："星衍搜罗之富，抉择之精，当与所撰《尚书古今文义疏》并传。"按魏征《群书治要》卷四十八引陆景典语："《易》曰'圣人之大宝曰位，何以守位，曰人'。故先王重于爵位，慎于官人。"不从王肃以下本作"仁"，犹存郑义。释玄应《大智度论》卷三十《音义》引《易》刘瓛注，"霆，电也。震为雷，离为电"。《五分律》卷一《音义》引《易》刘瓛注，"介，微也"。《大智度论》卷十六《音义》引《易》刘瓛注，"亹亹，犹微微也"。慧琳《一切经音义》卷十一引《易》"君子上交不谄，下交不渎（音读）"，为陆《释文》所不载；卷二十二引《易》刘瓛注，"弥，广也"；卷三十引《易》刘瓛注，"疵，亦瑕也"；卷三十一引《易》刘瓛注，"赜者，幽深之极称也"；卷五十一引《易》刘瓛注，"冶，妖冶也，谓姿态傲雅自得、庄饰鲜明之貌也"；卷九十八引郑众《周易注》，"环，旋也"。皆为星衍所遗。盖后出之书，孙氏不及见，非其采集之疏也。

（柯劭忞）

《雕菰楼易学》四十卷（焦氏丛书本）

清焦循撰。循，字理堂，一字里堂，晚号里堂老人。世居江都黄珏桥，分县为甘泉人，嘉庆辛酉举人，一试礼部不第，年才四十，即家居不出，覃思典籍，著述颇多，而所撰《易章句》十二卷、《易图略》八卷、《易通释》

二十卷，合成《雕菰楼易学》三书，在当时尤负盛名，亟为英和、阮元、王引之诸名公所称诵。盖循生平，邃于天文算学，因以测天之法测《易》，以数之比例，求《易》之比例，而悟得易学有三：一曰旁通，二曰相错，三曰时行。故其《易图略》自序云："夫易犹天也，天不可知，以实测而知。七政恒星，错综不齐，而不出乎三百六十度之经纬。山泽水火，错综不齐，而不出乎三百八十四爻之变化。本行度而实测之，天以渐而明，本经文而实测之，《易》亦以渐而明。非可以虚理尽，非可以外心衡也。余初不知其何为相错，实测经文传文，而后知比例之义出于相错；不知相错，则比例之义不明。余初不知其何为旁通，实测经文传文，而后知升降之妙出于旁通；不知旁通，则升降之妙不著。余初不知其何为时行，实测经文传文，而后知变化之道出于时行；不知时行，则变化之道不神。"既撰为《通释》二十卷，复提其要为《图略》。凡《图》五篇，《原》八篇，发明旁通相错时行之义；《论》十篇，破旧说之非，共二十三篇，编为八卷，次章句后，其著书之大旨，毕见于是。然今考循所破汉儒卦变、半象、纳甲、纳音、卦气、爻辰之非，咸能究极其弊。至其所自建树之说，则又支离穿凿，违于情理，实有较汉儒诸术过之而无不及焉者。譬如循说《中孚》与《小过》旁通云，"《明夷·六五》'箕子之明夷'，箕子即其子"；《中孚·九二》'鸣鹤在阴，其子和之'，谓九二旁通《小过》六五，惟《小过·六五》不和《中孚》之九二，而以四之初成《明夷》，故云其子之明夷。苟其子与鹤鸣相和，则明不伤夷，是《中孚》《小过》旁通"。又释"井泥不食"云，"《丰》四之《井》初成《需》，故《需》于泥，《丰》成《明夷》，《需》二之《明夷》五。为致寇至，《传》云灾在外，即《丰》过旬灾之灾。又释《小畜》"密云不雨，自我西郊"云，"其辞又见于《小过·六五》，《小畜》上之《豫》三，则《豫》成《小过》。《中孚》三之上则亦成《需》，以《小过》为《豫》之比例，以《中孚》为《小畜》之比例"。又释《文言》"同声相应，同气相求，水流湿，火就燥，云从龙，风从虎"云："同声相应，谓乾成家人，坤成屯。同气相求，谓乾成革，坤成蹇。水流湿，谓乾二四之坤成屯，承同声而言。水坎也，湿下也，泥涂沮洳之地，震为大涂是也，乾二流于坤五，而四应之成屯，是为水流湿。火就燥，谓坤五三之乾成革，承同气而言。火，离也，燥为秋金之气，兑是也。坤五就于乾二，而三求之，成革，是为火就燥，此言乾坤之当位行也。若不当位，有湿而无水，则乾四之坤初成复。有燥而无火，则坤三之乾上成夬。复变通于姤，姤二之复五成屯。复下震先有龙，成屯则上有坎云以从之，故云从龙。夬变通于剥，夬二之剥五成观。

剥下先有坤为虎，成观则上为巽风以从之，故风从虎。”若此之类，初观其法似密，实按其义皆非，牵合胶固，殆过于虞翻远甚，而竟不自知其谬。岂非明于烛人，而暗于见己乎？英和、阮元、王引之之徒，以故旧之雅，而妄相推许。后儒不察，随声附和，独南皮张之洞撰《书目答问》以告学者。于循之易，取其《周易补疏》而舍此《易学三书》，可谓知所去取矣。

（尚秉和）

《易图略》八卷（焦氏丛书本）

清焦循撰。循既撰《易通释》，复提其要为《图略》。凡图五篇。曰《旁通图》，谓乾坤之升降，即乾坤之旁通，诸卦之旁通，仍乾坤之升降，比附经文为三十证以发明之。曰《当位失道图》，由旁通而当位，先二五后初四三上是也；由旁通而失道，不俟二五而初四三上先行是也。曰《时行图》，由当位失道而证以当位则变通不穷，失道则变而通之，仍大中而上下应是也。曰《八卦相错图》，未行动者，以相错之卦为旁通，既行动而或得或失者，以相错之卦为比例是也。曰《比例图》，列六十四卦之相错，以明其出于比例是也。循穷思苦虑，不愧一家之言。然谓孔子读《易》，韦编三绝，正是解得具参伍错综之故。读至此卦此爻，知其与彼卦彼爻相比例，遂检彼以审之。前后互推，端委悉见。所以韦编至于三绝，是则以管蠡之见，妄测圣涯，未免不知自量矣。《原》八篇，曰原卦、原名、原序、原彖象、原辞上下、原翼、原筮，皆据旁通时行相错之说发明之。《论》十篇，曰论《连山》《归藏》，论卦变上下，论半象，论两象，论纳甲，论纳音，论卦气六日七分上下，论爻辰，皆掊击不遗余力。惟卦变则谓汉魏之时，孔子易说尚有影响，荀虞不求其端，不讯其末，循为当位失道等图。此即荀虞之卦之说之所本，盖渊源所自，不能不为宽假之辞矣。

（柯劭忞）

《易图略》八卷（焦氏丛书本）

清焦循撰。循著《雕菰楼易学》三书，凡四十卷，已著录。此书即三书之一，凡《图》五篇，《原》八篇，《论》十篇。《图》《原》之大旨皆在推阐其自所发明之旁通、相错、时行三义例。其《论》十篇：一曰论《连山》《归藏》，明二《易》传于夏、殷，原非禹、汤之制作也；二曰《论卦变上》；三曰《论卦变下》，驳荀、虞卦变之谬也；四曰《论半象》，驳虞氏半象之不当也；五曰《论两象易》，驳虔氏两象易之非也；六曰《论纳甲》，论虞氏纳甲之谬也；七曰《论纳音》，论其说起于纬家，非焦、京所有也；八曰《论卦气六日七分上》，九曰《论卦气六日七分下》，论卦气之序，非

《易》之序也；十曰论爻辰，定爻辰为郑氏一家之言，悠谬非经义也。归纳其书，不外两端：前者所以表明其自所建树，后者所以破汉儒诸说之谬。当清代乾嘉之隆，举世崇尚汉学，好古不好是，风气正盛之时，而循能独立为说，力辟荀、虞及康成诸家之谬，固可谓豪杰之士。惟其自所建立诸例，以测天之法测《易》，以数之比例求《易》之比例，虽曰自成一家之说，竟皆牵合胶固，无当经旨。较之郑氏爻辰，有过之而无不及，又以荀、虞卦变为不当，乃循所著《易通释》，少则一卦五六变，多则十余变或数十变，漫衍无理，视荀、虞为尤甚。所谓明于烛人，暗于自照者非耶！

（尚秉和）

《易广记》三卷（焦氏丛书本）

清焦循撰。循《自序》谓："自汉魏以来，至今二千余年，凡说《易》之书，必首尾阅之，其说有独得者，则笔之于策，可以广见闻，益神智。"按卷一《杨诚斋易传》，"宋臣僚请抄录此书状云，'自淳熙戊申八月下笔至嘉泰甲子四月脱稿，阅十七年而后书成'"。循自谓学《易》前后三十年，仅有四五年无一日不穷思苦虑，乃日有进境。杨氏之十七年未必能专一于此。周渔《加年堂讲易·自序》，循称"其学易艰苦，真不我欺。……然或数月，或数年而通一卦，则与循异。……循之稿成一次，以一二处之疑，则通身更改，其成之艰，较周氏尤甚"。皆自述其学力之勤苦，无与于见闻神智也。其称"倪元璐《易向》上下篇，奇博精奥，可与顾亭林《日知录·论卜筮》参看"。按：元璐之《儿易内仪以》六卷，《外仪》十五卷，前《提要》谓"依经立训，不必以章句训诂，核其离合"。今观其《易向》上下篇，循以奇博精奥推之，信为知言，其识在馆臣之上矣。

（柯劭忞）

《易章句》十二卷（焦氏丛书本）

清焦循撰。循，字里堂，江苏甘泉人，乾隆辛酉举人。循覃研易学，号为专家。其治《易》有三术，曰旁通，曰时行，曰八卦相错。自称"初不知其何为旁通，实测经文传文，而后知升降之说出于旁通。初不知其何为时行，实测经文传文，而后知变化之道出于时行。初不知其何为相错，实测经文传文，而后知比例之义出于相错"。今就循说释之，旁通者，在本卦初与四易，二与五易，三与上易；本卦无可易，则旁通于他卦，亦初通于四，二通于五，三通于上；先二五，后初四，三上为当位不俟二五，而初四三上先行为失道。《易》之道，惟在变通。二五先行而上下应之，此变通不穷者，或初四先行三上先行，则上下不能应。然能变通之，仍大中而上下应。如乾四之坤成

《小畜》，《复》失道矣。变通之《小畜》二之《豫》五，《姤》二之《复》五，《复》初不能应，《姤》初则能应，《小畜》则不能应，《豫》四则能应。《坎》四之《离》上成《井》，《丰》失道矣，变通之《井》二之《噬嗑》五，《丰》五之《涣》三，《丰》上不能应，《涣》上则能应，《井》三不能应，《噬嗑》三则能应，此所谓时行也。比例之义出于相错，如《睽》二之五为《无妄》，《井》二之《噬嗑》五亦为《无妄》，故《睽》之噬肤即《噬嗑》之噬肤。《坎》三之《离》上成丰，《噬嗑》上之三亦成《丰》，故《丰》之日昃即《离》之日昃。《丰》之日中即《噬嗑》之日中。《渐》上之《归妹》三，《归妹》成《大壮》。《渐》成《蹇》，《蹇》《大壮》相错成《需》，故《归妹》以须之须，即《需》也。《归妹》四之《渐》初，《渐》成《家人》，《归妹》成《临》，《临》通《遯》，相错为《谦》《履》，故眇能视，跛能履。《临》二之五即《履》二之《谦》五之比例也。其说以经传之文，旁参互证，左右逢源，不愧一家之学。《易章句》则就旁通、时行、相错之说，以疏解经传之文者也。阮文达公谓“其书处处从实测而得，圣人复起，不易斯言”。高邮王文简公则谓“一一推求，至精至当，足使株守汉学者爽然自失”。均未免推崇过甚。按：伏羲“十教”曰，乾、坤、震、巽、坎、离、艮、兑、消、息。荀、虞、马郑之学未有不出于消息者，循独别开门径，不从消息入手，谓之为一家之学则可；如谓非此说不能通羲、文、周、孔之微言大义，则不敢信也。

（柯劭忞）

《易话》二卷（焦氏丛书本）

清焦循撰。循既著《易学》三书，复取三书外之余义，为《易话》二卷。其上卷《易释举要》，诠释句法，最有益于初学。然循谓两卦旁通，每以彼卦之义系于此卦之辞，则虞仲翔旁通之法固如此，不自循发之。《性善解》无关《易说》，亦属骈枝。下卷谓“《易》至春秋，淆乱于术士之口，……乃推而求之易义。……惜杜易服、刘规杜，均不能言之”。按：尚辞、尚占本自分途，循诋《左氏传》所载之谬悠，而易以比例旁通之说，亦未见其确当。至《尔雅》“伦、敕，劳也”，以伦与轮同声，谓“‘劳谦’之‘劳’即‘曳其轮’之‘轮’”；敕与劳声转，“《井》之‘劳民’即《噬嗑》之‘敕法’”。支离附会，安能与经义相比附乎？

（柯劭忞）

《周易补疏》二卷（焦氏丛书本）

清焦循撰。循以王弼之学，虽尚空谈，而以六书通假，解经之法，尚未

远于马、郑诸儒，特孔颖达之《正义》，不能发明之，乃撰《补疏》二卷，以订孔之舛漏。如“龙战于野”，王注：“固阳之地，阳所不堪。”循谓“《正义》解固为占，……然固阳之地，则未实指何所”；引荀氏“消息”说“坤在亥下有伏乾”、郑君“爻辰”说“坤上爻实为乾之地，而坤爻据之”；“王氏用荀、虞之义，而浑其辞为‘固阳’”。“拔茅茹，以其汇，征吉”，王注：“茹，相牵引之貌。”循据《汉书·刘向传》注引郑氏云“茹，牵引也”，以证王之所本。“匪其彭”，王注：“三虽至盛，五不可舍，……旁谓三。”循据《子夏传》，“彭作旁，彭为盛者，为旁之音通相假借也。‘匪其旁’，犹云‘匪其盛’。……《正义》九三在九四之旁，失之”。《临》“至于八月有凶”，王注：“八月阳衰而阴长，故曰有凶。”循谓“王氏以八月指《否》所辟之卦，夏之七月，殷之八月也。文王用殷正，故以《否》所辟为八月”。“窥观”，王《注》：“犹有应焉，不为全蒙。”循谓“此荀氏二五升降之义，王氏阴用之”。“履错然”，王注：“处离之始，将进而盛；未在《既济》，故宜慎其所履。”循推阐王义，“将进而盛，谓由初至三皆得止（编者按：“止”当为“正”）也。止（编者按：“止”当为“上”）三爻未正，不成《既济》，故曰‘未在《既济》’”；引王氏《既济》注、《未济》注，以证其“互相发明”；讥《正义》“颟顸衍之，未喻王义”。“箕子之明夷”，王注：“与难为比，险莫如兹，而在斯中，犹闇不能没。”循谓“王氏读‘箕子’为‘其滋’，故云‘险莫如兹，而在斯中’。以‘兹’字解‘子’字，以‘斯’字解‘其’字，若曰‘其兹之明夷’，推王意绝不以为殷之箕子，……《正义》失之”。皆援据精确，足以补《正义》所不及。惟循自命太高，而视古人太浅，其《自序》称“弼或可由一隙贯通，……惜其秀而不实”，俨若严师之诲弟子，非著书之体也。

（柯劭忞）

《易通释》二十卷（焦氏丛书本）

清焦循撰。循治《易》尝疑一“号咷”也，何以既见于《旅》，又见于《同人》？一“拯马壮”也，何以既见于《复》，又见于《明夷》？“密云不雨”之象，何以《小畜》与《小过》同？“甲庚三日”之占，何以《蛊》与《巽》同？遍阅说《易》之书，皆无所发明。及学洞渊九容之术，以数之比例求《易》之比例，所疑尽释。乃撰《易通释》一书，举经传之文，互相引证，会而通之，字字求其贯彻，以为包牺之卦，参伍错综；文王、周公之《系辞》，亦参互错综；孔子之《十翼》，亦以参互错综。赞之所谓参互错综者，即旁通、时行、相错之法而已。按易学范围广大，奇偶之数推演无穷，执一端而通之全体，皆能密合，必谓羲、文、周、孔之义，尽括于此，诚为一孔之见；必谓旁通、时行、相错之法，支离纠葛，无当于易学，亦非也。惟其说多因假借之字而引申之，阮文达公为之辩护曰："古无文字，先有言、有意，言与意立乎文字之前，伏羲画三、☷，立其言与意而口传之；至仓颉始依之以造乾、坤二字，故口言遯而遯与豚同意，口言疾而疾与蒺同意。浅识者未知声音文字之本，藉曰非也。虞翻何以'豚鱼'为'遯鱼'，《韩诗外传》何以'蒺藜'为'据疾'哉?"按：通假之字，有可以就本字引申者，有音同义异、不能引申者。此由经师口授，音异而义遂异，非羲、文之《易》。即有通假字也，若借口于音声、文字之本，遂谓遯与豚同意，疾与蒺藜同意，则凿矣。

（柯劭忞）

《仲轩易义解诂》三卷（抄本）

抄写本。卷上首尾不具，中下两卷均题"江都焦循定稿"。循，字理堂，一字里堂，晚号"里堂老人"，世居江都黄珏桥，分县为甘泉人，清嘉庆辛酉举人。其家有仲轩，因藏仲长统石刻得名，则"仲轩"诚为循之轩名。惟按循子廷琥所撰事略，述循先后著作甚详。其于《易》则有《易通释》二十卷、《易图略》八卷、《易章句》十二卷、《周易补疏》两卷、《易话》两卷、《易广记》三卷，独未闻有《易义解诂》之说，此其可疑者一。此本既分上、中、下三卷，宜是完书，实则其中只释《乾》《坤》《屯》《蒙》四卦，《乾》《坤》各为一卷，《屯》《蒙》又为一卷，以下六十卦并《系辞》《说卦》《序卦》《杂卦》之属皆阙，而标题之字迹墨色又不与正文同，此其可疑者二。循之易学，乃以数之比例，求《易》之比例，谓《易》例有三，曰旁通，曰相错，曰时行，力破旧说之非，故其序《周易补疏》讥王弼"知卦变之非而用反对，知五气之妄而信十二辟，唯之与阿，未见其胜"。又《易图略》论"卦气"云："尝谓纳甲卦气皆《易》之外道，赵宋儒者辟卦气而用先天，近人知先天之非矣，而复理纳甲卦气之说，不亦唯之与阿哉!"是循于汉儒纳甲、卦气、五行、十二辟之术，以及宋儒先、后天之说，皆所不信。而此书于纳甲、卦气、五行、十二辟之术，既屡屡称述；而于先、后天之说，尤笃信不惑。如云邵子诗"'乾遇巽时观月窟'句属先天，'地逢雷处见天根'句属后天，羲、文两八卦皆有先后天"。又谓"《乾》之'利贞'二字，包先天三节；'元亨'二字，包后天三节"，并讥来矣鲜读"先迷后得主"句为不识先后天之别。与循素日持论之宗旨，正相剌谬，此其可疑者三。循所著书征引古今，皆极渊博，训诂名物，研求尤精。而此书所征引儒先旧说，在汉魏惟一虞仲翔，在宋明惟程子、邵子、朱子及来矣鲜氏四人；且其释乾卦之义云，“卦名虽作乾，实当读作干湿之干”，释长为元之义云，“长即大，大即元，如考试称榜首为元”，释筮字之义云，“筮字上从竹下从工，而加以东西两人字，东西二人者，即震兑也。工谓此震兑二者之两端，为万事万物取中之道，由天地化工所出也”。既尔孤陋，而复穿凿，有似童騃，此其可疑者四。他如牵引《论语》“或问禘之说，子曰，‘不知也，知其说者之于天下也，其如示诸斯乎指其掌’”及《中庸》“明乎郊社之礼、禘尝之义，治国其如示诸掌乎”二文，绘《示诸掌》一图；又以礼、乐、刑政皆本于元、亨、利、贞，作五音必为十二律所节始可感动人好善、恶恶之心诸说。于礼乐之制度精意，不独无所发明，且穿凿附会，令人发噱；与循六经《补疏》之文，毫不相似，此其可疑者五。依此而言，可知此书乃乡曲俗士所为，久而残阙，佚其名氏，作伪者乃嫁名于循以图射利明矣，不足重也。

（尚秉和）

《河洛图锐》四卷（道光七年刊锦官录本）

清李锡书撰。锡书，字见庵，山西静乐人，乾隆五十五年进士。历官四川汶川蒲江大邑各县知县、江北同知，又三为蓬州知州。所著书凡十余种，总名《锦官录》，《河洛图说》乃其一也。是书凡四卷，卷一论《河》《洛》，推本朱子之说，以十为《河图》，九为《洛书》。凡为朱学者，皆同此见。固亦无庸置议，惟其定朱子所作之图为古《河图》、古《洛书》，又从曲沃崔致远说，作《河图圆图》、《洛书方图》，以为《河图》之数，《洛书》之文，数当从点，文当从画。而又自谓未知龟马，旧文果如是焉否。夫既不知龟马旧文果如何，又何从而分古今，又何从而分点画。是则所谓不知而强作者。卷二论先后天之图，皆系后儒因圣人之言而为之图，非羲、文旧有此图。按《易卦》自有方位，其方位皆据古注所述，古注既未指明孰为伏羲，孰为文王，汉魏儒者亦无传说。而宋以后诸儒，究辨纷纷，必以某属之羲，某属之文，原为词费。崔氏此论，尚未为无见。卷三杂论太极图、卦气、五行、纳甲诸事，谓“太极图为《河图》之小像，亦为《河图》之总像，所以状《河图》，所以注《河图》”。立说似甚奇创，然言之不能成理，不足以证成其说。论卦气，亦只本胡玉斋，以二十四节气分配先天图，不能远稽汉儒六日七分之旧术，亦殊嫌疏陋。卷四标名《周易备占》，首陈筮义十说：卜筮尚占第一，蓍卦方圆第二，大衍之数第三，再扐后挂第四，参伍错综第五，参天两地第六，乾策坤策第七，初九初六第八，用九用六第九，爻彖象文言第十。凡此十义，其九义皆略述旧说，无所是非；惟论用九用六，谓“乾皆以九变，坤皆以六变，无得七八者，故用九用六以占，自乾坤以外皆不然”。按：筮卦之法，七八不变，而九六变。任何一卦，六爻皆变，事所恒有，岂独限于乾坤二卦乎？若乾坤二卦六爻变，占“用九”“用六”之辞，则其他卦六爻变，岂可无辞以占之乎？是不知用九用六纯指揲蓍时所得之一爻言，并不明“用九”“用六”之为圣人以筮例教人也。十义之后，次列筮仪，次列占法，最后列古占备考。采摭虽未详备，尚颇足资参考。要之，此书臆说多而考订少，故瑜不掩瑕；又其害命名为河洛图说，实则内容不仅图说河洛，亦未甚恰当也。

（尚秉和）

《河洛图说》四卷（嘉庆年刊本）

清李锡书撰。锡书，字见庵，山西省静乐县人，乾隆己亥举人。庚戌进士。甲寅，应绵上县主讲，戊午夏至后一日，学人有以《河》《洛》图证者，因分别其端倪，绘为图而说之。计目录：卷一，为《河图图说》《洛书图说》《河图方圆图说》《同异说》《生数说》，《则〈河图〉作八卦图说》，《本〈河图〉定〈八卦方位次序图〉说》；卷二，为《先天后天六图图说》；卷三，为《太极图说》《朱子注太极图说》《六十四卦节气图说》《五行配八卦图说》《洛书配先天八卦图说》《洛书配后天八卦图说》，《胡玉斋则〈河图〉以作〈易图〉说》，《〈洛书〉序〈畴图〉说》；卷四，为《周易备占图说》。后复《跋》语云：“向在绵山，与友人讲《易》，因朱子《本义》篇首，备载八图，向无注释，从而说焉，久而成帙。今来蜀岁久，偶然检点，二十年来，如逢故我，载入《锦官录》中，正如溷里飞花、坊人作乐耳。见庵书志云云。此嘉庆三年冬至日，见庵自记后之《跋》语也。”

（高润生）

《三易注略》四卷《三易读法》一卷（嘉庆四年刊本）

清刘一明撰。一明，系道士，自号“悟玄子”，又自号“素朴散人”。其先晋人，中年慕道，游学三秦，栖隐于金县南梭云山巅，号其洞曰“自在窝”。据其《自序》有“乾隆庚辰岁西游，幸遇吾师龛谷老人，打开先天窟窍，指示《易》理源流”之语，则其学传自龛谷。按苏宁阿所作《序》“龛谷系广东人”，盖亦道士。又按《自序》有“细辨图卦之蕴，深索经传之义，将图卦可拆可合处，悉为提出，或一图分为数图，或数图合为一图，或于本图所藏之秘，别立变图，以明图为活图，卦为活卦，不得按图说图，按卦说卦。又于羲《易》、文《易》、孔《易》，分为三《易》而注之，以明三圣各有其易，不得以文《易》为羲《易》，以孔《易》即羲、文之《易》”。如其说，则是一明所著，有图有注，而注且分羲《易》、文《易》、孔《易》三部。今考此本，除卷首附《三易读法》一卷外，只有上经两卷，下经两卷，各载卦爻词解注，而无一图说，并一语及于《十翼》。则此本殆一明所谓羲《易》、文《易》之部，而孔《易》之部并所有图均阙，其为残本无疑矣。今姑就其残本及《读法》所见论之。一明之学，纯以图书为主，故其言曰“易即图书，图书即易。学者欲知卦理，须玩图书。图书者，易之根本；易者，图书之发挥，易所以演图书之秘藏”云云。按：宋人所谓图书者，乃五行数及九宫数。易之理原于象，象原于数；图书者，数之根。故宋人以图书为易本，惟一明实未知此义，而徒以图书错综之说相纠缠。而其所谓错综，乃有谬误不可胜言者，如于上下经六十四卦三百八十四爻卦画下，均注错字或错综二字。寻绎其例，则以阳爻居阳位，阴爻居阴位，为综。阳爻居阴位，阴爻居阳位，为错。然有时阳爻居阳位，阴爻居阴位，亦有为错者。如《遯》之九三，《坤》之上六是也。亦有时阳爻居阴位，阴爻居阳位亦不尽为错者。如《乾》之九二、九四，坤之六三、六五。皆曰错中有综是也，故其为例。果孰当为错，孰当为错中之综，纯以意造，毫无标准。而强附会之图书，乌乎其可。况其以错误释错义，以得中释综义，尤为古今易家之所未闻乎。又其书句读亦多不可通者，如《讼·象》作“有孚窒”句，“惕中吉”句；《小畜》六四爻词作“有孚血”句，“去惕出”句；《明夷》六二爻词作“用拯”句，“马壮吉”句。若此之类甚多，其义皆难通，而注中亦无所说明。举此两端，则可概见一明乃一无实学而好立异者。至其释《坤》之“西南得朋，东北丧朋”，《蹇》之“利西南，不利东北”，以月体盈亏为说，其义本之魏伯阳《参同契》，吴处仲翔亦尝用之。固无庸以讥方外之一明矣。

（尚秉和）

《周易注略》四卷《三易读法》一卷（榆中栖云山藏版）

清刘一明撰。一明，自号“素朴散人悟玄子”，又自称其居曰“自在窝”。此书为其门人洮阳张賨光斋甫、湟中张志远通候甫校阅，箫关谢祥瑞英甫刊梓。时为嘉庆四年，岁次己未，春正月，元宵节，“素朴散人悟玄子”自叙于栖云山“自在窝”中。盖《注略》，其讲法；《读法》，则伏羲、周公、孔子三家之读法，榆中栖云山相传、流行不绝之正读也。盖刘一明《易》之通行于民国者，极浅显而实极切要也矣。

（高润生）

《易理阐真》六卷卷首一卷（嘉庆二十四年重刊本）

清刘一明撰。一明有《三易注略》《三易读法》，已著录。考梁溪杨芳灿所作《序》，一明盖先著《三易注略》而后著此书。此书凡六卷，前四卷曰《周易阐真》，后二卷曰《孔易阐真》，而卷首列图说四十余篇，前半皆推演《河图》《洛书》、先天、后天之说，假易学以明其丹家养生之术，后半如《金丹图》《金丹论》等，则纯系丹家之说，并《易》亦无所假借。《周易阐真》只释经文、卦爻辞，而不取《十翼》；《孔易阐真》则择释《大象传》及《杂卦传》，而不一及经文。原一明之意，盖以卦画为羲《易》，《十翼》为孔《易》，惟卦爻辞为文、周所作，方为《周易》也。其注释大旨与《三易注略》《三易读法》同。惟不复用其错综之术，较为差胜。寻以道家之言解《易》，论者咸谓始于王弼，实则虞翻纳甲之术，既同于《参同契》，而其注中引《老子》之言者，亦时有之。则是《易》学之杂入道家，盖自虞氏已然。迨及宋世，《图》《书》之学兴，陈邵之术尤邻于方外，儒者复取以附经，而后《易》之为书。实杂道家言而至不可分离，然《图》《书》先天、后天之说，虽云盛起于宋，而渊源亦有自矣。清儒有作，悉力排击宋儒，然今宋儒之说亦未能尽废。良以《易》道广大，无所不包，水火匡廓，亦未始非《易》之一蕴，亦犹杨简之徒以佛家言解《易》者，亦得自名其家也。然则一明以道家言解《易》，虽非吾儒之真义。固亦无庸悉摈之矣。

（黄寿祺）

《古周易音训》二卷（式训堂丛书本）

清宋咸熙撰。咸熙，字德辉，仁和人，先是宋儒吕祖谦。依《汉书·艺文志》旧次，撰定《古周易》十二卷，《音训》二卷，则其门人金华王莘叟之所笔受也。《音训》首引各家说，以明篇卷名义先后、异同之故。其于经传文字，则一以陆氏《释文》为主，而以晁说之所释者附焉。朱熹尝刻之于临漳会稽据《直斋书录解题》，熹后为《本义》，下复撰音。及其孙鉴，乃取《音训》附刊于《本义》之后。明人修《大全》，以《本义》附于《程传》，篇次不同，于是《音训》遂佚不传，今仅散见于董真卿《周易会通》中，则已非吕氏所授朱氏所刊之旧矣。宋氏从董氏《会通》中，采摭《音训》旧文，依吕氏《上经》《下经》《彖传》《象传》《系辞》《文言》《说卦》《序卦》《杂卦》十二篇之次，用陆氏《释文》之例，辑为一书，复吕氏《古易音训》之旧，一善也。晁氏生当北宋，多见古书，自汉讫唐，若孟、京、郑、荀、虞、何妥、僧一行、陆希声、阴弘道、张弧说，犹能征引，晁书久亡，今得藉此考见先儒佚义，二善也。陆氏《释文》，得此足以互勘，三善也。然晁氏所称古文作某，或称古文作某篆文作某者，犹通称古字云尔。如以为费氏古文本之异于施、孟、梁丘、京者如此，则失之矣。宋儒自胡旦、胡瑗、王洙、吕大防、晁说之、程迥以讫吕祖谦，皆规规然欲复汉《易》十二篇之旧弟，不知今文施孟梁丘、古文费高本皆然。至郑、王始合《传》于《经》耳，故当正名为《古本易》不得泛称《古易》或《古文易》，此晁吕兹所未能曆意者也。其文字异同，宋氏《自序》中举八事，段玉裁《跋》文中举三事，以订正今本《释文》，俱为精审。此外如《大有》“匪其彭”，姚云，“彭”“旁”俗音同，是也；卢文弨改“俗”为“徐”，失之。《贲》“白马翰如”，郑云“白”也，唐写残本《释文》及王应麟辑郑注本皆然，卢从雅雨堂本改白为干，说义近之而实非《释文》之本真。《复》“无衹悔”，王肃、陆绩作禔，卢校本无“陆绩”字，此佚义之可贵者。《无妄》“不菑畲”，《说文》云“三岁治田也”，唐写本同，是也。卢校改三为二，失之。《坎》“险且枕”，古文作“沈”，直林反，薛同。谓薛虞与古文同也，卢校本无“薛同”字，应据补。《晋》“昼日三接”，徐息暂及，唐写本同，谓去声读也，卢校本作“息惭反”，则如字读矣。又“何烦”作“音乎”。《丰》，郑云，丰之言偑，充满意也。偑，虽不见《说文》，或汉人自有作偑者，唐写本亦然。卢校本改偑为腆，近于专辄，《系辞下传》则居可知矣。郑，王肃作其辞，唐写本作郑，王肃音基，云辞，足证《音训》所引“作其”二字乃“音基”二字之讹，而卢校本仅云“音基”，视二本为最下。举此数事，《音训》所引，皆足校补《释文》。发正旧义，卢氏校刻陆书，既失援引；宋氏专辑《音训》，乃亦无所发明，皆为疏粗。严元照后《序》云，“臧庸尝据以校正《释文》。而卢书已刻成，不可改，遂笔之于《拜经日记》”。今寻《经解》本《拜经日记》“古易音训”条下，仅有“朋盍簪”“系于金柅”两事。汉阳叶氏写本《拜经文集》，有刻吕氏《古易音训序》一篇，题下注云“壬戌季春代《经解》本亦有此篇但非全文”，与宋氏《自序》文同，末署“嘉庆七年岁次壬戌春三月”。然则宋氏仅执辑录之劳而已。段玉裁《跋》云：“《释文》一书，自成公所见，已讹舛特甚。何况今日，才如宋子，庶能一一是正，今竟一无是正，何邪。”

（吴承仕）

《读易传心》十二卷《附图说》三卷（嘉庆十三年木存堂刊本）

清韩怡撰。案：怡，字云卿，江苏省丹徒县人。此书依费直《传》例“以《十翼》解说上下经”，更以卦辞、爻辞互相发明，于大传《说卦》《序卦》《杂卦》《彖》《象传》《文言传》之下。昔惟圣知圣，今以经解经，然必以孔子《十翼》为宗，遇有难明，又旁引子史它说曲谕之。“起乾隆甲寅春，讫嘉庆辛卯秋，凡八阅岁而成书，国子监率性堂学正兼绳愆厅，充则例馆纂修官韩怡”，《序》云云。然则木存堂本亦韩云卿总掇流传之善本也欤。

（高润生）

《周易训义》七卷（嘉庆十八年月桂轩刊本）

清喻逊撰。逊，字时敏，号“莲峰”，宁乡诸生。其说《易》纯以《周易折中》《周易述义》为主，凡卦爻下之注，首《训义》，次《集说》，而以《折中》《述义》钦定说殿其后。实其所谓训义，无不本之《折中》《述义》二书，不必重述也。间于爻下注《易》象，其自谓“本之钦定二书”，然颇有误者，如说“即鹿无虞”，以《坎》为鹿象。汉人如焦延寿、虞翻，皆以《震》为麋鹿，《坎》从无此象。又或“锡之鞶带”，谓“《乾》为圜有带象，《坎》为曳，故褫”。按：《讼·上九》之词，其象皆在应爻；应爻三体《巽》，《巽》为绳，故为带。《巽》陨落，故褫之。《乾》胡有带象，《坎》曳与褫义何关？又说“剥床以足”，云“以床为象，取身之所安也”。按：《易林》皆以《艮》为床，取其形似，义与《巽》同，后儒多从之。兹云“取身之所安”，于“象者，像也”义有违，书内如此者甚多。至其说之误者如《小畜》“舆说辐”，云“说辐可以复进，说辐则车不能行”。夫“辐”本作“輹”《释文》有明文，马训为伏兔，亦云下缚。《子夏传》及《释名》，皆以为车屐，车与轴之行，全在于是。今下缚解脱，如何能进？若辐在轮内，如何能脱？又如《随·六二》“系小子失丈夫”，云“小子指六三，丈夫指初九”；至《六三》“系丈夫，失小子”，则又云“丈夫指九四，小子指六二”。按：《六三·象》明曰“系丈夫，志舍下也”，是以初为小子也，兹云指二、三。又丈夫指九四，则二爻之丈夫，亦指九四，故系初失四。兹于六二之丈夫，谓指初九，胡一人之说，违戾若是。又如《蹇》“利西南，不利东北”，云“坎险在前，不宜冒险前进；西南阴方主退，故利西南”。按：《象传》明曰“蹇利西南，往得中也”。西南者坤，谓九五往居坤中，得位有辅，故下又曰“利见大人，往有功”。兹谓为“主退”，显背经旨，书内如此者亦甚多。《折衷》《述义》皆当时义理家之所为，其误解之迷惑后学者，盖不可屈指数矣。兹书毫不能辨而尽从之，则易理太疏也。

（尚秉和）

《周易介》四卷（嘉庆丙子刊本）

清单维著。维，字宗四，号潍村，山东高密举人。笃行谊，尤重实学，与族叔作《哲读书精微观》。人罕见其面，于经史子学，悉探奥蕴，与李长麟、王立性等结诗社于李氏南园，后司德州训导，迁濮州学正，卒于官。著有《周易介》行世，今观其书，只释上下经，《系辞》《说卦》《序卦》《杂

卦》皆无注。以宋儒义理为宗，而间及于象。然汉儒所用《易》象，十不能举二、三。疏略已甚，且误者甚多，如解《屯》“即鹿无虞”，云“坎为鹿”。夫《屯》下震、上互艮，皆有鹿象，先儒互用之，独未有以《坎》为鹿者。兹云“坎象鹿”，臆造无据。又说《履》“虎尾”，云“互《离》为虎”。《离》虽有文，然以象虎，则汉魏人所未见。又说《否》之“苞桑”，云“《艮》木坚多节，故为苞桑”。苞桑者，柔桑。陆绩有明训，且皆以互《巽》为桑；若《艮》在下互与五无涉。书内如此者每有，则取象之不审也。至其解说之不当者，如解《泰》初《象》“志在外也”，谓“君子志在天下，故曰‘志在外’”，此宋杨万里之误解。凡清儒言义理者，无不袭之，从俗不改，将内外应与之谓何矣。又说《随·六二》“系小子，失丈夫”，云“五为丈夫”；乃于《六三》“系丈夫失小子”，则又谓“丈夫为四”。夫六二与六三之丈夫，原皆指四。四《艮》体，《艮》坚，故《小过》以《艮》为祖，《随》以《艮》为丈夫。六二为六三所隔，故“系小子，失丈夫”；六三为六二所阻，故“系丈夫，失小子”，纯指初、四言。兹谓“丈夫二指五，三指四”，此《程传》之误解，不宜再袭。又说《坤》“西南得朋，东北丧朋”，云“西南《兑》《离》皆阴卦，皆坤类，故得朋；东北《震》《艮》《坎》，皆阳卦，与《坤》非类，故丧朋”。是不惟“朋”字“类”字皆失诂，而阴阳相求相得之根本大义亦失矣。且何以解《中孚》六三之“得敌”，《艮·象》之“敌应”，及《颐·六二》象词之“行失类”乎？统观全书，病在袭用《程传》太多，《程传》不论象，不拘易理，自演其所谓圣功王道之学，虽以朱子之尊信，晚年尚悟其非，不加捡择，而尽从之，故歧误如此也。

（尚秉和）

《读易集说》不分卷（嘉庆丁丑刊本）

《读易集说》，不分卷，亦无篇数。清朱勋辑。勋，字普斋，号“虚舟”，江苏靖江监生，官至陕西巡抚。值川楚匪乱，筹办防剿，地方以安，后坐事降官。所著有《周易集说》《四书通》等书。今观其《集说》，纯取宋人，以《程传》《本义》、邵子《观物外篇》、周子《通书》、张载《横渠易说》为主。不惟不及汉人，即王弼、孔颖达之说，亦概不取。余则兼采东莱吕氏之《读易纪闻》、诚斋杨氏之《易传》、白云郭氏之《传家易说》、朱震之《汉上易集传》及《丛说》、广平游氏之《易说》及《中庸解》，兼山郭氏之《易说》《易传》、童溪王氏之《学易记》、龟山杨氏之《易说》、蒙斋李氏之《学易记》、南轩张氏之《学易记》、浑源雷氏之《学易记》、司马温公之

《学易记》，又有诚斋杨氏之《学易记》、耿氏之《学易记》，凡周邵张程朱子之说，皆高一格。知以此五家为宗主，其余诸说，皆低一格，似附于后，以备参考者。除《说卦》外，无及于卦象者，专取空虚之说。朱《汉上》，重《易》象者也；凡以象解《易》之处，概不采录。盖宗主性理，忽视象数。既与春秋士大夫，及两汉儒者易说有违；而所举之书名，如《学易记》有八九人，皆同用此名，而目录家皆不载，不无可疑。总其全书，皆以宋儒为宗，宋以前不取，以后亦不取，若《易》道至宋而止者。书内从无案语，篇首亦无序例。姑测其意如此，不足重也。

（尚秉和）

《周易句读》四卷（嘉庆己卯刊本）

清周世金撰。世金有《易解拾遗》，已著录。是编以句读有讹，则经旨皆晦，故即王弼定本为之离开句读，俾童蒙有考焉。其例于每一句读，各旁注“句”字读字；《系辞》以下，则仅以黑白圈分章段，盖不必句读，非缺佚也。世金尝自言“象有反，则辞有反”，如《需》有“孚光”，《讼》有“孚窒”，分明反在那里，汉人以“光”字连下“亨贞吉”为句，则不可解也。“象有比，则辞有比”，如《既济》“亨小”，《贲》“亨小”，分明比在那里，汉人将《贲》“小”连下“利有攸往”为句，因疑《彖》传有“刚柔交错”四字之遗，则殊不通也。盖其意在尊宋攻汉，故书中如乾卦三爻，本邵子朱子之读法，以“夕惕若”为句也，然其如《讼》九四“重刚来而得中”句，不以“重”字为衍文。《坤》初六“履霜”解，“后得主而有常”句，不从《程传》增“利”字，解盖言顺也。不以顺为慎，以及“比吉也”句，“比之匪人”句，皆不从《程传》《本义》脱误之说，则犹能尊信古经，不敢有所窜乱，非偏重于宋学者已。据前欧阳厚均《序》，“嘉庆己卯以前，尚无刻本，此为其家所刻，为此书第一刊本”云。

（叶启勋）

《周易客难》一卷（道光刊十三经客难本）

清龚元玠撰。元玠，字琢山，南昌人，乾隆甲戌进士，铜仁县知县。所著有《黄淮安澜编》二卷，《十三经客难》五十三卷，为孙文定公嘉淦所激赏。《周易》乃《客难》之一，名《客难》者，设为问答，以申其义。惜所据皆《王注》《程传》《本义》，及其他宋《易》而止。两汉古注，似未寓目，故所说多疏浅。如以爻辞为周公作，而以“箕子之明夷”为据；谓“《辟卦合河图》，而以二四六八十合天一为《复》，以一三五七九合地二成《姤》”，为说皆勉强不安。又以后天卦位，不始于文王，仍伏羲所定，最为

卓识；惟其所据，则谓伏羲画卦，并造书契：雷头辰脚为《震》，居卯辰之间；二巳共为《巽》，居双女巳位；离隹为《离》，居朱雀午位；土申为《坤》；八兄几为《兑》；一九二十藏日为《乾》；欠土为《坎》；丑头木火脚为《艮》。凡地支皆互见于八卦中，故非文王所作，此无论其所据之非。即丑头木火脚为《艮》诸说，已穿凿鄙俚。至其说经，多以史事相比附。说"盘桓"，云"沛父老，欲以刘季为沛令，季数让，盘桓也；隐芒砀山，居贞也；怀王封沛公为武安侯，利建侯也"。又以"'即鹿无虞，惟入于林中'，象类项羽；'屯其膏，小贞吉，大贞凶'，象类齐景公鲁昭公；以'长子帅师，弟子舆尸'象类荀林父邲之战，郭子仪相州之溃"，多浮泛不切。至解经而误者，《蒙·初六》"用说桎梏，以往吝"，云"《本义》'以往为观其后'，王安石谓'纵之以往，则吝道也'，王宗传谓'说其桎梏，不豫以禁之，则过此以往，不可复制'。此数说以王说为优。按：'以往吝'，因往遇险，四无应，故不宜前。自为一义，与上文不相属，《本义》及二王，皆以"以往"为"以后"，并以读他经之法，强与上文相属。龚氏不知其大误，而取之，陋已。他若以"舆尸"为"众主"，以"壮趾"为"壮盛"。夫众既得主，尚何言凶；趾既壮盛，尚何征凶？虽义理家多如此诂，从而不疑，则其识可知矣。

（尚秉和）

《周易客难》（道光丙午年刊本）

清龚元玠撰。元玠，字瑑山，一字畏斋，江西南昌人。乾隆癸酉，应顺天乡试。主试孙嘉淦见元玠治河策，条对精凿，拔首卷榜列三十名。外而经艺五策，进呈御览，前此所未有也。甲戌成进士，任铜仁县知县。县多山，易藏奸匪，城旧有七门，守门兵无栖止，会风雨，往往他适。元玠乃建下房，以严防守。学宫渐圮，倡修之。以次葺先农坛、城隍庙，及城垣之残缺，焕然一新。以辑凶限满，降改教职，补抚洲教授。寻以铜仁命案，承审失实，再降一级，离任。元玠性至孝，年五十，丁父母忧，不茹酒肉，不入内室。晚居家，虽与田夫语，必援据经史出之；不解，则罕譬喻之。年八十二卒，著有《十三经客难》五十余卷、《黄淮安澜编》二卷、《文集》若干卷、《周易客难》全卷、《周易总论》《十二辟卦先天卦位》《河图》《后天卦位》《乾文言》《六十四卦变卦问答》，共计四十条。其曾孙寄生等，特捐资将《周易客难》刻出为倡，而胡愚谷、郑厚斋、陈廉泉复联集同人襄助，遂陆续开雕，诸经全帙，乃获梓成云云。

（高润生）

图书在版编目(CIP)数据

周易文化研究. 第八辑 / 张涛主编. --北京 : 社会科学文献出版社, 2016. 12

ISBN 978 - 7 - 5201 - 0245 - 2

Ⅰ. ①周… Ⅱ. ①张… Ⅲ. ①《周易》- 文集 Ⅳ. ①B221. 5 - 53

中国版本图书馆 CIP 数据核字（2017）第 005542 号

周易文化研究(第八辑)

主　　编 / 张　涛

出 版 人 / 谢寿光
项目统筹 / 宋月华　张倩郢
责任编辑 / 张倩郢

出　　版 / 社会科学文献出版社 · 人文分社（010）59367215
地址：北京市北三环中路甲 29 号院华龙大厦　邮编：100029
网址：www. ssap. com. cn
发　　行 / 市场营销中心（010）59367081　59367018
印　　装 / 三河市尚艺印装有限公司

规　　格 / 开 本：787mm × 1092mm　1/16
印 张：29　字 数：519 千字
版　　次 / 2016 年 12 月第 1 版　2016 年 12 月第 1 次印刷
书　　号 / ISBN 978 - 7 - 5201 - 0245 - 2
定　　价 / 128. 00 元

本书如有印装质量问题，请与读者服务中心（010 - 59367028）联系